"十四五"高等职业教育专科校院合作"双元"规划教材

供医学检验技术及相关专业用

临床医学概论

主　编　赵文星　秦立国
副主编　杜学利　宋桂红　向　军　邓新但
编　委　(按姓名汉语拼音排序)
　　　　邓新但（惠州卫生职业技术学院）
　　　　杜学利（洛阳职业技术学院）
　　　　李秀丽（山东省菏泽市立医院）
　　　　刘蘅哲（菏泽医学专科学校）
　　　　柳海凤（石家庄人民医学高等专科学校）
　　　　木海热姆·杰力力（新疆维吾尔医学专科学校第一
　　　　　　　　　　　　附属医院）
　　　　秦立国（铁岭卫生职业学院）
　　　　宋桂红（山东中医药高等专科学校）
　　　　孙妍珺（苏州卫生职业技术学院）
　　　　童　敏（苏州卫生职业技术学院）
　　　　王晓丽（临汾职业技术学院）
　　　　王　译（临汾职业技术学院）
　　　　武庆杰（菏泽医学专科学校）
　　　　向　军（毕节医学高等专科学校）
　　　　张　伦（菏泽医学专科学校）
　　　　赵文星（菏泽医学专科学校）

北京大学医学出版社

LINCHUANG YIXUE GAILUN

图书在版编目（CIP）数据

临床医学概论 / 赵文星，秦立国主编. —北京：
北京大学医学出版社，2023.8（2025.8重印）
　ISBN 978-7-5659-2870-3

Ⅰ.①临…　Ⅱ.①赵…②秦…　Ⅲ.①临床医学－高
等职业教育－教材　Ⅳ.①R4

中国国家版本馆CIP数据核字（2023）第041752号

临床医学概论

主　　编： 赵文星　秦立国
出版发行： 北京大学医学出版社
地　　址：（100191）北京市海淀区学院路38号　北京大学医学部院内
电　　话： 发行部 010-82802230；图书邮购 010-82802495
网　　址： http://www.pumpress.com.cn
E-mail： booksale@bjmu.edu.cn
印　　刷： 北京瑞达方舟印务有限公司
经　　销： 新华书店
责任编辑： 郭　颖　　**责任校对：** 靳新强　　**责任印制：** 李　啸
开　　本： 850 mm×1168 mm　1/16　**印张：** 33.75　**字数：** 980千字
版　　次： 2023年8月第1版　2025年8月第3次印刷
书　　号： ISBN 978-7-5659-2870-3
定　　价： 75.00元
版权所有，违者必究

（凡属质量问题请与本社发行部联系退换）

出版说明

国务院印发《国家职业教育改革实施方案》，提出了进一步办好新时代职业教育的具体措施，中共中央办公厅、国务院办公厅印发《关于推动现代职业教育高质量发展的意见》，为新时代职业教育的高质量发展指明了方向。文件指出要促进产教融合校企"双元"育人，完善产教融合办学体制，深化教育教学改革，创新教学模式与方法，改进教学内容与教材，完善"岗课赛证"综合育人机制，推动现代信息技术与教育教学深度融合，提高课堂教学质量；推动教师、教材、教法"三教"改革，强化教材建设国家事权，建设一大批校企"双元"合作开发的国家规划教材；推进习近平新时代中国特色社会主义思想进教材、进课堂、进头脑。

高质量的教材是实施教育改革、提升人才培养质量的重要支撑。为深入贯彻党的二十大精神，更好地支持新时代卫生健康职业教育事业发展、服务于我国高职专科医学检验技术专业人才培养，北京大学医学出版社有代表性地组织各地院校、行业单位启动了高职专科医学检验技术专业教材建设；在各方面专家的指导下，结合各院校教学教材调研反馈，经过论证决定启动16种教材建设。

本套教材的主要特点如下：

1. 优选参编院校

遴选全国30余所优质高职院校的具有丰富教学经验的骨干教师参与教材建设，力求使教材的内容和深浅度具有全国代表性、普适性、实用性。

2. 产教融合共建

吸纳教学医院、行业医院的临床检验岗位专家参与教材编写、审稿，学校教师与行业专家"双元"共建，确保教材内容符合行业发展、符合医院临床检验岗位实际和人才培养需求。

3. 严把知识体系

教材编写对照教育部《高等职业学校医学检验技术专业教学标准》及相关大纲，明确培养需求，结合各地院校教学实际与行业医院临床检验岗位实际编排教材知识体系，纳入已有定论的知识、理论、技术，内容以"必需、够用"为度，"岗课赛证"融通建设，使教材既符合多数院校教学现状，又适度引领教学改革。

4. 优化编写体例

以学生为中心，以突出技术技能培养为导向，设置"学习目标""案例""知识链接""自测题"等模块，图文并茂，使教材贴近情境式学习、基于案例的学习，促进学生的临床评判性思维能力、岗位胜任力培养。

5. 实践纸数融合

将纸质教材与二维码技术相结合，按章节设置二维码，通过微信扫码获取拓展知识、微课、技术操作视频、图片等数字教学资源，促进"以学生为中心"的自主学习，实现以纸质教材为核心、配套数字教学资源的融媒体教材建设。为便于教师、学生使用，PPT课件统一做成压缩包，用微信"扫一扫"扫描封底激活码，即可导出PPT课件、激活教材正文二维码。

6. 贯彻教材思政

深入贯彻课程思政教学要求，将思政潜移默化地融入教材中，培根铸魂、启智增慧，体现人文关怀，提高职业认同度，着力培养学生"敬佑生命、救死扶伤、甘于奉献、大爱无疆"的医者精神，引导学生始终把人民群众生命安全和身体健康放在首位。

本套教材供高职专科医学检验技术及相关专业用。希望广大师生多提宝贵意见，反馈使用信息，以逐步完善教材内容，提高教材质量，为新时代卫生健康职业教育事业发展和医学检验技术人才培养做出贡献！

前 言

党的二十大报告提出要统筹职业教育、高等教育、继续教育协同创新，推进职普融通、产教融合、科教融汇，优化职业教育类型定位"，这为职业教育的改革发展指明了方向。加快构建标准化、规范化医学人才培养体系，全面提升人才培养质量，坚持为党育人、为国育才，努力培养更多高素质技术技能人才，为"健康中国2030"提供有力的人才和技能支撑是卫生职业教育的光荣使命。高质量的医学教材是满足医学教育改革、培养优秀医学人才的核心要素，与医学教育改革相辅相成。北京大学医学出版社发挥专业特长，出版的医学类专业教材立足于岗位胜任力培养，促进自主学习能力建设，为全国医学类专业教育教学与人才培养工作发挥了重要作用。

随着各医学院校一些医学相关专业，如医学影像技术、医学检验技术、康复治疗技术、药学等专业的陆续开设，"临床医学概论"已经成为这些医学相关专业的重要课程之一。为提高医学相关专业的教学质量，根据各专业培养目标和要求，参照相关专业的教学标准，我们组织了来自全国不同地区、具有丰富临床和教学经验的专家，反复研讨，共同编撰了本书。

"临床医学概论"是对临床医学各学科常见病、多发病进行概论性描述的一门专业基础课。本书主要根据医学相关技术的工作岗位需求，选择与岗位相适应的学习内容，重点涉及疾病与检验、影像相关知识。为方便学生学习和教师讲授，按照目前医院工作岗位常规分类，全书分为绪论诊断学基础、内科常见疾病、外科常见疾病、妇产科常见疾病、儿科常见疾病、常见传染病与性传播疾病、常见中毒和常见肿瘤疾病共九篇内容。通过本书的学习，非临床医学专业的学生可以在学习本专业知识的基础上，掌握一定的临床医学基础知识、基本理论和基本技能，了解临床需求，明晰本专业与临床医学的关系，从而为今后的专业学习、工作和科研奠定基础，拓宽思路，相互促进，形成良性互动。

本教材覆盖面广、概括性强、重点突出，注重基础理论、基础知识和基本技能，体现教材编写的思想性、科学性、先进性、启发性和实用性。另外，本书还配有可通过二维码扫描获取的数字资源，读者可通过数字平台上的学习资源拓展知识面，通过将线下课程与线上资源有机结合，充分调动学习的积极性和主动性。

值本书出版之际，衷心感谢全体编委在本书撰写中的倾力付出，也感谢出版社编辑们付出的努力和心血。对于本书中存在的疏漏，恳请广大读者批评指正。

赵文星

目 录

第一篇 绪论

第二篇 诊断学基础

第一章 常见症状 6
- 第一节 问诊 • 6
- 第二节 发热 • 10
- 第三节 头痛 • 14
- 第四节 咳嗽、咳痰 • 16
- 第五节 咯血 • 18
- 第六节 呼吸困难 • 19
- 第七节 心悸 • 21
- 第八节 恶心、呕吐 • 22
- 第九节 腹痛 • 24
- 第十节 呕血 • 26
- 第十一节 便血 • 27
- 第十二节 黄疸 • 28
- 第十三节 水肿 • 31
- 第十四节 意识障碍与惊厥 • 33

第二章 体格检查 36
- 第一节 基本方法 • 37
- 第二节 一般检查 • 42
- 第三节 头部及颈部检查 • 52
- 第四节 胸部检查 • 59
- 第五节 腹部检查 • 83
- 第六节 脊柱、四肢检查 • 95
- 第七节 神经系统检查 • 98

第三章	常用辅助检查	105
	第一节 常用实验室检查 • 105	
	第二节 常用影像学检查 • 127	
	第三节 心电图检查 • 151	

第三篇　内科常见疾病

第四章	呼吸系统疾病	162
	第一节 气管支气管炎 • 162	
	第二节 支气管哮喘 • 167	
	第三节 肺炎 • 172	
	第四节 慢性阻塞性肺疾病 • 176	
	第五节 肺结核 • 181	
	第六节 呼吸衰竭 • 185	

第五章	循环系统疾病	189
	第一节 心力衰竭 • 189	
	第二节 高血压 • 196	
	第三节 冠心病 • 202	
	第四节 心搏骤停与心肺脑复苏 • 213	

第六章	消化系统疾病	217
	第一节 胃食管反流病 • 217	
	第二节 胃炎 • 221	
	第三节 消化性溃疡 • 224	
	第四节 肝硬化 • 228	
	第五节 急性胰腺炎 • 235	

第七章	泌尿系统疾病	239
	第一节 急性肾小球肾炎 • 239	
	第二节 急进性肾小球肾炎 • 242	
	第三节 肾病综合征 • 244	
	第四节 泌尿系统感染 • 246	
	第五节 慢性肾衰竭 • 250	

第八章　血液和造血系统疾病　　254

第一节　贫血　• 254

第二节　急性白血病　• 258

第三节　淋巴瘤　• 262

第四节　原发免疫性血小板减少症　• 265

第九章　内分泌系统及代谢性疾病　　268

第一节　甲状腺功能亢进症　• 268

第二节　糖尿病　• 271

第三节　高尿酸血症和痛风　• 277

第四节　骨质疏松症　• 280

第十章　风湿性疾病　　282

第一节　概述　• 282

第二节　系统性红斑狼疮　• 283

第三节　类风湿关节炎　• 287

第四节　脊柱关节炎　• 292

第十一章　神经系统疾病　　295

第一节　脑血管疾病　• 295

第二节　帕金森病　• 304

第三节　癫痫　• 306

第四节　阿尔茨海默病　• 311

第四篇　外科常见疾病

第十二章　外科学概论　　316

第一节　无菌术　• 316

第二节　外科患者的体液失调　• 319

第三节　外科休克　• 326

第四节　外科感染　• 329

第五节　麻醉与疼痛　• 332

第六节　创伤　• 338

第七节　热力烧伤　• 342

第十三章　外科各论常见疾病　　347

- 第一节　急性阑尾炎 • 347
- 第二节　椎间盘突出症 • 353
- 第三节　骨折 • 358
- 第四节　胆石症 • 365
- 第五节　肠梗阻 • 370
- 第六节　尿石症 • 375
- 第七节　良性前列腺增生 • 381

第五篇　妇产科常见疾病

第十四章　妇产科常见疾病　　386

- 第一节　女性生殖系统解剖 • 386
- 第二节　妊娠诊断 • 393
- 第三节　异位妊娠 • 398
- 第四节　前置胎盘 • 403
- 第五节　胎膜早破 • 407
- 第六节　子宫肌瘤 • 409

第六篇　儿科常见疾病

第十五章　儿科常见疾病　　416

- 第一节　概述 • 416
- 第二节　新生儿缺氧缺血性脑病 • 425
- 第三节　小儿肺炎 • 429
- 第四节　维生素 D 缺乏性佝偻病 • 433
- 第五节　小儿腹泻 • 436
- 第六节　蛋白质 – 能量营养不良 • 441

第七篇　常见传染病与性传播疾病

第十六章　常见传染病与性传播疾病　　446

- 第一节　传染病学概述 • 446
- 第二节　病毒性肝炎 • 453
- 第三节　艾滋病 • 460
- 第四节　带状疱疹 • 463

第五节 手足口病 • 465

第八篇 常见中毒

第十七章 常见中毒　　470

第一节 有机磷杀虫药中毒 • 470

第二节 急性一氧化碳中毒 • 474

第三节 杀鼠剂中毒 • 477

第四节 急性酒精中毒 • 479

第九篇 常见肿瘤疾病

第十八章 常见肿瘤疾病　　484

第一节 概述 • 484

第二节 甲状腺癌 • 490

第三节 肺癌 • 493

第四节 食管癌 • 497

第五节 胃癌 • 500

第六节 原发性肝癌 • 504

第七节 大肠癌 • 509

第八节 乳腺癌 • 512

第九节 膀胱癌 • 516

第十节 前列腺癌 • 518

第十一节 子宫颈癌 • 520

中英文专业词汇索引　　524

第一篇

绪论

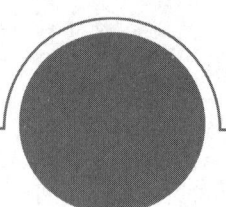

医学是旨在保护和加强人类健康，预防和治疗疾病的科学体系和实践活动。医学通过科学或技术的手段处理人体的各种疾病或病变，是生物学的应用学科，包括基础医学、临床医学、预防医学等不同学科。临床医学主要指医学中侧重实践活动的部分，研究疾病的病因、诊断、治疗和预后，致力于提高临床诊疗水平，促进人体健康，在现代医学中占有重要地位。

一、医学发展简史

医学是在人类长期与疾病作斗争的实践中产生和发展而成的。在其漫长发展过程中，大致经历了古代医学、近代医学和现代医学的过程，相应的医学模式也经历了自然哲学医学模式、生物医学模式和生物-心理-社会医学模式三个阶段。

（一）古代医学

在远古时代，人类在与自然灾害、疾病、伤痛的斗争中逐步发现了一些治疗疾病的药物和方法，经过不断积累和改善，形成了原始的经验医学。随着狩猎和畜牧业的发展，逐渐产生了针对损伤的简陋救助法，如创伤、骨折、脱臼的治疗；同时使人类认识到动物的营养价值，动物药也随之出现。

古代东方医学积累了许多有价值的治病经验。中国早在公元前5世纪就出现了名医扁鹊，他最早用望、闻、问、切四法来诊断疾病。《皇帝内经》是中国最早的医学典籍，其整体观念，阴阳五行学说，脏腑经络学说，三者结合构成了辨证施治的理论体系。秦汉时期，临床治疗学有了新的发展，出现了药物学《神农本草经》。特别是张仲景的临床治疗学著作《伤寒杂病论》，指导中医临床两千年之久。在东汉末年，外科方面的杰出人物华佗创造了药物全身麻醉法，可用于施行腹部手术。埃及在公元前3000年左右已使用尸体干化法制作"木乃伊"，这对于人体构造的认识有很大的帮助，成为现代研究古代病理学的宝贵材料。埃及在很早以前就开始采用催吐下泄、利尿、发汗等治疗法，并已知灌肠法。古代印度的外科很发达，大约在公元4世纪，印度就能实行断肢、眼科及剖宫产等手术。由于毒蛇多，印度还有专门治疗蛇咬伤的医生。

希腊医学是欧洲医学发展的基础，直到现在，欧洲人所用的医药符号，如手杖和蛇，也是源于希腊医学。希腊医学的代表人物为希波克拉底（公元前460—前370年），他是古希腊著名医生、西方医学奠基人。他的医学观点对以后西方医学的发展有巨大影响，他提出的"体液学说"认为，人体由血液、黏液、黄胆和黑胆4种体液组成，这4种体液的不同配合使人们有不同的体质。他把疾病看作是发展着的现象，认为医师所应医治的不仅是病而且是病人，从而改变了当时医学中以巫术和宗教为根据的观念。

（二）近代医学

西方近代医学是指文艺复兴以后逐渐兴起的医学，一般包括16—19世纪的欧洲医学。

随着科学的发展，医学逐渐从玄学、经验转向科学，16世纪欧洲医学摆脱了古代权威的束缚，开始独立发展，其主要成就是人体解剖学的建立。17世纪，实验医学的发展使生命科学开始步入科学轨道。生理学取得巨大的进步，体温计和脉搏计在临床得到应用。显微镜的应用将人们带到一个新的认识水平，科学家利用显微镜取得了一系列重要发现。18世纪病理解剖学建立，临床医学教学兴盛起来。19世纪，伴随着自然科学和技术的巨大进步，医学得以快速发展。19世纪初提出细胞学说；19世纪中叶建立细菌学；解剖学的发展及麻醉法、防腐法和无菌法的应用，对19世纪末和20世纪初期外科学的发展起到了决定性的作用，从此外科学开始迅速发展。

这一时期对应的是我国明清时期，中医药学在这一时期也取得了巨大发展：中国第一部以疾病种类编纂的大型医案专著《名医类案》问世；李时珍的《本草纲目》总结了16世纪前的中草药经验与知识；人痘接种法见于记载并传入欧洲多国；发展了包括杂病、类方、伤寒、疡疮、幼科、女科的六科诊治法则。这一时期，我国出现了介绍西方医学思想的《中医汇通医书五种》等书籍，开始汇通中西医学。

（三）现代医学

近代医学经历了16—17世纪的奠基、18世纪的系统分类、19世纪的大发展，到20世纪与现代科学技术紧密结合，发展为现代医学。20世纪医学的特点是一方面向微观发展，如分子生物学；一方面又向宏观发展。在向宏观发展方面，又可分为两种：一是人们认识到人本身是一个整体；二是将人作为一个与自然环境和社会环境密切相互作用的整体来研究。抗生素、胰岛素的发现，内分泌学、营养学、分子生物学、医学遗传学以及手术学科的快速发展，器官移植、显微外科技术、生物医学工程的突飞猛进，使现代医学取得了巨大成就，人们抵抗疾病的能力极大增强，平均年龄屡创新高。

近几十年来，随着科技发展及其在临床中的应用，临床医学在不少领域取得了许多进展。较为突出的有：①计算机断层摄影（CT）、磁共振成像（MRI）、多维超声、血管造影、核医学显像、内镜技术等用于临床，使许多疾病的诊断以直观的图像代替了单纯根据临床症状和简单的生理学检查的推理，疾病的诊断水平有了极为显著的提高；②介入治疗、内镜治疗、放射治疗、靶向治疗的发展，微创外科的兴起使许多疾病的治疗水平有了显著的进步；③器官、组织和细胞移植，人工器官、人工组织的研究使器官功能衰竭、组织严重损伤的治疗有了新的转机；④分子生物学、细胞生物学、组织化学、基因工程等技术的发展在阐明病因、发病机制以及诊断和治疗方面显示了重要的前景。

二、临床医学的主要特点

临床医学是一门实践性很强的应用科学。与一般的应用科学相比，临床医学有其显著的特点。

（一）临床医学研究和服务的对象是个体

临床医学是以具体患者为主要研究和服务对象，通过每一个具体的患病个体，研究疾病的病因、诊断、治疗和预后，总结归纳普遍规律，最终反馈给每一个具体的患者，由于人群和人的不完全对应，不确定性和偏倚存在是其重要表现，其复杂性远远超过其他自然科学。

（二）临床医学的工作具有探索性

在临床工作中面对就诊患者时，许多疾病是通过在诊疗过程中不断完善补充资料，最终得到一个诊断结论和最优治疗方案，疾病的诊疗过程就是一个不断探索的过程，不可能在每一个患者开始就诊时，先把所有未知因素全部搞清楚后再去进行治疗，只能探索性或者经验性地最大限度缓解患者的痛苦，挽救和延长患者的生命，这是与许多应用科学的显著区别之一。

（三）临床医学带动医学研究

在医学发展史上，对疾病的认识通常是在临床上从单个患病个体的临床表现、检验检查结果中发现问题，从而提出问题，从疾病相对集中的表现中找到初步规律，然后再对此进行一系列基础研究，最后形成指导临床的医学理论并用于临床实践。

（四）临床医学检验最终医学成果

无论是基础医学还是其他学科的医学成果，都必须在临床应用中得以检验。离体研究的成果不一定适用于整体或在体的情况，动物实验的结果并不能完全取代人体实验的结果。

三、临床医学的学科分类

临床医学是在基础医学所取得的知识基础上诊治患者。在古代，基础医学与临床医学的分野并不明确，受客观条件的限制，大多以经验积累为主，缺乏科学、系统的整理。随着细菌学、生理学、病理解剖学等发展，基础医学和临床医学逐渐区分开。现代医学中临床医学是属于医学下属的一级学科，按治疗方式、诊断技术、治疗对象、人体系统或解剖等又分为18个二级学科，分别是内科学、外科学、老年医学、神经病学、精神病与精神卫生学、皮肤病与性病学、影像医学与核医学、临床检验诊断学、护理学、妇产科学、儿科学、眼科学、耳鼻咽喉科学、肿瘤学、康复医学与理疗学、运动医学、麻醉学、急诊医学。

现代临床医学已经形成了分科专业化、发展国际化、技术现代化、学科相互渗透交叉等鲜明特点，与社会医学、全科医学的关系日益紧密，成为人类与疾病抗争的最重要武器。

四、如何学习临床医学概论

首先，要重视临床医学概论这门课。通过本课程的学习教育，可以使非临床医学专业的学生掌握一定的医学基础知识、基本理论和基本技能，了解临床需求，明晰本专业与临床医学的关系，从而为今后的专业学习、实际工作和科研创新奠定基础，更好地开展工作。

其次，要理论联系实际。通过教材中的案例以及课堂教学中老师讲到的临床案例，深化对疾病临床表现、检查诊断以及预防治疗等知识的理解和运用，建立临床思维。了解临床医生诊断处理疾病的流程与方法，帮助自己将来更好地开展专业工作。

最后，针对自己专业的需求，明确学习的知识和能力要求，在学习中应该主次分明，抓住重点。

（赵文星）

第二篇

诊断学基础

第一章

常见症状

第一章数字资源

学习目标

通过本章内容的学习,能够掌握常见症状的概念,熟悉问诊内容、常见症状的临床表现,了解问诊的技巧和方法、常见伴随症状的意义。

识记:
1. 说出常见症状的临床表现。
2. 列举常见症状的病因。

理解:
分析常见症状的伴随症状。

运用:
1. 能够结合患者的病史、临床表现分析出病因。
2. 根据病情,正确选择检查方法,帮助患者进一步明确病因。
3. 树立敬业爱岗、关爱生命、健康至上的职业素养。

第一节 问 诊

案例导入

患者,男,30岁,因"腹部不适5h,腹痛4h"急诊入院。患者于5h前进食过量,大量饮酒后感上腹部不适,4h前突发剑突下剧痛,伴恶心、呕吐胃内容物数次,3h前腹痛延至中下腹部。患者因疼痛拒按腹部,烦躁不安,出冷汗,为进一步诊治急诊入院。既往有间断性上腹痛8年,饥饿时明显,未经系统治疗。查体:T 37.6℃,P 104次/分,R 24次/分,BP 90/60 mmHg,急性痛苦病容,心肺检查未见明显异常,腹平坦,未见胃肠型及蠕动波,广泛腹肌紧张,剑突下区域及右侧中下腹压痛及反跳痛明显,剑突下最著,肝、脾未及,移动性浊音(-),肠鸣音偶闻,直肠指检未见异常。辅助检查:血WBC $11×10^9$/L,Hb 140 g/L,血淀粉酶96 U(正常值32 U)。

问题与思考:
1. 初步诊断和诊断依据是什么?应与哪些疾病相鉴别?
2. 为明确诊断需要进一步做哪些检查?

一、问诊的内容

问诊（inquiry）是进行疾病诊断的第一步，是医生通过收集患者及其相关人员对患者患病的经过，综合分析而做出的临床判断。某些疾病如上呼吸道感染、急性肠胃炎等通过问诊即可明确诊断，所以系统性问诊对收集完整、详尽的资料，帮助诊断疾病极为重要。以下是问诊的主要内容。

（一）一般项目

一般项目（general data）包括姓名、性别、年龄、籍贯、出生地、民族、婚姻、职业、工作单位、通讯地址、电话号码、入院日期、记录日期、病史陈述者及可靠程度、身份证号等患者基本信息，以便协助诊断疾病（例如传染病接触史、与职业相关的职业病等）和随访。

（二）主诉

主诉（chief complaint）是患者此次就诊感受到的最痛苦的症状（或最明显的体征）及其持续时间，同时也是患者本次就诊最主要的原因。主诉表达要简明扼要，用一两句话对病情进行高度概括。通常表达模式为：症状或体征＋持续时间，并且字数一般小于20，凝练问题进行表达。示例：患儿发热2天，伴腹泻半天。

（三）现病史

现病史（history of present illness）是病史的主体部分，主要记述患者患病后的全过程，即发生、发展、演变和诊治经过。按以下内容和顺序进行询问。

1. 起病情况与患病的时间　每种疾病的起病或发作都有各自的特点，详细询问起病情况对诊断疾病具有重要的鉴别作用。有的疾病起病急骤，如脑栓塞、心绞痛和急性胃肠穿孔等；有的疾病起病则缓慢，如高血压、糖尿病等。

患病时间是指从起病到就诊或入院的时间。患病时间长度可描述为发病数天（数月、数年），起病情况较急的可描述为数分钟（或数小时）。示例：某女，50岁，于5天前淋雨后，4天前咽痛、咽干不适，3天前发热39℃，进食稍差，二便正常。

2. 主要症状的特点　仔细询问患者发病期间的主要症状或体征，以及出现的部位、性质、持续的时间和程度，缓解或加剧的因素等。示例：某男，30岁，前晚与同事一起在烧烤店就餐，当天夜晚腹痛、腹泻4次，腹泻后腹痛稍缓解，呕吐2次，不思饮食，无其他不适，就诊前无用药。查体：中下腹压痛呈阳性。

3. 病因与诱因　尽可能了解与本次发病有关的病因（如外伤、中毒、感染等）和诱因（如气候变化、环境改变、情绪、过劳、起居和饮食失调等），有助于明确诊断与拟定治疗措施。见上文"起病情况与患病的时间"中的示例。

4. 病情的发展与演变　包括患病过程中主要症状的变化或新症状的出现。示例：发热的患者发热5天后，体温开始下降；高血压的患者，用药过程中出现失语、失写等。

5. 伴随症状　在主要症状的基础上又同时出现一系列的其他症状。这些伴随症状常常是鉴别诊断的依据或提示出现了并发症。示例：发热患者，伴随有咳嗽、咳痰，提示呼吸系统疾病。反之，按一般规律在某一疾病中应该出现的伴随症状但实际并没有出现时，也应将其记述于现病史中以备进一步观察，或作为诊断和鉴别诊断的重要参考资料（即阴性症状的意义）。

6. 诊治经过　患者于本次就诊前已经接受过其他医疗单位诊治时，应询问已经接受过什么诊治措施及其结果；若已进行治疗则应问明使用过的药物名称、剂量、时间和疗效，为本次诊治疾病提供参考，但不可以用既往诊断代替本次诊断。示例：某女，45岁，高血压用药1年，日常服用替米沙坦40 mg，每天一次，近来工作繁忙，常感疲乏、头痛，睡眠差，夜尿增多，特来就诊。

7. 病程中的一般情况　在现病史的最后应记述患者患病后的精神状态、体力状态、食欲及食量的改变、睡眠与二便的情况、体重的变化等。有利于对疾病进行综合分析。

（四）既往史

既往史（past history）包括患者既往的健康状况和曾经患过的疾病（包括各种传染病）、外伤及手术史、预防接种史、过敏史、输血史等，特别是与目前所患疾病有密切关系的信息。示例：对于肝大的患者，应了解是否有过黄疸；冠状动脉粥样硬化性心脏病和脑血管意外的患者应询问是否有高血压。

（五）系统回顾

系统回顾（review of systems）由很长的一系列针对各系统常见症状与体征的直接提问组成。作为最后一次搜集病史资料，通过系统回顾，可发现问诊过程中被患者忽略或遗漏的症状或未曾诊断的疾病。帮助医师在短时间内扼要地了解患者除现在所患疾病以外的其他各系统是否有目前尚存在或已痊愈的疾病；以及这些疾病与本次疾病之间是否存在因果关系。如问诊结果为阳性，则应全面深入地询问该系统的症状；若为阴性，可进入下一个系统。

1．头颅五官 有无视力障碍、耳聋、耳鸣、眩晕、鼻出血、牙痛、牙龈出血及声嘶等。

2．呼吸系统 有无咳嗽、咳痰、咯血、呼吸困难、胸痛、发热、盗汗等。

3．循环系统 有无心悸、心前区疼痛、端坐呼吸、头晕、晕厥等。

4．消化系统 有无腹痛、腹泻、腹胀、食欲改变、嗳气、反酸、恶心、呕吐、便秘、便血、黑便、口腔疾病、皮肤和巩膜黄染等。

5．泌尿生殖系统 有无多尿、尿痛、尿急、尿频、排尿困难、尿潴留、尿失禁等，尿道口或阴道口有无异常分泌物，外生殖器有无溃疡等。

6．血液系统 皮肤黏膜有无苍白、黄染、出血点、瘀斑、血肿，有无淋巴结、肝、脾大；有无乏力、头晕、视物模糊、耳鸣、烦躁等。

7．内分泌及代谢系统 有无怕热、多汗、乏力、畏寒、烦渴、水肿、肌肉震颤及痉挛等，有无甲状腺、体重、皮肤、毛发的改变。

8．肌肉骨骼系统 有无肢体肌肉麻木、疼痛、痉挛、萎缩、瘫痪等，有无关节肿痛、运动障碍、外伤、骨折、关节脱位、先天畸形等。

9．神经系统 有无头痛、失眠、嗜睡、记忆力减退、意识障碍、晕厥、痉挛、瘫痪、视力障碍、感觉及运动异常等。

10．精神状态 有无情绪改变、焦虑、抑郁、幻觉、妄想、定向障碍等。

（六）个人史

个人史（personal history）指与疾病有关的个人历史。具体包括以下内容。

1．社会经历 包括出生地、居住地区和居留时间（尤其是疫源地和地方病流行区）、受教育程度、经济生活和业余爱好等。

2．职业及工作条件 包括工种、劳动环境、与工业毒物的接触情况及时间。

3．习惯与嗜好 包括起居与卫生习惯、饮食的规律与质量、烟酒嗜好时间与摄入量，以及其他异嗜物和麻醉药品、毒品等。

4．性生活史 包括有无不洁性交史，是否患过淋菌性尿道炎、下疳、尖锐湿疣等。

（七）婚姻史

婚姻史（marital history）包括未婚或已婚、结婚年龄、配偶健康状况、夫妻关系等。

（八）月经史

月经史（menstrual history）包括月经初潮的年龄、月经周期和行经天数、经血的量和颜色、经期症状、有无痛经与白带、末次月经日期（last menstrual period，LMP）、闭经时间、绝经年龄。记录格式：初潮年龄 $\frac{月经期（天）}{月经周期（天）}$ 末次月经时间（LMP）或绝经年龄。例：

$14\dfrac{3\sim5\text{天}}{28\sim39\text{天}}$ 2018 年 1 月 8 日（或 50 岁）。

（九）生育史

生育史（childbearing history）包括妊娠与生育次数，人工或自然流产的次数，有无死产、手术产、围生期感染及计划生育状况等。对男性患者应询问是否患过影响生育的疾病。

（十）家族史

家族史（family history）包括双亲与兄弟、姐妹及子女的健康与疾病情况，特别应询问是否有与患者同样的疾病，有无与遗传有关的疾病，如血友病、糖尿病、精神病等。对已死亡的直系亲属应问明死因与年龄。例如某女，45 岁，血压时高时低，日常头晕、头痛明显。家族史了解清楚后，记录示例：其父 1999 年 6 月（53 岁）死于急性心肌梗死。主要记录与本次患者发病相关性较强的家族史的疾病。

二、问诊的方法与技巧

为了保证临床问诊工作的顺利进行，保证问诊资料的完整性、准确性和可靠性，问诊中的提问技巧十分重要，重点介绍如下。

问诊开始，医生应主动创造一种宽松和谐的环境，以消除患者的不安情绪，同时注意保护患者隐私。问诊一般从礼节性的交谈开始，医师首先做自我介绍，讲明自己的职责。使用恰当的语言、礼貌的坐姿，在较短时间内缩短医患之间的空间距离和心理距离，使病史采集能顺利地进行下去。也可以更贴近患者，选择所处地域的方言与患者进行交流，快速缩短人与人交流的距离感。

病史采集一般从本次就诊最痛苦或首发的症状和（或）体征入手，追溯主要症状或体征开始的确切时间，截至目前的演变过程。一定要按问诊的内容要求全面问诊，把主要症状或体征问深、问透，然后再针对与鉴别诊断相关的阳性或阴性症状进行询问。

问诊语言要通俗易懂，特别应避免使用患者听不懂的医学术语进行问诊，以保证问诊内容的准确性和问诊的顺利进行，或者医生对难懂的术语做适当解释后再使用。示例：医师提问"腹泻有里急后重感吗？""里急后重"就是医学术语，医师理解，但患者并不知道。所以，问诊要规范用语，避免使用医学术语造成的交流不畅，甚至理解偏差。

为了系统有效地获取准确的资料，医师应遵循从一般提问到直接提问的原则，并且在现病史、既往史、个人史等每一部分开始均使用。根据具体情况采用不同类型的提问，问诊通常使用开放式提问，便于获得比主诉更多的大量资料。嘱咐患者简明扼要地以主诉为基线进行病情讲述（此过程需要医师随时干预，避免患者讲故事）。示例："大爷，您今天来看啥病呢？哪儿不舒服呢？""头晕了多长时间？""头疼的具体位置在哪呢？"待捕捉到诊断信息后，再着重追问一些重点问题（直接提问，收集与疾病相关的特定细节）。相反，不正确的提问可能得到错误的信息或遗漏有关的资料。以下各种提问应规避：①诱导性或暗示性提问，使患者易于默认或附和医生的提问，示例："你的胸痛放射至左手，对吗？""用这种药物后病情好多了吧？"②责难性提问，常使患者产生防御心理，示例："你为什么吃那样脏的食物呢？"③连续提出一系列问题，可能造成患者对要回答的问题混淆不清，示例："饭后疼痛的感觉怎么样？和饭前有什么不同？是锐痛，还是钝痛？"。

问诊的每一部分结束时还应进行归纳小结。目的是让医师自己梳理出患者患病情况的主线、各部分的主要内容，尤其是阳性症状和（或）体征。问诊结束时，医师首先应感谢患者的配合，其次向患者说明根据问诊内容考虑的初步诊断。再次，建议患者做哪些具体检查，来进一步明确病因。最后，取得患者同意后，开具检查项目申请书。待检查结果反馈回来后，医师给出治疗建议，同时与患者协商具体治疗方案、下次就诊时间及随访时间等。

要点提示：主诉是患者此次就诊感受到的最痛苦的症状（或最明显的体征）及其持续时间，同时也是患者本次就诊最主要的原因。

 自测题

扫码测验

第二节 发 热

正常人的体温受体温调节中枢调控，并通过神经、体液因素使产热和散热过程保持动态平衡，维持体温在相对恒定的范围内。临床上通常以口腔、腋窝或直肠的温度代表体温。口腔温度正常值为 36.3～37.2℃，腋窝温度正常值为 36～37℃，直肠温度正常值为 36.5～37.7℃。

生理情况下，正常体温在不同个体间略有差异，受机体内、外因素的影响会稍有波动。在 24 h 内，下午体温较早晨稍高；剧烈运动、劳动或进餐后体温也会稍高；睡眠状态下体温会稍低。但 24 h 内一般波动范围不超过 1℃。另外，妇女月经期、妊娠期体温略高于正常；老年人代谢率偏低，体温相对低于青壮年；在高温环境下，体温也会稍高。

发热（fever）是指机体在致热原（pyrogen）的作用下或因各种原因导致体温调节中枢的功能障碍时，体温升高超出正常范围。

一、病因与分类

发热是临床最常见的症状之一，根据致热原的性质和来源不同，可分为感染性发热和非感染性发热两大类，以前者居多。

1. 感染性发热　各种病原体如细菌、病毒、支原体、立克次体、真菌、螺旋体、寄生虫等侵入机体后，不论是急性、亚急性还是慢性、局部性或全身性，均可出现发热。感染性发热中以细菌感染最常见，其次是病毒感染。

2. 非感染性发热

（1）血液病：如白血病、淋巴瘤等。

（2）结缔组织病：系统性红斑狼疮、硬皮病、类风湿关节炎等。

（3）变态反应性疾病：如风湿热、血清病、药物热等。

（4）内分泌代谢疾病：甲状腺功能亢进、痛风、甲状腺炎等。

（5）皮肤病变：如广泛性皮炎、鱼鳞病等，此种情况下多表现为低热。

（6）颅内病变：由于体温调节中枢直接受损，引起产热大于散热所致，又称为中枢性发热（centric fever），特点为高热无汗。如中暑、安眠药中毒、脑出血及颅脑外伤等。

（7）无菌性坏死物质的吸收：由组织细胞坏死、组织蛋白分解及坏死物质吸收所致无菌性炎症导致的发热。常见于物理或化学性损伤，如大面积烧伤、内出血、手术组织损伤等；血管栓塞或血栓形成所引起的心、肺、脾等内脏梗死或肢体坏死；组织细胞坏死如恶性肿瘤、溶血反应等。

（8）自主神经功能紊乱：常见于原发性低热（由自主神经功能紊乱所致）、感染后低热

（感染已控制，但体温调节功能尚未恢复正常）、夏季低热（多见于幼儿，因体温调节中枢功能不完善所致，多发生于营养不良或脑发育不全者）、生理性低热（排卵后、妊娠期、精神紧张、剧烈运动后）等。

二、发生机制

由于各种原因导致产热增加或散热减少均可引起发热。一般根据发热机制不同，可将其分为两类：致热原性发热和非致热原性发热。

1. 致热原性发热

（1）外源性致热原：包括各种微生物病原体及其代谢产物，如细菌、病毒、真菌等；炎性渗出物及无菌性坏死物质；抗原-抗体复合物；某些类固醇物质等。因多为大分子物质，不能通过血-脑屏障直接作用于体温调节中枢，但可以通过激活血液中性粒细胞、嗜酸性粒细胞和单核巨噬细胞系统，产生和释放有活性的内源性致热原。

（2）内源性致热原：也称白细胞致热原，是指外源性致热原通过激活血液中的中性粒细胞、嗜酸性粒细胞和单核巨噬细胞系统，产生和释放的能引起体温升高的致热物质，如白细胞介素-1（IL-1）、肿瘤坏死因子（TNF）、干扰素（IFN）等。由于这些物质相对分子量较小，可通过血-脑屏障直接作用于体温调节中枢，使体温调定点上移。

2. 非致热原性发热

（1）体温调节中枢直接受损：如颅脑外伤、出血、炎症等。

（2）引起产热过多的疾病：如甲状腺功能亢进症、癫痫持续状态等。

（3）引起散热减少的疾病：如广泛性皮肤病、心力衰竭等。

三、临床表现

1. 以口腔温度为标准，发热的程度可分为：

（1）低热：37.3～38℃。

（2）中等度热：38.1～39℃。

（3）高热：39.1～41℃。

（4）超高热：41℃以上。

2. 临床过程及特点 发热的临床过程一般分为三个阶段。

（1）体温上升期：发热的早期阶段，在致热原的作用下，人体产热大于散热。常表现为疲乏无力、皮肤苍白、肌肉酸痛、畏寒或寒战等。体温上升有两种形式：骤升型（体温在几小时内达39～40℃或以上，多伴有寒战，见于疟疾、大叶性肺炎、败血症、急性肾盂肾炎或某些药物反应等）和缓升型（体温逐渐上升，在数日内达到高峰，多不伴寒战，见于伤寒、结核病等）。

（2）高热期：体温上升达到高峰后维持一定时间，持续时间的长短因病因不同而有所差异，如疟疾可持续数小时；大叶性肺炎、流行性感冒可持续数天；伤寒可持续数周。常伴有头痛、颜面潮红、皮肤灼热、呼吸深快、心率加快、口干舌燥、食欲减退等症状。

（3）体温下降期：致热原逐渐被去除，散热大于产热，体温逐渐降至正常水平。常表现为出汗多、皮肤潮湿。体温下降有两种形式：骤降型（体温于数小时内迅速降至正常，如疟疾、急性肾盂肾炎、大叶性肺炎等）和缓降型（体温在数日内逐渐降至正常，如伤寒、风湿热等）。

3. 热型及其临床意义 将发热患者在不同时间测得的体温数值记录在体温单上，将各体温数值点连接起来形成体温曲线，该曲线的不同形态称为热型（fever type）。不同病因所致发热的热型不同，临床上常见的热型有以下几种。

(1) 稽留热 (continued fever): 体温恒定维持在 39～40℃以上, 达数日或数周, 24 h 内波动范围不超过 1℃ (图1-1)。常见于伤寒、大叶性肺炎等。

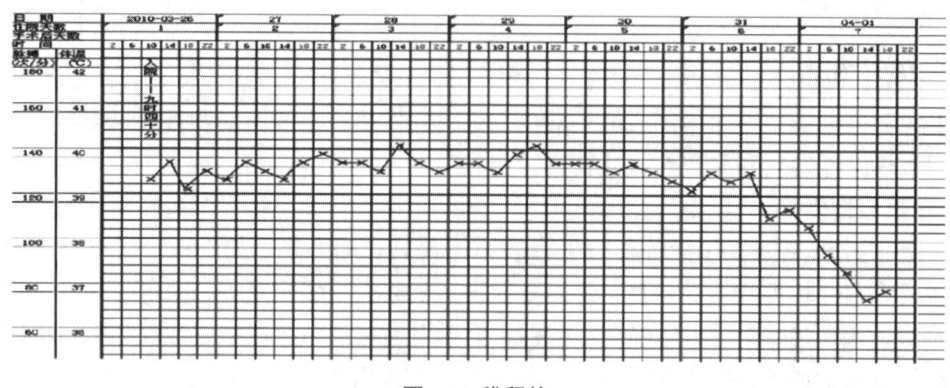

图1-1 稽留热

(2) 弛张热 (remittent fever): 又称败血症热。体温常在 39℃以上, 24 h 内波动范围超过 2℃, 但最低体温仍高于正常水平 (图1-2)。常见于败血症、风湿热、重症肺结核及化脓性炎症等。

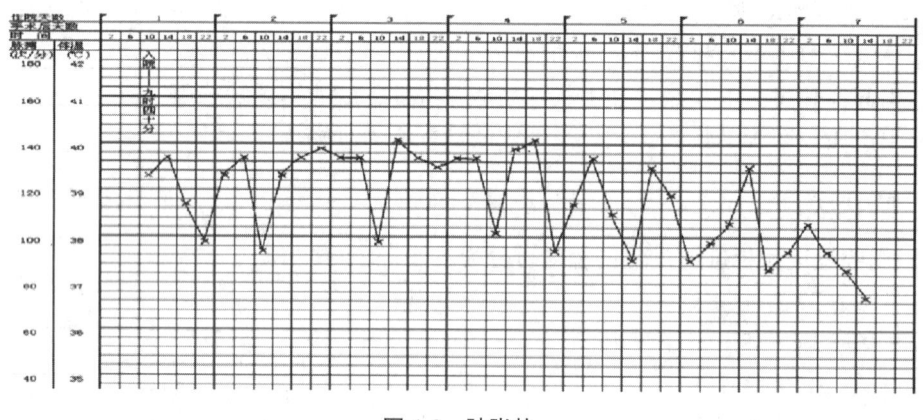

图1-2 弛张热

(3) 间歇热 (intermittent fever): 体温骤升达高峰后持续数小时, 又迅速降至正常水平, 无热期可持续 1 日或数日, 如此高热期与无热期交替反复出现 (图1-3)。常见于疟疾、急性肾盂肾炎等。

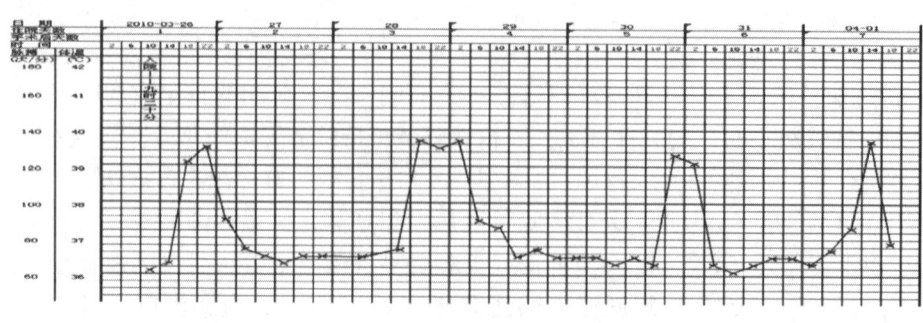

图1-3 间歇热

(4) 回归热 (recurrent fever): 体温骤升至 39℃或以上, 持续数日后又骤降至正常水平, 高热期与无热期各持续数日后规律地交替出现 (图1-4)。常见于回归热、霍奇金病等。

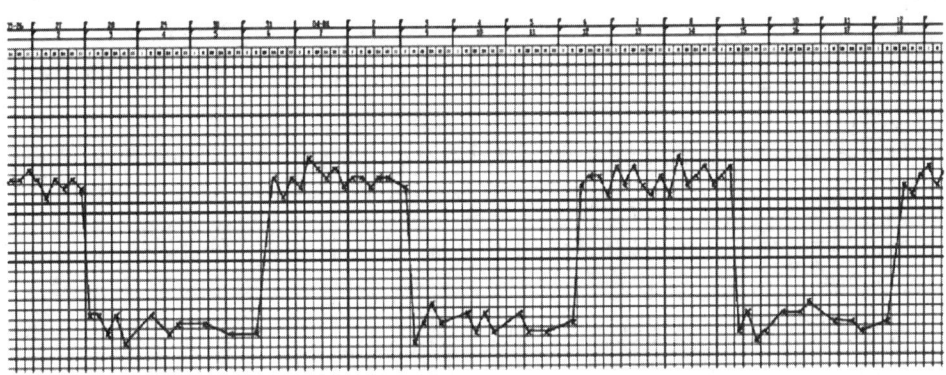

图 1-4 回归热

(5) 波状热（undulant fever）：体温逐渐升至 39℃ 或以上，数日后逐渐降至正常水平，持续数日后又逐渐升高，如此反复多次（图 1-5）。常见于布鲁菌病。

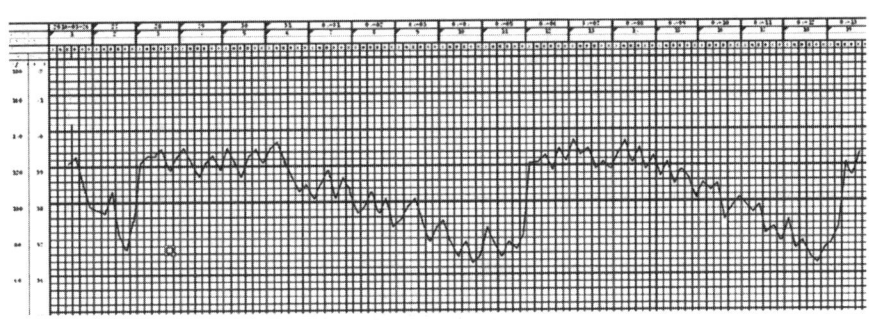

图 1-5 波状热

(6) 不规则热（irregular fever）：发热时体温波动无一定规律（图 1-6）。常见于结核病、风湿热、支气管肺炎、渗出性胸膜炎等。

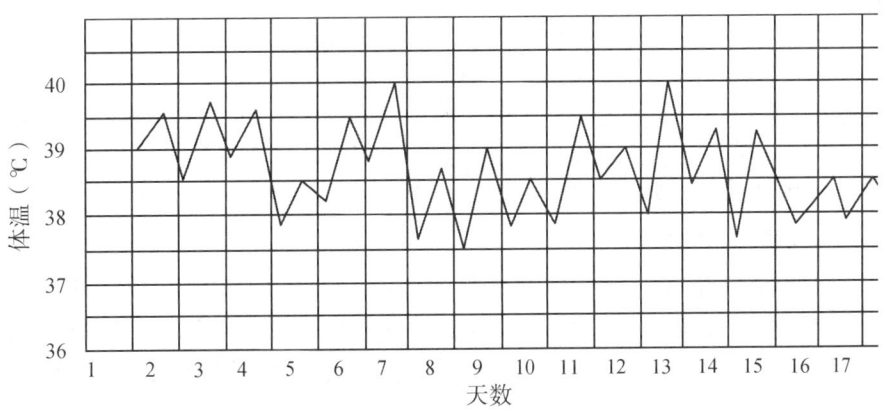

图 1-6 不规则热

热型的不同有助于对发热病因进行诊断或鉴别诊断。但应注意：①药物的影响：抗生素或糖皮质激素的应用，可使某些疾病的特征性热型变得不典型或呈不规则热型；②个体差异：热型与个体反应的强弱也有关，如体质衰弱、老年人或危重患者，感染时可表现为低热或无发热。

四、伴随症状

伴随症状有助于疾病的诊断或鉴别诊断，发热常见的伴随症状如下。

1. 伴寒战 常见于大叶性肺炎、败血症、急性胆囊炎、急性肾盂肾炎、流行性脑脊髓膜炎、疟疾、钩端螺旋体病、药物热、急性溶血或输血反应等。

2. 伴结膜充血 常见于麻疹、流行性出血热、斑疹伤寒、钩端螺旋体病等。

3. 伴口唇单纯疱疹 常见于急性发热性疾病，如大叶性肺炎、流行性脑脊髓膜炎、间日疟、流行性感冒等。

4. 伴淋巴结肿大 常见于传染性单核细胞增多症、风疹、淋巴结结核、局灶性化脓性感染、丝虫病、淋巴瘤、白血病、转移癌等。

5. 伴肝、脾大 常见于传染性单核细胞增多症、病毒性肝炎、肝及胆道感染、布鲁菌病、疟疾、结缔组织病、白血病、淋巴瘤等。

6. 伴关节肿痛 常见于败血症、猩红热、布鲁菌病、风湿热、结缔组织病、痛风等。

7. 伴皮疹 常见于麻疹、猩红热、风疹、水痘、斑疹伤寒、风湿热、结缔组织病、药物热等。

8. 伴昏迷 先发热后昏迷常见于流行性乙型脑炎、斑疹伤寒、流行性脑脊髓膜炎、中毒性细菌性痢疾等；先昏迷后发热常见于脑出血、巴比妥类药物中毒等。

要点提示：发热的临床过程一般分为三个阶段：体温上升期、高温期、体温下降期。

自测题

扫码测验

第三节 头 痛

疼痛指机体对损伤组织产生的一种不愉快的感觉和反应，是一种复杂的生理心理活动。伤害性刺激作用于机体所引起的感觉称为痛感觉，机体对伤害性刺激的反应称为痛反应。疼痛对人体有利的一面表现为疼痛可作为机体对周围环境的保护性反应；不利的一面是剧烈的疼痛可引发休克等一系列机体功能变化。

头痛（headache）是指额、顶、颞及枕部的疼痛，从眉毛以上向后到枕骨粗隆范围的疼痛。可见于多种疾病，大多无特异性，例如发热性疾病往往伴有头痛，精神紧张、过度疲劳时也可有头痛。但反复发作或持续的头痛，可能是某些器质性疾病的信号，应认真检查，明确诊断，及时治疗。

一、常见病因

1. 颅脑病变

（1）感染：如脑膜炎、脑炎、脑脓肿等。

（2）血管病变：如蛛网膜下腔出血、脑出血、脑血栓形成、脑栓塞、高血压脑病、脑供血不足、脑血管畸形等。

（3）占位性病变：如脑肿瘤、颅内转移瘤、颅内囊虫病或包虫病等。

（4）颅脑外伤：如脑震荡、脑挫伤、硬膜下血肿、颅内血肿、脑外伤后遗症等。

（5）其他：如偏头痛、丛集性头痛、头痛型癫痫、腰椎穿刺后及腰椎麻醉后头痛。

2. 颅外病变

(1) 颅骨疾病：如颅底凹陷症。

(2) 颈部疾病：颈椎病及其他颈部疾病。

(3) 神经痛：如三叉神经、舌咽神经及枕神经痛。

(4) 其他：如眼、耳、鼻和牙齿疾病所致的头痛。

3. 全身性疾病

(1) 急性感染：如流感、伤寒、肺炎等发热性疾病。

(2) 心血管疾病：如高血压、心力衰竭。

(3) 中毒：如铅、乙醇、一氧化碳、有机磷、药物（如颠茄、水杨酸类）等中毒。

(4) 其他：尿毒症、低血糖、贫血、肺性脑病、系统性红斑狼疮、月经及绝经期头痛、中暑等。

4. 神经症 如神经衰弱及癔症性头痛。

二、临床表现

1. 发病情况 颅内血管性疾病引起的头痛，无发热、持续性，并伴有不同程度的意识障碍；长期、反复发作的头痛或搏动性头痛，多为血管性头痛或神经症；慢性进行性头痛伴有颅内压增高的症状，多为颅内占位性病变；青壮年慢性头痛，常因焦虑、情绪紧张发生，多为肌紧张性头痛，无颅内压增高。

2. 头痛部位 头痛部位对病因的诊断有重要价值，如单侧还是双侧、前额还是枕部、局部还是弥散、颅内还是颅外等。偏头痛、丛集性头痛多在一侧；高血压引起的头痛多在额部或整个头部；眼源性头痛为浅在性且局限于眼眶、前额或颞部；鼻源性或牙源性头痛也多为浅表性疼痛；颅内病变的头痛常为深在性且较弥散。注意：颅内深部病变的头痛，部位不一定与病变部位一致，而且疼痛会向病灶同侧放射。

3. 头痛的程度与性质 头痛的程度与病情轻重并无平行关系，一般分轻、中、重 3 种。脑肿瘤的疼痛多为中度或轻度；三叉神经痛（多呈电击样痛）、偏头痛及脑膜刺激的疼痛最为剧烈。高血压性、血管性及发热性疾病的头痛往往呈搏动性；肌肉收缩性头痛多为重压感、紧箍感。

4. 头痛出现的时间与持续时间 某些头痛可发生在特定时间，如颅内占位性病变往往清晨加剧，鼻窦炎的头痛也常发生于清晨或午后；丛集性头痛常在晚间发生；女性偏头痛常与月经期有关；脑肿瘤的头痛多为持续性，可有长短不等的缓解期。

5. 头痛加重及缓解因素 咳嗽、打喷嚏、摇头、俯身可引发颅内高压性头痛、血管性头痛、颅内感染性头痛及脑肿瘤性头痛加剧；职业性颈肌痉挛所致的头痛，经活动按摩颈肌而逐渐缓解；丛集性头痛在直立时可缓解；偏头痛在应用麦角胺后可缓解。

三、伴随症状

1. 伴剧烈呕吐 为颅内压增高所致，头痛在呕吐后减轻者见于偏头痛。

2. 伴发热 见于感染性疾病，包括颅内或全身性感染。

3. 伴眩晕 见于小脑肿瘤、椎-基底动脉供血不足。

4. 伴精神症状 慢性进行性头痛出现精神症状时应注意颅内肿瘤。

5. 伴意识障碍 慢性头痛突然加剧并有意识障碍者提示可能发生脑疝。

6. 伴视力障碍 见于青光眼、脑肿瘤等。

7. 伴脑膜刺激征 见于脑膜炎、蛛网膜下腔出血等。

要点提示：头痛可见于多种疾病，大多无特异性。

> 自测题

扫码测验

第四节 咳嗽、咳痰

咳嗽（cough）是一种反射性防御动作，通过咳嗽可以排出呼吸道内的分泌物或进入气道内的异物，对机体来说具有保护性；但咳嗽也有不利的一面，例如可使呼吸道内感染扩散，长期、频繁、剧烈的咳嗽，可影响工作与休息，甚至对机体造成损害。咳痰（expectoration）是气管、支气管的分泌物或肺泡内的渗出液，借助咳嗽排出体外的现象。

一、常见病因

1．呼吸系统疾病 呼吸道各部位受到刺激时，均可引起咳嗽。如咽喉炎、喉结核、喉癌等可引起干咳，气管-支气管炎、支气管扩张、支气管哮喘、支气管内膜结核及各种物理（包括异物）、化学、过敏因素对气管、支气管的刺激，以及肺部细菌、结核分枝杆菌、真菌、病毒、支原体或寄生虫感染以及肺部肿瘤等均可引起咳嗽和（或）咳痰。其中呼吸道感染是引起咳嗽、咳痰最常见的原因。

2．胸膜疾病 各种原因所致的胸膜炎、自发性或外伤性气胸、血胸等。

3．心血管疾病 二尖瓣狭窄、左心衰竭引起肺淤血、肺水肿，或因右心及体循环静脉栓子脱落引起的肺栓塞。

4．中枢神经系统疾病 脑炎、脑膜炎可影响大脑皮质或延髓咳嗽中枢引起咳嗽。

5．其他 如服用血管紧张素转化酶抑制剂（如卡托普利）后可出现刺激性干咳，胃食管反流所致咳嗽及心理性咳嗽等。

二、发生机制

咳嗽由延髓咳嗽中枢受刺激引起。来自耳、鼻、咽、喉、支气管、胸膜等感受区的刺激传入延髓咳嗽中枢，经喉下神经、膈神经与脊神经等传出神经，分别引起咽肌、膈肌与其他呼吸肌的运动，从而完成咳嗽动作。表现为深吸气后，声门关闭，继以突然剧烈的呼气，冲出狭窄的声门裂隙产生咳嗽动作和发出声音。

咳痰是一种病态现象。正常支气管黏膜腺体和杯状细胞只分泌少量黏液，以保持呼吸道黏膜的湿润。当呼吸道发生炎症时，黏膜充血、水肿，腺体分泌增加，毛细血管壁通透性增强，浆液渗出，渗出物与黏液、吸入的尘埃和某些组织坏死物等混合成痰，借助咳嗽动作排出体外。在呼吸道感染和肺寄生虫病时，痰中可查到病原体。肺淤血和肺水肿时，毛细血管通透性增高，肺泡和小支气管内有不同程度的浆液漏出，也会引起咳痰。

三、临床表现

1．咳嗽的性质 咳嗽无痰或痰量很少，称为干性咳嗽。刺激性干咳常见于急、慢性咽喉炎、喉癌、急性支气管炎初期、气管受压、支气管肿瘤或二尖瓣狭窄等。咳嗽伴有痰液，称为湿性咳嗽。常见于慢性支气管炎、支气管扩张症、肺炎、肺脓肿及空洞型肺结核等。

2. 咳嗽的时间与规律　突发性咳嗽常由于吸入刺激性气体或异物、淋巴结或肿瘤压迫气管或支气管分叉处所引起。发作性咳嗽多见于支气管内膜结核、百日咳、支气管哮喘等。长期反复发作的咳嗽多见于慢性呼吸道疾病，如慢性支气管炎、肺脓肿、支气管扩张症、肺结核等。晨起或体位变动时咳嗽伴脓痰常见于肺脓肿、支气管扩张。清晨起床及夜间睡眠时咳嗽明显，多见于慢性支气管炎。夜间咳嗽多见于左心衰竭、肺结核患者等，可能与夜间迷走神经兴奋性增高及肺淤血加重有关。

3. 咳嗽的音色　咳嗽声音嘶哑，多见于声带的炎症、喉癌和喉返神经麻痹所致。金属音调的咳嗽，常见于原发性支气管肺癌、纵隔肿瘤、主动脉瘤等直接压迫气管所致。鸡鸣样咳嗽表现为连续阵发性剧咳伴有高调吸气回声，多见于百日咳、气管受压、会厌及喉部疾患等。咳嗽声音低微或无力，见于严重肺气肿、极度衰竭、声带麻痹等。

4. 痰的性质和痰量　黏液性痰多见于急性支气管炎、支气管哮喘及大叶性肺炎的初期，也可见于慢性支气管炎、肺结核等；浆液性或泡沫样痰多见于肺水肿；血性痰是由于呼吸道黏膜受侵害、损害毛细血管或血液渗入肺泡所致，多见于支气管扩张、肺结核、支气管肺癌等。支气管扩张、肺脓肿时，痰量多且呈脓性，静置后可出现分层现象：上层为泡沫，中层为浆液或浆液脓性，下层为坏死组织。痰液白、黏稠且牵拉成丝，难以咳出，提示真菌感染。每日咳数百至上千毫升浆液泡沫样痰，应考虑肺泡癌的可能。

5. 痰的颜色与气味　铁锈色痰为典型肺炎球菌肺炎的特征；砖红色胶冻状见于肺炎克雷伯菌肺炎；粉红色泡沫状痰见于急性肺水肿；黄绿色痰见于铜绿假单胞菌感染。痰有恶臭味常提示厌氧菌感染，见于肺脓肿、支气管扩张。

四、伴随症状

1. 伴发热　见于急性呼吸道感染、肺结核、胸膜炎等。

2. 伴胸痛　见于肺炎、胸膜炎、自发性气胸、支气管肺癌、肺栓塞等。

3. 伴呼吸困难　见于喉头水肿、喉肿瘤、支气管哮喘、慢性阻塞性肺疾病、重症肺炎、肺结核、大量胸腔积液、气胸等。

4. 伴咯血　见于肺结核、支气管扩张、肺脓肿、支气管肺癌、二尖瓣狭窄、支气管结石、肺含铁血黄素沉着症等。

5. 伴大量脓痰　见于支气管扩张、肺脓肿、肺囊肿合并感染和支气管胸膜瘘等。

6. 伴哮鸣音　见于支气管哮喘、慢性喘息性支气管炎、心源性哮喘、气管与支气管异物、支气管肺癌所致气管与大支气管不完全阻塞等。

7. 伴杵状指（趾）　见于支气管扩张、慢性肺脓肿、支气管肺癌、脓胸等。

自测题

扫码测验

第五节 咯血

咯血（hemoptysis）是指喉及喉以下呼吸道及肺任何部位的出血，经口腔排出。少量咯血有时仅表现为痰中带血；大咯血时血液从口、鼻涌出，可阻塞呼吸道，造成窒息死亡。咯血须与口腔、鼻咽部出血或上消化道出血引起的呕血（hematemesis）相鉴别。咯血与呕血可根据下表进行鉴别（表1-1）。

表1-1 咯血与呕血的鉴别

	咯血	呕血
病史	肺结核、支气管扩张、肺癌、心脏病等	消化性溃疡、肝硬化、急性胃黏膜病变、胆道出血、胃癌等
出血前症状	喉部痒、胸闷、咳嗽等	上腹部不适、恶心、呕吐等
出血方式	咯出	呕出
血的颜色	鲜红色	棕黑色、暗红色、有时为鲜红色
血中混有物	痰、泡沫	食物残渣、胃液
酸碱反应	碱性	酸性
黑便	无（咽下时可有）	有，可呈柏油样便，持续数日
出血后痰的性状	常有痰中带血	无痰

一、病因与发生机制

1．支气管疾病 多见于支气管扩张、支气管肺癌、支气管结核和慢性支气管炎等，发生机制主要是炎症、肿瘤等损伤支气管黏膜或病灶处毛细血管，使毛细血管通透性增加或黏膜下血管破裂所致。

2．肺部疾病 多见于肺结核、肺脓肿、肺炎等，较少见于肺淤血、肺梗死、肺寄生虫等。在我国，引起咯血的常见原因为肺结核和肺癌。其发生机制为病变使毛细血管通透性增高，血液渗出，可致痰中带血或有小血块；小血管受病变侵蚀破裂，可造成中等量咯血；如空洞壁肺动脉分支形成的小动脉瘤破裂，或继发的支气管扩张形成的动静脉瘘破裂，可引起危及生命的大量咯血。

3．心血管疾病 较常见的是二尖瓣狭窄，其次为先天性心脏病所致的肺动脉高压或原发性肺动脉高压、高血压病、肺梗死等。表现为小量咯血或痰中带血、大量咯血、咳粉红色泡沫样血痰和黏稠暗红色血痰。其发生机制多为肺淤血致肺泡壁或支气管内膜毛细血管破裂和支气管黏膜下层支气管静脉曲张破裂所致。

4．其他 血液病（如白血病、血小板减少性紫癜、血友病、再生障碍性贫血等）、急性传染病（如流行性出血热、肺出血型钩端螺旋体病等）、风湿性疾病（如系统性红斑狼疮、结节性多动脉炎等）或气管、支气管子宫内膜异位症等。

二、临床表现

1．年龄 青壮年咯血多见于肺结核、支气管扩张、风湿性心脏病二尖瓣狭窄等。40岁以上有长期吸烟史者，应高度警惕支气管肺癌。

2．咯血量 一般认为每日咯血量少于100 ml为小量，100～500 ml为中等量，500 ml以上或一次咯血100～500 ml为大量。大量咯血主要见于空洞型肺结核、支气管扩张和慢性肺脓肿。支气管肺癌少见大咯血，主要表现为痰中带血，呈持续或间断性。慢性支气管炎和支原体肺炎也可有痰中带血或血性痰，且常伴有剧烈咳嗽。

3．颜色及性状 咳鲜红色血痰，见于肺结核、支气管扩张、肺脓肿及出血性疾病；咳铁锈色痰，主要见于肺炎球菌肺炎；咳砖红色胶冻样血痰，见于肺炎克雷伯菌肺炎；二尖瓣狭窄肺淤血时，痰呈暗红色；左心衰竭肺水肿时，咳粉红色泡沫状痰；肺梗死时，咳黏稠暗红色血痰。

4. 并发症

（1）窒息：表现为大咯血过程中咯血突然减少或中止，气促、胸闷、烦躁不安或紧张、惊恐、大汗淋漓、颜面青紫，重者可有意识障碍。见于极度衰竭无力咳嗽，或应用镇静剂、镇咳药的患者。

（2）失血性休克：表现为大咯血后出现脉搏细速、血压下降、四肢湿冷、烦躁不安、少尿等症状。

（3）肺不张：咯血后出现呼吸困难、胸闷、气急、发绀，呼吸音减弱或消失。

（4）继发感染：咯血后出现发热、体温持续不退，咳嗽加剧，伴肺部干、湿啰音。

三、伴随症状

1. 伴发热 常见于肺炎、肺结核、肺脓肿、流行性出血热、肺出血型钩端螺旋体病、支气管肺癌等。

2. 伴胸痛 常于肺炎球菌肺炎、肺结核、肺梗死、支气管肺癌等。

3. 伴呛咳 常见于支气管肺癌、支原体肺炎等。

4. 伴脓痰 常见于支气管扩张、肺脓肿、空洞型肺结核继发细菌感染等。

5. 伴皮肤黏膜出血 常见于血液病、风湿病、流行性出血热、肺出血钩端螺旋体病等。

6. 伴杵状指（趾） 常见于支气管扩张、肺脓肿、支气管肺癌等。

自测题

扫码测验

第六节　呼吸困难

呼吸困难（dyspnea）是指患者主观上感到空气不足、呼吸费力，客观上表现为呼吸运动用力，严重时可出现张口呼吸、鼻翼扇动、端坐呼吸，甚至发绀、辅助呼吸肌参与呼吸运动，并且出现呼吸频率、深度、节律的改变。

一、病因

1. 呼吸系统疾病 ①气道阻塞；②肺部疾病；③胸壁、胸廓、胸膜腔疾病；④神经肌肉疾病；⑤膈运动障碍。

2. 循环系统疾病 各种原因所致的左心和（或）右心衰竭。

3. 中毒 各种代谢性酸中毒、某些药物及化学毒物。

4. 神经精神疾病 神经精神性疾病、颅脑疾病引起呼吸中枢功能障碍和精神因素所致的呼吸困难。

5. 血液系统疾病 重度贫血、高铁血红蛋白血症、硫化血红蛋白血症等。

二、发生机制及临床表现

1. 肺源性呼吸困难 由于呼吸系统疾病引起的通气、换气功能障碍导致缺氧和（或）二氧化碳潴留。临床上常分为3种类型。

（1）吸气性呼吸困难：主要特点为吸气显著费力，严重者吸气时可见"三凹征"（three depression sign），表现为胸骨上窝、锁骨上窝和肋间隙明显凹陷，此时亦可伴有干咳及高调吸气性喉鸣。常见于喉部、气管、大支气管的狭窄与阻塞。

（2）呼气性呼吸困难：主要特点为呼气费力、呼气缓慢、呼气时间明显延长，常伴有呼气性哮鸣音。常见于慢性支气管炎（喘息型）、慢性阻塞性肺气肿、支气管哮喘、弥漫性泛细支气管炎等。

（3）混合性呼吸困难：主要特点为吸气相及呼气相均感呼吸费力、呼吸频率增快、深度变浅，可伴有呼吸音异常或病理性呼吸音。常见于重症肺炎、重症肺结核、大面积肺栓塞（梗死）、弥漫性肺间质疾病、大量胸腔积液、气胸、广泛性胸膜增厚等。

2. 心源性呼吸困难 主要是由于左心和（或）右心衰竭引起，尤其是左心衰竭时呼吸困难更为严重。

左心衰竭发生的主要原因是肺淤血和肺泡弹性降低。其特点为：①有引起左心衰竭的基础病因，如风湿性心脏病、高血压心脏病、冠状动脉粥样硬化性心脏病等；②呈混合性呼吸困难，活动时呼吸困难明显，休息时减轻，卧位明显，坐位或立位时减轻；③两肺底部或全肺出现湿啰音；④改善左心功能后呼吸困难症状随之好转。

右心衰竭严重时也可引起呼吸困难，但程度较左心衰竭轻，其主要原因为体循环淤血所致。临床上主要见于慢性肺源性心脏病、某些先天性心脏病或由左心衰竭发展而来。另外，也可见于各种原因所致的急性或慢性心包积液。其发生呼吸困难的主要机制是大量心包渗液致心脏压塞或心脏纤维性增厚、钙化、缩窄，使心脏舒张受限，引起体循环静脉淤血所致。

3. 中毒性呼吸困难

（1）代谢性酸中毒可导致血中代谢产物增多，刺激颈动脉窦、主动脉体化学感受器或直接兴奋刺激呼吸中枢引起呼吸困难。其主要表现为：①有引起代谢性酸中毒的基础病因，如尿毒症、糖尿病酮症等；②出现深长而规则的呼吸，可伴有鼾音，称为酸中毒深大呼吸（Kussmaul 呼吸）。

（2）某些药物如吗啡类、巴比妥类等中枢抑制药和有机磷杀虫药中毒时，可抑制呼吸中枢引起呼吸困难。

（3）化学毒物中毒可导致机体缺氧引起呼吸困难，常见于一氧化碳中毒、亚硝酸盐和苯胺类中毒、氰化物中毒。

4. 神经精神性呼吸困难 神经性呼吸困难主要是由于呼吸中枢受增高的颅内压和供血减少的刺激，使呼吸变得慢而深，并常伴有呼吸节律的改变，如双吸气（抽泣样呼吸）、呼吸遏制（吸气突然停止）等。临床常见于重症颅脑疾患，如脑出血、脑炎、脑膜炎、脑脓肿、脑外伤及脑肿瘤等。

精神性呼吸困难主要表现为呼吸快而浅，伴有叹息样呼吸或出现手足搐搦。临床上常见于癔症患者，患者可突然发生呼吸困难。其发生机制多为过度通气而发生呼吸性碱中毒所致，严重时也可出现意识障碍。

5. 血源性呼吸困难 多由红细胞携氧量减少、血氧含量降低所致。表现为呼吸浅、心率快。临床常见于重度贫血、高铁血红蛋白血症、硫化血红蛋白血症。除此以外，大出血或休克时，因缺氧和血压下降，刺激呼吸中枢，也可使呼吸加快。

三、伴随症状

1. 伴哮鸣音 多见于支气管哮喘、心源性哮喘；突发性重度呼吸困难见于急性喉水肿、气管异物、大面积肺栓塞、自发性气胸等。

2. 伴发热 多见于肺炎、肺脓肿、肺结核、胸膜炎、急性心包炎等。

3. 伴一侧胸痛 见于大叶性肺炎、急性渗出性胸膜炎、肺栓塞、自发性气胸、急性心肌梗死、支气管肺癌等。

4. 伴咳嗽、咳痰 见于慢性支气管炎、阻塞性肺气肿、支气管扩张、肺脓肿等；伴粉红色泡沫痰见于急性左心衰竭。

5. 伴意识障碍 见于脑出血、脑膜炎、糖尿病酮症酸中毒、尿毒症、急性中毒、休克型肺炎等。

自测题

扫码测验

第七节 心 悸

心悸（palpitation）是人们感到心脏异常搏动的一种现象。心悸有时被描述为心慌、间歇脉、漏跳、早跳、心跳剧烈、心跳快或心跳不规则。这些不适的原因可能来源于心脏搏动的节奏（心律）、快慢（心率）或者心肌收缩力增强的变化。心悸可见于自主神经功能紊乱，也可见于器质性心脏疾病或非心脏疾病。

心悸发生的机制较复杂。目前认为心脏搏动的起源异常或传导异常是心悸发生的基础，主要与心率快慢、心搏节律以及搏动强弱变化等有关。在心动过速时，舒张期缩短、心室充盈不足，心室收缩时心室肌与心瓣膜的紧张度突然增加，可引起心脏搏动增强而出现心悸。期前收缩时一个较长的间歇之后心室充盈时间长，使心脏搏动增强，也会令人感到心脏搏动加剧。突然发作的心律失常往往心悸症状较明显，而慢性心律失常如慢性持续性房颤，可能因长期适应而无明显心悸表现。对心脏异常搏动的感受也因人而异，常与精神因素和本身的注意力有关，在焦虑、紧张及注意力集中时更易出现。总的来说，个体对心脏搏动的感知差异很大，同样的心律失常有人感觉明显心悸，有人却感觉不明显。

一、病因

心悸的病因很多，最常见的是心律失常。某些非心律失常性心脏疾病、全身性疾病、心因性疾病和一些药物等也可引发心悸。

1. 心律失常 多种心律失常可诱发心悸，包括窦性心动过速或窦性心律不齐、室上性或室性期前收缩、心房扑动或心房颤动、房室传导阻滞或窦房结功能异常所致心动过缓、慢快综合征（病态窦房结综合征）、室上性心动过速、室性心动过速、预激综合征等。有些心律失常尚有头晕、黑矇甚至意识丧失，这是鉴别心悸原因的重要临床特点。

2. 焦虑或惊恐 精神心理因素造成的心悸占15%～31%。诊断主要依据病史，其特点为反复发作。此类异常多见于育龄或围绝经期女性，与此类人群更易出现躯体化、疑病症等心理异常有关。精神紧张、工作和生活压力大、内分泌紊乱、激素代谢失常等均可导致心理异常，从而产生心悸症状。鉴别精神心理因素所致的心悸可藉由心理问卷等诊断工具，但做出最终诊断必须先排除器质性疾病所致的心悸。

3. 器质性心脏病 此类疾病包括冠状动脉粥样硬化性心脏病、各种心肌病、充血性心力衰竭、瓣膜性心脏病（如主动脉瓣关闭不全、主动脉瓣狭窄、二尖瓣脱垂等）、心包炎、房间隔缺损或室间隔缺损等。心悸一般不是此类患者的首要临床症状，全面的病史询问、细致的体格检查和有针对性的辅助检查足以明确心悸病因。

4. 心脏以外的原因 有些心悸的患者同时伴随发热、水和电解质紊乱、低血糖、低血压、甲状腺代谢疾病、贫血等临床情况，有些呼吸系统疾病也会产生心悸的症状。咖啡因、乙醇、可卡因、烟草等物质会引起心悸，麻黄、麻黄碱、洋地黄类、茶碱类、吩噻嗪、β受体阻滞药、钙拮抗药等血管活性药物也会引起心悸。

二、诊断

对心悸的诊断包括详细而全面的病史询问及细致的体格检查，确诊则依靠心电图检查。

病史应包括现病史、系统回顾、家族史、用药史等。体格检查重点包括一般情况、头颈部、心脏听诊、神经系统查体等。陈旧性心梗、结构性心脏病、心功能不全的患者，如果有心悸症状，须警惕恶性心律失常。心悸伴晕厥或有心肌病、猝死家族史的患者，也是恶性心律失常的高危人群。

不同的临床表现可提示对应的可能诊断：偶然发生（尤其是静卧时）的早搏往往提示室性期前收缩；快速、不规律的搏动往往提示心房颤动；阵发性心搏突发、突止往往提示阵发性室上性心动过速。部分患者，尤其是年轻女性，发生心悸时常被诊断为焦虑、惊恐等心理疾病，做出此类诊断必须首先排除真正的心律失常。

心电图的特异性表现对诊断意义较大，如短 PR 间期及 delta 波等提示预激综合征，I、aVL、$V_4 \sim V_6$ 导联深 Q 波伴明显的左室肥厚提示肥厚型心肌病。其他可能需要的检验和检查包括动态心电图、植入式循环记录仪、血常规、电解质、心肌损伤标志物、甲状腺功能、倾斜试验、超声心动图、心脏磁共振、运动试验、电生理检查等。诊断的重点在于识别患者有无心律失常，确定心律失常的病因，以及心悸是否由心律失常引起，如此方能指导治疗。

 自测题

扫码测验

第八节 恶心、呕吐

恶心（nausea）为上腹部不适和紧迫欲吐的感觉，可伴随迷走神经兴奋的症状，如皮肤苍白、流涎、出汗、心动过缓及血压降低等。呕吐（vomiting）是指通过胃的强烈收缩，使得胃或部分小肠内容物经食管、口腔排出体外的现象。恶心与呕吐均为临床常见症状，是复杂的反射动作，可由多种原因引起。恶心常为呕吐的前奏，但是呕吐不一定伴恶心，反之亦然。

一、分类与病因

1. 中枢性呕吐

（1）神经系统疾病：①颅内感染：各种脑膜炎、脑炎、脑脓肿；②脑血管疾病：脑血栓形成、脑栓塞、脑出血、高血压脑病及偏头痛等；③癫痫：尤其是癫痫持续状态；④颅脑损伤：脑挫裂伤、颅内血肿或蛛网膜下腔出血。

（2）全身疾病：尿毒症、糖尿病酮症酸中毒、肝性脑病、甲状腺功能亢进危象、甲状旁腺危象、肾上腺皮质功能不全、低血钠或早孕反应等。

（3）药物与中毒：某些药物（如抗生素、抗癌药、吗啡、洋地黄等）或毒物（如重金属、一氧化碳、乙醇、鼠药、有机磷农药等）中毒。

（4）精神因素：胃神经官能症、神经性厌食、癔症。

2. 反射性呕吐

（1）消化系统疾病：①口咽部炎症，物理、化学刺激；②胃、十二指肠疾病：急（慢）性胃肠炎、消化性溃疡、幽门梗阻、功能性消化不良、急性胃扩张或胃癌等；③肠道疾病：急性阑尾炎、各型肠梗阻、急性出血坏死性肠炎、腹型过敏性紫癜等；④腹膜及肠系膜疾病：急性腹膜炎、急性肠系膜淋巴结炎等；⑤肝、胆、胰腺疾病：急性肝炎、肝硬化、肝淤血、急慢性胆囊炎或胰腺炎等。

（2）循环系统疾病：急性心肌梗死、心力衰竭、休克等。

（3）泌尿与生殖系统疾病：急性肾盂肾炎、肾输尿管结石、急性盆腔炎等。

（4）眼部疾病：青光眼、屈光不正等。

（5）内耳前庭功能障碍性呕吐：迷路炎、晕动病、梅尼埃病等。

二、发病机制

呕吐是需要中枢神经参与的复杂的反射动作，其过程可分为 3 个阶段，即恶心、干呕与呕吐。恶心时胃张力和蠕动减弱，十二指肠张力增强，可伴或不伴有十二指肠肠液反流；干呕时胃上部放松而胃窦部短暂收缩；呕吐时胃窦部持续收缩、贲门开放、腹肌收缩、腹压增加，迫使胃内容物急速而猛烈地从胃反流，经食管、口腔而排出体外。

呕吐中枢位于延髓，由两个解剖学上相邻而功能不同的结构组成：一是神经反射中枢，即呕吐中枢，位于延髓外侧网状结构的背部；二是化学感受器触发区，位于延髓第四脑室的底面。前者直接支配呕吐的动作，接受来自消化道、大脑皮质、内耳前庭、冠状动脉以及化学感受器触发带的传入冲动，直接支配呕吐动作；后者接受各种外来的化学物质或药物（如阿扑吗啡、洋地黄、依米丁等）及内源性代谢产物（如感染、酮中毒、尿毒症等）的刺激，引发神经冲动，传至呕吐中枢而引发呕吐。

三、临床表现

1. 呕吐的发生时间 尿毒症、慢性乙醇中毒、功能性消化不良或早期妊娠的女性通常表现为晨起呕吐；鼻窦炎患者因起床体位改变，脓液经鼻后孔流出刺激咽部，亦可引起晨起恶心、干呕；幽门梗阻者常见于晚上或夜间呕吐。

2. 呕吐与进食的关系 幽门管溃疡或精神性呕吐表现为进食过程中或餐后立刻呕吐；胃张力下降或胃排空延迟表现为餐后 1 h 以上呕吐，亦称为延迟性呕吐；幽门梗阻表现为餐后较久或数餐后呕吐，呕吐物有隔夜宿食；食物中毒表现为集体餐后呕吐。

3. 呕吐的特点 神经性或颅内高压性呕吐，恶心很轻或缺如，颅内高压性呕吐以喷射状呕吐为特点；而反射性或周围性呕吐常伴有恶心，呕吐为非喷射性。长期反复发作而营养状态不受影响，多为神经性呕吐。

4. 呕吐物的性质　呕吐物发酵、有腐败气味考虑胃潴留；呕吐物呈粪臭味考虑低位小肠梗阻；呕吐物不含胆汁提示梗阻平面多在十二指肠乳头以上，若含多量胆汁则提示在此平面以下；呕吐物含大量酸性液体考虑促胃液素瘤或十二指肠溃疡，若无酸味者考虑贲门狭窄或贲门失弛缓症。

四、伴随症状

了解相关伴随症状有利于恶心、呕吐的病因诊断。

1. 伴腹痛、腹泻　多见于急性胃肠炎、细菌性食物中毒、霍乱、副霍乱或各种原因引起的急性中毒。

2. 伴发热、寒战及右上腹痛　多见于胆囊炎或胆石症。

3. 伴眩晕、眼球震颤　多见于前庭器官疾病。

4. 伴头痛及喷射性呕吐　多见于颅内压增高或青光眼。

自测题

扫码测验

第九节　腹　痛

腹痛（abdominal pain）是临床极其常见的症状，多数由腹部脏器疾病引起，腹腔外疾病及全身性疾病也可引起。腹痛的性质和程度，既受病变性质和刺激程度的影响，也受神经和心理因素的影响。临床上一般将腹痛按起病缓急、病程长短分为急性腹痛和慢性腹痛。

一、常见病因

1. 急性腹痛　指不超过24 h的腹痛。

（1）腹腔器官急性炎症：急性胃炎、急性肠炎、急性胰腺炎、急性胆囊炎、急性阑尾炎、急性出血坏死性肠炎等。

（2）空腔脏器阻塞或扩张：肠梗阻、肠套叠、胆道结石、胆道蛔虫症、泌尿系统结石梗阻等。

（3）脏器扭转或破裂：肠扭转、肠绞窄、肠系膜或大网膜扭转、卵巢囊肿蒂扭转、肝破裂、脾破裂、异位妊娠破裂等。

（4）腹膜炎症：多由胃肠穿孔引起，少部分为自发性腹膜炎。

（5）腹腔内血管阻塞：如缺血性肠病、腹主动脉夹层、门静脉血栓形成等。

（6）腹壁疾病：如腹壁挫伤、脓肿及腹壁皮肤带状疱疹等。

（7）胸腔疾病：如肺炎、肺梗死、心绞痛、心肌梗死、急性心包炎、胸膜炎、食管裂孔疝、胸椎结核、急性纵隔炎等。

（8）全身性疾病：如腹型过敏性紫癜、糖尿病酸中毒、尿毒症、铅中毒、卟啉病等。

2. 慢性腹痛

（1）腹腔脏器慢性炎症：反流性食管炎、慢性胃炎、慢性胆囊炎及胆道感染、慢性胰腺炎、结核性腹膜炎、溃疡性结肠炎、克罗恩病等。

(2) 消化道运动障碍：功能性消化不良、肠易激综合征及胆道运动功能障碍等。

(3) 消化性溃疡。

(4) 腹腔脏器扭转或梗阻：慢性胃、肠扭转，肠粘连所致的慢性肠梗阻等。

(5) 实质性脏器增大：肝淤血、肝炎、肝脓肿、肝癌等。

(6) 腹内肿瘤的压迫与浸润：以恶性肿瘤居多，如胃癌、结肠癌、肝癌、胰腺癌等。

(7) 中毒与代谢障碍：铅中毒、尿毒症等。

(8) 神经精神因素：胃肠神经症、肠易激综合征等。

二、发生机制

腹痛是腹部神经受到疾病刺激的一种反应，其发生机制可分为3种：内脏性腹痛、躯体性腹痛和牵涉痛。

内脏性腹痛临床上最为常见，是指腹内某一器官受到刺激，痛觉信号由交感神经传入脊髓引起。其特点为：①疼痛部位弥散，定位不确切，接近腹中线；②疼痛感觉模糊，多为痉挛、不适、钝痛、灼痛、绞痛；③常伴有恶心、呕吐、出汗等其他自主神经兴奋症状。

躯体性腹痛多见于腹膜炎或腹膜癌性浸润，是由来自腹膜壁层及腹壁的痛觉信号，经体神经传至脊神经根，反映到相应脊髓节段所支配的皮肤所引起。其特点为：①定位准确，一般位于受累器官附近的腹壁区域；②疼痛程度尖锐、剧烈而持续；③可伴有局部压痛、反跳痛和腹肌强直；④疼痛可因咳嗽、体位变化而加重。

牵涉痛指内脏疾病引起体表相应部位的疼痛或痛觉过敏。其特点为：①定位明确，常发生在远离病变器官的体表，也可发生在病变脏器的体表，其部位所属与病变器官的神经阶段性分布是一致的；②疼痛剧烈，可伴有局部压痛、肌紧张和皮肤感觉过敏等。

三、临床表现

1. 腹痛部位　一般腹痛部位多为病变所在部位。如胃、十二指肠和胰腺疾病，疼痛多在中上腹部；肝和胆囊疾病，疼痛多在右上腹部；阑尾和回盲部病变，疼痛在右下腹部；小肠疾病，疼痛多在脐部或脐周；结肠疾病，疼痛多在下腹或左下腹部；膀胱炎、盆腔炎及异位妊娠破裂，疼痛亦在下腹部。弥漫性或部位不定的疼痛，见于急性弥漫性腹膜炎、机械性肠梗阻、急性出血坏死性肠炎、卟啉病、铅中毒、腹型过敏性紫癜等。

2. 腹痛性质和程度　突发的中上腹剧烈刀割样痛、烧灼样痛，多为胃、十二指肠溃疡穿孔；中上腹持续性隐痛，多考虑慢性胃炎及胃、十二指肠溃疡；上腹部持续性钝痛或刀割样疼痛，呈阵发性加剧，多为急性胰腺炎；阵发性剧烈绞痛，提示空腔脏器痉挛，多见于肠梗阻、胆石症或泌尿系统结石；阵发性剑突下钻顶样疼痛是胆道蛔虫症的典型表现；持续性、广泛性剧烈腹痛伴腹壁肌紧张或板样强直，提示为急性弥漫性腹膜炎。其中隐痛或钝痛多为内脏性疼痛，多由胃肠张力变化或轻度炎症引起，胀痛可能为实质脏器包膜牵张所致，如慢性肝炎、淤血性肝大。

3. 诱发因素　高脂饮食可诱发胆囊炎或胆石症；不洁饮食可引起急性胃肠炎；急性胰腺炎发作前则常有酗酒、暴饮暴食；部分机械性肠梗阻多与腹部手术有关；腹部受暴力作用引起的剧痛并有休克者，可能是肝、脾破裂所致。

4. 发作时间　餐后痛可能由于胆胰疾病、胃部肿瘤或消化不良所致；周期性、节律性上腹痛常见于胃、十二指肠溃疡；子宫内膜异位者，腹痛与月经来潮相关；卵泡破裂者疼痛发作在月经间期。

5. 与体位的关系　胃黏膜脱垂者左侧卧位可使疼痛减轻；胰体癌患者仰卧位时疼痛明显，而前倾位或俯卧位时减轻；反流性食管炎患者的灼痛在躯体前屈时明显，直立位时减轻。

6. 腹痛的放射性 胆道疾病疼痛向右肩背部放射；胰腺炎疼痛常向左腰背部放射；泌尿系统结石疼痛向会阴部放射。此外，心绞痛、心肌梗死、大叶性肺炎疼痛可放射到上腹部。

四、伴随症状

1．伴发热、寒战 提示腹腔内有炎症存在，常见于急性胆道感染、胆囊炎、肝脓肿、腹腔脓肿、阑尾炎等，也可见于腹腔外感染性疾病。

2．伴黄疸 可能与肝、胆、胰疾病有关。

3．伴休克 同时伴有贫血者，可能是腹腔脏器破裂（如肝、脾或异位妊娠破裂等）；也可见于胃肠穿孔、绞窄性肠梗阻、肠扭转、急性出血坏死性胰腺炎等。另外，腹腔外疾病，如心肌梗死、肺炎等，也可有腹痛与休克，应高度警惕。

4．伴呕吐、腹泻 提示胃肠病变，如急性胃炎、食物中毒等。

5．伴反酸、嗳气 常见于慢性胃炎或消化性溃疡。

6．伴血尿 常见于泌尿系结石所致。

自测题

扫码测验

第十节　呕　血

呕血（hematemesis）系上消化道疾病（指屈氏韧带以上的消化道，包括食管、胃、十二指肠、肝、胆、胰及胃空肠吻合术后的空肠上段疾病）或全身性疾病所致的上消化道出血，血液经口腔呕出。

一、病因

呕血多由上消化道疾病及全身疾病引起。常见原因如下。

1. 上消化道疾病

（1）食管疾病：如食管炎、食管静脉曲张破裂、食管憩室炎、食管癌、食管异物、食管裂孔疝等。

（2）胃及十二指肠疾病：如消化性溃疡、由服用非甾体抗炎药和应激所引起的急性胃十二指肠黏膜病变、胃癌、胃泌素瘤等。

（3）肝、胆道疾病：如肝硬化门静脉高压引起的食管-胃底静脉曲张破裂出血、肝恶性肿瘤（如肝癌）、肝脓肿或肝动脉瘤破裂出血，胆囊或胆道结石、胆道寄生虫、急性出血性胆囊炎、胆囊癌、胆管癌等。

（4）胰腺疾病：如急性胰腺炎合并脓肿或囊肿、胰腺癌破裂出血等。

2. 全身性疾病

（1）血液系统疾病：如血小板减少性紫癜、过敏性紫癜、白血病、血友病、霍奇金病、弥散性血管内凝血及其他凝血功能障碍（如应用抗凝药过量）等。

（2）感染性疾病：如流行性出血热、钩端螺旋体病、登革热、败血症等。

(3) 结缔组织病：如系统性红斑狼疮、皮肌炎、结节性多动脉炎累及上消化道。
(4) 其他：如尿毒症、肺源性心脏病、呼吸衰竭等。

二、临床表现

1. 呕血 呕血前多数患者有上腹部不适及恶心，随后呕出血性胃内容物。呕血颜色可呈红色、混有血凝块、暗红色或咖啡色。呕血的颜色根据出血量的多少、在胃内停留时间的长短及出血部位的不同而异。呕血的同时因部分血液经肠道排出体外，可致便血或形成黑便。大多数呕血可伴有黑便，幽门以上部位出血可兼有呕血与黑便；而幽门以下部位出血则多有黑便而无呕血，若出血量多，血液反流入胃也可引起呕血。

2. 失血性周围循环衰竭 出血量少于循环血容量的10%时，一般临床症状不明显；出血量为循环血容量的10%～20%时，表现为头晕、乏力，一般无血压、脉搏等的变化；出血量达循环血容量的20%以上时，表现为头晕、出冷汗、四肢厥冷、口渴、心悸、脉搏增快等循环系统代偿症状；若出血量达循环血容量的30%以上时，则可表现为急性周围循环衰竭，即意识不清、面色苍白、心率加快、脉搏细弱、血压下降、呼吸急促及休克等。

3. 血液学改变 早期改变不明显，出血3～4h以后由于组织液的渗出及输液等情况，血液被稀释，血红蛋白及红细胞计数可减少。

三、伴随症状

了解伴随症状有助于估计失血量或确定病因。

1. 伴腹痛 中青年人慢性反复发作的周期性与节律性上腹痛，多考虑消化性溃疡；中老年人慢性无明显规律性的上腹痛，同时伴厌食、消瘦、贫血者，应考虑胃癌。较剧烈腹痛见于急性出血性坏死性肠炎、肠套叠、肠系膜血栓形成或栓塞等；腹痛时排血便或脓血便，便后腹痛减轻，见于细菌性痢疾、阿米巴痢疾或溃疡性结肠炎；排血便后腹痛不减轻，常为小肠疾病。

2. 伴肝、脾大 脾大、腹水、蜘蛛痣、肝掌及腹壁静脉曲张，常提示肝硬化；肝区疼痛、肝大、质地坚硬、表面凹凸不平或有结节，同时伴有体重下降，应警惕肝癌。

3. 伴黄疸 黄疸、寒战、发热及右上腹绞痛考虑肝胆疾病；黄疸、发热及全身皮肤黏膜有出血倾向，常见于败血症或钩端螺旋体病等感染性疾病。

4. 伴皮肤黏膜出血 常与血液疾病或凝血功能障碍性疾病有关，如白血病、血小板减少性紫癜、败血症、重症肝炎等。

5. 伴吞咽困难、胃食管反流、胸骨后烧灼样疼痛 常见于食管炎、食管癌等。

自测题

扫码测验

第十一节 便 血

便血（hematochezia）系下消化道出血，血液经由肛门排出。
便血多由下消化道疾病及全身疾病引起，常见病因如下。

一、病因

1. **小肠疾病**　如急性出血性坏死性肠炎、肠结核、肠伤寒、钩虫病、克罗恩病、小肠肿瘤、小肠血管瘤、空肠憩室炎或溃疡、肠套叠等。
2. **结肠疾病**　如急性细菌性痢疾、阿米巴痢疾、血吸虫病、溃疡性结肠炎、结肠憩室炎、结肠癌、结肠息肉病、缺血性结肠炎等。
3. **直肠肛管疾病**　如直肠肛管损伤、非特异性直肠炎、直肠息肉、孤立性直肠息肉、直肠癌、痔、肛裂、肛瘘等。

二、临床表现

便血主要为下消化道出血。便血颜色取决于出血部位、出血量、出血的速度以及血液在肠道内停留的时间。若下消化道出血量多、速度快、部位低，多呈鲜红色；若出血量少、停留时间长、部位高，则多呈暗红色。血液可与粪便相混合或单独排出。若颜色鲜红、单独排出、黏附于粪便表面或排便前后有鲜血滴出或喷血，均提示直肠或肛管疾病，如痔、肛裂或直肠肿瘤引起的出血。上消化道出血或小肠出血，在肠内停留时间较长，粪便呈黑色，由于附有黏液而发亮，类似柏油，故又称柏油便。消化道出血每日出血量在 5～10 ml 以内时，肉眼无粪便颜色改变，需经隐血试验才能确定，称为隐血便（occult blood）。

三、伴随症状

1. **伴头晕、黑矇、口渴、出冷汗**　提示血容量不足，早期可伴随体位变动（如由卧位变为坐、立位时）而发生。
2. **伴里急后重**　自觉排便未净，排便频繁，但每次排便量甚少，且便后未见轻松，提示肛门、直肠疾病，如痢疾、直肠炎、直肠癌等。
3. **伴发热**　常见于伤寒、败血症、流行性出血热、钩端螺旋体病或部分恶性肿瘤，如肠道淋巴瘤、白血病等。
4. **伴全身出血倾向**　常见于急性细菌性痢疾、流行性出血热、重症肝炎、败血症及某些血液疾病，如白血病、血小板减少性紫癜、过敏性紫癜、血友病等。
5. **伴腹部肿块**　常见于肠道恶性淋巴瘤、结肠癌、肠结核、肠套叠等。

 自测题

扫码测验

第十二节　黄　疸

黄疸（jaundice）系由于血清内胆红素升高，导致皮肤、黏膜和巩膜以及其他组织和体液发黄的症状和体征。正常情况下，人体胆红素的代谢保持动态平衡，正常血清总胆红素浓度为 1.7～17.1 μmol/L，当血清总胆红素浓度超过 17.1 μmol/L 时称为黄疸；当血清总胆红素浓度在 17.1～34.2 μmol/L 之间时难以被察觉，称之为隐性黄疸（latent jaundice）；当血清总胆红素浓度超过 34.2 μmol/L 时，为临床上肉眼所见的黄疸。

一、胆红素的正常代谢

黄疸是胆红素代谢紊乱所致,胆红素代谢包括胆红素的生成、运输、摄取、结合、排泄和肠肝循环等过程(图1-7)。

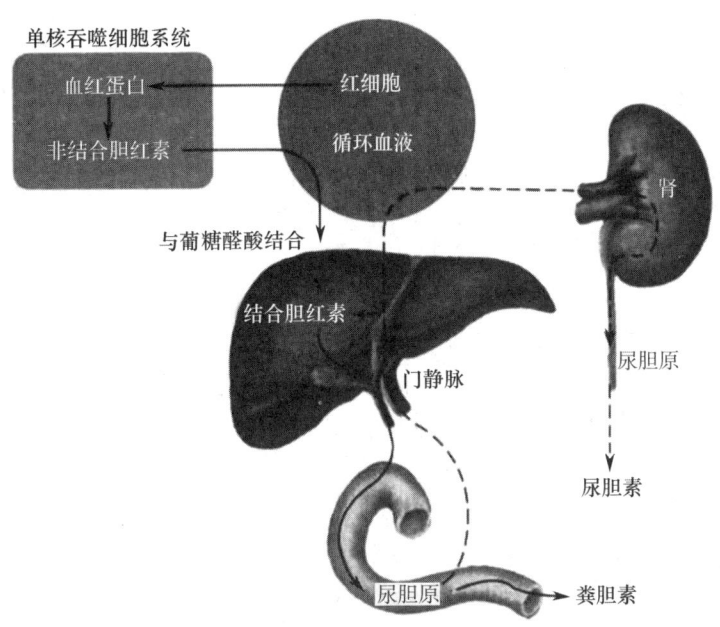

图1-7 正常胆红素代谢过程图

1. 胆红素的生成 体内的胆红素来源于衰老的红细胞、骨髓幼稚红细胞的血红素和肝内含有的亚铁血红素,其中80%~85%主要来源于血红蛋白。血循环中衰老的红细胞被单核吞噬细胞系统破坏,降解为血红蛋白,血红蛋白在组织蛋白酶的作用下形成血红素和珠蛋白,血红素在催化酶的作用下转变为胆绿素,后者再经还原酶还原为胆红素。另外,15%~20%的胆红素(171~513 μmol)来源于骨髓幼稚红细胞的血红素和肝内含有的亚铁血红素(如过氧化氢酶、过氧化物酶、细胞色素氧化酶与肌红蛋白等),这些胆红素称为旁路胆红素(bypass bilirubin)。

2. 胆红素的运输 上述形成的胆红素是游离的、非结合的、不溶于水的,不能从肾小球滤出,故不会出现在尿中,称为游离胆红素或非结合胆红素(unconjugated bilirubin,UCB)。非结合胆红素对中枢神经系统有特殊的亲和力,能透过血脑屏障引发核黄疸。由于非结合胆红素对重氮盐试剂呈间接反应,故又称之为间接胆红素(indirect bilirubin)。其与血清白蛋白结合而运输。

3. 胆红素的摄取、结合 非结合胆红素通过血液循环运输至肝,与白蛋白分离后被肝细胞摄取,在肝细胞内与Y、Z两种载体蛋白结合,并被运输至肝细胞光面内质网的微粒体部分。非结合胆红素经葡糖醛酸转移酶的催化作用与1分子或2分子葡糖醛酸结合,形成胆红素葡糖醛酸单酯或双酯,也称为结合胆红素(conjugated bilirubin,CB)。结合胆红素为水溶性,可通过肾小球滤过从尿中排出,大部分从胆汁排出。由于结合胆红素对重氮盐试剂呈直接反应,故又称为直接胆红素(direct bilirubin)。

4. 胆红素的排泄 结合胆红素在肝细胞内经高尔基复合体运输至毛细胆管微突,经毛细胆管至各级胆管而排入肠道。结合胆红素进入肠道后,经肠道细菌的脱氢酶作用还原为尿胆原。尿胆原(urobilinogen)大部分氧化为尿胆素(urobilin),从粪便中排出称粪胆素(stercobilin)。

5. 胆红素的肠肝循环 小部分尿胆原(10%~20%)可被肠黏膜重吸收,经肝门静脉回到肝内，其中大部分再转变为结合胆红素，又随胆汁排入肠内，形成胆红素的肠肝循环（enterohepatic circulation）；被吸收回肝的小部分尿胆原经体循环由肾排出体外，每日不超过 6.8 μmol（4 mg）。尿胆原接触空气后被氧化为尿胆素，后者是尿的主要色素成分。正常情况下，胆红素进入与离开血液循环保持动态平衡，故血中胆红素的浓度保持相对恒定。

二、分类

1. 按病因学分类 溶血性黄疸、肝细胞性黄疸、胆汁淤积性黄疸（又名阻塞性黄疸或梗阻性黄疸）、先天性非溶血性黄疸（罕见）。

2. 按胆红素性质分类 以非结合胆红素增高为主的黄疸，以结合胆红素增高为主的黄疸。

三、病因

1. 溶血性黄疸（hemolytic jaundice） 所有能引起溶血的疾病均能导致溶血性黄疸的发生。发生溶血性黄疸的常见疾病：①先天性溶血性贫血：如珠蛋白生成障碍性贫血和遗传性球形红细胞增多症；②后天性获得性溶血性贫血：如新生儿溶血、自身免疫性溶血性贫血、不同血型输血后的溶血以及伯氨喹、蚕豆病、毒蕈、蛇毒、阵发性睡眠性血红蛋白尿等所致溶血性贫血。

2. 肝细胞性黄疸（hepatocellular jaundice） 多由导致肝细胞严重损伤的疾病引起。常见疾病有病毒性肝炎、肝硬化、钩端螺旋体病、中毒性肝炎、败血症等。

3. 胆汁淤积性黄疸（cholestatic jaundice） 可分为肝内与肝外两种情况。常见疾病：①肝内阻塞性胆汁淤积，如肝内泥沙样结石、癌栓、寄生虫病（华支睾吸虫病）；②肝内胆汁淤积，如毛细胆管型病毒性肝炎、原发性胆汁性肝硬化、药物性胆汁淤积（氯丙嗪、甲睾酮、避孕药等）、妊娠期肝内胆汁淤积症等；③肝外胆汁淤积，如胆总管结石、狭窄、炎性水肿、肿瘤及蛔虫等阻塞所致。

四、临床表现

1. 溶血性黄疸 轻度黄疸，皮肤黏膜呈浅柠檬色，无皮肤瘙痒；急性溶血时可出现发热、寒战、头痛、呕吐、腰痛，同时有不同程度的贫血和血红蛋白尿（尿呈酱油色或茶色），严重者可发生急性肾衰竭；慢性溶血多为先天性，可同时伴有贫血与脾大。非结合胆红素明显增高，结合胆红素轻度增高；尿中无胆红素，尿胆原增加。

2. 肝细胞性黄疸 表现为较重黄疸，皮肤、黏膜浅黄至深黄色，可伴有轻度皮肤瘙痒。可有肝原发疾病表现，如乏力、食欲减退，严重者可有出血倾向、腹水、昏迷等。结合胆红素与非结合胆红素均增高；尿中胆红素阳性，尿胆原轻度增加。

3. 胆汁淤积性黄疸 重度黄疸，皮肤黏膜呈暗黄色，完全阻塞者颜色更深，甚至呈黄绿色，尿色深，粪便颜色变浅或呈白陶土色。伴有皮肤瘙痒、心动过缓。结合胆红素增高为主，尿胆红素阳性，尿胆原减少或消失。

正常人体内 3 种黄疸的鉴别见表 1-2。

表1-2 正常人体内3种黄疸的鉴别

	血清胆红素			尿胆色素	
	CB	UCB	CB/STB	尿胆红素	尿胆原
正常人	0～6.8 μmol/L	1.7～10.2 μmol/L	0.2～0.4	阴性	0.84～4.2 μmol/L
胆汁淤积性黄疸	明显增加	轻度增加	＞0.5	强阳性	减少或缺如
溶血性黄疸	轻度增加	明显增加	＜0.2	阴性	明显增加
肝细胞性黄疸	中度增加	中度增加	0.2～0.5	阳性	正常或轻度增加

五、伴随症状

1. 伴发热 见于急性胆管炎、肝脓肿、败血症、大叶性肺炎、钩端螺旋体病、病毒性肝炎及各种原因所致的急性溶血等。

2. 伴上腹部剧烈疼痛 见于胆道结石、胆道蛔虫病或肝脓肿。夏科（Charcot）三联征：右上腹剧痛、寒战高热及黄疸，提示急性化脓性胆管炎；持续性右上腹钝痛或胀痛可见于病毒性肝炎、肝脓肿或原发性肝癌。

3. 伴肝大 肝轻至中度大、质地软或中等硬度且表面光滑，见于病毒性肝炎、急性胆道感染或胆道阻塞；明显肿大、质地坚硬、表面凹凸不平有结节者，见于原发性或继发性肝癌；肝大不明显而质地较硬、边缘不整、表面有小结节者，见于肝硬化。

4. 伴胆囊肿大 常见于胆总管有梗阻，如胰头癌、胆总管癌、壶腹癌、胆总管结石等。

5. 伴脾大 常见于肝硬化、钩端螺旋体病、疟疾、败血症、各种原因引起的溶血性贫血及淋巴瘤等。

6. 伴腹水 常见于重症肝炎、肝硬化失代偿期、肝癌等。

7. 伴皮肤瘙痒 常见于胆汁淤积性黄疸、肝细胞性黄疸（轻度瘙痒）。

自测题

扫码测验

第十三节　水　肿

水肿（edema）是指人体组织间隙积聚了过多的液体，导致组织肿胀。液体积聚在体腔内时，称为积液。依据水肿分布的范围不同，可分为全身性水肿和局部性水肿。全身性水肿包括心源性水肿、肾源性水肿、肝源性水肿、营养不良性水肿、内分泌代谢疾病导致的水肿；局部性水肿分为局部静脉回流障碍性水肿、局部炎症性水肿等。

一、病因

1. 全身性水肿

（1）心源性水肿：常见于右心衰竭和缩窄性心包炎。心源性水肿的发病机制是综合性的，主要与毛细血管内流体静水压增高有关。由于心功能下降，静脉血液回流受阻，静脉淤血，压力增高，组织液重吸收减少，造成水肿。此外，钠水潴留等因素也参与水肿形成。

（2）肾源性水肿：常见于各型肾炎、肾病综合征。肾源性水肿的基本发病机制是钠水潴留、蛋白质丢失导致的血浆胶体渗透压降低。肾小球滤过率降低、肾小管重吸收钠水增多，均可导致钠水潴留，造成水肿。心源性水肿和肾源性水肿的鉴别见表1-3。

表1-3 心源性水肿与肾源性水肿的鉴别

鉴别点	心源性水肿	肾源性水肿
开始部位	从足部开始，向上延及全身	从眼睑、颜面开始，延及全身
发展速度	缓慢	迅速
水肿性质	比较坚实，移动性较小	软而移动性大
伴随改变	心脏增大、心脏杂音、肝大、静脉压升高	高血压、尿检查改变、肾功能异常

(3) 肝源性水肿：常见于肝硬化失代偿期、肝癌等。肝硬化失代偿期水肿发病机制主要是门静脉高压、低蛋白血症等。

(4) 营养不良性水肿：常见于慢性消耗性疾病、食物摄入吸收障碍疾病等。发病机制与低蛋白导致血浆胶体渗透压降低有关。

(5) 内分泌代谢疾病导致水肿：常见于甲状腺功能减退症、甲状腺功能亢进症、原发性醛固酮增多症、库欣综合征等。不同病因发病机制有所不同，多与激素水平、代谢异常等因素相关。

(6) 特发性水肿：目前水肿原因不明，考虑与毛细血管通透性增加有关。

(7) 其他原因导致水肿：如妊娠性水肿、老年性水肿、药物性水肿等。

2. 局部性水肿

(1) 局部静脉回流障碍性水肿：常见于下肢静脉曲张、血栓性静脉炎等。发病机制是毛细血管壁通透性增加。

(2) 局部炎症性水肿：常见于蜂窝织炎、丹毒等。发病机制是毛细血管壁通透性增加。

(3) 其他：如丝虫病导致的象皮肿，发病机制是淋巴回流障碍；此外，还有冻伤导致的水肿等。

二、发病机制

正常情况下，组织液是血浆从毛细血管小动脉端滤出至周围组织间隙形成的，再由毛细血管小静脉端或毛细淋巴管回流进入循环，从而维持体液动态平衡。其中某些环节出现异常，会导致组织液的滤出和回流失衡，造成水肿。

(1) 血管内外液体交换平衡失调：①毛细血管流体静水压增高，如右心衰竭、肿瘤压迫等；②血浆胶体渗透压下降，如肝硬化、肾病综合征等；③毛细血管壁通透性增加，如各种炎症、急性肾炎等；④淋巴回流障碍，如丝虫病、血栓性静脉炎等。

(2) 体内外液体交换平衡失调：血管内外液体交换平衡失调也只能解释部分全身性水肿及局部性水肿发生的机制，除此之外，水肿还存在着钠水交换失衡。

三、临床表现

1. 全身性水肿

(1) 心源性水肿：水肿特点为对称性、凹陷性、下垂性，发展较为缓慢。早期，水肿多出现在身体下垂部位，足踝部多见，进而向上发展为全身水肿。长期卧床患者的水肿可局限于骶部。除水肿外还有颈静脉怒张、肝充血肿大等右心衰竭的临床表现。

(2) 肾源性水肿：水肿特点为发展较为迅速。疾病早期常表现为晨起时眼睑和颜面部水肿，进而发展为全身水肿。常有肾功能损害、高血压、尿常规异常等临床表现。肾病综合征除水肿外还伴有大量蛋白尿、低蛋白血症、高脂血症。

(3) 肝源性水肿：水肿自踝部向上蔓延，而头面部、上肢多无水肿发生。临床表现主要有门静脉高压和肝功能减退，常伴有腹水。

（4）营养不良性水肿：水肿多由足部开始，发展至全身。常有明显消瘦、体重减轻等表现。

（5）内分泌代谢疾病导致水肿：不同疾病水肿特点不同。甲状腺功能减退症引起水肿的特点：胫前黏液性水肿，非凹陷性，与体位无关，可伴血压低、心率慢等低代谢表现。

（6）特发性水肿：多发生在肢体低垂部位，几乎仅见于女性。

2．局部性水肿

（1）局部静脉或淋巴回流发生障碍时，多发生单侧末梢水肿。下肢静脉功能不全或静脉炎常伴有腿部色素沉着、皮肤溃疡等表现。

（2）局部炎症性水肿：除水肿外，常有局部压痛和温度增高等表现。

四、伴随症状

1．伴肝大　常见于心源性水肿、肝源性水肿和营养不良性水肿，而同时有颈静脉怒张者则为心源性水肿。

2．伴重度蛋白尿　常见于肾源性水肿，而轻度蛋白尿也可见于心源性水肿。

3．伴心搏缓慢、血压偏低　常见于甲状腺功能减退。

4．伴有消瘦、体重减低　常见于营养不良。

自测题

扫码测验

第十四节　意识障碍与惊厥

意识障碍

意识由两部分组成，即意识内容及其"开关"系统。意识内容即大脑皮质的功能活动，包括记忆、思维、理解、定向和情感等精神活动，以及通过视、听、语言和复杂运动等与外界保持密切联系的能力。意识状态的正常取决于大脑半球功能的完整性，急性广泛性大脑半球损害或半球向下移位压迫丘脑或中脑时，则可引起不同程度的意识障碍。意识的"开关"系统包括经典的感觉传导通路（特异性上行投射系统）和脑干网状结构（非特异性上行投射系统）。意识"开关"系统通过激活大脑皮质，使其维持一定水平的兴奋性而使机体处于觉醒状态，并在此基础上产生意识内容。由于脑缺血、缺氧、葡萄糖供给不足、酶代谢异常等因素均可引起脑细胞代谢紊乱，从而导致网状结构功能损害和脑活动功能减退，产生意识障碍。

意识障碍是指人对周围环境及自身状态的识别和觉察能力出现障碍。多由高级神经中枢功能活动（意识、感觉和运动）受损引起，一种是以兴奋性降低为特点，表现为嗜睡、意识模糊、昏睡和昏迷；另一种是以兴奋性增高为特点，表现为高级中枢急性活动失调，常见表现为谵妄。

一、常见病因

1．重症急性感染　如败血症、肺炎、中毒型菌痢、伤寒等。

2．颅脑非感染性疾病　脑血管疾病、脑占位性疾病、颅脑损伤、癫痫等。

3. **内分泌与代谢障碍** 甲状腺功能减退、尿毒症、肝性脑病、糖尿病、低血糖等。
4. **心血管疾病** 重度休克、心律失常。
5. **水、电解质平衡紊乱** 低钠血症、低氯性碱中毒等。
6. **外源性中毒** 有机磷农药、一氧化碳等。
7. **物理及缺氧性损害** 高温中暑、日射病、触电等。

二、临床表现

按照意识障碍的程度来划分，程度不同会出现不同的临床表现。

1. **嗜睡** 程度最轻的一种意识障碍，呈病理性倦睡：患者处于持续的睡眠状态，给予轻微刺激即可被唤醒，醒后能正确回答问题和做出各种反应，但反应迟钝，刺激停止后又复入睡。
2. **意识模糊** 较嗜睡程度深的一种意识障碍：患者能保持简单的精神活动，但对时间、地点、人物的定向能力发生障碍。
3. **昏睡** 接近于不省人事的意识状态：患者处于熟睡状态，不易被唤醒，经强烈刺激（如压迫眶上神经、摇动身体等）可被唤醒，但很快又入睡，醒时答话含糊或答非所问。
4. **谵妄** 一种以兴奋性增高为主的高级神经中枢急性功能失调状态。表现为意识模糊、定向力丧失、幻觉、错觉、躁动不安、言语杂乱等。见于急性感染的高热期、某些药物中毒、代谢障碍、循环障碍或中枢神经系统疾病等。
5. **昏迷** 严重的意识障碍，表现为意识持续的中断和完全丧失。按其程度可分为3个阶段。

（1）轻度昏迷：意识大部分丧失，无自主运动，对声、光刺激无反应，但对疼痛刺激尚可出现痛苦表情或肢体退缩等防御反应，各种生理反射（吞咽、咳嗽、角膜反射、瞳孔对光反射等）可存在，生命体征多无明显改变。

（2）中度昏迷：对周围事物和各种刺激均无反应，剧烈刺激时可出现防御反应，角膜反射减弱，瞳孔对光反射迟钝，眼球无转动。可出现呼吸不规则、血压下降、二便失禁等。

（3）深度昏迷：意识完全丧失，对各种刺激全无反应，全身肌肉松弛，各种反射消失，二便失禁。

三、伴随症状

1. **伴发热** 先发热、后出现意识障碍，见于重症感染性疾病；先有意识障碍、后有发热，见于脑出血、蛛网膜下腔出血、巴比妥类药物中毒等。
2. **伴呼吸改变** 呼吸深大见于代谢性酸中毒；呼吸缓慢见于吗啡、巴比妥类、有机磷农药中毒等；呼吸急促见于急性感染性疾病。
3. **伴瞳孔大小改变** 瞳孔散大见于颠茄类、乙醇、氰化物等中毒，以及癫痫、低血糖等；瞳孔缩小见于吗啡、巴比妥类、有机磷农药等中毒。
4. **伴心率改变** 心动过速见于急性感染性疾病；心动过缓见于颅内高压、房室传导阻滞以及吗啡、毒蕈等中毒。
5. **伴血压改变** 高血压见于高血压脑病、脑血管意外、肾炎尿毒症等；低血压可见于各种原因的休克。
6. **伴皮肤黏膜改变** 皮肤苍白见于尿毒症；皮肤潮红见于脑出血；出血点、瘀斑和紫癜见于严重感染和出血性疾病；口唇呈樱桃红色提示一氧化碳中毒。
7. **伴脑膜刺激征** 见于脑膜炎、蛛网膜下腔出血等。

惊　厥

惊厥（convulsion）俗称抽筋、抽风，也称抽搐。属于不随意运动，表现为全身或局部成群骨骼肌非自主地突然呈强直性和阵挛性抽搐，多伴有两侧眼球上翻、凝视或斜视、意识障碍。有时伴有口吐白沫或嘴角牵动，呼吸暂停，面色青紫，发作时间多在 3～5 min 之内，有时反复发作，甚至呈持续状态，是小儿常见的急症，尤以婴幼儿多见。6 岁以下儿童期惊厥的发生率为 4%～6%，较成人高 10～15 倍，年龄愈小，发生率愈高。惊厥的频繁发作或持续状态可危及患儿生命或可使患儿遗留严重的后遗症，影响小儿的智力发育和健康。

一、病因

惊厥病因尚不完全清楚。在已知的发病因素中，年龄、发热、感染及遗传等因素是最重要的。

1. 年龄　小儿惊厥有明显的年龄依赖性，主要分布在脑发育极不成熟的新生儿及低龄幼儿。

2. 发热　小儿惊厥的前提是先有发热，后有惊厥。体温的度数和体温上升的速度对惊厥的发生都有影响。

3. 感染　感染对于小儿惊厥发生所起的作用是非特异性的，因为引起惊厥的不是感染本身，而是感染所致的高热。常于病毒性感染后发生，如上呼吸道感染、鼻炎、中耳炎、肺炎、急性胃肠炎、出疹性疾病、尿路感染等。

4. 遗传　惊厥有遗传倾向，发热是惊厥发生的前因，感染是引起发热的原因。

二、小儿惊厥的临床表现

多在发热初期体温骤升时，突然出现短暂的全身性惊厥发作，伴意识丧失。一次热程中发作一次者居多。发作后恢复较快，神经系统检查多正常。发作的临床表现有较大的个体差异，应多方面分析以做出诊断。

1. 惊厥的发作形式　大多数是全身性发作，表现为不典型的"大发作"。其他还有阵挛性发作、强直性发作、失张力发作、局限性或一侧性发作。

2. 惊厥的持续时间　多数发作时间短暂。惊厥持续时间一般在 3 min 以内。惊厥持续状态是严重的临床急症。有些患儿在首次发病时即出现惊厥持续状态，另有些患儿在以后复发时出现。

3. 惊厥后的表现　多数患儿惊厥后短暂时间内可清醒，无其他系统体征出现。

自测题

扫码测验

（王晓丽）

第二章

体格检查

> **学习目标**
>
> 通过本章内容的学习，掌握体格检查的基本方法及体征的概念，熟悉常见异常体征及临床意义，能够应用体格检查的各种方法开展对疾病的初步诊断。
>
> 识记：
> 1. 说出常见体表标志。
> 2. 列举常见阳性体征及临床意义。
>
> 理解：
> 1. 解释体征的定义。
> 2. 分析常见异常体征的临床意义。
>
> 运用：
> 1. 根据病情选择合适的体格检查方法。
> 2. 能根据体征做出初步诊断。
> 3. 具有高度的责任心和使命感，树立医者仁心的职业素养。

体格检查是指医师运用自己的感官和借助于传统或简便的检查工具，如体温表、血压计、叩诊锤、听诊器、检眼镜等客观地了解和评估受检者身体状况的一系列最基本的检查方法。体格检查是临床医师应具备的最基本的医学技能，对准确地诊断疾病具有重要的意义。医师进行全面体格检查后对受检者健康状况和疾病状态提出的临床判断称为检体诊断。

体格检查的方法有5种：视诊、触诊、叩诊、听诊和嗅诊。

进行体格检查时的注意事项如下。

1. 应以受检者为中心，关心、体贴受检者，要有高度的责任感和良好的医德修养；仪表端庄、举止大方、态度和蔼、耐心细致、实事求是。检查受检者前，有礼貌地向受检者进行自我介绍，并说明体格检查的原因、目的和要求，以便更好地取得受检者的配合。检查结束后应对受检者的配合与协作表示感谢。

2. 检查过程中，应注意避免交叉感染。

3. 医师一般应站在受检者右侧。

4. 检查环境应光线充足，室温适宜，环境安静；被检查部位暴露应充分，检查手法应规范、轻柔。

5．进行全身体格检查时应全面、有序、有重点、规范和正确。体格检查要按一定顺序进行，通常首先进行生命征和一般检查，然后按头、颈、胸、腹、脊柱、四肢和神经系统的顺序进行检查，必要时进行生殖器、肛门和直肠检查；避免重复和遗漏，避免反复翻动受检者；注意左、右及相邻部位等的对照检查。根据病情轻重，或为避免影响检查结果等因素，可调整检查顺序，利于及时抢救和处理受检者。

6．应根据病情变化及时进行复查，这样才有助于病情观察，有助于补充和修正诊断。

第一节　基本方法

案例导入

患者，男，58岁，平素体健。到医院进行健康体检。

问题与思考：
1．体格检查的基本方法有哪些？
2．做相应检查的注意事项有哪些？

一、视诊

视诊是医师用眼睛观察受检者全身或局部表现的诊断方法。

（一）视诊内容

1．全身情况　年龄、发育、营养、意识状态、面容、表情、体位、姿势、步态等。

2．局部状况　皮肤颜色、黏膜、眼、耳、鼻、口、舌、头颈、胸廓、腹形、肌肉、骨骼、关节外形等。特殊部位的视诊需借助于某些仪器（如耳镜、鼻镜、检眼镜及内镜等）进行检查。

（二）视诊的注意事项

1．最好在自然光线下进行，在夜间的普通灯光下常不容易辨别皮肤的一些异常颜色，如黄疸、发绀、苍白等。

2．必要时可应用侧面的光线观察，如对搏动、蠕动和肿瘤轮廓的观察。

（三）视诊的重要性

1．不同部位的视诊内容和方法不同，但其简便易行，适用范围广，常能提供重要的诊断资料和线索，有时仅用视诊就可明确一些疾病的诊断。

2．视诊是一种常被忽略的诊断和检查方法，只有反复临床实践，才能深入、细致、敏锐地进行观察；只有在不断积累医学知识和临床经验的基础上，才能减少和避免"视而不见"的现象；只有将视诊与其他检查方法紧密结合，将局部征象与全身表现相结合，才能发现并确定具有重要诊断意义的临床征象。

二、触诊

触诊是医师通过手接触被检查部位时的感觉来进行判断的一种方法。通过触诊可以进一步检查视诊发现的异常征象，也可以明确视诊所不能明确的体征，如体温、湿度、震颤、压痛、摩擦感以及包块的位置、大小、轮廓、表面性质、硬度、边缘、波动感、压痛、移动度等。触诊的适用范围很广，尤以腹部检查更为重要。由于手指指腹对触觉较为敏感，掌指关节部掌面皮肤对振动较为敏感，手背皮肤对温度较为敏感，因此触诊时多采用这些部位。

（一）触诊方法

触诊时，由于目的不同而施加的压力有轻有重，因而可分为浅部触诊法和深部触诊法。

1. 浅部触诊法 适用于体表浅在部位（如关节、软组织、浅部动脉、静脉、神经、阴囊、精索等）病变的检查和评估。腹部浅部触诊可触及的深度约为 1 cm。触诊时，医师将一手放在受检部位，用掌指关节和腕关节的协同动作以旋转或滑动方式轻压触摸。浅部触诊也常在深部触诊前进行，有利于受检者做好接受深部触诊检查的心理准备。

2. 深部触诊法 检查时可用单手或双手重叠，由浅入深、逐渐加压，以达到深部触诊的目的。腹部深部触诊可触及的深度常在 2 cm 以上，有时可达 4~5 cm，主要用于检查和评估腹腔病变和脏器情况。根据检查目的和手法不同可分为以下几种。

（1）深部滑行触诊法：检查时嘱受检者张口平静呼吸，或与受检者谈话以转移其注意力，尽量使腹肌松弛。医师将右手示、中、环三指并拢平放在受检者腹壁上，以手指末端逐渐向腹腔的脏器或包块触摸，在被触及的包块上做上下左右滑动触摸，如为肠管或索条状包块，应向与包块长轴相垂直的方向进行滑动触诊。这种触诊方法常用于腹腔深部包块和胃肠病变的检查（图 2-1）。

（2）双手触诊法：将左手掌置于受检脏器或包块的后部，右手中间三指并拢平置于腹壁被检查部位，左手掌向右手方向托起，使被检查的脏器或包块位于双手之间，并更接近体表，有利于右手触诊检查。用于肝、脾、肾和腹腔肿物的检查（图 2-2）。

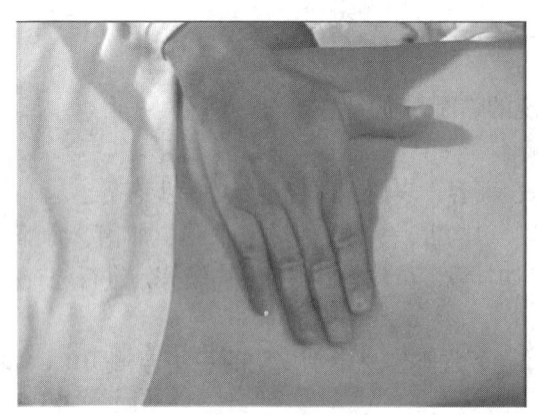
图 2-1 深部滑行触诊法

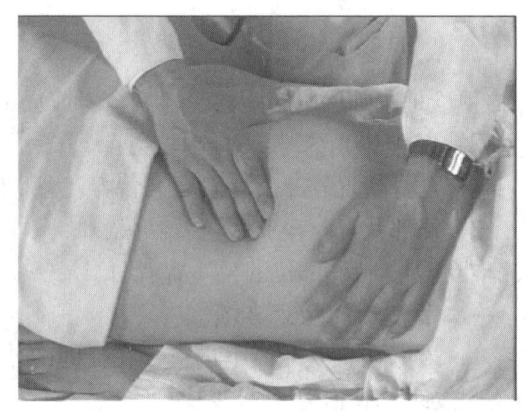
图 2-2 双手触诊法

（3）深压触诊法：用一个手指或两个并拢的手指逐渐深压腹壁被检查部位，用于探测腹腔深在病变的部位或确定腹腔压痛点，如阑尾压痛点、胆囊压痛点、输尿管压痛点等。检查反跳痛时，在手指深压的基础上迅速将手抬起，并询问受检者是否感觉疼痛加重或查看其面部是否出现痛苦表情。

（4）冲击触诊法：又称为浮沉触诊法。检查时，右手并拢的示、中、环三指取 70°~90° 放置于腹壁的相应检查部位，做数次急速而较有力的冲击动作，在冲击腹壁时指端会有腹腔脏器或包块浮沉的感觉。这种方法一般只用于大量腹水时肝、脾及腹腔包块难以触及者的检者。手指急速冲击时，腹水在脏器或包块表面暂时移去，故指端易于触及肿大的肝、脾或腹腔包块。冲击触诊会使受检者感到不适，操作时应避免用力过猛（图 2-3）。

（二）触诊的注意事项

1. 检查前医师要向受检者讲清触诊的目的，以消除受检者的紧张情绪，取得受检者的密切配合。

2. 医师手应温暖，手法应轻柔，以免引起肌肉紧张，影响检查效果。在检查过程中，应随时观察受检者表情。

3. 为获得满意的检查效果，受检者应取适当体位。通常取仰卧位，双手置于体侧，双腿稍屈，腹肌尽可能放松。检查肝、脾、肾时也可嘱受检者取侧卧位。

4. 触诊下腹部时，应嘱受检者排尿，以免将充盈的膀胱误认为腹腔包块；有时也须嘱受检者排便后再行检查。

5. 触诊过程中，医师应手脑并用，边检查边思索。应注意病变的部位、特点、毗邻关系，以明确病变的性质和来源。

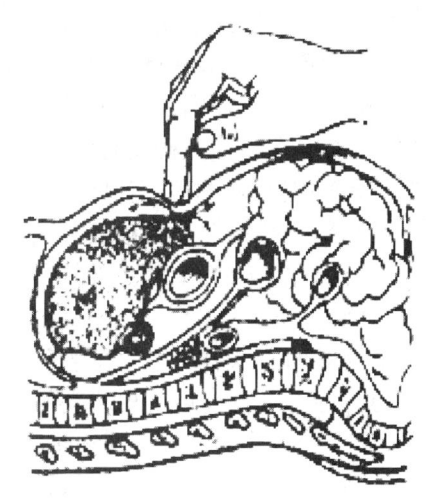

图 2-3 冲击触诊法

三、叩诊

叩诊是用手指叩击身体表面某一部位，使之振动而产生音响，根据振动和音响的特点来判断被检查部位的脏器状态有无异常的一种方法。

叩诊多用于确定肺尖宽度、肺下缘位置、胸膜病变、胸膜腔中液体多少或气体有无、肺部病变大小与性质、纵隔宽度、心界大小与形状、肝脾的边界、腹水有无与多少，以及子宫、卵巢、膀胱有无胀大等情况。

（一）叩诊方法

根据叩诊的目的和手法不同，可将其分为直接叩诊法和间接叩诊法两种。

1. 直接叩诊法 医师右手示、中、环三指并拢，用掌面直接拍击被检查部位，借助于拍击的反响和指下的振动感来判断病变情况的方法称为直接叩诊法。适用于胸部和腹部范围较广泛的病变，如胸膜粘连或增厚、大量胸腔积液或腹水及气胸等的检查。

2. 间接叩诊法 为应用最多的叩诊方法。医师将左手中指第二指节紧贴于叩诊部位，其他手指稍微抬起，勿与体表接触；右手手指自然弯曲，用中指指端叩击左手中指末端指关节处或第二节指骨的远端，该处易与被检查部位紧密接触，而且对被检查部位的振动较敏感。叩击方向应与叩诊部位的体表垂直（图2-4）。叩诊时应以腕关节与掌指关节的活动为主，避免肘关节和肩关节参与运动。叩击动作要灵活、短促、富有弹性。叩击后右手中指应立即抬起，以免影响对叩诊音的判断。在同一部位可连续叩击2~3下，若未获得明确印象，可再连续叩击2~3下。应避免不间断地连续、快速叩击，因为这不利于对叩诊音的分辨。

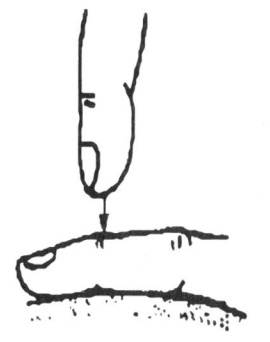 

图 2-4 间接叩诊法

(二) 叩诊的注意事项

1. 环境应安静，以免影响对叩诊音的判断。
2. 根据叩诊部位不同，应嘱受检者采取适当体位。如叩诊胸部时，可取坐位或卧位；叩诊腹部时，常取仰卧位；确定有无少量腹水时，可取肘膝位。
3. 叩诊时应注意对称部位的比较与鉴别。
4. 叩诊时不仅要注意叩诊音响的变化，还要注意不同病灶的振动感差异。
5. 叩诊操作应规范，用力要均匀、适当。

(三) 叩诊音

叩诊时被叩击部位产生的反响称为叩诊音。叩诊音的不同取决于被叩击部位组织或器官的致密度、弹性、含气量及与体表的间距。根据叩诊音音响的频率（高音者调高，低音者调低）、振幅（大者音响强，小者音响弱）的不同以及是否为乐音（音律和谐），临床上将其分为清音、浊音、鼓音、实音、过清音5种。

1. 清音 清音是正常肺部的叩诊音，是一种音调低、音响较强、振动持续时间较长的音响，提示肺组织的弹性、含气量、致密度正常。

2. 浊音 一种音调较高、音响较弱、振动持续时间较短的叩诊音。除音响外，板指所感到的振动也较弱。在叩击被少量含气组织覆盖的实质脏器时出现，如叩击心或肝被肺段边缘所覆盖的部分，或在病理状态下如肺炎（肺组织含气量减少）的叩诊音。

3. 鼓音 如同击鼓声，音响比清音更强，振动持续时间也较长。在叩击含有大量气体的空腔脏器时出现。正常情况下，可见于胃泡区和腹部；病理情况下，可见于肺内空洞、气胸、气腹等。

4. 实音 一种音调较浊音更高、音响更弱、振动持续时间更短的叩诊音，如叩击心和肝等实质脏器时所产生的音响。在病理状态下可见于大量胸腔积液或肺实变等。

5. 过清音 介于鼓音与清音之间，是属于鼓音范畴的一种变音，音调较清音低，音响较清音强。临床上常见于肺组织含气量增多、弹性减弱时，如肺气肿。对正常儿童叩诊，可出现相对过清音。

几种叩诊音的特点见表2-1。

表2-1 叩诊音及其特点

叩诊音	音响强度	音调	持续时间	正常出现部位	病理状况
清音	强	低	长	正常肺	无
浊音	较弱	较高	较短	心、肝被肺缘覆盖的部分	肺组织含气量减少（如肺炎）
鼓音	强	高	较长	胃泡区和腹部	肺内空洞、气胸、气腹
实音	弱	高	更短	实质脏器部分	大量胸腔积液或肺实变
过清音	更强	更低	短	正常成人不出现，儿童可叩出相对过清音	肺组织含气量增多、弹性减弱时，如肺气肿

四、听诊

听诊是医师根据受检者身体各部分活动时发出的声音判断正常与否的一种检查方法。

(一) 听诊方法

听诊可分为直接听诊法和间接听诊法两种方法。

1. 直接听诊法 医师将耳直接贴附于受检者者的体壁上进行听诊，这种方法所能听到的体内声音很弱，目前也只有在某些特殊和紧急情况下才会采用。

2. 间接听诊法 用听诊器（图2-5）进行听诊的一种检查方法。此法操作方便，可以在任何体位听诊时应用，因听诊器对器官活动的声音有一定的放大作用，且能阻断环境中的噪声，故听诊效果好。应用范围广，主要用于心、肺、腹及血管的听诊。

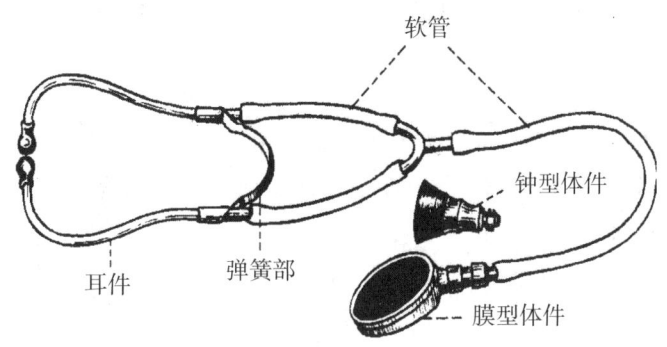

图2-5 听诊器的构成

（二）听诊的注意事项

1．听诊环境要温暖、安静，避免干扰。

2．切忌隔着衣服听诊，听诊器体件应直接接触皮肤以获得确切的听诊结果。

3．应根据病情和听诊的需要，嘱受检者采取适当的体位。

4．要正确使用听诊器。听诊器通常由耳件、体件和软管三部分组成，其长度应与医师手臂长度相适应。听诊前应注意检查耳件方向是否正确，硬管和软管管腔是否通畅。体件有钟型和膜型两种类型，钟型体件适用于听取低调声音，如二尖瓣狭窄的隆隆样舒张期杂音，使用时应轻触体表被检查部位，注意避免体件与皮肤摩擦而产生的附加音；膜型体件适用于听取高调声音，如主动脉瓣关闭不全的杂音及呼吸音、肠鸣音等，使用时应紧触体表被检查部位。

5．听诊时注意力要集中，听肺部声音时要摒除心音的干扰，听心音时要摒除呼吸音的干扰，必要时嘱受检者控制呼吸配合听诊。用听诊器进行听诊是临床医师的一项基本功，也是许多疾病，尤其是心肺疾病检查的重要手段。

五、嗅诊

嗅诊是通过嗅觉来判断来自受检者的异常气味与疾病之间关系的一种方法。异常气味大多来自受检者皮肤、黏膜、呼吸道、胃肠道，包括呕吐物、排泄物、分泌物、脓液和血液等的气味，根据疾病的不同，其特点和性质也不同。

（一）嗅诊方法

嗅诊时医师用手将受检者散发的气味扇向自己的鼻部，然后仔细判断气味的特点与性质。

（二）异常气味及临床意义

1. 汗液味 正常汗液无特殊强烈刺激气味。酸性汗液见于风湿热和长期服用水杨酸、阿司匹林等解热镇痛药物的受检者；狐臭味见于腋臭等受检者。

2. 痰液味 正常痰液无特殊气味，若呈恶臭味，提示厌氧菌感染，见于支气管扩张症或肺脓肿患者。

3. 脓液味 恶臭的脓液可见于气性坏疽。

4. 呕吐物味 呕吐物有粪便味可见于长期剧烈呕吐或肠梗阻受检者；呕吐物杂有脓液并有令人恶心的烂苹果味，可见于胃坏疽患者。

5. 粪便味 粪便具有腐败性臭味见于消化不良或胰腺功能不良者；腥臭味粪便见于细菌

性痢疾患者；肝腥味粪便见于阿米巴性痢疾患者。

6. 尿液味 尿有浓烈氨味见于膀胱炎患者，由尿液在膀胱内被细菌发酵所致。

7. 呼吸味 呼气有刺激性蒜味见于有机磷杀虫药中毒者；烂苹果味见于糖尿病酮症酸中毒者；氨味见于尿毒症患者；肝腥味见于肝性脑病患者。

临床工作中，嗅诊可迅速提供具有重要意义的诊断线索，但必须要结合其他检查才能做出正确的诊断。

> **要点提示**：体格检查的基本方法有视诊、触诊、叩诊、听诊、嗅诊5种。触诊有两种方法：浅部触诊及深部触诊（深压触诊、滑行触诊、双手触诊、冲击触诊）。叩诊亦有两种方法，即直接叩诊及间接叩诊，间接叩诊最常用。可有5种叩诊音：清音、浊音、实音、鼓音、过清音5种声音。听诊时要注意听诊器的正确使用，能辨别正常及异常声音。嗅诊可发现异常气味，有助于对某些疾病的诊断。

第二节 一般检查

案例导入

患者，女，24岁。因发热、全身皮疹1天入院。拟对患者进行一般检查。

问题与思考：
1. 一般检查的内容有哪些？
2. 如何对患者进行体温测量？
3. 如何对皮疹进行检查？

一般检查为整个体格检查过程中的第一步，是对受检者全身状态的概括性观察，以视诊为主，配合触诊、听诊和嗅诊进行。一般检查的内容包括全身状态检查、皮肤检查和全身浅表淋巴结检查。

一、全身状态检查

全身状态检查包括性别、年龄、生命体征（体温、呼吸、脉搏、血压）、发育、体型、营养状态、意识状态、面容与表情、体位、姿势、步态等。

（一）性别

性别不难判断。某些疾病的发生与性别有一定的关系，如呼吸道肿瘤和消化道肿瘤男性发病率高，系统性红斑狼疮、甲状腺功能亢进症则多见于女性；某些疾病可引起性征发生改变，如性染色体数目和结构异常可致两性畸形，肾上腺皮质增生或肿瘤可引起少数男性受检者乳房女性化或女性男性化等。

（二）年龄

随着年龄的增长，机体出现生长发育、成熟、衰老等一系列改变。年龄与疾病的发生及预后有密切的关系，如佝偻病、麻疹、白喉等多发生于幼儿及儿童；结核病、风湿热多发生于少年与青年；动脉硬化性疾病和某些癌肿多发生于老年人。年龄大小一般通过问诊即可得知，但在某些情况下，如昏迷、死亡或隐瞒年龄时则需通过观察进行判断，其方法是通过观察皮肤的弹性与光泽、肌肉的状态、毛发的颜色和分布、面部与颈部皮肤的皱纹、牙齿的状态等进行大体上的判断。

（三）生命体征

生命体征是评价生命活动存在与否及其质量的指标，包括体温、呼吸、脉搏和血压，为体格检查时必须检查的项目之一。测量生命体征之后应将测量值及时、准确地记录于病历和体温记录单上。

1. 体温 体温测量方法有口测法、肛测法和腋测法。最常用的是腋测法：将体温计头端置于受检者腋窝深处，嘱其用上臂将体温计夹紧，10 min 后读数。体温测量中常见误差的原因有：①测量前未将体温计的水银柱甩到35℃以下，致使测量结果高于实际体温。②采用腋测法时，由于受检者明显消瘦、病情危重或神志不清而不能将体温计夹紧，致使测量结果低于实际体温。③测量局部存在冷热物品或刺激时，可对测定结果造成影响，如用温水漱口、局部放置冰袋或热水袋等。

2. 呼吸 正常成人静息状态下，呼吸频率为 12～20 次/分，节律整齐，深浅适宜（图2-6A），呼吸与脉搏之比为 1：4。新生儿呼吸频率为 44 次/分，随着年龄的增长而逐渐减慢。

（1）呼吸频率的变化

1）呼吸过速：指呼吸频率超过 20 次/分，见于发热、疼痛、贫血、甲状腺功能亢进及心力衰竭等。一般体温每升高1℃，呼吸频率大约增加 4 次/分（图 2-6B）。

2）呼吸过缓：指呼吸频率低于 12 次/分，见于麻醉剂或镇静剂过量和颅内压增高等（图 2-6C）。

（2）呼吸深度的变化

1）呼吸浅快：呼吸幅度变浅，频率加快。多见于肺炎、胸膜炎、胸腔积液和气胸等；还可见于呼吸肌麻痹、严重鼓肠、腹水和肥胖等。

2）呼吸深快：呼吸幅度加深，频率加快。多见于剧烈运动时。此外，当情绪激动或过度紧张时，亦常出现呼吸深快，并有过度通气的现象，此时动脉血二氧化碳分压降低，引起呼吸性碱中毒，受检者常感口周及肢端发麻，严重者可发生手足搐搦及呼吸暂停。当严重代谢性酸中毒时，如糖尿病酮症酸中毒和尿毒症酸中毒等，机体为排除过多的二氧化碳以调节体内酸碱平衡，出现深大的呼吸，此型呼吸称为深长呼吸或库斯莫尔（Kussmaul）呼吸（图 2-7A）。

（3）呼吸节律的变化：正常成人静息状态下，呼吸节律基本上是均匀而整齐的。在病理状态下，往往会出现各种呼吸节律的变化。

1）潮式呼吸：又称陈-施（Cheyne-Stokes）呼吸，是一种由浅慢逐渐变为深快，然后再由深快转为浅慢，随之出现一段呼吸暂停后，又开始如上变化的周期性呼吸。潮式呼吸周期可长达 30 s 至 2 min，暂停期可持续 5～30 s，所以要通过较长时间仔细观察才能了解周期性节律变化的全过程（图 2-7B）。

2）间停呼吸：又称比奥（Biots）呼吸。表现为有规律地均匀呼吸几次后，突然停止呼吸一段时间，又开始均匀呼吸，如此周而复始（图 2-7C）。

以上两种周期性呼吸节律变化的机制是呼吸中枢的兴奋性降低。当严重缺氧、二氧化碳潴留至一定浓度时，才能刺激呼吸中枢，使呼吸恢复和加强；但随着二氧化碳呼出后，呼吸中枢又失去有效的兴奋性，使呼吸又再次减弱进而暂停。这种呼吸节律的变化多发生于中枢神经系统疾病，如脑炎、脑膜炎、颅内压增高及某些中毒，如糖尿病酮症酸中毒、巴比妥中毒等。间停呼吸较潮式呼吸更为严重，预后多不良，常在临终前发生。然而，必须注意有些老年人深睡时亦可出现潮式呼吸，此为脑动脉硬化，中枢神经供血不足的表现。

3）抑制性呼吸：此为胸部发生剧烈疼痛所致的吸气时相突然中断，呼吸运动被短暂抑制，受检者表情痛苦，呼吸较正常浅而快。常见于急性胸膜炎、胸膜恶性肿瘤、肋骨骨折及胸部严重外伤等。

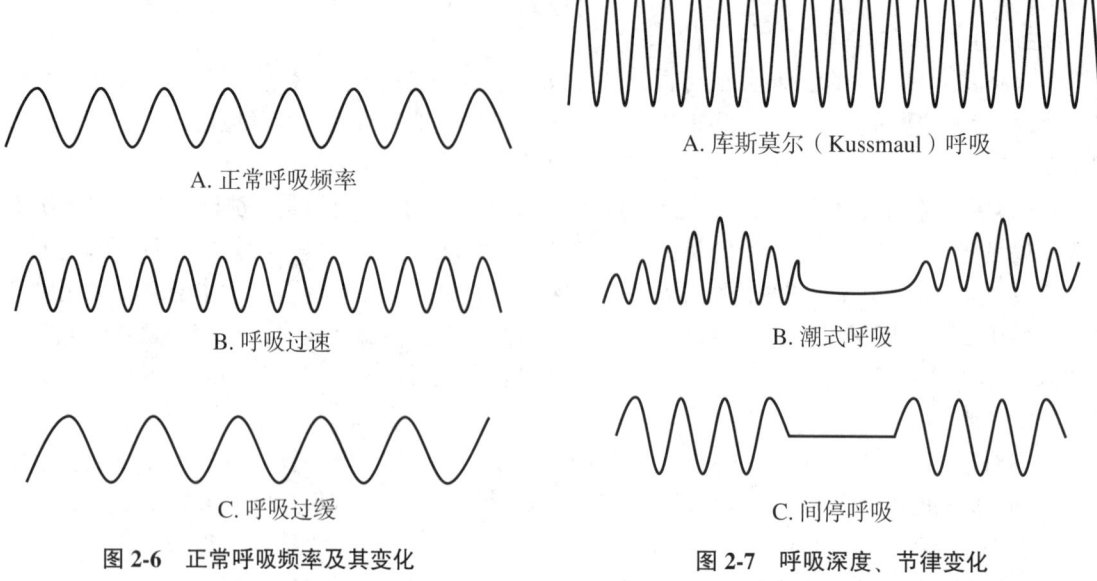

图 2-6　正常呼吸频率及其变化　　　图 2-7　呼吸深度、节律变化

4）叹气样呼吸：表现为一段正常呼吸节律中插入一次深大呼吸，并常伴有叹息声。此多为功能性改变，见于神经衰弱、精神紧张或抑郁症。

3. 脉搏　脉搏检查主要采用触诊法，也可用脉搏计描记波形。检查时可选择桡动脉、肱动脉、股动脉、颈动脉及足背动脉等。检查时需对两侧脉搏情况进行对比。应注意脉搏的脉率、节律、紧张度和动脉壁状态、强弱和波形的变化。

（1）脉率：正常成人脉率在安静、清醒的情况下为 60～100 次/分，老年人偏慢，女性稍快，儿童较快，3 岁以下儿童多在 100 次/分以上。生理情况下，脉率可受昼夜、餐饮、运动、情绪等因素影响。白天较快，夜间睡眠时减慢；餐后、活动后或情绪激动时增快。

病理情况下，如发热、贫血、心功能不全、休克、甲状腺功能亢进、心肌炎等，脉率加快；脉率减慢见于各种原因导致的颅内压增高、阻塞性黄疸、二度以上房室传导阻滞、病态窦房结综合征等。此外，除脉率快慢外，还应观察脉率与心率是否一致。某些心律失常如心房颤动或频发期前收缩时，由于部分受检者心脏收缩的搏出量低，不足以引起周围动脉搏动，故脉率可慢于心率，称为脉搏短绌或短绌脉。

（2）脉律：脉搏的节律可反映心脏的节律。正常人脉律规则，青少年、儿童可有窦性心律不齐，脉律可随呼吸改变，吸气时加快，呼气时减慢。各种心律失常患者的脉律均可出现异常，如心房颤动者的脉律绝对不规则，脉搏强弱不等、脉率小于心率；有期前收缩呈二联律或三联律者可形成二联脉、三联脉；二度房室传导阻滞者可有脉搏脱漏，称脱落脉等。

（3）紧张度与动脉壁状态：正常人动脉管壁柔软、光滑，具有弹性。正常动脉用手指压迫将血流阻断后，远端动脉触不到，如能触到，且硬而缺乏弹性呈条索状、迂曲或结节状，提示动脉硬化。一般选择桡动脉或颞动脉来检查。

（4）强弱：脉搏的强弱与心搏出量、脉压和外周血管阻力相关。脉搏增强且振幅大，由心搏出量大、脉压增大、外周阻力降低所致，见于高热、甲状腺功能亢进、主动脉瓣关闭不全等。脉搏减弱且振幅低由心搏出量小、脉压减小和外周阻力增加所致，见于心力衰竭、主动脉瓣狭窄与休克等。

（5）脉波：了解脉波变化有助于心血管疾病的诊断。正常脉波由升支（叩击波）、波峰（潮波）和降支（重搏波）三部分构成。某些心血管疾病可能导致异常脉波出现。①水冲脉：脉搏骤起骤落，犹如潮水涨落，故名水冲脉。医师握紧受检者手腕掌面，将其前臂高举过头部，可明显感知水冲脉。临床常见于主动脉瓣关闭不全、甲状腺功能亢进、严重贫血、先天性心脏病动脉导管未闭、动静脉瘘等。②交替脉：系节律规则而强弱交替的脉搏。一般认为系左室收缩力强弱交替所致，为左心衰竭的重要体征之一。常见于高血压性心脏病、急性心肌梗死和主动脉瓣关闭不全等。③奇脉：又称"吸停脉"，指吸气时脉搏明显减弱或消失，系左心室排血量减少所致。正常人脉搏强弱不受呼吸周期影响。当有心脏压塞或心包缩窄时，吸气时一方面由于右心舒张受限，回心血量减少而影响右心排血量，右心室排入肺循环的血量减少；另一方面肺循环受吸气时胸腔负压的影响，肺血管扩张，致使肺静脉回流入左心房的血量减少，因而左心室排血量也减少。这些因素导致吸气时脉搏减弱，甚至不能触及。明显的奇脉，触诊时即可按知，不明显的可用血压计检测，吸气时收缩压较呼气时低 10 mmHg 以上。④无脉：即脉搏消失，可见于严重休克及多发性大动脉炎。多发性大动脉炎常引起不同部位动脉闭塞而致相应部位脉搏消失。

4. 血压 血压通常指体循环动脉血压，是重要的生命体征。血压测定方法有两种：①直接测量法：即经皮穿刺将导管由周围动脉送至主动脉，导管末端接监护测压系统，自动显示血压值。本法虽然精确、实时且不受外周动脉收缩的影响，但为有创方式，仅适用于危重、疑难病例。②间接测量法：即袖带加压法，用血压计进行测量。间接测量法的优点为简便易行，但易受多种因素影响，尤其是周围动脉舒缩的影响。

正常成人血压标准的制定经历了多次变化，主要根据大规模流行病学调查资料分析获得。根据《中国高血压防治指南（2022 年修订版）》的标准，血压水平分类和定义如表 2-2 所列。

表2-2 血压水平分类和定义

分类	收缩压（mmHg）		舒张压（mmHg）
正常血压	< 120	和	< 80
正常高值	120 ~ 139	和（或）	80 ~ 89
高血压	≥ 140	和（或）	≥ 90
1 级高血压（轻度）	140 ~ 159	和（或）	90 ~ 99
2 级高血压（中度）	160 ~ 179	和（或）	100 ~ 109
3 级高血压（重度）	≥ 180	和（或）	≥ 110
单纯收缩期高血压	≥ 140	和	< 90

注：当收缩压与舒张压分属不同级别时，则以较高的分级为准；单纯收缩期高血压也可参照收缩压水平分为 1、2、3 级。

血压测量值受多种因素的影响，如情绪激动、紧张、运动等；若在安静、清醒的条件下采用标准测量方法，至少 3 次非同日血压值达到或超过收缩压 140 mmHg 和（或）舒张压 90 mmHg，即可认为有高血压，如果仅收缩压达到标准，则称为单纯收缩期高血压。血压低于 90/60 mmHg 时，称为低血压。正常脉压差为 30 ~ 40 mmHg。

（四）发育与体型

1. 发育 发育是否正常，可通过受检者年龄、智力和体格成长状态（包括身高、体重及第二性征）之间的关系进行综合评价。发育正常者，其年龄、智力与体格的成长状态处于均衡一致。正常人各年龄组的身高与体重之间存在一定的对应关系，一般可用下列公式粗略估计：标准体重（kg）= 身高（cm）- 105。机体的发育受种族遗传、内分泌、营养代谢、生活条件及体育锻炼等多种因素的影响；性激素决定第二性征的发育。

2. 体型 体型是身体各部发育的外观表现，包括骨骼、肌肉的生长与脂肪分布的状态等。成年人的体型可分为以下 3 种。

（1）无力型（亦称瘦长型）：表现为体高肌瘦、颈细长、肩窄下垂、胸廓扁平、腹上角小于 90°。

(2) 正力型（亦称匀称型）：表现为身体各部分结构匀称适中，腹上角90°左右，见于多数正常成人。

(3) 超力型（亦称矮胖型）：表现为体格粗壮、颈粗短、面红、肩宽平、胸围大、腹上角大于90°。

3. 发育与体型异常 病态的发育和体型与内分泌的改变密切相关。在发育成熟前，如出现垂体功能亢进，可致体格异常高大，称为巨人症；如发生垂体功能减退，可致体格异常矮小，称为垂体性侏儒症；如患甲状腺功能亢进症，可因代谢增强、食欲亢进，导致体格发育有所改变；如发生甲状腺功能减退，可导致体格矮小和智力低下，称为呆小病。

（五）营养状态

营养状态与食物的摄入、消化、吸收和代谢等因素密切相关，其好坏可作为判断健康和疾病程度的标准之一。营养状态通常根据皮肤、毛发、皮下脂肪、肌肉的发育情况进行综合判断。最简便而迅速的方法是观察皮下脂肪充实的程度，前臂屈侧或上臂背侧下1/3处脂肪分布的个体差异最小，为判断脂肪充实程度最方便和最适宜的部位。此外，在一定时间内监测体重的变化亦可反映机体的营养状态。

1. 营养状态分级 临床上常用营养良好、营养不良、营养中等三个等级对营养状态进行描述。

(1) 营养良好：黏膜红润，皮肤有光泽、弹性良好，皮下脂肪丰满而有弹性，肌肉结实，指甲、毛发润泽，肋间隙及锁骨上窝深浅适中，肩胛部和股部肌肉丰满。

(2) 营养不良：皮肤黏膜干燥、弹性降低，皮下脂肪菲薄，肌肉松弛无力，指甲粗糙、无光泽，毛发稀疏，肋间隙、锁骨上窝凹陷，肩胛骨和髂骨突出。

(3) 营养中等：介于良和不良之间。

2. 营养状态异常 临床上常见的营养状态异常包括营养不良和营养过度两个方面。

(1) 营养不良：由摄食不足或（和）消耗增多引起。一般轻微或短期的疾病不易导致营养状态的异常，故营养不良多见于长期或严重的疾病。当体重减轻至低于正常体重（标准体重）下限的10%时称为消瘦，极度消瘦可见于恶病质。

(2) 营养过度：体内中性脂肪积聚过多，主要表现为体重增加，当超过标准体重的20%以上时称为肥胖，亦可通过计算体质量指数[体重（kg）/身高的平方（m^2）]来判定，按照WHO标准，男性体质量指数大于27 kg/m^2、女性体质量指数大于25 kg/m^2即为肥胖症。肥胖的最常见原因为热量摄入过多，超过消耗量，常与内分泌、遗传、生活方式、运动和精神因素有关。按其病因可将肥胖分为外源性和内源性两种。①外源性肥胖：为摄入热量过多所致，表现为全身脂肪分布均匀，身体各个部位无异常改变，常有一定的遗传倾向；儿童受检者表现为生长较快，青少年受检者可有外生殖器发育迟缓。②内源性肥胖：主要为某些内分泌疾病所致。如肥胖性生殖无能综合征、肾上腺皮质功能亢进、甲状腺功能低下等可引起具有一定特征的肥胖和性功能障碍。

（六）意识状态

意识是大脑功能活动的综合表现，即对环境的知觉状态。正常人意识清晰，定向力正常，反应敏锐、精确，思维和情感活动正常，语言流畅、准确，表达能力良好。凡能影响大脑功能活动的疾病均可引起程度不等的意识改变，称为意识障碍。根据意识障碍的程度可将其分为嗜睡、意识模糊、昏睡以及昏迷，详见第一章第十四节相关内容。

（七）面容与表情

健康人表情自然，神态安怡。患病后因病痛困扰，常出现痛苦、忧虑或疲惫的面容与表情。某些疾病发展到一定程度时，尚可出现特征性的面容与表情，对疾病的诊断具有重要价值。通过视诊即可确定受检者的面容和表情，临床上常见的典型面容改变有以下几种。

1. 急性病容 面色潮红，兴奋不安，鼻翼扇动，口唇疱疹，表情痛苦等。多见于急性感染性疾病，如肺炎球菌肺炎、疟疾、流行性脑脊髓膜炎等患者。

2. 慢性病容 面容憔悴，面色晦暗或苍白无华，目光黯淡。见于慢性消耗性疾病，如恶性肿瘤、肝硬化、严重结核病等患者。

3. 贫血面容 面色苍白，唇舌色淡，表情疲惫。见于各种原因所致的贫血。

4. 甲状腺功能亢进面容 面容惊愕，眼裂增宽，眼球凸出，目光炯炯，兴奋不安，烦躁易怒。见于甲状腺功能亢进症（甲亢）患者（图2-8）。

5. 黏液性水肿面容 面色苍黄，颜面水肿，睑厚面宽，目光呆滞，反应迟钝，眉毛、头发稀疏，舌色淡、肥大。见于甲状腺功能减退症患者。

6. 二尖瓣面容 面色晦暗、双颊紫红、口唇轻度发绀。见于风湿性心脏病二尖瓣狭窄。

7. 肢端肥大症面容 头颅增大，面部变长，下颌增大、向前突出，眉弓及两颧隆起，唇舌肥厚，耳鼻增大。见于肢端肥大症患者（图2-9）。

8. 伤寒面容 表情淡漠，反应迟钝呈无欲状态。见于肠伤寒、脑脊髓膜炎、脑炎等高热衰竭患者。

9. 苦笑面容 牙关紧闭，面肌痉挛，呈苦笑状。见于破伤风患者。

10. 满月面容 面圆如满月，皮肤发红，常伴痤疮和胡须生长。见于库欣综合征及长期应用糖皮质激素者（图2-10）。

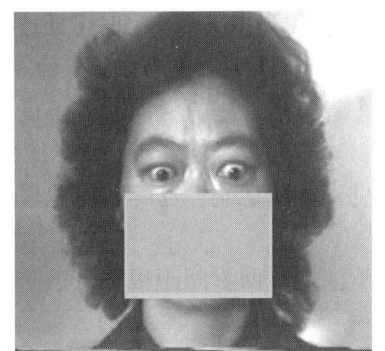 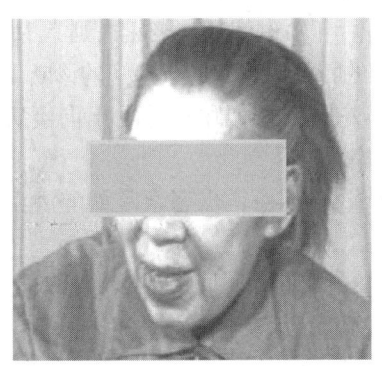 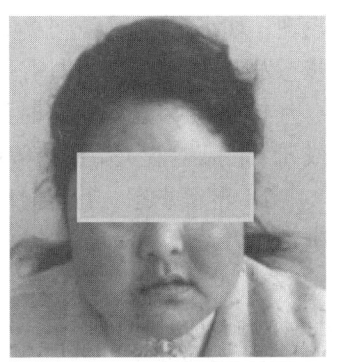

图2-8 甲亢面容　　　　　　　图2-9 肢端肥大症面容　　　　　　图2-10 满月面容

（八）体位

体位是指受检者身体所处的状态。体位的改变对某些疾病的诊断具有一定的意义。常见的体位有以下几种。

1. 自主体位 身体活动自如，不受限制。见于正常人、轻症和疾病早期受检者。

2. 被动体位 受检者自己无力调整或变换体位，而只能处于被安置的体位。见于极度衰竭或意识丧失者。

3. 强迫体位 受检者为减轻痛苦，被迫采取某种特殊的体位。临床上常见的强迫体位可分为以下几种。

（1）强迫仰卧位：受检者仰卧，双腿蜷曲，借以减轻腹部肌肉的紧张程度。见于急性腹膜炎患者。

（2）强迫俯卧位：俯卧位可减轻脊背肌肉的紧张程度。见于脊柱疾病患者。

（3）强迫侧卧位：有胸膜疾病的患者多采取患侧卧位，可限制患侧胸廓活动而减轻疼痛和有利于健侧代偿呼吸。见于一侧胸膜炎和大量胸腔积液患者。

（4）强迫坐位：亦称端坐呼吸，受检者坐于床沿上，将两手置于膝盖或两手扶持床边。

该体位便于辅助呼吸肌参与呼吸运动，加大膈肌活动度，增加肺通气量，并减少回心血量和减轻心脏负担。见于心、肺功能不全者。

（5）强迫蹲位：受检者在活动过程中，因呼吸困难和心悸而停止活动并采取蹲踞位或膝胸位以缓解症状。见于先天性发绀型心脏病患者。

（6）强迫停立位：在活动过程中，由于心前区疼痛突然发作，受检者常被迫停立在原位，并用手按抚心前部位，待症状缓解后才能继续活动。见于心绞痛患者。

（7）辗转体位：指受检者为减轻痛苦而被迫无奈采取的体位，表现为辗转反侧，不停地变换体位。见于胆石症、胆道蛔虫症、肠绞痛等患者。

（8）角弓反张位：由于颈及脊背肌肉强直，致使患者头向后仰、胸腹前凸、背过伸、躯干呈弓形。见于破伤风及小儿脑膜炎患者。

（九）姿势

姿势是指举止的状态。健康成人躯干端正，肢体活动灵活、适度。正常的姿势主要依靠骨骼结构和各部分肌肉的紧张度来保持，亦受机体健康状况及精神状态的影响，如疲劳和情绪低沉时可出现垂肩、弯背、拖拉蹒跚的步态。受检者受疾病的影响，可出现姿势改变。颈部活动受限提示颈椎疾病；充血性心力衰竭患者多采取坐位；腹部疼痛时可有躯干制动或弯曲，胃、十二指肠溃疡或胃肠痉挛性疼痛发作时，患者常捧腹而行。

（十）步态

步态指走动时所表现的姿态。健康人的步态因年龄、机体状态和所受训练的影响而有不同表现，如小儿喜急行或小跑，青壮年矫健快速，老年人则常为小步慢行。当患某些疾病时可导致步态发生显著改变，并具有一定的特征性，有助于疾病的诊断。常见的典型异常步态有以下几种。

1. 蹒跚步态 走路时身体左右摇摆似鸭行。见于佝偻病、大骨节病、进行性肌营养不良或先天性双侧髋关节脱位等患者。

2. 醉酒步态 行走时躯干重心不稳，步态紊乱如醉酒状。见于小脑疾病、乙醇及巴比妥中毒患者。

3. 共济失调步态 起步时一脚高抬，骤然垂落，且双目向下注视，两脚间距很宽，以防身体倾斜，闭目时则不能保持平衡。见于脊髓结核患者。

4. 慌张步态 起步后小步急速趋行，身体前倾，有难以止步之势。见于帕金森病患者（图2-11）。

5. 跨阈步态 由于踝部肌腱、肌肉弛缓，患足下垂，行走时必须抬高下肢才能起步。见于腓总神经麻痹患者（图2-12）。

6. 剪刀步态 由于双下肢肌张力增高，尤以伸肌和内收肌张力增高明显，移步时下肢内收过度，两腿交叉呈剪刀状。见于脑性瘫痪与截瘫患者（图2-13）。

7. 间歇性跛行 步行中，因下肢突发性酸痛乏力，受检者被迫停止行进，需稍休息后方能继续行进。见于高血压、动脉硬化患者。

二、皮肤检查

检查时应注意皮肤颜色、弹性，皮疹，皮下出血，蜘蛛痣和肝掌，水肿等。皮肤病变的检查一般通过视诊观察，有时尚需配合触诊。

（一）颜色

皮肤的颜色与毛细血管的分布、血液的充盈度、色素量的多少、皮下脂肪的厚度有关。

1. 苍白 皮肤苍白可由贫血、末梢毛细血管痉挛或充盈不足所致，如由寒冷、惊恐、休克、虚脱以及主动脉瓣关闭不全等引起。仅见肢端苍白，可能与肢体动脉痉挛或阻塞有关，如雷诺病、血栓闭塞性脉管炎等。

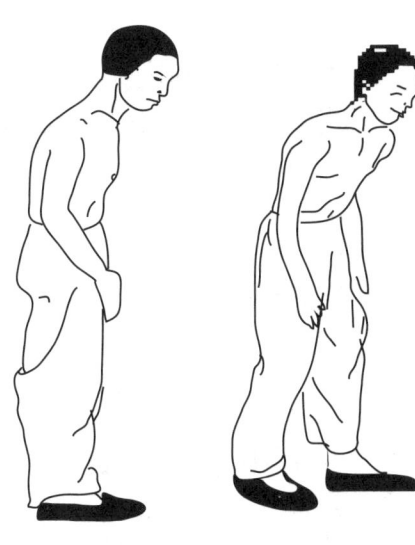  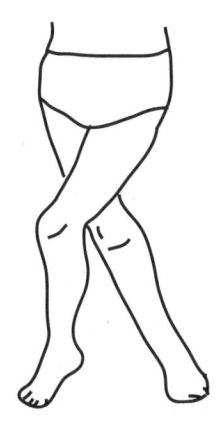

图 2-11　慌张步态　　　　图 2-12　跨阈步态　　　　图 2-13　剪刀步态

2. 发红　皮肤发红由毛细血管扩张充血、血流加速、血量增加以及红细胞量增多所致，在生理情况下见于运动、饮酒后；病理情况下见于发热性疾病，如肺炎球菌肺炎、肺结核、猩红热、阿托品及一氧化碳中毒等。皮肤持久性发红见于库欣综合征及真性红细胞增多症。

3. 发绀　发绀是皮肤呈青紫色，常出现于口唇、耳郭、面颊及肢端。见于还原型血红蛋白增多或异常血红蛋白血症。

4. 黄染　皮肤黏膜发黄称为黄染。由于胆红素代谢障碍，引起血清胆红素浓度升高，导致皮肤黏膜乃至体液及其他组织黄染的现象为黄疸。血清总胆红素浓度超过 34 μmol/L 时，可出现黄疸。长期服用含有黄色素的药物，如米帕林、呋喃类等，或含胡萝卜素的食物，如胡萝卜、南瓜、橘子等，也可使皮肤黄染。

5. 色素沉着　指由于黑色素增多所致的部分或全身皮肤色泽加深。生理情况下，身体的外露部分，以及乳头、腋窝、生殖器官、关节、肛门周围等处皮肤色素较深。如果这些部位的色素明显加深，或其他部位出现色素沉着，则提示为病理征象。常见于慢性肾上腺皮质功能减退，其他如肝硬化、晚期肝癌、肢端肥大症、黑热病、疟疾以及使用某些药物如砷剂和抗肿瘤药物等，亦可引起不同程度的皮肤色素沉着。妇女妊娠期间，面部、额部可出现棕褐色对称性色素斑，称为妊娠斑；老年人也可出现全身或面部的散在色素斑，称为老年斑。

6. 色素脱失　正常皮肤均含有一定量的色素，当缺乏酪氨酸酶致体内酪氨酸不能转化为多巴形成黑色素时，即可发生色素脱失。临床上常见的色素脱失有白癜风、白斑及白化症。

（二）弹性

皮肤弹性与年龄、营养状态、皮下脂肪及组织间隙所含液体量有关。儿童及青年皮肤紧致富有弹性；中年以后皮肤组织逐渐松弛，弹性减小；老年人皮肤组织萎缩，皮下脂肪减少，弹性进一步减小。检查皮肤弹性时，常选择手背或上臂内侧部位，以拇指和示指将皮肤提起，松手后如果皮肤皱褶迅速平复，为弹性正常；如果皮肤皱褶平复缓慢，为弹性减小。后者见于长期消耗性疾病或严重脱水者。发热时血液循环加速，周围血管充盈，可使皮肤弹性增加。

（三）皮疹

皮疹多为全身性疾病的表现之一，是临床上诊断某些疾病的重要依据。皮疹的种类很多，常见于传染病、皮肤病、药物及其他物质所致的过敏反应等。其出现的规律和形态有一定的特异性，发现皮疹时应仔细观察和记录其出现与消失的时间、发展顺序、分布部位、形态、大小、颜色及压之是否褪色、平坦或隆起、有无瘙痒及脱屑等。临床上常见的皮疹有以下几种。

1. 斑疹　表现为局部皮肤发红，一般不凸出皮肤表面。见于斑疹伤寒、丹毒、风湿性多形性红斑等。

2. 玫瑰疹 一种鲜红色圆形斑疹，直径 2～3 mm，为病灶周围血管扩张所致。检查时拉紧附近皮肤或以手指按压可使皮疹消退，松开时又复出现，多出现于胸腹部。为伤寒和副伤寒的特征性皮疹。

3. 丘疹 除局部颜色改变外，病灶凸出皮肤表面。见于药物疹、麻疹及湿疹等。

4. 斑丘疹 在丘疹周围有皮肤发红的底盘称为斑丘疹。见于风疹、猩红热和药物疹等。

5. 荨麻疹 为稍隆起皮肤表面的苍白色或红色的局限性水肿，为速发性皮肤变态反应所致，见于各种过敏反应。

（四）皮下出血

根据其直径大小及伴随情况分为以下几种：小于 2 mm 者，称为瘀点，3～5 mm 者，称为紫癜，大于 5 mm 者，称为瘀斑；片状出血并伴有皮肤显著隆起者，称为血肿。检查时，较大面积的皮下出血易于诊断，对于较小的瘀点应注意与红色的皮疹或小红痣进行鉴别。皮疹受压时，一般可褪色或消失，瘀点和小红痣受压后不褪色，但小红痣于触诊时可感到稍高于皮肤表面，且表面光亮。皮下出血常见于造血系统疾病、重症感染、某些血管损害性疾病以及毒物或药物中毒等。

（五）蜘蛛痣与肝掌

皮肤小动脉末端分支性扩张所形成的血管痣，形似蜘蛛，称为蜘蛛痣。多出现于上腔静脉分布的区域内，如面、颈、手背、上臂、前胸和肩部等处，其大小不等。检查时用棉签或火柴杆压迫蜘蛛痣的中心，其辐射状小血管网立即消失，去除压力后又复出现。一般认为蜘蛛痣的出现与肝对雌激素的灭活作用减弱有关，常见于急、慢性肝炎或肝硬化。慢性肝病患者手掌大、小鱼际处常发红，加压后褪色，称为肝掌，其发生机制与蜘蛛痣相同。

（六）水肿

皮下组织间隙内液体积聚过多，称为水肿。轻度水肿不易被发现，应配合触诊。指压局部组织后出现凹陷，称为凹陷性水肿，见于大多数水肿。黏液性水肿及象皮肿（丝虫病），尽管组织肿胀明显，但受压后并无组织凹陷，为非凹陷性水肿。根据水肿的轻重，可分为轻度、中度、重度 3 种。

1. 轻度 仅见于眼睑、眶下软组织、胫骨前、踝部皮下组织，指压后可见组织轻度下陷，平复较快。

2. 中度 全身组织均见明显水肿，指压后可出现明显的或较深的组织下陷，平复缓慢。

3. 重度 全身组织严重水肿，身体低位皮肤紧张发亮，甚至有液体渗出。此外，胸腔、腹腔等浆膜腔内可见积液，外阴部亦可见严重水肿。

（七）皮下结节

较大的皮下结节通过视诊即可发现，对较小的结节则必须触诊方能查及。无论大小结节均应触诊检查，注意其大小、硬度、部位、活动度及有无压痛等。

（八）毛发

正常人的毛发分布均匀、有光泽。某些疾病如伤寒后或用抗癌药物后可引起弥漫性脱发；脂溢性皮炎和斑秃可致局限性脱发。腺垂体功能减退时，除脱发外，阴毛、腋毛、眉毛也可脱落。肾上腺皮质功能亢进时，可有毛发增多，女性可呈现男性毛发分布、胡须增长。甲状腺功能减退者，前额部头发及眉毛外侧脱落明显。

三、全身浅表淋巴结检查

淋巴结分布于全身，一般体格检查仅能检查身体各部表浅的淋巴结。正常情况下，淋巴结较小，直径多在 0.2～0.5 cm 之间，质地柔软，表面光滑，与周围组织无粘连，不易触及，亦无压痛。

(一)检查方法

检查淋巴结的方法是视诊和触诊。视诊时不仅要注意局部征象(包括皮肤是否隆起,颜色有无变化,有无皮疹、瘢痕、瘘管等),也要注意全身状态。触诊是检查淋巴结的主要方法。医师将示、中、环三指并拢,其指腹平放于被检查部位的皮肤上进行滑动触诊。发现淋巴结肿大时,应注意其部位、大小、数目、硬度、压痛、活动度,有无粘连,局部皮肤有无红肿、瘢痕、瘘管等。同时注意寻找引起淋巴结肿大的原发病灶。

(二)检查顺序

检查淋巴结时应自上而下,左右对比,按一定顺序进行,以免遗漏。头颈部淋巴结的检查顺序是:耳前、耳后、枕后、颌下、颏下、颈前、颈后、锁骨上淋巴结(图2-14)。上肢淋巴结的检查顺序是:腋窝淋巴结、滑车上淋巴结。下肢淋巴结的检查顺序是:腹股沟部、腘窝部淋巴结。

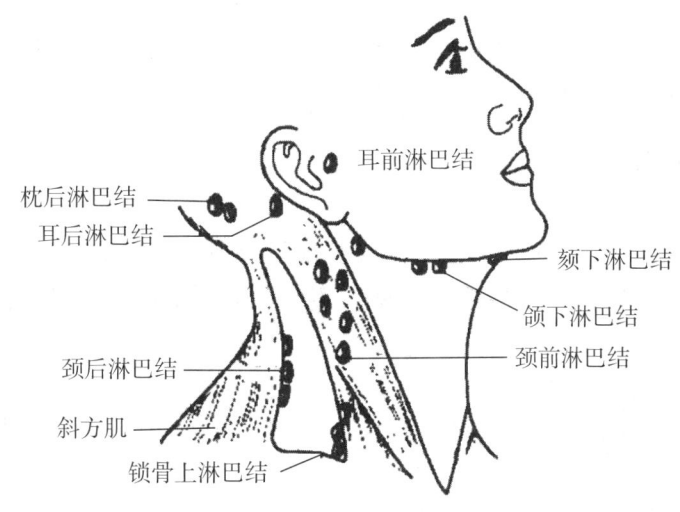

图 2-14 颈部淋巴结分布

(三)淋巴结肿大的病因及表现

淋巴结肿大按其分布可分为局限性淋巴结肿大和全身性淋巴结肿大。

1. 局限性淋巴结肿大 可见于非特异性淋巴结炎、淋巴结结核、恶性肿瘤淋巴结转移等。恶性肿瘤转移所致肿大的淋巴结,质地坚硬,或有橡皮样感,表面可光滑或突起,与周围组织粘连,不易推动,一般无压痛。胸部肿瘤如肺癌可向右侧锁骨上窝或腋窝淋巴结群转移;胃癌、食管癌多向左侧锁骨上窝淋巴结群转移。

2. 全身性淋巴结肿大 常见于感染性疾病。也可见于非感染性疾病:①结缔组织疾病:如系统性红斑狼疮、干燥综合征、结节病等。②血液系统疾病:如急慢性白血病、淋巴瘤、恶性组织细胞病等。

> **要点提示**:一般检查包括3项内容:全身状态检查、皮肤检查、全身浅表淋巴结检查,为整个体格检查过程中的第一步,是对受检者全身状态的概括性观察,以视诊为主,配合触诊、听诊和嗅诊进行。全身状态检查包括性别、年龄、生命体征(体温、呼吸、脉搏、血压)、发育、体型、营养状态、意识状态、面容与表情、体位、姿势、步态等。其中生命体征检查尤为重要,对判断病情轻重、预后好坏、病情发展变化极为重要。皮肤检查包括皮肤颜色、弹性,皮疹,皮下出血,蜘蛛痣和肝掌,水肿等。皮肤病变的检查一般通过视诊观察,有时尚需配合触诊。浅表淋巴结主要通过触诊检查,判断有无淋巴结肿大及其特点,并结合其他检查结果,对受检者状况进行初步判断。

第三节 头部及颈部检查

> **案例导入**
>
> 患儿，男，4岁。因发热、咽部疼痛2天，眼部不适、畏光、流泪1天来院就诊。拟对患者进行头部检查。
>
> **问题与思考：**
> 1. 针对患儿出现的不适，应重点做什么检查？
> 2. 如何进行该检查？

本节内容是对头部器官状态的检查，主要是眼部的外眼、瞳孔的大小与形状、对光反射、集合反射；口部的咽部、甲状腺、扁桃体检查。

一、头发和头皮检查

（一）头发

注意颜色、疏密度、脱发的类型与特点。脱发可见于伤寒、甲状腺功能低下、斑秃等，也可由物理与化学因素引起，如放射治疗和抗癌药物治疗等，检查时要注意其发生部位、形状与头发改变的特点。

（二）头皮

头皮检查需拨开头发观察头皮颜色、头皮屑，有无头癣、疖痈、外伤、血肿及瘢痕等。

二、头颅

（一）检查方法及特点

头颅检查主要采取视诊及触诊的方法。视诊应注意头颅的大小、外形变化和有无异常活动；触诊是用双手触摸头颅的每个部位，了解其外形，有无压痛和异常隆起。头颅的大小以头围来衡量，测量时用软尺自眉间绕至颅后，通过枕骨粗隆绕头一周。头围在各发育阶段的变化为：新生儿约34 cm，随着年龄增长而增加，到18岁时可达53 cm或以上。矢状缝和其他颅缝大多在出生后6个月内骨化，骨化过早会影响颅脑的发育。

（二）头颅的大小异常或畸形

临床常见的头颅异常如下。

1. 小颅　小儿囟门多在12～18个月内闭合。如过早闭合，可形成小头畸形，这种畸形同时伴有智力发育障碍。

2. 尖颅　亦称塔颅，头顶部尖突高起似塔状，造成与颜面部比例异常，因矢状缝与冠状缝过早闭合所致。见于先天性疾患尖颅并指（趾）畸形，即Apert综合征（图2-15）。

3. 方颅　前额左右突出，头顶平坦呈方形。见于小儿佝偻病或先天性梅毒（图2-16）。

4. 巨颅　额、顶、颞及枕部突出膨大呈圆形，颈部静脉充盈，颜面很小。由于颅内压增高，压迫眼球，形成双目下视，巩膜外露的特殊表情，称落日现象，见于脑积水（图2-17）。

5. 长颅　自颅顶至下颌部的长度明显增加，见于马方综合征及肢端肥大症。

6. 变形颅　发生于中年人，以颅骨的增大变形为特征，同时伴有长骨的骨质增厚与弯曲，见于变形性骨炎（Paget病）。

7. 头部活动　正常头部活动自如，如头部活动受限，见于颈椎疾患；头部不随意地颤动，见于帕金森病。与颈动脉搏动一致的点头运动，称DeMusset征，见于严重主动脉瓣关闭不全。

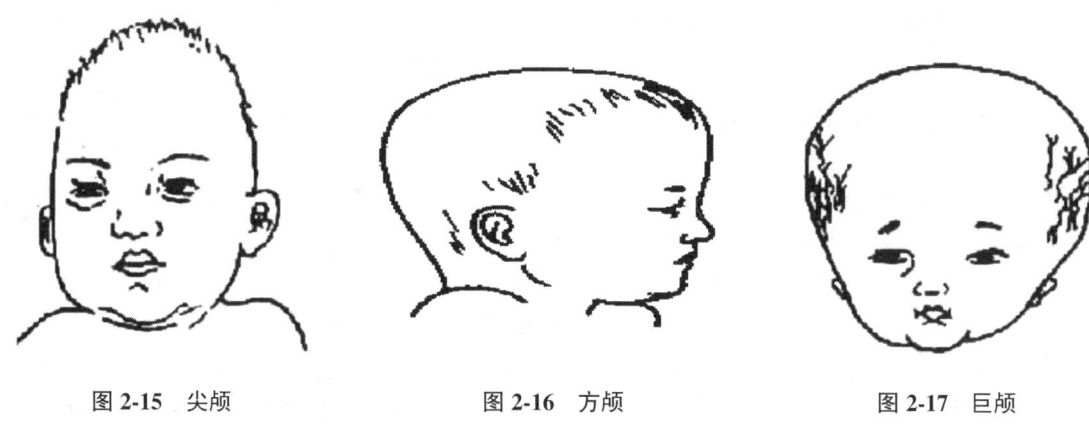

图 2-15　尖颅　　　　图 2-16　方颅　　　　图 2-17　巨颅

三、颜面及其器官

颜面为头部前面不被头发遮盖的部分,包括眼、耳、鼻、口 4 个部分。

(一)眼

眼的检查包括:视功能、外眼、眼前节和内眼检查。视功能检查包括视力、视野、色觉和立体视等检查;外眼检查包括眼睑、泪囊、结膜、眼球位置和眼压检查;眼前节检查包括角膜、巩膜、前房、虹膜、瞳孔和晶状体检查;内眼,即眼球后部,包括玻璃体和眼底,需用检眼镜在暗室内进行检查。

1. 视功能检查

(1)视力:视力分为远视力和近视力,后者通常指阅读视力。采用通用国际标准视力表进行视力检查,近视力与远视力配合检查可初步诊断是否有屈光不正(包括散光、近视、远视)和老视,或是否有器质性病变,如白内障、眼底病变等。

(2)视野:是当眼球向正前方固视不动时所见的空间范围,与中心视力相对而言,它是周围视力,用于检查黄斑中心凹以外的视网膜功能。视野在各方向均缩小者,称为向心性视野狭小。在视野内的视力缺失地区称为暗点。视野的左或右一半缺失,称为偏盲。双眼视野颞侧偏盲或象限偏盲,见于视交叉以后的中枢病变,单侧不规则的视野缺损见于视神经和视网膜病变。

(3)色觉:色觉的异常可分为色弱和色盲两种。色弱是对某种颜色的识别能力降低;色盲是对某种颜色的识别能力丧失。色盲又分先天性与后天性两种,先天性色盲是遗传性疾病,以红绿色盲最常见;后天性者多由视网膜病变、视神经萎缩和球后视神经炎引起。色觉障碍的患者不能服兵役,不适于从事交通运输、警察、美术、印染、医疗、化验等工作,因而色觉检查已被列为体格检查的常规项目之一。

2. 外眼检查

(1)眼睑:观察眼睑形态和运动,异常者可见睑内翻、上睑下垂、眼睑闭合障碍、眼睑水肿等。

(2)泪囊:挤压泪囊,若有黏液脓性分泌物流出,可考虑为慢性泪囊炎。有急性炎症时应避免做此检查。

(3)结膜:结膜分睑结膜、穹窿部结膜与球结膜 3 个部分。结膜常见的改变为:充血时黏膜发红,可见血管充盈,见于结膜炎、角膜炎;颗粒与滤泡见于沙眼;结膜苍白见于贫血;结膜发黄见于黄疸;大片的结膜下出血,可见于高血压、动脉硬化。

(4)眼球:检查时注意眼球的外形是否有突出或者下陷、眼球运动有无异常、眼内压有无降低或升高等。

3. 眼前节检查

(1) 角膜：检查时注意透明度，有无云翳、白斑、软化、溃疡、新生血管等。

(2) 巩膜：为瓷白色。在发生黄疸时，巩膜比其他黏膜出现黄染早而容易被发现。中年以后在内眦部可出现黄色斑块，为脂肪沉着所形成，应与黄疸相鉴别。

(3) 虹膜：虹膜纹理模糊或消失，见于虹膜炎症、水肿和萎缩。虹膜形态异常或有裂孔，见于虹膜后粘连、外伤、先天性虹膜缺损等。

(4) 瞳孔：正常直径为 3～4 mm。正常为圆形，双侧等大。青光眼或眼内肿瘤时可呈椭圆形；虹膜粘连时形状不规则。瞳孔缩小见于虹膜炎症、中毒（有机磷农药、毒蕈中毒）、使用某些药物（毛果芸香碱、吗啡、氯丙嗪）等。瞳孔扩大见于外伤、颈交感神经刺激、青光眼绝对期、视神经萎缩、药物影响（阿托品、可卡因）等。一侧眼交感神经麻痹，引起 Horner 综合征，出现瞳孔缩小、眼睑下垂和眼球下陷，同侧结膜充血及面部无汗。双侧瞳孔大小不等常提示有颅内病变，如脑外伤、脑肿瘤、中枢神经梅毒、脑疝等。

瞳孔对光反射分直接对光反射和间接对光反射。直接对光反射：通常用手电筒直接照射瞳孔并观察其动态反应。正常人当眼受到光线刺激后瞳孔立即缩小，移开光源后瞳孔迅速复原。间接对光反射：用手隔开两眼，光线照射一眼时，另一眼瞳孔立即缩小，移开光线则瞳孔扩大（图 2-18）。瞳孔对光反射迟钝或消失，见于昏迷患者。

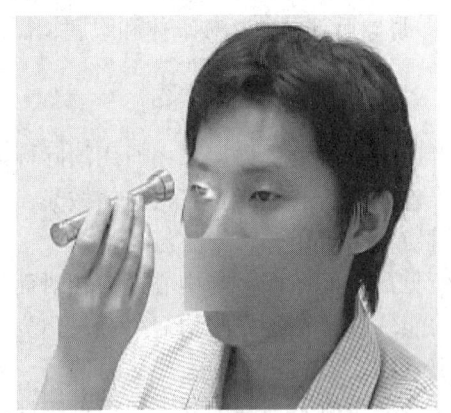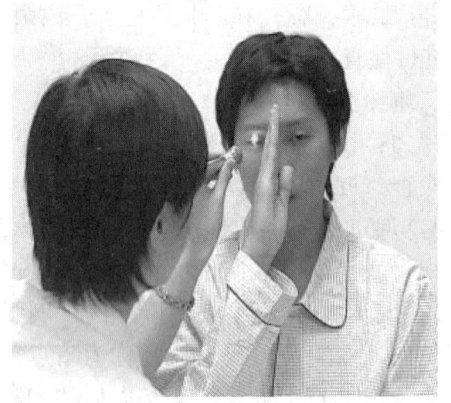

图 2-18 瞳孔对光反射检查

调节反射与集合反射：嘱受检者注视 1 m 以外的目标（通常是医师的示指尖），然后将目标迅速移动至距离眼球 10 cm 左右处，正常人双侧瞳孔逐渐缩小，称为调节反射，重复上述检查，但示指缓慢移近受检者眼球，此时两侧眼球同时向内聚合，称为集合反射。动眼神经功能损害时，集合反射和调节反射均消失。

4. 内眼检查（眼底检查） 需借助检眼镜进行眼底检查，主要观察的项目有：视神经盘、视网膜血管、黄斑区、视网膜各象限，应注意观察视神经盘的颜色、边缘、大小、形状，视网膜有无出血和渗出物，动脉有无硬化等。视神经盘水肿常见于由颅内肿瘤、脑脓肿、外伤性脑出血等引起的颅内压增高。

（二）耳

耳是听觉和平衡器官，分外耳、中耳和内耳 3 个部分。注意耳郭的外形、大小、位置和对称性，有无发育畸形、外伤瘢痕、红肿、瘘口等。观察外耳道皮肤是否正常，有无溢液，如果有脓液流出并有全身症状，则应考虑急性中耳炎，如果有血液或脑脊液流出，则应考虑颅底骨折。观察鼓膜是否穿孔。检查乳突有无压痛。听力减退见于耳道有耵聍或异物、听神经损害、局部或全身血管硬化、中耳炎、耳硬化等。

（三）鼻

1. 鼻的外形 视诊时注意观察鼻部皮肤颜色和鼻外形的改变。鼻腔堵塞，外鼻变形，鼻梁宽平如蛙状，称为蛙状鼻（图2-19），见于鼻息肉患者。鞍鼻是由鼻骨被破坏、鼻梁塌陷所致，见于鼻骨折、鼻骨发育不良、先天性梅毒和麻风病。酒渣鼻时主要是鼻尖和鼻翼发红，并有毛细血管扩张和组织肥厚。系统性红斑狼疮患者鼻梁部皮肤出现红色斑块，病损处高起皮面并向两侧面颊部扩展。

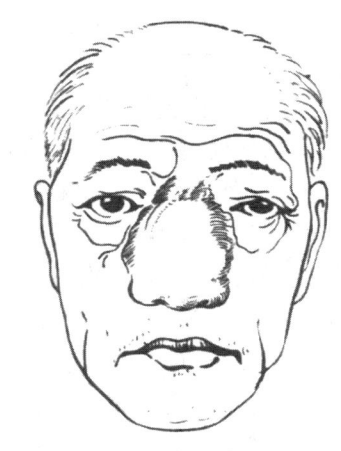

图2-19 蛙状鼻

2. 鼻翼扇动 见于伴有呼吸困难的高热性疾病（如大叶性肺炎）、支气管哮喘和心源性哮喘发作时。

3. 鼻中隔 鼻中隔明显偏曲，并产生呼吸障碍，称为鼻中隔偏曲，严重者可引起神经性头痛。鼻腔慢性炎症、外伤等可引起鼻中隔穿孔。

4. 鼻出血 多为单侧出血，见于外伤、鼻腔感染、局部血管损伤、鼻咽癌、鼻中隔偏曲等。双侧出血则多由全身性疾病引起，如某些发热性传染病（流行性出血热、伤寒等）、血液系统疾病（血小板减少性紫癜、再生障碍性贫血、白血病、血友病）、高血压病、肝疾病、维生素C或维生素D缺乏等。妇女如发生周期性鼻出血则应考虑子宫内膜异位症。

5. 鼻腔黏膜 急性鼻黏膜肿胀多为炎症充血所致，伴有鼻塞和流涕，见于急性鼻炎。慢性鼻黏膜肿胀多为黏膜组织肥厚，见于各种因素引起的慢性鼻炎。

6. 鼻腔分泌物 鼻腔黏膜受到各种刺激产生过多的分泌物。清稀无色的分泌物为卡他性炎症，黏稠发黄或发绿的分泌物为鼻或鼻窦的化脓性炎症所引起。

7. 鼻窦 鼻窦为鼻腔周围含气的骨质空腔，共4对，均有窦口与鼻腔相通，当引流不畅时容易发生炎症。鼻窦炎时出现鼻塞、流涕、头痛和鼻窦压痛。鼻窦在体表的投影如图2-20所示。

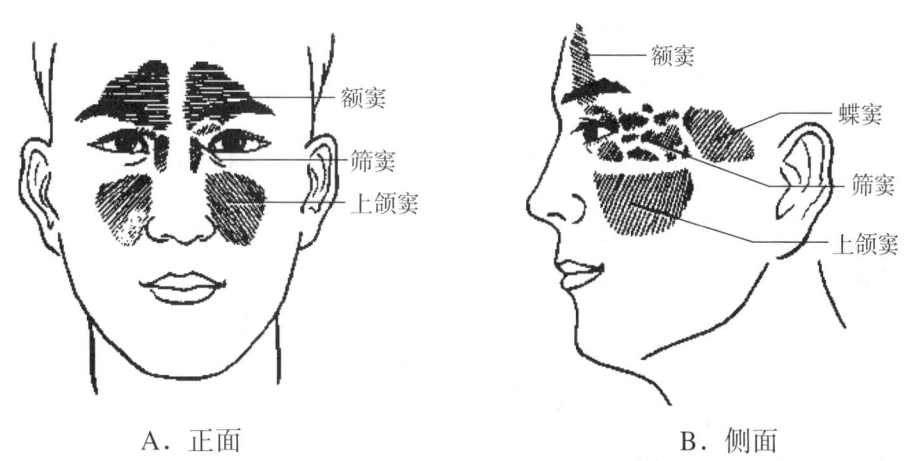

图2-20 鼻窦体表投影

（四）口

口的检查包括口唇、口腔内器官和组织以及口腔的气味等检查。

1. 口唇 口唇苍白，见于贫血、虚脱、主动脉瓣关闭不全等；口唇颜色深红，见于急性发热性疾病。口唇发绀为血液中还原型血红蛋白增多所致，见于心力衰竭和呼吸衰竭等。口角糜烂见于核黄素缺乏症。口唇干燥并有皲裂，见于严重脱水患者。口唇疱疹为口唇黏膜与皮肤交界处发生的成簇的小水疱，呈半透明状，初发时有痒或刺激感，随后出现疼痛，1周左右即结棕色痂，愈合后不留瘢痕，多为单纯疱疹病毒感染所引起，常伴发于大叶性肺炎、上呼吸道感染、流行性脑脊髓膜炎、疟疾等。

2. 口腔黏膜 正常口腔黏膜光洁，呈粉红色。若在相当于第二磨牙的颊黏膜处出现帽针头大小的白色斑点，称为麻疹黏膜斑（Koplik斑），为麻疹的早期特征。黏膜充血、肿胀并伴有小出血点，称为黏膜疹，多为对称性，见于猩红热、风疹和某些药物中毒。出现蓝黑色色素沉着多为肾上腺皮质功能减退症（Addison病）。出现黏膜下出血点或瘀斑，见于各种出血性疾病或维生素C缺乏。黏膜溃疡可见于慢性复发性口疮。雪口病（鹅口疮）白念珠菌感染引起，多见于衰弱的患儿或老年患者，也可出现于长期使用广谱抗生素和抗癌药患者。

3. 牙齿 应注意有无龋齿、残根、缺齿和义齿等。牙的色泽与形状也具有临床诊断意义，如牙齿呈黄褐色称斑釉牙，为长期饮用含氟量过高的水所引起；切牙切缘呈月牙形凹陷且牙间隙过宽，称为Hutchinson齿，为先天性梅毒的重要体征之一；单纯牙间隙过宽见于肢端肥大症。

4. 牙龈 正常牙龈呈粉红色，质韧且与牙颈部紧密贴合。牙龈水肿见于慢性牙周炎。牙龈缘出血常为口腔内局部因素引起，如牙石等，也可由全身性疾病所致，如维生素C缺乏症、肝疾病或血液系统出血性疾病等。

5. 舌 正常人舌体大小适中，表面湿润，舌质红，舌苔薄白；伸舌居中，无偏斜，活动自如，无震颤，味觉正常。许多局部或全身疾病均可使舌的感觉、运动与形态发生变化。

（1）干燥舌：轻度干燥不伴外形的改变；明显干燥见于鼻部疾患（可伴有张口呼吸、唾液缺乏）、大量吸烟、阿托品作用、放射治疗后等；严重的干燥舌可见舌体缩小，并有纵沟，见于严重脱水，可伴有皮肤弹性减小。

（2）舌体增大：暂时性肿大见于舌炎、口腔炎、舌的蜂窝织炎、脓肿、血肿、血管神经性水肿等。长时间的增大见于黏液性水肿、呆小病和先天愚型（Down病）、舌肿瘤等。

（3）地图舌：舌面上出现黄色上皮细胞堆积而成的隆起部分，状如地图。舌面的上皮隆起部分边缘不规则，存在时间不长，数日即可剥脱恢复正常，如再形成新的黄色隆起部分，称为移行性舌炎，这种舌炎多不伴随其他病变，发生原因尚不明确，也可由核黄素缺乏引起。

（4）裂纹舌：舌面上出现横向裂纹，见于先天愚型与核黄素缺乏，后者有舌痛。纵向裂纹见于梅毒性舌炎。

（5）草莓舌：舌乳头肿胀、发红类似草莓，见于猩红热或长期发热患者。

（6）牛肉舌：舌面绛红如生牛肉状，见于糙皮病（烟酸缺乏）。

（7）镜面舌：亦称光滑舌，舌头萎缩，舌体较小，舌面光滑，呈粉红色或红色，见于缺铁性贫血、恶性贫血及慢性萎缩性胃炎。

（8）毛舌：也称黑舌，舌面覆有黑色或黄褐色毛，故称毛舌，此为丝状乳头缠绕了真菌丝以及其上皮细胞角化所形成。见于久病衰弱或长期使用广谱抗生素（引起真菌生长）的患者。

（9）舌的运动异常：震颤见于甲状腺功能亢进症；偏斜见于舌下神经麻痹。

6. 咽部及扁桃体 咽部的检查方法：受检者者取坐位，头略后仰，张大口并发"啊"音，医师将压舌板在舌的前2/3与后1/3交界处迅速下压，见软腭上抬，在照明灯下可见软腭、腭垂、软腭弓、扁桃体、咽后壁等。

急性咽炎时，咽部黏膜充血红肿。慢性咽炎时，黏膜充血粗糙，咽后壁淋巴滤泡增生而呈颗粒状。急性扁桃体炎时，腺体红肿增大，在隐窝中可有黄白色脓性分泌物，或有脓苔形成的假膜，容易剥离。白喉假膜则为灰白色，不易剥离，用力剥离易引起出血。

扁桃体肿大一般分为三度：不超过咽腭弓者为Ⅰ度；超过咽腭弓者为Ⅱ度；达到或超过咽后壁中线者为Ⅲ度（图2-21）。

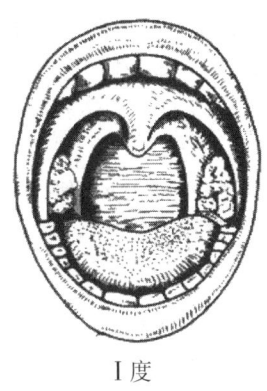 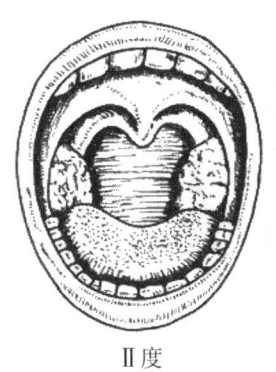 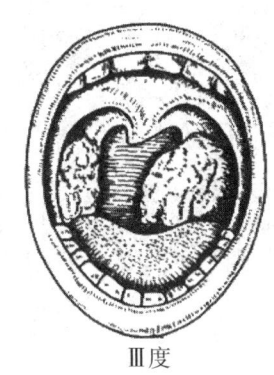

　　　　Ⅰ度　　　　　　　　　Ⅱ度　　　　　　　　　Ⅲ度

图 2-21　扁桃体肿大的分度

7. 喉　急性嘶哑或失音常见于急性炎症，慢性失音要考虑喉癌。

8. 口腔的气味　健康人口腔无特殊气味，如有特殊难闻的气味称为口臭，可由口腔局部、胃肠道或其他全身性疾病引起。

（1）局部原因：如牙龈炎、龋齿、牙周炎可产生臭味；牙槽脓肿时，有腥臭味；牙龈出血时，有血腥味。

（2）其他疾病引起的特殊气味：糖尿病酮症酸中毒患者可出现烂苹果味；尿毒症患者可产生尿味；肝坏死患者口腔中有肝臭味；肝脓肿患者呼吸时可发出组织坏死的臭味；有机磷农药中毒的患者口腔中有大蒜味。

9. 腮腺　腮腺位于耳屏、下颌角、颧弓所构成的三角区内。正常腮腺体薄而软，触诊时摸不出腺体轮廓。腮腺肿大时可见到以耳垂为中心的隆起，并可触及边缘不明显的包块。腮腺导管位于颧骨下 1.5 cm 处，横过嚼肌表面，开口相当于上颌第二磨牙对面的颊黏膜上。检查时注意观察导管口有无分泌物。腮腺肿大见于急性流行性腮腺炎、急性化脓性腮腺炎、腮腺肿瘤等。

四、颈部

（一）颈部外形与分区

正常人颈部直立，两侧对称，男性的甲状软骨较突出，女性的较平坦，转头时可见胸锁乳突肌突起。正常人在静坐时颈部血管不显露。根据解剖结构，颈部每侧又可分为颈前三角和颈后三角。

（二）颈部姿势与运动

正常人坐位时颈部直立，伸屈、转动自如，检查时应注意颈部静态与动态时的改变。头不能抬起，见于严重消耗性疾病的晚期、重症肌无力等。头部向一侧偏斜称为斜颈，见于颈肌外伤、瘢痕收缩、先天性颈肌挛缩和斜颈。颈部运动受限并伴有疼痛，可见于软组织炎症、颈肌扭伤等。颈强直为脑膜受刺激的特征，见于各种脑膜炎、蛛网膜下腔出血等。

（三）颈部皮肤与包块

1. 颈部皮肤　检查时注意有无蜘蛛痣、感染（疖、痈、结核）及其他局限性或广泛性病变，如瘢痕、瘘管、神经性皮炎、银屑病等。

2. 颈部包块　检查时应注意其部位、数目、大小、质地、活动度、与邻近器官的关系和有无压痛等特点。

（四）颈部血管

正常人立位或坐位时，颈外静脉常不显露，平卧时可稍见充盈，充盈的水平在锁骨上缘至下颌角距离的下 2/3 以内。卧位时如充盈度超过正常水平，或立位与坐位时可见明显静脉充

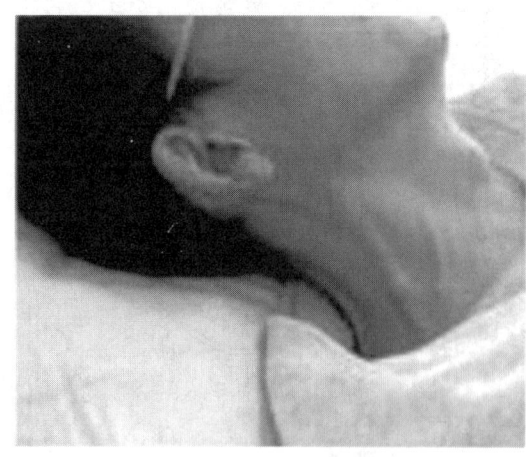

图 2-22 颈静脉怒张

盈,称为颈静脉怒张(图 2-22),提示静脉压升高,见于右心衰竭、缩窄性心包炎、心包积液、上腔静脉阻塞综合征,以及胸、腹腔压力增高的情况。

正常人颈部动脉的搏动只在剧烈活动后可见,且很微弱。在安静状态下出现颈动脉的明显搏动,多见于主动脉瓣关闭不全、高血压、甲状腺功能亢进及严重贫血患者。

五、甲状腺

甲状腺位于甲状软骨下方和两侧,柔软、不易触及。

(一)甲状腺检查方法

1. **视诊** 观察甲状腺的大小和对称性。正常人甲状腺外观不突出,女性在青春发育期可略增大。

2. **触诊** 触诊包括甲状腺峡部和甲状腺侧叶的检查(图 2-23)。医师站于受检者前面用拇指从胸骨上切迹向上触摸,可感到气管前软组织,判断甲状腺峡部有无增厚,嘱受检者做吞咽动作,可感到此软组织在手指下滑动,由此判断有无增大和肿块。一手拇指施压于一侧甲状软骨,将气管推向对侧,另一手示指、中指在对侧胸锁乳突肌后缘向前推挤甲状腺侧叶,拇指在胸锁乳突肌前缘触诊,配合吞咽动作,重复检查,可触及被推挤的甲状腺。用同样方法检查另一侧甲状腺。医师也可站于受检者后面进行触诊,一手示指、中指施压于一侧甲状软骨,将气管推向对侧,另一手拇指在对侧胸锁乳突肌后缘向前推挤甲状腺,示指、中指在其前缘触诊甲状腺。配合吞咽动作,重复检查。

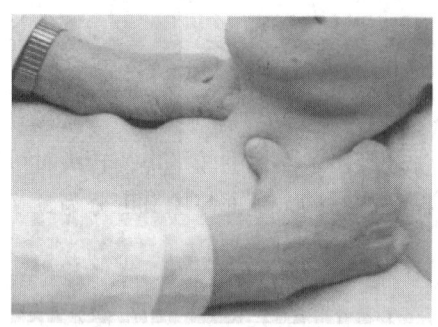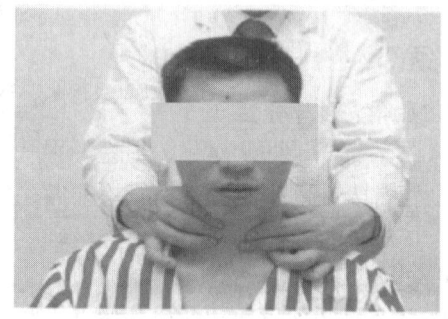

图 2-23 甲状腺检查方法

3. **听诊** 触到甲状腺肿大时,用钟型听诊器听诊,如听到低调的连续性静脉"嗡鸣"音,对诊断甲状腺功能亢进症很有帮助。

(二)甲状腺肿大的临床意义

甲状腺肿大可分三度:不能看到肿大,但能触及者为Ⅰ度;能看到肿大又能触及,但在胸锁乳突肌以内者为Ⅱ度;超过胸锁乳突肌外缘者为Ⅲ度。

引起甲状腺肿大的常见疾病有甲状腺功能亢进症、单纯性甲状腺肿、甲状腺癌、慢性淋巴性甲状腺炎(桥本甲状腺炎)、甲状旁腺腺瘤等。

六、气管

正常人气管位于颈前正中部。检查时嘱受检者取坐位或仰卧位，使颈部处于自然直立状态，医师将示指与环指分别置于两侧胸锁关节上，然后将中指置于气管之上，观察中指是否在示指与环指之间。根据气管的偏移方向可以判断病变的性质。如大量胸腔积液、积气、纵隔肿瘤以及单侧甲状腺肿大可将气管推向健侧，而肺不张、肺硬化、胸膜粘连可将气管拉向患侧。

> **要点提示**：颈部可通过视诊、触诊、听诊的方法进行检查；应注意颈部血管检查和气管检查对心血管、呼吸系统疾病有协助诊断意义；甲状腺检查对甲状腺自身疾病有重要诊断价值。

第四节 胸部检查

> **案例导入**
>
> 患者，男，40岁。因发热、咳嗽、胸部疼痛2天来院就诊。拟对患者进行胸部检查。
>
> **问题与思考：**
> 1. 为确定其病变部位，如何找到体表标志？
> 2. 如何进行体表划线？

胸部检查主要包括胸廓和胸壁、乳房、肺和胸膜、心脏和血管以及外周、血管检查等。检查胸部时按视诊、触诊、叩诊、听诊顺序进行。视诊和触诊可同时或交叉进行。检查一般由前胸部、侧胸部开始，而后背部。将所得体征分别以视诊、触诊、叩诊、听诊的顺序记录。

为了准确地描述胸壁和胸腔内器官的病变所在部位和范围，胸部除分左侧、右侧、前胸、侧胸及背部外，同时在胸部的体表划出一定的标志和分区。

一、骨骼标志

（一）胸骨角

胸骨角（路易斯角）（图2-24）是在胸骨柄和胸骨体的连接处形成的向前突出的一道横骨嵴，第2肋软骨在此处与胸骨相连，因此，胸骨角用于计数前胸肋骨和肋间隙的位置，同时胸骨角又是左、右主支气管分叉处和主动脉弓及第4胸椎的水平。

（二）第7颈椎棘突

后颈下部最突出的棘突即为第7颈椎棘突，当低头时更易触及，用于计数椎体的位置。

（三）肩胛下角

当人体直立、两臂自然下垂时，肩胛下角相当于第7肋骨与第8胸椎水平。

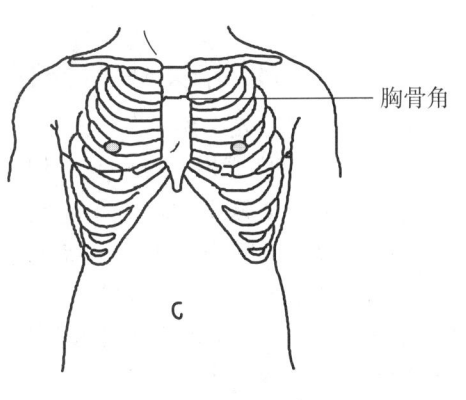

图2-24 胸骨角

二、胸前体表划线

（一）前正中线
前正中线为通过胸骨正中所作的垂直线，又称胸骨中线（图 2-25A）。

（二）锁骨中线（左、右）
锁骨中线为通过锁骨外侧端与胸锁关节端连线中点所作的垂直线。在正常男性和儿童此线常通过乳头（图 2-25A）。

（三）腋前线（左、右）
腋前线为通过腋窝前皱襞所作的垂直线（图 2-25A、C）。

（四）腋后线（左、右）
腋后线为通过腋窝后皱襞所作的垂直线（图 2-25C）。

（五）腋中线（左、右）
腋中线为腋前线与腋后线等距离的平行线，即由腋窝顶部向下所作的垂直线（图 2-25C）。

（六）肩胛线（左、右）
肩胛线为坐位双臂下垂，通过肩胛下角所作的垂直线，又称肩胛下角线（图 2-25B）。

（七）后正中线
后正中线为通过椎骨棘突的垂直线，又称脊柱中线（图 2-25B）。

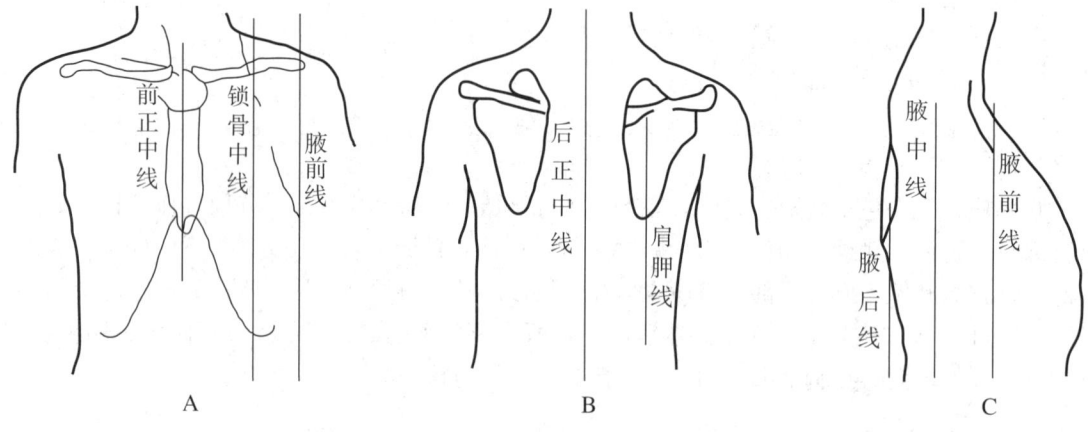

图 2-25　胸部体表划线

三、胸部自然陷窝和人工分区

（一）腋窝（左、右）
上肢内侧与胸壁相连的凹陷部为腋窝。

（二）胸骨上窝
胸骨上方的凹陷部为胸骨上窝（图 2-26）。

（三）锁骨上窝（左、右）
锁骨上方的凹陷部为锁骨上窝（图 2-26）。

（四）锁骨下窝（左、右）
锁骨下方的凹陷部为锁骨下窝（图 2-26）。

（五）肩胛上区（左、右）
背部肩胛冈以上的区域为肩胛上区（图 2-27）。

（六）肩胛下区（左、右）

背部两肩胛角连线与第 12 胸椎水平线两者之间的区域为肩胛下区，后正中线将此区分为左右两区（图 2-27）。

（七）肩胛间区

背部两肩胛骨之间在两肩胛下角连线水平以上的区域称为肩胛间区（图 2-27）。

（八）腹上角

由两侧肋下缘汇合于胸骨下端所构成角，为腹上角（图 2-26），一般成人为直角，矮胖者常为钝角，瘦长者常为锐角。在背部第 12 肋骨与脊柱构成的角，称为脊肋角。

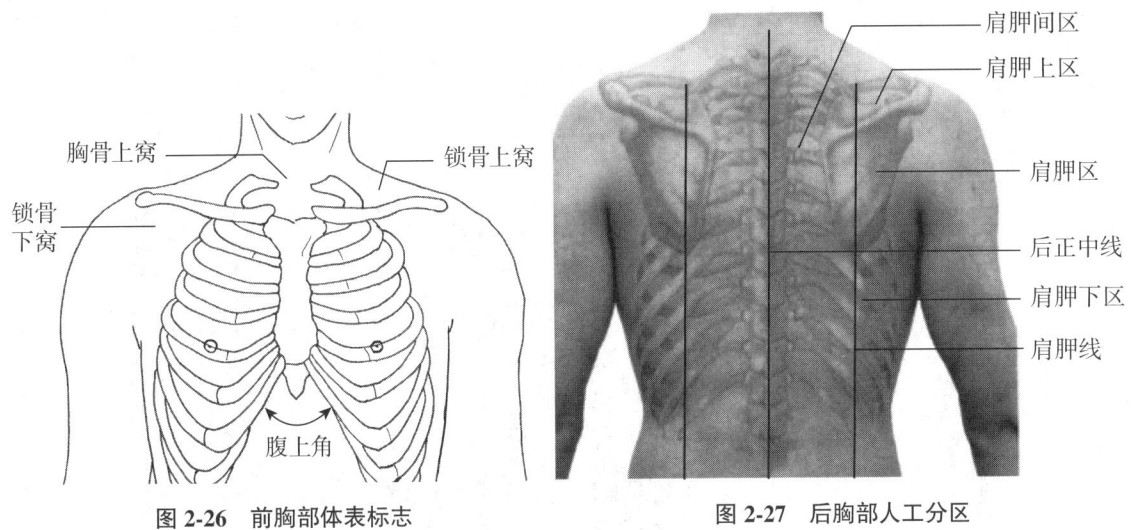

图 2-26 前胸部体表标志　　图 2-27 后胸部人工分区

四、肺叶在胸壁上的投影

右肺分上、中、下三叶，左肺分上、下两叶。两肺形状基本相似，但由于心脏占据左肺一部分，使该处呈半月形凹陷；两肺各叶中间由脏胸膜隔开，称叶间隙（或裂）。根据叶间隙的走行，可在胸壁上划出左右两肺各叶的所在位置，称为肺叶在胸壁上的投影。在临床实际工作中，一般习惯用左或右肺后背，前胸上、中、下、腋下各部位进行体征所在部位的描记。

五、胸廓和胸壁检查

（一）胸廓检查

1. 正常胸廓　正常人胸廓两侧大致对称，两肩及两肩胛下角均各自在同一水平，其外形随年龄而变化。成人胸廓前后径较横径短，前后径与横径的比例约为 1∶1.5，呈扁椭圆形。小儿和老年人前后径略小于或等于横径。

2. 常见的异常胸廓　①扁平胸：胸廓扁平，前后径常短于横径的一半。临床上多见于慢性消耗性疾病，如肺结核等患者。也可见于瘦长体型者。②桶状胸：前后径增长，可与横径相等。临床上多见于支气管哮喘、慢性支气管炎所致的肺气肿患者。也可见于老年人和矮胖体型者。③佝偻病胸：由佝偻病所致的胸廓改变，包括鸡胸、串珠肋、肋膈沟和漏斗胸（图 2-28、图 2-29）。

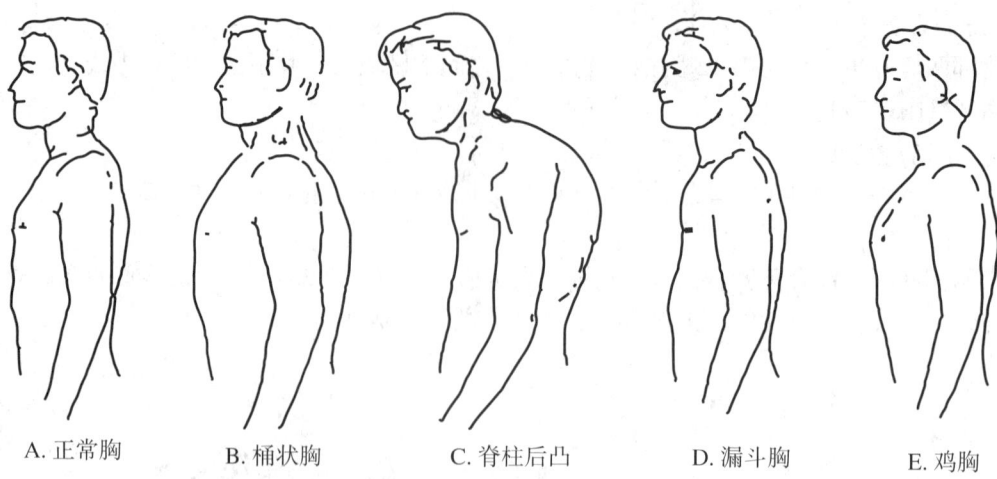

A. 正常胸　　B. 桶状胸　　C. 脊柱后凸　　D. 漏斗胸　　E. 鸡胸

图 2-28　正常与异常胸廓

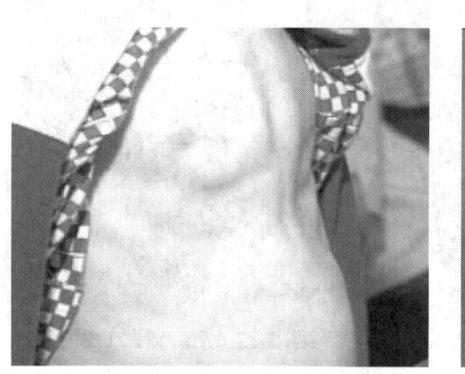 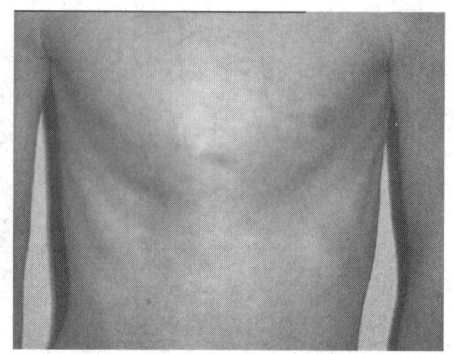

图 2-29　漏斗胸和鸡胸

3. 胸廓单侧或局限性变形　胸廓单侧膨隆见于患侧大量胸腔积液、气胸或胸腔肿瘤等。胸壁局限性隆起见于心脏扩大、心包积液、主动脉瘤、胸内或胸壁肿瘤等。胸廓单侧或局限性凹陷，可见于肺不张、肺萎缩、肺纤维化、胸膜粘连肥厚等。健侧有代偿性肺气肿时则较患侧隆起。

4. 胸廓畸形　可由脊柱特别是胸椎畸形所致。严重者表现为脊柱前凸、后凸（图2-28）、侧凸或侧后凸，使胸部两侧不对称，肋间隙增宽或变窄。严重脊柱畸形者，可引起呼吸、循环功能障碍。胸廓畸形多见于脊椎结核、发育畸形、佝偻病等。

（二）胸壁检查

1. 皮下气肿　皮下气肿是指气体积存于皮下。用手按压皮下气肿处可出现捻发感或握雪感，用听诊器体件按压皮下气肿处，可听到类似捻头发的声音。多见于气管、肺部病变或由外伤后，气体逸出，积存于皮下所致。偶见于产气杆菌感染。

2. 胸壁压痛　用手指轻压或轻叩胸壁，正常状态下无疼痛感觉。在肋间神经炎、肋骨软骨炎、带状疱疹、胸壁软组织炎、肋骨骨折及骨转移癌等时，可有局部压痛；在白血病、骨髓瘤时，可有胸骨压痛或叩击痛。

3. 静脉　正常人胸壁无明显静脉可见。当上腔静脉或下腔静脉回流受阻时，因其侧支循环开放，胸壁静脉出现充盈或曲张。可根据静脉血流的方向，鉴别上、下腔静脉阻塞。单侧乳房静脉曲张，应注意乳腺恶性肿瘤的发生。

六、乳房检查

正常儿童及男子乳房一般不明显,乳头位置大约位于锁骨中线第4肋间隙。正常女性乳房在青春期逐渐增大,呈半球形,乳头也逐渐增大呈圆柱形。

乳房的检查应依据正确的顺序进行,除检查乳房外,还应检查引流乳房部位的淋巴结。检查时受检者应将衣服脱至腰部以充分暴露胸部,并有良好的照明。受检者采取坐位或仰卧位。一般先进行视诊,然后再进行触诊。

(一) 视诊

1. 对称性 一般情况下正常女性坐位时两侧乳房基本对称。一侧乳房明显增大见于先天畸形、囊肿形成、炎症或肿瘤等。一侧乳房明显缩小则多由发育不全所致。

2. 表观情况 乳房皮肤发红提示局部炎症或乳腺癌累及浅表淋巴管引起的癌性淋巴管炎。乳房水肿见于乳腺癌和炎症。孕妇及哺乳期妇女乳房明显增大,乳房皮肤可见浅表静脉扩张。

3. 乳头 注意乳头的位置、大小,两侧是否对称,有无倒置或内翻。乳头出现分泌物提示乳腺导管有病变,出血最常见于导管内良性乳突状瘤患者,亦见于乳腺癌的患者。

4. 皮肤回缩 乳房皮肤回缩可由于外伤或炎症,受累区域乳房表层和深层之间悬韧带纤维缩短所致。如无乳房急性炎症的病史,皮肤回缩常提示恶性肿瘤的存在,轻度的皮肤回缩,常为早期乳癌的征象。

5. 腋窝和锁骨上窝 完整的乳房视诊还应包括乳房淋巴引流最重要的区域。仔细观察腋窝和锁骨上窝有无红肿、包块、溃疡、瘘管和瘢痕等。

(二) 触诊

乳房的上界是第2或第3肋骨,下界是第6或第7肋骨,内界起自胸骨缘,外界止于腋前线。

1. 触诊方法 触诊乳房时,受检者者采取坐位,先两臂下垂,后双臂高举超过头部或双手叉腰再行检查。以乳头为中心作一条垂直线和一条水平线,将乳房分为4个象限,便于记录病变部位(图2-30)。

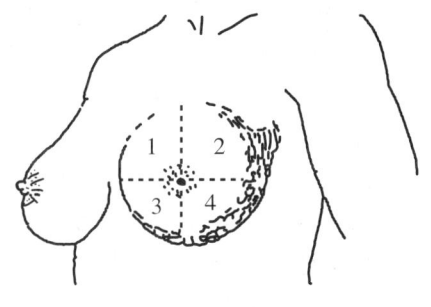

图2-30 乳房象限图

触诊先由健侧乳房开始,后检查患侧。医师的手指和手掌应平置在乳房上,用指腹轻施压力,以旋转或来回滑动进行触诊。检查左侧乳房时由外上象限开始,然后沿顺时针方向由浅入深进行触诊,直至4个象限检查完毕,最后触诊乳头。以同样方式检查右侧乳房,但沿逆时针方向进行。

2. 触诊内容 正常乳房呈模糊的颗粒感和柔韧感,触诊乳房时必须注意下列内容。

(1) 硬度和弹性:硬度增加和弹性消失提示皮下组织被炎症或新生物所浸润。

(2) 压痛:乳房的某一区域压痛提示有炎症存在。

(3) 包块:如有包块存在,应注意包块的部位、大小、外形、硬度、活动度,有无压痛等。

> **要点提示**:胸廓检查时要能判断正常及异常胸廓的特点。胸壁检查包括3项内容:皮下气肿、胸壁压痛、静脉,其中胸壁压痛对诊断局部病变有重要意义,尤其注意胸骨压痛是白血病的重要体征。对女性受检者进行乳房检查是重要的检查内容,乳房视诊及触诊,对诊断各类乳房疾病有重要意义,当检查到乳房有肿块时,要注意检查周围淋巴结有无肿大。

七、肺和胸膜检查

气管自颈前部正中沿食管前方下行进入胸部,在胸骨角处分为左、右主支气管而进入左、右两肺内。右主支气管较粗短而陡直,左主支气管较细长且较倾斜。覆盖在肺表面的胸膜为胸膜脏层,覆盖胸廓内面、膈上面及纵隔的胸膜为胸膜壁层。胸膜的脏、壁两层在肺根部互相反折延续,围成两个完全封闭的、潜在的无气空隙,即胸膜腔。胸膜腔内有少量浆液,以减少呼吸时两层胸膜之间的摩擦。

(一)视诊

观察呼吸运动时,视线应与胸壁表面在同一水平。

1. 正常呼吸运动 正常人两侧呼吸运动基本对称,节律均匀,频率适中。成年男性和儿童呼吸时,以腹式呼吸为主;成年女性呼吸时,以胸式呼吸为主。

2. 异常呼吸运动 ①胸式呼吸减弱、腹式呼吸加强:多见于肺部或胸膜疾病,如肺炎、严重肺结核、胸膜炎等;或见于胸壁疾病,如肋间神经痛、肋骨骨折等;②腹式呼吸减弱、胸式呼吸加强:多见于膈下降运动受限,如阑尾炎、腹膜炎、大量腹水、肝和脾重度肿大、腹腔内巨大肿瘤以及妊娠后期等。吸气时呼吸困难多见于上呼吸道梗阻性疾病,如气管内异物等。在吸气性呼吸困难时,吸气肌收缩加强,肺内负压极度增大,出现胸骨上窝、锁骨上窝、肋间隙和腹上角向内凹陷,称为"三凹征"或"四凹征"。呼气性呼吸困难多见于支气管哮喘,以及各种原因引起的阻塞性肺气肿。

(二)触诊

1. 呼吸动度 呼吸动度是指呼吸运动的幅度。检查时将两手掌平放于受检者胸部的对称部位,两手拇指在前正中线相遇,当受检者深吸气胸廓扩张时,两手随胸廓扩张而外展,观察拇指与前正中线之间的距离,可判断胸廓两侧呼吸动度是否对称(图2-31)。

正常人两侧呼吸动度对称,若一侧病变时,该侧呼吸动度减弱,健侧呼吸动度正常或由于代偿作用而增强。如胸腔积液、气胸、胸膜增厚、肺不张、大叶性肺炎等疾病均可引起患侧呼吸动度减弱。双侧呼吸动度减弱可见于肺气肿、双侧的胸膜炎、胸膜增厚等疾病。

2. 语音震颤(也称触觉语颤,简称语颤) 语音震颤为当受检者发出语音时,声波起源于喉部,沿气管、支气管及肺泡传到胸壁引起共鸣所产生的振动,可由医师的手触及,故又称触觉语颤。根据其振动的增强或减弱,可判断胸内病变的性质。

医师将左右手掌的尺侧缘或掌面轻放于受检者两侧胸壁的对称部位,然后嘱受检者用同等强度重复发"yi"长音,自上至下,从内到外,两手交替对比检查,比较两侧相应部位语音震颤是否对称,判断有无单侧、双侧或局部的增强、减弱或消失。检查时注意不可用力压在胸壁上,以免减弱手掌的敏感性(图2-32)。

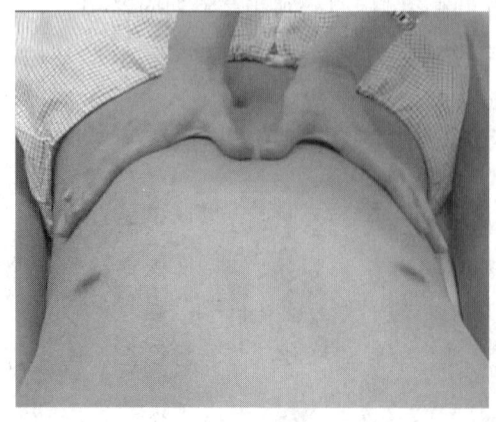

图2-31 呼吸动度检查方法

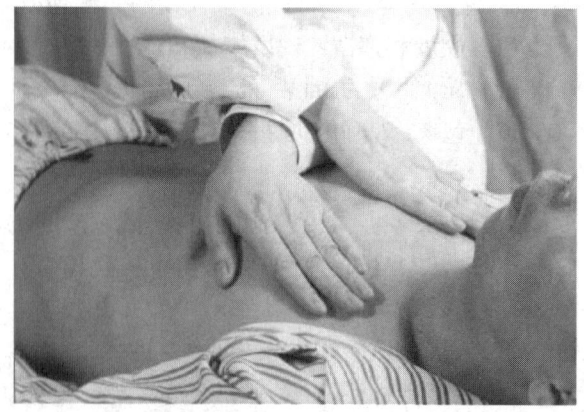

图2-32 触觉语颤的检查方法

语颤的传导与气管及支气管通畅与否、肺含气量多少、胸膜壁层及脏层是否相贴近、发音的强弱及音调高低、距音源的远近及胸壁的厚薄等有密切关系。一般来说，发音强、音调低、胸壁薄及支气管至胸壁的距离近者语音震颤强，反之则弱。

正常人语颤一般男性较女性强，成人较儿童强，瘦者较胖者强。在同一个体内，语颤的强弱亦有所不同。语颤减弱或消失主要见于：①肺泡内含气量过多，如肺气肿；②支气管阻塞，如阻塞性肺不张；③大量胸腔积液或气胸；④胸膜高度增厚、粘连；⑤胸壁皮下气肿。语颤增强主要见于：①肺泡内有炎症浸润，如大叶性肺炎实变期、大片肺梗死等；②接近胸膜的肺内巨大空洞，利于声波传导，使语颤增强，如空洞型肺结核、肺脓肿等。

3．胸膜摩擦感　正常人无胸膜摩擦感，当胸膜有炎症或肿瘤浸润时，深呼吸时胸膜壁层和脏层相互摩擦，可在胸壁上触到一种颤动，好似两片皮革相互摩擦的感觉。在腋下第5～7肋间较易触及胸膜摩擦感。

4．握雪感　皮下气肿发生于气胸或支气管损伤后，气体由壁胸膜裂隙进入胸壁，或沿纵隔向各方扩展，甚至可蔓延至腹壁及阴囊部，按压该处皮肤即有握雪感。

（三）叩诊

1．叩诊的方法　用于胸廓或肺部的叩诊方法有间接和直接叩诊法两种。胸部叩诊时，受检者取坐位或仰卧位，放松肌肉，两臂垂放，呼吸均匀。叩诊顺序为先胸部、后背部，自上而下，左右对比。叩诊前胸及两侧时板指应平贴于肋间隙并与肋骨平行，叩背部时板指可与脊柱平行，叩肩胛下角水平以下的部位时，板指仍保持与肋间隙平行。叩击力量要均匀，轻重应适宜（图2-33）。

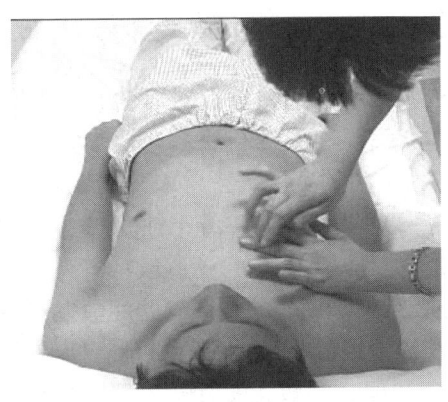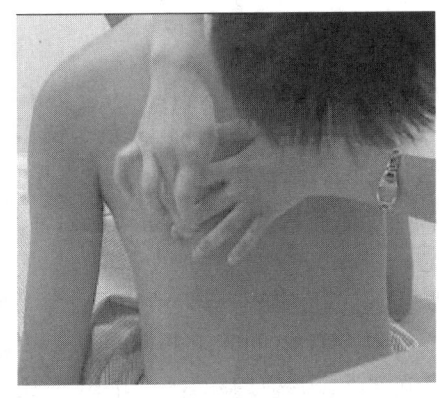

图2-33　胸部叩诊方法

2．胸部的正常叩诊音　正常胸部叩诊音的音响强弱及音调高低与肺内含气量、胸壁的厚薄等因素有关。前胸上部较下部叩诊音稍浊，由上叶体积较小，含气量较少，且该部肌肉较多所致；右肺上部叩诊音比左肺上部稍浊，由右侧胸肌比左侧稍厚及右上肺体积较小所致；背部叩诊音较胸前稍浊，由背部肌肉较多所致。正常胸部叩诊音的差异一般不明显。正常胸部叩诊音的分布如下（图2-34，表2-3）。

（1）清音：正常胸部肺泡部位叩诊均为清音，其音响强度受肺泡内含气量、胸壁的厚薄及邻近器官的影响。一般右肺上部较左肺上部稍浊；背部较前部稍浊；右腋下部较左腋下部稍浊。

（2）浊音：在肺与肝或心交界的重叠区域，叩诊时为浊音，又称心或肝的相对浊音界。

（3）实音：叩诊未被肺组织遮盖的心或肝时，即得实音，又称心或肝的绝对浊音界。

（4）鼓音：在左腋前线下方可叩得一个半月状鼓音区（Traube鼓音区）。其上界为肺下缘，右界为肝，左界为脾，下界为肋弓，为胃泡所在位置，其鼓音区的大小随胃内含气量的多少而变化，当左侧有大量胸腔积液或脾显著肿大时，可引起此鼓音区的缩小。

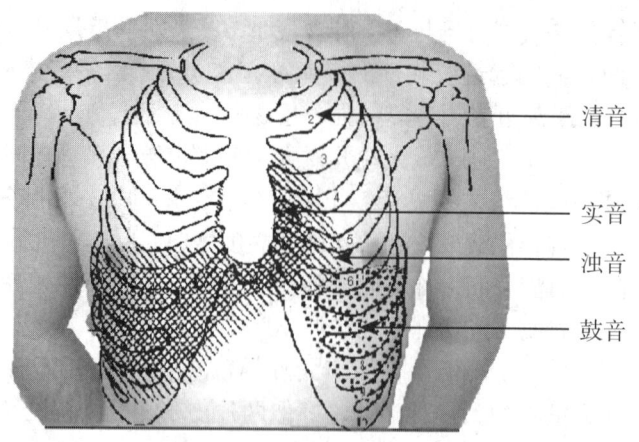

图 2-34 叩诊音的分布

表 2-3 正常胸部叩诊音的分布

叩诊音	性质	出现部位	备注
清音	空响	胸部肺泡部位	右上较左上稍浊,背部较前部稍浊,右腋下较左腋下稍浊
浊音	重击声样	肺与肝或心交界的重叠区	心或肝的相对浊音界
实音	极钝	未被肺组织遮盖的心或肝区	心或肝的绝对浊音界
鼓音	鼓响样	胃泡区	随胃内含气量多少而变化

3. 肺界叩诊

(1) 肺上界(Kronig 峡):肺上界即肺尖的宽度。检查时自斜方肌前缘中央部开始向内叩诊,当叩诊音由清音变为浊音时用笔做一标识,再自斜方肌前缘中央部向外叩诊,至清音变为浊音,再做一标识,两个标识间清音带的宽度即为肺尖的宽度。正常人肺上界为 5 cm,病理状态下一侧肺上界缩小,见于肺尖部结核;明显狭小可为该侧肺尖纤维性变或萎缩;肺气肿时肺上界增宽。

(2) 肺下界:两侧肺下界大致相同,平静呼吸时位于锁骨中线第 6 肋间隙上、腋中线第 8 肋间隙上、肩胛线第 10 肋间隙上。左肺下界除锁骨中线的下端因受心脏浊音区及胃泡鼓音区的影响不易确定外,其他均与右肺相同。叩诊肺下界时,一般先叩右侧、后叩左侧,在平静呼吸时自上而下沿锁骨中线、腋中线、肩胛下角线等各垂直线进行叩诊。除在右锁骨中线上叩诊音由清音先变为浊音(称肺肝界,即肝上界),后由浊音变为实音处为肺下界,在其他垂直线上由清音变为实音处,即为该垂直线上的肺下界(图 2-35)。

肺下界的改变:①生理情况下,肺下界的位置可因体型、发育不同而有变异。瘦长体型者其肺下界可下降 1 个肋间隙;儿童及矮胖者可上升 1 个肋间隙;妊娠末期,两侧肺下界上升。②病理情况下,两侧肺下界下降常见于肺气肿;两侧肺下界上升常见于腹内压升高,如严重腹水、气腹、鼓肠及巨大腹腔肿瘤、膈麻痹;一侧肺下界上升见于同侧肺不张、肺萎缩、胸腔积液及肝、脾大和膈下脓肿等。

(3) 肺下界移动范围(度)叩诊方法:首先在平静呼吸时,于肩胛线上叩出肺下界的位置,嘱受检者深吸气后在屏住呼吸的同时,沿该线继续向下叩诊,当由清音变为浊音时,即为肩胛线上肺下界的最低点。当受检者恢复平静呼吸后,同样先于肩胛线上叩出平静呼吸时的肺下界,再嘱受检者深呼气并屏住呼吸,然后再由下向上叩诊,直至浊音变为清音时,即为肩胛线上肺下界的最高点。最高点至最低点间的距离即为肺下界的移动范围。正常人肺下界的移动范围为 6～8 cm。肺下界移动范围小于 4 cm 即为肺下界移动度减小，临床上多见于：①肺组织弹性减弱，如肺气肿；②肺组织萎缩，如纤维性变、肺不张等；③肺组织炎症和水肿；④局部胸膜粘连。大量胸腔积液、气胸、胸膜广泛粘连和膈肌麻痹时，肺下界不能叩出，则移动范围也不能叩出。

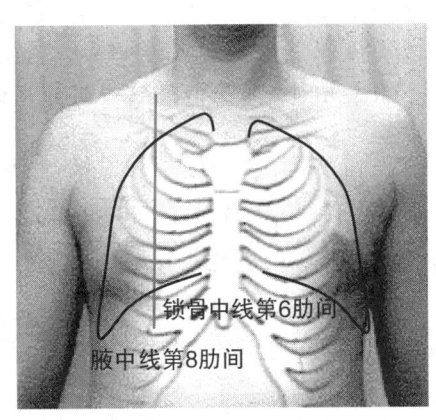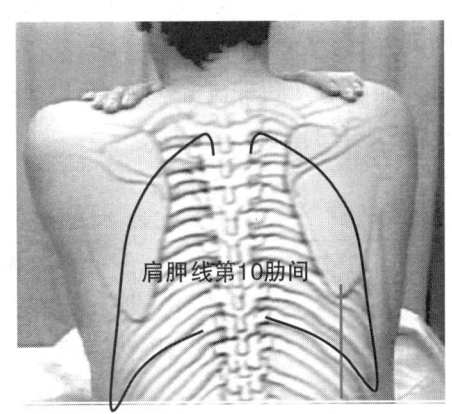

图 2-35　正常肺下界

4．肺部异常叩诊音　正常人的肺除与心、肝相重叠部分外，叩诊时均为清音，如出现浊音、实音、鼓音或过清音则为异常叩诊音，提示肺、胸膜、胸壁出现病理改变。

（四）听诊

听诊是诊查肺部疾患的重要方法之一。肺部听诊时，受检者宜取坐位，听诊一般由肺尖开始，自上而下，前胸、侧胸到背部，要上下对比和左右对比。肺部听诊内容有正常呼吸音、异常呼吸音、啰音、听觉语音、耳语音和胸膜摩擦音等，听诊时应注意呼吸音的强度、音调的高低、性质以及时相的长短等。

（1）正常呼吸音：正常人可听到 3 种呼吸音，即支气管呼吸音、支气管肺泡呼吸音和肺泡呼吸音。①支气管呼吸音：由吸入或呼出的气流，在声门及气管或主支气管形成的湍流所产生的声音，很像将舌根部抬高而呼气所发出的"哈"音，该呼吸音强而高调。吸气相较呼气相短，因吸气为主动运动，吸气时声门增宽，进气较快；而呼气为被动运动，声门较窄，出气较慢之故。呼气音较吸气音强而高调，吸气末与呼气始之间有极短暂的间隙。正常人于喉部、胸骨上窝、背部第 6、7 颈椎及第 1、2 胸椎附近均可闻及支气管呼吸音，且越靠近气管区，其音响越强，音调亦渐降低。②支气管肺泡呼吸音（混合性呼吸音）：是兼有支气管呼吸音和肺泡呼吸音特点的混合性呼吸音。其吸气音的性质与正常肺泡呼吸音相似，但音调较高且较响亮。其呼气音的性质则与支气管呼吸音相似，但音响强度稍弱，音调稍低，管样性质少些和呼气相短些，在吸气末和呼气始之间有极短暂的间隙。支气管肺泡呼吸音的吸气相与呼气相大致相同。正常人于胸骨两侧第 1、2 肋间隙，肩胛间区第 3、4 胸椎水平以及肺尖前后部可闻及支气管肺泡呼吸音。当在其他部位闻及支气管肺泡呼吸音时，均属异常情况，提示有病变存在。③肺泡呼吸音：是空气在细支气管和肺泡内进出移动的结果。吸气时气流经支气管进入肺泡，冲击肺泡壁，使肺泡由松弛变为紧张，呼气时肺泡由紧张变为松弛，这种肺泡弹性的变化和气流的振动是肺泡呼吸音形成的主要因素。

肺泡呼吸音为一种叹息样的或柔和吹风样的"呋-呋"声，在大部分肺野内均可闻及。其音调相对较低。吸气时音响较强，音调较高，时相较长，此系吸气为主动运动，单位时间内吸入肺泡的空气流量较大，气流速度较快，肺泡维持紧张的时间较长之故；反之，呼气时音响较弱，音调较低，时相较短，此系呼气为被动运动，呼出的气体流量逐渐减少，气流速度减慢，肺泡亦随之转为松弛状态所致。一般在呼气终止前呼气音即先消失，实际上这并非呼气时相比吸气短，而是呼气末气流量过小，未能闻及其呼气音而已。

正常人肺泡呼吸音的强弱与性别、年龄、呼吸的深浅、肺组织弹性的大小及胸壁的厚薄等有关。男性肺泡呼吸音较女性为强，因男性呼吸运动的力量较强，且胸壁皮下脂肪较少之故。儿童的肺泡呼吸音较老年人强，原因是儿童的胸壁较薄且肺泡富有弹性，而老年人的肺泡弹性则较差。肺泡组织较多，胸壁肌肉较薄的部位，如乳房下部及肩胛下部肺泡呼吸音最强，其次为腋窝下部，而肺尖及肺下缘区域则较弱。此外，矮胖体型者肺泡呼吸音亦较瘦长体型者为弱。3种正常呼吸音的比较见表2-4。

表2-4 3种正常呼吸音的比较

鉴别点	支气管呼吸音	支气管肺泡呼吸音	肺泡呼吸音
产生机制	气流通过声门、气管及主支气管形成的湍流所产生的声音	大支气管被肺泡组织所覆盖部位，肺泡呼吸音及支气管呼吸音同时存在	空气进出肺泡，使肺泡壁产生紧张与弛缓的交替变化，肺泡壁振动的声音
性质	声音粗糙，类似发出"哈"音	介于支气管呼吸音和肺泡呼吸音之间	声音柔和，类似发出"呋"音
特点	音响强、音调高，呼气时间较吸气时间长，呼气音较吸气音强而高调	音响强，音调高，吸气和呼气时间相等	声音清晰，音调较低，吸气时间较呼气时间长，吸气音较呼气音强而高调
正常分布部位	胸骨上窝，胸骨柄，第6、7颈椎及第1、2胸椎附近	胸骨角附近、肩胛间区上部、右肺尖	除支气管呼吸音及支气管肺泡呼吸音以外的正常肺组织
呼吸音示意图			

图示说明：斜线向上表示吸气，向下表示呼气；斜线粗细表示音响强弱；斜线长短表示声音长短；斜线与垂直线的夹角大小代表音调高低，角度愈小则音调愈高

(2) 病理性呼吸音

1) 异常肺泡呼吸音：肺泡呼吸音减弱或消失与肺泡内的空气流量减少或进入肺内的空气流速减慢及呼吸音传导障碍有关。可在局部、单侧或双肺出现。发生的原因：①胸廓活动受限，如胸痛、肋软骨骨化和肋骨切除等；②呼吸肌疾病，如重症肌无力、膈肌瘫痪和膈肌升高等；③支气管阻塞，如阻塞性肺气肿、支气管狭窄等；④压迫性肺膨胀不全，如胸腔积液或气胸等；⑤腹部疾病，如大量腹水、腹部巨大肿瘤等。

2) 肺泡呼吸音增强：双侧肺泡呼吸音增强，与呼吸运动及通气功能增强，使进入肺泡的空气流量增多或进入肺内的空气流速加快有关。发生的原因：①机体需氧量增加，引起呼吸深长和增快，如运动、发热或代谢亢进等；②缺氧兴奋呼吸中枢，导致呼吸运动增强，如贫血等；③血液酸度增加，刺激呼吸中枢，使呼吸深长，如酸中毒等。一侧肺泡呼吸音增强，见于一侧肺胸部病变引起肺泡呼吸音减弱，此时健侧肺可发生代偿性肺泡呼吸音增强。

3) 断续性呼吸音：肺内局部炎症或支气管狭窄，使空气不能均匀地进入肺泡，可引起断续性呼吸音，因伴短促的不规则间歇，故又称齿轮呼吸音，常见于肺结核和肺炎等。必须注意，当寒冷、疼痛和精神紧张时，亦可闻及断续性肌肉收缩的附加音，但与呼吸运动无关，应予鉴别。

4) 粗糙性呼吸音：为支气管黏膜轻度水肿或炎症浸润造成不光滑或狭窄，使气流进出不

畅所形成的粗糙呼吸音，见于支气管或肺部炎症的早期。

5) 异常支气管呼吸音：如在正常肺泡呼吸音部位闻及支气管呼吸音，则为异常的支气管呼吸音，或称管样呼吸音，可由下列因素引起。①肺组织实变：使支气管呼吸音通过较致密的肺实变部分，传至体表而易于闻及。常见于大叶性肺炎的实变期。②肺内大空腔：当肺内大空腔与支气管相通，且其周围肺组织又有实变存在时，音响在空腔内共鸣，并通过实变组织的良好传导，故可闻及清晰的支气管呼吸音，常见于肺脓肿或空洞型肺结核的患者。③压迫性肺不张：胸腔积液时，肺受到压迫，引起压迫性肺不张，因肺组织较致密，有利于支气管呼吸音的传导，故于积液区上方有时可闻及支气管呼吸音，但强度较弱而且遥远。

6) 异常支气管肺泡呼吸音：为在正常肺泡呼吸音区域内闻及的支气管肺泡呼吸音。其产生机制为肺部实变区域较小且与正常含气肺组织混合存在，或肺实变部位较深并被正常肺组织所覆盖之故。常于支气管肺炎、肺结核、大叶性肺炎初期或在胸腔积液上方肺膨胀不全的区域闻及。

(3) 啰音：是呼吸音以外的一种附加音，可分为干啰音、湿啰音（水泡音）及捻发音。

1) 干啰音：产生机制系由于气管、支气管或细支气管狭窄或部分阻塞，空气吸入或呼出时发生湍流所产生的声音。呼吸道狭窄或不完全阻塞的病理基础有炎症引起的黏膜充血水肿和分泌物增加；支气管平滑肌痉挛；管腔内肿瘤或异物阻塞；管壁被管外肿大的淋巴结或纵隔肿瘤压迫引起的管腔狭窄等（图 2-36）。

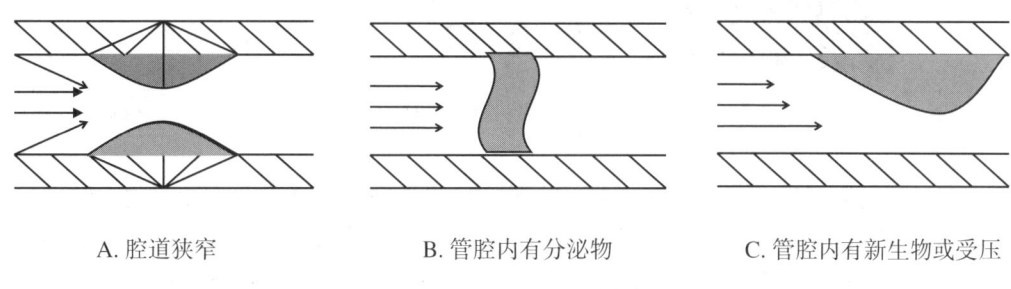

A. 腔道狭窄　　　　B. 管腔内有分泌物　　　　C. 管腔内有新生物或受压

图 2-36　干啰音产生机制

特点：干啰音为一种持续时间较长且带乐性的呼吸附加音，音调较高，基音频率为 300～500 Hz。持续时间较长，吸气及呼气时均可闻及，但以呼气时明显。干啰音的强度和性质易改变，部位易变换，瞬间内数量可明显增减。发生于主支气管以上大气道的干啰音，有时不用听诊器亦可闻及，谓之喘鸣。

分类：根据音调的高低可分为高调干啰音和低调干啰音两种。①高调干啰音：又称哨笛音。音调高，其基音频率可达 500 Hz 以上，呈短促的 "zhi-zhi" 声或带乐性，多被描述为丝丝样、飞箭样、鸟鸣样等。用力呼气时其音质常呈上升性，多起源于较小的支气管或细支气管。哮鸣音是一种高调而尖的干啰音，与哨笛音相似，其特点为吸气时间正常或稍短，而呼气时间明显延长，可布满两肺野。②低调干啰音：又称鼾音。音调低，其基音频率为 100～200 Hz，呈呻吟声或鼾声的性质，多发生于气管或主支气管。

临床意义：发生于双侧肺部的干啰音，常见于支气管哮喘、慢性支气管炎和心源性哮喘等。局限性干啰音由局部支气管狭窄所致，常见于支气管内膜结核或肿瘤等。

2) 湿啰音：又名水泡音或吸气性爆裂音。由于气流通过含有稀薄分泌物如渗出液、黏液、脓液、血液的支气管时，液体形成水泡后立即破裂所发出的音响，像水煮沸时冒泡音或用小管吹水的声音，所以又称为水泡音。空气通过有液体的空洞时也可产生湿啰音。

特点：多出现于吸气时，以吸气末最为清晰。有时也出现在呼气早期；易变性小，但咳嗽后可增多、减少、出现或消失；部位较为恒定；为断续的短暂的水泡破裂声，一连串出现多个声音；水泡音的大小与其所在部位管腔的大小相一致；中小水泡音或干、湿啰音可同时存在。

分类：按呼吸道腔径大小和腔内渗出物的多寡分为粗、中、细湿啰音和捻发音。①粗湿啰音：又称大水泡音，多出现在吸气早期（图2-37）。昏迷或濒死的患者因无力排出呼吸道分泌物，于气管处可闻及粗湿啰音，有时不用听诊器亦可闻及，谓之痰鸣。②中湿啰音：又称中水泡音，多出现于吸气中期。③细湿啰音：又称小水泡音，多在吸气后期出现。④捻发音：是一种极细而均匀一致的湿啰音。多在吸气终末闻及，颇似在耳边用手指捻搓一束头发时所发出的声音。常见于细支气管和肺泡炎症或充血，如肺淤血、肺炎早期和肺泡炎等。

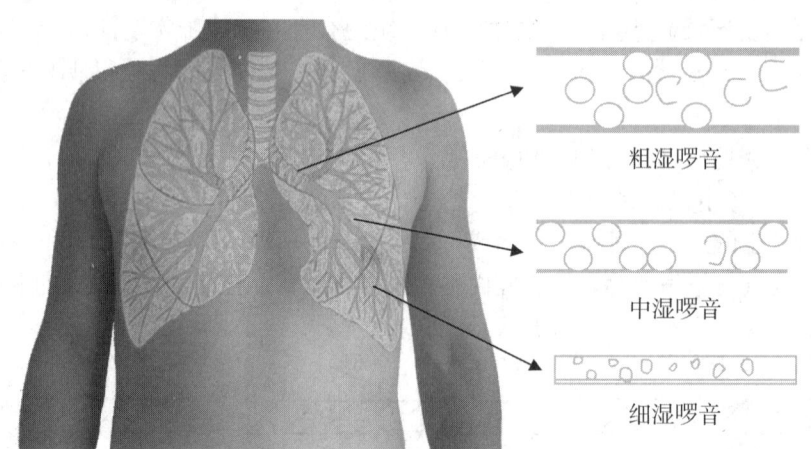

图 2-37　湿啰音产生机制

临床意义：局限于某一部位的湿啰音，表示有局限性病灶如炎症、出血，见于肺炎、肺结核、支气管扩张等；局限于两肺下野的湿啰音，常见于心力衰竭所致肺淤血、支气管肺炎、支气管扩张等；布满全肺的湿啰音，提示病变广泛，如支气管肺炎、急性肺水肿。

（4）胸膜摩擦音：正常胸膜表面光滑湿润，呼吸运动时不产生音响。当胸膜由于炎症或肿瘤等原因变得粗糙不平时，在呼吸时两层胸膜互相摩擦，可出现一种干燥的、断续的、接近表面的声音，颇似用一手掌心贴在耳孔，而用另一手指摩擦其手背时所发出的声音。胸膜摩擦音的特点是：吸气、呼气时均可闻及，一般在吸气末或呼气开始时较为明显，深呼吸及听诊器体件用力加压可使其加强；有时在极短时间内可出现、消失或再出现，亦可持续存在数日或更久；可发生在胸膜的任何部位，肺移动范围最大的部位亦可闻及；常见于急性纤维素性结核性胸膜炎、胸膜肿瘤、尿毒症等，也可并发于肺炎、肺梗死、严重脱水患者。有粗糙的胸膜摩擦音时常可触及胸膜摩擦感。触及胸膜摩擦感、闻及胸膜摩擦音是干性胸膜炎的重要体征。

临床上听诊时要注意胸膜摩擦音和细湿啰音的区别（表2-5）。

表2-5　胸膜摩擦音与细湿啰音的区别

胸膜摩擦音	细湿啰音
音响浅在，近耳边。听诊器紧压胸壁时，音响可增强	音响深在，距耳远。紧压听诊器时音响不变
屏息后做腹部起伏运动时仍有声音	屏息后做腹部起伏运动时无声音
咳嗽后，声音不变	咳嗽后，声音改变
伴有吸气时胸痛或摩擦感	吸气时无胸痛或摩擦感
受体位影响	体位变化无影响
呼气、吸气时均可闻及	以吸气时闻及为主

(5) 语音传导：又称语音共振，产生方式与语音震颤基本相同。常采用以下两种检查。

1) 听觉语音：当受检者以平常声调说"一、二、三、四"时，用听诊器在胸壁上可闻及柔和而模糊的声音，称为听觉语音。一般在气管和大支气管附近听到的声音最强，在肺底则较弱，其他部位则字音溶成一片，含糊不清。

听觉语音减弱见于支气管阻塞、肺气肿、胸腔积液或积气、胸膜增厚等情况。如果肺组织有实变、肺受压变致密或有空洞时，由该处语音传导强而响亮，可闻及清晰的字音，称支气管语音。

2) 耳语音：耳语音是由受检者作耳语状说"一、二、三"时，在胸壁闻及的字音不清的模糊音响。正常人在胸骨上窝及第 7 颈椎附近较易听到，胸部其他部位音响微弱，在肺底部则完全听不到。肺组织实变时可闻及清晰的、音调较高的耳语音，称胸耳语音。胸耳语音较支气管语音更敏感，是诊断早期肺实变有价值的体征。

> **要点提示**：对肺和胸膜要进行完整的视诊、触诊、叩诊、听诊检查。视诊主要是观察呼吸运动，特别注意在吸气性呼吸困难发生时易出现"三凹征"；触诊内容主要包括呼吸动度、语颤、胸膜摩擦感，尤其注意语颤检查的临床意义；叩诊时要注意叩诊的手法及顺序，能准确叩出肺界并辨别有无异常；听诊时环境要安静，能排除干扰，能听出正常呼吸音，并能辨别疾病导致的各种声音变化；要注意胸膜摩擦感和胸膜摩擦音是干性胸膜炎的重要体征。

八、心脏和血管检查

进行心脏和血管检查时，需要安静、光线充足的环境，受检者多取卧位，也可取坐位，医师多位于受检者右侧。检查时注意视诊、触诊、叩诊、听诊依次进行。

（一）心脏视诊

受检者尽可能取卧位，除一般观察胸廓轮廓外，必要时医师也可将视线与胸廓同高，以便更好地了解心前区有无隆起和异常搏动等。

1. 心前区外形 正常人心前区外形（即心脏在前胸壁的投影）与右侧相应部位基本对称。儿童心前区隆起，见于某些先天性心脏病，如法洛四联症、肺动脉瓣狭窄等；风湿性心脏病伴右心室增大。成人心前区隆起，见于大量心包积液。

2. 心尖搏动 心尖搏动主要由于心室收缩时，心尖向前冲击前胸壁引起相应部位向外搏动而形成。正常人心尖搏动位于左侧第 5 肋间隙锁骨中线内侧 0.5～1.0 cm 处。搏动范围的直径为 2.0～2.5 cm。有部分正常人的心尖搏动不易看到。视诊心尖搏动时，需注意其位置、强度、范围、节律和频率及其改变。

（1）位置的变化：正常人因体位和体型的不同，心尖搏动的位置有一定差异。如卧位时，心尖搏动位置因膈肌上升而稍上移；左侧卧位时，向左移位 2.0～3.0 cm；右侧卧位时，向右移位 1.0～2.0 cm。小儿、矮胖体型及妊娠者，心脏常呈横位，心尖搏动可向外下方移位，甚至移到第 4 肋间；瘦长体型者心脏呈垂直位，心尖搏动可向下移至第 6 肋间。深吸气或深呼气时心尖搏动也可随之向上或向下移位。引起心尖搏动移位的病理因素包括：①心脏疾患：左心室增大时，心尖搏动向左下移位；右心室增大时，左心室被推向左后，心尖搏动向左移位；先天性右位心时，心尖搏动则位于胸部右侧相应部位。②胸部疾患：能使纵隔及气管移位的胸部疾病，均可使心脏及心尖搏动移位。如大量胸腔积液或气胸时，心尖搏动推向健侧；肺不张、粘连性胸膜炎时，心尖搏动拉向患侧。如侧卧位时，心尖搏动无移位，提示有心包纵隔粘连的可能。胸廓或脊柱畸形亦可影响心尖搏动的位置。肺气肿时，则在剑突下见到心尖搏动。③腹部疾患；凡能增加腹压而影响膈肌位置的疾病，均可影响心尖搏动的位置，如大量腹水、气腹或腹腔内有巨大肿瘤，可使心尖搏动位置向上移。心尖搏动移位的常见病理因素见表2-6。

表2-6 心尖搏动移位的常见病理因素

因素	心尖搏动移位	临床常见疾病
心脏因素		
左心室增大	向左下移位	主动脉瓣关闭不全
右心室增大	向左侧移位	二尖瓣狭窄
左右心室增大	向左下移位，伴心浊音界两侧扩大	扩张型心肌病等
右位心	心尖搏动位于右侧心壁	先天性右位心
心外因素		
纵隔移位	心尖搏动向患侧移位	一侧胸膜增厚或肺不张
	心尖搏动向健侧移位	一侧胸腔积液或气胸等
横膈移位	心尖搏动向上、向左侧移位	大量腹水、气腹、腹腔内巨大肿瘤等
	心尖搏动向内下移位，可达第6肋间	严重肺气肿等

(2) 强弱及范围的变化：心尖搏动的强弱与胸壁的厚薄、血流速度及心肌收缩力的强弱相关。胸壁厚或肋间隙窄者，心尖搏动弱且范围小；胸壁薄或肋间隙宽者，心尖搏动强且范围大。剧烈运动或精神紧张时，心尖搏动增强。在病理情况下，心尖搏动可增强或减弱。

心尖搏动增强：见于机体代谢率增强，如甲状腺功能亢进症及发热；心肌收缩力增强，如左心室肥大。左心室肥大时，心尖搏动增强、范围增大，视诊心尖搏动强而有力、显而易见，用手指触诊时，指端被抬起在空中停留片刻，称抬举性心尖搏动，是左心室肥大的可靠体征。

心尖搏动减弱：见于心肌收缩力降低，如心肌炎时，心尖搏动减弱并弥散；搏动传导受阻，如心包积液、左侧胸腔积液或肺气肿时，心尖搏动可减弱或消失。

负性心尖搏动：心脏收缩时心尖搏动内陷，称为负性心尖搏动。见于粘连性心包炎与周围组织有广泛粘连时；在右心室明显肥大时，由于心脏发生顺向相转位，亦可出现负性心尖搏动。

3. 心前区其他部位的搏动

(1) 胸骨左缘第3~4肋间搏动：当心脏收缩时在此部位出现强有力而较持久的搏动，可持续至第二心音开始，为右心室持久的压力负荷增加所致的右心室肥厚征象，多见于先天性心脏病所致的右心室肥厚，如房间隔缺损等。

(2) 剑突下搏动：该搏动可能是右心室收缩期搏动，也可由腹主动脉搏动产生。病理情况下，前者可见于肺源性心脏病右心室肥大者，后者常由腹主动脉瘤引起。鉴别搏动来自右心室还是腹主动脉的方法有两种：其一是受检者深吸气后，搏动增强则为右室搏动，减弱则为腹主动脉搏动；其二是手指平放从剑突下向上压入前胸壁后方，右心室搏动冲击手指末端而腹主动脉搏动则冲击手指掌面。另外，消瘦者的剑突下搏动可能来自正常的腹主动脉搏动或心脏垂位时的右心室搏动。

(3) 心底部搏动：胸骨左缘第2肋间（肺动脉瓣区）收缩期搏动，多见于肺动脉扩张或肺动脉高压，也可见于少数正常青年人（特别是瘦长体型者）在体力活动或情绪激动时。胸骨右缘第2肋间（主动脉瓣区）收缩期搏动，多为主动脉弓动脉瘤或升主动脉扩张。

（二）心脏触诊

心脏触诊除可进一步确定视诊检查发现的心尖搏动位置和心前区异常搏动的结果外，尚可发现心脏病特有的震颤及心包摩擦感，与视诊同时进行，能起到互补效果。触诊方法是医师先用右手全手掌开始检查，置于心前区，然后逐渐缩小到用手掌尺侧（小鱼际）或示指和中指指腹并拢同时触诊，必要时也可单指指腹触诊（图2-38）。触诊内容如下。

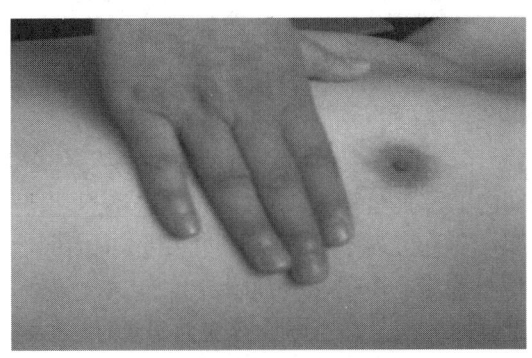

图 2-38　心脏触诊

1．心前区搏动　心脏触诊可进一步证实视诊所发现的心尖搏动及其他搏动，并确定其位置、范围、强弱。特别是当心尖搏动在视诊无法肯定时，常需触诊才能确定。另外，心尖搏动的凸起标志着心室收缩期的开始，凹陷标志着心室舒张的开始，故可利用心尖搏动的触诊，来确定心音、心脏杂音及出现的时间。

2．心前区震颤　心前区震颤是用手触知的一种细微的振动感，是器质性心血管疾病的特征性体征之一，此种感觉与猫的呼吸振动感相似，故又名猫喘。其产生的机制是当血液经狭窄的瓣膜口或异常通道流至较宽的部位时，所产生的涡流使瓣膜、心壁或血管壁产生振动传至胸壁所致。震颤的强弱与瓣膜狭窄程度、血流速度及心脏两腔室之间压力差的大小有关。一般情况下，瓣膜狭窄程度越严重，血流速度越快，压力差越大，则震颤越强。但过度狭窄时，震颤反而减弱或消失。震颤的强弱也与胸壁的厚薄有关，胸壁越薄，则震颤越清楚。临床上，触诊有震颤的部位，听诊常能闻及杂音，但闻及杂音时，不一定能触到震颤。触诊时，如触到震颤，可以肯定心脏有器质性病变，多出现于某些先天性心脏病及心脏瓣膜狭窄时；瓣膜关闭不全时极少出现震颤。依震颤出现的时间可分为收缩期、舒张期及连续性3种，应结合出现部位判断其临床意义（表2-7）。

表 2-7　心前区震颤的临床意义

时间	部位	常见疾病
收缩期	胸骨右缘第2肋间	主动脉瓣狭窄
收缩期	胸骨左缘第2肋间	肺动脉瓣狭窄
收缩期	胸骨左缘第3～4肋间	室间隔缺损
舒张期	心尖部	二尖瓣狭窄
连续性	胸骨左缘第2肋间	动脉导管未闭
收缩期	心尖部	重度二尖瓣关闭不全

3．心包摩擦感　正常人心包腔内有少量液体以润滑脏、壁两层心包膜。当心包膜发生炎症，致使心包膜表面粗糙，心脏搏动时两层粗糙的心包膜互相摩擦，所产生的振动传至胸壁，可在心前区触及一种连续性振动感，即心包摩擦感。心包摩擦感在胸骨左缘第4肋间处较易触及，因心脏在此处不被肺组织所遮盖，且接近胸壁。心包摩擦感于心脏收缩期及舒张期均能触及，但以收缩期较明显，坐位时或在深呼气末期易触及。如心包腔内有较多液体渗出，则摩擦感消失。

(三) 心脏叩诊

心脏叩诊用于确定心界大小及其形状。

1. 叩诊方法 叩诊采用间接叩诊法,受检者一般取平卧位。通常测定左侧的心浊音界用轻叩诊法较为准确,而右侧叩诊宜使用较重的叩诊法,叩诊时也要注意根据受检者胖瘦程度等调整力度。另外,必须注意叩诊时板指每次移动的距离不宜过大,当叩诊音由清音变浊音时,需进一步往返叩诊几次,以免得出的心界范围小于实际大小。

2. 叩诊顺序 通常的顺序是先叩左界,后叩右界。心左界在心尖搏动外2~3 cm处开始叩诊,由外向内,逐个肋间向上,直至第2肋间。右界叩诊先叩出肝上界,然后于其上一肋间由外向内,逐一肋间向上叩诊,直至第2肋间。沿肋间由外向内叩诊,当叩诊音由清音变为相对浊音时,即为心脏边界(也称为心脏的相对浊音界),它相当于心脏在前胸壁的投影,反映心脏的实际大小和形状;继续向内叩诊,当叩诊音变为实音时,即达心脏不被肺遮盖区域的边界(也称为心脏的绝对浊音界)(图2-39)。叩诊时在每一肋间由清音变为相对浊音时作一标记,全部叩完后,将所作的标记连接成线,即为心脏的形状。左、右各肋间的边界与前正中线的垂直距离,就是心脏相对浊音界的大小。

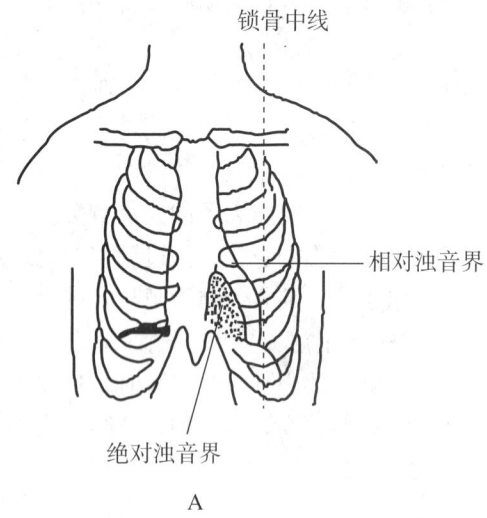 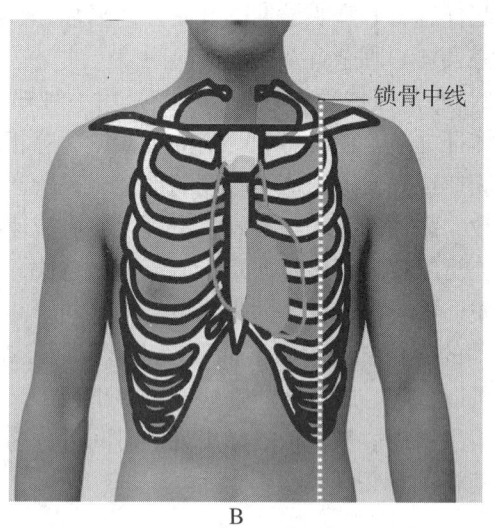

图2-39 心脏浊音界

3. 正常心界 指心脏的相对浊音界。正常人的心右界几乎与胸骨右缘一致,仅第4肋间处在胸骨右缘稍外方。正常人的心左界在第2肋间几乎与胸骨左缘一致,其下方逐渐左移并继续向左下形成向外凸起的弧形。正常成人心脏相对浊音界见表2-8。

表2-8 正常成人心脏相对浊音界

右界(cm)	肋间	左界(cm)
2~3	第2肋间	2~3
2~3	第3肋间	3.5~4.5
3~4	第4肋间	5~6
	第5肋间	7~9

注:正常成人左锁骨中线与前正中线距离是8~10 cm

书写记录时，应以实际叩诊和测量所得到的数值，按表2-8中所列格式记录在普通病历中，必要时可增加肋间数。

4. 心界的组成 心右界自第1肋间向下，依次为上腔静脉、升主动脉，自第3肋骨上缘呈钝角斜向外下，相当于右心房；心左界于第2肋间处相当于肺动脉段，延向左下方为左心房的心耳部，最下方为左心室；心下界由左心室和右心室组成；心上界相当于第3肋间前端下缘的水平。位于第1、2肋间水平的胸骨部分的浊音区称为心底部浊音区，相当于大血管在胸壁上的投影区。主动脉结与左心室缘间的轻度凹陷部分称为心腰部（图2-40）。

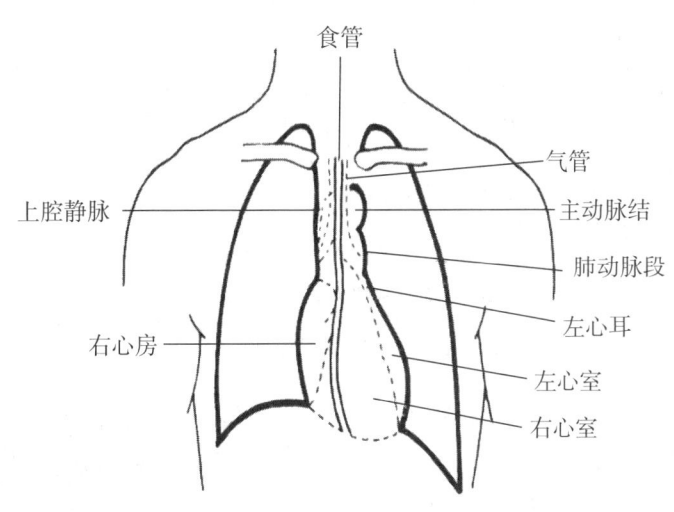

图 2-40　心界的组成

5. 心脏浊音界的改变 心脏浊音界的大小、形态和位置受多种因素影响。

（1）心脏本身因素：①左心室增大：心脏相对浊音界向左下扩大，心腰部的凹陷由钝角变为近似直角，使心浊音区呈靴形（图2-41）。因常见于主动脉瓣关闭不全，故称为主动脉型心脏。但亦可见于高血压性心脏病。②右心室增大：轻度增大时，心脏绝对浊音界扩大，显著增大时，心脏相对浊音界同时向左右两侧扩大，但因心脏沿长轴顺钟向转位，故向左增大较为显著。③左右心室同时增大：心脏相对浊音界向左、右两侧扩大，同时向左下方扩大。④左心房与肺动脉扩大：可使心腰部饱满或膨出，心脏的相对浊音区外形呈梨形（图2-42），因常见于二尖瓣狭窄，故称二尖瓣型心脏。⑤主动脉扩张、主动脉瘤：心底部浊音界扩大，第1~2

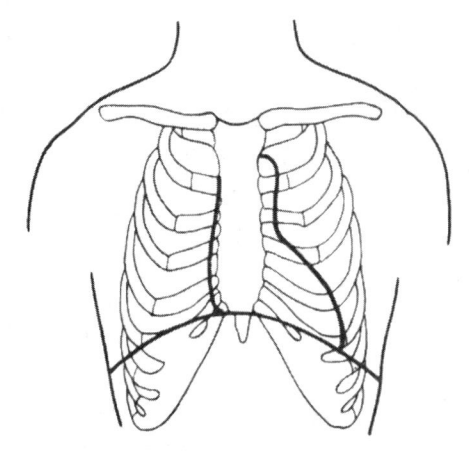

图 2-41　靴形心

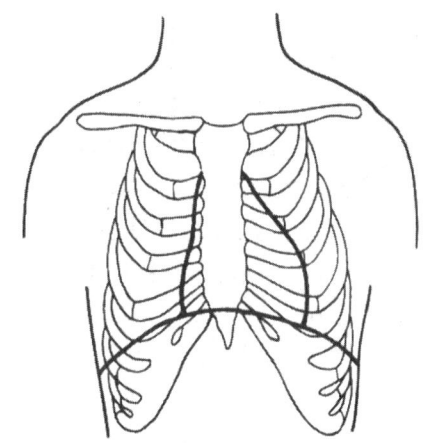

图 2-42　梨形心

肋间浊音区增宽。⑥心肌炎、心肌病及心包积液：心界向两侧扩大，心包积液时，心包腔内积液随体位移动，立位或坐位时心浊音界呈三角烧瓶形，平卧位时心底部浊音界明显增宽，心浊音界呈球形。心浊音界改变的心脏因素和临床常见疾病见表2-9。

表 2-9 心浊音界改变的心脏因素和临床常见疾病

心脏因素	心浊音界	临床常见疾病
左心室增大	向左下增大，心腰加深，心界似靴形	主动脉瓣关闭不全
右心室增大	轻度增大：绝对浊音界增大，相对浊音界无明显改变 显著增大：心界向左右两侧增大	肺源性心脏病或房间隔缺损等
左、右心室增大	心浊音界向两侧增大，且左界向左下增大，称普大形心	扩张型心肌病
左心房增大或合并肺动脉段扩大	左心房显著增大：胸骨左缘第3肋间心界增大，心腰消失 左心房与肺动脉段均增大：胸骨左缘第2、3肋间心界增大，心腰更为丰满或膨出，心界如梨形	二尖瓣狭窄等
主动脉扩张	胸骨右缘第1、2肋间浊音界增宽，常伴收缩期搏动	升主动脉瘤
心包积液	两侧增大，相对及绝对浊音界几乎相同，并随体位而改变，坐位时心界呈三角烧瓶形，卧位时心底部浊音增宽	心包积液

(2) 心外因素：一侧大量胸腔积液或气胸时，心界在患侧叩不出，在健侧则移向外侧；肺浸润、肺实变、肺部肿瘤或纵隔淋巴结肿大时，因心浊音区与胸部病变的浊音区相连，真正的心浊音区无法叩出；肺气肿时，可使心浊音区变小或叩不出。在胸膜粘连肥厚或肺不张时，心浊音界则向患侧移位。大量腹水或腹腔内巨大肿瘤等使膈肌上升，致使心脏呈横位，心的左、右浊音界均可扩大。胃内含气量增多时，胃泡鼓音区增大，可影响心脏左下界的叩诊。此外，体位、体型、呼吸及胸廓或脊柱畸形也对心脏位置及浊音界有一定的影响。在临床上，若无影响心浊音界的心外因素存在，叩诊心脏相对浊音界超过左侧锁骨中线，即可判定心脏扩大。

（四）心脏听诊

听诊能反映心血管的血流动力学改变，对一些心血管疾病的早期诊断具有重要意义。听诊心脏时，受检者可取坐位或仰卧位。必要时可嘱受检者变换体位，或进行适量运动（无心功能不全的情况下），或嘱受检者于深呼气末屏住呼吸再行听诊，可使某些杂音更易闻及。

1. 心脏瓣膜听诊区 心脏各瓣膜开放与关闭时所产生的声音沿血流方向传导至前胸壁最易听清的部位，称为心脏瓣膜听诊区，与瓣膜的解剖部位不完全一致（图2-43）。通常有5个听诊区。

(1) 二尖瓣区：位于心尖部。心脏增大时，心尖向左或向左下移位，这时可选择心尖搏动最强点为二尖瓣听诊区。

(2) 主动脉瓣区：有两个听诊区。第一听诊区位于胸骨右缘第2肋间，主动脉瓣狭窄时的收缩期杂音，在此处听诊最清楚；第二听诊区位于胸骨左缘第3、4肋间，主动脉瓣关闭不全的舒张期杂音，在此听诊最响亮。

(3) 肺动脉瓣区：在胸骨左缘第2肋间。

(4) 三尖瓣区：在胸骨体下端近剑突部位，稍偏右或稍偏左。

各不同瓣膜所产生的心音或杂音，分别在上述相应瓣膜听诊区听得最清楚。听诊通常按瓣膜病变好发部位的顺序进行，即二尖瓣区、主动脉瓣区、主动脉瓣第二听诊区、肺动脉瓣区、三尖瓣区。亦可由二尖瓣区开始，沿逆时针方向，依次为肺动脉瓣区、主动脉瓣区、主动脉瓣第二听诊区、三尖瓣区的顺序进行。对疑有心脏病的受检者，除在上述各个瓣膜听诊区进行听诊外，还应听诊心前区其他部位，如颈部两侧、胸骨体部、剑突下、腋下和背部等。

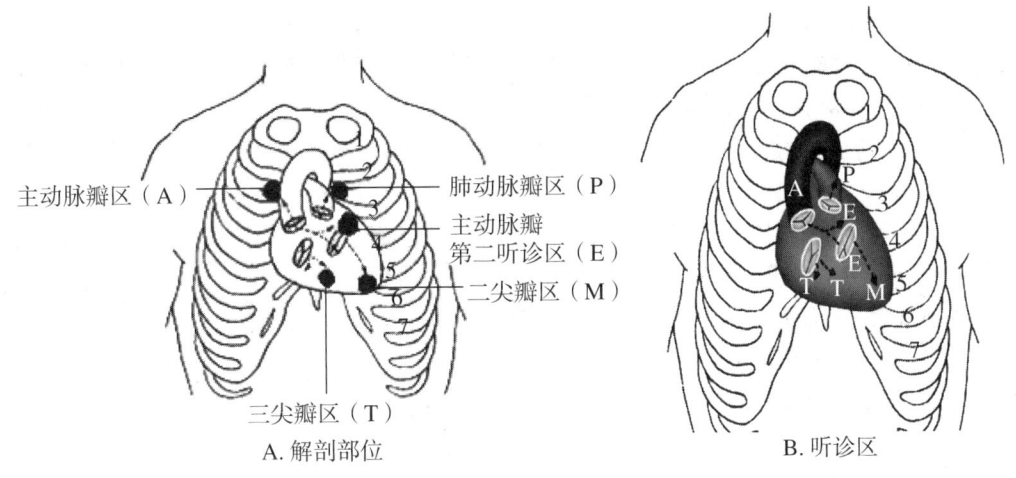

图 2-43 心脏瓣膜解剖部位及瓣膜听诊区

2. 听诊内容 听诊内容包括心率、心律、心音、额外心音、杂音及心包摩擦音等。

(1) 心率：指每分钟心搏的次数，以第一心音为判定标准。正常成人心率为 60～100 次/分，女性稍快；未满 3 岁的小儿常大于 100 次/分；老年人偏慢。心率的变化主要包括以下几种。

窦性心动过速：成人心率超过 100 次/分，或婴幼儿超过 150 次/分。特点：①一般不超过 160 次/分；②心电图检查提示起搏点在窦房结；③心率逐渐增快，逐渐减慢；④刺激迷走神经后心率有时可减慢。意义：见于运动后、情绪激动、发热、贫血、甲状腺功能亢进症、心肌炎、心力衰竭、休克、应用阿托品或肾上腺素后。

阵发性心动过速：异位起搏点兴奋性增强或折返冲动引起的异位心律，连续 3 个或 3 个以上出现。特点：①心率多在 160 次/分以上；②突然增快，突然减慢；③心电图检查提示起搏点可在心房、房室交接区、心室；④心率可不均匀。意义：室上性阵发性心动过速多见于无器质性心脏病者，室性阵发性心动过速多见于器质性心脏病者，如心肌梗死、心肌病等或低血钾、洋地黄中毒等。

心动过缓：成人心率低于 60 次/分。正常人见于安静状态及睡眠时，也可见于体力劳动者和训练有素的运动员；病理状态下常见于冠心病、心肌炎、甲状腺功能减退、颅内压增高、阻塞性黄疸或应用利血平、β 受体阻滞剂及洋地黄类药物之后。心动过缓时心率多为 50～60 次/分，若心率低于 40 次/分，应考虑病态窦房结综合征或房室传导阻滞的可能，要尽快进行心电图检查，查明其原因。

(2) 心律：指心脏搏动的节律。正常人心律规则。在正常儿童和青年人中可出现窦性心律不齐（心率随呼吸有周期性改变而呈现不规则，吸气时心率增快，呼气时心率减慢）。心律的变化主要包括以下几种。

过早搏动：也称期前收缩，简称早搏。表现为在原有的规则心律中，突然提前出现的一次心脏搏动，其后有一较长的间歇（称代偿间歇）。早搏按其异位起搏点的不同，可分为室性、房性及房室交界性 3 种类型，以室性居多。听诊时，早搏时的第一心音明显增强，第二心音减弱或消失。早搏所形成的规律性称联律，如每隔一个正常心脏搏动，出现一个早搏，称为二联律；如每隔两个正常心脏搏动出现一个早搏，或每个正常心脏搏动后连续出现两个早搏，则称为三联律；早搏每分钟少于 5 次，称偶发；每分钟多于 5 次，称频发。早搏的临床意义应结合心电图及其他临床资料判定。

心房颤动：简称房颤。由于心房内异位起搏点发出极高频率的冲动产生的多部位折返运动所致。听诊特点为"三不一致"：①心室律快慢不一致，快慢之间无一定规律；②第一心音强弱不一致，其变化无一定规律；③心率与脉率不一致，脉率少于心率（脉搏短绌），产生的原因是过早的心室收缩（心室内仅有少量的血液充盈）不能将足够的血液输送到周围血管所致。心室率越快，脉搏短绌越明显，提示房颤越重。房颤常见于二尖瓣狭窄、冠状动脉粥样硬化性心脏病、高血压性心脏病、甲状腺功能亢进性心脏病等，也见于洋地黄中毒或心脏外科手术时。

（3）心音：心音图检查发现正常心音有4个，按其出现的先后顺序称为第一、第二、第三和第四心音。正常人一般听到的是第一和第二心音，即交替出现的两个性质不同的声音。在部分儿童和青少年中有时也可闻及第三心音，第四心音一般不易闻及。

心音的产生机制如下。

第一心音（S_1）：主要是由于心室收缩开始时二尖瓣、三尖瓣骤然关闭的振动所产生。此外，心室肌收缩、心房收缩的终末部分、半月瓣开放以及血流冲入大血管等所产生的振动也参与第一心音的形成。S_1的出现标志着心室收缩的开始，与心尖搏动同时出现。音调较低顿，持续时间较长。在心前区各部均可听到，而以心尖部最强，最清晰。

第二心音（S_2）：主要是由于心室舒张开始时，肺动脉瓣和主动脉瓣关闭的振动所产生。此外，心室肌的舒张弛缓，大血管内血流以及二尖瓣、三尖瓣开放等所产生的振动也参与第二心音的形成。S_2的出现标志着心室舒张的开始，音调较高且清脆；持续时间较短，肺动脉瓣区第二心音简称P_2，主动脉瓣区第二心音简称A_2，正常青少年$P_2 > A_2$；老年人$A_2 > P_2$；中年人$P_2 = A_2$。

S_1至S_2之间为收缩期，S_2至S_1之间为舒张期。因此，只有将S_1与S_2严格区分开，才能正确判定心室的收缩期和舒张期，从而确定异常心音或杂音出现的时期，以及其与S_1或S_2的时间关系等。第一心音（S_1）与第二心音（S_2）的区别见表2-10。

表2-10　S_1与S_2的区别

S_1	S_2
音调低顿（55～58 Hz）、响亮	音调较高且清脆（62 Hz）、强度较S_1弱
历时较长	历时较短
心尖部最响	心底部最响
与心尖和颈动脉搏动同时出现	在心尖和颈动脉搏动后出现
S_1与S_2的间离较短	S_2与S_1'的间离较长
主要由房室瓣关闭形成	主要由半月瓣关闭形成
标志着心室收缩的开始	标志着心室舒张的开始

第三心音（S_3）：在部分正常人中，有时在第二心音之后（第二心音开始后0.12～0.18 s）还可闻及一个短而弱的声音，称为第三心音。S_3是在心室舒张早期，血液自心房急速流入心室，使心室壁（包括乳头肌和腱索）产生振动所致。在部分正常儿童及青少年中可闻及。通常在心尖部或其内上方听得较清楚；左侧卧位，呼气末，或运动后心搏加快又逐渐减慢时更为清晰，增加腹压或抬高下肢，可使第三心音增强。

第四心音（S_4）：出现在第一心音开始前0.1 s，与心房肌在克服心室舒张末期压时，用力收缩使房室瓣及相关结构（瓣膜、瓣环、腱索和乳头肌）突然紧张，产生振动有关。正常情况下，此音很弱，持续时间又很短，故一般不易闻及。

（4）心脏杂音：指在心音与额外心音之外，在心脏收缩或舒张过程中产生的由不同频率、不同强度构成，且持续时间较长的夹杂声音，称心脏杂音。心脏杂音是心血管疾病诊断的重要依据。

1）杂音的产生机制：正常血流呈层流状态。在血流加速、异常血流通道、血管管径异常等情况下，可使层流转变为湍流或旋涡而冲击心壁、大血管壁、瓣膜、腱索等，使之振动而在相应部位产生杂音。杂音的产生机制如图2-44所示。

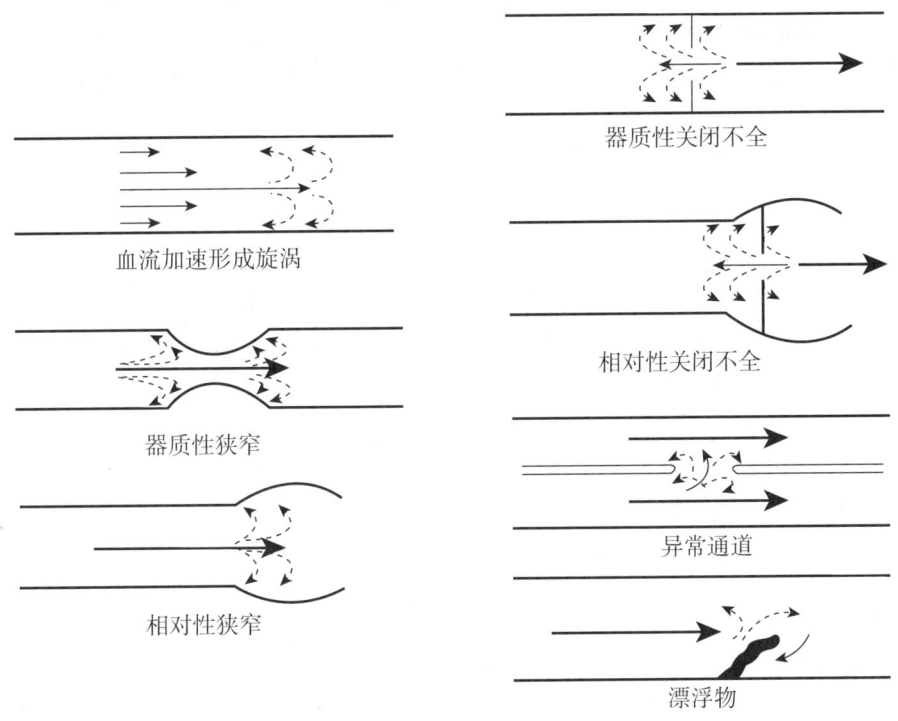

图 2-44 杂音的产生机制

a．血流加速：血流速度越快，越容易产生旋涡，杂音也越响。见于剧烈运动、严重贫血、高热、甲状腺功能亢进者等。

b．瓣膜口狭窄：血流通过狭窄处会产生湍流而形成杂音，是形成杂音的常见原因。如二尖瓣狭窄、主动脉瓣狭窄、肺动脉瓣狭窄、先天性主动脉缩窄等。此外，也可由于心腔或大血管扩张导致瓣口相对狭窄，血流通过时也可产生旋涡，形成湍流而出现杂音。

c．瓣膜关闭不全：心脏瓣膜由于器质性病变（畸形、粘连或穿孔等）形成的关闭不全或心腔扩大导致的相对性关闭不全，血液反流经过关闭不全的部位会产生旋涡而出现杂音，也是产生杂音的常见原因。如主动脉瓣关闭不全的主动脉瓣区舒张期杂音，高血压性心脏病左心室扩大导致的二尖瓣相对关闭不全的心尖区收缩期杂音。

d．异常血流通道：在心腔内或大血管间存在异常通道，如室间隔缺损、动脉导管未闭等，血流经过这些异常通道时会形成旋涡而产生杂音。

e．心腔异常结构：心室内乳头肌、腱索断裂的残端漂浮，均可能扰乱血液层流而出现杂音。

f．大血管瘤样扩张：血液在流经该血管瘤（主要是动脉瘤）时会形成涡流而产生杂音。

2）杂音的分析：分析杂音时应注意其最响部位、出现时期、性质、传导方向、强度以及杂音与呼吸、运动及体位的关系，从而判断其临床意义。

a．部位：指杂音最响的部位。多数情况下，杂音在某瓣膜听诊区最响，提示病变位于该区相应的瓣膜。

b．时期：杂音位于S_1与S_2之间者，称为收缩期杂音；位于S_2与S_1'之间者，称为舒张期杂音；介于S_1和S_1'之间者，称为连续性杂音。收缩期和舒张期杂音，按杂音出现的早晚、持续时间的长短，均可分为早期、中期、晚期和全期杂音。临床上，舒张期和连续性杂音，多为器质性的；单纯收缩期杂音较多为功能性的；持续时间长的杂音多为器质性的，持续时间短的杂音多为功能性的。

c. 性质：杂音性质可为吹风样（柔和或粗糙）、隆隆样（又称雷鸣样或滚筒样）、叹气样、机器声样以及乐音样等。临床上吹风样杂音多见。机器声样杂音主要见于动脉导管未闭；乐音样杂音见于感染性心内膜炎、梅毒性主动脉瓣关闭不全。在感染性心内膜炎时，由于赘生物的生长、瓣膜穿孔、腱索断裂等，其杂音性质可随之而改变。器质性杂音常是粗糙的，而功能性杂音则常为柔和的。杂音的性质按其音响的变化特征，又可分为减弱型（递减型或下降型）、增强型（称递增型或上升型）、菱型（递增-递减型）等（图2-45）。

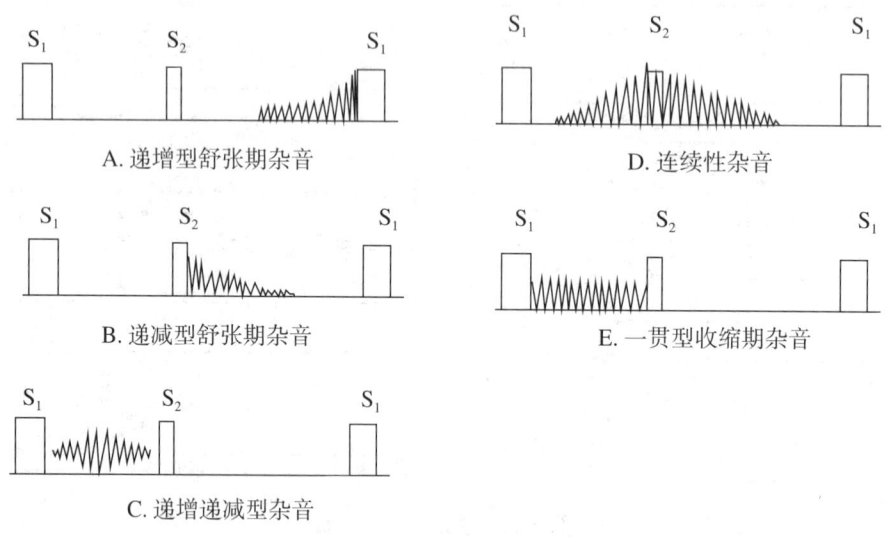

图 2-45　心脏杂音的性质

d. 杂音的传导：杂音常沿着产生杂音的血流方向传导，或借周围组织向四周扩散。如二尖瓣关闭不全时的收缩期杂音，在心尖部最响，并向左腋下及左肩胛下角处传导；主动脉瓣关闭不全的舒张期杂音，在主动脉瓣第二听诊区最响，向胸骨下端甚或心尖部传导；主动脉瓣狭窄的收缩期杂音，以主动脉瓣区最响，可向上传至颈部。有的杂音较局限，如二尖瓣狭窄的舒张期杂音，常局限于心尖部或其周围的某个局部；肺动脉瓣狭窄的收缩期杂音亦比较局限。在一般情况下，杂音传导越远，声音亦越弱，但性质仍保持不变，因此，若在心前区两个部位都听到同性质和同时期的杂音，可将听诊器从其中的一个瓣膜区逐渐移向另一瓣膜区进行听诊。若杂音逐渐减弱，则可能为杂音最响处的瓣膜病变；若杂音逐渐减弱，但当移近另一瓣膜区时，杂音又逐渐增强，则可能两个瓣膜均有病变。

e. 强度：杂音的强度与狭窄程度、血流速度、狭窄口两侧的压力差大小以及有无影响声音传导不良的因素有关。杂音强度的分级，以收缩期多见，舒张期杂音习惯使用轻度（弱）、中等或响亮来表示其强度。收缩期杂音的强度一般可分为以下六级。

1级：杂音很微弱，持续时间很短，须仔细听诊才能听到。
2级：较易听到的弱杂音。
3级：中等响亮的杂音。
4级：较响亮的杂音。
5级：较响亮的杂音，震耳，但听诊器如离开胸壁即听不到。
6级：极响，甚至听诊器距胸壁尚有一定距离时亦可听到。

杂音强度的记录：6级法的具体描述方法是"2/6"级收缩期杂音或"4/6"级收缩期杂音

等，一般 2 级以下的收缩期杂音多为功能性的，3 级以上者多为器质性的（表 2-11），但仍需结合杂音的性质、粗糙程度等，杂音的强度不一定与病变的严重程度成正比。

表2-11 功能性杂音和器质性杂音的鉴别

鉴别点	功能性杂音	器质性杂音
年龄	多见于正常儿童及青少年	见于任何年龄
部位	肺动脉瓣区、心尖部	任何瓣膜区
性质	柔和、吹风样	粗糙，吹风样或喷射样
持续时间	短	较长，常为全收缩期
强度	一般在 2/6 级以下	常在 3/6 级以上，可伴有震颤
传导	较局限	较广泛而远
心脏外形	正常	因心房或心室增大而改变

f. 生理动作对杂音的影响：某些生理动作与药物可引起心脏血流动力学改变，从而影响杂音的强度。了解这方面变化的规律，可获得普通听诊难以探及的诊断线索，有助于鉴别不同疾病引起的相似杂音，生理动作试验包括深呼吸、一般运动、改变体位（平卧、侧卧、坐位、立位、被动抬腿、下蹲等）及 Valsalva 动作等。

呼吸：呼吸可使左、右心室的排血量及心脏的位置发生改变而影响杂音的强度，有助于病变部位的诊断。深吸气时，三尖瓣关闭不全和狭窄以及肺动脉瓣关闭不全的杂音增强；深呼气时则相反，二尖瓣关闭不全和狭窄及主动脉瓣狭窄和关闭不全的杂音均增强。

运动：运动可增快心率，增加循环流量和流速，使瓣膜狭窄的杂音增强。如二尖瓣区舒张期隆隆样杂音在活动后增强。

改变体位：使某些心音或杂音增强或减弱。如 S_1 分裂于立位时明显；S_2 分裂于平卧时明显；S_3、S_4 及二尖瓣狭窄的杂音在左侧卧位时明显；坐位上身稍向前倾，特别是深呼气末屏住呼吸时，有利于对主动脉瓣关闭不全杂音的听诊；从立位迅速下蹲或平卧位抬起双下肢可增加静脉回流，因而可使主动脉瓣狭窄、二尖瓣和主动脉瓣关闭不全的杂音增强；肥厚型梗阻性心肌病的杂音在下蹲时减弱，立位时增强。

valsalva 动作：当紧闭声门，用力做呼气动作时，胸腔内压力增加，回心血量减少，使二尖瓣关闭不全的杂音减弱，而肥厚型梗阻性心肌病的杂音增强。

3）各瓣膜区杂音的临床意义

a. 二尖瓣区：①收缩期杂音：多由二尖瓣关闭不全所引起。器质性二尖瓣关闭不全见于风湿性心脏病；杂音为吹风样，较粗糙，多在 3/6 级以上，呈递减型或连贯型，往往占全收缩期，甚至遮盖 S_1，向左腋下传导，左侧卧位时听诊更清楚。相对性二尖瓣关闭不全是由左心室扩张所引起，见于高血压性心脏病、急性风湿热、扩张型心肌病及严重贫血等；杂音呈柔和的吹风样，传导范围不大。功能性二尖瓣关闭不全见于发热、中度贫血、甲状腺功能亢进。杂音多在 3/6 级以下，呈柔和的吹风样，较局限，不向它处传导，除去病因后，杂音消失。②舒张期杂音：由二尖瓣狭窄导致。器质性狭窄见于风湿性二尖瓣狭窄，杂音出现于舒张中、晚期，隆隆样递增型，音调较低而局限，左侧卧位呼气末时听诊较清楚，有时可触及震颤，常伴有 S_1 亢进，二尖瓣开瓣音及 P_2 增强；相对性二尖瓣狭窄的舒张期杂音，见于主动脉瓣关闭不全时，此音称为 Austin-Flint 杂音，不伴有 S_1 亢进或开瓣音。

b. 主动脉瓣区：①收缩期杂音：器质性杂音见于主动脉瓣狭窄时，杂音粗糙，为递增递减型（菱型），沿大血管向颈部传导，常伴有收缩期震颤，同时 A_2 减弱；相对性主动脉瓣狭窄见于主动脉粥样硬化、高血压性心脏病等引起主动脉扩张时，杂音柔和或粗糙。②舒张期杂音见于主动脉瓣关闭不全，为叹气样、递减型，可传至胸骨下端左侧或心尖部。在主动脉瓣第二听诊区听诊较清楚，前倾坐位、呼气末屏住呼吸时更易闻及。

c. 肺动脉瓣区：①收缩期杂音：见于肺动脉高压引起的相对狭窄，多为功能性的，如二尖瓣狭窄、房间隔缺损等；先天性肺动脉瓣狭窄时，可在此区听到响亮而粗糙的收缩期杂音，呈递增-递减型，常伴有收缩期震颤，同时肺动脉瓣区 P_2 减弱。②舒张期杂音：多见于相对性肺动脉瓣关闭不全。如二尖瓣狭窄时，由于肺动脉扩张导致瓣膜相对性关闭不全，引起的舒张期杂音，称为 Graham-Steel 杂音，此杂音为柔和吹风样，在卧位及吸气时较清楚。

d. 三尖瓣区：①收缩期杂音：见于三尖瓣关闭不全，为吹风样，吸气时增强，多数由于右心室扩大所引起的相对性关闭不全导致。②舒张期杂音见于三尖瓣狭窄，在胸骨下端，为隆隆样，临床上极少见。

e. 其他部位：室间隔缺损时，在胸骨左缘第3、4肋间可闻及响亮而粗糙的全收缩期杂音，传导广，多伴有震颤；房间隔缺损时，在胸骨左缘第2肋间闻及响亮的收缩期吹风样杂音，呈喷射型，很少伴震颤；动脉导管未闭时，在胸骨左缘第2肋间或左锁骨下方闻及响亮的连续性机器声样杂音，占据全收缩期和舒张期，收缩末期最响并多伴有震颤。

(5) 心包摩擦音：心包摩擦音和心包摩擦感的形成机制相同。听诊时如同搔抓声，有时较柔和，近在耳边；其发生与心脏活动一致，在收缩期与舒张期均可闻及，与呼吸运动无关；在胸骨左缘第3、4肋间处较易闻及；坐位上身略向前倾，屏住呼吸时较易听到；施压于听诊器体件时，可使摩擦音增强。心包摩擦音与胸膜摩擦音的关键区别是：屏住呼吸时，胸膜摩擦音消失，而心包摩擦音仍存在。心包摩擦音见于各种类型的心包炎，当心包腔内有一定量积液后，摩擦音可消失。

九、外周血管检查

血管检查是心血管检查的重要组成部分。此处重点阐述外周血管检查，包括脉搏、血压、血管杂音和周围血管征。

1. 静脉杂音 由于静脉压力低，不易出现涡流，故杂音一般多不明显。临床较有意义的有颈静脉营营声（无害性杂音），在颈根部近锁骨处，甚至在锁骨下，尤其是右侧可出现低调、柔和、连续性杂音，坐位及站立时明显，系颈静脉血液快速回流入上腔静脉所致。以手指压迫颈静脉暂时中断血流，杂音可消失，属无害性杂音。应注意与甲状腺功能亢进的血管杂音和某些先天性心脏病的杂音相鉴别。此外，肝硬化门静脉高压引起腹壁静脉曲张时，可在脐周或上腹部闻及连续性静脉营营声。

2. 动脉杂音 多见于周围动脉、肺动脉和冠状动脉。如甲状腺功能亢进症在甲状腺侧叶的连续性杂音临床上极为多见，提示局部血流丰富；在多发性大动脉炎的狭窄病变部位可闻及收缩期杂音；肾动脉狭窄时，在上腹部或腰背部可闻及收缩期杂音；肺内动静脉瘘时，在胸部相应部位有连续性杂音；外周动静脉瘘时则在病变部位出现连续性杂音；冠状动静脉瘘时可在胸骨中下端出现较表浅而柔和的连续性杂音或双期杂音，部分以舒张期更为显著。

3. 肝颈静脉回流征 在右心衰竭引起肝淤血肿大时，用手压迫肿大的肝可使颈静脉充盈更明显，称为肝颈静脉回流征阳性，是右心衰的重要体征之一。也可见于渗出性或缩窄性心包炎。

4. 周围血管征 脉压增大除可触及水冲脉外，还有以下体征。

(1) 枪击音：在外周较大动脉表面，常选择股动脉，轻放听诊器膜型体件时可闻及与心搏一致、短促如射枪的声音。

(2) Duroziez 双重杂音：以听诊器钟型体件稍加压于股动脉，并使体件开口方向稍偏向近心端，可闻及收缩期与舒张期双期吹风样杂音。

(3) 毛细血管搏动征：用手指轻压受检者指甲末端或以玻片轻压受检者口唇黏膜，使局部发白，当心脏收缩和舒张时，发白的局部边缘发生有规律的红、白交替改变即为毛细血管搏动征。

凡体检时发现上述体征及水冲脉，可统称周围血管征阳性，主要提示脉压增大，见于主动脉瓣重度关闭不全、甲状腺功能亢进和严重贫血。

> **要点提示：** 心脏和血管检查是心血管疾病诊断的基本功，对诊断心血管疾病具有重要意义。对心脏要进行完整的视、触、叩、听四诊检查。视诊主要是观察心尖搏动点；触诊可验证视诊所见，内容主要包括心尖搏动、心前区震颤、心包摩擦感，尤其注意心前区震颤出现提示有器质性心脏病；叩诊时要注意叩诊的手法及顺序，能准确叩出心界并辨别有无异常；听诊时环境要安静，能排除干扰，能听出心率、心律、心音有无变化，有无杂音、额外心音及心包摩擦音。血管检查时，注意肝颈静脉回流征阳性是右心衰的重要征象；周围血管征阳性提示脉压增大。

第五节　腹部检查

案例导入

患者，男，46岁，满腹剧痛10 h，腹部检查发现腹式呼吸运动减弱，腹部稍隆起。查体：触及肝边缘于肋缘下5 cm，并有明显叩击痛。在脐周闻及连续的嗡鸣音。

问题与思考：
1. 患者的腹部外形为哪种？
2. 患者肝的大小正常吗？
3. 在脐周听诊闻及连续的嗡鸣音说明什么？

腹部主要由腹壁、腹腔和腹腔内脏器组成，上起横膈，下至骨盆。上以两侧肋弓下缘及剑突与胸部为界，下至腹股沟韧带、耻骨联合，前、侧面由腹壁组成，后面则为脊柱与腰肌。腹腔内有消化、泌尿、内分泌、生殖、血液、循环系统等重要脏器，因此腹部检查是体格检查的重要组成部分，是诊断疾病的重要方法。腹部检查运用视诊、触诊、叩诊、听诊4种方法，其中触诊最为重要。为避免触诊引起胃肠蠕动增加，使肠鸣音发生变化，腹部检查的顺序为视、听、触、叩，但记录时仍按视、触、叩、听的顺序。

一、腹部视诊

（一）腹部体表标志及分区

为准确描述脏器病变及体征的部位和范围，常借助腹部天然体表标志，人为地将腹部划分为几个区。

1. 体表标志　常用腹部体表标志如图2-46所示。

(1) 肋弓下缘：由11、12浮肋和第8～10对肋软骨形成的肋缘构成。肋弓下缘常用于腹部分区、肝脾大的测量和胆囊点定位。

(2) 剑突：是胸骨下端的软骨，常作为腹部体表上界和肝测量的标志。

(3) 腹上角：为剑突根部与两侧肋弓的交角，用于肝的测量及体型的判断。

(4) 脐：位于腹部中心，可用于腹部四区分法分区。

(5) 髂前上棘：位于髂嵴前端，是腹部九区分法分区标志和骨髓常用的穿刺部位。
(6) 腹直肌外缘：为锁骨中线的延续，可用于胆囊点定位和手术切口。
(7) 腹中线：为胸骨中线向下的延续，也是腹部四区分法的垂直线。
(8) 腹股沟韧带：为腹部的下界，是腹股沟疝通过的部位和寻找股动静脉的标志。
(9) 耻骨联合：由两侧耻骨借助纤维软骨连结构成，为腹部体表的下界。
(10) 肋脊角：为脊柱与两侧背部第 12 肋骨的交角，也是检查肾区叩击痛的部位。

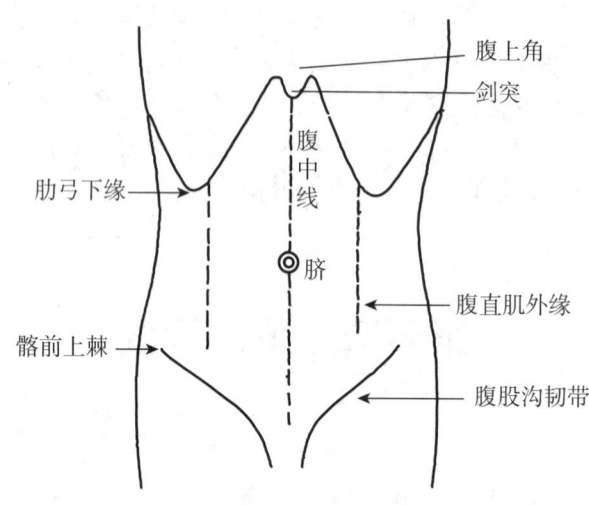

图 2-46　腹壁体表标志

2. 腹部分区　借助于腹部的天然体表标志和人工划线，可将腹部分为若干区域，常用的分区方法有四区分法、九区分法和七区分法。

（1）四区分法：通过脐做一水平线和一垂直线，将腹部分为左上腹、左下腹、右上腹和右下腹四区（图 2-47）。各区包含的主要脏器如下。

1）左上腹部：胃、肝左叶、脾、小肠、胰体、胰尾、结肠一部分、左肾、左肾上腺、腹主动脉、大网膜。

2）左下腹部：小肠、降结肠一部分、乙状结肠、左输尿管、充盈膀胱、左侧卵巢和输卵管（女性）、左侧精索（男性）、淋巴结。

3）右上腹部：幽门、十二指肠、肝、胆囊、胰头、小肠、结肠一部分、右肾和右肾上腺、腹主动脉、大网膜。

4）右下腹部：小肠、盲肠、阑尾、升结肠一部分、右输尿管、充盈膀胱、右侧卵巢和输卵管（女性）、右侧精索（男性）、淋巴结。

（2）九区分法：通过两侧肋弓下缘的连线和两侧髂前上棘的连线作两条水平线，左右髂前上棘至腹中线连线的中点分别作两条垂直线，此四线相交将腹部分为九区（图 2-48）。各区名称和主要脏器分布如下。

1）左上腹部（左季肋部）：胃、脾、胰尾、结肠左曲、左肾、左肾上腺。

2）左侧腹部（左腰部）：降结肠、回肠、空肠、左肾。

3）左下腹部（左髂部）：乙状结肠、左侧卵巢和输卵管（女性）、左侧精索（男性）、淋巴结。

4）上腹部：胃、十二指肠、肝左叶、胰头、胰体、横结肠、腹主动脉、大网膜。

5）中腹部（脐部）：十二指肠、回肠、空肠、输尿管、腹主动脉、大网膜、横结肠、肠系膜及淋巴结。

6) 下腹部（耻骨上部）：回肠、乙状结肠、输尿管、充盈膀胱、妊娠期子宫。

7) 右上腹部（右季肋部）：肝右叶、胆囊、结肠右曲、右肾、右肾上腺。

8) 右侧腹部（右腰部）：升结肠、空肠、右肾。

9) 右下腹部（右髂部）：盲肠、阑尾、回肠下端、右侧卵巢和输卵管（女性）、右侧精索（男性）、淋巴结。

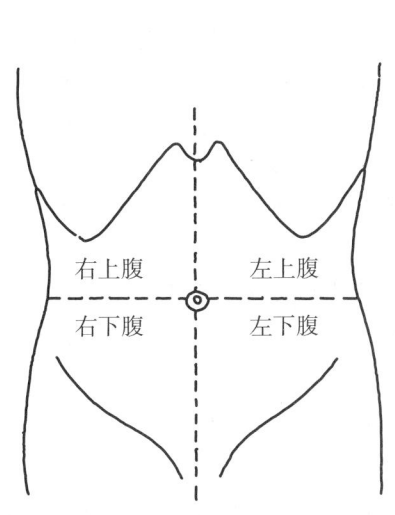

图 2-47 腹部四区分法示意图

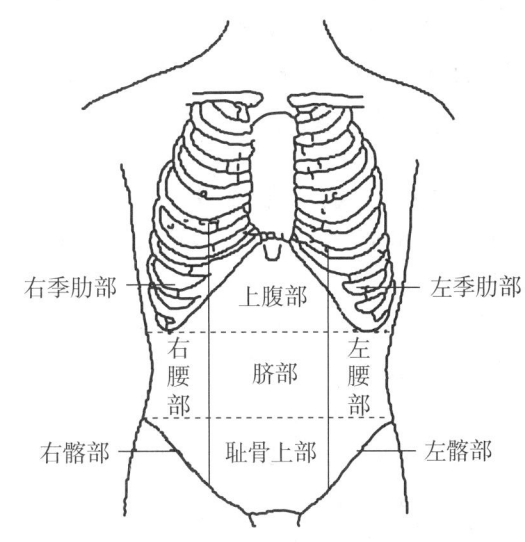

图 2-48 腹部九区分法示意图

(3) 七区分法：综合四区分法和九区分法两种分区方法，临床常用七区分法将腹部分为上腹部、下腹部、左（右）上腹部、左（右）下腹部、脐部（图 2-49）。

（二）腹部外形

正常腹部外形通常用平坦、饱满或低平进行描述。平卧时，前腹壁大致与肋缘至耻骨联合连线的平面在同一水平上或略低凹，称为腹部平坦，常见于健康匀称型成年人；前腹壁稍高于肋缘与耻骨联合的平面，称为腹部饱满，常见于小儿和肥胖者；前腹壁低于肋缘与耻骨联合的平面，称为腹部低平，常见于老年人和消瘦者。

异常腹部外形包括如下 2 种。

1. 腹部膨隆 平卧时被检者的前腹壁明显高于肋缘与耻骨联合的平面。可分为全腹膨隆和局部膨隆。

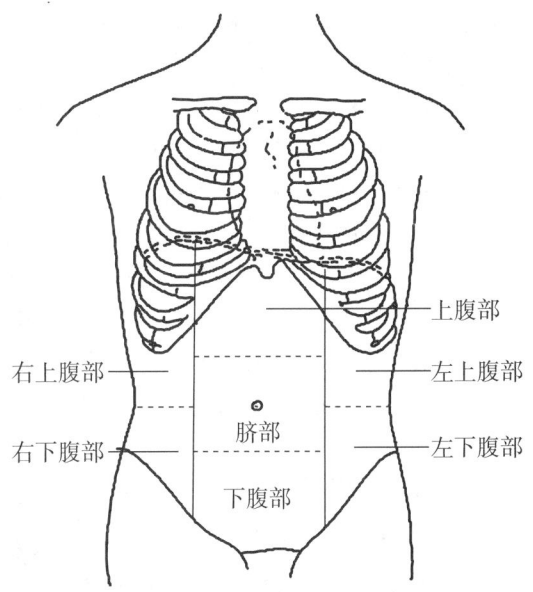

图 2-49 腹部七区分法示意图

(1) 全腹膨隆：腹部弥漫性膨隆呈椭圆形或球形。①腹水：腹腔内存在大量积液时，被检者取平卧位，液体在腹腔两侧，导致腹部明显膨出且扁而宽，呈蛙状腹。常见于肝硬化门脉高压、心力衰竭、缩窄性心包炎、肾病综合征、结核性腹膜炎和恶性肿瘤腹膜转移等。②腹内积气：常见于肠梗阻、肠麻痹、胃肠穿孔或治疗性人工气腹。③腹内巨大包块：常见于足月妊娠、畸胎瘤和巨大卵巢囊肿等。

当受检者出现全腹膨隆时，为观察膨隆的程度及其变化，常常需要测量腹围。可使被检者排尿后平卧，软尺经脐绕腹一周所测得的周长即为腹围，又称脐周腹围，通常以厘米为单位；亦可测量腹部最大周长即最大腹围，同时记录。若要观察腹腔内容物（如腹水）的变化，可定期在同样的条件下测量比较腹围的大小。

（2）局部膨隆：常见于腹腔脏器肿大、腹内肿瘤或炎性包块、胃肠胀气、腹壁肿块和腹疝等。视诊应注意膨隆的部位、外形、是否随呼吸而移位或随体位而改变以及有无搏动。脏器肿大一般都在该脏器所在部位，并保持该脏器的外形特征。

左上腹膨隆常见于脾大、巨结肠等。左下腹膨隆常见于乙状结肠及降结肠肿瘤等。上腹中部膨隆常见于胃癌、胃扩张、肝左叶肿大、胰腺肿瘤等。脐部膨隆常见于腹部炎性肿块等。下腹部膨隆常见于妊娠子宫、子宫肌瘤等。右上腹膨隆常见于肝癌、肝脓肿等。右下腹膨隆常见于阑尾周围脓肿、回盲部肿瘤等。腰部膨隆常见于大量肾积水、多囊肾等。

2. 腹部凹陷 平卧时被检者的前腹壁明显低于肋缘与耻骨联合的平面。可分为全腹凹陷和局部凹陷。

（1）全腹凹陷：见于消瘦和脱水者。严重时，前腹壁明显凹陷，几乎贴近脊柱，肋弓、髂嵴和耻骨联合异常显露，腹部外形如舟状，故称为舟状腹。常见于恶病质，如结核、恶性肿瘤等慢性消耗性疾病。

（2）局部凹陷：较少见，多为腹壁瘢痕收缩所致，受检者于立位或腹压加大时凹陷更明显。

（三）呼吸运动

呼吸运动分为胸式呼吸和腹式呼吸。正常人呼吸时可见腹壁上下起伏，即为腹式呼吸运动，小儿和成年男性以腹式呼吸为主，成年女性以胸式呼吸为主。腹式呼吸减弱见于腹水、急性腹痛、腹膜炎症、腹腔内巨大肿块、妊娠等；腹式呼吸消失见于胃肠道穿孔引起的急性腹膜炎、膈肌麻痹等；腹式呼吸增强见于大量胸腔积液、胸膜炎及癔症性呼吸等。

（四）腹壁静脉

正常人腹壁静脉一般不显露，皮肤白皙或较瘦者可隐约见到细小静脉，皮肤较薄并且松弛的老年人可见静脉显露，但无迂曲变粗。当腹壁静脉明显可见或迂曲变粗时，称为腹壁静脉曲张，常见于门静脉高压、上下腔静脉回流受阻而导致侧支循环建立者。检查曲张静脉的分布及血流方向，有助于判断曲张静脉的来源。

1. 检查方法 检查者将右手示指和中指并拢，压在一段无分支的曲张静脉上，一指按压不动，另一指紧压静脉向外滑动，排挤两指之间静脉血液，到一定距离后松开该手指，另一手指仍紧压不动；观察静脉是否迅速充盈，若迅速充盈，血流方向是从松开手指的一端流向不动手指一端；若不充盈，则血流方向相反（图2-50）。

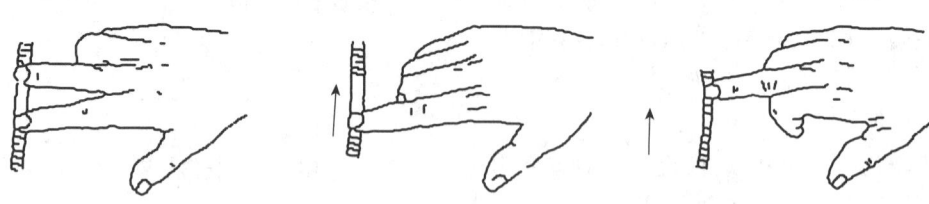

图 2-50 检查腹壁静脉血流方向手法示意图

2. 判断曲张静脉的来源 正常时，脐以上的腹壁静脉血流自下向上流入上腔静脉，脐以下的腹壁静脉自上向下流入下腔静脉。当门静脉阻塞有门脉高压时，曲张的腹壁静脉以脐为中心向四周放射，如水母头（图2-51）；上腔静脉阻塞时，胸壁和上腹壁曲张的浅静脉血流方向均向下；下腔静脉阻塞时，曲张的浅静脉分布在腹壁两侧，血流方向均向上（图2-52）。

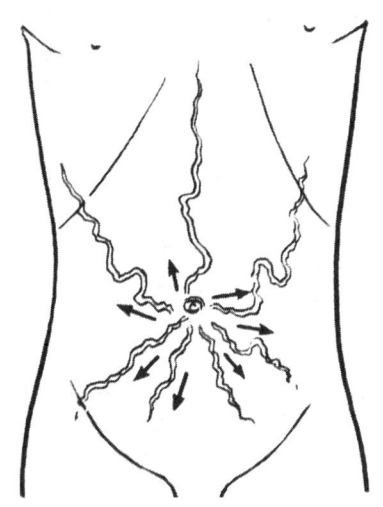

图 2-51 门静脉高压时腹壁浅表静脉血流分布和方向

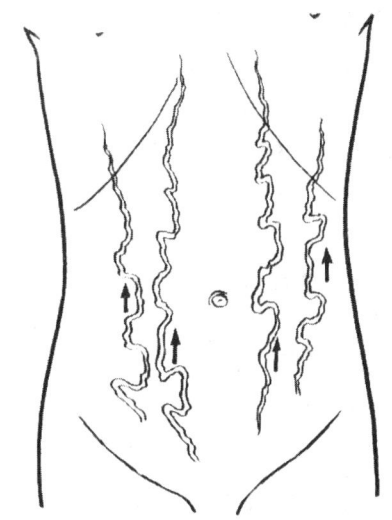

图 2-52 下腔静脉阻塞时腹壁浅表静脉血流分布和方向

（五）胃肠型和蠕动波

正常人腹部一般看不到胃肠型及蠕动波，腹壁薄或松弛的老年人、经产妇及极度消瘦者可见。当胃肠道梗阻时，可在腹壁显现出胃或肠段的轮廓，称为胃型或肠型，伴有该部位的胃或肠管蠕动增加，可在腹壁看到蠕动波。胃蠕动波从左肋缘下缓慢向右推进，至右腹直肌旁消失，即为正蠕动波，若蠕动波自右向左则为逆蠕动波；肠梗阻时可见肠蠕动波。

二、腹部触诊

触诊是腹部检查的主要方法，对于了解腹部体征和诊断腹部疾病具有极其重要的意义。通过触诊可以确定视诊的结果，并为叩诊及听诊做出重要的提示。

腹部触诊时，为达到满意的效果，应使被检者排尿后取低枕仰卧位，两手置于身体两侧，两腿屈曲并稍分开，从而使腹肌松弛，并告知被检者张口缓慢腹式呼吸，吸气时腹部上抬，呼气时腹部下陷。若检查肝、脾，可使被检者分别取左、右侧卧位；检查腹部肿瘤时可使被检者取肘膝位。

检查者应位于被检者右侧，面向被检者，前臂与腹部表面处于同一水平，手要温暖，动作要轻柔，可先将全手掌置于腹壁上部，待受检者适应后再按顺序触诊，一般由左下腹开始按逆时针的方向向右下腹触诊，终止于脐部，原则上先健侧再患侧，以免使受检者产生错觉。触诊时要观察被检者的反应和表情，若出现紧张或痛苦则应给予安慰；也可通过与受检者交谈等方式转移其注意力，从而减轻腹肌紧张，使检查能够顺利完成。

腹部触诊分浅部触诊和深部触诊，浅部触诊用于腹壁紧张度、表浅的压痛、包块、搏动及腹壁肿物的触诊，深部触诊用于检查腹腔深在病变的压痛、反跳痛、腹内肿物等。

（一）腹壁紧张度

正常人腹壁柔软，有一定张力，触之较易压陷，部分被检者因为怕痒或不习惯触摸而发笑导致出现肌卫增强，在检查者诱导或转移其注意力后可消失，亦属正常。

1. 腹壁紧张度增加 主要因腹膜受刺激引起腹肌痉挛所致。

（1）全腹壁紧张：若因急性胃肠穿孔或脏器破裂引起急性弥漫性腹膜炎，此时腹膜因受刺激导致腹肌痉挛，腹壁明显紧张，触诊硬如木板，故称为板状腹；结核性腹膜炎、癌性腹膜炎或其他慢性病变时，炎症发展缓慢，对腹膜的刺激较缓和，出现腹膜增厚、肠管粘连，触诊时腹壁柔软且有抵抗力，如揉面团一样，称为揉面感或柔韧感。

(2) 局部腹壁紧张：常因腹腔内局部脏器炎症累及腹膜所致。如上腹或左上腹肌紧张常见于急性胰腺炎，右上腹肌紧张常见于急性胆囊炎，右下腹肌紧张常见于急性阑尾炎、胃肠穿孔。年老体弱、大量腹水、过度肥胖、腹肌发育不良及盆腔脏器炎症时，腹壁紧张可不明显。

2. 腹壁紧张度减低 腹壁松软无力、失去弹性，常因腹肌张力降低或消失所致。经产妇、年老体弱、慢性消耗性疾病、大量放腹水等可致全腹紧张度降低；局部腹肌瘫痪或缺陷可致局部紧张度降低。

（二）压痛及反跳痛

触诊时，正常腹部一般不出现疼痛，重按时可有压迫感。

1. 压痛 检查者用手按压有病变的腹部引起的疼痛称为压痛。常因腹壁或腹腔内脏器病变引起。出现压痛的部位往往为病变所在的部位。常用的压痛点如下。

（1）阑尾压痛点（McBurney点，即麦氏点）：位于脐与右髂前上棘连线中、外1/3处，阑尾压痛点压痛提示阑尾病变。

（2）胆囊压痛点：位于右锁骨中线或右腹直肌外缘与肋缘交界处，胆囊压痛点压痛提示胆囊病变（图2-53）。

2. 反跳痛 触诊腹部时，被检者出现压痛后，检查者的手指在该处稍停片刻，使其压痛感趋于稳定，然后将手迅速抬起，如被检者感到疼痛加剧，常伴痛苦表情或呻吟，称之为反跳痛。反跳痛提示病变已经累及壁腹膜，为突然抬手时腹膜受激惹所致，是腹腔内脏器病变累及邻近腹膜的征象。若疼痛发生在远离触诊的部位，则提示发生了局部或弥漫性腹膜炎。

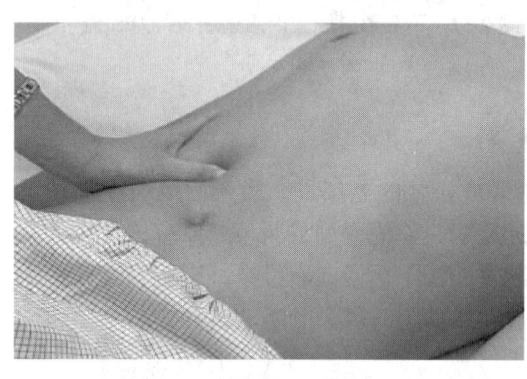

图2-53 胆囊压痛点检查方法

腹膜炎患者常有腹肌紧张、压痛和反跳痛，称为腹膜刺激征，又称腹膜炎三联征，是腹膜炎的典型体征。

（三）脏器触诊

腹腔内的脏器有肝、脾、肾、胆囊、胃肠、胰腺、膀胱等，当发生病变时，往往可以触到增大的脏器或局限的包块。

1. 肝触诊 可了解肝下缘的位置、肝的质地、边缘、表面、搏动等。触诊时，被检者处于仰卧位，两膝关节屈曲，同时做腹式呼吸使肝随呼吸上下移动，检查者立于被检者右侧，可用单手或双手触诊法触诊肝。

（1）触诊方法

1）单手触诊法：检查者将右手四指并拢，与肋缘平行地放在受检者脐水平的右侧。受检者深呼气时，检查者将手指压向腹壁深处，深吸气时，手指向前上迎触下移的肝缘，如此反复，手指逐渐移向肋缘，直到触到肝缘或肋缘为止。检查者需在右锁骨中线和前正中线上，分别触诊肝缘（图2-54）。

触诊时需注意：应以示指前外侧指腹接触肝；勿将腹直肌和肾误认为肝。触诊时，检查者必须密切配合受检者呼吸动作，吸气时手指上抬速度要落后于腹壁的抬起，呼气时手指则应在腹壁下陷之前下压；若被检者有大量腹水，深压触诊法无法触及肝，则应用冲击触诊法。

2）双手触诊法：检查者用左手托起被检者的右腰部，触诊时左手将肝向上托起，右手放置位置及检查方法同单手触诊法（图2-55）。

（2）触诊内容

1）大小：正常成人的肝在肋缘下一般触不到，但腹壁松弛的瘦长体型者，深吸气时可在

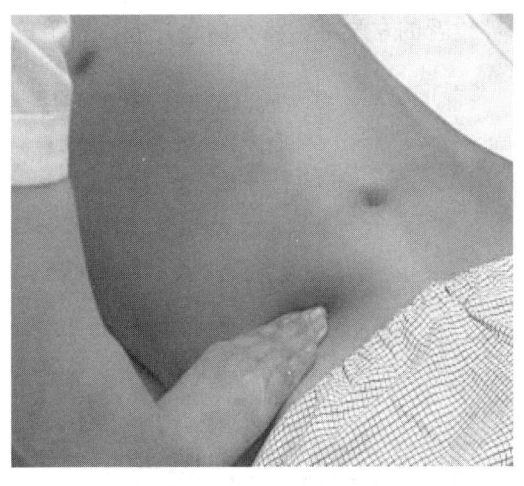

图 2-54 肝的单手触诊法

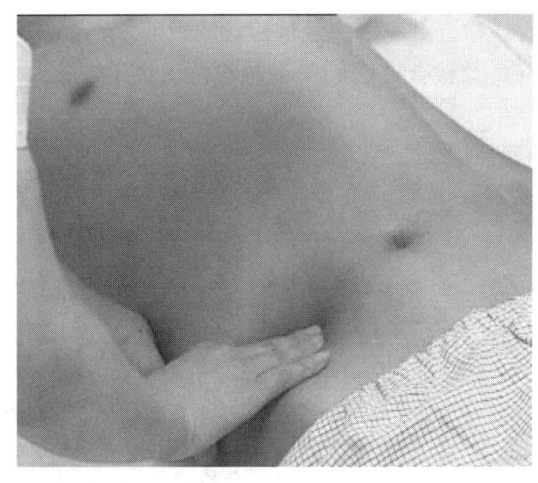

图 2-55 肝的双手触诊法

肋弓下触及肝下缘，不超过 1 cm；在剑突下不超过 3 cm。如超过以上标准，提示肝大或肝下移。弥漫性肝大常见于病毒性肝炎、肝淤血、脂肪肝、白血病、血吸虫病、早期肝硬化等；局限性肝大常见于肝脓肿、肝肿瘤、肝囊肿等。肝下移见于肺气肿、右侧胸腔大量积液等导致膈肌下降引起的肝下移。

2）质地：一般可将肝的质地分为三级（表 2-12）。

表2-12 肝质地的特点及临床意义

质地	特点	临床意义
质软	如触口唇	见于正常肝
质韧	如触鼻尖	见于急慢性肝炎、肝淤血、脂肪肝等
质硬	如触前额	见于肝硬化、肝癌等

3）边缘和表面状态：正常肝表面光滑、边缘整齐、厚薄一致。触诊时应注意肝边缘的厚薄，整齐与否，表面是否光滑及有无结节。若肝表面触及细小结节，边缘锐利，见于肝硬化。若肝表面不光滑，呈不均匀的结节状，边缘不规则，见于肝癌。肝边缘圆钝，见于脂肪肝、肝淤血。肝表面呈大块状隆起则见于巨块型肝癌。

4）压痛：正常肝无压痛。当肝包膜有炎症反应或受牵拉时，则出现压痛，常见于肝炎、肝淤血、肝癌、肝脓肿等。当右心衰竭导致肝淤血时，用手压迫淤血的肝，回心血量增加，右心房不能接受回心血液，颈静脉压上升，可使颈静脉怒张更为明显，称之为肝颈静脉回流征阳性。

5）搏动：肝大且压迫腹主动脉，或右心室增大向下推压肝时，可触及肝搏动。

2．脾触诊 正常脾不能被触及。若在左肋缘下触及脾，则提示脾大。

（1）触诊方法：可用单手和双手触诊法。

1）单手触诊法：适用于脾明显肿大且位置表浅时。检查者将右手放在被检者脐部，并与左肋弓大致垂直，配合呼吸，向前上迎触肿大的脾（图 2-56）。

2）双手触诊法：适用于脾大不明显、位置较

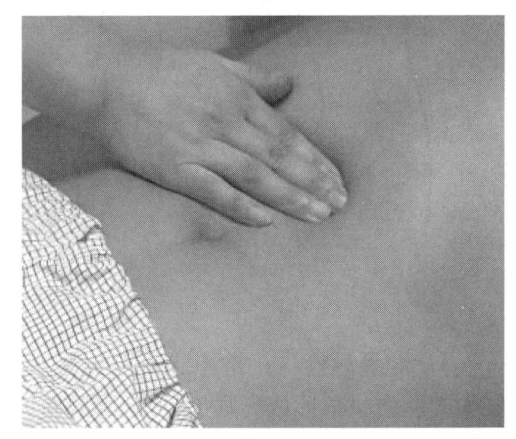

图 2-56 脾的单手触诊

深时。检查者左手绕过被检者的腹前方，手掌放置于被检者的左腰部，将脾向上托起，右手放置位置及检查方法同单手触诊法（图2-57）。

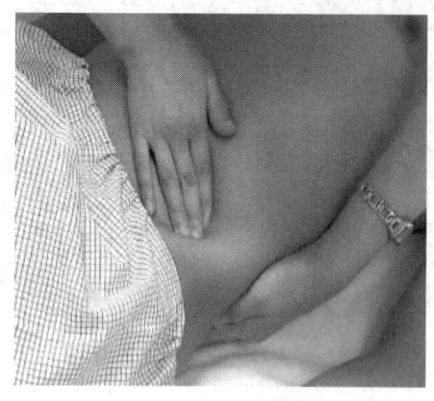
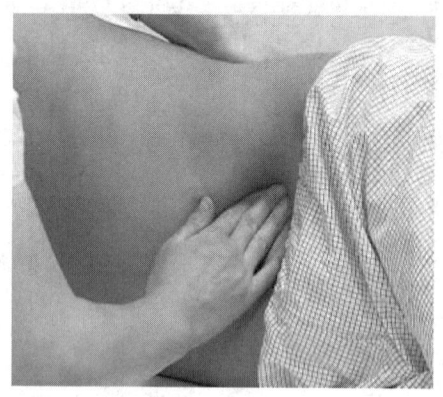

图2-57 脾的双手触诊

（2）脾大的分度：通常将肿大的脾分为轻、中、高三度。脾缘不超过肋下2 cm为轻度肿大；超过2 cm，但在脐水平以上为中度肿大；超过脐水平或前正中线为高度肿大（又称为巨脾）。

脾大的测量法：临床上，对肿大的脾用三条线进行描述。第Ⅰ线测量（AB）：指左锁骨中线与左肋缘交点至脾下缘的距离。脾轻度肿大时只作此线测量；第Ⅱ线测量（AC）：指左锁骨中线与左肋缘交点至脾最远点的距离；第Ⅲ线测量（DE）：指脾右缘与前正中线的距离，若脾右缘超过前正中线，用"+"表示，若没有超过，用"-"表示（图2-58）。

（3）临床意义：轻度脾大常见于急慢性肝炎、伤寒、急性疟疾、亚急性感染性心内膜炎、粟粒性肺结核、败血症等；中度脾大常见于肝硬化、慢性淋巴细胞性白血病、淋巴瘤、系统性红斑狼疮及疟疾后遗症等；高度脾大常见于慢性粒细胞性白血病、慢性疟疾、骨髓纤维化、黑热病等。

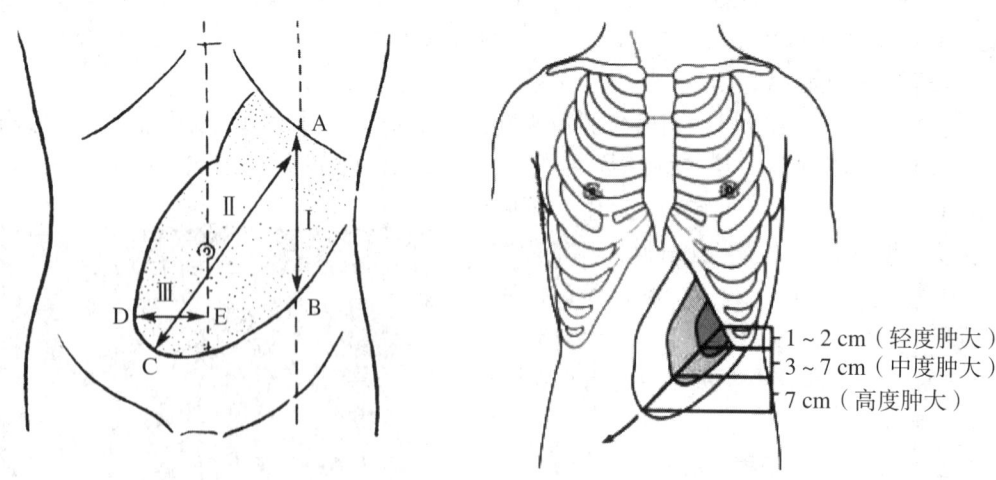

图2-58 脾大及其测量

3. 胆囊触诊 正常胆囊不能被触及。胆囊肿大时，可在右肋缘下、腹直肌外缘处触及。肿大的胆囊呈梨形或卵圆形，表面光滑，张力较高，可随呼吸上下移动，常有触痛。若胆囊呈囊性肿大，伴明显压痛，常见于急性胆囊炎；胆囊呈囊性肿大，无压痛，常见于壶腹周围癌；

胆囊呈实性肿大，常见于胆囊结石、胆囊癌。

Murphy 征（墨菲氏征）：检查者将左手放在被检者的右肋弓下，以拇指指腹勾压于腹直肌外侧缘与肋弓交界处，嘱被检者缓慢深吸气。吸气过程中，检查者的拇指可触碰到下移的胆囊，引起被检者出现剧烈疼痛，表情痛苦，突然终止呼吸，称为 Murphy 征阳性。Murphy 征阳性提示胆囊炎症。

4．肾触诊 正常肾一般不易触及，但有时可触及右肾下极。

（1）触诊方法：常用双手触诊法。触诊右肾时，检查者用左手托起被检者的右腰部，右手手指与右肋缘大致平行放于右上腹部，当被检者吸气时用双手夹触肾。触诊左肾时，左手绕过受检者的腹前方，并托起左腰部，右手放置位置及检查方法同右肾触诊。

（2）临床意义：正常人肾通常不易触及，但瘦长体型者可触及右肾下极。深吸气时能触及 1/2 以上的肾为肾下垂。肾肿大见于肾盂积水、肾肿瘤、多囊肾等。若肾质地柔软且富有弹性，见于肾盂积水或积脓；若一侧或两侧肾不规则增大伴囊性感，见于多囊肾；若肾质地坚硬、表面不平，则见于肾肿瘤。

5．膀胱触诊 正常膀胱未充盈时，位于盆腔内，不易触及；当膀胱充盈超出耻骨联合上缘时，可在下腹中部触及。

（1）触诊方法：常用单手滑行触诊法。嘱被检者仰卧屈膝，检查者用右手从被检者脐部开始向耻骨联合方向触摸。触及肿块时要详细观察其性质，用以鉴别是否为膀胱、子宫或其他肿物。

（2）临床意义：膀胱增大常因积尿引起，触摸时呈圆形或扁圆形，有囊性感，不能用手推移，按压时有尿意，排尿或导尿后缩小或消失，常见于尿路梗阻、脊髓病变所致尿潴留、昏迷、腰椎或骶椎麻醉后、手术后局部伤口疼痛等。

（四）腹部包块

腹部包块常由某些肿大的实质性脏器、扩张的空腔脏器、炎症性肿块、肿瘤、囊肿、肿大的淋巴结等引起。腹部病理性包块常需与腹部可触及的正常脏器相区分。

1．正常腹部可触及的结构 腹直肌、盲肠、横结肠、乙状结肠、腰椎椎体、骶骨岬、右肾下极、肝下缘、腹主动脉、充盈的膀胱、妊娠子宫等。

2．异常腹部包块 除上述正常腹部结构外，其余触及的包块均为异常。触及异常包块时应注意其部位、大小、形态、质地、压痛、搏动、活动度及与腹壁的关系等。

（1）部位：某部位的包块一般来源于该部位的脏器，上腹中部包块多为胃、胰腺囊肿或肿瘤；右肋下包块多与肝、胆囊有关；两侧腹部的包块多为结肠肿瘤；脐周或右下腹有压痛、不规则的包块多为肠粘连；下腹两侧活动、圆形、有压痛的包块多为腹腔淋巴结肿大；位置较深、坚硬、不规则的包块多为腹膜后肿瘤；腹股沟韧带上方包块则多为盆腔脏器病变。

（2）大小：明确包块的大小可用于病情的动态观察。卵巢、肝、肾、胰、子宫囊肿多为巨大包块；胃、肠包块则较少超过其内腔横径。

（3）形态：若触及包块，应注意其形状、轮廓、边缘、表面情况。囊肿或淋巴结多为表面光滑的包块；恶性肿瘤的包块多表面凹凸不平、形态不规则；蛔虫团或肠套叠者，包块呈条索状或管状。

（4）质地：质地柔韧、中等硬或坚硬者，见于炎性或结核性浸润块及肿瘤；质地柔软、囊性，则见于囊肿、脓肿。

（5）压痛：若包块为炎性，则有明显压痛。

（6）搏动：腹中线附近若触到明显搏动，考虑腹主动脉及其分支的动脉瘤。

（7）活动度：肝、脾、胆囊、胃或其肿物所致包块可随呼吸上下移动，带蒂的肿物或游走的脏器活动度较大，局部炎性肿块及腹腔后壁肿瘤则一般不移动。

（五）液波震颤

当腹腔内有大量游离液体时，用手指叩击腹部可感到液波震颤，又称波动感。检查时，被检者取平卧位，检查者一手掌面贴于被检者一侧腹壁，另一手四指并拢屈曲，指端叩击对侧腹壁，若存在大量液体，则紧贴于腹壁的手掌可感觉到明显冲击（图2-59A）。也可让另一人将手掌尺侧缘压于脐部腹中线上，以防止腹壁本身的振动传导至对侧而出现假阳性（图2-59B）。液波震颤只有在腹水达到 3000～4000 ml 以上时才能检查出，故敏感度不如移动性浊音。

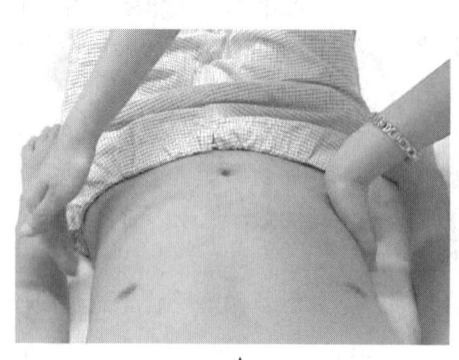
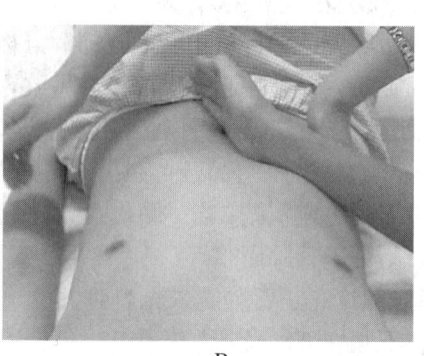

图 2-59　液波震颤检查方法

三、腹部叩诊

进行腹部叩诊是为了了解某些脏器的大小、有无叩击痛、胃肠道充气情况、腹腔内有无积液、积气等。腹部叩诊时可使用直接叩诊法和间接叩诊法，一般以间接叩诊法为主。

（一）腹部叩诊音

正常腹部叩诊音，除肝、脾、增大的膀胱和子宫、两侧腹部近腰肌处为浊音或实音外，其余均为鼓音。腹部叩诊一般从左下腹开始按逆时针方向叩至右下腹，再到脐部。在某些情况下，鼓音区的范围会发生改变。

1. 鼓音范围缩小　见于大量腹水、腹腔内肿瘤、脏器重度肿大如肝大等，此时病变部位可出现浊音或实音。

2. 鼓音范围增大　见于胃肠道穿孔致气腹、胃肠道高度胀气等。

（二）肝浊音界

1. 肝上界和肝下界的叩诊　叩肝上界时，分别沿右锁骨中线、右腋中线和右肩胛线，由肺区向下叩，当叩诊音由清音变成浊音时，即为肝上界，因其相当于被肺遮盖的肝顶部，故又称为肝相对浊音界。再向下叩 1～2 肋间，叩诊音由浊音变为实音，即为肝下界，因此处肝未被肺遮盖，故又称为肝绝对浊音界。叩诊肝下界时，沿右锁骨中线或前正中线，从腹部向上叩，当叩诊音由鼓音变成实音时，为肝下界。

2. 肝浊音界变化的临床意义

（1）肝浊音界上移：见于右肺纤维化、右下肺不张、腹水、气腹鼓肠等。

（2）肝浊音界下移：见于肺气肿、右侧张力性气胸等。

（3）肝浊音界扩大：见于肝炎、肝脓肿、肝癌、肝淤血、多囊肝等。

（4）肝浊音界缩小：见于肝硬化、急性重症肝炎、胃肠胀气等。

（5）肝浊音界消失，呈鼓音：为急性胃肠穿孔的重要征象，也可见于腹部大手术后数日内，间位结肠及全内脏转位。

(三)移动性浊音

1. 检查方法 当被检者腹腔内有较多液体存在,嘱被检者取仰卧位时,液体多因重力作用而集聚在腹部两侧,此处叩诊音为浊音。检查时,可先嘱被检者取仰卧位,由于含气的肠管在液面漂浮,腹中部叩诊呈鼓音,两侧腹叩诊呈浊音。当检查者从脐水平开始向左侧叩诊时,检查者的板指固定在叩诊音由鼓音变为浊音处,再嘱被检者右侧卧位,再次叩诊,原来的鼓音变为浊音(图2-60)。同法向右叩诊,叩诊到浊音后再嘱被检者左侧卧位,核实浊音区是否改变。这种因体位改变而出现浊音区变化的现象,称为移动性浊音阳性。此法可作为发现腹腔内有无积液的重要检查方法。

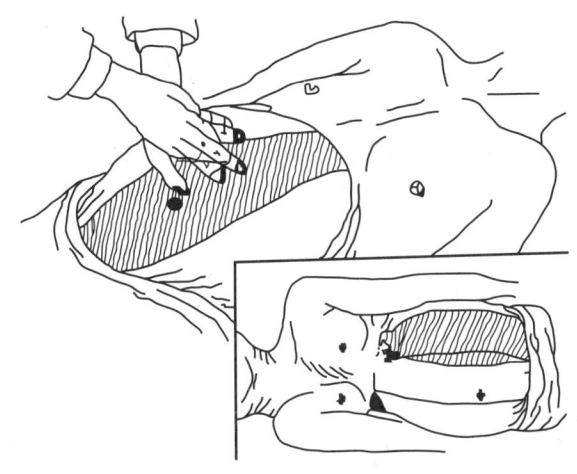

图2-60 移动性浊音检查方法

2. 临床意义 正常人无移动性浊音。移动性浊音阳性提示腹腔内游离液体量超过1000 ml。

3. 鉴别诊断 某些情况易于误诊为腹水,需注意鉴别。

(1)肠梗阻:此时因肠管内有大量液体潴留,也可因被检者体位的改变而出现浊音区的变化,但常常伴有肠梗阻的征象。

(2)巨大卵巢肿瘤:此时腹部可出现大面积浊音,但浊音区并不随体位的改变而改变。可通过以下几种方法予以鉴别:①由于肠管被卵巢囊肿挤压至两侧腹部,故卵巢囊肿所致的浊音在仰卧位时常常位于腹中部,而鼓音区则在腹部两侧;②卵巢囊肿所致的浊音不随体位的改变而改变;③尺压试验可予以鉴别,嘱被检者取仰卧位,检查者将一硬尺横置于腹壁上,两手下压硬尺,如硬尺发生节奏性搏动则为卵巢囊肿,如硬尺无此搏动则为腹水。

(四)肋脊角叩击痛

正常人肋脊角处无叩击痛,主要用于检查肾的病变。

1. 检查方法 嘱被检者取坐位或侧卧位,检查者用左手掌平放在被检者的肋脊角处,右手握拳,用由轻到中等的力量叩击左手背,并询问被检者是否有疼痛或观察其是否出现痛苦表情。

2. 临床意义 当肋脊角出现叩击痛时,提示肾炎、肾盂肾炎、肾结石、肾结核、肾周围炎症等。

(五)膀胱叩诊

膀胱叩诊可用于判断膀胱充盈程度。当膀胱充盈时,在耻骨联合上方从上向下叩,由鼓音变为浊音处即为膀胱浊音界,呈圆形浊音区。若排尿或导尿后再次叩诊,膀胱浊音区消失,叩诊音变为鼓音,则为尿潴留。需注意子宫肌瘤、卵巢囊肿、妊娠期子宫也可在该区叩诊到浊音,应予以鉴别。

四、腹部听诊

腹部听诊时,将听诊器体件置于腹壁,听诊腹部各区,尤其是上腹部、中腹部、两侧腹及肝脾各区。听诊的内容包括:肠鸣音、血管杂音、振水音等,妊娠5个月以上者还可闻及胎心音。

(一)肠鸣音

当肠蠕动时,气体和液体在肠管内流动,产生断断续续的咕噜声,称为肠鸣音(或气过水声)。正常肠鸣音每分钟4~5次,频率音响和音调变异较大,餐后更为频繁且明显,休息时则较微弱稀疏。病理状态下,可出现肠鸣音活跃、肠鸣音亢进、肠鸣音减弱或消失。肠蠕动增强时,肠鸣音的次数超过10次/分,但音调不高亢,称为肠鸣音活跃,常见于急性胃肠炎、胃肠道大出血及用腹泻药后等;若肠鸣音次数多且声音响亮、高亢,甚至呈金属音,则称为肠鸣音亢进,常见于机械性肠梗阻。肠蠕动减弱时,肠鸣音次数减少或数分钟才听到一次,称为肠鸣音减弱,常见于老年性便秘、低血钾、胃肠动力低下、腹膜炎等;若持续3~5 min听不到肠鸣音,称为肠鸣音消失,常见于急性腹膜炎或麻痹性肠梗阻。

(二)血管杂音

血管杂音的听诊对诊断某些疾病具有一定作用。血管杂音分为动脉性杂音和静脉性杂音。动脉性杂音常位于腹中部或腹部两侧。常见异常:腹周收缩期喷射性杂音提示腹主动脉狭窄或腹主动脉瘤;左、右上腹收缩期杂音提示肾动脉狭窄或高血压;下腹两侧收缩期杂音提示髂动脉狭窄。静脉性杂音多为连续性嗡鸣音,当腹壁静脉严重曲张时,若听到杂音则提示门静脉高压侧支循环建立,常见于肝硬化。

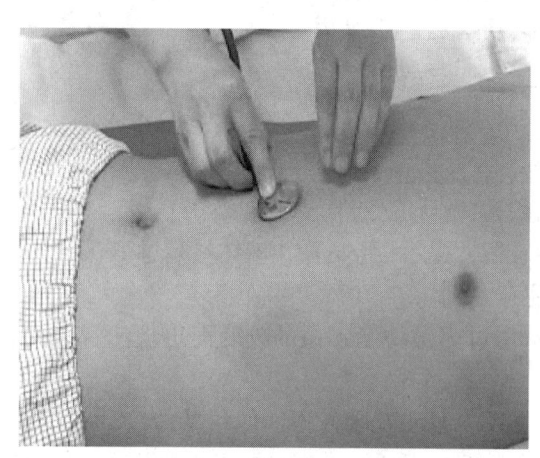

图2-61 振水音的检查方法

(三)振水音

1. 检查方法 嘱被检者取仰卧位,检查者将听诊器体件置于上腹部或直接用耳朵凑近上腹部,同时用手指连续迅速地冲击胃部,若听到气体和液体撞击的声音,即为振水音(图2-61)。

2. 临床意义 正常人在餐后或大量饮水后可出现上腹部振水音。但清晨空腹或餐后6~8 h后仍可听到振水音,则提示幽门梗阻或胃扩张。

> **要点提示**:腹部视诊时视线应与被检者腹平面同水平。熟悉腹部体表标志,并且能熟练运用,包括肋弓下缘、剑突、髂前上棘、腹直肌外缘、腹股沟韧带。腹部可用四区分法、九区分法、七区分法进行分区。腹部视诊的内容包括腹部外形、腹壁静脉、呼吸运动、胃肠型和蠕动波,要能判断正常情况,区分异常变化及其变化的临床意义。能判断曲张静脉的走行。腹部触诊的基本方法有浅部触诊、深部触诊,能熟练掌握。触诊内容包括腹壁紧张度、压痛及反跳痛、脏器触诊、腹部包块、液波震颤,并能合理应用触诊手法。能正确辨别正常和各种异常的腹壁紧张度。触及腹部脏器、包块时能正确判断,并掌握其触诊内容及临床意义。掌握液波震颤的方法、适用患者及临床意义。掌握腹部叩诊音、肝浊音界和膀胱的叩诊、移动性浊音、腹部脏器叩击痛的检查方法及临床意义。腹部听诊要掌握肠鸣音的正常和病理变化,熟悉血管杂音和振水音的检查方法及临床意义。

第六节 脊柱、四肢检查

> **案例导入**
>
> 患者,男,60岁,双手各指关节肿痛4个月来诊。4个月前其指关节与掌指关节肿痛,晨僵10 min,局部皮温高,抗感染治疗无效。查体:双手指关节肿(+),压痛(++),背伸受限。
>
> **问题与思考:**
> 1. 患者最可能的诊断是什么?
> 2. 诊断依据是什么?

一、脊柱

脊柱是支持体重、维持人体正常姿势的重要支柱。脊柱病变主要表现为疼痛、姿势或形态异常及活动度受限等。

(一)脊柱弯曲度

1. 检查方法 被检者坐位或直立位,双臂自然下垂,检查者以手指沿脊柱棘突以适当压力自上而下划,致皮肤呈一红色充血线,以此观察脊柱有无侧弯。

2. 生理弯曲 正常人站立位时脊柱从背面观无侧弯,侧面观有4个生理弯曲,即颈、腰段前凸,胸、骶段后凸,呈"S"形。

3. 病理性弯曲 脊柱后凸表现为脊柱后弯,多发生于胸椎,常见于佝偻病、胸椎结核、强直性脊柱炎、老年性脊椎退行性变、脊柱骨折等;脊柱前凸表现为脊柱过度向前弯曲,多发生于腰椎,常见于晚期妊娠、大量腹水或腹腔巨大肿瘤者;脊柱侧凸表现为脊柱偏离正中线,向左或向右偏,常见于儿童发育期姿势不良、椎间盘突出、慢性胸膜增厚、胸膜粘连、肩或胸廓畸形等。

(二)脊柱活动度

正常人脊柱有一定活动度。颈、腰段活动度较大,胸段活动度较小,骶段几乎不活动。检查时嘱被检者做前屈、后伸、侧弯及旋转动作,即可观察到脊柱活动度及有无异常改变,注意与正常人进行对比。脊柱各段活动度障碍见于软组织损伤、脱位、骨折、外伤、骨关节病、结核等。

(三)脊柱压痛和叩击痛

1. 脊柱压痛 被检者取端坐位,身体稍前倾。检查者以右手拇指自上而下逐个按压棘突及椎旁肌肉(图2-62)。

2. 脊柱叩击痛 叩击痛可用直接或间接叩诊法检查。直接叩诊法是用叩诊锤或中指直接叩击各椎体棘突,观察有无疼痛(图2-63)。间接叩诊法是嘱被检者取坐位,检查者用左手置于被检者头顶,右手半握拳以小鱼际叩击左手背。如脊柱有病变,相应部位会出现疼痛,称脊柱传导痛。

正常人脊柱无压痛及叩击痛,这两种疼痛常见于脊椎结核、骨折或椎间盘脱出等。

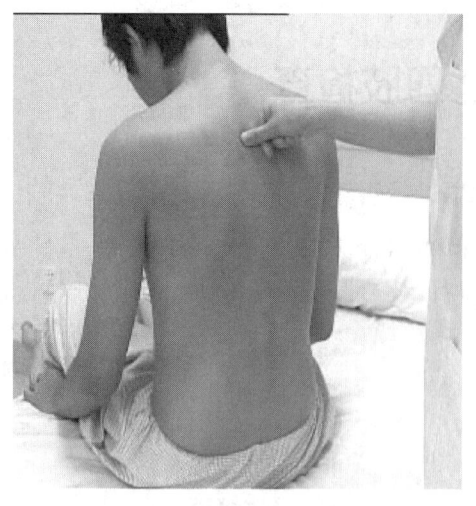
图 2-62　脊柱压痛检查方法

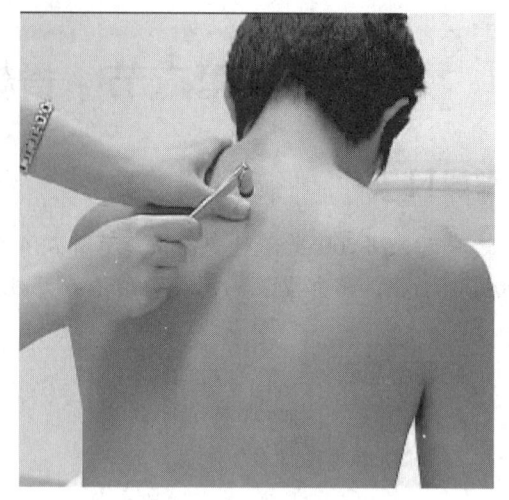
图 2-63　脊柱叩击痛检查方法

二、四肢、关节检查

正常人四肢与关节两侧对称，形态正常，活动灵活。

（一）形态异常

1. 匙状甲（反甲）　表现为指甲中部凹陷，边缘翘起，指甲变薄，表面有条纹呈匙状。常见于缺铁性贫血和高原疾病（图2-64）。

2. 杵状指（趾）　表现为末端指（趾）节明显增宽、增厚呈杵状膨大，指甲从根部到末端呈弧形隆起（图2-65）。可能与肢端慢性缺氧、代谢障碍和中毒损害有关。常见于支气管扩张、肺脓肿、慢性阻塞性肺气肿、肺癌、发绀型先天性心脏病、感染性心内膜炎等。

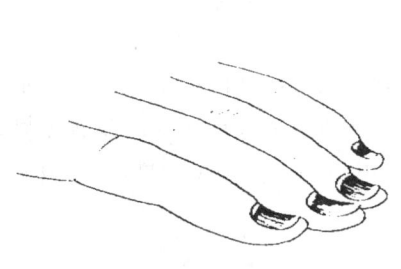
图 2-64　匙状甲

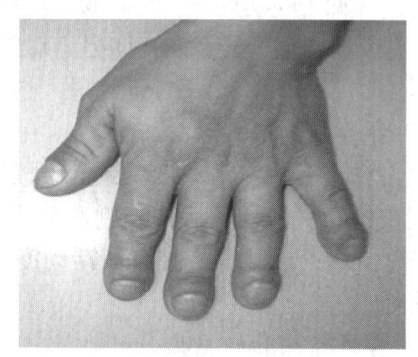
图 2-65　杵状指

3. 指关节变形　①梭形关节是指关节呈梭形畸形，活动受限，重者手指及腕部向尺侧偏移，多为双侧性，见于类风湿关节炎（图2-66）。②爪形手是指手指呈鸟爪样，见于尺神经损伤，进行性肌萎缩。

4. 腕关节变形　餐叉样畸形，见于Colles骨折。

5. 膝关节变形　膝关节红、肿、热、痛及运动障碍，多见于风湿性关节炎活动期、结核性或外伤性关节炎等。当关节腔有积液时，有浮髌现象（图2-67）。

6. 膝内、外翻畸形　正常人两脚并拢时，双膝和双踝可靠拢。膝内翻指双踝靠拢，而双膝分离呈"O"形。膝外翻指双膝靠拢时，双踝分离呈"X"形。见于小儿佝偻病（图2-68）。

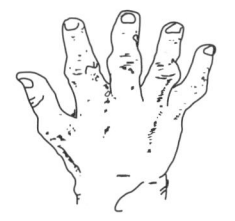
图 2-66 梭状指

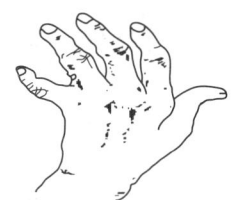
图 2-67 浮髌试验

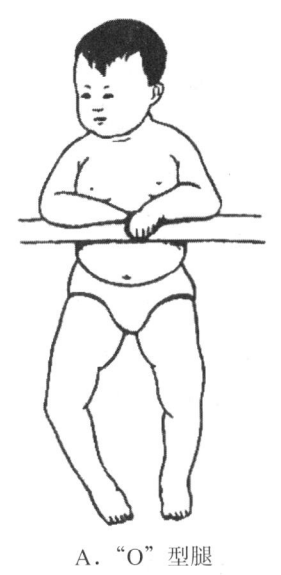
A."O"型腿

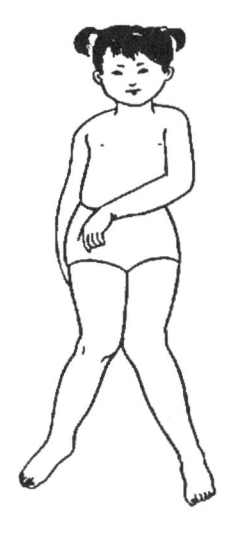
B."X"型腿

图 2-68 膝内、外翻畸形

7. 足内、外翻畸形 指足固定于内翻、内收位或外翻、外展位。足内翻见于脊髓灰质炎后遗症等，足外翻见于胫前胫后肌麻痹。

8. 肌肉萎缩 见于周围神经病变、肌炎或肢体失用所致的肢体肌肉组织的体积缩小。常见于周围神经损伤、脑血管意外后遗症、偏瘫、截瘫、脊髓灰质炎后遗症、多发性神经炎等。

9. 下肢静脉曲张 表现为小腿静脉呈蚯蚓状弯曲、怒张，重者感腿部肿胀、局部皮肤颜色暗紫、色素沉着，可伴下肢浅部溃疡。见于血栓性静脉炎等。

（二）运动功能障碍

嘱被检者做主动或被动运动，观察各关节的活动幅度。常见运动功能障碍原因有以下两种。

1. 神经、肌肉组织的损害 表现为不同程度的随意运动障碍，可通过对四肢伸屈、内收、旋转及抵抗力的检查来判断。肢体的随意运动障碍称瘫痪。

2. 关节的损害 表现为关节运动受限、主动或被动运动功能障碍。

以上表现可见于瘫痪、骨折、关节脱位、肌腱或软组织损伤等。

> **要点提示**：脊柱是支持体重、维持人体正常姿势的重要支柱，脊柱有4个生理弯曲，即颈、腰段前凸，胸、骶段后凸，呈"S"形，检查时要检查有无过度后凸、前凸或侧凸。正常人脊柱有一定活动度，检查时观察脊柱的活动度有无异常改变，如有活动障碍，见于软组织损伤、脱位、骨折、外伤等。正常人脊柱无压痛及叩击痛，两者常见于脊柱结核、骨折或椎间盘脱出等。正常人四肢与关节两侧对称，形态正常，活动灵活。匙状指见于缺铁性贫血和高原反应等；杵状指见于支气管扩张、肺脓肿、慢性阻塞性肺气肿等；浮髌试验阳性见于关节腔积液。

第七节 神经系统检查

> **案例导入**
>
> 患者，男，56岁，不明原因出现头晕、头痛近1个月。入院后查体：肌力5级，浅感觉及复合感觉正常，巴宾斯基征（+）。
>
> 问题与思考：
> 1. 该患者还需做哪些神经系统体格检查？
> 2. 如考虑神经系统疾病，该患者最有可能的诊断是什么？

一、运动功能检查

运动包括随意和不随意运动。随意运动由锥体束支配，不随意运动（不自主运动）由锥体外系和小脑支配。

（一）肌力

肌力是指肌肉运动时的最大收缩力。检查时嘱被检者做肢体伸屈动作，检查者从相反方向给予阻力，测试被检者对阻力的克服力量，并注意两侧比较。肌力的记录采用0~5级的六级分级法。

0级：完全瘫痪，测不到肌肉收缩。
1级：仅测到肌肉收缩，但不能产生动作。
2级：肢体在床面上能水平移动，但不能抵抗自身重力，即不能抬离床面。
3级：肢体能抬离床面，但不能抗阻力。
4级：能做抗阻力动作，但不完全。
5级：正常肌力。

临床意义：不同程度的肌力减退可分别称为完全性瘫痪和不完全性瘫痪（轻瘫）。不同部位或不同组合的瘫痪可分别命名为：①单瘫：单一肢体瘫痪，多见于脊髓灰质炎；②偏瘫：为一侧肢体（上、下肢）瘫痪，常伴有同侧脑神经损害，多见于颅内病变或脑卒中；③交叉性偏瘫：为一侧肢体瘫痪及对侧脑神经损害，多见于脑干病变；④截瘫：为双侧下肢瘫痪，是脊髓横贯性损伤的结果，见于脊髓外伤、炎症等。

（二）肌张力

肌张力是指静息状态下的肌肉紧张度和被动运动时遇到的阻力，其实质是一种牵张反射，即骨骼肌受到外力牵拉时产生的收缩反应，这种收缩是通过反射中枢控制的。检查时嘱被检者肌肉放松，检查者根据触摸肌肉的硬度以及伸屈其肢体时感知肌肉对被动伸屈的阻力进行判断。

1. 肌张力增高 触摸肌肉，坚实感，伸屈肢体时阻力增加。可表现为：①痉挛状态：在被动伸屈其肢体时，起始阻力大，终末阻力突然减弱，也称折刀现象，为锥体束受损现象；②铅管样强直：即伸肌和屈肌的肌张力均增高，做被动运动时各个方向的阻力增加是均匀一致的，为锥体外系受损现象。

2. 肌张力降低 肌肉松软，伸屈其肢体时阻力低，关节活动范围扩大，见于下运动神经元病变（如周围神经炎、脊髓前角灰质炎等）、小脑病变和肌源性病变等。

（三）不自主运动

不自主运动是指在被检者意识清楚的情况下，随意肌不自主收缩所产生的一些无目的的异常动作，多为锥体外系受损的表现。

1. 震颤 为两组拮抗肌交替收缩引起的不自主动作，可有以下几种类型：①静止性震颤：静止时表现明显，而在运动时减轻，睡眠时消失，常伴肌张力增高，见于帕金森病；②意向性震颤：又称动作性震颤。震颤在休息时消失，动作时发生，愈接近目的物愈明显，见于小脑疾患。

2. 舞蹈样运动 为面部肌肉及肢体的快速、不规则、无目的、不对称的不自主运动，表现为做鬼脸、转颈、耸肩、手指间断性伸曲、摆手和伸臂等舞蹈样动作，睡眠时可减轻或消失，多见于儿童期脑风湿性病变。

3. 手足徐动 为手指或足趾的一种缓慢持续的伸展扭曲动作，见于脑性瘫痪、肝豆状核变性和脑基底节变性。

（四）共济运动

机体任一动作的完成均依赖于某组肌群协调一致的运动，称共济运动。这种协调主要依靠小脑的功能，以协调肌肉活动、维持平衡和帮助控制姿势；也需要运动系统的正常肌力，前庭神经系统的平衡功能，眼、脑、身体动作的协调，以及感觉系统对位置的感觉共同参与作用。这些部位的任何损伤均可出现共济失调。

1. 指鼻试验 嘱受检者先以示指接触距其前方0.5 m处检查者的示指，再以示指触自己的鼻尖，由慢到快，先睁眼、后闭眼，重复进行。小脑半球病变时同侧指鼻不准；如睁眼时指鼻准确，闭眼时出现障碍，则为感觉性共济失调。

2. 跟-膝-胫试验 嘱受检者仰卧，上抬一侧下肢，将足跟置于另一侧下肢膝盖下端，再沿胫骨前缘向下移动，先睁眼、后闭眼重复进行。小脑损害时，动作不稳；感觉性共济失调者则闭眼时足跟难以寻到膝盖。

3. 其他 ①快速轮替动作：嘱受检者伸直手掌并以前臂做快速旋前旋后动作，或一手用手掌、手背连续交替拍打对侧手掌，共济失调者动作缓慢、不协调；②闭目难立征（Romberg sign）：嘱受检者足跟并拢站立，闭目，双手向前平伸，若出现身体摇晃或倾斜则为阳性，提示小脑病变。如睁眼时能站稳而闭眼时站立不稳，则为感觉性共济失调。

二、感觉功能检查

检查时，被检者必须意识清晰，检查前使被检者了解检查的目的与方法，以取得充分合作。检查时要注意左右侧和远近端部位的差别。检查时必须注意嘱被检者闭目，以避免主观或暗示作用。

（一）浅感觉

1. 痛觉 用别针的针尖均匀地轻刺被检者皮肤，询问其是否疼痛。为避免被检者将触觉与痛觉混淆，应交替使用别针的针尖和针帽进行检查比较。注意两侧对称比较，同时记录痛觉障碍类型（正常、过敏、减退或消失）与范围。痛觉障碍见于脊髓丘脑侧束损害。

2. 触觉 用棉签轻触被检者的皮肤或黏膜，询问其有无感觉。触觉障碍见于脊髓丘脑前束和后索病损。

3. 温度觉 用盛有热水（40~50℃）或冷水（5~10℃）的玻璃试管交替接触被检者皮肤，嘱其辨别冷、热感。温度觉障碍见于脊髓丘脑侧束损害。

（二）深感觉检查

1. 运动觉 检查者轻轻夹住被检者的手指或足趾两侧，上或下移动，令被检者根据感觉说出"向上"或"向下"。运动觉障碍见于后索病损。

2. 位置觉 检查者将被检者的肢体摆成某一姿势，请被检者描述该姿势或用对侧肢体模仿，位置觉障碍见于后索病损。

3. 振动觉 用振动着的音叉（128 Hz）柄置于骨突起处（如内、外踝、手指、桡尺骨茎突、胫骨、膝盖等），询问有无振动感觉，判断两侧有无差别，振动觉障碍见于后索病损。

（三）复合感觉检查

复合感觉是大脑综合分析的结果，也称皮质感觉。

1. 皮肤定位觉 检查者以手指或棉签轻触被检者皮肤某处，嘱被检者指出被触部位。该功能障碍见于皮质病变。

2. 两点辨别觉 以钝脚分规轻轻刺激皮肤上的两点（小心不要造成疼痛），检测被检者辨别两点的能力，再逐渐缩小双脚间距，直到被检者感觉为一点时，测其实际间距，两侧比较。正常情况下，手指的辨别间距是 2 mm，舌是 1 mm，脚趾是 3～8 mm，手掌是 8～12 mm，后背是 40～60 mm。检查时应注意个体差异，必须两侧对照。当触觉正常而两点辨别觉障碍时则为额叶病变。

3. 实体觉 嘱被检者用单手触摸熟悉的物体，如钢笔、钥匙、硬币等，并说出物体的名称。先测功能差的一侧，再测另一侧。功能障碍见于皮质病变。

4. 体表图形觉 在被检者的皮肤上画图形（方、圆、三角形等）或写简单的字（一、二、十等），观察其能否识别，须双侧对照。如有障碍，常为丘脑水平以上病变。

三、神经反射检查

神经反射由反射弧完成，反射弧包括 5 个部分：感受器→传入神经元→中枢→传出神经元→效应器。反射弧的任何部位和高级神经中枢发生病变或受损害时，正常反射即遭破坏而出现异常的反应。通过反射检查可帮助判断神经系统损害的部位。由于神经反射的强弱存在个体差异，检查时注意两侧对比。

（一）生理反射

1. 浅反射 为刺激皮肤或黏膜引起的反射。

（1）角膜反射：嘱被检者眼睛向内上方注视，检查者用棉絮轻触角膜外缘，该侧眼睑立刻闭合，称直接角膜反射。刺激一侧角膜，对侧眼睑也闭合，称间接角膜反射（图2-69）。若直接与间接角膜反射均消失，见于三叉神经病变；角膜反射完全消失，见于深昏迷患者。若直接反射消失，间接反射存在，见于患侧面神经瘫痪。

（2）腹壁反射：反射中枢位于上胸髓 7～8 节段，中胸髓 9～10 节段，下胸髓 11～12 节段。检查时被检者仰卧，双下肢略屈曲使腹壁松弛，用钝头竹签按上、中、下三个部位轻划腹壁皮肤（图2-70），正常可见受刺激部位腹肌收缩，上部、中部或下部反射消失见于各相应脊髓节段病损；一侧腹壁反射减弱或消失见于同侧锥体束病损；双侧腹壁反射完全消失见于昏迷、急腹症。

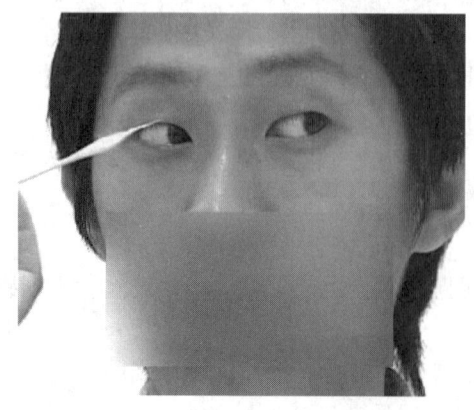
图 2-69 角膜反射检查方法

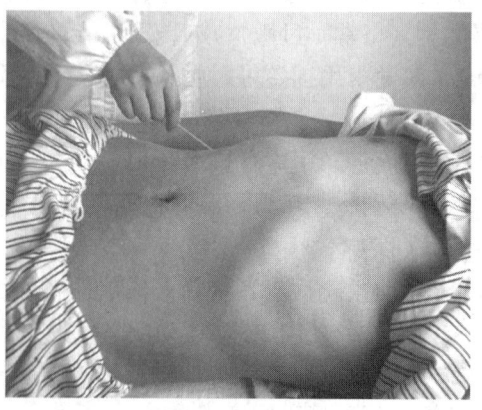
图 2-70 腹壁反射检查方法

(3) 提睾反射：反射中枢位于腰髓1～2节段。检查时用钝头竹签沿大腿内侧上方，由下往上轻划大腿皮肤，正常反应为同侧睾丸上提。一侧反射减弱或消失见于同侧锥体束受损、老年人或腹股沟疝、阴囊水肿、睾丸炎等局部病变者；双侧反射消失见于腰髓相应节段病损。

(4) 跖反射：反射中枢位于骶髓1～2节段。检查时受检者仰卧，髋及膝关节伸直。检查者手持被检者踝部，用钝头竹签沿足底外侧，划向小趾根部转向内侧，正常反应为足趾屈曲。

2. 深反射 为刺激骨膜、肌腱引起的反射。

(1) 肱二头肌反射：反射中枢位于颈髓5～6节段。检查时检查者以左手托住被检者肘部，使其前臂屈曲90°，将拇指置于肱二头肌肌腱上，右手持叩诊锤叩击拇指指甲（图2-71）。正常反应为肱二头肌收缩，肘关节快速屈曲。

(2) 肱三头肌反射：反射中枢位于颈髓6～7节段。检查时检查者左手托住被检者肘部，嘱被检者前臂屈曲，用叩诊锤叩击尺骨鹰嘴上方的肱三头肌肌腱（图2-72），正常反应为肱三头肌收缩致前臂伸展。

(3) 桡骨膜反射：被检者前臂置于半屈半旋前位，检查者以左手托住其前臂，并使腕关节自然下垂，随即以叩诊锤叩桡骨茎突，可引起肱桡肌收缩，发生屈肘和前臂旋前动作。反射中枢在颈髓5～6节。

(4) 膝腱反射：反射中枢位于腰髓2～4节段。检查时嘱被检者取坐位，小腿完全松弛下垂，或仰卧时检查者以左手托起其膝关节使之屈曲120°，右手持叩诊锤叩股四头肌肌腱，正常反应为小腿伸展（图2-73）。

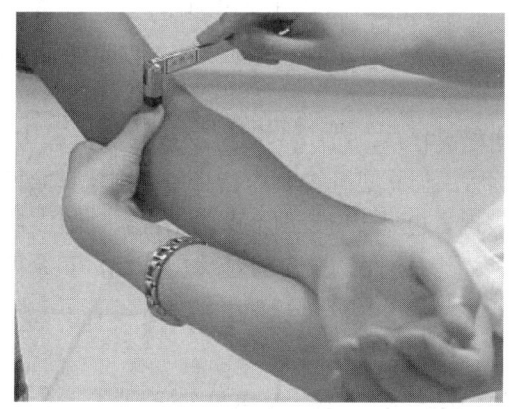

图 2-71 肱二头肌反射检查方法

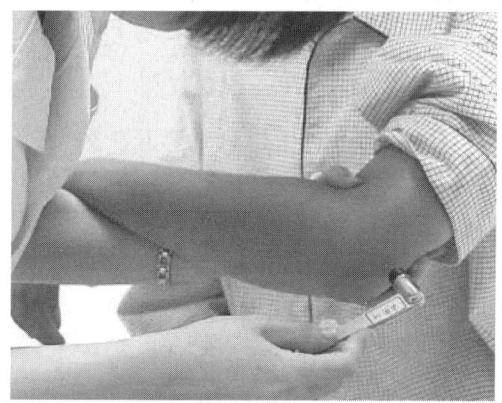

图 2-72 肱三头肌反射检查方法

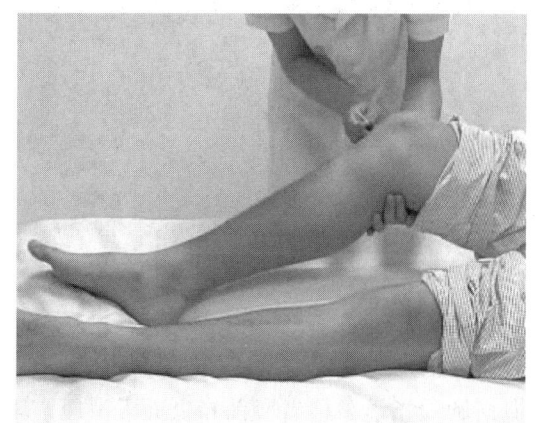

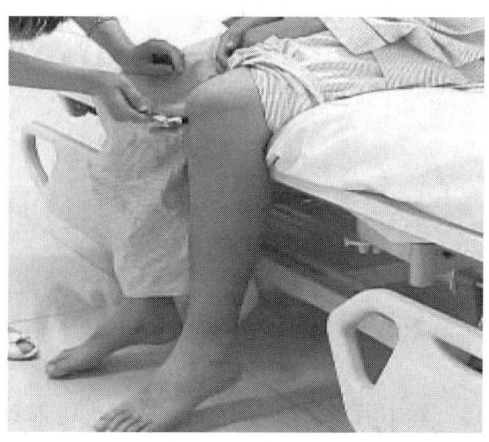

图 2-73 膝腱反射检查方法

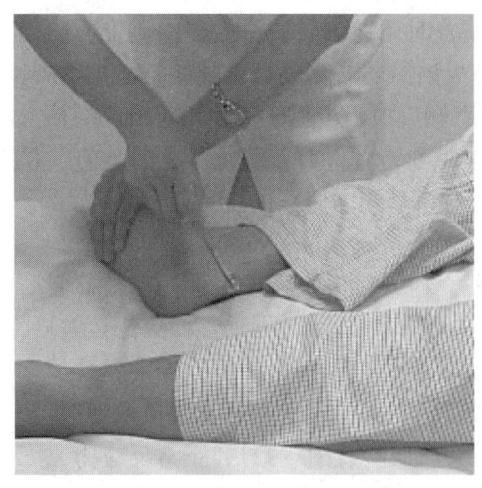

图 2-74 跟腱反射检查方法

(5) 跟腱反射：反射中枢位于骶髓 1～2 节段。检查时被检查者取仰卧位，屈髋屈膝，下肢外展外旋。检查者左手握住其足底使其足部背屈过伸，右手用叩诊锤叩击跟腱。正常反应为腓肠肌收缩，足向跖面屈曲（图 2-74）。

深反射减弱或消失是下运动神经元瘫痪的重要体征，如末梢神经炎、神经根炎。也可见于周期性瘫痪、重症肌无力、深昏迷、脑或脊髓急性损伤休克期等。深反射亢进是上运动神经元瘫痪的重要体征，见于脑血管病等。

(6) 阵挛：在锥体束以上病变，深反射亢进时可出现阵挛。用力使相关肌肉处于持续性紧张状态，该组肌肉可发生节律性收缩，常见以下两种。

1）踝阵挛：被检查者仰卧，髋与膝关节稍屈，检查者一手持受检者小腿，一手持其足掌前端，突然用力使踝关节背屈并维持之。阳性表现为腓肠肌与比目鱼肌发生连续性节律性收缩，而致足部呈现交替性屈伸动作。

2）髌阵挛：被检查者仰卧，下肢伸直，检查者以拇指与示指压于其髌骨上缘，用力向远端快速连续推动数次后维持推力。阳性反应为股四头肌发生节律性收缩，使髌骨上下移动。

(二) 病理反射

病理反射指锥体束受损时，大脑失去对脑干和脊髓的抑制作用而出现的踝及趾背伸反射，称锥体束征。1 岁半内的婴儿锥体束尚未发育完善，可出现上述反射。成人出现此类反射时则为病理性的。

1. Hoffmann 征　检查者以左手持被检查者腕关节上方，右手中指与示指持被检查者中指，使被检查者腕部轻度过伸而其余各手指自然弯曲，然后用拇指迅速弹刮中指指甲，引起其余四指轻微掌屈，称 Hoffmann 征阳性，是深反射亢进的表现，也见于腱反射活跃的正常人（图 2-75）。

2. 巴宾斯基（Babinski）征　检查方法同跖反射。阳性反应为拇趾缓慢背伸，其余四趾呈扇形分开（图 2-76）。

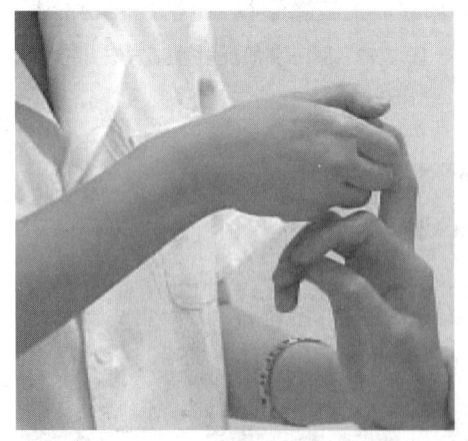

图 2-75 Hoffmann 征检查方法

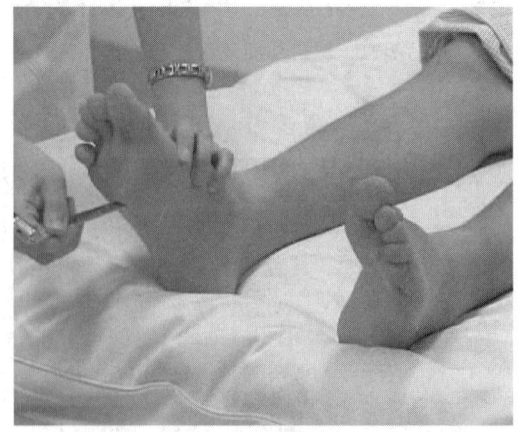

图 2-76 巴宾斯基征检查方法

3. 奥本海姆（Oppenheim）征　检查者以拇指和示指沿被检查者胫前自上而下滑压，阳性表现同 Babinski 征（图 2-77）。

4. 戈登（Gordon）征 检查者用手以一定压力挤压被检者腓肠肌，阳性表现同 Babinski 征（图2-78）。

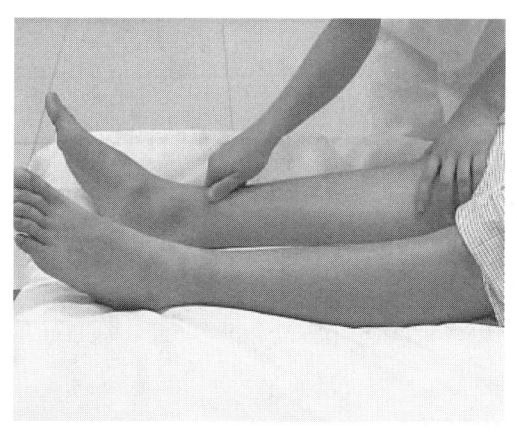

图2-77 奥本海姆征检查方法

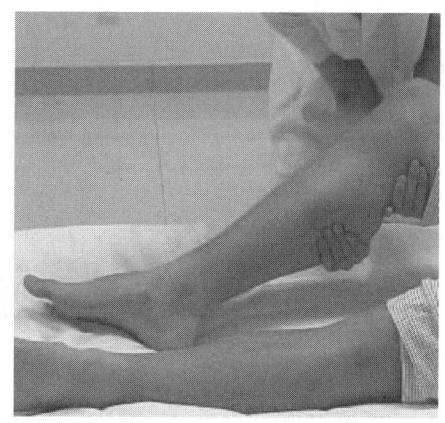

图2-78 戈登征检查方法

5. 查多克（Chaddock）征 检查者用竹签从外踝下方向前划至趾跖关节处，阳性表现同 Babinski 征（图2-79）。

上述后4个体征临床意义相同，以巴宾斯基征最常见，也最容易在锥体束损害时引出。

（三）脑膜刺激征

脑膜刺激征为脑膜受激惹的表现，见于各种脑膜炎、蛛网膜下腔出血、颅内压增高等。

1. 颈强直 被检者仰卧，检查者以一手托被检者枕部，另一手置于胸前做屈颈动作。颈强直表现为颈部僵直，被动屈颈时阻力增强（图2-80）。也可见于颈椎或颈部肌肉病变等。

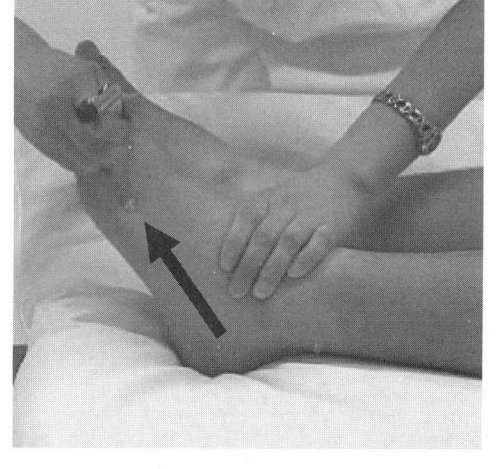

图2-79 查多克征检查方法

2. 克尼格（Kernig）征 被检者仰卧，检查者先将其髋关节屈成直角，再用手抬高小腿（图2-81），如在135°以内伸膝受阻伴疼痛与屈肌痉挛，则为阳性。

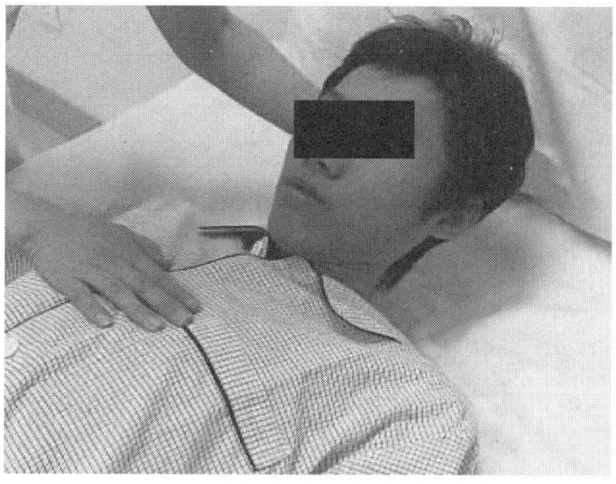

图2-80 颈强直检查方法

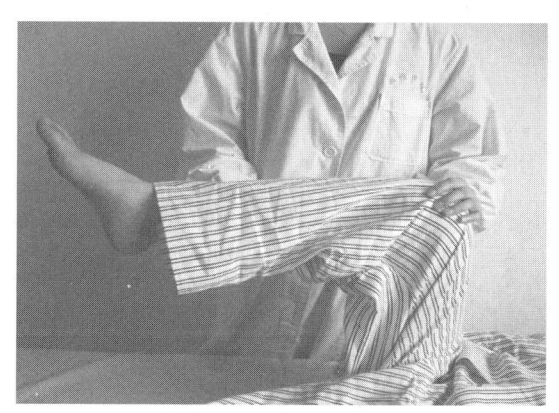

图2-81 克尼格征检查方法

3. 布鲁津斯基（Brudzinski）征 被检者仰卧，下肢自然伸直，检查者一手托被检者枕部，另一手置于其胸前，当头前屈时，双膝和髋关节屈曲则为阳性。

（向　军）

 自测题

扫码测验

第三章 常用辅助检查

第三章数字资源

学习目标

通过本章内容的学习，应熟悉各种常用辅助检查的基本方法，掌握各种常用辅助检查的适应证及禁忌证，能应用常用辅助检查开展对疾病的初步诊断。

识记：
1. 说出各种常用辅助检查的正常值。
2. 列举常用辅助检查的方法。

理解：
1. 解释常用辅助检查的原理。
2. 分析常用辅助检查的临床意义。

运用：
1. 能根据患者的病史、临床表现、实验室及辅助检查做出初步诊断。
2. 根据辅助检查正确评估疾病的预后。
3. 培养高度的责任心和使命感，树立医者仁心的职业素养。

第一节 常用实验室检查

案例导入

患者，男，52岁，左上腹发现肿块3年，近10天来高热，全身酸痛。查体：贫血貌，胸骨有压痛，脾大、平脐。拟对患者进行血液检查。

问题与思考：
1. 如何对患者进行血液标本采集的指导？
2. 该患者化验结果显示：Hb 72 g/L，WBC 21×10^9/L，原粒细胞+早幼粒细胞 0.36，血小板 35×10^9/L。骨髓有核细胞极度增生，原粒细胞 0.17，早幼粒细胞 0.28。中性粒细胞碱性磷酸酶活性增高。根据其病史及检查结果，考虑患者患有何种疾病？

一、血液一般检查

血液一般检查是临床上最常用的检查，主要包括红细胞计数及血红蛋白测定、白细胞计数及白细胞分类计数、血小板计数、血细胞形态观察等项目。标本采集可以通过静脉采血或者毛细血管末梢采血。

（一）红细胞检查

红细胞由骨髓造血多能干细胞分化而来，历经原始红细胞、早幼红细胞、中幼红细胞、晚幼红细胞和网织红细胞阶段，最后发育为成熟红细胞。红细胞的平均寿命为120天，每天约有8%的衰老红细胞在脾中被破坏，健康人红细胞的破坏与生成保持动态平衡，故血液中红细胞数量恒定，形态正常。病理情况下，红细胞在数量、形态、质量等方面均发生改变，通过对红细胞的检查，可为贫血及有关疾病的诊断提供依据，并作为病情监测、疗效观察、预后判断的指标。

红细胞计数及血红蛋白测定

【参考值】　　　　　　　RBC　　　　　　　　　　　　Hb
成年男性　　　　　　　$(4.0 \sim 5.5) \times 10^{12}/L$　　　　　120 ~ 160 g/L
成年女性　　　　　　　$(3.5 \sim 5.0) \times 10^{12}/L$　　　　　110 ~ 150 g/L
新生儿　　　　　　　　$(6.0 \sim 7.0) \times 10^{12}/L$　　　　　170 ~ 200 g/L

【临床意义】

（1）红细胞及血红蛋白增多：指单位容积血液中红细胞数及血红蛋白量高于参考值高限。多次检查成年男性红细胞 > $6.0 \times 10^{12}/L$，血红蛋白 > 170 g/L；成年女性红细胞 > $5.5 \times 10^{12}/L$，血红蛋白 > 160 g/L 时，即认为增多。可分为相对性增多和绝对性增多两类。相对性增多是因血浆容量减少，使红细胞容量相对增加，见于严重呕吐、腹泻、大量出汗、大面积烧伤、慢性肾上腺皮质功能减退、尿崩症、甲状腺功能亢进危象、糖尿病酮症酸中毒。绝对性增多在临床上称为红细胞增多症，按发病原因可分为继发性和原发性两类，后者称为真性红细胞增多症。

（2）红细胞与血红蛋白减少：红细胞与血红蛋白减少通称为贫血，是指单位容积血液中红细胞与血红蛋白含量低于参考值低限。按照其发生原因不同分为生理性减少和病理性减少两类。生理性减少常见于妊娠中、后期，为适应胎盘血循环的需要，使血浆容量明显增加而引起血液稀释；在某些老年人主要是由于造血功能明显衰退所致；也可见于婴幼儿、15岁以下的儿童。病理性减少分为红细胞生成不足（如造血原料不足、骨髓功能障碍等）、红细胞破坏过多和失血（特别是慢性失血）三类。

（3）根据 Hb 减少的程度，将贫血分为四度：轻度贫血指男性 Hb < 120 g/L，女性 Hb < 110 g/L；中度贫血 Hb < 90 g/L；重度贫血 Hb < 60 g/L；极重度贫血 Hb < 30 g/L。

（4）红细胞形态改变：正常红细胞经染色后，呈淡红色圆形无核细胞，中心淡染，周边较深染，直径 6 ~ 9 μm。除再生障碍性贫血和急性失血性贫血红细胞形态正常外，大多数严重贫血可见红细胞大小或者形态的异常。球形红细胞可见于遗传性球形红细胞增多症和自身免疫性溶血性贫血；小红细胞（直径 < 6 μm）见于缺铁性贫血和珠蛋白生成障碍性贫血；大红细胞（直径 > 15 μm）可见于巨幼细胞贫血；靶形红细胞增多见于珠蛋白生成障碍性贫血；嗜碱性点彩红细胞增多可作为铅中毒的诊断指标。此外，溶血性贫血、白血病、巨幼细胞贫血和骨髓纤维化时也可见少量椭圆形红细胞。

（二）白细胞检查

循环血液中的白细胞包括中性粒细胞、嗜酸性粒细胞、嗜碱性粒细胞、单核细胞和淋巴细胞。而分析白细胞变化的意义时，必须计算出各种类型白细胞的绝对值才有诊断参考价值。

白细胞计数　　白细胞计数是测定血液中各种白细胞的总数。由于外周血中白细胞的组成主要以中性粒细胞为主，多数情况下白细胞总数的增多与减少受中性粒细胞的影响较大，故白细胞计数的增多与减少和中性粒细胞的增多与减少有相同的意义。

【参考值】成人 $(4 \sim 10) \times 10^9/L$
儿童 $(5 \sim 12) \times 10^9/L$
新生儿 $(15 \sim 20) \times 10^9/L$

白细胞分类计数 分类计数是经涂片后求得各种类型白细胞的百分数。各种类型细胞的绝对值 = 白细胞总数 × 分类计数的百分数（表3-1）。

表3-1 白细胞分类计数

细胞类型	百分率（%）	绝对值（$\times 10^9/L$）
中性粒细胞杆状核（Nst）	0～5	0.04～0.05
中性粒细胞分叶核（Nsg）	50～70	2～7
嗜酸性粒细胞（E）	0.5～5	0.05～0.5
嗜碱性粒细胞（B）	0～1	0～0.1
淋巴细胞（L）	20～40	0.8～4
单核细胞（M）	3～8	0.12～0.8

【临床意义】

(1) 白细胞数量变化的临床意义：白细胞受多种生理因素如年龄、日间变化、疼痛、情绪激动、妊娠和分娩等的影响，生理性波动大，只有定时和反复观察才具有意义。白细胞总数 > $10 \times 10^9/L$ 为白细胞增多，常为中性粒细胞增多所致，见于感染、严重组织损伤或坏死、急性中毒及恶性肿瘤等。WBC < $4 \times 10^9/L$ 为白细胞减少，通常为中性粒细胞减少，见于某些感染、部分血液病，以及系统性红斑狼疮、脾功能亢进、放射性损伤等。嗜酸性粒细胞增多见于变态反应性疾病，减少见于伤寒、副伤寒、长期使用肾上腺糖皮质激素等。嗜碱性粒细胞增多见于慢性粒细胞白血病、嗜碱性粒细胞白血病、某些转移癌及骨髓纤维化；其减少无临床意义。淋巴细胞增多见于部分病毒和杆菌感染、淋巴细胞白血病、急性传染病恢复期；减少见于长期接触放射线、传染病急性期等。单核细胞增多见于活动性肺结核、单核细胞白血病、粒细胞缺乏症恢复期等；减少无临床意义。

(2) 外周血白细胞的形态改变及核象变化：白细胞的形态改变包括中性粒细胞毒性变化（中毒颗粒、空泡变性、核变性、退行性变）、棒状小体（Auer小体）、异型淋巴细胞等。

中性粒细胞在骨髓中由原始细胞发育至成熟的中性粒细胞，核经历了由圆形到出现凹陷、变成杆状、最后分叶的变化。正常人周围血主要以分叶核为主，杆状核不到5%，无原始和幼稚细胞。病理情况下，周围血白细胞发生核左移和核右移两种变化。核左移指周围血中性粒细胞杆状核增多，其比值 > 5%，当出现晚幼粒、中幼粒或早幼粒等细胞时，称为核左移。核左移常见于各种病原体所致的感染、急性溶血、急性中毒和白血病。核左移可同时伴有白细胞总数增多或减少以及细胞出现毒性变等形态改变。周围血中5叶的中性粒细胞 > 3% 时称核右移。此时常伴有白细胞总数减少，是造血功能衰退的表现。核右移可由维生素 B_{12} 或叶酸缺乏所致的 DNA 合成障碍继而引起细胞分裂障碍所致，见于营养性巨幼细胞贫血、恶性贫血和应用抗代谢药物治疗肿瘤时。在罹病期突然出现核右移表示预后不良，而在炎症恢复期可出现一过性核右移（图3-1）。

（三）血小板检查

血小板是由骨髓中成熟巨核细胞胞质脱落后形成的圆盘状无核细胞，其主要功能是

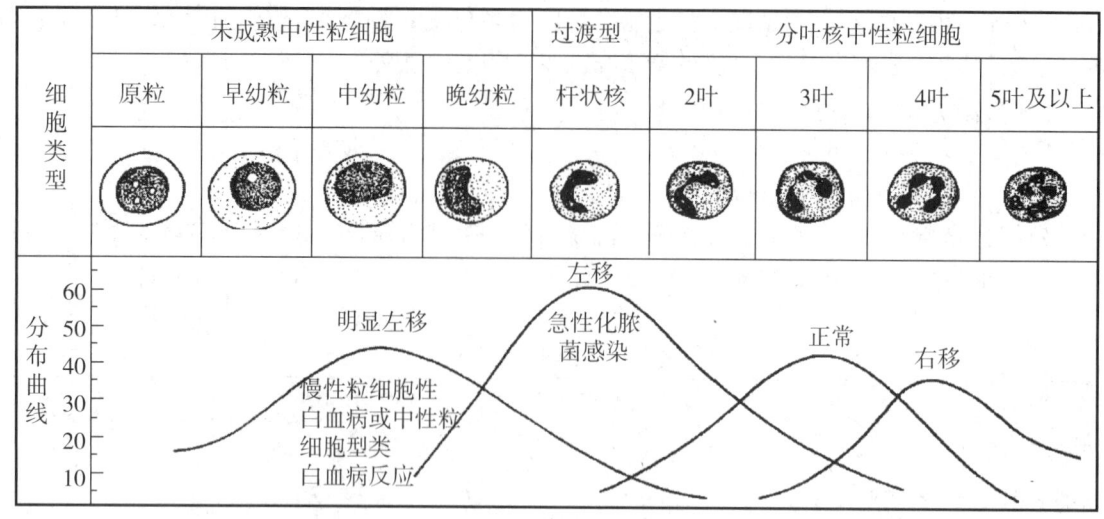

图 3-1 中性粒细胞的核象变化

止血、促凝血。血小板检验包括血小板计数、形态和功能检查。血小板计数参考值：(100～300)×10^9/L。新生儿血小板含量较低，出生3个月才达到成人水平。日间、进食和剧烈运动后、月经周期、季节变化等都会影响血小板数量。

【参考值】(100～300)×10^9/L。

【临床意义】血小板＞$400×10^9$/L 称血小板增多，常见于慢性粒细胞白血病早期、溶血性贫血、脾切除术后、特发性血小板增多症、真性红细胞增多症、急性出血等疾病。血小板＜$100×10^9$/L 称血小板减少，当血小板＜$50×10^9$/L 时，可见于各种致病因素损害骨髓导致造血功能障碍，血小板破坏过多和分布异常，见于某些细菌和病毒感染等。

二、血液的其他检查

（一）网织红细胞的检测

网织红细胞（reticulocyte）是晚幼红细胞脱核后的细胞。

【参考值】百分比 0.005～0.015；绝对值（24～84）×10^9/L。

【临床意义】

(1) 网织红细胞增多：表示骨髓红细胞系增生旺盛，常见于溶血性贫血、急性失血；缺铁性贫血、巨幼细胞贫血及某些贫血患者治疗后，如补充铁或维生素 B_{12} 及叶酸后。

(2) 网织红细胞减少：表示骨髓造血功能减低，常见于再生障碍性贫血，在骨髓病性贫血（如急性白血病等）时，骨髓中异常细胞大量浸润，使红细胞增生受到抑制，网织红细胞也减少。

（二）红细胞沉降率测定

红细胞沉降率（erythrocyte sedimentation rate，ESR），简称血沉，是指红细胞在一定条件下沉降的速率。

【参考值】男性 0～15 mm/h；女性 0～20 mm/h。

血沉增快临床常见于12岁以下的儿童、60岁以上的年长者、妇女月经期、妊娠3个月以上等。病理性增快见于各种炎症性疾病、组织损伤及坏死、恶性肿瘤、各种原因导致血浆球蛋白相对或绝对增高等。血沉减慢的临床意义较小。

（三）红细胞平均参数

MCV 是指血液中每一个红细胞的平均体积，MCH 是指血液中每一个红细胞血红蛋白的平均含量，MCHC 指每升血液中平均所含血红蛋白浓度（克数）。

【参考值】MCV 82～92 fl   MCH 27～31 pg   MCHC 320～360 g/L

【临床意义】分析 MCV、MCH、MCHC 3 个平均值，用于贫血的细胞形态学分类，见表 3-2。

表 3-2　贫血的细胞形态学分类

贫血类型	MCV（fl）	MCH（pg）	MCHC（g/L）	病因
正细胞性贫血	82～92	27～31	320～360	急性失血性贫血、急性溶血性贫血、再生障碍性贫血、白血病等
大细胞性贫血	＞92	＞31	320～360	缺乏叶酸、维生素 B_{12}，如营养性巨幼细胞贫血和恶性贫血
单纯小细胞性贫血	＜82	＜27	320～360	慢性感染及中毒引起的继发性贫血等
小细胞低色素性贫血	＜82	＜27	＜320	慢性失血性贫血，缺铁性贫血等

（四）止血、凝血功能检查

1．出血时间（BT）测定　出血时间是指皮肤微血管经人工刺破后，血液自行流出到自行停止的时间。

【参考值】(Duke 氏法)：正常 1～3 min，4 min 以上为异常。

【临床意义】出血时间长短主要与毛细血管壁的功能、血小板质与量及皮肤弹性等有关。BT 延长主要见于血管壁病变，如毛细血管扩张症、血管性假性血友病；或血小板功能障碍，如血小板无力症；也可见于血小板减少所致的出血，如原发性或继发性血小板减少性紫癜，但其价值不如血小板计数。其他见于弥散性血管内凝血、严重肝病、抗凝物质过多、纤维蛋白原极度降低及硬皮病等。BT 与凝血因子关系不大，如血友病时因凝血功能障碍而出血不止，BT 却正常，凝血酶原缺乏及肝素过多时 BT 亦正常。

2．凝血时间（CT）测定　凝血时间指血液离体后至完全凝固所需要的时间，用以测定血液凝固能力。

【参考值】4～12 min（试管法）。

【临床意义】CT 延长见于各型血友病、纤维蛋白或凝血酶原缺乏症、抗凝物质过多、纤溶亢进等；CT 缩短见于弥散性血管内凝血早期、血栓性疾病等。

3．血浆凝血酶原时间（PT）测定　在受检血浆中加入钙离子和组织凝血活酶，观察血浆的凝固时间。

【参考值】凝血酶原时间：正常对照值 11～13 s，超过正常对照值 3 s 以上为异常。

【临床意义】PT 可反映外源性凝血系统是否异常。PT 延长见于外源性凝血因子缺乏，如严重肝疾病、维生素 K 缺乏、弥散性血管内凝血晚期等；PT 缩短见于血液高凝状态，如心肌梗死、脑血栓形成、多发性骨髓瘤、弥散性血管内凝血早期等。

4．活化部分凝血活酶时间（APTT）测定　APTT 测定是在受检血浆中加入接触因子激活剂、部分磷脂和钙离子后，观察所需凝固时间。

【参考值】31～43 s，较正常对照值延长 10 s 以上为异常。

【临床意义】反映内源性凝血系统是否异常。APTT 延长见于血友病、严重肝疾病、应用抗凝剂（如肝素）、先天性凝血因子缺乏等；APTT 缩短见于高凝状态如妊娠高血压、心肌梗死、弥散性血管内凝血早期。

5．血浆纤维蛋白原测定　在受检血浆中加入一定量凝血酶，后者使血浆中的纤维蛋白原转变为纤维蛋白，通过比浊原理计算纤维蛋白原的含量。

【参考值】2～4 g/L

【临床意义】血浆纤维蛋白原增高见于急性心肌梗死、糖尿病、急性感染、休克、恶性肿瘤及血栓前状态；血浆纤维蛋白原减低见于重症肝炎、肝硬化、弥散性血管内凝血等。

（五）血型与输血

血型是人体的一种遗传性状，是血液成分以抗原为表现形式的遗传多态性的标志，狭义的血型定义单指红细胞的抗原差异。目前已发现红细胞有26个血型系统，400多种抗原，与人类输血关系密切的是ABO血型系统，其次是Rh血型系统。

1. ABO血型系统 用已知标准血清鉴定红细胞上所含抗原（正定型法）和用已知标准红细胞鉴定被检血清所含抗体（反定型法），可将ABO血型系统分为A型、B型、AB型及O型4种。其抗原抗体分布规律为红细胞上含有某种抗原，血清中就不存在对应的天然抗体；反之，血清中存在某种抗体，红细胞上就不存在相应抗原。ABO血型分型见表3-3。

表3-3 ABO血型分型

血型	红细胞表面的抗原	血清中的抗体
A	A	抗B
B	B	抗A
AB	AB	无
O	无	抗A及抗B

ABO血型抗体能在生理盐水中与相应红细胞抗原结合而发生凝集反应。进行ABO血型鉴定时，采用标准的抗A及抗B血清以鉴定被检者红细胞上的抗原（Beth-vincent直接试验），同时用标准的A型及B型红细胞鉴定被检者血清中的抗体（Simon反转试验）。只有被检者红细胞上的抗原鉴定和血清中的抗体鉴定所得结果完全相符时才能肯定其血型类别（表3-4）。

表3-4 用标准血清及标准红细胞鉴定ABO血型结果

标准血清+被检者红细胞			标准红细胞+被检者血清			被鉴定血型
抗A血清	抗B血清	抗AB血清（O型血清）	A型红细胞	B型红细胞	O型红细胞	
+	-	+	-	+	-	A型
-	+	+	+	-	-	B型
+	+	+	-	-	-	AB型
-	-	-	+	+	-	O型

输血前必须进行交叉配血试验，其目的主要是进一步验证供者与受者的ABO血型鉴定是否正确，以避免血型鉴定错误导致输血后严重溶血反应。为避免输血反应，必须坚持同型输血，而交叉配血则是保证输血安全的关键措施。此外，也可检出ABO血型系统的不规则凝集素，以及发现ABO系统以外的其他血型抗体。

2. Rh血型系统 已知Rh血型系统有40多种抗原，常见的抗原有D、C、E、c、e 5种，临床上以含D抗原为Rh阳性，不含D抗原为Rh阴性。Rh抗原在人群中的分布有显著的种族差异，白种人中Rh阳性者占85%，而阴性者可达15%，我国汉族D阳性比例很高，而D阴性比例低，后者仅占人群的0.2%~4%。在输血时，除进行ABO血型鉴定外，有条件时还应进行Rh血型的鉴定。

> **要点提示**：血液检查对协助诊断血液和造血系统疾病具有重要意义。血液检查标本采集可以采用静脉采血或者毛细血管末梢采血。血液检查时需特别注意红细胞计数及血红蛋白测定、白细胞计数及白细胞分类计数、血小板计数的临床意义。

三、尿液检查

尿液是血液经肾小球滤过、肾小管和集合管的重吸收及排泌而产生的终末代谢产物。尿液检查不仅可以协助诊断泌尿系统疾病，还可以用来协助诊断其他系统疾病，如糖尿病、尿崩症、胰腺炎等。此外，还可作为安全用药（如庆大霉素、卡那霉素等）的监测指标等。

（一）标本采集

收集尿液标本所用容器要求清洁、干燥、一次性使用，且有较大开口便于收集。成年女性留取尿液时，应避免阴道分泌物、月经血等污染，必要时可留取中段尿送检。做细菌培养时，应在无菌条件下，用无菌容器收集中段尿液。做好姓名、病室等必要的标记。尿标本在收集后 2 h 内送检，以免发生细菌繁殖、蛋白质变性、有形成分溶解等，并应避免强光照射，以免尿胆素原等物质因光照或氧化而减少。不能立即送检时可将尿标本置于冰箱中（2~8℃）保存 6~8 h。

根据检查目的不同，可收集晨尿、随机尿、餐后尿、3 h、12 h、24 h 尿等。一般不加化学防腐剂保存，在特殊情况下，可根据检查项目选择恰当的防腐剂，如做尿糖、尿蛋白检测时可在每升尿中加甲苯 5 ml，做细胞和管型检查时可在每升尿中加 40% 甲醛 5 ml 等。

（二）一般性状检查

1. 尿量 正常成人 24 h 尿量为 1~2 L，平均为 1.5 L。尿量多少取决于肾小球滤过率、肾小管浓缩与稀释功能，也与气温、年龄、精神因素、活动量、出汗量、饮水量、食物中水分及用药等因素有关。

2. 气味 正常尿液呈特殊芳香气味，久置后由于尿素分解可出现氨臭味。进食葱、蒜等含特殊气味的食物过多时，尿液中也可出现相应的特殊气味。糖尿病酮症酸中毒时因尿中含有大量酮体，可有烂苹果味。慢性膀胱炎或尿潴留时，刚排出的尿液即有氨味。有机磷农药中毒时，尿液有蒜臭味。

3. 颜色 正常新鲜尿液为淡黄色透明液体，颜色的深浅与某些食物、药物的摄入和尿量多少有关。尿内含有一定量的红细胞时称为血尿，血尿的出现提示泌尿系统有出血，见于急性肾炎、肾结核、肾结石、肾肿瘤、出血性疾病等；血红蛋白尿指尿液呈酱油色或红葡萄酒色，是血管内溶血所致，见于阵发性睡眠性血红蛋白尿、蚕豆病、恶性疟疾、血型不合的输血反应等；胆红素尿因尿中含有大量的胆红素而呈深黄色，振荡后有黄色泡沫，见于阻塞性黄疸和肝细胞性黄疸；乳糜尿因尿中含有大量脂肪微粒而呈乳白色，见于丝虫病、肾周围淋巴管阻塞等；脓尿指尿内含有大量白细胞或细菌等炎性渗出物，排出的新鲜尿混浊，放置后可有白色云絮状沉淀，经离心沉淀镜检可见大量脓细胞，见于泌尿系统的化脓性感染。

4. 比重 尿比重高低因尿中水分、盐类及有机物含量而异，病理情况下受尿糖、尿蛋白及细胞成分影响。正常成人普通饮食情况下，尿比重在 1.015~1.025 之间，新生儿 1.002~1.004。尿比重增高见于出汗过多、脱水、心功能不全、急性肾小球肾炎、糖尿病等；尿比重降低见于慢性肾衰竭、尿崩症等。24 h 连续多次测定尿比重，有助于了解肾的浓缩稀释功能。

5. 酸碱反应 正常尿液一般为弱酸性，pH 6~7。尿液的酸碱改变可受疾病、用药及饮食的影响，尿液放置过久后细菌分解尿素，也可使酸性尿变为碱性尿。

（三）尿化学检查

1. 尿蛋白 正常人尿中蛋白质含量甚微，尿试纸条检查呈阴性反应。各种原因造成尿内蛋白质含量超过 150 mg/24 h，蛋白质定性试验呈阳性反应时称为蛋白尿。尿蛋白阳性可因为生理因素如剧烈活动、妊娠期等造成，尿蛋白定性一般不超过（+），定量多 < 0.5 g/24 h。体位性蛋白尿又称直立性蛋白尿，指较长时间站立后尿中蛋白质含量增高，平卧后尿蛋白又减少或消失，系立位时局部因素引起肾被动充血所致。因器质性病变导致尿蛋白持续阳性，称病理

性蛋白尿，常见于原发性或继发性肾小球疾病、肾盂肾炎、急性肾小管坏死、多发性骨髓瘤、急性溶血性疾病等。

2. 尿酮体　酮体是脂肪分解代谢的中间产物，包括乙酰乙酸、β-羟丁酸和丙酮3种成分。当血中酮体增高而从尿中排出，尿酮体检查阳性时称酮尿，正常人尿中酮体定性试验为阴性。酮尿见于糖尿病酮症酸中毒；非糖尿病性酮尿见于妊娠剧烈呕吐、子痫、重病患者不能进食、消化吸收严重障碍等。

3. 尿糖　尿糖正常呈阴性，定性试验阳性称为糖尿。尿糖的测定是诊断糖尿病、判断病情和观察疗效的常用指标。暂时性糖尿见于精神紧张、妊娠、摄入大量糖；持续性糖尿见于糖尿病、甲状腺功能亢进症、库欣（Cushing）综合征、肾小管功能不全、肾糖阈降低、颅内压增高、慢性肝炎等。

（四）尿显微镜检查

1. 尿细胞检查　正常尿液中见不到或偶见红细胞。每高倍视野中红细胞数超过3个，尿外观正常者，称为镜下血尿。意义同血尿。正常尿中白细胞含量在男性为0～2/HP，在女性为0～4/HP，增多见于泌尿系统感染。上皮细胞增多见于泌尿系统炎症，如出现肾小管上皮细胞提示肾小管病变。

2. 尿管型检查　管型是肾小管、集合管中管状铸型样蛋白聚体。正常人尿中无管型或偶见少量透明管型。红细胞管型见于急性肾小球肾炎、急性肾小管坏死、肾移植后发生急性排斥反应；白细胞管型见于急性肾盂肾炎、间质性肾炎等；上皮细胞管型提示肾小管病变，见于急性肾炎、急进性肾炎；颗粒管型提示肾单位有淤滞现象，见于慢性肾炎或急性肾炎后期；蜡样管型提示肾有长期而严重的病变，见于慢性肾小球肾炎的晚期及肾淀粉样变等。

3. 尿结晶检查　尿沉渣中的有机沉淀物，主要是结晶体，多来自食物或盐类代谢，无临床意义。但当某种或某些结晶体伴随较多红细胞出现于新鲜尿液时，应怀疑患者有尿路结石和服用磺胺类药物的可能，如是后者应立即停药。

> **要点提示**：尿液常规检查对协助诊断泌尿系统疾病具有重要意义。对患者进行尿液标本采集指导时，根据检查目的不同，方法亦不同。尿液检查时应特别注意尿量、气味与颜色改变、尿液生化检查及尿细胞检查的临床意义。

四、粪便检查

正常粪便主要由食物残渣、消化道分泌物、细菌、水分等组成。粪便检查有助于消化系统疾病的诊断。

（一）标本采集

标本要求新鲜并立即送检，器皿应清洁、干燥、不渗不漏。应尽量取脓血、黏液部分，其量为拇指头大小即可，稀便5 ml，集卵或孵化毛蚴时，需收集一次排出的全部粪便。冬季检查溶组织阿米巴滋养体时要注意保温。做细菌培养需用无菌带盖容器留取标本。无粪便而必须检查时，不能用灌肠后标本送检，但可用肛诊指套黏附的粪便送检。

（二）一般性状检查

1. 量　正常成人一日排便一次，量为100～300 g。胃肠、胰腺有炎症，功能紊乱及消化不良时粪便量增多。

2. 颜色与性状　正常粪便为黄褐色成型软便，其颜色变化可因服药、摄食不同而异。病理情况下粪便的性状可发生改变。水样或糊状便见于急性肠炎、肠结核、食物中毒等；米泔样便呈白色淘米水状，见于霍乱、副霍乱；黏液便见于过敏性结肠炎；柏油样便见于上消化道出血；脓血便见于细菌性痢疾、溃疡性结肠炎、结肠或直肠癌；果酱样腥臭便见于阿米巴痢疾；鲜血便见于肛裂和痔；乳凝块或绿色便见于小儿消化不良；白陶土便见于完全性胆道阻塞；细条状或外形不规则便由于直肠和肛门狭窄所致，见于直肠癌。

3. 气味 正常粪便中因含蛋白质分解产物如吲哚及粪臭素而有臭味。食肉者味重，食素者味轻。直肠癌继发感染时粪便常有恶臭或腥臭。

4. 寄生虫体 肠道寄生虫病患者在寄生虫多或使用驱虫药后，粪便中可出现寄生虫体，如蛔虫、蛲虫及绦虫节片等。

（三）显微镜检查

正常粪便中的食物残渣为无定形的细小颗粒。肌纤维、植物细胞、结缔组织残屑、淀粉颗粒、脂肪滴等大量出现，提示消化不良或胰腺外分泌功能不全。正常粪便中无红细胞，增多见于下消化道出血、炎症和肠癌；白细胞大量出现见于肠炎和痢疾；正常粪便中可有少量扁平上皮细胞，大量出现时可见于伪膜性肠炎。粪便中常见的虫卵有蛔虫卵、蛲虫卵、钩虫卵等。

（四）隐血试验

正常粪便隐血试验（OB）呈阴性反应。当上消化道出血量较少时，粪便外观可无异常改变，肉眼不能辨认。怀疑有上消化道出血的患者，应进行粪便隐血试验。进行粪便隐血试验前3天指导患者禁食肉类、动物血、肝、含铁剂的药物及绿色蔬菜，以免出现假阳性。阳性见于上消化道出血，如消化性溃疡、胃癌、钩虫病、结肠癌。如果中年人持续阳性，应考虑恶性肿瘤。

> **要点提示**：粪便常规检查对协助诊断消化系统疾病具有重要意义。对患者进行粪便标本采集指导时，根据检查目的不同，方法亦不同。粪便检查时需特别注意粪便颜色与性状改变、细胞检查与粪便隐血试验阳性的临床意义。

五、痰液检查

痰液是气管、支气管或肺泡所产生的分泌物。痰液检查主要用于呼吸道炎症、肺结核、肺寄生虫病、肺部肿瘤等疾病的诊断。

（一）标本采集

一般检查以清晨第一口痰为宜。采集前先漱口，然后用力咳出痰液，盛于清洁容器内立即送检。浓集法查结核分枝杆菌需留取 12 h 痰，且痰量不少于 5 ml。一般痰找结核分枝杆菌检查至少进行 3 次，每日一次留取清晨痰，连续 3 日。观察 24 h 痰量及分层现象，留取 24 h 痰于无色广口瓶内。必要时加少量苯酚防腐。

（二）检查项目

1. 一般性状检查 正常人无痰或有少量无味、无色或灰白色泡沫或黏液样痰。

黄色或黄绿色痰常见于呼吸道感染（伴有脓细胞等），绿色痰常见于肺部铜绿假单胞菌感染，铁锈色痰常见于大叶性肺炎或肺坏死，粉红色痰常见于肺水肿，红色痰常见于肺癌、肺吸虫、肺结核等，黑褐色痰常见于硅肺、心力衰竭等，砖红色胶冻样痰可见于肺炎杆菌性肺炎。

黏液性痰呈黏稠、无色或半透明灰白色，见于支气管炎、早期肺炎等；浆液性痰呈稀薄、泡沫状，见于肺水肿；脓性痰呈黄色、黄绿色、棕褐色混浊黏稠状，见于支气管扩张症、慢性支气管炎、肺脓肿、空洞型结核、脓胸向肺内破溃等；血性痰见于肺癌、肺结核、支气管扩张症、肺吸虫病。血性痰液呈血腥味，晚期肺癌有恶臭，厌氧杆菌感染有显著臭味。

2. 显微镜检查 挑新鲜痰液的异常部分行生理盐水涂片，大量脓细胞见于肺部感染、肺癌；大量红细胞见于肺结核、肺癌、支气管扩张症、咯血等。阿米巴肺脓肿患者体内可找到阿米巴滋养体、肺吸虫病患者体内可找到虫卵等。检出抗酸菌可辅助诊断肺结核，如为阳性，结合临床及X线检查等，可诊断开放性肺结核。苏木精-伊红染色标本可检出肺部肿瘤细胞，是检查癌细胞的最好方法。

3. 细菌培养及药敏试验 可确定感染的病原体，并选择有效的药物治疗。

> **要点提示**：痰液检查对协助诊断呼吸系统疾病具有重要意义。痰液检查标本的采集方法。痰液检查时要特别注意量、颜色、性状、气味、显微镜检查的临床意义。

六、脑脊液检查

脑脊液（cerebrospinal fluid，CSF）是一种无色透明液体，充满在各脑室、蛛网膜下腔和脊髓中央管内。脑脊液主要由脑室中的脉络丛产生，与血浆和淋巴液的性质相似，略带黏性，能够对脑组织起到保护、营养、代谢、调节等作用，以维持中枢神经系统、内环境的相对稳定。中枢神经系统发生病变时，可导致CSF成分的改变。

（一）标本采集

通过腰椎穿刺术采集获得，穿刺后先做压力测定，然后撤去测压管，将脑脊液分别收集于3支试管内，每管1～2ml，第1管做细菌学检查，第2管做生物化学和免疫学检查，第3管做细胞计数和分类，若考虑为肿瘤，再留1管做脱落细胞学检查。标本收集后立即送检。

（二）一般性状检查

1. 颜色 正常CSF为无色透明液体。红色CSF见于蛛网膜下腔出血、脑室出血等，也可见于穿刺损伤。黄色CSF见于重症黄疸、蛛网膜下腔陈旧性出血、椎管阻塞（髓外肿瘤）、脑膜炎等。乳白色CSF见于化脓性脑膜炎。棕色或黑色CSF见于脑膜黑色素瘤。绿色CSF见于铜绿假单胞菌引起的脑膜炎等。

2. 透明度 正常CSF清晰透明。病毒性脑炎多无改变，细胞增多或有细菌存在时可变混浊；结核性脑膜炎呈毛玻璃样混浊；化脓性脑膜炎呈乳白色混浊。

3. 凝固性 正常CSF放置24h无薄膜、凝块或沉淀形成。急性化脓性脑膜炎CSF放置1～2h常有凝块或沉淀物。结核性脑膜炎CSF放置12～24h可形成纤细的薄膜，取此膜涂片易查到抗酸杆菌。

4. 压力 脑脊液压力正常参考范围：成人0.78～1.76 kpa；儿童0.4～1.0 kpa；婴儿0.29～0.78 kpa。脑脊液压力增高见于化脓性脑膜炎、结核性脑膜炎等颅内各种炎症性病变，脑肿瘤、脑出血、脑积水等颅内非炎症性病变，高血压、动脉硬化等颅外因素，还有其他如咳嗽、哭泣、低渗溶液的静脉注射等。脑脊液压力减低主要见于脑脊液循环受阻、脑脊液流失过多、脑脊液分泌减少等因素。

（三）化学检查

1. 蛋白质测定

【参考值】蛋白质定性试验呈阴性。

蛋白质定量试验	腰椎穿刺	0.20～0.45 g/L
	小脑延髓池穿刺	0.10～0.25 g/L
	脑室穿刺	0.05～0.15 g/L

【临床意义】蛋白质含量增加（定性试验阳性）主要见于：①脑膜炎：化脓性脑膜炎时蛋白质含量显著增加，结核性脑膜炎中度增加，病毒性脑膜炎轻度增加；②脑出血或蛛网膜下腔出血；③CSF循环障碍：如脑部肿瘤或椎管梗阻；④其他：中枢神经系统中毒、多发性神经根炎（可出现CSF蛋白-细胞分离现象）等。

2. 葡萄糖测定

【参考值】2.5～4.5 mmol/L（腰池），约为血糖的 60%。

【临床意义】CSF 中葡萄糖含量取决于血糖浓度、血脑屏障的通透性和糖酵解速度。①葡萄糖含量减低：见于化脓性脑膜炎，降低最显著；结核性脑膜炎降低不如化脓性脑膜炎；病毒性脑膜炎多无明显改变。②葡萄糖含量增高：见于病毒性神经系统感染、脑出血、糖尿病等。

3. 氯化物测定

【参考值】120～130 mmol/L（腰池）

【临床意义】正常脑脊液中的蛋白质含量较少，为维持脑脊液和血液渗透压的平衡，脑脊液中氯化物的含量较血浆约高 20% 左右。病理情况下脑脊液中氯化物含量可发生变化。①氯化物含量降低：显著降低见于结核性脑膜炎，化脓性脑膜炎减少不如结核性脑膜炎明显。②氯化物含量增高：见于慢性肾功能不全、呼吸性碱中毒。

（四）显微镜检查

1. 细胞计数和分类

【参考值】成人 $(0～8)×10^6/L$，儿童 $(0～15)×10^6/L$，以淋巴细胞为主。

【临床意义】CSF 细胞增多见于：①化脓性脑膜炎：CSF 中白细胞明显增多 $(1000～2000)×10^6/L$，以中性粒细胞为主。②结核性脑膜炎：CSF 中细胞中度增多，$<500×10^6/L$，同时存在中性粒细胞、淋巴细胞和浆细胞是本病的特征。③病毒性脑膜炎：CSF 中细胞轻度增多，$<200×10^6/L$，以淋巴细胞为主。④中枢神经系统恶性肿瘤和脑膜白血病：染色后查到肿瘤细胞和白血病细胞对诊断有重要价值。⑤脑部寄生虫感染：细胞总数可升高，以嗜酸性粒细胞增多为主，离心沉淀后可发现血吸虫卵、弓形虫幼虫。

2. 细菌学检查 正常 CSF 无细菌。细菌性脑膜炎可查到病原菌。革兰氏染色可查见脑膜炎双球菌、肺炎链球菌、葡萄球菌等；抗酸染色查抗酸杆菌；墨汁染色查新型隐球菌等。细菌培养可提高病原体检出的阳性率，并通过微生物学鉴定进一步明确诊断。常见 CSF 特点见表 3-5。

表3-5 常见脑脊液特点

	外观	葡萄糖 (mmol/L)	氯化物 (mmol/L)	蛋白质 定性	蛋白质 定量 (g/L)	细胞计数及分类 ($×10^6/L$)	细菌
正常人	透明	2.5～4.5	120～130	(-)	0.2～0.4	(0～8) 多为淋巴细胞	(-)
化脓性脑膜炎	混浊，脓性	↓↓	↓	(+++) 以上	↑↑	显著增加，>1000，以中性粒细胞为主	(+)
结核性脑膜炎	微混，毛玻璃样	↓↓	↓↓	+～+++	↑↑	增加，<500，以淋巴细胞为主	可查到抗酸杆菌
病毒性脑膜炎	清晰	正常或稍高	正常	+～++	↑	增加，<200，以淋巴细胞为主	(-)
流行性乙型脑炎	清晰	正常或稍高	正常	+	↑↑	增加，早期以中性粒细胞为主，其后以淋巴细胞为主	(-)

要点回顾： 脑脊液检查对神经系统疾病具有重要意义。对患者进行脑脊液标本采集指导时，根据检查目的不同，方法亦不同。脑脊液检查时要特别注意脑脊液的性状改变、细胞检查与生化检查的临床意义。

七、浆膜腔积液检查

浆膜腔主要指人体的胸腔、腹腔及心包腔。正常成人浆膜腔内有少量液体，主要起润滑作用。病理情况下，腔内液体增多，称浆膜腔积液。按病因及其性质可将浆膜腔积液分为漏出液和渗出液。漏出液为非炎性积液，形成原因有：①血浆胶体渗透压降低（晚期肝硬化、肾病综合征）；②毛细血管内压力增高（慢性充血性心力衰竭、静脉栓塞）；③淋巴管阻塞（丝虫病和肿瘤压迫）。渗出液为炎性积液，主要由细菌感染所致，少数见于非感染病因，如外伤、恶性肿瘤、风湿性疾病等。

（一）标本采集

通过浆膜腔穿刺方法获取，如胸腔穿刺、腹腔穿刺及心包腔穿刺。标本应即时送检，常规及细胞学检查标本宜用乙二胺四乙酸钾抗凝，生化检查标本宜用肝素抗凝。另加留1管不加任何抗凝剂，用以观察有无凝固现象。

（二）一般性状检查

1. 外观　漏出液多为淡黄色、透明。渗出液呈多色性混浊。血性积液见于结核、恶性肿瘤、出血性疾病等，绿色见于铜绿假单胞菌感染，脓性或脓血性见于化脓菌感染如脓胸，乳白色见于胸导管或淋巴管阻塞。

2. 比重　漏出液<1.018，渗出液>1.018。

3. 凝固性　漏出液不凝固，渗出液易凝固。

（三）化学检查

1. 黏蛋白定性试验　漏出液为阴性，渗出液为阳性。

2. 蛋白质定量测定　漏出液多在25 g/L以下，渗出液多在30 g/L以上。

3. 葡萄糖测定　漏出液中葡萄糖含量与血糖近似。渗出液因受细菌和炎症细胞的酵解作用，葡萄糖含量降低，甚至缺如。

4. 乳酸脱氢酶（lactate dehydrogenase，LDH）　化脓性胸膜炎LDH活性显著升高，可达正常血清的30倍。癌性积液LDH中度升高，结核性积液LDH略升高。

（四）显微镜检查

1. 细胞计数　漏出液白细胞常少于0.1×10^9/L，渗出液常多于0.5×10^9/L。

2. 细胞分类　①红细胞：少量红细胞见于穿刺损伤，大量红细胞见于肿瘤或结核。②白细胞：淋巴细胞见于漏出液或者慢性炎症（结核性胸膜炎、系统性红斑狼疮等）；中性粒细胞见于急性炎症如化脓性积液及结核性积液早期；嗜酸性粒细胞增多见于过敏性疾病、寄生虫感染；③肿瘤细胞见于恶性肿瘤引起的渗出液。渗出液和漏出液的区别见表3-6。

表3-6　渗出液和漏出液鉴别要点

	漏出液	渗出液
原因	非炎症性	炎症、肿瘤、理化刺激
外观	淡黄色、浆液性透明	血性、脓性、乳糜性混浊
比重	<1.018	>1.018
凝固	不凝	自凝
蛋白质定性实验	阴性	阳性

	漏出液	渗出液
蛋白质定量测定	< 25 g/L	> 30 g/L
葡萄糖测定	与血糖相近	低于血糖水平
细胞计数	常 < 0.1×10^9/L	常 > 0.5×10^9/L
细胞分类	以间皮细胞、淋巴细胞为主	以淋巴细胞、中性粒细胞或红细胞为主，或癌细胞
细菌	无	可查到致病菌
积液/血清总蛋白	< 0.5	> 0.5
积液/血清LDH比值	< 0.6	> 0.6

八、常用肾功能检查

（一）肾小球功能检测

1. 内生肌酐清除率（Ccr）测定 检验前连续低蛋白饮食共3天，每日蛋白质入量应少于40g。禁食肉类，避免剧烈运动。第4日晨排净尿液，收集此后24h尿液，在容器内添加甲苯3～5ml防腐，必要时可改良为收集4h尿液。试验日抽取静脉血2～3ml，注入抗凝管，与24h尿液同时送检。

【参考值】成人Ccr 80～120 ml/min。

【临床意义】成人Ccr < 80 ml/min，提示肾小球滤过功能已有损害，而此时血清尿素氮、肌酐测定仍可在正常范围，因此Ccr是判断肾小球损害的敏感指标。可以判断肾小球功能损害程度，也可以根据损害程度指导治疗，动态观察肾移植术效果。

2. 血中尿素氮（BUN）测定

【参考值】BUN：成人3.2～7.1 mmol/L；婴幼儿1.8～6.5 mmol/L。

【临床意义】升高可见于肾性疾病，如急、慢性肾小球肾炎、肾动脉硬化症、严重肾盂肾炎、肾结核、肾肿瘤等所致肾小球滤过功能减退时；也可见于肾前、肾后性疾病如消化道出血、大面积烧伤、甲状腺功能亢进等使蛋白质分解过多，或因大量腹水、脱水、心功能不全、休克、尿路梗阻等致显著少尿、无尿均可使血尿素氮增高，但此时其他肾功能检验结果多正常。

3. 血清肌酐（Cr）测定

【参考值】全血Cr 88.4～176.8 μmol/L。

【临床意义】血Cr增高见于各种原因引起的肾小球滤过功能减退：①急性肾衰竭，血肌酐明显进行性的升高为器质性损害的指标，可伴少尿或非少尿；②慢性肾衰竭，血Cr升高程度与病变严重性一致：肾衰竭代偿期，血Cr < 178 μmol/L；肾衰竭失代偿期，血Cr > 178 μmol/L；肾衰竭期，血Cr明显升高，> 445 μmol/L。若Cr和BUN同时增高，表示肾功能损害严重；若Cr正常，仅有BUN升高，则多为肾外因素所致，如消化道出血和高蛋白饮食。

（二）肾小管功能检测

昼夜尿比重试验用于诊断各种疾病对远端肾小管稀释-浓缩功能的影响。

【参考值】成人尿量1000～2000 ml/24h，其中夜尿量750 ml，昼尿量与夜尿量之比为（3～4）:1；夜尿或昼尿中至少1次尿比重 > 1.018，昼尿中最高与最低尿比重差值 > 0.009。

【临床意义】夜尿 > 750 ml或昼夜尿比值降低，而尿比重值及变化率仍正常，为浓缩功能受损的早期改变，可见于间质性肾炎、慢性肾小球肾炎、高血压肾病和痛风性肾病早期主要损害肾小管时。若同时伴有夜尿增多及尿比重无1次 > 1.018或昼尿比重差值 < 0.009，提示上述疾病致稀释-浓缩功能严重受损；如每次尿比重均固定在1.010～1.012的低值，称等渗尿，

表明肾只有滤过功能，而稀释-浓缩功能完全丧失。尿量少而比重增高、固定在 1.018 左右（差值 < 0.009），多见于急性肾小球肾炎及其他影响肾小球滤过率降低的情况。尿量明显增多（> 4 L/24 h）而尿比重均低于 1.006，为尿崩症的典型表现。

（三）尿渗量（尿渗透压）测定

【参考值】禁饮后尿渗量为 600 ~ 1000 mOsm/(kg·H$_2$O)，平均 800 mOsm/(kg·H$_2$O)；血浆为 275 ~ 305 mOsm/(kg·H$_2$O)，平均为 300 mOsm/(kg·H$_2$O)。尿/血浆渗量比值为 (3 ~ 4.5)：1。

【临床意义】正常人禁水 8 h 后尿渗量 < 600 mOsm/(kg·H$_2$O)，再加尿/血浆渗量比值等于或小于 1，均表明肾浓缩功能障碍。见于慢性肾盂肾炎、多囊肾、尿酸性肾病等慢性间质性病变，也可见于慢性肾炎后期，以及急、慢性肾衰竭累及肾小管和间质。一次性尿渗量检测用于鉴别肾前性、肾性少尿：肾前性少尿时尿渗量较高；肾小管坏死致肾性少尿，尿渗量降低，常 < 350 mOsm/(kg·H$_2$O)。

九、肝病常用的实验室检查

肝是人体重要的代谢器官，参与物质代谢（如蛋白质、糖、脂类、维生素、激素等）、分泌与排泄、生物转化（解毒）等功能，其中以物质代谢最为重要。因此肝功能检查可以协助诊断各种肝病，了解其损害程度和预后。手术前常规检查肝功能有助于了解手术适应证。

（一）蛋白质代谢检查

肝是合成蛋白质的主要场所。肝实质受损时，清蛋白合成减少，同时刺激单核吞噬细胞系统致球蛋白作用增强。

1. 血清总蛋白（STP）、清蛋白（A）、球蛋白（G）及清蛋白/球蛋白比值（A/G）测定

【参考值】STP：60 ~ 80 g/L　　　　A：40 ~ 55 g/L
　　　　　G：20 ~ 30 g/L　　　　A/G：(1.5 ~ 2.5)：1

【临床意义】肝处于代偿期时，各项指标多正常，当肝损害到一定程度时才出现指标异常，因此常用于慢性肝病肝功能的判断。血清总蛋白及清蛋白增高主要由于血清水分减少，使单位容积总蛋白浓度增加，而全身总蛋白量并未增加。肝细胞损害影响总蛋白与清蛋白合成，当血清总蛋白 > 80 g/L 或球蛋白 > 35 g/L，分别称为高蛋白血症或高球蛋白血症。血清球蛋白浓度降低主要是因合成减少。清蛋白降低和（或）球蛋白增高均可引起 A/G 倒置，见于严重肝功能损伤及 M 蛋白血症。

2. 血清蛋白电泳

【参考值】醋酸纤维素膜法

A　　0.62 ~ 0.71（62% ~ 71%）
α1　0.03 ~ 0.04（3% ~ 4%）
α2　0.06 ~ 0.10（6% ~ 10%）
β　　0.07 ~ 0.11（7% ~ 11%）
γ　　0.09 ~ 0.18（9% ~ 18%）

【临床意义】慢性肝病如慢性肝炎、肝硬化、肝癌等，清蛋白减少，γ-球蛋白增高；多发性骨髓瘤、原发性巨球蛋白血症等，清蛋白轻度减少，单克隆 γ-球蛋白明显增高，在 γ 区带、β 区带或 β 与 γ 区带之间出现明显的 M 蛋白区带；肾病综合征、糖尿病肾病等，清蛋白、γ-球蛋白减少，α$_2$ 及 β-球蛋白增高。

（二）胆红素代谢检查

血清中的胆红素主要来源于衰老的红细胞在单核吞噬细胞系统内被破坏分解的产物。总胆红素（STB）分为非结合胆红素（UCB）和结合胆红素（CB）。

1. 血清总胆红素测定 血清中胆红素与偶氮染料发生重氮化反应有快相与慢相两期，前者为可溶性结合胆红素，后者为不溶解的非结合胆红素。

【参考值】
新生儿　　　0～1天　　34～103 μmol/L
　　　　　　1～2天　　103～171 μmol/L
　　　　　　3～5天　　68～137 μmol/L
成人　　　　　　　　　3.4～17.1 μmol/L

【临床意义】当STB＞17.1 μmol/L，但＜34.2 μmol/L时，为隐性黄疸或亚临床黄疸；34.2～171 μmol/L为轻度黄疸，171～342 μmol/L为中度黄疸，＞342 μmol/L为重度黄疸。在病程中检测STB可用于判断疗效和指导治疗。溶血性黄疸通常＜85.5 μmol/L，肝细胞黄疸为17.1～171 μmool/L，不完全性梗阻性黄疸为171～265 μmol/L，完全性梗阻性黄疸通常＞342 μmol/L。若STB增高伴非结合胆红素明显增高，提示为溶血性黄疸，总胆红素增高伴结合胆红素明显升高，为胆汁淤积性黄疸，三者均增高为肝细胞性黄疸。

2. 血清结合胆红素（CB）与非结合胆红素（UCB）测定

【参考值】结合胆红素0～6.8 μmol/L；非结合胆红素1.7～10.2 μmol/L。

【临床意义】根据结合胆红素与总胆红素比值，可协助鉴别黄疸类型，如CB/STB＜20%提示为溶血性黄疸，20%～50%常为肝细胞性黄疸，比值＞50%为胆汁淤积性黄疸。结合胆红素测定可能有助于某些肝胆疾病的早期诊断。肝炎的黄疸前期、无黄疸型肝炎、失代偿期肝硬化、肝癌等，30%～50%患者表现为CB增加，而STB正常。

3. 尿内胆红素测定

【参考值】阴性。

【临床意义】尿胆红素试验阳性提示血中结合胆红素增加，见于胆汁排泄受阻、肝外胆管阻塞，如胆石症、胆管肿瘤、胰头癌等；肝内小胆管压力升高，如门脉周围炎症、纤维化，或因肝细胞肿胀等；肝细胞损害如病毒性肝炎，药物或中毒性肝炎，急性酒精性肝炎。肝细胞性及梗阻性黄疸尿内胆红素阳性，而溶血性黄疸则为阴性。先天性黄疸中Dubin-Johnson和Rotor综合征尿内胆红素阳性，而Gilbert和Crigler-Najjar综合征则为阴性。当人体出现碱中毒时，胆红素分泌增加，可出现尿胆红素试验阳性。

4. 尿中尿胆素原测定

【参考值】定量：0.84～4.2 μmol/（L·24h）。定性：阴性或弱阳性。

【临床意义】尿内尿胆素原在生理情况下仅有微量，但受进食和尿液酸碱度的影响，在餐后或碱性尿中，由于肾小管对尿胆素原重吸收减少和肠道尿胆素原生成增加，故尿中尿胆素原稍增加；相反，在酸性尿中则减少。若晨尿稀释4倍以上仍呈阳性，则为尿胆素原增多，见于病毒性肝炎、药物或中毒性肝损害、溶血性贫血及巨幼细胞贫血、充血性心力衰竭伴肝淤血等。尿胆素原减少或缺如见于胆道梗阻性疾病如胆石症、胆管肿瘤、胰头癌、Vater壶腹癌等。新生儿及长期服用广谱抗生素时，由于肠道细菌缺乏或受到药物抑制，使尿胆素原生成减少。

临床通过血中结合胆红素、非结合胆红素测定及尿内尿胆红素、尿胆素原的检查对黄疸诊断与鉴别诊断有重要价值（表3-7）。

表3-7　常见黄疸的胆红素代谢检查结果

	血清胆红素（umol/L）			尿胆色素	
	CB	UCB	CB/UCB	尿胆红素	尿胆素原
正常	0～6.8	1.7～10.2	0.2～0.4	(-)	0.84～4.2
梗阻性黄疸	↑↑↑	↑	＞0.5	(++)	↓或缺如

续表

	血清胆红素（umol/L）			尿胆色素	
	CB	UCB	CB/UCB	尿胆红素	尿胆素原
肝细胞性黄疸	↑↑	↑↑	0.2～0.5	(−)	正常或↑
溶血性黄疸	↑	↑↑↑	< 0.2	(+)	↑↑

（三）血清酶学检查

1. 血清氨基转移酶 包括血清丙氨酸转氨酶（ALT）和天冬氨酸转氨酶（AST）。

【参考值】
ALT　　　　　　　　10～40 U/L。
AST　　　　　　　　10～40 U/L。
ALT/AST ≤ 1

【临床意义】急性病毒性肝炎时 ALT 与 AST 均显著升高，通常 ALT > 300 U/L、AST > 200 U/L，ALT/AST > 1，是诊断急性病毒性肝炎重要的检测手段。转氨酶的升高程度与肝损伤的严重程度无关。如在症状恶化时，黄疸进行性加深，酶活性反而降低，出现"胆酶分离"现象，提示肝细胞严重坏死，预后不佳。转氨酶轻度升高（100～200 U/L）或正常，ALT/AST > 1。若 AST 升高较 ALT 显著，即 ALT/AST < 1，提示慢性肝炎可能进入活动期。酒精性肝病、药物性肝炎、脂肪肝、肝癌等非病毒性肝病，转氨酶轻度升高或正常，且 ALT/AST < 1。终末期肝硬化转氨酶活性正常或降低。急性心肌梗死后 6～8 h，AST 增高，18～24 h 达高峰。

2. 碱性磷酸酶（ALP）测定

【参考值】女性　1～12 岁 < 500 U/L
　　　　　　　　15 岁以上：40～150 U/L
　　　　　男性　1～12 岁 < 500 U/L
　　　　　　　　12～15 岁 < 700 U/L
　　　　　　　　25 岁以上：40～150 U/L

【临床意义】各种肝内、外胆管阻塞性疾病，如胰头癌、胆道结石引起的胆管阻塞、原发性胆汁性肝硬化、肝内胆汁淤积等，ALP 明显升高，且与血清胆红素升高相平行；累及肝实质细胞的肝胆疾病（如肝炎、肝硬化），ALP 轻度升高。ALP 和血清胆红素、转氨酶同时测定有助于黄疸的鉴别诊断。①胆汁淤积性黄疸：ALP 和血清胆红素明显升高，转氨酶仅轻度增高；②肝细胞性黄疸：血清胆红素中度增加，转氨酶活性很高，ALP 正常或稍高；③肝内局限性胆道阻塞（如原发性肝癌、转移性肝癌、肝脓肿等），ALP 明显增高，ALT 无明显增高，血清胆红素大多正常。一些骨骼疾病如纤维性骨炎、佝偻病、骨软化症、成骨细胞瘤及骨折愈合期，血清 ALP 升高。生长中儿童、妊娠中晚期血清 ALP 生理性增高。

3. γ-谷氨酰转移酶（GGT）测定

【参考值】男性：11～50 U/L；女性：7～32 U/L。

【临床意义】胆道阻塞性疾病可使 GGT 明显升高，急性肝炎时，GGT 呈中等程度升高；慢性肝炎、肝硬化的非活动期，酶活性正常，若 GGT 持续升高，提示病变活动或病情恶化；急性和慢性酒精性肝炎 GGT 可呈明显或中度以上升高（300～1000 U/L），ALT 和 AST 仅轻度增高，甚至正常；酗酒者当其戒酒后 GGT 可随之下降。

> **要点回顾**：肝是人体重要的代谢器官，蛋白质、胆红素都可以协助诊断肝病，了解其损害程度和预后；了解有无黄疸、黄疸程度等。血清酶的测定可帮助了解肝的病变和损害程度。

十、临床常用生化检查

（一）血糖测定

1. 空腹血糖检测（FBG） 采血前 8 h 内禁止饮食、吸烟，停用胰岛素和降血糖药物，避免精神紧张、剧烈运动等。

【参考值】葡萄糖氧化酶法　　　　3.9～6.1 mmol/L。
　　　　　邻甲苯胺法　　　　　　3.9～6.4 mmol/L。

【临床意义】血糖检测是目前诊断糖尿病的主要依据，也是判断糖尿病病情和控制程度的主要指标。

FBG 增高而又未达到糖尿病诊断标准时，称为空腹血糖过高；FBG 增高超过 7.0 mmol/L 时称为高糖血症。餐后 1～2 h、高糖饮食、剧烈运动、情绪激动、胃倾倒综合征等可造成生理性增高。病理性增高见于：①各型糖尿病；②内分泌疾病：如甲状腺功能亢进症、巨人症、肢端肥大症、皮质醇增多症、嗜铬细胞瘤和胰高血糖素瘤等；③应激性因素：如颅内压增高、颅脑损伤、中枢神经系统感染、心肌梗死、大面积烧伤、急性脑血管病等；④药物影响：如噻嗪类利尿剂、口服避孕药、泼尼松等；⑤肝和胰腺疾病：如严重的肝病、坏死性胰腺炎、胰腺癌等；⑥其他：如高热、呕吐、腹泻、脱水、麻醉和缺氧等。

FBG 低于 3.9 mmol/L 时为血糖减低，低于 2.8 mmol/L 时称为低糖血症（hypoglycemia）。可见于饥饿、长期剧烈运动、妊娠期等生理性减低。病理性减低见于：①胰岛素过多：如胰岛素用量过大、口服降糖药、胰岛 β 细胞增生或肿瘤等；②对抗胰岛素的激素分泌不足：如肾上腺皮质激素、生长激素缺乏；③肝糖原贮存缺乏：如急性肝坏死、急性肝炎、肝癌、肝淤血等；④急性乙醇中毒；⑤先天性糖原代谢酶缺乏：如Ⅰ、Ⅲ型糖原贮积病等；⑥消耗性疾病，如严重营养不良、恶病质等；⑦非降糖药物影响：如磺胺药、水杨酸、吲哚美辛等；⑧特发性低血糖。

2. 口服葡萄糖耐量试验（OGTT） 采血前 8 h 内禁止饮食、吸烟，停用胰岛素和降血糖药物，避免精神紧张、剧烈运动等。先采集空腹血糖标本，然后一次饮完含 75 g 葡萄糖的糖水 200～300 ml，在服葡萄糖后 30 min、1 h、2 h、3 h 采静脉血测血糖和各时间点的尿标本测尿糖。

【参考值】① FPG 3.9～6.1 mmol/L；②口服葡萄糖后 30 min～1 h，血糖达高峰（一般为 7.8～9.0 mmol/L），峰值＜11.1 mmol/L；③ 2 h 血糖（2 h PG）＜7.8 mmol/L；④ 3 h 血糖恢复至空腹水平；⑤各检测时间点的尿糖均为阴性。

【临床意义】OGTT 是一种葡萄糖负荷试验，用以了解机体对葡萄糖代谢的调节能力，是糖尿病和低糖血症的重要诊断性试验。临床上主要用于诊断糖尿病、判断糖耐量异常（IGT）、鉴别尿糖和低糖血症，OGTT 还可用于胰岛素和 C 肽释放试验。临床上有以下条件者，即可诊断糖尿病：①具有糖尿病症状，FPG＞7.0 mmol/L；② OGTT 血糖峰值＞11.1 mmol/L，OGTT 2 h PG＞11.1 mmol/L；③具有临床症状，随机血糖＞11.1 mmol/L，且伴有尿糖阳性者。

3. 糖化血红蛋白检测

【参考值】HbA_{1c} 4%～6%，HbA_1 5%～8%。

【临床意义】HbA_{1c} 水平取决于血糖水平、高血糖持续时间，其生成量与血糖浓度成正比。GHb 的代谢周期与红细胞的寿命基本一致，故 GHb 水平反映了近 2～3 个月的平均血糖水平。

（二）血脂测定

1. 总胆固醇（TC）测定

【参考值】合适水平：＜5.20 mmol/L。边缘水平：5.23～5.69 mmol/L。升高：＞5.72 mmol/L。

【临床意义】测定 TC 常作为动脉粥样硬化的预防、发病估计、疗效观察的参考指标。原发性高胆固醇血症、肾病综合征、糖尿病者 TC 水平可增高。TC 降低主要见于肝坏死、肝硬化等。

2. 三酰甘油（TG）测定

【参考值】0.56 ~ 1.70 mmol/L。

【临床意义】血清 TG 受生活习惯、饮食和年龄等的影响，在个体内及个体间的波动较大。必须在空腹 12 ~ 16 h 后静脉采集 TG 测定标本，以排除和减少饮食的影响。TG 增高见于冠心病、原发性高脂血症、动脉粥样硬化症、肥胖症、糖尿病、痛风、甲状旁腺功能减退症、肾病综合征、高脂饮食和阻塞性黄疸等。TG 减低见于低 β 脂蛋白血症和无 β 脂蛋白血症、严重的肝疾病、吸收不良、甲状腺功能亢进症、肾上腺皮质功能减退症等。

3. 高密度脂蛋白测定　高密度脂蛋白（HDL）是血清中颗粒密度最大的一组脂蛋白，其蛋白质和脂质各占 50%。HDL 水平增高有利于外周组织清除胆固醇，从而防止动脉粥样硬化的发生，故 HDL 被认为是抗动脉粥样硬化因子。

【参考值】1.03 ~ 2.07 mmol/L。合适水平：> 1.04 mmol/L。减低：≤ 0.91 mm0l/L。电泳法：30% ~ 40%。

【临床意义】HDL 增高对防止动脉粥样硬化、预防冠心病的发生有重要作用。绝经前女性 HDL 水平较高，其冠心病患病率较男性和绝经后女性为低。HDL 增高还可见于慢性肝炎、原发性胆汁性肝硬化等。HDL 减低常见于动脉粥样硬化、急性感染、糖尿病、慢性衰竭、肾病综合征，以及应用雄激素、β- 受体阻滞剂和孕酮等药物。

4. 低密度脂蛋白测定　低密度脂蛋白（LDL）是富含胆固醇的脂蛋白，是动脉粥样硬化的危险性因素之一。

【参考值】合适水平 ≤ 3.12 mmol/L。边缘水平 3.15 ~ 3.16 mmol/L。升高：> 3.64 mmol/L。

【临床意义】LDL 是动脉粥样硬化的危险因子，LDL 水平增高与冠心病发病呈正相关。因此，LDL 可用于判断发生冠心病的危险性。遗传性高脂蛋白血症、甲状腺功能减退症、肾病综合征、阻塞性黄疸、肥胖症以及应用雄激素、β- 受体阻滞剂、糖皮质激素等也可导致 LDL 增高。LDL 减低常见于无 β- 脂蛋白血症、甲状腺功能亢进症、吸收不良、肝硬化，以及低脂饮食和运动等。

（三）血清电解质检查

1. 血清钾（K）测定

【参考值】3.5 ~ 5.5 mmol/L

【临床意义】增高见于摄入过多、排出减少、细胞内钾流入细胞外液、血液浓缩等。降低见于摄入减少、钾转移至细胞内液、丢失过多等。

2. 血清钠（Na）测定

【参考值】135 ~ 145 mmol/L

【临床意义】血钠增高见于失水多、排出减少、肾小管对钠重吸收增加、摄入过多等。血钠降低见于摄入过少，消化道、尿液、皮肤及医源性丢失过多、补充过量无钠液体及假性低钠血症等。

3. 血清氯（Cl）测定

【参考值】95 ~ 105 mmol/L

【临床意义】钠代谢的异常一般均伴有氯代谢的异常，临床意义参见血清钠。

4. 血清钙（Ca）测定

【参考值】成人 2.25 ~ 2.58 mmol/L

【临床意义】增高见于甲状旁腺功能亢进、维生素 D 使用过多、肾上腺皮质功能减退等。减低见于钙和维生素 D 摄取不足或吸收不良、慢性腹泻、甲状旁腺功能减退、慢性肾炎、尿毒症等。

5. 血清无机磷（P）测定

【参考值】0.97～1.61 mmol/L

【临床意义】增高见于甲状旁腺功能减退、维生素D使用过多、骨折愈合期、多发性骨髓瘤、肾功能障碍、甲状腺功能亢进症、肾上腺皮质功能减退、急性重型肝炎等。减少见于甲状旁腺功能亢进、维生素D缺乏、佝偻病、骨软化症、胰岛素应用过多、长期腹泻、肾小管疾病等。

（四）血清铁及其代谢产物检测

1. 血清铁（SI） 血清铁是指血清中未与转铁蛋白结合的游离铁的含量。常用于贫血的诊断。

【参考值】儿童　9～22 µmol/L
　　　　　成人　男：11～30 µmol/L
　　　　　　　　女：9～27 µmol/L

【临床意义】增高见于溶血性贫血、再生障碍性贫血、巨幼细胞贫血、反复输血、急性肝炎、铁剂治疗等。降低见于缺铁性贫血、慢性失血、感染、肝硬化、恶性肿瘤、尿毒症、消化性溃疡、慢性腹泻、铁需求量增加（如妊娠、婴幼儿、哺乳期）等。

2. 总铁结合力（TIBC） 总铁结合力是指能与100 ml血清中全部铁蛋白结合的最大铁量。常用于贫血的鉴别诊断。

【参考值】成人　男：44.57～69.72 µmol/L　女：6.52～76.97 µmol/L

【临床意义】增高见于缺铁性贫血、妊娠后期等。减低见于非缺铁性贫血、尿毒症、肝硬化等。

3. 血清铁蛋白（SF） 血清铁蛋白是去铁蛋白和铁核心Fe^{3+}形成的复合物，铁核心具有强大的结合和储存铁的能力，以维持体内的铁供应和血红蛋白的相对稳定。主要用于缺铁性贫血的诊断。

【参考值】成人　男：15～200 µg/L；女：12～150 µg/L

【临床意义】增高见于急慢性肝病、系统性红斑狼疮、肺癌、胰腺癌、白血病等。降低见于铁缺乏，如缺铁性贫血、出血等。

> **要点提示**：空腹血糖大于7.0 mmol/L称为高血糖症。OGTT试验2 h血糖≥11.1 mmol/L可诊断糖尿病。GHb水平反映了近2～3个月的血糖水平。血清钾正常值3.5～5.5 mmol/L。血清钠135～145 mmol/L，注意其增高或降低的临床意义。

十一、标志物及其他检查

（一）肝炎病毒标志物检查

1. 乙型肝炎病毒免疫标志物

【参考值】HBsAg（-）；抗HBs（-）；HBeAg（-）；抗HBe（-）；抗HBc（-）

【临床意义】HBsAg是HBV感染的标志，抗HBs是一种保护性抗体，可中和HBV，抵御再次感染。HBeAg是HBV复制和具有传染性的标志，表明乙型肝炎处于活动期。抗HBe（+）表示HBV复制水平较低，病情趋于稳定和恢复，传染性较低。抗HBc（+）是反映HBV感染的重要指标。HBV标志物检测与分析见表3-8。

表3-8 HBV标志物检测与分析

HBsAg	抗HBs	HBeAg	抗HBe	抗HBc	临床意义
+	-	+	-	+	俗称"大三阳",HBV复制活跃,传染性强,见于急性或慢性乙型肝炎
+	-	-	+	+	俗称"小三阳",HBV复制减弱或停止,传染性弱,急性乙型肝炎恢复期或慢性乙型肝炎
+	-	-	-	+	HBV复制减弱,传染性弱,见于急、慢性乙型肝炎或慢性HBsAg携带者
-	+	-	-	+	急性HBV感染康复期或有既往感染史,目前保持免疫力
-	-	-	-	+	急性HBV感染"窗口期"或既往曾感染过乙型肝炎病毒,有流行病学意义
-	+	-	-	-	疫苗接种后或HBV感染后康复
-	-	-	+	+	乙型肝炎恢复期,传染性弱
-	+	-	+	+	急性乙型肝炎康复期,开始产生免疫力
-	-	-	-	-	非乙型肝炎感染(应除外HBsAg阴性的乙型肝炎,必要时可行HBV定量检查)

2. 乙型肝炎病毒DNA测定 乙型肝炎病毒DNA(HBV-DNA)呈双股环形,是HBV的基因物质,也是乙型肝炎的直接诊断证据。

【临床意义】HBV-DNA阳性是诊断乙型肝炎的佐证,表明HBV复制及有传染性。也用于监测应用HBsAg疫苗后垂直传播的阻断效果,若HBV-DNA阳性,表明疫苗阻断效果不佳。

(二)心肌坏死标志物

1. 肌酸激酶(CK)测定 CK主要存在于胞质和线粒体中,以骨骼肌和心肌最多,其次是脑组织和平滑肌。CK水平受性别、年龄、种族、生理状态的影响。

【参考值】酶偶联法(37℃)　　　男 38~174 U/L,女 26~140 U/L
　　　　　酶偶联法(30℃)　　　男 15~105 U/L,女 10~80 U/L
　　　　　肌酸显色法　　　　　　男 15~163 U/L,女 3~135 U/L
　　　　　连续监测法　　　　　　男 37~174 U/L,女 26~140 U/L

【临床意义】急性心肌梗死(AMI)时CK水平在发病3~8 h即明显增高,其峰值在10~36 h,3~4天恢复正常。如果在AMI病程中CK再次升高,提示心肌再次梗死,AMI溶栓治疗后出现再灌注,导致CK活性增高,使峰值时间提前;心肌炎时CK明显升高;各种肌肉疾病,如多发性肌炎、横纹肌溶解症、进行性肌营养不良、重症肌无力时CK明显增高;心脏手术或非心脏手术后均可导致CK增高,其增高的程度与肌肉损伤的程度、手术范围、手术时间有密切关系。长期卧床、甲状腺功能亢进症、激素治疗等均可使CK减低。

2. 肌酸激酶同工酶(CK-MB)测定

【参考值】CK-MB:<5%。

【临床意义】CK-MB对AMI早期诊断的灵敏度明显高于总CK,CK-MB一般在发病后3~8 h增高,9~30 h达高峰,48~72 h恢复正常水平,对心肌再梗死的诊断有重要价值。其他心肌损伤如心绞痛、心包炎、慢性心房颤动、安装起搏器等,CK-MB也可增高。骨骼肌疾病时CK-MB也增高,但CK-MB/CK常小于6%,以此可与心肌损伤相鉴别。

3. 乳酸脱氢酶测定 乳酸脱氢酶(LDH)是一种糖酵解酶,广泛存在于机体的各种组织中,其中以心肌、骨骼肌和肾内含量最丰富,其次为肝、脾、胰腺、肺和肿瘤组织,红细胞中

LDH 含量也极为丰富。

【参考值】连续检测法：104～245 U/L。速率法：95～200 U/L。

【临床意义】AMI 时 LDH 活性增高较 CK、CK-MB 增高晚（8～18 h 开始增高），24～75 h 达到峰值，持续 6～10 天，若在病程中再次增高，提示梗死面积增大或再次出现梗死；急性病毒性肝炎、肝硬化、阻塞性黄疸以及心力衰竭和心包炎时的肝淤血、慢性活动性肝炎显著升高；恶性淋巴瘤、肺癌、结肠癌、乳腺癌、胃癌、宫颈癌等 LDH 均明显升高；贫血、肺梗死、骨骼肌损伤等均可使 LDH 升高。

4．心肌蛋白检测

（1）心肌肌钙蛋白 T 测定：心肌细胞损伤时，cTnT 释放到血清中。因此，cTnT 浓度变化对诊断心肌缺血损伤的严重程度有重要价值。

【参考值】① 0.02～0.13 μg/L。② 0.2 μg/L 以上为临界值。③ 0.5 μg/L 以上可以诊断 AMI。

【临床意义】cTnT 是诊断 AMI 的确定性标志物，可判断微小心肌损伤，cTnT 水平变化对诊断微小心肌损伤（MMD）和判断不稳定型心绞痛（UAP）预后有重要价值，预测血液透析患者心血管事件，也可作为判断 AMI 后溶栓治疗是否出现冠状动脉再灌注，以及评价围术期和经皮腔内冠状动脉成形术（PTCA）心肌受损程度的较好指标。

（2）心肌肌钙蛋白 I 测定：心肌肌钙蛋白 I（cTnI）以复合物和游离的形式存在于心肌细胞胞质中，当心肌损伤时，cTnI 即可释放入血液中，血清 cTnI 浓度变化可以反映心肌细胞损伤的程度。

【参考值】①正常 < 0.2 μg/L。② 1.5 μg/L 以上为临界值。

【临床意义】cTnI 对诊断 AMI 与 cTnT 无显著性差异，UAP 患者血清 cTnI 升高提示心肌有小范围梗死，急性心肌炎患者多为低水平增高。

（三）肿瘤标志物

肿瘤标志物是由肿瘤细胞合成、释放或者机体对肿瘤细胞反应而产生的物质，存在于血液、细胞、组织和体液中。对肿瘤的诊断及判断治疗效果和预后有一定的意义。

1．甲胎蛋白（AFP）测定 AFP 是胎儿发育早期由肝和卵黄囊合成的一种血清糖蛋白，胎儿出生后不久即逐渐消失。当肝细胞或生殖腺胚胎组织发生恶变时，AFP 的生成能力重新恢复，导致血液中 AFP 明显增高。动态监测血清 AFP 对诊断原发性肝癌、睾丸及卵巢胚源性恶性肿瘤有重要意义。

【参考值】ELISA 法：AFD < 25 μg/L

【临床意义】约 50% 的患者 AFP > 300 μg/L，或者 AFP 由低浓度逐渐升高，有少部分原发性肝癌患者 AFP 不升高；急慢性肝炎、肝硬化、妊娠、睾丸及卵巢胚源性癌等，AFP 含量可轻度增加，多不超过 400 μg/L。

2．癌胚抗原（CEA）测定 CEA 是一种广谱性肿瘤标志物，脏器特异性低，临床上主要用于辅助恶性肿瘤的诊断、预后判断、疗效监测。

【参考值】ELISA 法：CEA < 5 μg/L。

【临床意义】CEA 升高主要见于胰腺癌、直肠癌、结肠癌、乳腺癌、肺癌、胃癌等。此外，胰腺炎、肝硬化、肝炎、肺气肿等也可见轻度升高。

（四）淀粉酶检查

淀粉酶主要来自胰腺和腮腺，对食物中多糖化合物的消化起重要作用。淀粉酶活性测定主要用于急性胰腺炎的诊断。

【参考值】碘淀粉比色法　　　　血清 800～1800 U/L，尿液 < 1000 U/L。
　　　　　DNP 法　　　　　　血清 < 90 U/L（37℃），尿液 < 490 U/L（37℃）。

【临床意义】淀粉酶增高见于胰腺炎、胰腺癌早期及其他非胰腺疾病，如胆总管阻塞、胆石症、消化性溃疡穿孔、流行性腮腺炎、酒精中毒等也可见淀粉酶增高。淀粉酶降低见于慢性胰腺炎、胰腺癌。血尿淀粉酶同时降低见于肝疾病。

> **要点提示**：肌酸激酶、肌酸激酶同工酶、肌钙蛋白检测对诊断心肌梗死有重要的临床意义。血清 AFP 对诊断原发性肝癌、睾丸及卵巢胚源性恶性肿瘤有重要意义。急性胰腺炎是淀粉酶增高最常见的原因。

十二、血气分析

血液中有生理效应的气体是氧气（oxygen，O_2）和二氧化碳（carbon dioxide，CO_2），与体内的酸碱平衡有关。通过血气分析可以了解有无呼吸衰竭及体内酸碱平衡状况，是抢救患者和手术中监护的重要指标。动脉血可反映肺泡气和肺循环之间的气体交换，其 pH 值、O_2 和 CO_2 及其他成分都相同，因此临床上一般选取动脉血。

（一）标本采集

临床上一般采用动脉血，采集的动脉血必须用肝素抗凝，且立即隔绝空气。标本采集后立即送检，若不能及时送检，应保存在 4℃ 环境中，不得超过 2 h。病情允许下吸氧者应停止吸氧 30 min 后再采血，否则应标记当时的给氧浓度和流量。

（二）血气分析指标

1. 动脉血氧分压（PaO_2）

【参考值】95～100 mmHg（12.6～13.3 kpa）

【临床意义】判断有无缺氧和缺氧的程度：轻度 60～80 mmHg（10.7～8.0 kpa），中度 40～60 mmHg（8.0～5.3 kpa），重度 < 40 mmHg（5.3 kpa）。若在海平面，安静状态下呼吸空气时 PaO_2 < 60 mmHg（8 kpa），除外其他如心脏内分流等所致的低氧血症，可诊断为呼吸衰竭。

2. 动脉血二氧化碳分压（$PaCO_2$）

【参考值】35～45 mmHg（4.7～6.0 kpa）

【临床意义】Ⅰ型呼吸衰竭：PaO_2 < 60 mmHg（8 kpa），$PaCO_2$ 正常或略降低；Ⅱ型呼吸衰竭：PaO_2 < 60 mmHg（8 kpa），伴有 $PaCO_2$ > 50 mmHg（6.67 kpa）。肺性脑病时，$PaCO_2$ > 70 mmHg。$PaCO_2$ > 45 mmHg（6.0 kpa）由通气不足引起，如慢性阻塞性肺病、哮喘，提示呼吸性酸中毒；$PaCO_2$ < 35 mmHg（4.7 kpa）由各种原因引起的通气增加所致，提示呼吸性碱中毒。代谢性酸中毒时经肺代偿后 $PaCO_2$ 降低，最大代偿极限为 $PaCO_2$ 降至 10 mmHg。代谢性碱中毒时经肺代偿后 $PaCO_2$ 升高，最大代偿极限为 $PaCO_2$ 升至 55 mmHg。

3. pH 值 pH 值是表示体液氢离子浓度的指标或酸碱度。pH 值取决于血液中碳酸氢盐缓冲对（HCO_3^-/H_2CO_3），其中 HCO_3^- 由肾调节，H_2CO_3 由肺调节，两者比值为 20∶1。

【参考值】pH 7.35～7.45

【临床意义】pH 值是判断酸碱失衡中机体代偿程度的重要指标。pH < 7.35 为失代偿性酸中毒，pH > 7.45 为失代偿性碱中毒。临床上不能单用 pH 值区别代谢性与呼吸性酸碱失衡，必须结合其他指标进行判断。

4. 标准碳酸氢盐（SB） SB 是指在 37℃ 环境下、血红蛋白完全饱和、经 $PaCO_2$ 为 40 mmHg 的气体平衡后的标准状态下所测得的血浆 HCO_3^- 浓度。

【参考值】22～27 mmol/L

【临床意义】反映代谢性酸碱失衡的指标。不受呼吸的影响。

5. 实际碳酸氢盐（AB） AB 是在实际 $PaCO_2$ 和血氧饱和度条件下所测得的血浆 HCO_3^- 量。

【参考值】22～27 mmol/L

【临床意义】AB 是反映代谢性酸碱失衡的指标，受呼吸影响。AB 增高见于代谢性碱中毒或者呼吸性酸中毒经肾代偿时的反应；AB 降低见于代谢性酸中毒，也见于呼吸性碱中毒经肾代偿的结果。

6．缓冲碱（BB） BB 是指血液中一切具有缓冲作用的碱性物质的总和，是反映代谢性因素的指标。

【参考值】45～55 mmol/L

【临床意义】BB 减少提示代谢性酸中毒，BB 增加提示代谢性碱中毒。

7．剩余碱（BE）

【参考值】0±2.3 mmol/L

【临床意义】反映代谢性因素的指标。BE 为正值提示代谢性碱中毒，BE 为负值提示代谢性酸中毒。

8．动脉血氧饱和度（SaO_2）

【参考值】动脉血 95%～98%

【临床意义】反映 Hb 结合氧的能力，主要取决于 PO_2，SaO_2 与 PaO_2 关系曲线称为氧解离曲线，不呈直线关系，为适应生理的要求，氧解离曲线呈"S"形；从氧解离曲线上可以看到在 PaO_2 > 80 mmHg 时其改变对 SaO_2 的影响不大，所以 PaO_2 比 SaO_2 更为敏感。SaO_2 受 Hb 质和量的影响。SaO_2 < 90% 表示呼吸衰竭，< 80% 表示严重缺氧，当贫血时，虽然 SO_2 正常，但不能除外缺氧的可能。

> **要点提示**：血气分析一般采用动脉血，采取标本后必须与空气隔绝并及时送检。PaO_2 正常值 95～100 mmHg，用于判断有无缺氧及缺氧的程度。$PaCO_2$ 正常值 35～45 mmHg，用于判断呼吸衰竭的类型和程度。pH 正常值 7.35～7.45，小于 7.35 为代偿性酸中毒，大于 7.45 为失代偿性碱中毒。

第二节　常用影像学检查

> **案例导入**
>
> 患儿，男，4 岁，诉咽痛，肌肉酸痛，咳嗽 3 天。查体：T 37.5℃，P 80 次/分，X 线检查见肺部斑片状浸润影呈节段性分布，双肺下野较多见。
>
> 问题与思考：
> 引起该患儿 X 线检查异常的原因是什么？

自 1895 年德国物理学家伦琴发现 X 线之后，X 线检查很快就被用于人体疾病的诊断，形成了 X 线诊断学这一新学科，并为医学影像学奠定了基础。随着医学影像学的飞速发展，相继出现了超声成像（USG）、计算机体层成像（CT）、磁共振成像（MRI）、发射体层成像（ECT）和介入放射学（IVR）等。目前，X 线诊断学仍是医学影像学中的主要内容，临床应用最为广泛。了解 X 线特点，熟悉 X 线检查方法，掌握临床常见病、多发病的 X 线诊断要点，是临床专业人员必备的基本条件。

一、X线检查

(一) 概述

1. X线的产生与特性　X线是真空管内高速运行的电子群撞击钨靶时产生的,其产生必须具备3个条件:①自由运行的电子群;②电子群在高压电场作用下高速运行;③高速运行的电子群在运动中撞击钨靶而发生能量转换。因此X线发生装置主要包括:X线管及支架、变压器、操作台3部分。

X线具有以下特性:①穿透性:X线是波长很短的电磁波,具有强穿透力,能穿透一般可见光不能穿透的物质(包括人体),这是X线成像的基础;②荧光效应:X线能激发荧光物质,使波长短的X线转换成波长长的肉眼可见的荧光,这是X线透视检查的基础;③感光效应:X线照射涂有溴化银的胶片后,可使其感光产生潜影,经显影、定影处理便形成了从黑至白不同灰度的影像,这是X线摄片的基础。④电离与生物效应:X线进入任何物质都会发生电离,进入人体后可使细胞结构产生损伤、甚至坏死等生物学方面的改变,这是放射治疗的基础,也是进行X线检查时必需注意防护的原因。其中前三种特性与X线诊断有关。

2. X线成像的基本原理　X线能使人体组织在荧光屏或胶片上成像。一是由于X线具有穿透性、荧光效应和感光效应等特性,二是由于人体组织之间存在着密度和厚度的差别。当X线穿透人体不同组织结构时,密度高、组织厚的部分吸收的X线量多,密度低、组织薄的部分吸收的X线量少,使得到达荧光屏或胶片上的X线量出现差异,于是形成明亮或者黑白对比不同的影像,这种人体本身存在的对比称为自然对比(表3-9)。

表3-9　人体组织密度与X线阴影的关系

组织结构	密度	X线影像	
		透视	摄片
骨骼、钙化组织	高	暗	白
软组织、液体	中	较暗	灰白
脂肪组织	较低	较亮	灰黑
含气组织	低	亮	黑

人体内有些组织或器官如腹腔脏器、肌肉、血管等,缺乏自然对比,可以用人为的方法将高密度物质或低密度物质引入组织器官内或其周围,人为造成密度差异,使之产生明显对比而显影,称为人工对比。这种检查方法称为造影检查,引入的物质称为对比剂(即造影剂)。

自然对比和人工对比是X线检查的基础。

3. X线检查的基本方法　X线检查方法包括普通X线成像和数字X线成像。普通X线成像包括普通透视、摄影、造影等;数字X线成像(DR)是将普通的X线装置与电子计算机结合起来,使X线成像由模拟图像转换成数字图像的成像技术。

4. X线的临床应用　X线检查是影像诊断学的一个主要组成部分。其用于临床已有一百多年的历史,虽然具有密度分辨率低、影像重叠等缺点,与其他先进的影像检查技术如CT、MRI相比较,具有一定的局限性和不足,但X线检查具有成像清晰、经济、简便等优点,尤其在骨关节、胃肠道疾病的影像学检查中起着重要作用,不能被CT、MRI完全取代。因此,X线诊断仍然是影像诊断中最常用和最基本的方法。

5. X线检查的注意事项　X线普通检查应注意:①透视及摄片检查前应向患者说明检查目的、方法、注意事项;②指导患者采取正确的检查姿势;③充分暴露检查部位、脱去检查部位的厚层衣物或取下影响 X 线穿透的物品，如膏药、钢笔、敷料、金属饰物、发夹等，以免干扰检查结果；④胸部摄片时需屏气；腹部摄片前应清洁肠道（急腹症除外），以免气体或粪便影响摄片质量；为创伤患者摄片时，尽量减少搬动；为危重患者摄片须有临床医护人员的监护。造影检查应注意以下几点：①了解患者有无造影检查的禁忌证，如过敏体质、严重心肾疾病等；②检查前向患者说明检查的目的、方法、注意事项、不良反应，以取得合作；③检查前应做碘过敏试验，阳性者不宜做造影检查。甲状腺功能亢进者不宜做碘制剂造影检查；④观察和处理碘过敏反应。

6．X 线检查中的防护　X 线检查在临床疾病诊治中应用很广。照射人体会产生一定的生物效应。过量照射会给人体带来辐射危害。因此必须做好工作人员和患者的防护工作，避免不必要的损害。可以采用时间防护、距离防护和屏蔽防护的原则。对于患者应选择恰当的 X 线检查方法和检查程序。放射工作者应遵照国家有关放射防护卫生标准的规定，正确进行 X 线检查操作，认真执行保健条例，加强自我防护意识并运用距离防护的原则。需注意的是，X 线检查照射量在容许范围内，一般对人体很少产生影响。

（二）呼吸系统 X 线诊断

胸部具有良好的自然对比，X 线检查对常见呼吸系统疾病的诊断、早期发现病变、随访复查及群体普查等都是不可缺少的检查方法。

1．检查方法　胸部透视常取立位，必要时可取半卧位或卧位，应按一定的顺序对胸部组织和器官进行全面、系统的观察。胸部摄片是检查胸部疾病最常用的首选方法，对早期发现病变和疾病诊断有很大价值。体层摄影用于显示支气管和肺内病灶，清楚显示病变平面的影像，减少其他层面结构对病变影像的重叠影响。高千伏摄影可显示与肋骨、纵隔或心脏所重叠的肺内或支气管病变。支气管造影检查主要用于支气管扩张的明确诊断和范围确定，支气管良恶性肿瘤的诊断和鉴别诊断，观察不张肺叶支气管管腔的结构，并确定不张的原因。

2．正常胸部 X 线表现　正常胸部 X 线影像是胸腔内外各组织和器官的综合投影（图 3-2）。只有熟悉胸部各器官结构正常及变异的 X 线表现，才能对胸部疾病的各种异常影像加以识别，从而对疾病作出正确的判断。

（1）胸廓：包括软组织和骨骼，正常人两侧胸廓对称。胸廓由软组织（包括皮肤、脂肪和肌肉）和骨骼组成。

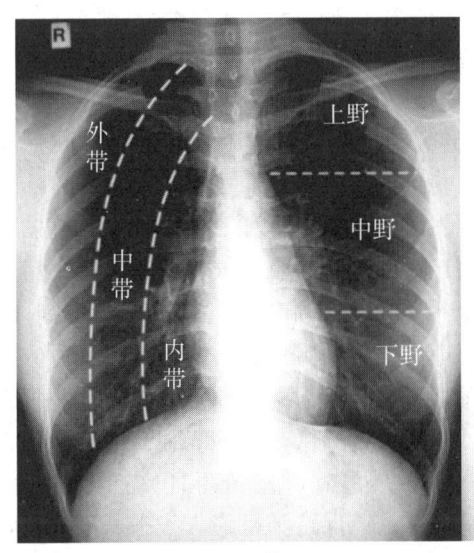
A. 正位

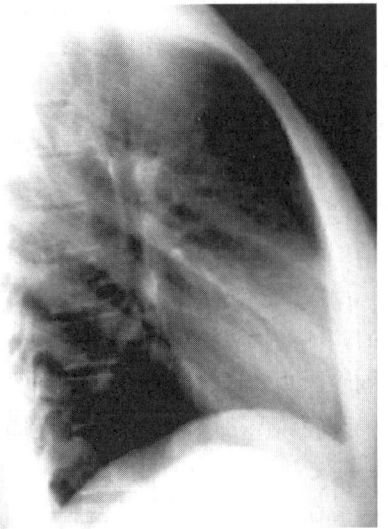
B. 侧位

图 3-2　正常胸部 X 线表现

软组织主要包括：①胸锁乳突肌及锁骨上皮肤皱褶：胸锁乳突肌在两肺尖内侧形成外缘锐利、均匀致密的影像。②胸大肌：两侧胸大肌影重叠于两肺中野外带，呈均匀致密的扇形影，呈一斜线与腋前皮肤皱褶连续。③乳房及乳头：女性乳房常在两肺下野形成下缘清楚的半圆形密度增高的阴影，两侧多对称。乳头在两肺下野相当于第 5 前肋间处，呈边缘清楚的小圆形致密影。乳头阴影易被误诊为肺内结节性病灶，必要时在透视下转动体位可确诊。

骨骼主要包括：①肋骨：起于胸椎两侧，后段呈水平向外下方走行，密度较高，清晰，前段自外上向内下斜行与肋软骨相连，形成肋弓。②肩胛骨：其内缘可与肺野外带相重叠。③锁骨：在标准后前位胸片上，两侧胸锁关节至中线距离应相等，锁骨的内端下缘有时呈半月形凹陷，两侧可不对称，称为锁骨"菱形窝"，为菱形韧带附着处，边缘不规则。④胸骨：胸骨由胸骨柄、胸骨体及剑突构成。⑤胸椎：胸椎的横突可突出于纵隔影之外，与肺门重叠时应与肿大淋巴结相鉴别。

（2）纵隔：纵隔位于胸骨之后、胸椎之前，介于两肺之间，上为胸廓入口，下为膈。其中包含心、大血管、气管、食管、主支气管、淋巴组织、胸腺、神经及脂肪组织等。纵隔的宽度受体位和呼吸的影响，卧位及呼气时宽而短，立位及吸气时窄而长，小儿更明显。病理情况下，一侧胸腔压力增高，纵隔移向健侧；一侧胸腔压力降低，纵隔移向患侧；纵隔内病变，可致纵隔呈普遍性或局限性增宽。

（3）肺：肺野是含气的肺组织在 X 线片上所显示的均匀一致的透亮区域。为了便于标明病变位置，人为地将两侧肺野划分为 9 个区域，即沿胸廓自内向外纵行分为三等分，称为内、中、外带，分别在第 2、4 肋前端下缘各画一水平线，又将其分成上、中、下野（图 3-2A）。

肺门影系肺根部投影，由肺动脉、肺静脉、支气管及淋巴组织构成，其中肺动脉和肺静脉的大分支为其主要组成部分。肺门位于两肺中野内带 2～5 前肋间，左侧比右侧高 1～2 cm。右肺门分上下两部，上部由上肺静脉、上肺动脉及下肺动脉干后回归支组成，下部由右下肺动脉干构成，正常成人宽度不超过 15 mm。肺门上下两部之间的夹角称肺门角。左肺门主要由左肺动脉及其分支和上肺静脉及其属支构成。

肺纹理由肺动脉、肺静脉及淋巴管构成，主要成分是肺动脉分支，为自肺门向肺野呈放射状分布的树枝状影。在正位胸片上，肺纹理自肺门向肺野中、外带延伸，逐渐变细。下肺野纹理较上肺野多而粗，右下肺野纹理较左下肺野多而粗。其正常粗细和多少并无明确标准，应密切结合临床分析。

气管位于纵隔内，在正位胸片上呈柱状透亮影，在第 5～6 胸椎平面分为左、右主支气管，在高千伏胸片上可显影。两侧主支气管逐级分出的肺叶、肺段支气管均可在支气管体层片上显影。

（4）膈：膈由薄层肌腱组织构成，介于胸腹腔之间，两侧附着于肋骨、胸骨和腰椎，其上、下面各为胸膜和腹膜所覆盖。膈影位于两侧肺野下缘呈圆顶状，分左右两叶。最高点在膈的中点偏内侧，称膈顶。一般右膈顶在第 5～6 前肋间隙水平，右膈常较左膈高 1～2 cm。膈在外侧及前后方分别与胸壁相交形成肋膈角，在内侧与心脏形成心膈角，其中后肋膈角为胸腔最低位置。两膈随呼吸上下对称运动，平静呼吸时运动幅度为 1～2.5 cm，深呼吸可达 3～6 cm。正常时两侧膈面光滑，肋膈角锐利。病理情况下，胸、腹腔压力的改变可致膈位置发生相应改变：胸腔压力减低如肺不张、肺纤维化，或腹腔压力升高如妊娠、腹水、腹腔内巨大肿块等均可使膈升高；反之，胸腔内压力升高可使膈位置降低，如肺气肿、气胸、胸腔积液等。

（5）胸膜：胸膜包括衬于胸壁内面、膈面及纵隔面的壁胸膜和包绕于肺表面的脏胸膜，两层胸膜间有潜在腔隙称胸膜腔。胸膜腔内呈负压，以保持肺呈膨胀状态。正常胸膜腔内有少量液体，起润滑作用。正常胸膜菲薄，在 X 线上不显影，只有在胸膜反折处 X 线与胸膜走行方向平行时才能显影，为薄层状或线状致密影。

3. 胸部基本病变的 X 线表现

（1）支气管阻塞性表现：主要由支气管腔内肿块、异物、炎性分泌物、水肿、痉挛等原因所致。①支气管不完全阻塞所致肺组织过度充气而膨胀引起阻塞性肺气肿。根据阻塞的部位又分为弥漫性及局限性阻塞性肺气肿。弥漫性肺气肿 X 线表现为两肺野透亮度增加，可见肺大疱，肺纹理稀疏；胸廓呈桶状，肋间隙增宽；膈肌低平，纵隔狭长，心影呈垂位心型。局限性肺气肿 X 线表现为局部肺野透亮度增加，肺纹理稀疏，一侧或一个肺叶的肺气肿还可出现纵隔向健侧移位和患侧横膈下降等改变。②支气管完全阻塞所致肺内气体减少、肺体积缩小引起阻塞性肺不张。X 线表现为阻塞远端的肺组织密度均匀增高、肺体积缩小，相邻肺组织可有代偿性肺气肿（图 3-3）。

（2）肺部病变：①渗出和实变影：急性炎症在肺实质内表现为渗出，肺泡腔内的气体被渗出的液体、蛋白质和细胞所代替。X 线表现为密度不太高、较为均匀的小片云絮状阴影，边缘模糊。随着病情发展，渗出扩散至肺段及肺叶时则为大片实变影像。在大片实变区中可见管状透亮的支气管分支影，称支气管气像（图 3-4）。②增殖性病变：是肺内慢性炎症在肺组织内形成肉芽组织所致。病灶较小，X 线表现为呈梅花瓣样或小点状的结节影，密度较高，边缘较清楚，无明显融合。③纤维化：局限性纤维化 X 线表现为局限性索条状致密影，走行较直；如病灶较大，可呈斑片状、大片状致密影，边缘清楚，可引起周围结构向患部移位。弥漫性纤维化 X 线表现为广泛分布的索条状、网状或蜂窝状影，其内可见弥漫颗粒状或小结节状阴影。常见于弥漫性间质性肺炎、尘肺及放射性肺炎等。④钙化：多发生于退行性变或坏死的肺组织内。X 线表现为大小不等、形态不一、边缘锐利的高密度影，可为斑点状、块状或球形。⑤结节与肿块：多为肿瘤或肿瘤样病变。X 线表现为圆形、类圆形或团块状影像，直径 ≤ 2 cm 为结节，直径 > 2 cm 为肿块。肺良性肿瘤呈边缘光滑、锐利的球形块影；恶性肿瘤多呈浸润性生长，边缘不光整，常有分叶和短毛刺，靠近胸膜时可有胸膜凹陷征（图 3-5）。⑥空洞与空腔：空洞是指肺内病变组织发生坏死、液化，经支气管引流排出形成含气腔隙。X 线表现为肺内出现大小不等、形态不同且有完整洞壁包绕的透明区（图 3-6）。空腔为肺内腔隙病理性扩大，X 线表现为肺内局限性周围有完整壁的透明影像。

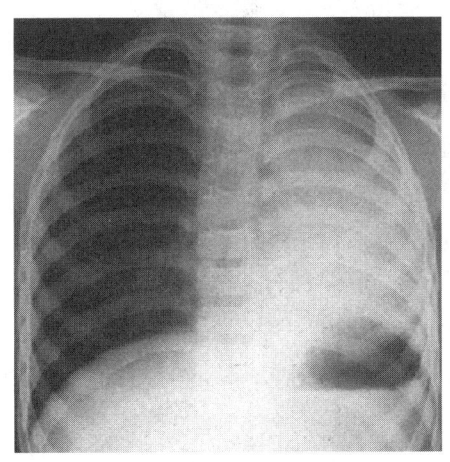

图 3-3　左侧肺不张

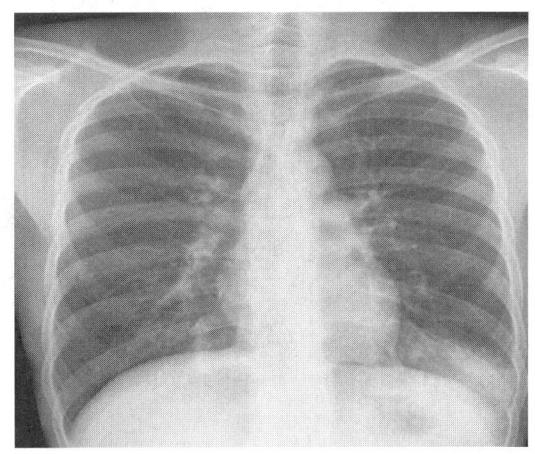

图 3-4　支气管气像

（3）胸膜病变：①胸腔积液：多种疾病累及胸膜可产生胸腔积液，X 线检查可确定积液的有无，少量胸腔积液时液体最先积聚在后肋膈角，当积液量达到 300 ml 以上时，表现为患侧肋膈角变钝、变平，中等量胸腔积液液体上缘达第 4 前肋端以上，表现为患侧中下肺野呈均匀致密影，其上缘呈外高内低的斜形弧线影，膈肌显示不清，肋膈角消失（图 3-7A）；大量胸腔积液液体上缘达第 2 前肋端以上，表现为患侧肺野均匀致密影，仅见肺尖部透明，同侧肋间隙增宽，横膈下降，纵隔向健侧移位。②气胸和液气胸：气体通过胸膜的裂口进入胸膜腔形成气胸。气胸的 X 线表现为肺体积缩小，被压缩的肺边缘呈纤细的线状致密影，与胸壁间呈无肺纹理的透明区。大量气胸时可将肺完全压缩，表现为肺门区密度均匀的软组织影，并可见患侧膈肌下降，肋间隙增宽，纵隔向健侧移位（图 3-7B）。③轻度胸膜肥厚、粘连：X 线表现为患侧肋膈角变钝、变平，呼吸时膈肌活动受限。广泛胸膜肥厚、粘连，表现为沿胸廓内缘分布的带状致密影，患侧胸廓塌陷，肋间隙变窄，膈肌升高，纵隔向患侧移位。胸膜钙化表现为肺野边缘呈片状、不规则点状或条索状高密度影。

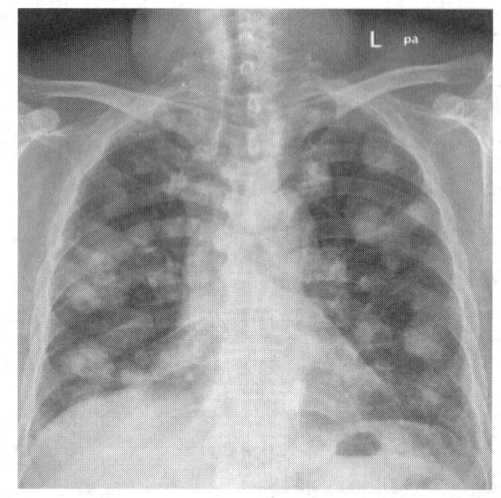

图 3-5　多发转移性肺癌（肿块）

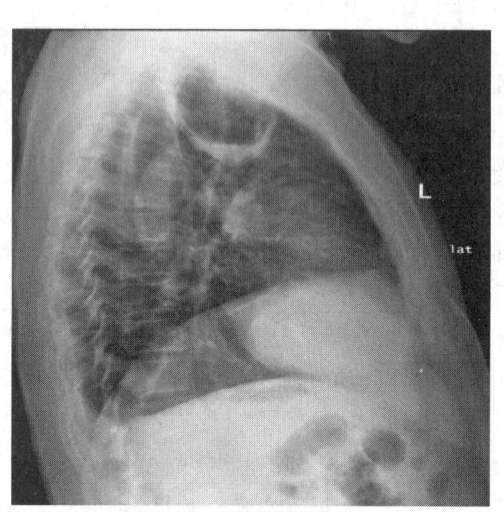

图 3-6　肺内空洞

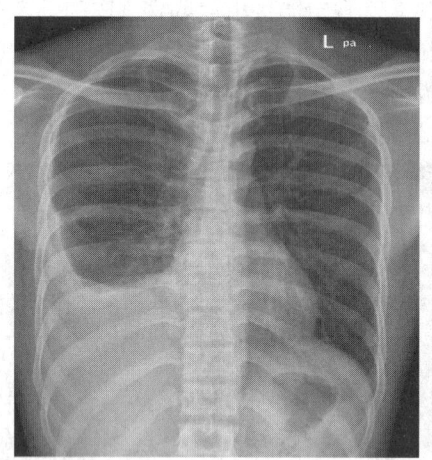

A．胸腔积液

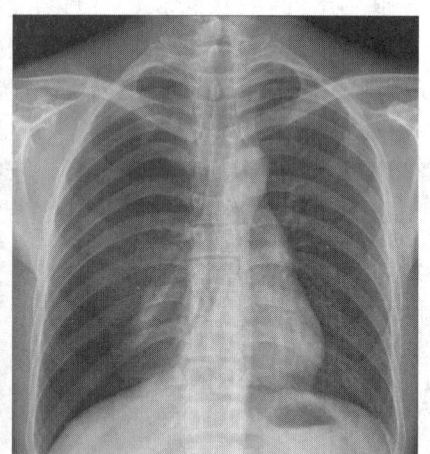

B．气胸

图 3-7　胸腔积液和气胸

（三）循环系统 X 线诊断

心脏、大血管位于纵隔内，分别与两侧胸腔相邻，并与两侧含气的肺组织形成良好的自然对比，但心脏各房室及其内部结构之间缺乏自然对比，故普通的 X 线检查不能显示其内部结构，只显示心脏、大血管的边缘和轮廓，以判断心脏各房室是否增大并确定其位置。可观察心脏大血管的搏动幅度和节律，以判断受检者的心功能状态。还能显示肺循环的情况，早期发现肺水肿，及时做出左心功能不全的诊断，及早指导临床治疗，这是其他影像学检查所不能比拟的。心血管造影可以观察与研究心脏、大血管的内部结构及血流动力学情况。目前随着医学影像学的飞速发展，超声、多层螺旋 CT 和 MRI 的广泛应用，可观察心脏的运动、准确评价心功能，还能测量心脏大血管的血流，诊断水平不断提高，特别是在此基础上介入放射学的开展可直接对一些心血管疾患的患者进行治疗，使传统的放射诊断学增加了新的内容。

1. 检查方法

（1）普通检查：包括透视和摄片。透视简单易行，便于观察心脏、大血管的搏动幅度和节律，可以转动体位，从不同角度观察心脏、大血管的轮廓，分析各房室增大情况，了解其功能变化；可以了解肺部、胸膜病变，有助于心血管疾病的诊断。常作为心血管摄片的补充应用，弥补摄片的不足。普通 X 线心血管摄影检查与 X 线透视结合，可提高心血管疾病的诊断正确率。对于较复杂的先天性心脏病，须依靠造影来诊断。摄片常用的位置有：后前位（正位）、左前斜位、右前斜位和左侧位。后前位是最基本的投照位置，便于对心脏径线的测量和对心血管的追踪观察；左前斜位是在正位的基础上约向右转 60°，主要观察心脏各房室及主动脉全貌；右前斜位是在正位的基础上约向左转 45°，主要观察左心房和右心室漏斗部，同时服用硫酸钡观察左心房与食管的关系，以判断左心房增大的程度；左侧位片主要用于观察左心房和左心室、心胸的前后径、胸廓形状及纵隔肿瘤的鉴别等。临床常采用前三种投照位置，亦称心脏三位像。

（2）造影检查：心血管造影是将造影剂经导管快速注入心脏和大血管腔内，使其显影以观察其内部的解剖结构、运动及血流动力学改变的一种有创伤性的影像学检查方法，能为临床诊断与治疗提供重要的资料。目前临床多用数字减影血管造影（DSA），因其没有骨骼与软组织的重叠，可使血管和病变显示更清楚。

临床常用的造影剂为水溶性有机碘剂，分为离子型和非离子型两种。离子型造影剂为泛影葡胺，用前应做碘过敏试验；非离子型造影剂常用的有碘普罗胺等。造影剂要求浓度高、毒性小和黏稠度低。造影剂用量应以能得到满意显影效果的最小剂量为最佳。

心血管造影是一种有创伤性的较复杂的检查方法，有一定的痛苦和危险。造影检查前应做好各种充分准备工作，包括患者的心理护理和紧急救治措施。对于原因不明的发热，严重肝、肾功能损害或有明显的出血倾向者，造影剂过敏试验阳性或过敏体质，急性、亚急性细菌性心内膜炎和心肌炎，严重心律失常、心力衰竭和严重冠状动脉病变者，均不宜做此项检查。

2. 正常心脏、大血管的 X 线表现　心脏各房室和大血管在普通 X 线片的投影相互重叠，必须通过不同角度、多种投照位置进行观察，才能了解心脏各个房室及大血管较完整的形态。临床常用心脏三位像进行投照观察。

（1）心脏、大血管的正常投影（图 3-8）。

1）后前位（又称正位）：心脏和大血管投影位于胸部中线偏左侧，显示左、右两个边缘。心右缘分上、下两段，之间有一较浅的切迹。上段无明显向外突出，为上腔静脉与升主动脉复合阴影；下段弧度较深，向外突出较明显，由右心房所组成。心左缘可分 3 段，均呈弧形向外突出，上段为主动脉结，呈半球形突出，由主动脉弓与降主动脉起始部构成；中段为肺动脉段，此段弧度最小，也可稍平直或稍凹陷，主要由肺动脉主干构成；下段为左心室，此段最长，呈明显的弧形突出影。左室的下部形成心尖，向左下方突出（图 3-8A）。左心室和肺动脉段之间有长约 1.0 cm 的小段，由左心耳构成，正常时与左心室不能区分。

2）右前斜位：心脏呈斜卵形位于前胸和脊柱之间，显示前、后两个边缘。心前缘自上而下为主动脉弓、肺动脉主干和肺动脉圆锥部，下段大部分为右心室，仅最下段心尖的一小部分为左心室。心影前缘与胸壁间可见一尖端向下、近似三角形的透亮区，称心前间隙。心后缘上段为左心房，下段由右心房构成，二者间无明显的分界（图 3-8B）。心影后缘与脊柱之间称心后间隙，食管和降主动脉在此间隙通过。食管与左心房的后缘相邻接，可通过吞硫酸钡食管显影，观察食管以判断左心房有无增大。

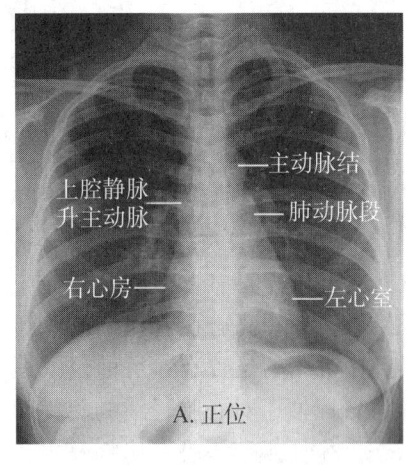
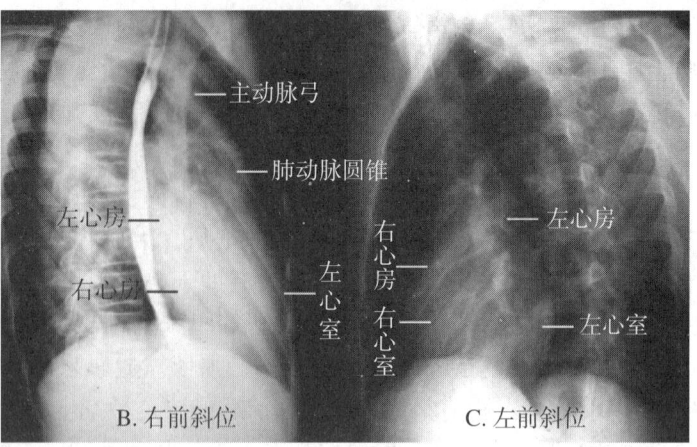

图 3-8 心脏大血管正常投影（正位、右前斜位、左前斜位）

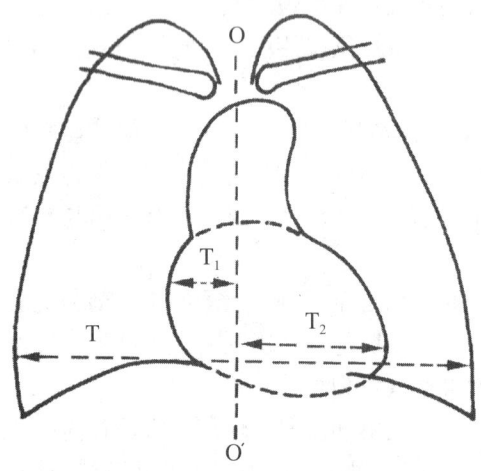

图 3-9 心胸比率测量示意图

3）左前斜位：心前缘上段为右心房，下段为右心室。心前间隙呈上下等宽、近似长方形的透亮区。心后缘上段为左心房，占心后缘的小部分，下段为左心室，与脊椎前缘相邻近（图 3-8C）。左前斜位可见到升主动脉和弓降部，并与心影上缘围成被称为主动脉窗的透明区。其中可见肺动脉、气管分叉、左主支气管及与其伴行的左肺动脉。

(2) 心脏、大血管的大小与形态：通过心脏后前位片测量心胸比率是判断心脏有无增大最简单的方法。心胸比率是心影最大横径与胸廓最大横径之比。心影最大横径是心影左右两缘最突出一点到胸正中线的垂直距离之和。胸廓最大横径是在右膈顶平面两侧胸廓肋骨内缘间的距离。正常成人心胸比率 ≤ 0.5（图 3-9）。

心脏后前位片上，正常心脏大血管的形态可分为横位心、斜位心和垂位心。横位心常见于矮胖体型者，胸廓较宽，心脏横径增大，心胸比率常大于 0.5；垂位心常见于瘦长体型者，胸廓、心影狭长，心胸比率小于 0.5，有时甚至小于 0.4，此型较少见；斜位心常见于适中体型者，胸廓介于上述两型之间，心胸比率在 0.4～0.5 之间，此型最多见，以青壮年常见。

(3) 影响心脏大血管形态和大小的生理因素：正常心脏大血管形态和大小的变化常受年龄、呼吸和体位等多种因素的影响。新生儿、婴幼儿心脏似球形，横径较大，心胸比率可达 0.55，7～12 岁时可为 0.5，与成年人接近或相同；老年人胸廓较宽，膈位置较高，心影趋于横位。深吸气时膈位置下降，心膈接触面减少，心影趋向垂位心；深呼气时膈上升，心影趋向横位心。卧位时膈升高，心脏上移，心影趋于横位心，由于腔静脉回流受阻，上腔静脉影增宽，心影增大，立位时膈下降，心影相应狭长。

3. 基本病变的 X 线表现

(1) 心脏形态异常：心脏、大血管疾病致心脏房室增大时，心脏可失去正常形态，后前位观察可分为 3 种心型（图 3-10）：①二尖瓣型心脏：又称梨形心，心脏呈梨形，主动脉结变小，肺动脉段凸出，右心室增大，心尖部圆钝上翘。常见于二尖瓣病变、肺源性心脏病和先天性心脏病间隔缺损及肺动脉狭窄。②主动脉型心脏：形如靴形，主动脉结凸出，肺动脉段凹陷，左心室增大，心尖向左下延伸。常见于主动脉瓣病变和高血压性心脏病。③普大型心脏：

心脏轮廓均匀向两侧增大,肺动脉段平直,主动脉结多正常。常见于心肌炎和全心衰竭。心包积液时心脏可为普大型,但并非心脏本身的增大。

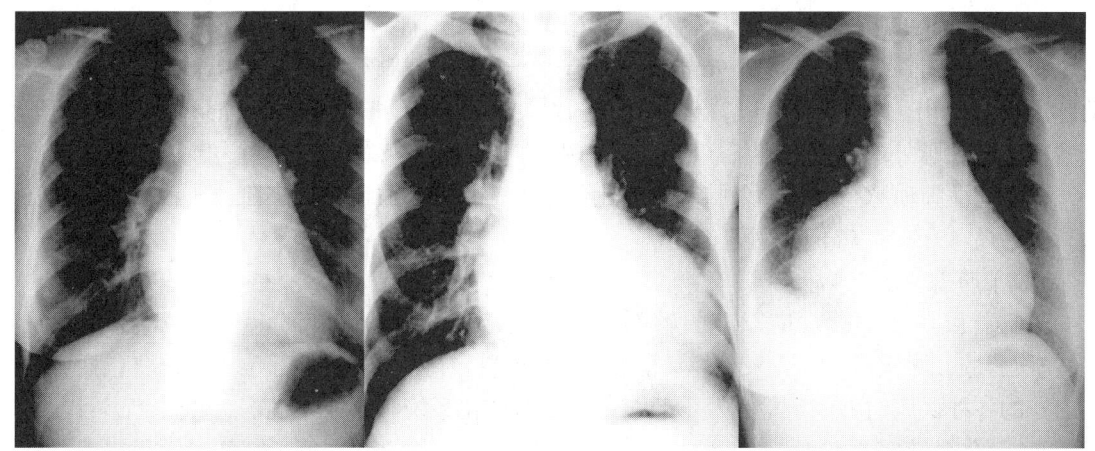

A. 二尖瓣型心脏　　　　B. 主动脉型心脏　　　　C. 普大型心脏

图 3-10　胸部正位心脏形态异常分型

(2) 心脏增大:是心脏病的重要征象,包括心肌肥厚、心腔扩张或两者并存。可为一个或多个房室增大,也可为全心的增大。①左心房增大:后前位见心左缘肺动脉段的下方左心耳扩张出现"新三弓"而使心脏左缘呈"四弓影",心右缘呈双弧征,心底部出现双房影;右前斜位可见吞钡的食管局限性压迹或受压迫移位征象;左前斜位可见心后缘上段左心房向后上方隆起,左主支气管受压变窄或移位,支气管分叉角度开大。临床常以压迹和移位程度判断左心房增大的程度。常见于风湿性心脏病二尖瓣病变、左心衰竭、动脉导管未闭和室间隔缺损等。②左心室增大:后前位可见心脏呈主动脉型,左心室段延长,心尖向左下移位;左前斜位可见心后缘下段向后下膨凸及延长,心后缘与脊柱重叠,即心后间隙消失。常见于高血压性心脏病、主动脉瓣病变、二尖瓣关闭不全及动脉导管未闭等。③右心室增大:后前位见心脏向两侧增大,主要向左增大,心尖上翘、圆隆,肺动脉段凸出;右前斜位心前缘的圆锥部明显膨凸,心前间隙变窄或消失;左前斜位心前下缘向前膨凸,心前间隙变窄或消失。常见于二尖瓣狭窄、肺源性心脏病和房室间隔缺损等。④右心房增大:后前位见右心缘下段延长、向右膨凸;右前斜位心后缘下段向后凸出;左前斜位心前缘上段向前或向下膨凸,可与其下方的心室段成角。常见于三尖瓣关闭不全、右心衰竭、房间隔缺损等。

(3) 肺循环异常:在心血管疾病诊断中,通过 X 线检查不仅要观察心血管变化,还要观察肺血管的情况,对疾病及早进行诊断和治疗。①肺血增多:指肺动脉血流量异常增多,又称肺充血。后前位见肺动脉段凸出,右下肺动脉扩张;肺血管纹理成比例增粗、增多,边缘清楚;肺野透亮度正常;肺门和肺动脉干搏动增强,被称为"肺门舞蹈"。常见于左向右分流的先天性心脏病(房、室间隔缺损和动脉导管未闭)、甲状腺功能亢进和贫血等。②肺血减少:为肺动脉血流量异常减少,又称肺缺血。后前位见肺门影缩小,搏动减弱;右下肺动脉干变细;肺血管纹理普遍变细、稀疏;肺野透亮度增加,严重的肺血减少时,肺野内可见形成侧支循环的走行紊乱的网状血管影。常见于右心排血受阻(如肺动脉狭窄)、肺动脉阻力增高(如肺源性心脏病)等。③肺淤血:指肺静脉回流受阻而导致血液淤滞于肺内,肺静脉扩张。后前位见上肺静脉增粗,下肺静脉变细或正常;两肺门阴影增大、模糊;肺血管纹理增多、增粗,边缘模糊;肺野透亮度降低。常见于二尖瓣狭窄和左心衰竭等。④肺水肿:指肺静脉压升高、血浆外渗导致肺毛细血管内的大量液体渗入肺间质或肺泡内。肺水肿分为间质性和肺泡性肺水肿。间质性肺水肿除肺淤血的X线表现外，在肺野内有间隔线出现（克氏B、A和C线），肺泡性肺水肿常与间质性肺水肿并存，但渗出液体主要存留在肺泡内。后前位见一侧或两侧肺野内中带广泛分布斑片状模糊阴影，可融合成大片，两侧肺受累可呈"蝶翼状"，为其典型表现。病变在短时间内变化较大。常见于左心衰竭和尿毒症等。⑤肺动脉高压：指肺动脉收缩压＞30 mmHg或平均压＞20 mmHg，由肺血流量增加或肺循环阻力增高所致。后前位见肺动脉段明显凸出，右下肺动脉增粗；肺门动脉扩张、增粗，搏动增强；如果肺门动脉明显扩张增粗，肺动脉外围分支纤细稀疏，出现肺门"截断现象或残根征"，则为肺循环阻力增高所致，称阻塞性肺动脉高压。如果肺动脉成比例扩张，则为肺血流量增多所致，称高流量性肺动脉高压；还可有右心室不同程度扩大。

（四）腹部X线诊断

腹部指膈肌以下、盆底以上的解剖范围，包括腹内脏器（以消化、泌尿、生殖系统为主）、腹膜腔、腹膜后间隙以及腹壁。腹部X线诊断指涉及上述解剖部位和系统（包括急腹症在内）的各种疾病的影像学检查及诊断。主要学习消化系统和泌尿系统的X线诊断。

1. 消化系统X线诊断 消化系统的食管和胃肠道为软组织密度，与邻近的组织和器官缺乏良好的自然对比，因此普通X线检查对胃肠道疾病的诊断价值有限，造影检查在胃肠道X线检查中具有重要的价值。胃肠道的临床检查方法有多种，纤维内镜的临床应用对胃肠道疾病早期诊断准确性很高，但较造影检查带来的痛苦大。超声和CT检查对了解胃肠道肿瘤的内部结构、胃肠道壁的浸润程度和有无转移等有很大价值。血管造影用于胃肠道血管性病变、胃肠道出血的定位检查和介入治疗。因胃肠道的蠕动和其空间结构比较复杂，MRI在胃肠道疾病的诊断中价值较小。常规X线检查对肝、胆、胰及脾等实质脏器疾病的诊断价值有限，临床主要应用超声、CT、MRI等影像学检查。

（1）检查方法：腹部透视和平片主要用于急腹症的诊断和不透X线的异物检查。胃肠道造影常用的造影剂为医用硫酸钡，其次为空气和水溶性有机碘化物。胃肠道造影检查按检查范围可分为：①食管造影：主要检查食管和咽部病变；②上消化道造影（简称钡餐）：主要检查食管、胃、十二指肠及上段空肠病变；③小肠造影：主要检查空、回肠及回盲部的病变；④结肠造影：多为钡剂灌肠造影，主要检查直肠、结肠和回盲部的病变。传统的钡剂造影法只用硫酸钡为造影剂，属单对比造影，包括黏膜法、充盈法和加压法。气钡双重对比造影法是目前临床常用的检查方法。血管造影主要用于钡剂造影检查未能发现的胃肠道出血和肿瘤。对急性上消化道大出血和腹部外伤出血患者，可明确出血部位，以进行血管栓塞治疗或外科手术治疗。

（2）正常胃肠道X线表现

1）食管：食管位于后纵隔内，分为上、中、下三段，主动脉弓水平以上为上段，以第8胸椎水平高度分为中段和下段。口服钡剂后正位见食管位于中线偏左，轮廓光整，管壁柔软，食管充盈宽度为2～3 cm。右前斜位是观察食管的常用位置，其前缘可见3个压迹，由上至下分别为主动脉弓压迹、左主支气管压迹和左心房压迹。食管的黏膜皱襞影为数条纵行纤细且相互平行的条纹影，经过贲门与胃小弯的黏膜皱襞相连续。食管蠕动使食物由上至下运行，波形对称，由吞咽动作激发或食物团对食管壁的压力所致。

2）胃：贲门入口水平以上的胃腔称胃底，立位时含气体，又称胃泡。由贲门至幽门的内上缘称胃小弯，外下缘称胃大弯。胃小弯的弯曲处称角切迹。由贲门至角切迹的胃腔称胃体，角切迹与幽门之间的部分称胃窦。幽门为连接胃与十二指肠的短管，长5～10 mm，宽度随括约肌收缩而异。胃的位置和形状与体型、胃张力、体位和神经功能状态等因素有关。常分为4种类型：牛角型胃、钩型胃、长型胃、瀑布型胃，胃黏膜皱襞呈条纹状影，胃底部的黏膜皱襞较粗而弯曲，呈不规则网状。胃体部黏膜皱襞为纵行条纹影，胃小弯处平行整齐，向大弯处逐渐变粗为横行或斜行而呈锯齿状。胃窦部黏膜皱襞为胃体小弯侧黏膜皱襞的延续，可斜行或与胃小弯平行。在胃双重造影片上，正常胃黏膜皱襞影像消失而显示胃微皱襞影像，包括胃小沟和其勾划出的胃小区。胃蠕动为胃的肌肉收缩，多由胃体上部开始，可同时见到2～3个蠕动波。一般胃的排空时间为2～4 h。

3）十二指肠：分为球部、降部、水平部和升部，全程呈"C"形，将胰头包绕其中。球部呈近似等腰三角形或圆锥形，两缘对称，球底部中央为幽门管开口，尖端指向右后上方，称顶部，连接降部。十二指肠球部轮廓光整，黏膜皱襞像纵行的条纹影集中于球顶部。降部以下肠管黏膜皱襞影与空肠相似，可呈纵行、横行的羽毛状影。十二指肠球部蠕动为整体性收缩，降部以后的蠕动多呈波浪状向前推进。正常时可见十二指肠逆蠕动。

4）空肠和回肠：空肠上接十二指肠，回肠经回盲瓣与结肠相连，空肠和回肠之间无明显分界。空肠主要位于左上、中腹部，黏膜皱襞较密集，呈环状条纹或羽毛状影，蠕动活跃。回肠位于右中、下腹和盆腔，肠腔变小、肠壁变薄，黏膜皱襞少而浅，蠕动慢而弱，回肠末段的黏膜皱襞常为纵向走行的条纹影。正常肠管柔软，移动性较大，轮廓规整。一般服钡剂2～6 h后钡剂的前端可达回盲肠，小肠的排空时间为7～9 h。

5）结肠：包括盲肠、升结肠、横结肠、降结肠、乙状结肠和直肠。可见结肠袋呈基本对称的袋状凸出影，自降结肠以下结肠袋逐渐变浅，乙状结肠基本消失，直肠没有结肠袋。过度充盈钡剂可使结肠袋变浅或消失。结肠黏膜皱襞为纵、横、斜行相互交错的不规则条纹影。结肠蠕动主要为整体蠕动。一般大肠的排空时间为24～48 h。

(3) 基本病变的X线表现：胃肠道炎症、溃疡、肿瘤等疾病均可造成形态（轮廓、黏膜皱襞、管腔大小等）和功能（张力、蠕动、排空及分泌功能）的改变。

1）轮廓的改变：可分为突向腔外、伸向腔内两种情况。充盈缺损：胃肠道内占位性病变形成局限性的肿块向腔内生长，占据一定的空间，不能被硫酸钡充填，切线位上表现为胃肠轮廓某局部向腔内突入的密度减低区，称充盈缺损。多见于消化道肿瘤、肉芽肿和异物等。良性肿瘤其边缘多光滑整齐，恶性肿瘤边缘不规则。

龛影：胃肠道壁上溃疡性病变形成局限性缺损被硫酸钡充填，X线切线位上表现为胃肠轮廓某局部向腔外突出的含钡影像，称龛影。多见于溃疡，且为消化道溃疡的直接征像。

胃肠道恶性肿瘤溃疡型也可见龛影征象，两者的区别是：溃疡型肿瘤所致龛影是由于肿瘤表面溃破造成肿瘤局限性缺损被硫酸钡充填，在切线位上表现为胃肠轮廓某局部向腔内突入的近似半月形不规则的含钡影像，且外缘平直，内缘不整。见于溃疡型癌。

2）黏膜皱襞的改变：①黏膜皱襞的破坏、中断或消失：表现为正常的黏膜皱襞影消失，可见杂乱不规则的钡影或黏膜皱襞中断的影像，与正常黏膜皱襞分界清楚，常见于恶性肿瘤。②黏膜皱襞的纠集：又称黏膜皱襞集中，表现为条纹状黏膜皱襞影从四周向病变区呈放射状集中，常见于慢性溃疡病变。③黏膜皱襞的平坦：表现为条纹状黏膜皱襞影变浅、模糊不清甚至消失，见于恶性肿瘤破坏区周围或溃疡龛影周围。④黏膜皱襞的迂曲和增宽：表现为透明的条纹状影增宽，常伴迂曲、紊乱，常见于慢性胃炎和黏膜下静脉曲张。

3）管腔大小的改变：管腔狭窄常见于胃肠道炎症、肿瘤、粘连、痉挛、外在压迫或先天发育不良等。狭窄的边缘可整齐、对称或不规整。管腔扩张常见于管腔狭窄和梗阻的近侧，并伴有近段管腔内积气、积液和蠕动增强，梗阻时可见阶梯状气液平面。

4）功能性改变：①张力改变：正常胃肠道管腔具有一定的张力，以维持管腔的正常大小。张力增高表现为管腔缩小，紧张有力。张力低下表现为管腔扩张，松弛无力。张力改变可由胃肠道本身病变引起，也可以是神经功能障碍所致。②蠕动改变：包括蠕动波多少、深浅、速度和方向的改变。蠕动增强表现为蠕动波增多、加深、加快，见于局部炎症或远端梗阻；蠕动减弱或消失表现为蠕动波减少、变浅、减慢或长时间无蠕动波出现，见于恶性肿瘤浸润；逆蠕动是与正常蠕动方向相反的蠕动，见于胃肠道梗阻的近段，十二指肠正常情况下也可有逆蠕动。③排空功能改变:与胃肠道的张力、蠕动等有关,表现为排空延迟或排空过快。若口服钡剂后超过 4 h,胃内钡剂尚未排空,则为胃排空延迟。④分泌改变:正常空腹胃肠道内无液体积存。在分泌增加或远端有梗阻时,出现液体增多,表现为钡剂不能正常附着在胃肠道黏膜上,黏膜皱襞显影不清,钡剂呈斑片状或雪片状分布。胃液分泌增多时,空腹可见胃内气液平面,为空腹滞留液。

2. 泌尿系统 X 线诊断

(1)检查方法:泌尿系统检查常用的方法是腹部平片和尿路造影等。通过腹部平片可观察泌尿系统阳性结石和钙化,有时可显示肾轮廓。泌尿系统器官组织均为软组织影,缺乏自然对比,在腹部平片上显示不佳,因此腹部平片只能作为泌尿系统的初步检查。根据造影剂引入途径,尿路造影分为排泄性尿路造影和逆行性尿路造影。排泄性尿路造影,不仅能显示肾盂、肾盏、输尿管及膀胱内腔,而且可大致了解肾的排泄功能。逆行性尿路造影可清晰显示尿路内腔,适用于肾功能不佳者。腹主动脉造影与选择性肾动脉造影一般采用经皮股动脉穿刺插管的技术。腹主动脉造影时,将导管顶端置于肾动脉开口上方,快速注入对比剂并连续摄片。选择性肾动脉造影是将导管置于一侧肾动脉内的造影方法。

(2)正常 X 线表现

1)肾:在腹部平片上,可看到位于脊柱两侧的肾轮廓。正常肾边缘光滑,密度均匀。肾影长 12 ~ 13 cm,宽 5 ~ 6 cm。其上缘约平第 12 胸椎上缘,下缘相当于第 3 腰椎下缘水平。一般右肾略低于左肾。肾的长轴自内上斜向外下,肾与脊柱之间形成的角度称为肾脊角,正常为 15° ~ 25°。尿路造影主要观察肾盏和肾盂。肾盏包括肾小盏和肾大盏。造影显示每侧肾有 6 ~ 14 个肾小盏,2 ~ 3 个肾小盏合为一个肾大盏,共有 2 ~ 4 个肾大盏,肾大盏汇合为肾盂。肾盂多位于第 2 腰椎水平,正常肾盂形态有很大变异,可呈三角形、壶腹状等,上缘隆凸,下缘微凹,边缘光滑整齐。

2)输尿管:正常输尿管全长约 25 cm,上端与肾盂相连,在腹膜后沿脊柱旁向前下行,入盆腔后在骶髂关节内侧走行,越过骶骨水平后先弯向外,再斜入膀胱。输尿管有 3 个生理狭窄,即与肾盂相连处、跨越骨盆缘处、膀胱入口处。输尿管边缘光滑,走行柔和,也可有折曲。

3)膀胱:膀胱充盈时呈卵圆形,位于耻骨联合上方,边缘光滑整齐,密度均匀,充盈不全时顶部可以下凹。膀胱容量为 200 ~ 350 ml。两个输尿管开口之间有时可见一个横行透亮带为输尿管间嵴。

4)尿道:男性尿道开口于膀胱尿道内口,止于阴茎头尿道外口,长为 13 ~ 17 cm。可分为前列腺部、膜部和海绵体部。男性尿道有 3 个生理狭窄,分别位于尿道内口、膜部和尿道外口,以尿道外口最窄。女性尿道较宽、较直,长 3 ~ 5 cm,形如倒置锥形。

(五)骨、关节系统 X 线诊断

外伤、炎症、肿瘤和一些全身性疾病(如营养代谢性疾病和内分泌疾病)等均可引起骨骼的改变,X 线能反映这些疾病的部分病理变化。人体组织结构中骨骼密度最高,与周围软组织形成良好的自然对比。同时骨皮质密度较高,与内部密度较低的骨松质和骨髓也能形成良好的自然对比。X 线能使骨关节清楚显影,检查方法简单,能显示病变的部位、范围和程度,还可对病变进行定性诊断,因此,X 线检查是诊断骨关节疾病常用的方法。

1. 检查方法 透视主要用于外伤性骨折、关节脱位的诊断与复位、不透 X 线异物的定位与摘除。X 线平片是骨、关节及软组织疾病首选的检查方法。摄片位置除了常规的正位、侧位两个投照位置外,某些部位,包括脊柱、头颅和手足等还应加摄斜位、切线位和轴位等投照位置。膝关节造影主要用于检查半月板的损伤。血管造影多用于肢体动脉,主要用于良、恶性肿瘤的鉴别。

2. 正常骨、关节的 X 线表现 骨与软骨属结缔组织。软骨未钙化时,X 线上不显影。骨在人体组织结构中密度最高，在 X 线片上呈高密度影。人体骨骼因形状不同可分为长骨、短骨、扁骨和不规则骨 4 类。骨质按其结构分为密质骨和松质骨两种。长骨的骨皮质和扁骨的内外板均为密质骨，主要由多数哈氏系统组成，含钙盐多，骨结构密实，在 X 线片上为均匀高密度影。松质骨由多数骨小梁组成，骨小梁自骨皮质向骨髓腔延伸并相互连接成网状，其间充以骨髓，X 线片为密度低于密质骨的网状致密影。

(1) 长骨：小儿长骨一般有 3 个以上的骨化中心，一个在骨干，其余在骨端。长骨的主要特点是：有骺软骨，且未完全骨化；可分为骨干、干骺端、骨骺和骨骺板等部分。成人长骨的外形与小儿长骨相似，但骨骺线完全消失，骨发育完全。可分为骨干和由松质骨构成的膨大的骨端两部分。骨端的顶有一薄层壳状骨板为骨性关节面，表面光整。其外方覆盖一层软骨，即关节软骨，在 X 线片上不显影（图 3-11）。

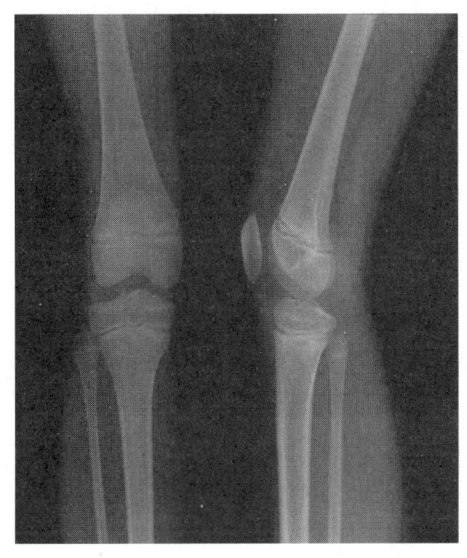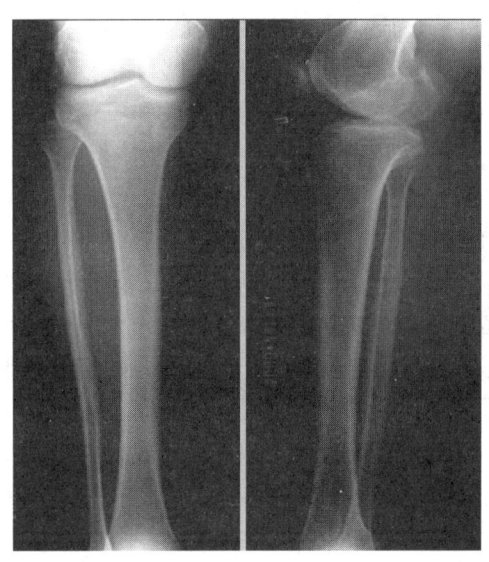

图 3-11　成人长骨

(2) 四肢关节：关节由两骨或多骨组成，在解剖上主要包括关节骨端、关节腔和关节囊。在 X 线片上主要显示关节骨端的骨性关节面，为边缘光滑整齐的线状致密影；还可显示关节间隙，为两个骨性关节面之间的透亮区，包括关节软骨、关节腔和少量滑液的投影。关节间隙的宽度因部位和年龄而异。

(3) 脊柱：脊柱由脊椎和其间的椎间盘组成。除颈 1、颈 2 和骶尾椎外，每个脊椎分椎体及椎弓两部分。X 线表现为椎体呈长方形，从上向下依次增大，主要由松质骨构成，周围是一层均匀致密的骨皮质，边缘光整。椎间盘位于相邻椎体之间，为软组织密度，呈宽度均匀的横行带状透明影，称之为椎间隙。椎体两侧有横突影，在其内侧可见椭圆形环状致密影，为椎弓根横断面，称椎弓环。在椎弓根的上、下方分别为上、下关节突的影像。椎弓板由椎弓根向后内延续，于中线联合成棘突，投影于椎体中央的偏下方，呈尖向上类似三角形的线状致密影，大小与形状可不同。椎体后缘与椎弓围成椎管，脊髓由此通过，位于椎体后方。

3. 基本病变的 X 线表现

(1) 骨骼的基本病变

1) 骨质疏松：指一定单位体积内正常钙化的骨组织减少，即骨组织的有机成分和钙盐含量都减少，骨内的有机成分和钙盐含量比例正常。X 线表现主要为骨密度减低。在长骨见松质骨中骨小梁细少，间隙增宽，骨髓腔增宽，骨皮质出现分层和变薄现象。在脊椎见椎体内骨小梁呈纵形条纹，周围骨皮质变薄，严重时椎体内结构消失，椎体变扁，其上下缘内凹，椎间隙呈梭形增宽。疏松的骨骼易发生骨折，椎体可压缩成楔状。广泛性骨质疏松多见于老年人、绝经期后妇女、代谢或内分泌障碍疾病患者等。局限性骨质疏松多见于骨折后、感染和恶性肿瘤等，属继发性骨质疏松。

2）骨质软化：指一定单位体积内骨组织有机成分正常，而矿物质减少。X线表现为骨密度减低，骨小梁细少，骨皮质变薄等。与骨质疏松不同的是，骨小梁和骨皮质粗糙模糊，是因骨组织内含有大量未钙化的骨样组织所致。承重骨骼可发生变形，如膝内翻、骨盆内陷、椎体双凹变形等；可见假骨折线；还可出现佝偻病的表现。骨质软化发生于儿童骨生长发育期，为维生素D缺乏性佝偻病，成年期为骨质软化症。

3）骨质破坏：指局部正常骨质结构被病理组织（炎症、肉芽肿、结核、肿瘤或肿瘤样病变）所代替，形成局部骨组织缺失，可发生于骨皮质或骨松质。X线表现为片状或斑片状局限性密度减低区，即骨质缺损区，边界可清楚、光整、模糊或毛糙。囊性、膨胀性的破坏可表现为局限性骨皮质变薄，缺损区边缘光整、清楚，范围局限，多见于良性病变。溶骨性、筛孔状或虫蚀状的破坏可表现为局限性骨质密度减低，进而呈局部骨质缺损区，边缘模糊，境界不清，多见于恶性病变。

4）骨质增生硬化：指一定单位体积内骨量增多。X线表现为骨质密度增高，骨小梁增粗、密集，骨皮质增厚、致密，骨髓腔变窄或消失，或骨骼粗大、变形。可见于慢性炎症、外伤、骨折和骨肿瘤、甲状旁腺功能低下等。

5）骨膜增生：又称骨膜反应，是因骨膜受炎症、外伤、肿瘤等病理因素刺激，骨膜内层成骨细胞活动增加所引起。正常时骨膜不显影，骨膜增生说明有病变存在。骨膜增生X线表现早期可见与骨皮质平行、长短不一的细线状致密影，与骨皮质间有1~2mm宽的透明间隙，继而骨膜新生骨逐渐增厚。由于新生骨小梁排列形式不同而X线表现各异，常见的有线状、层状、葱皮状、花边状、垂直状和放射状骨膜反应等。

6）骨质坏死：指骨组织局部血液供应中断，代谢停止。坏死的骨质称为死骨。骨质发生坏死后周围产生肉芽组织，不断将死骨吸收，继而产生新生骨。死骨X线表现为骨质局限性密度增高影，可为砂粒状、碎片状、长条状等，其周围呈低密度影。其原因为：①死骨骨表面新生骨形成，使骨小梁增粗，骨髓内亦有新生骨形成，使死骨绝对密度增高。②死骨周围骨质被吸收，或在肉芽组织、脓液包绕衬托下，死骨为相对高密度影。骨质坏死多见于化脓性骨髓炎、骨结核、骨缺血性坏死、外伤骨折后及服用大量激素、酒精中毒等。

7）骨骼变形：指骨骼形态发生病理性改变。可累及一骨、多骨或全身骨骼，局部病变或全身性病变均可引起。骨肿瘤可使骨骼局部膨大、变形；骨软化症和成骨不全使全身骨骼变形；儿童佝偻病可使承重骨骼变形。

8）周围软组织改变：骨骼X线片上可见肌肉、肌间隙和皮下脂肪等影像。外伤和感染引起软组织肿胀时，X线表现为局部软组织影增厚，密度增高，正常肌间隙和皮下脂肪层模糊或消失。软组织肿瘤或恶性骨肿瘤侵犯软组织时，可见软组织内密度较高的肿块影。肢体运动长期受限时，可见患肢纤细、肌肉萎缩变薄。外伤后致骨化性肌炎，可见软组织内钙化或骨化影。对于软组织病变的观察，CT、MRI明显优于X线片，临床应用较广。

(2) 关节的基本病变

1) 关节肿胀：由关节积液或关节囊及其周围软组织肿胀所致。X线表现为关节周围软组织肿胀征象，大量关节积液可见关节间隙增宽。常见于关节炎症、外伤和出血性疾病。

2) 关节破坏：是关节软骨及骨性关节面骨质被病理组织侵犯、代替所致。X线表现：关节破坏仅累及关节软骨时，仅见关节间隙变窄；累及骨性关节面骨质时，则出现局部骨质破坏缺损，关节面不规整。严重时可引起病理性关节脱位和关节变形等。

3) 关节退行性变：病变早期关节软骨变性、坏死和溶解，逐渐为纤维组织或纤维软骨所代替，广泛软骨坏死可致关节间隙狭窄，继而出现骨性关节面骨质增生硬化，在其边缘形成骨赘。关节退行性变早期X线表现为骨性关节面模糊、中断、消失，中晚期表现为关节间隙变窄或消失，软骨下骨质囊样变，骨性关节面不规整，边缘见骨赘形成。多见于老年人，以承重的脊柱、髋、膝关节明显。也常见于运动员和搬运工人，由于慢性创伤和长期承重所致。

4）关节强直：多种疾病造成关节破坏后，组成关节的骨端由骨组织或纤维组织连接，导致关节运动功能丧失，前者称骨性关节强直，后者称纤维性关节强直。

骨性关节强直X线表现为关节间隙明显变窄或消失，并有骨小梁通过连接组成关节的两侧骨端。多见于急性化脓性关节炎愈合后。纤维性强直在X线上仍可见狭窄的关节间隙，但无骨小梁通过。常见于关节结核。

5）关节脱位：指组成关节的骨端脱离、错位，而失去正常解剖对应关系。X线表现为构成关节的骨端间隙加大、分离或错位。按脱位的程度可分为完全脱位和半脱位两种。按脱位的原因可分为外伤性、病理性和先天性3种。外伤、炎症、肿瘤均可致关节脱位。

二、CT 检查

CT 扫描机于 1972 年诞生。计算机断层扫描术（computer tomo-graphy，CT）不同于普通X线成像，它是用X线束对人体层面进行扫描，获取信息，经计算机处理重建形成图像。CT图像在解剖层次及密度分辨力上明显优于传统X线图像，从而显著扩大了人体的检查范围，提高了病变的检出率和诊断的准确率。CT首先开发的数字成像大大促进了其他数字影像的发展。

（一）CT 的成像原理

CT 是用 X 线束对人体某部位一定厚度的层面进行多方向扫描（图 3-12），由探测器接收透过该层面的 X 射线并转变为可见光后，由光电转换器转换为电信号，再经模拟/数字转换器转为数字，输入计算机处理。处理后的数字矩阵经数字/模拟转换器转变为由黑到白不等灰度的小方块，即像素，并按矩阵顺序排列，形成 CT 图像。

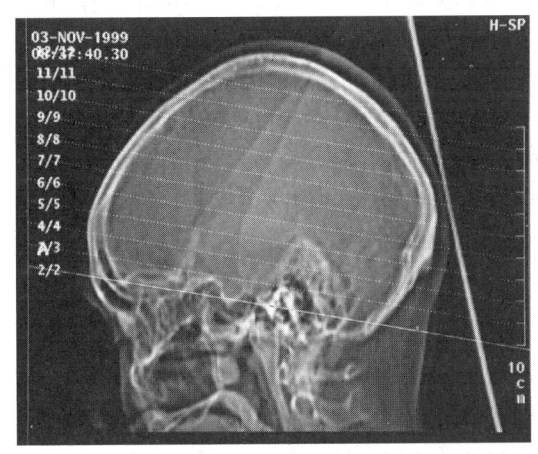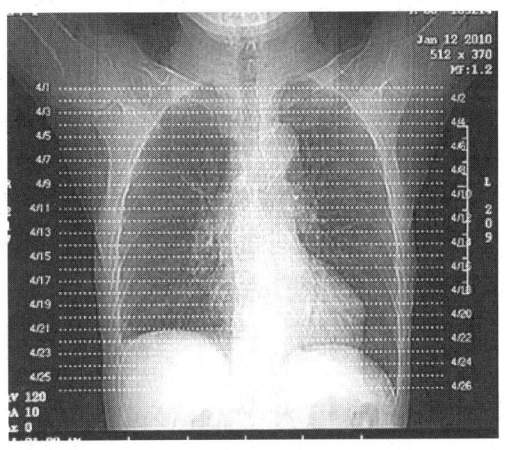

图 3-12　计算机断层扫描

（二）CT 设备

CT 装置发展很快，性能不断提高，最初设计的 CT 设备，只能一个层面一个层面扫描，扫描时间长，一个层面的扫描时间在 4 min 以上，图像质量差，并且只适合头部扫描。经过不断改进，扫描时间缩短，图像质量得以改善，也可以进行全身扫描（但仍为层面扫描）。1989年螺旋CT设计成功，后经改进发展为多层螺旋扫描，此时由层面扫描改为容积扫描，缩短了扫描时间，提高了CT的性能，同时出现了许多临床应用新技术。此前，在20世纪80年代还设计出了电子束 CT。CT 主要有以下三部分：①信息采集部分：由 X 线管、探测器和扫描架组成，用于对受检部位进行扫描；②信息处理系统：将扫描收集到的人体断层信息数据进行存储运算；③图像显示和存储系统：将计算机处理、重建的图像显示在显示器上，并用照相机将图像摄于照片上，也可将数据存储于磁盘或光盘中。

（三）CT 图像的基本概念

1. 像素与体素 CT 图像实际上是人体某一部位有一定厚度的（如 10 mm、5 mm、1.5 mm 等）体层图像。将成像的体层分成按矩阵排列的若干个小的基本单元，而以一个 CT 值代表每个小单元内的物质的密度，这些小单元称为体素。同样，一幅 CT 图像是由许多按矩阵排列的小单元组成的，这些组成图像的基本单元被称为像素。像素是一个二维的概念，而体素是一个三维的概念。像素实际上是体素在成像时的表现，像素越小，数目越多，构成的图像越细致，即空间分辨力越高。普通 CT 图像的空间分辨力不如 X 线图像高。

2. CT 值 X 线图像可反映正常与病变组织的密度，如高密度和低密度，但没有量的概念。CT 图像不仅可用不同灰度显示其密度的高低，还可用组织对 X 线的吸收系数说明其密度高低的程度，具有一个量的标准。CT 图像是由一定数目从黑到白不同灰度的像素按矩阵排列所构成的灰阶图像。器官和组织对 X 线的吸收程度以不同的灰度来表示。因此，与 X 线图像所示的黑白影像一样，黑影表示低吸收区，即低密度区，白影表示高吸收区，即高密度区。但是 CT 具有高的密度分辨力。因此，人体软组织的密度差别虽小（吸收系数多接近于水），也能形成对比而成像。另外，CT 图像是断层图像，常用的是横断面或称轴面，为了显示整个器官，需要多帧连续的断层图像。通过 CT 设备上图像重组程序的使用，可重组冠状面和矢状面的断层图像。

（四）CT 检查技术

普通 CT 扫描是使患者卧于检查床上，摆好位置，选定层面厚度与扫描范围，并使受检部位伸入扫描孔内，即可进行扫描。大多用横断面扫描，层厚用 5 mm 或 10 mm，如有需要可选用薄层，如 1 mm 或 2 mm。因为轻微的移动或活动可造成伪影，影响图像质量，因此扫描时患者要制动，胸、腹部扫描要屏气。CT 检查分平扫、对比增强扫描和造影扫描。

1. 平扫 即普通扫描。腹部检查前禁食 4～8 h。上腹部检查前半小时口服 2% 的泛影葡胺 300～600 ml，检查前追加 200 ml。中腹部检查提前 1 h 口服 2% 的泛影葡胺 300 ml，余同上腹部。盆腔检查前 1 h 需要清洁灌肠，口服造影剂方法同中腹部检查，检查时再用 2% 泛影葡胺 600～1000 ml 保留灌肠，对于已婚女性患者，需同时放置阴道塞。检查膀胱者需待膀胱充盈尿液时再扫描。对临床疑有胆道结石、畸胎瘤者，可改为口服白开水或脂性造影剂。其他部位检查无需做上述准备。

2. 对比增强扫描 是经静脉给予水溶性碘造影剂，以增加病变组织与正常组织之间的差别，再行扫描，从而提高病变检出率的方法。

增强扫描前 15 min 必须做碘过敏试验，如过敏试验阳性，禁忌检查。腹部检查时于检查前 4～6 h 空腹，并口服 1.5%～2% 的泛影葡胺 300～500 ml，扫描前再服 200 ml，以充盈消化道，利于显示实质脏器。注射造影剂时用头皮针经肘静脉或手背静脉注入，可用手推或机械高压注射器。对比增强扫描方法有两种：①静脉滴注法：是以 20～30 ml/min 的速度注入含碘造影剂（碘浓度为 300 mg/ml）100 ml 再行扫描的方法，此方法不利于显示微细结构及微小病灶，对血管的显示也较差，现已很少应用；②团注法：是将一定剂量的高浓度造影剂加压快速注入静脉，然后立即行增强扫描的方法，一般要求用 60% 的碘造影剂 80～100 ml，以每秒 2 ml 的速度注射。其特点是增强效果较好，节约时间，但产生副作用机会增多。目前团注法已取代静脉滴注法。

3. 造影扫描 是先行器官或结构的造影，然后再行扫描的方法。临床应用不多。例如向脑池内注入碘苯六醇或注入空气行脑池造影再行扫描，称为脑池造影CT扫描，还有脊髓造影CT、胆囊造影CT等。

另外在工作中常提及高分辨力CT（HRCT），是指可获得良好空间分辨力CT图像的扫描技术。高分辨力CT对显示微小的组织结构、显示小病灶及病变的轻微变化优于普通CT扫描。

4. 图像后处理技术 螺旋CT扫描时间与成像时间短，扫描范围大，层厚较薄，并可获得连续横断层面数据，经过计算机后处理，可重组冠状、矢状乃至任意方位的断层图像，并可得到其他显示方式的图像。

（1）再现技术：再现技术有3种，即表面再现、最大强度投影和容积再现技术。再现技术可获得CT的三维立体图像，使被检查器官的影像有立体感，旋转图像可在不同方位上观察，多用于骨骼的显示和CT血管造影（CTA）。容积再现技术是利用全部体素的CT值，行表面遮盖技术并与旋转相结合，加上假彩色编码和不同程度的透明化技术，使表面与深部结构同时立体地显示。例如在胸部用于支气管、肺、纵隔、肋骨和血管的成像，图像清晰、逼真。

（2）仿真内窥镜显示技术：仿真技术是计算机与CT或MRI结合而开发出仿真内镜功能的技术。容积数据同计算机领域的虚拟现实结合，如管腔导航技术或漫游技术可模拟内镜检查的过程，即从一端向另一端逐步显示管腔器官的内腔。行假彩色编码，使内腔显示更为逼真。有仿真血管镜、仿真支气管镜、仿真喉镜、仿真鼻窦镜、仿真胆管镜和仿真结肠镜等，仿真效果较好。目前几乎所有管腔器官都可行仿真内镜显示，无痛苦，易为患者所接受。仿真结肠镜可发现直径仅为5 mm的息肉，尤其是带蒂息肉。不足的是易受伪影的影响和不能进行活检。

5. CT灌注成像 CT灌注成像是经静脉团注有机水溶性碘造影剂后，对特定器官（例如脑或心脏）在固定的层面行连续扫描，得到多帧图像，通过不同时间影像密度的变化，绘制出每个像素的时间-密度曲线，而算出造影剂到达病变的峰值时间、平均通过时间、局部脑血容量和局部脑血流量等参数，再经假彩色编码处理可得4个参数图。分析这些参数与参数图可了解特定区毛细血管血流动力学，即血流灌注状态。所以这是一种功能成像，目前主要用于急性或超急性脑局部缺血的诊断、脑梗死及缺血半暗带的判断以及脑瘤新生血管的观察，以便区别脑胶质细胞瘤的恶性程度。也应用于急性心肌缺血的研究，其结果已接近MR灌注成像。近来也有用于肺、肝、胰和肾的研究报告。CT灌注成像比MR灌注成像操作简单、快捷，是有发展前景的成像技术。

三、磁共振成像检查

磁共振成像（magnetic resonance imaging，MRI）是利用原子核在磁场内所产生的信号经重建成像的一种影像技术。1978年第一幅人体头部磁共振图像在英国产生，1980年磁共振机应用于临床。MRI的成像参数较多，只要有1个参数发生变化，就可在MRI信号上得到反映。因此，MRI可以提供多层次诊断信息。

（一）MRI成像基本原理

当静磁场中物质的原子核受到一定频率的电磁波作用时，在它们的能级之间发生共振跃迁，这就是磁共振现象。物质吸收电磁波能量而跃迁之后，又会释放电磁能量恢复到初始状态，如果用特殊装置接收这部分信号，就采集了磁共振信号。因此，磁共振信号的产生应具备3个条件：能够共振跃迁的原子核、恒定的静磁场和能产生一定频率电磁波的交变磁场（也称射频磁场）。

氢的原子核最简单，只有单一的质子，具有最强的磁矩，最易受外来磁场的影响而发生共振跃迁，并且氢质子在人体内分布最广，含量最高，因此医用MRI均选用氢为靶原子核。静磁场作用是将无序的质子磁化。人体内的每一个氢质子可被视为一个小磁体，将人体置入一个强大静磁场中，这些小磁体将被迫沿静磁场方向重新排列。大部分顺磁力线排列，它们的位能低，状态稳；小部分逆磁力线排列，其位能高。两者的差称为剩余自旋，由剩余自旋产生的磁化矢量称为净磁化矢量，将这个过程称为磁化。净磁化矢量平行于静磁场，无法单独检测出来，因此须在静磁场垂直方向上加一射频磁场，使净磁化矢量偏离静磁场，才能被检测到。与氢质子运动频率相同的射频脉冲，使之产生共振，形成横向磁化矢量。当外来射频脉冲停止后，产生的横向磁化矢量在晶格磁场（环境磁场）作用下，将逐渐恢复到静磁场方向，同时以射频信号的形式放出能量，其质子自旋的相位一致性亦逐渐消失，并恢复到原来的状态。这些被释放出的射频信号被体外线圈接收，经计算机处理后重建成图像。

（二）MRI 设备

磁共振成像设备包括 5 个系统：磁体系统、梯度系统、射频系统、数据处理系统以及显示、储存系统。磁体分常导型、永磁型和超导型 3 种，目前常用的有超导型磁体和永磁体。磁体性能的主要参数有磁场强度、磁场均匀性、磁场稳定性等。常导型的线圈用铜、铝线绕成；永磁型的磁体由磁性物质制成的磁砖所组成，较重，磁场强度偏低，最高可达 03T；超导型的线圈用铌-钛合金线绕成。梯度系统由梯度放大器及 X、Y、Z 三组梯度线圈组成。它的作用是修改主磁场，产生梯度磁场。其磁场强度虽只有主磁场的几百分之一，但梯度磁场可以对人体 MRI 信号进行空间定位的三维编码。射频系统用来发射射频脉冲，使磁化的氢质子吸收能量而产生共振。在弛豫过程中，氢质子释放能量并发出 MRI 信号，后者被检测系统接收。射频系统主要由发射与接收两部分组成，其部件包括射频发射器、功率放大器、发射线圈、接收线圈以及噪声信号放大器等。

MRI 设备中的计算机系统主要包括模/数转换器、阵列处理机及用户计算机等。其数据采集、处理和图像显示，除图像重建由傅里叶变换代替了反投影外，其他与 CT 设备非常相似。

（三）MRI 图像特点

MRI 图像同 CT 一样，也是重建的灰阶成像。人体不同器官的正常组织与病理组织的 T_1 值是相对固定的，而且它们之间有一定的差别，T_2 值也是如此。这种组织间弛豫时间上的差别，在 MRI 上呈不同灰度影像，是磁共振成像诊断的基础。MRI 的影像虽然也以不同的灰度显示，但其反映的是 MRI 信号强度的高低或弛豫时间 T_1 与 T_2 的长短，而 CT 图像上灰度反映的是组织密度。一般而言，组织信号越强，MRI 图像上相应的部分就越亮，组织信号越弱，MRI 图像上相应的部分就越暗，由组织反映出的不同的信号强度变化，就构成了组织器官之间、正常组织和病理组织之间图像明暗的对比。

MRI 图像若主要反映组织间 T_1 差别，为 T_1 加权像（T_1WI），T_1WI 有利于观察解剖结构。若主要反映组织间 T_2 差别，则为 T_2 加权像（T_2WI），T_2WI 对显示病变组织较好。还有一种称为质子密度加权像（PdWI）的图像，其图像的对比主要依赖于组织的质子密度，简称质子加权像。MRI 是多参数成像，因此，在 MRI 成像技术中，采用不同的扫描序列和成像参数，可得 T_1 加权像、T_2 加权像和质子加权像。而 CT 成像只有密度一个参数。

在 T_1WI 上，脂肪的 MR 信号强，图像亮；脑和肌肉信号居中，图像灰；脑脊液、骨与空气信号弱，图像黑。T_2WI 则与 T_1WI 不同，如脑脊液 MR 信号强，图像呈白影。

（四）MRI 检查技术

MRI 成像技术有别于 CT 扫描，它不仅可行横断面成像，还可行冠状面、矢状面以及任意面的直接成像。同时还可获得多种类型的图像，如 T_1WI、T_2WI 等。若要获取这些图像，必须选择适当的脉冲序列和成像参数。

1. 序列技术 MRI 成像的高敏感性基于正常组织与病理组织弛豫时间 T_1 及 T_2 的不同，并受质子密度、脉冲序列的影响，自旋回波（SE）序列是目前临床 MR 成像中最基本、最常用的脉冲序列，其特点为可克服由于磁场不均匀性所致的去相位效应，但其扫描时间较长，尤其是应用长 TR 和长 TE 的 T_2 加权成像。反转恢复（IR）序列是最早应用的脉冲序列。快速自旋回波（TSE或FSE）序列是为解决SE扫描时间长而产生的。梯度回波（GRE）序列数据采集周期变短，提高了成像速度。快速梯度自旋回波（TGSE）序列具有SE及TSE的对比特点，且较之具有更高的磁敏感性，采集速度进一步加快。单次激发半傅里叶采集快速自旋回波（HASTE）序列仅需一次激励便可完成数据采集，大大减少了运动伪影。平面回波成像（EPI）是迄今最快的MRI成像技术。

2．MRI对比增强检查 MRI造影剂可克服普通成像序列的限制，能改变组织和病变的弛豫时间，从而提高正常组织与病变间的对比。目前临床上最常用的MRI造影剂为Gd-DTPA。常规选用T_1WI序列，结合脂肪抑制或磁化传递等技术可增加对比效果。

3．MR血管成像技术 磁共振血管成像（magnetic resonance angiography，MRA）是对血管和血流信号特征进行显示的一种技术。MRA作为一种无创伤性的检查，与CT及常规放射线相比具有特殊的优势，无需使用造影剂，血液的流动即是MRI成像固有的生理造影剂。流体在MRI影像上的表现取决于其组织特征、流动速度、流动方向、流动方式及所使用的序列参数。常用的MRA方法有时间飞越法和相位对比法。三维TOF法的主要优点是信号丢失少，空间分辨力高，采集时间短，对任何方向的血流都敏感，对脑动脉的显示有一定的优势，但不适于慢血流的显示；二维时间飞越（TOF）法饱和效应小，可用于大范围血管成像及非复杂性慢流血管；三维相位对比（PC）法可用于分析可疑病变区的细节，检查血液流量与方向；二维PC法可用于显示需极短时间成像的病变，如单视角观察心动周期。近年来发展起来一种新的MRA方法，称对比增强MRA，方法是静脉内团注2～3倍于常规剂量的Gd-DTPA造影剂，采用超短TR、TE快速梯度回波技术，三维采集，该方法对胸腹部及四肢血管的显示极其优越。

4．MR电影成像技术 磁共振电影（magnetic resonance cine，MRC）成像技术是利用MRI快速成像序列对运动脏器实施快速成像，产生一系列运动过程的不同时段的"静态"图像。将这些"静态"图像对应于脏器的运动过程依次连续显示，即产生了运动脏器的电影图像。MRC成像不仅具有很好的空间分辨力，更重要的是具有优良的时间分辨力，对运动脏器的运动功能评价有重要价值。对于无固定周期运动的脏器，如膝关节、颞颌关节等，其MRC成像的方法是将其运动范围分成若干相等的空间等分，在第一个等分点采集一幅图像，然后将每个空间位置的图像放在一个序列内连续显示，即成为关节运动功能的电影图像。

5．MR水成像技术 磁共振水成像（magnetic resonance hydrography，MR）技术主要是利用静态液体具有长T_2弛豫时间的特点，在使用重T_2加权成像技术时，稀胆汁、胰液、尿液、脑脊液、内耳淋巴液、唾液、泪水等流动缓慢或相对静止的液体均呈高信号，而T_2较短的实质器官及流动血液则表现为低信号，从而使含液体的器官显影。作为一种安全、无需造影剂、无创伤性的影像学检查手段，MR水成像技术已经提供了有价值的诊断信息，在某种程度上可代替诊断性ERCP、PTC、IVP、X线椎管造影、X线涎管造影及泪道造影等传统检查。MR水成像技术包括MR胰胆管成像（MRCP）、MR泌尿系成像（MRU）、MR椎管成像（MRM）、MR内耳成像、MR涎腺管成像、MR泪道成像及MR脑室系统成像等。

6．MR波谱技术 磁共振波谱（magnetic resonance spectroscopy，MRS）技术是利用MR中的化学位移现象来测定分子组成及空间分布的一种检测方法。随着临床MRI成像技术的发展，MRS与MRI相互渗透，产生了活体磁共振波谱分析技术及波谱成像技术，对一些由于体内代谢物含量改变所致的疾病有一定的诊断价值。在均匀磁场中，同种元素的同一种原子由于其化学结构的差异，其共振频率也不相同，这种频率差异称化学位移。MRS实际上就是某种原子的化学位移分布图。其横轴表示化学位移，纵轴表示各种具有不同化学位移原子的相对含量。目前常用的局部^1H波谱技术是由一个层面选择激励脉冲紧跟两个层面选择重聚脉冲，三者相互垂直，完成"定域"共振，使兴趣区的^1H原子产生共振，其余区域则不产生信号。

定域序列的一个主要特点是能在定域区产生局部匀场。脉冲间隔时间决定回波时间。在 ^{1}H 波谱中，回波时间通常为 20～30 ms，此时质子波谱具有最确定的相位，从而产生最佳分辨的质子共振波谱。

（五）MRI 诊断的临床应用

由于 MRI 磁场对电子器件及铁磁性物质的作用，有些患者不宜行此项检查，如置有心脏起搏器的患者、颅脑手术后动脉夹存留的患者、铁磁性植入物者（如枪炮伤后弹片存留及眼内金属异物等）、心脏手术后换有人工金属瓣膜患者、金属假肢和关节病患者、体内有胰岛素泵或神经刺激器患者，以及妊娠 3 个月以内的早孕患者等均应视为 MRI 检查的禁忌人群。

MRI 的多方位、多参数、多轴倾斜切层对中枢神经系统病变的定位定性诊断极其优越。在对中枢神经系统疾病的诊断中，除对颅骨骨折及颅内急性出血不敏感外，其他如对脑部肿瘤、颅内感染、脑血管病变、脑白质病变、脑发育畸形、脑退行性病变、脑室及蛛网膜下腔病变、脑挫伤、颅内亚急性血肿以及脊髓的肿瘤、感染、血管性病变及外伤的诊断，均具较大的优势。功能性磁共振成像（fMRI）可诊断超急性期脑梗死。MRI 不产生骨伪影，对后颅凹及颅颈交界区病变的诊断优于 CT。

MRI 具有软组织高分辨特点及血管流空效应，可清晰显示咽、喉、甲状腺、颈部淋巴结、血管及颈部肌肉。

由于纵隔内血管的流空效应及纵隔内脂肪的高信号特点，形成了纵隔 MRI 图像的优良对比。MRI 对纵隔及肺门淋巴结肿大和占位性病变的诊断具有较高的价值，但对肺内钙化及小病灶的检出不敏感。运用心电门控触发技术，可对心肌、心包病变、某些先天性心脏病作出准确诊断。MRI 可显示心脏大血管内腔，故对心脏大血管的形态学与动力学的研究可在无创的检查中完成。特别是 MR 电影、MRA 的应用，使得 MRI 检查在对心血管疾病的诊断方面具有良好的应用前景。

多参数技术在肝病变的鉴别诊断中具有重要价值。有时不需造影剂即可通过 T_1 加权像和 T_2 加权像直接鉴别肝囊肿、海绵状血管瘤、肝癌及转移癌。MRCP 对胰胆管病变的显示具有独特的优势。胰腺周围有脂肪衬托，采用抑脂技术可使胰腺得以充分显示。肾与其周围脂肪囊在 MRI 图像上形成鲜明的对比，肾实质与肾盂内尿液也可形成良好对比。MRI 对肾疾病的诊断具有重要价值。MR 泌尿系成像（MRU）可直接显示尿路情况，对输尿管狭窄、梗阻具有重要诊断价值。MRI 多方位、大视野成像可清晰显示盆腔的解剖结构。尤其对女性盆腔疾病诊断有价值，对盆腔内血管及淋巴结的鉴别较容易，是盆腔肿瘤、炎症、子宫内膜异位症、转移癌等病变的最佳影像学检查手段。MRI 也是诊断前列腺癌、尤其是早期患者的有效方法。

MRI 对四肢骨骨髓炎、四肢软组织内肿瘤及血管畸形有较好的显示效果，可清晰显示软骨、关节囊、关节液及关节韧带，对关节软骨损伤、韧带损伤、关节积液等病变，具有其他影像学检查所无法比拟的价值，在关节软骨的变性与坏死诊断中，早于其他影像学方法。

MRI 还有望对血流量、生物化学及代谢功能方面产生价值，从而给恶性肿瘤的早期诊断带来希望。

四、超声检查

超声检查是利用超声波的物理特性和人体器官组织声学特性相互作用后产生的信息，并将信息接收、放大和处理后形成图形、曲线或其他数据，借此进行疾病诊断的检查方法。在过去的半个世纪中，超声诊断进展非常迅速。随着声学理论的深入、计算机技术的发展，使超声诊断取得了前所未有的进步。从早期的 A 型和 M 型一维超声成像及 B 超二维成像，演进到动态实时三维成像；由黑白灰阶超声成像发展到彩色血流显像。谐波成像、组织多普勒成像等新型成像技术和各项新的超声检查技术（如腔内超声检查、器官声学造影检查、介入超声）逐渐应用于临床。目前超声诊断已成为一门成熟的学科，不仅能观察形态，而且能检测人体脏器功能和血流状态，在临床诊断与治疗决策上发挥着重要作用，成为医学影像学中的重要组成部分。

（一）超声检查的基本原理

1. 超声波 超声波是指振动频率在2万赫兹（Hz）以上的机械波。它是相对于声波而言的，频率在20～2万Hz间的机械波能被人耳感知，称为声波。频率低于20 Hz的机械波称次声波。超声波波长短，频率高，人耳听不到。它以纵波的形式在弹性介质内传播。医学诊断用超声波的频率在1～40 MHz之间。

2. 超声波的发生 目前，医学诊断用超声波发生装置，多采用压电晶体作为换能器。医用超声波诊断仪主要由两部分组成，即主机和探头。探头即换能器，用来产生和接收超声波。超声波的产生即是利用压电晶体的逆压电效应，当压电晶体受到仪器产生的高频交变电压作用时，压电晶体将在厚度方向上产生胀缩现象，即机械振动，产生了超声波，在人体组织中传播时，常可穿透多层界面，在每一层界面上均可发生不同程度的反射和（或）散射，这些反射或散射声波含有超声波传播途中所经过的不同组织的声学信息。超声波的接收则是利用压电晶体的正压电效应。当回声信号作用于压电晶体上时，相当于对其施加一个外力（机械能），根据正压电效应，晶体两边将产生携带人体组织声学信息的微弱电压信号，将这种电信号经过放大、处理之后，即能在显示屏上显示出用于诊断的声像图。

3. 超声波传播的特点

（1）束射性或指向性：超声波与一般声波不同，由于其频率极高，而波长很短，在介质中呈直线传播，具有良好的束射性或指向性。这便是可用超声对人体器官进行定向探测的基础。

（2）反射、折射和散射：超声在介质中传播与介质的声阻抗密切相关。声阻抗（Z）为声波传递介质中某点的声压与该点速度的比值，等于密度（ρ）与声速（C）的乘积，$Z = \rho \cdot C$。两种不同声阻抗物体的接触面，称界面。超声束在具有同一声阻抗比较均匀的介质中呈直线传播。超声束传播途中遇到大于波长且具有不同声阻抗的界面时，部分声束发生折射进入另一种介质，部分声束发生反射。反射声束的多少与两介质间声阻抗差的大小有关，即声阻抗差越大，反射越多。发射声束的方向与入射波束和界面间夹角（即入射角）有关。如超声束波长遇到远远小于声波波长且声阻抗不同的界面（如红细胞），则会发生散射，其能量向各个方向辐射，朝向探头方向的散射波称为背向散射或后散射。目前，根据背向散射积分可计算背向散射积分指数、背向散射积分心动周期变化幅度和跨壁背向散射积分梯度等，可以评价人体组织器官组织声学特性和功能状态。

（3）吸收与衰减：超声在介质中传播时，除了声束的远场扩散、界面反射和散射使其声能衰减外，还有介质吸收导致的衰减，包括介质的黏滞性、导热率和弛豫性。不同生物组织对入射超声的吸收衰减程度不一，主要与组织中蛋白质和水的含量有关，且在同一种组织中又随超声频率的增高而增大。

（4）多普勒效应：超声束遇到运动的反射界面时，其反射波的频率将发生改变，此即超声波的多普勒（Doppler）效应。这一物理特性已广泛应用于心脏、血管等活动脏器的检测。

（二）超声检查的方法

按显示回声的方式不同可以分为以下几类。

1. A型诊断法 又称幅度调制型。此法是以波幅的高低代表界面反射信号的强弱，可探测界面距离，测量脏器径线及鉴别病变的物理特性，可用于对组织结构的定位及定性。目前，由于此法过分粗略，已基本被淘汰。

2. B型诊断法 又称辉度调制型。此法是以不同亮度的光点表示界面反射信号的强弱，反射强则亮，反射弱则暗，称灰阶成像。其采用多声束连续扫描，每一单条声束上的光点连续分布成一幅切面图像，可以显示脏器的二维图像。其图像纵轴表示人体组织深度，即界面至探头的距离，横轴表示超声束在扫描方向上的位置，反映切面图像的宽度。若扫描速度超过每秒24帧时，则能显示脏器的实际活动状态，称为实时显像。B型诊断法可清晰显示脏器外形与毗邻关系及软组织的内部回声、内部结构、血管等分布情况。因此，本法是目前临床使用最为广泛、最重要、最基本的一种超声诊断法。

3. M型诊断法 此法系将单声束超声波所经过的人体各层解剖结构的回声以运动曲线的形式显示的一种超声诊断法。其图像纵轴代表回声界面至探头的距离，即人体组织深度，横轴代表扫描时间，实际上属于辉度调制型。此法主要用于探测心脏，称M型超声心动图。本法常与扇形扫描心脏实时成像相结合使用。

4. D型诊断法 利用多普勒效应对心脏血管内血流方向、速度和状态进行显示的方式，称为多普勒显示法，此类仪器称为多普勒超声仪。根据其仪器性能及显示方式，大致可分为两类：其一为频谱型多普勒；其二为彩色多普勒血流显像（CDFI）。频谱多普勒是将一个取样容积（脉冲波多普勒）或一条取样线（连续波多普勒）上的多普勒频移信号以频谱的方式显示，即朝向换能器流动的血流多普勒频移信号显示在频谱图基线上方，背向换能器流动的血流多普勒频移信号显示在频谱图基线下方，频谱图的横轴和纵轴分别代表时间和频移的大小。彩色多普勒血流显像通常是用自相关技术快速处理一个切面内多点多普勒频移信号，彩色编码红、蓝、绿三色显示血流多普勒频移信号，并将此彩色血流信息重叠显示于同一幅二维灰阶图像的相应区域内。其中朝向探头的正向血流以红色代表，背离探头的负向血流以蓝色代表，湍流方向复杂多变，以绿色代表。速度越快者彩色越鲜亮，速度缓慢者彩色较暗淡，故由彩色的类别、亮度即可了解血流情况。彩色多普勒血流显像不仅能清楚显示心脏大血管的形态结构与活动情况，而且能直观和形象地显示心内血流的方向、速度、范围、有无血流紊乱及异常通路等，故有人将其称为非损伤性心血管造影法，这是自心血管技术建立以来，在心血管疾病检查方法中最有意义的进步。

5. 超声检查新方法

（1）组织多普勒成像：心脏大血管腔内的红细胞运动速度较快，故其产生的多普勒频移较高且振幅较低；而心壁、瓣膜和大血管壁的运动速度相对较慢，故其产生的多普勒频移较低而振幅较高。传统的多普勒显像技术通过高通滤过器，将室壁等结构运动产生的低频移高振幅多普勒频移信号滤除，只显示心腔内红细胞运动产生的高频移低振幅多普勒频移信号。故传统的多普勒成像用于观察心腔及大血管内的血流情况，称为多普勒血流成像。组织多普勒成像则正好相反，这种技术采用低通滤过器，将来自心腔内红细胞运动的高频移低振幅多普勒频移信号去除，只提取来自运动心壁的低频高振幅多普勒频移信号，将其输送到自相关系统和速度计算单元进行彩色编码，通过数模转换器以二维和M型的显示。该方法主要用于定量观察和分析心肌局部运动情况。

（2）彩色多普勒能量图：该技术是依据血管腔内红细胞等运动散射体的多普勒频移信号的强度或能量为成像参数进行二维彩色成像的一种检查方法。与普通彩色多普勒血流显像不同，彩色多普勒能量图的色彩亮度不代表速度，而代表多普勒频移信号的能量大小，与产生多普勒频移信号的红细胞数有关。该技术可单独使用，但常与声学造影技术合用，主要用于观察脏器的血流灌注情况。

（3）腔内超声检查：包括经食管超声心动图、心腔内超声、血管内超声、经胃十二指肠超声、经直肠超声和阴道超声。前三者主要用于诊断心血管疾病。经胃十二指肠超声和经直肠超声分别用于胃、十二指肠和直肠及其毗邻脏器疾病的观察和诊断。经阴道超声主要用于诊断妇产科疾病。

（4）声学造影检查：声学造影检查是将含有微小气泡的造影剂经血管注入体内。使相应的心腔大血管和靶器官显影，为临床疾病诊断提供重要依据。包括右心系统声学造影、左心系统声学造影和心肌及实质脏器灌注声学造影。前两种方法主要用于观察心内有无右向左和左向右分流，以诊断先天性房、室间隔缺损。心肌及实质脏器灌注声学造影目前正处于研究阶段，随着新型造影剂的开发，各种新的成像方式（如二次谐波成像技术、间歇成像技术）的应用，其将成为一种无创性观察心肌供血状况、诊断心肌缺血、判断其他实质性脏器病变的方法。

（三）超声检查前患者的准备

1. 常规肝、胆囊、胆道及胰腺检查通常需空腹。必要时饮水 400～500 ml，使胃充盈作为声窗，以利于胃后方的胰腺及腹部血管等结构的充分显示。胃的检查需饮水并服胃造影剂，以显示胃黏膜及胃腔。

2. 早孕、妇科、膀胱及前列腺检查患者，于检查前 2 h 饮水 400～500 ml 以充盈膀胱。

3. 心脏、大血管及外周血管、浅表器官及组织、颅脑检查一般不需特殊准备。

4. 婴幼儿及检查不合作者可予水合氯醛灌肠，待安静入睡后再行检查。

5. 腹部检查 2 日内应避免行胃肠钡剂造影和胆系造影，因钡剂可能干扰超声检查。

（四）超声检查的临床应用

1. 肝声像图

（1）正常声像图及超声测量参考值：正常肝被膜整齐、表面光滑，呈弥漫点状中等强度回声。肝具有弧形膈面和内凹或较平坦的脏面，边界线清晰，左叶下缘角小于 45°，右叶下缘角小于 75°。肝上界多位于第 6 肋间，平静呼吸时剑突下长度不超过 5 cm，右叶多不超过肋缘。经肝右静脉注入下腔静脉的右肋下缘斜切面图测量肝右叶最大斜径为 10～14 cm。经腹主动脉长轴切面测量肝左叶，前后径不超过 5～6 cm，上下径不超过 5～9 cm。肝实质呈均匀弥漫分布的点状中低回声。肝内显示的管道结构主要是门静脉与肝静脉，前者管壁较厚，回声较强，其主干内径小于 1.4 cm；后者管壁薄，回声弱，汇流至下腔静脉。

（2）肝异常声像图

1）典型的原发性肝癌有以下特点：①直接征象：肝实质内出现单发、多发的圆形或椭圆形实质性回声，其回声强度和分布与癌肿病理组织学改变密切相关，可为均匀或不均匀的弱回声、强回声和混杂回声。一般肿块与正常肝组织边界模糊，且多不规则，肿瘤周围可见完整或不完整的低回声包膜，在侧后方出现侧后声影。②间接征象：肝局部肿大或全肝大，失去正常形态，肝边缘角变钝。浅表肿块呈膨胀生长，引起肝包膜隆起，肝外缘变形，呈驼峰征样改变，肿瘤周围有血管绕行，产生窄带的低回声，或边缘血管中断，形成在扩张血管内的高回声灶。肿瘤挤压肝内管状结构使其发生变形、移位、扭曲、狭窄或闭塞，挤压邻近脏器使其移位。晚期病例可在门静脉或肝静脉内发现癌栓光团，胸、腹水形成时可在胸、腹腔内出现无回声区。继发性肝癌表现为在肝内出现多发的、大小及形态特征相似的强或弱回声结节。淋巴瘤、肉瘤及霍奇金病的肝转移瘤表现为回声减弱区；乳腺癌、肺癌转移瘤呈"牛眼征"或"声晕样"声像图；结肠癌、胃癌、食管癌及泌尿系统癌肿肝转移灶多为高回声结节。彩色多普勒血流显像：原发性肝癌彩色血流可呈网篮状包绕肿物，也有伸向瘤内，在瘤内呈散在彩点分布，常可测出高速动脉性血流和门静脉血流。转移性肝肿瘤多数为低速血流。

2）肝硬化声像图典型特点：①肝形态、大小失常，右叶、方叶萎缩，左叶及尾叶肿大或萎缩，肝各叶比例失调，少数出现全肝萎缩。肝表面高低不平，呈波浪状；②肝实质回声不均匀增强；③肝内门静脉变细、扭曲，并模糊不清；④门脉高压征象：门静脉主干、脾静脉以及肠系膜上静脉扩张，侧支循环开放、脐静脉再通，脾大。

3）脂肪肝：肝增大，肝实质表现为"光亮肝"，肝轮廓不清，肝角变圆钝。肝内血管与肝实质回声水平接近，回声反差消失，致使肝内血管结构不清。

2. 胆道系统声像图

（1）正常声像图：正常胆囊切面呈梨形或椭圆形，向颈部移行逐渐变细，胆囊壁薄，光滑清晰，厚度不超过 0.3 cm，胆囊内为无回声区。后壁回声增强。正常胆囊超声测值：长径不超过 8 cm，短径不超过 4 cm，短径对胆囊大小的判断意义较大。胆总管声像图可分为上、下两段。上段位于门静脉前方，显示长度约 4 cm，与门静脉形成双管结构；下段因受肠道气体的干扰，超声不易显示。胆总管内径小于 0.6 ～ 0.8 cm。正常肝内胆管一般不显示，其内径为 2 ～ 3 mm。

（2）异常声像图

1）胆囊炎

急性胆囊炎：单纯性胆囊炎胆囊稍大，囊壁稍厚而粗糙。化脓性胆囊炎可见胆囊增大，胆囊轮廓模糊，厚度超过 0.3 cm，增厚胆囊壁呈强回声带，中间出现弱回声，呈现"双边影"。若胆囊内出现弥散分布的云雾状、斑点状回声，透声度降低，多伴有胆囊结石。

慢性胆囊炎：轻者声像图特征不明显，或仅有囊壁稍增厚。典型者可见胆囊增大，胆囊壁增厚，回声增强。胆囊轮廓回声模糊。腔内可见结石或由组织碎屑所致的沉积性回声图像。胆囊收缩功能减弱。

2）胆囊与胆道结石：超声检查是胆囊结石最简便、最准确的诊断方法，正确率高达 95% 以上。因受胃肠气体的干扰，肝外胆管结石的超声诊断准确性略低。

胆囊结石：胆囊结石的声像图为胆囊腔内一个或数个形态稳定的新月形或不规则形强回声团；在强回声团后方有清晰的直线回声暗带，其宽度与结石大小一致；变换患者体位，该强回声团可随体位变动而移动。此外，胆囊充满结石时，正常胆囊的无回声区消失，仅在胆囊区呈现一个圆形或弧形强回声团，其后伴有明显的声影，有时可出现增厚胆囊壁环绕强回声结石，提示合并有胆囊炎。泥沙样结石表现为强回声，但声影不明显，变动体位可见强回声移动。胆囊壁内胆固醇结晶结石表现为胆囊壁可见 2 ～ 3 mm 大小的强回声斑点，并拖有彗星尾状的强回声。

胆管结石：肝外胆管结石常引起胆道梗阻，表现为有结石的胆管近端扩张，管壁增厚，回声较强。并在管腔内发现强回声团，后方伴有声影，强回声团呈圆形、斑点状、条索状或不规则片状，主要沿左、右肝管分布。强回声团与胆管壁之间界线清晰，典型的可见细窄的无回声带包绕结石强回声团而成为"靶环样"。

3. 肾、膀胱、前列腺声像图

（1）正常声像图

1）肾：肾的被膜轮廓清晰、光滑，呈较强回声线。肾中央偏内侧为肾窦区（包括肾盂、肾内血管及脂肪），呈不规则密集的强回声区，其宽度占肾断面宽度的 1/2 ～ 2/3。肾被膜与肾窦之间为肾实质，呈均匀低回声区，切面通过肾窦时为"C"形，切面未通过肾窦时为"O"形。肾正常超声测量值长 9 ～ 12 cm，宽 4 ～ 6 cm，厚 3 ～ 5 cm。

2）膀胱：膀胱充盈时，横切面呈圆形、椭圆形或类方形，纵切面呈边缘圆钝的三角形。膀胱壁呈强回声带，一般厚为 1 ～ 3 mm，充盈时较薄且光滑整齐。膀胱内呈液性无回声区。

3）前列腺：可经腹壁、直肠或会阴部探查。经腹壁横向探查时，前列腺呈三角形或栗子形，边缘圆钝，前列腺包膜整齐而明亮，实质呈略低回声，内有均匀分布的细小光点回声。中央部可见强回声的尿道。其左右径、上下径和前后径分别为 4 cm、3 cm 和 2 cm。

（2）异常声像图

1）肾结石：肾窦区内出现单发或多发点状或团块状强回声。直径大于 0.3 cm 结石后方常伴有声影。肾结石嵌顿导致肾积水时，表现为不规则无回声区。超声检查可发现 X 线平片检查阴性的结石。

2）膀胱结石：膀胱无回声区内出现点状或团块状强回声，其后伴有声影。强回声团可随体位改变而移动。超声检查对于 0.3 cm 以上的膀胱结石几乎都能显示，但对小于 0.3 cm 的结石，如果数量少，无堆积，则易漏诊。

3）肾癌：肾形态失常，表面隆起，肿块边缘不光整。小肾癌多呈高回声，大肾癌内由于出血、坏死、囊变钙化，多呈混杂回声或液性无回声区。如血管内有瘤栓，可见腔内有散在或稀疏回声；淋巴结转移时在肾动脉和主动脉周围出现低回声结节。

4）前列腺增生症：指前列腺径线超过正常值。前列腺增生症以前后径增大为主，严重者增生的前列腺可突入膀胱腔内。大多数患者前列腺外形规整，左右对称，也可呈分叶状，其包膜完整、光滑，无中断现象，但可增厚。多数增生的前列腺内部回声均匀，少数回声增强。与前列腺结石合并存在时，表现为沿内外腺交界处呈弧形排列的散在强回声点或强回声团，有时可伴有声影。部分病例可伴发尿潴留、肾积水、膀胱结石等。

第三节　心电图检查

心电图是心脏电活动的记录，与脑电图、肌电图等同为生物电流现象的记录。心电图自应用于临床百余年来，作为一种无创性的检查方法，在心血管疾病的诊治、危重病患者抢救及手术、麻醉的监护过程中，发挥了重要作用，是必不可少的辅助检查手段。也是医务人员，尤其是基层医疗卫生人员必备的基本功。学习心电图，首先要从形象化的识图开始，并结合临床实际，加以运用。初学者通过学习心电图相关知识，逐步积累经验，就能通过心电图检查来初步发现和诊断一些常见病、多发病。

心脏在收缩之前就有电激动，在电激动 0.02～0.07 s 后，才有机械的收缩活动。心脏的电激动产生动作电流，通过人体的容积导体将心脏的动作电流传导至身体各部，利用心电图机将心脏每一心动周期所产生的电活动变化所形成的曲线记录下来，此种曲线图称为心脏电流图，简称心电图（ECG）。

一、心电图的基本知识

心肌细胞生物电现象与神经细胞、骨骼肌细胞一样，在细胞膜内外两侧存在着电位差及电位差变化。细胞安静时的膜电位称静息电位，也称膜电位；细胞兴奋时产生的膜电位称动作电位，是细胞兴奋的标志。

（一）心肌细胞的除极与复极

心肌细胞膜内外两侧 K^+、Na^+、Cl^-、Ca^{2+} 等呈不均匀分布，心肌细胞在静息状态下，细胞膜外排列着一层带正电荷的阳离子，膜内排列着等量的带负电荷的阴离子，即细胞膜外的电位比细胞膜内的电位高。安静状态下，心肌细胞能保持其膜内外暂时的稳定状态而不产生电流，这种状态称为极化状态。此时自细胞内外的两端连接导线至一电流计，则指针静止，描出一水平线。

当心肌细胞膜受到刺激（阈刺激）后，极化状态发生逆转，使细胞内、外正负离子的分布发生改变，导致膜"外正内负"的状态较快地转变成"外负内正"，从而产生动作电位。在正电位处的电极可描出除极进行的一向上划线。在除极时，前面为正电位，后面为负电位，对着正电位的电极描出的是一向上的波。当刺激传至整个细胞时，膜外均变为负电位，因两端电位均为"－"，保持暂时的平衡而无电位差，因此又描出一电平线，为除极状态。

此后在开始受刺激端，又恢复膜"外正内负"的原始状态，恢复端较未恢复端膜外的电位高，此时又产生了电位差，对着负电位的电极描出一向下的曲线，为复极进行。复极进行时，前面为负电位，后面为正电位，对着负电位的电极描出一向下的波，复极进行较除极为慢，因而描出较圆钝的曲线。之后恢复原来的状态，两端均为正电位，无电位差，曲线也回到电位线，为复极完成。在复极过程中，膜外形成电位差产生电流，相当于心室复极产生的 T 波。

（二）心脏的除极与复极

心脏近似一前后稍扁、倒置的圆锥体，有心房和心室的复杂构造。心室为一不规则的"U"形器官，当心脏激动时，心室和心房内会发生极为复杂的电压变化，从而构成心电图的特有波形。

心脏除极时，其方向是从心内膜向心外膜进行，即心内膜的正电荷向心外膜移动，因此，探查电极面对心外膜时描出一向上的波，电极面对心内膜时则描出一向下的波。

心脏的复极与除极方向相反，从心外膜向心内膜进行，故面对心外膜的电极亦描出向上的波形。所以，在正常人的心电图中，记录到的心室复极波与除极波方向一致，与单个的心肌细胞不同，其机制尚不清楚，可能因心外膜心肌的温度较心内膜下高，心室收缩时，心外膜承受的压力比心内膜小，所以心外膜复极过程发生比心内膜早。

在体表部位采集到的心脏电位强度因体型及部位的不同而变化，与下列因素有关：①与心肌的厚度（心肌细胞数量）成正比；②与探查电极的位置和心肌细胞之间的距离成反比；③与探查电极的方位和心肌除极的方向所构成的角度有关，夹角越小，心电位在导联上的投影越大，电位越强；反之则相反。这种既具有强度，又具有方向性的电位幅度称为心电"向量"（vector），通常其方向用箭头表示，其电位强度用长度表示。心脏的心电向量由其电激动过程产生，但由于心肌并不是一个规则的整体，使其电活动错综复杂，导致各心电向量间的关系也复杂，然而一般均按下列原理合成为"心电综合向量"（resultant vector）：两个心电向量在同一轴的方向相同者，其幅度相加；方向相反则相减。两个心电向量方向构成一定角度者，则可应用"合力"原理将两者按其角度和幅度构成一个平行四边形，其对角线即为综合向量，可以认为，在体表所描记的心电变化，是心肌细胞电活动的电位变化按上述原理综合的结果。

（三）心电图各波段的形成和命名

心脏正常的传导系统包括窦房结、结间束（分为前、中、后结间束）、房间束（起自前结间束，称 Bachmann 束）、房室结、希氏束、房室束、束支（分左、右支，左束支又分前、后分支）和浦肯野纤维网。心脏的兴奋冲动由其传导系统传导，与每一心动周期顺序出现的心电变化密切相关。

窦房结是心脏的最高起搏点，其产生的冲动兴奋心房的同时经结间束传导至房室结（对兴奋的传导起延搁作用，延迟 0.05~0.07 s），然后沿希氏束传至左、右束支，再传至浦肯野纤维，最后兴奋心室，这种心脏电激动先后有序的传播，引起一系列电位的改变，形成了心电图上相应的波段。临床心电图学对这些波、段进行了统一的命名。

1. P 波 是最早出现的幅度较小的波，为左、右心房除极的混和波，右心房激动约早于左心房 0.03 s。

2. P-R 间期 又称 P-Q 间期，即自 P 波开始部至 R 波（或 Q 波）开始部的时间。代表激动自窦房结开始，通过心房、房室结及房室束的全部时间，即为房室传导的时间。

3. QRS 波群 是振幅最大的波群，反映左右心室除极的全过程。心室肌室间隔最早激动（从左到右），产生 Q 波；然后双侧心室肌被激动，从心内膜到心外膜，产生 R 波；此后，一小部分心室肌被激动（心底部），产生 S 波。

QRS 波群因检测电极位置不同（常规 12 个导联）或由于心电图异常改变，QRS 波群会表现有多种形态，已统一命名如下：任何 QRS 波群中第一个出现的位于等电位线之后向上的波，不论其前面有无向下的波，都称为 R 波；R 波之前的负向波称为 Q 波；S 波是 R 波之后第一个负向波；R'波是继 S 波之后的正向波；R'波后再出现负向波称为 S'波；如果 QRS 波群只有一个向上的波，不称为 QRS 波群，而称为 R 波；QRS 波群只有一向下的波时，则称为 QS 波。QRS 波群的记录原则是：大波用大写的字母，小波用小写的字母（图 3-13）。

4. S-T 段 QRS 波群终点（一般称为 J 点）至 T 波起点之间的线段，反映心室除极结束至复极前的时间。一般为一等电位线。

5. T波 继 QRS 波群之后，出现一个较宽大的向上的波，称为 T 波。T 波代表心室复极过程的电位变化。

6. Q-T 间期 为心室除极开始至心室复极完毕全过程的时间。

正常心室的除极始于室间隔中部，自左向右方向除极；随后，左、右心室游离壁从心内膜向心外膜除极；左室基底部和右室肺动脉圆锥部为最后的除极部位。心室肌这种规律的除极顺序，对于理解不同电极部位 QRS 波群形态的形成非常重要。

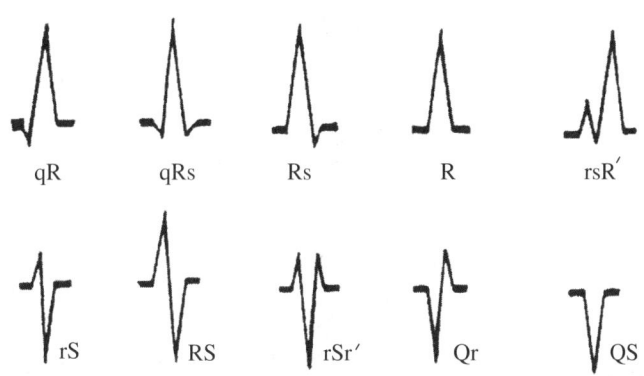

图 3-13 QRS 波群命名示意图

（四）心电图的导联体系

在人体不同部位放置电极，并通过导联线与心电图机电流计的正负极相连，这种记录心电图的电路连接方法称为心电图导联。电极位置和连接方法不同，可组成不同的导联。在长期临床心电图实践中，已形成了一个目前广泛采纳的国际通用导联体系（1ead system），称为常规 12 导联体系。

1. 标准导联 亦称双极肢体导联，反映两个肢体之间的电位差。

Ⅰ导联：将左上肢电极与心电图机的正极端相连，右上肢电极与负极端相连，反映两上肢的电位之差。如左上肢的电位高于右上肢，则描记出一个向上的波形；如右上肢的电位高于左上肢，则描记出一个向下的波形。

Ⅱ导联：将左下肢电极与心电图机的正极端相连，右上肢电极与负极端相连，反映左下肢与右上肢的电位差。如左下肢的电位高于右上肢，则描记出一个向上的波形；反之，则为一个向下的波形。

Ⅲ导联：将左下肢与心电图机的正极端相连，左上肢电极与负极端相联，反映左下肢与左上肢的电位差，当左下肢的电位高于左上肢时，描记出一个向上的波形；反之，则为一个向下的波形（图 3-14）。

2. 加压单极肢体导联 标准导联只反映体表某两点之间的电位差，不能探测某一点的电位变化，而人体表面的任何一点，都有一定的电位变化。如果把探查电极接在人体任一点上，将心电图机的负极接在零电位点上（无关电极），就可以测得该点的电位变化，这种导联方式称为单极导联。Goldberger 创用了加压单极肢体导联的方法，在描记某一肢体的单极导联心电图时，将该肢体与中心电端相连接的高电阻断开，这样就可使心电图波形的振幅增加 50%，这种导联方式称为加压单极肢体导联，分别以 aVL、aVR 和 aVF 表示（图 3-15）。

3. 胸导联 属单极导联，把检测的正电极放置在胸前的一定部位，另将左上肢、左下肢和右上肢三个肢体导联电极连接起来，构成"无干电极"或称中心电端，此种连接使该处的

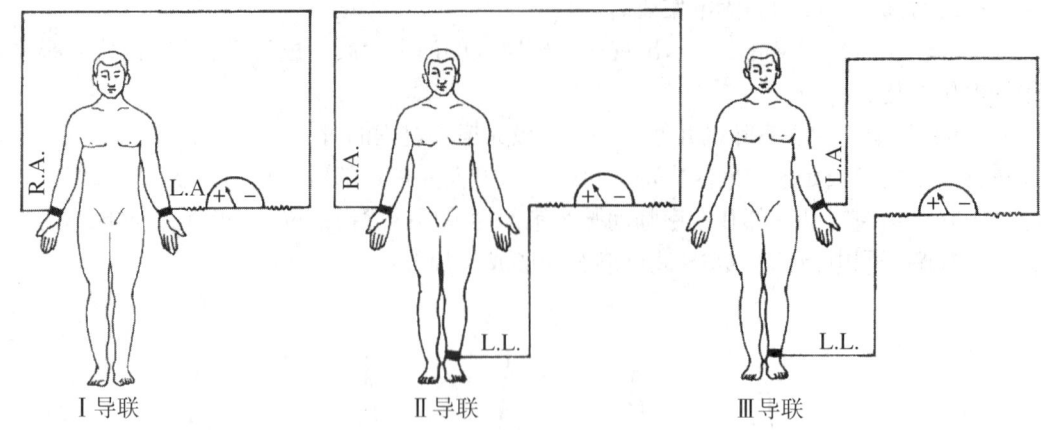

图 3-14 标准导联连接方式

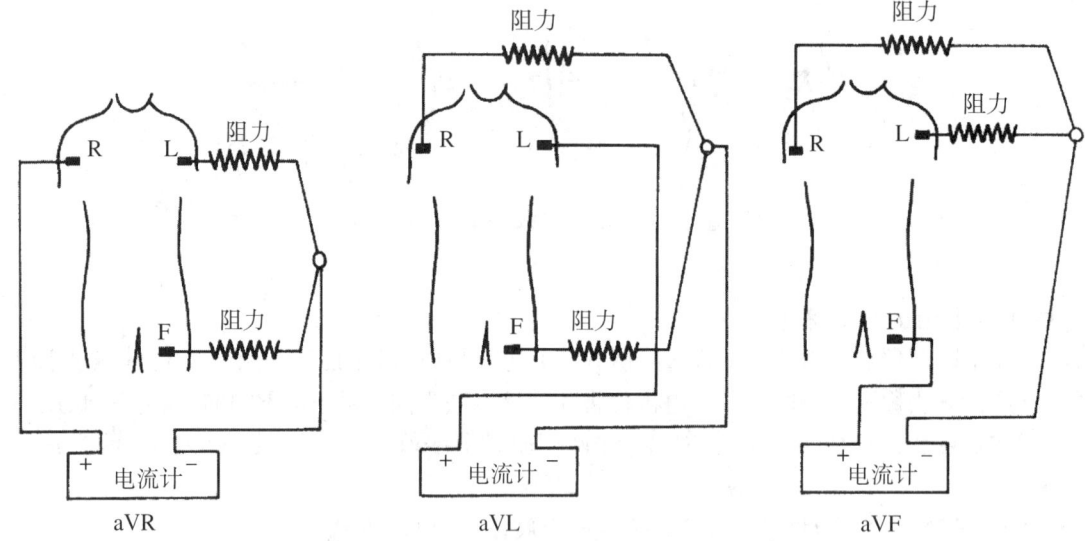

图 3-15 加压单极肢体导联连接方式

电位接近于零,设为导联的负极,这就是单极胸导联。这种导联方式,探查电极离心脏很近,只隔着一层胸壁,因此心电图波形振幅较大。常用的胸导联通常有6个,即 V_1、V_2、V_3、V_4、V_5、V_6 导联。V_1 位于胸骨右缘第4肋间;V_2 位于胸骨左缘第4肋间;V_3 位于 V_2 与 V_4 连线的中点;V_4 位于左锁骨中线与第5肋间相交处;V_5 位于左腋前线 V_4 水平处;V_6 位于左腋中线 V_4 水平处。V_1、V_2 导联面对右室壁,V_5、V_6 导联面对左室壁,V_3、V_4 导联介于两者之间(图 3-16)。

在常规心电图检查时,通常应用以上导联即可满足临床需要,但在个别情况下,例如疑有右心室肥大、右位心或特殊部位的心肌梗死等情况下,还可以添加若干导联,例如右胸导联 $V_{3R} \sim V_{6R}$,相当于 $V_3 \sim V_6$ 相对应的部位;V_7

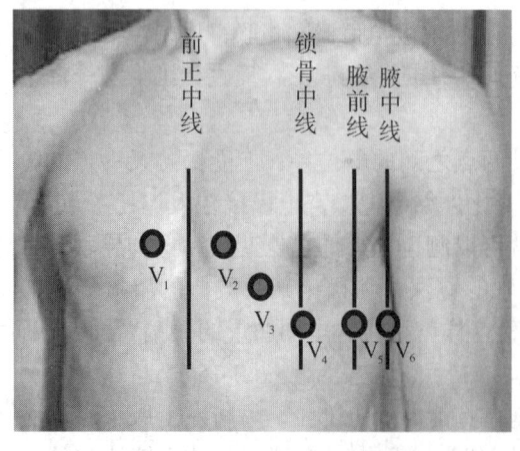

图 3-16 胸导联的放置部位

导联在左腋后线与 V_4 水平处；V_8 位于左肩胛线 V_4 水平处；V_9 位于左脊旁线 V_4 水平处。

二、正常心电图

心电图一般描记在特殊的记录纸即心电图记录纸上。心电图记录纸（图 3-17）由粗细两种纵线和横线划分的小格组成。两细线的间距为 1 mm，两粗线的间距为 5 mm。纵线之间构成的纵格表示电压，当标准电压 1 mV = 10 mm 时，两细线的间距（1 mm）代表 0.1 mV 电压，每一大纵格代表 0.5 mV 电压。通常心电图机走纸速度为 25 mm/s，每一小横格（1 mm）代表 0.04 s，每一大横格代表 0.20 s。

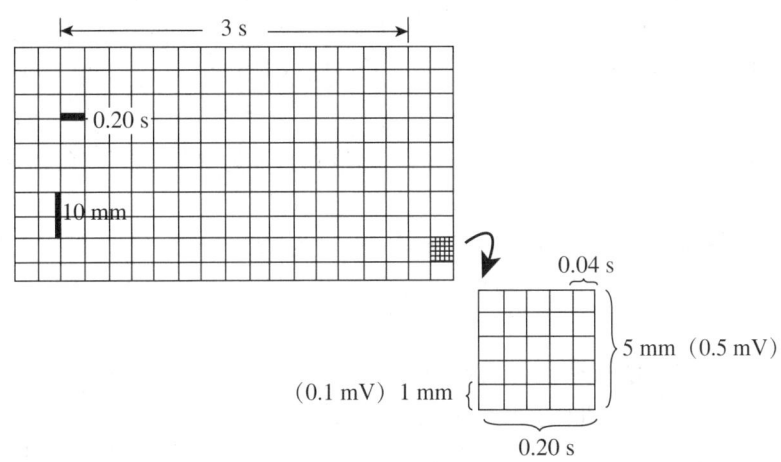

图 3-17　心电图纸纵线和横线图解示意图

（一）心电图的测量

1. 心率的测量　先进的心电图分析诊断仪，可将 12 导联心电图和心率一起显示出来。

无自动分析测量功能的心电图机，在心电图上测量心率，应用双脚规测量 P-P 间期求出心房率，测量 R-R 间期求出心室率。在心律正常的情况下，测 R-R（或 P-P）间期的秒数，然后再除 60 即可求出心率。例如，R-R 间期为 0.75 s，则心率 = 60 / 0.75 = 80 次 / 分。

心率的测量还可使用专门的心率尺或采用查表法直接查出相应的心率数。心律明显不齐时，一般采用心动周期的平均值来进行推算。

2. 各波段时间的测量

（1）P 波的测量：P 波时间在不同导联可有不同，在 12 导联同步记录的心电图上进行测量比较精确。最早的 P 波起点可出现在某一导联上，测量 P 波的起点应从该导联开始。P 波的终点时间在另一导联上，P 波的时间应自最早的 P 波起点至最晚的 P 波终点。心电图如果是在单导联心电图机上描记的，不可能准确地测出 P 波的时间，应选择 P 波在 12 导联中最宽处作为 P 波的时间。

（2）P-R 间期：P-R（P-Q）间期的精确测量应是在同步记录的 12 导联中最早的 P 波起点至最早的 QRS 波群的起点的间距。单导联描记的心电图，应选择 P 波宽大、又有 Q 波的导联进行测量。

（3）QRS 波群的时间：正确的测量也应在同步 12 导联心电图记录中进行，在此心电图中最早的 QRS 波群的起点到最晚的 QRS 波群终点的间距为其实测的时间。在单导联心电图中，应选择 12 导联中最宽的 QRS 波群进行测量。

（4）Q-T 间期：心电图若是由 12 导联同步描记的，最早的 QRS 波群起点至最晚的 T 波终点的时间为 Q-T 间期。在单导联、3 导联或 6 导联同步记录的心电图上测量 Q-T 间期，最

好在 V_1、V_2、V_3 导联，取其中最长的 Q-T 间期。应注意，测量 Q-T 间期不能把 U 波计算在内。

3. 各波段振幅的测量 测量 P 波振幅的参考水平应以 P 波起始前的水平线为准。QRS 波群、J 点、ST 段、T 波和 U 波的振幅测量参考水平统一以 QRS 起始部水平线为准。如果 QRS 起始部为一斜段（受心房复极波或预激波的影响），其测量的参考点应取 QRS 波群的起点。测量向上波形的高度时，应从基线的上缘测出波顶端的垂直距离；测量向下波形的深度时，应从基线的下缘测出波底端的垂直距离。

（二）正常心电图波形特点和正常值

1. P 波 是左、右心房除极的重合波。右心房的激动一般早于左心房 0.01～0.03 s。

（1）形态：P 波的形态取决于 P 向量环在导联轴上的投影，心脏的激动起源于窦房结，因此心房除极的综合向量是指向左、前、下。窦性 P 波在大部分导联上呈圆钝形，可能有时有轻微的切迹，P 波的方向在 I、II、aVF、V_4～V_6 导联中均向上，在 aVR 导联中向下，在其他导联中可呈双向、倒置或低平。

（2）时间：在肢体导联中为 0.06～0.10 s，超过 0.11 s 为 P 波过宽；在胸导联中，P 波多在 0.06 s 之内。

（3）振幅：在各导联中为 0.05～0.25 mV，平均为 0.1～0.2 mV。大于 0.25 mV 为 P 波过高，小于 0.05 mV 为 P 波过低。在肢体导联中，P 波振幅应小于 0.25 mV，在胸导联中应小于 0.15 mV。

2. P-R 间期 又称 P-Q 间期，包括激动自窦房结开始，通过心房、房室结及房室束的全部时间，即代表心房开始除极到心室开始除极的时间。

成年人心率在正常范围时，P-R 间期的正常值为 0.12～0.20 s。P-R 间期与年龄、心率有直接关系，儿童及心率增快者相应缩短，在老年人及心率缓慢者相应延长，但不应超过 0.22 s。

3. QRS 波群 代表两个心室除极的电位变化。正常的 QRS 波群可呈多种形态。

（1）时间：在正常成人中，QRS 时间为 0.06～0.10 s，在胸导联中，QRS 时间较肢体导联略宽些，但不应超过 0.10 s。对于儿童或心率较快者，QRS 时间可略短些，但不应小于 0.06 s。在各导联中，正常的 Q 波不超过 0.03～0.04 s，但不包括 QS 型导联。

（2）形态：正常 QRS 波群形态多呈峻峭陡急形，少数在波顶或基线底部可有轻度钝挫，偶有轻微的切迹。QRS 波群可呈多种形态。在肢体导联 I、II、III 中，QRS 波群在电轴无偏斜的情况下主波多向上；在 aVR 导联中 QRS 主波向下，呈 QS、rS、rSr 或 Qr 型。在胸导联中，QRS 波群在 V_1、V_2 导联中呈 rS 型，在 V_3、V_4 导联中 R 波和 S 波的振幅大致相等，在 V_5、V_6 导联中可呈 qR、qRs、Rs 或 R 型。

（3）电压：在不同的导联中，QRS 波群的电压各不相同。一般情况下，正常 Q 波的幅度不应超过同导联 R 波的 1/2～1/4（心电图学是这样界定的），其电压不应超过 0.3 mV。在右胸导联中，正常成人不应出现 Q 波。在左胸的导联中，Q 波的振幅不应超过同导联 R 波的 1/4。R 波的振幅在 I、II、III 导联中分别为 1.5 mV、2.5 mV、2.0 mV 以内，在 aVR 导联中不应超过 0.5 mV，在 aVL 导联中不应超过 1.2 mV，在 aVF 导联中不应超过 2.0 mV。在胸导联中 V_1 的 R 波振幅最小，一般不应大于 1.0 mV；在 V_5 导联中 R 波振幅最高，但不应大于 2.5 mV。正常 S 波在标准导联和左胸导联中，其深度不应超过 0.6 mV，在右胸前导联中，S 波的深度平均为 1.2 mV，最大不应超过 2.4 mV。在正常情况下，V_1 导联中 R/S < 1，V_5 导联中 R/S > 1，V_3 导联中 R/S 接近 1；R_{V_1} + S_{V_5} < 1.2 mV，R_{V_5}+S_{V_1} 在男性小于 4.0 mV、在女性小于 3.5 mV。

6 个肢体导联的 QRS 波群振幅（正向波和负向波的绝对值相加）一般应大于 0.5 mV，6 个胸导联的 QRS 波群振幅（正向波和负向波的绝对值相加）一般应大于 0.8 mV，否则称为低电压。

4. J点 也称结合点,为QRS波群的终点与ST段交接处。该点主要表示心室肌已全部除极结束。J点大多在等电位线上,有时随ST段的偏移而发生偏移,但上、下偏移不超过0.1 mV。

5. ST段 为QRS波群终点(J点)至T波开始的一段时间,主要代表心室除极结束到心室复极开始的短暂时间。

由于心室处于除极化状态,并无电位变化,因而呈等电位线。正常情况下,ST段有时出现轻微的偏移,但在任一导联,ST段下移不应超过0.05 mV,ST段上抬在V_1、V_2导联不超过0.3 mV,V_3导联不超过0.5 mV,$V_4 \sim V_6$导联和肢体导联不超过0.1 mV。ST段正常的时限为0.05~0.12 s,既往认为,ST段的时限变化在通常情况下无重要的临床意义;但近年来有人注意到,ST段呈水平延长(>0.12 s)与冠状动脉的早期缺血有关。

ST段的测量在一般情况下从J点到T波的开始,当J点发生移位时,应自J点后的0.04 s开始测量至T波的开始,用于确定ST段有无移位。

6. T波 代表左、右心室的复极过程。

(1)方向:T波的方向在正常情况下一般与QRS波群的主波方向一致。T波方向在Ⅰ、Ⅱ、$V_4 \sim V_6$导联直立,在aVR导联倒置,在Ⅲ、aVL、aVF、$V_1 \sim V_3$导联上可以直立、低直、低平、倒置或双向。如果T波在V_1直立,在$V_2 \sim V_6$导联则不应倒置。

(2)振幅:正常情况下,T波除Ⅲ、aVL、aVF、$V_1 \sim V_3$导联外,其振幅不应低于同导联R波的1/10。在胸导联上有时可高达1.2~1.5 mV也属正常。

7. Q-T间期 代表心室从除极至复极完毕整个过程所需要的时间,即从QRS波群的起点到T波终点。

Q-T间期的长短因心率、年龄及性别的不同而有所改变。一般情况下,心率越快,Q-T间期越短,反之则越长;女性常较男性和儿童略长些。心率在60~100次/分者,Q-T间期的正常范围为0.32~0.44 s。

8. U波 在T波之后0.01~0.04 s出现的一个正向的小圆波,称为U波。U波代表心室复极T波后的电位效应,是心脏超兴奋状态下出现的。但也有人认为是浦肯野纤维的复极电位。U波的正常时限为0.16~0.25 s,平均为0.20 s。U波正常的振幅不应超过同导联T波的1/20。U波在肢体导联的振幅不应超过0.15 mV,在胸导联最明显,在V_3/V_4导联中不应超过0.25 mV。U波明显增高常见于低血钾、高血钙等。

三、心房和心室肥大

1. 心房肥大 心房肥大多表现为心房的扩大,而很少表现为心房肌的肥厚。心房扩大导致整个心房肌除极综合向量的振幅和方向发生变化,心电图主要表现为P波振幅、除极时间及形态的改变。

(1)左心房肥大:正常情况下右心房先除极,左心房后除极。当左房肥大时,心电图主要表现为心房除极时间延长。其心电图特征(图3-18)如下。

P波增宽,其时限≥0.12 s,P波常呈双峰型,两峰间距≥0.04 s,以Ⅰ、Ⅱ、aVL导联明显,称"二尖瓣型P波"。

V_1导联上P波呈先正向而后出现深宽的负向波。V_1导联上负向P波的时间乘以负向P波的振幅,称为P波终末电势。左房肥大时P波终末电势≥0.04 m·ms。

(2)右心房肥大:当右房肥大时,除极时间延长,因为与左房除极时间重叠,总的心房除极时间并不延长。心电图主要表现为心房除极波振幅增高。其心电图特征(图3-19)如下。

P波尖而高耸,胸导联电压≥0.2 mV,肢体导联电压≥0.25 mV,以Ⅱ、Ⅲ、aVF导联最为明显,多见于肺源性心脏病,称"肺型P波"。

V_1 导联上 P 波直立时,振幅 ≥ 0.15 mV。

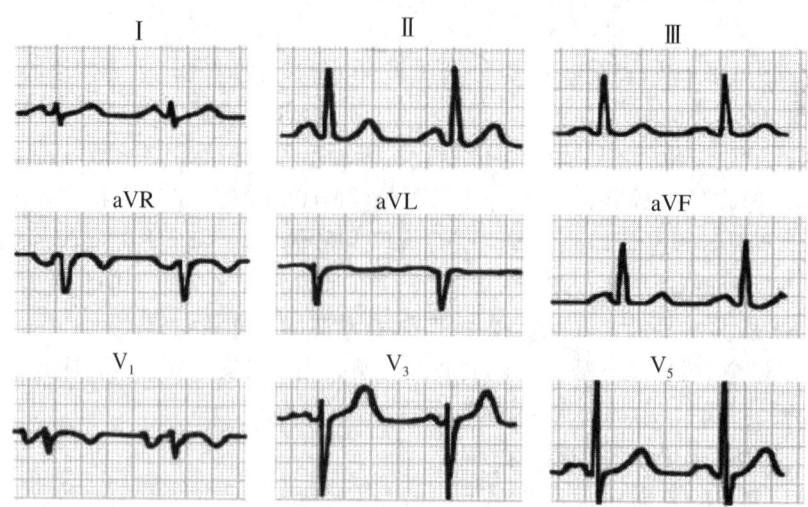

图 3-18　左心房肥大的心电图特征

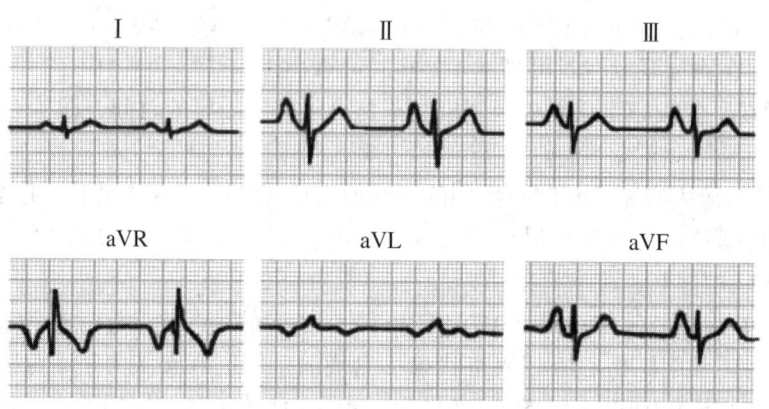

图 3-19　右心房肥大的心电图特征

(3) 双心房肥大:双心房肥大的心电图特征如下。

P 波增宽,其时限 ≥ 0.12 s,振幅 ≥ 0.25 mV。

V_1 导联上 P 波高大双向,上下振幅均超过正常范围。

2. 心室肥大　心室扩大和(或)肥厚是器质性心脏病的常见后果,是由心室舒张期和(或)收缩期负荷过重所引起。当心室肥大达到一定程度时,即可引起心电图变化。

(1) 左心室肥大:由于左心室壁明显厚于右心室,心室除极综合向量表现为左心室占优势的特征。左心室肥大时,左心室的优势更显突出。面向左室的导联(Ⅰ、aVL、V_5、V_6)R 波振幅增加,而面向右室的导联(V_1、V_2)出现较深的 S 波。其心电图特征(图 3-20)如下。

QRS 波群电压增高:肢体导联 $R_Ⅰ + S_Ⅲ > 2.5$ mV;$R_Ⅰ > 1.5$ mV;$R_{aVL} > 1.2$ mV;$R_{aVF} > 2.0$ mV;胸导联 $R_{V_5} > 2.5$ mV;$R_{V_5} + S_{V_1} > 3.5$ mV(女性)或 > 4.0 mV(男性)。

电轴左偏。

QRS 波群时间延长到 0.10 ~ 0.11 s,但小于 0.12 s。

V_5 或 V_6 导联 VAT(室壁激动时间)> 0.05 s。

ST-T 改变:表现为主波向上的导联 ST 段下降,T 波低平、双向或倒置;主波向下的导联 ST 段抬高,T 波直立。

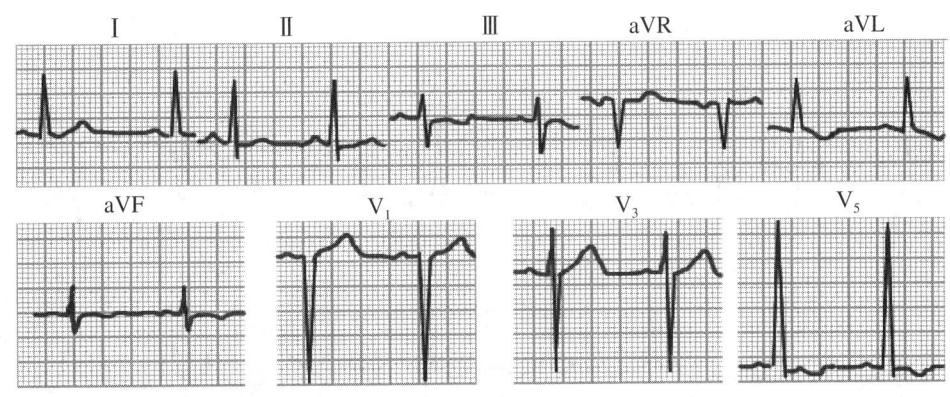

图 3-20 左心室肥大的心电图特征

以上条件具备两条或两条以上即可诊断为左心室肥大。仅具备一条电压增高可诊断为"左心室高电压",QRS 波群电压增高同时伴有 ST-T 改变者,称左室肥厚伴劳损。

(2) 右心室肥大:右心室壁厚度仅有左心室壁的 1/3,轻度的右心室肥大,可表现为正常心电图,主要是因为右心室所产生的心电向量不能抵消左心室占优势的心电向量。只有当右心室壁的厚度达到相当程度时,才会使综合向量转为右心室优势,导致位于右室壁的导联(aVR、V_1)R 波增高,位于左室面的导联(Ⅰ、aVL、V_5)S 波变深。右心室肥大(right ventricular hypertrophy)的心电图特征(图 3-21)如下。

QRS 波群电压改变:$R_{aVR} > 0.5$ mV;$R_{V_1} > 1.0$ mV;$R_{V_1} + S_{V_5} > 1.2$ mV;V_1 导联 R/S $\geq$ 1;呈 R 型或 Rs 型;V_5 导联 R/S $\leq$ 1 或 S 波比正常加深;重度右心室肥大 V_1 呈 qR 型。

心电轴右偏 $\geq +90°$,重症 $> +110°$。

V_1 导联 VAT > 0.03 s。

ST-T 改变:右胸导联(V_1、V_2)ST 段压低,T 波双向、倒置。

具备以上两条或两条以上方可诊断为右心室肥大。

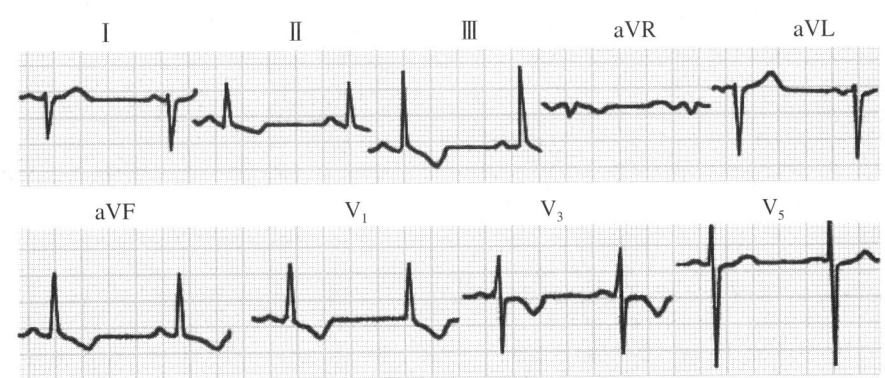

图 3-21 右心室肥大的心电图特征

(3) 双侧心室肥大:双侧心室肥大(biventricular hypertrophy)的心电图特征(图 3-22)如下。

大致正常心电图:由于双侧心室电压同时增高,增加的除极向量方向相反,互相抵消。

一侧心室肥大的心电图改变:只表现一侧心室肥大,另一侧心室肥大图形被掩盖。

双侧心室肥大心电图:既有右心室肥大的心电图特征,同时存在左心室肥大的某些心电图特征。

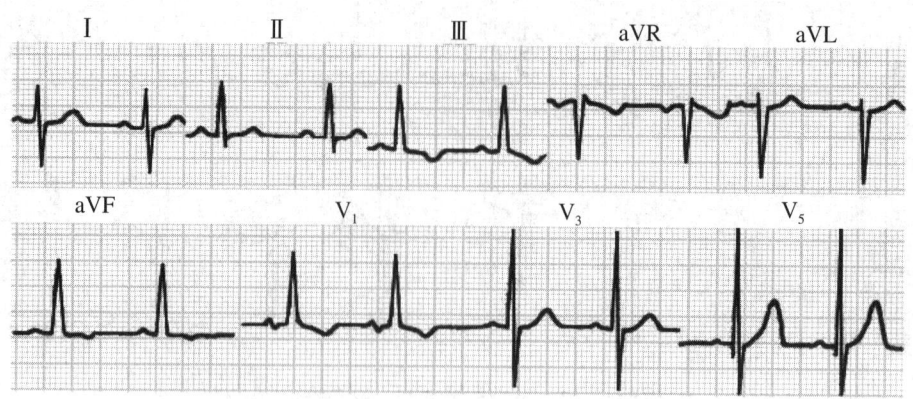

图 3-22 双侧心室肥大的心电图特征

(向 军)

 自测题

扫码测验

第三篇

内科常见疾病

第四章 呼吸系统疾病

学习目标

通过本章内容的学习，学生应能够：

识记：
1. 说出呼吸系统疾病的临床表现及常见病因和诱因。
2. 列举肺炎的分类，说出肺炎球菌性肺炎、葡萄球菌肺炎的临床特点。
3. 列举肺结核的分型及治疗原则。

理解：
1. 识别和分析呼吸系统疾病的临床表现。
2. 解释呼吸系统疾病各项辅助检查的临床意义。
3. 理解诊断呼吸系统疾病需要进行的实验室及其他辅助检查手段。

运用：
1. 熟练应用各种辅助检查，对呼吸系统疾病做出科学、正确的诊断。
2. 根据病情选择合适的治疗方案，掌握急症的处理方法。
3. 秉持服务意识，践行科学检验精神。

第一节 气管支气管炎

案例导入

患者，男，62岁，反复咳嗽、咳痰10年，再发3天。10年前，患者受凉后出现咳嗽、咳白色黏液样痰，自行服用"阿莫西林"等药物好转。后常于冬、春季节和气候变化时发作，每年咳嗽、咳痰累计3个月左右，经抗感染治疗症状缓解。3天前，因天气转寒，上述症状再次发作，自行服用"罗红霉素片"后症状缓解不明显。有吸烟史40年，每日约20支，无药物过敏史。体格检查：T 36.5℃，P 90次/分，R 24次/分，BP 120/80 mmHg。神清，口唇无发绀，双肺呼吸音清，双肺底可闻及散在湿啰音，心率90次/分，节律齐。腹平软，无压痛，肝、脾肋下未触及。双下肢无水肿。血常规：WBC 12.8×10^9/L，N 87%，Hb 138 g/L。痰涂片：见大量中性粒细胞及呈短链状排列的革兰氏阳性球菌，抗酸染色阴性。胸部X线片：两肺纹理紊乱。

问题与思考：
1. 初步诊断和诊断依据是什么？应与哪些疾病相鉴别？
2. 为明确诊断，需要进一步做哪些检查？
3. 治疗原则是什么？

急性气管－支气管炎

急性气管-支气管炎（acute tracheobronchitis）是由感染、物理和化学刺激、过敏反应等因素引起的气管和支气管黏膜急性炎症，是呼吸系统常见病，多在寒冷季节发病，年老体弱者易感。

一、病因和发病机制

（一）感染

机体受寒、淋雨、过劳等情况下，呼吸道防御功能下降，抗病能力降低，有利于病毒、细菌的侵入而引起感染。常见病毒为腺病毒、流感病毒、冠状病毒、鼻病毒、单纯疱疹病毒、呼吸道合胞病毒和副流感病毒。常见细菌包括流感嗜血杆菌、肺炎链球菌、卡他莫拉菌等，衣原体和支原体感染有所增加。也可在病毒感染的基础上继发细菌感染。

（二）理化因素

冷空气、粉尘、刺激性气体或烟雾（如二氧化硫、二氧化氮、氨气、氯气等）的吸入对气管和支气管黏膜的急性刺激均可引起本病。

（三）过敏反应

花粉、有机粉尘、真菌孢子、动物毛发、皮屑或排泄物等可引起气管和支气管的过敏性炎症。

二、临床表现

（一）症状

起病较急，常先有急性上呼吸道感染症状。全身症状一般较轻，可有发热，体温38℃左右，多于3～5天降至正常。咳嗽、咳痰，先为干咳或少量黏液性痰，随病情加重，咳嗽加剧，痰量增多，脓性或黏液脓性，偶可痰中带血。咳嗽可延续2～3周才消失，如迁延不愈，可演变成慢性支气管炎。如支气管发生痉挛，可出现不同程度的胸闷、气促，可伴胸骨后发紧感。

（二）体征

肺部听诊可闻及呼吸音增粗，也可在两肺闻及散在的干、湿啰音，部位不固定，咳嗽后可减少或消失。

三、实验室及其他辅助检查

（一）血常规

病毒感染时，白细胞计数多正常或偏低，淋巴细胞比例升高；细菌感染时，白细胞计数常增多，有中性粒细胞增多或核左移现象。

（二）病原学检查

因病毒类型繁多，一般无须明确病原学检查，必要时可用病毒分离鉴定、血清学检查、核酸检测等方法确定病毒类型。但在流行季节，病原学检测有助于指导临床采取合理的治疗措施和隔离措施，以减少重症患者的数量，并控制暴发和流行的严重程度。细菌培养可用于判断细菌类型并做药物敏感试验以指导临床用药。

（三）胸部X线检查

胸部X线检查表现为肺纹理增强，少数患者无异常。

四、诊断和鉴别诊断

（一）诊断

通常根据病史、症状、体征、血常规检查和胸部X线表现即可做出临床诊断。根据相关实验室检查可做出病原学诊断。

（二）鉴别诊断

1. **急性上呼吸道感染** 鼻咽部症状比较明显，一般无咳嗽、咳痰，肺部无异常体征。
2. **流行性感冒** 起病急，常有明显流行病史，全身中毒症状重，而呼吸道症状相对轻。依据病毒分离和血清学检查可以鉴别。
3. **其他** 本病还需与肺炎、肺结核、肺脓肿、肺癌等多种肺部疾病相鉴别，通过肺部影像学检查可资鉴别。

五、治疗

1. **一般治疗** 适当休息，注意保暖，多饮水，补充足够的热量。
2. **抗感染治疗** 有细菌感染证据时应用抗菌药。可选用大环内酯类、青霉素、头孢菌素类和喹诺酮类抗菌药。多数患者口服抗菌药物即可，症状较重者可采取肌内注射或静脉滴注抗菌药物。
3. **对症治疗** 咳嗽无痰，可用右美沙芬、喷托维林或可待因。咳嗽有痰而不易咳出，可选用盐酸氨溴索、溴己新、氯化铵等，也可雾化帮助祛痰。止咳祛痰的中成药也可选用。发生支气管痉挛时，可用平喘药物如茶碱类、β受体激动剂等。发热时可用解热镇痛药。

> **知识链接**
>
> ### 降温方法
>
> 物理降温：①冰敷：用冰帽、冰袋置于前额、腋下、腹股沟等大动脉处；②乙醇擦浴：目前较少应用；③温水擦浴；④冰水擦浴；⑤医用冰毯降温；⑥静脉降温：静脉输入4～10℃液体降温。
>
> 药物降温：当物理降温效果不佳时，根据医嘱选择药物降温。常用药物：①布洛芬、对乙酰氨基酚等口服；②复方氨基比林或柴胡注射液等肌内注射；③对高热伴惊厥的患者，可用人工冬眠疗法（哌替啶100 mg、异丙嗪50 mg、氯丙嗪50 mg）全量或半量静脉滴注。

慢性支气管炎

慢性支气管炎（chronic bronchitis）是指气管、支气管黏膜及其周围组织的慢性非特异性炎症。临床上以反复发作的咳嗽、咳痰或伴有喘息为特征。多见于老年人，是我国常见病、多发病。

一、病因和发病机制

本病的病因尚未明确，可能是多种因素共同作用的结果。

（一）理化因素

有害气体和有害颗粒如香烟烟雾、粉尘、刺激性气体（二氧化硫、二氧化氮、氯气、臭氧）等可损伤气道上皮细胞，使纤毛运动减退，巨噬细胞吞噬能力降低；气管平滑肌收缩，杯状细胞增生，黏液分泌增加，气道阻力增加；香烟和烟雾还可使氧自由基产生增多，诱导中性粒细胞释放蛋白酶，抑制抗胰蛋白酶系统，破坏肺弹性纤维，引发肺气肿。

（二）感染因素

感染是慢性支气管炎发生及发展的重要因素。感染可造成气道黏膜损伤和慢性炎症。病原体多为病毒和细菌。

（三）其他因素

免疫、年龄和气候等因素均与慢性支气管炎有关。

二、病理

气道上皮细胞变性、坏死、增生及鳞状上皮化生，纤毛变短、粘连、倒伏、脱失。杯状细胞增生，黏膜下腺体肥大、分泌旺盛，大量黏液潴留。黏膜下炎性细胞浸润，毛细血管充血、水肿，并逐渐蔓延至周围组织，黏膜下层平滑肌束可断裂、萎缩，黏膜下和支气管周围纤维组织增生。病变蔓延至细支气管和肺泡壁，肺组织结构破坏或纤维组织增生，肺泡弹性纤维断裂，进一步发展为阻塞性肺气肿和间质纤维化。

三、临床表现

（一）症状

本病起病缓慢，病程较长。主要症状有咳嗽、咳痰、喘息。长期、反复、逐渐加重的咳嗽是本病的突出表现，清晨起床前后最明显，白天咳嗽较少。痰一般呈白色黏液泡沫状，晨起较多，黏稠不易咯出，量不多，偶可带血丝。早期无喘息现象，随着病情的进展，可伴有程度不等的气促或呼吸困难。

（二）体征

早期多无特殊体征，急性发作期可在双肺底闻及散在性干、湿啰音，咳嗽后可减少或消失。喘息性支气管炎可闻及广泛哮鸣音。长期发作的病例可伴有肺气肿的征象。

（三）并发症

常见并发症有阻塞性肺气肿、慢性阻塞性肺疾病、慢性肺源性心脏病、支气管扩张等。

（四）临床分型和分期

1. 分型　分为单纯型和喘息型。单纯型患者主要表现为咳嗽、咳痰；喘息型除咳嗽、咳痰外，尚有喘息症状。

2. 分期

（1）急性发作期：指在1周内出现脓性或黏液脓性痰，痰量明显增加，或伴有发热等炎症表现，或在1周内咳、痰、喘症状中任一项明显加剧。

（2）慢性迁延期：指不同程度的咳嗽、咳痰或喘息症状迁延不愈1个月以上。

（3）临床缓解期：指经治疗或临床缓解，症状基本消失，或偶有轻微咳嗽或少量咳痰，保持2个月以上。

四、实验室及其他辅助检查

(一)血液检查

细菌感染时可见白细胞总数增多及中性粒细胞比例升高。喘息型者嗜酸性粒细胞可增多。

(二)痰液检查

急性发作期痰涂片或培养可见肺炎链球菌、流感嗜血杆菌、甲型溶血性链球菌、奈瑟球菌等,涂片中可见大量中性粒细胞、破坏的杯状细胞。

(三)X线检查

X线检查可见两肺纹理增粗、紊乱,呈条索状、斑点状阴影,以下肺野明显。也可无明显异常。

(四)肺功能检测

肺功能检测早期无异常。随病情进展,可出现小气道阻塞,最大呼气流量-容积曲线在50%、25%肺活量的最大呼气量降低。闭合容量可增加。

五、诊断和鉴别诊断

(一)诊断

诊断依据:咳嗽、咳痰或伴有喘息,每年发病持续3个月,连续2年或2年以上,并排除其他心、肺等疾患。如果每年发病持续不足3个月,若有明确的客观依据(如X线表现、肺功能减退等),也可诊断。

> **要点提示**:慢性支气管炎的临床表现是咳、痰(或伴有喘),要掌握其诊断标准。

(二)鉴别诊断

1. 支气管哮喘　喘息型慢性支气管炎应与支气管哮喘相鉴别。哮喘发病年龄较轻,常有过敏性疾病史和家族史,一般无慢性咳嗽、咳痰史,以发作性呼气性呼吸困难为特征。发作时两肺布满哮鸣音,可自行缓解或在吸入药物后很快缓解。

2. 肺结核　活动性肺结核患者多有结核中毒症状(如发热、乏力、盗汗、消瘦)和呼吸系统症状(咳嗽、咳痰、咯血等),经X线检查可见病灶,痰结核菌检查阳性。

3. 支气管扩张症　支气管扩张症以反复咳嗽、咳大量脓痰或咯血为主要表现。肺部有固定湿啰音,可伴有杵状指(趾)。X线检查可见肺纹理粗乱呈卷发状。高分辨率CT可清楚显示扩张的支气管。

4. 肺癌　多见于40岁以上长期吸烟者,有慢性咳嗽,音色可呈金属音,反复发生或持续有血痰,X线检查可见块状阴影或结节状影或阻塞性肺炎表现,经抗菌药物治疗未能完全消散。痰脱落细胞、CT或纤维支气管镜检查可明确诊断。

六、治疗

(一)急性发作期治疗

1. 控制感染　根据感染的主要致病菌和严重程度选用抗菌药,必要时行药物敏感试验。常选择喹诺酮类、大环内酯类、β-内酰胺类或磺胺类抗菌药。如左氧氟沙星、罗红霉素、阿莫西林、头孢呋辛等,病情严重时需静脉用药。

2. 祛痰、镇咳　可用复方甘草合剂、复方氯化铵合剂、溴己新、氨溴索等。一般不宜单纯采用镇咳药物,以免影响痰液排出。但咳嗽明显时,可适当选用镇咳药物,如右美沙芬、那可丁或其合剂等,但应避免应用强烈镇咳药(如可待因),以免抑制中枢,加重呼吸道阻塞,使病情恶化。

3. 解痉与平喘 有气喘者可加用解痉平喘药,如氨茶碱、特布他林、沙丁胺醇等。必要时加用糖皮质激素吸入。

（二）临床缓解期治疗

戒烟,避免有害气体和其他有害颗粒的吸入。可使用免疫调节药或中药,如细菌溶解剂、流感疫苗、卡介苗多糖氨酸、胸腺肽等提高免疫功能。加强呼吸及耐寒锻炼。注意保暖,预防感冒。

自测题

扫码测验

第二节 支气管哮喘

案例导入

患者,女,40岁。反复发作胸闷、气喘20年,再发1天。患者20年前开始每遇花粉即胸闷、气喘。1天前因再次接触花粉后出现胸闷、气喘,无法平卧。体格检查:T 37.0℃,P 100次/分,R 24次/分,BP 135/80 mmHg,口唇无发绀,桶状胸,双肺叩诊呈过清音,呼吸音减弱,双肺可闻及弥漫性干啰音。心界不大,心率100次/分,律齐,各瓣膜听诊区未闻及杂音。腹平软,无压痛,肝、脾肋下未触及。血常规:WBC 10.6×10^9/L。血气分析:PaO_2 63 mmHg,$PaCO_2$ 38 mmHg,pH 7.36。

问题与思考:

1. 初步诊断和诊断依据是什么?应与哪些疾病相鉴别?
2. 为明确诊断,需要进一步做哪些检查?
3. 治疗原则是什么?

支气管哮喘（bronchial asthma）简称哮喘,是由多种细胞（如嗜酸性粒细胞、肥大细胞、T淋巴细胞、中性粒细胞、平滑肌细胞、气道上皮细胞等）和细胞组分参与的气道慢性炎症性疾病。这种炎症使气道反应性增高,出现广泛多变的可逆性气流受限。临床上表现为反复发作的喘息、气急、胸闷或咳嗽等症状,常在夜间和（或）清晨发作、加剧,多数患者可自行缓解或经治疗缓解。

一、病因和发病机制

（一）病因

哮喘的病因还不十分清楚,遗传和环境是发病的危险因素。

1. 遗传因素 哮喘是一种复杂的、有多基因遗传倾向的疾病。目前,全基因组关联研究

(GWAS)已经鉴定出多个哮喘的易感基因。其发病具有家族聚集现象，亲缘关系越近，患病率越高。

2. 环境因素

（1）变应原因素：可诱发哮喘的变应原种类较多，包括各种特异和非特异性吸入物（如尘螨、花粉、真菌、动物毛屑、二氧化硫、氨气等）、感染（如细菌、病毒、原虫、寄生虫感染等）、食物（如鱼、虾、蟹、蛋类、牛奶等）、药物（如普萘洛尔、阿司匹林等）。

（2）非变应原因素：气候变化、精神因素、运动、妊娠等。

（二）发病机制

1. 免疫-炎症机制

（1）气道炎症机制：当外源性变应原通过食入、吸入或接触等途径进入机体后，多种炎症细胞、炎症介质和细胞因子共同参与相互作用，从而导致气道慢性炎症。

（2）气道高反应性（airway hyperresponsiveness，AHR）：是哮喘的重要特征，表现为气道对各种刺激因子出现过强或过早的收缩反应。气道炎症是导致气道高反应性的重要机制之一。

（3）气道重构：是哮喘重要的病理特征，表现为气道上皮细胞黏液化生，平滑肌肥大、增生，上皮下胶原沉积和纤维化、血管增生等。

2. 神经调节机制　神经因素也被认为是哮喘发病的重要因素之一。支气管哮喘与β-肾上腺素受体功能低下和迷走神经张力增高有关，并可能存在α-肾上腺素神经的反应性增加。非肾上腺素非胆碱（NANC）神经能释放舒张和收缩支气管平滑肌的神经介质，若二者平衡失调，则可引起支气管平滑肌收缩。

二、病理

主要病理变化为肺泡含气增多，支气管及细支气管内含有黏稠痰液及黏液栓。支气管壁增厚、黏膜肿胀充血形成皱襞，黏液栓塞局部可发现肺不张。显微镜下可见气道上皮下有肥大细胞、肺泡巨噬细胞、嗜酸性粒细胞、淋巴细胞与中性粒细胞浸润。若哮喘长期反复发作，表现为支气管平滑肌的肌层肥厚，气道上皮细胞下的纤维化等致气道重构和周围肺组织对气道的支持作用消失。

三、临床表现

1. 症状　部分患者起病可出现发作先兆，如流清鼻涕、频繁打喷嚏、鼻咽部发痒、眼部发痒、胸闷。典型哮喘发作为呼气性呼吸困难，表现为憋气、喘息，数分钟内发作，经数小时至数日自行缓解或用支气管舒张药治疗后缓解，也有少部分不缓解而呈持续状态。大多数哮喘患者发作具有明显昼夜节律，即夜间或清晨发作或加剧。某些患者哮喘发作具有季节规律，如过敏性哮喘常在夏秋季发作。非典型哮喘发作可表现为仅有胸闷或顽固性咳嗽（咳嗽变异型哮喘）。

2. 体征　发作时胸部呈过度充气状态，双肺可闻及散在或弥漫性以呼气相为主的哮鸣音。部分患者因为气道极度收缩或黏液栓阻塞，哮鸣音可减弱或消失，表现为"沉默肺"，这是病情危重的表现。

四、实验室及其他辅助检查

1. 血液常规　嗜酸性粒细胞可增高，合并感染时白细胞或中性粒细胞增多（注意：哮喘患者在使用糖皮质激素后，也可出现白细胞、中性粒细胞百分比增多，需鉴别）。

2. 痰液检查　痰涂片镜下可见较多嗜酸性粒细胞。

3. 动脉血气分析　哮喘发作时可有缺氧，PaO_2降低；由于过度通气可使$PaCO_2$下降，pH上升，表现为呼吸性碱中毒；重症哮喘时，可出现缺氧及CO_2潴留，$PaCO_2$升高，表现为呼吸性酸中毒。

4. 呼吸功能检查

（1）通气功能检测：哮喘发作时呈阻塞性通气功能改变。用力肺活量（FVC）正常或下降，第1秒用力呼气容积（FEV_1）、1秒率（第1秒用力呼气量占用力肺活量的比值FEV_1/FVC%）以及呼气流量峰值（PEF）均减小。

（2）支气管激发试验（bronchial provocation test，BPT）：一般适用于非哮喘发作期、FEV_1在正常预计值70%以上的患者。通常在吸入激发剂（组胺或醋甲胆碱）后，如FEV_1下降≥20%，可判断为阳性。通过剂量-反应曲线计算使FEV_1下降20%的吸入药物累积剂量（PD20-FEV_1）或累积浓度（PC20-FEV_1），可对气道反应性增高的程度做出定量判断。

（3）支气管舒张试验（bronchial dilation test，BDT）：用以测定气道是否存在可逆性改变。常吸入沙丁胺醇、特布他林，15～20 min后测定FEV_1和PEF。阳性诊断标准：① FEV_1较用药前增加12%或以上，且其绝对值增加200 ml或以上；② PEF较治疗前增加60 L/min或增加20%或以上。

（4）呼气流量峰值（PEF）及其变异率测定：若24 h内PEF或昼夜PEF波动率≥20%，也符合气道可逆性改变的特点。

5. 胸部X线/CT检查

早期在哮喘发作时可见两肺透亮度增加，呈过度通气状态；在缓解期多无明显异常。肺部CT检查可见支气管壁增厚，黏液阻塞。要注意是否存在肺不张、肺炎、气胸或纵隔气肿等并发症。

6. 特异性变应原的检测

变应原皮肤实验检查在临床较为常用。变应性指标测定结合病史询问有助于对患者进行病因诊断和使其脱离致敏因素。外周血变应原特异性IgE增高有助于病因诊断。

五、诊断和鉴别诊断

（一）诊断标准

1. 典型哮喘的临床症状和体征

（1）反复发作喘息、气急，伴或不伴胸闷或咳嗽，夜间及晨间多发，常与接触变应原、冷空气和物理、化学性刺激以及上呼吸道感染、运动等有关。

（2）发作时双肺可闻及散在或弥漫性哮鸣音，呼气相延长。

（3）上述症状和体征可自行缓解或者经治疗缓解。

2. 可变气流受限的客观检查

（1）支气管舒张试验阳性（吸入支气管舒张剂后，FEV_1增加>12%，且FEV_1绝对值增加>200 ml）。

（2）支气管激发试验阳性。

（3）呼气流量峰值（PEF）平均每日昼夜变异率（连续7天，每日PEF昼夜变异率之和/7）>10%，或PEF周变异率{（2周内最高PEF值−最低PEF值）/ [（2周内最高PEF值+最低PEF）×1/2]×100%}>20%。

符合上述症状和体征，同时具备气流受限客观检查中的任一条，并除外其他疾病所引起的喘息、气急、胸闷及咳嗽，可以诊断为哮喘。

> **要点提示**：支气管哮喘的典型表现是反复发作的呼气性呼吸困难，双肺可闻及干啰音，支气管激发-舒张试验可以协助诊断。

诊断哮喘后，还需进一步评估其诱因、确定临床分期、严重程度，评估哮喘控制水平。根据临床表现可将哮喘分为急性发作期、慢性持续期和临床控制期。哮喘急性发作是指喘息、气急、咳嗽、胸闷等症状突然发生，或原有症状加重，并以呼气流量降低为其特征，常因接触变应原、刺激物或呼吸道感染诱发。慢性持续期是指每周均不同频度和（或）不同程度地出现喘息、气急、胸闷、咳嗽等症状。临床控制期是指患者无喘息、气急、胸闷、咳嗽等症状4周以上，1年内无急性发作，肺功能正常。

哮喘控制水平分为控制、部分控制和未控制3个等级，每个等级的具体指标见表4-1。

表4-1 哮喘控制水平分级

哮喘症状控制	哮喘症状控制水平		
	控制	部分控制	未控制
过去4周，患者存在： 日间哮喘症状＞2次/周 夜间因哮喘憋醒 使用缓解药SABA次数＞2次/周 哮喘引起的活动受限	无	存在1～2项	存在3～4项

注：SABA即短效β_2受体激动剂

（二）鉴别诊断

1. 慢性阻塞性肺疾病 多发生于有长期吸烟史的中老年人，表现为冬春季反复发作的咳嗽、咳痰，多以上呼吸道感染为诱因，起病缓慢，查体有散在湿啰音或干啰音，缓解速度慢，或缓解期仍有症状。发作期外周血和痰中白细胞及中性粒细胞升高。肺功能检测支气管舒张试验阴性。

2. 急性左心衰 见于有高血压、冠心病、糖尿病等心血管疾病病史的中老年人，发病季节性不明显，感染、劳累、输液过多过快为诱因。查体可发现双肺底湿啰音、心脏增大、奔马律等。坐起，快速应用洋地黄、利尿剂、扩血管药物可以缓解。X线检查可见柯氏B线、蝶形阴影。超声心动图可发现心脏结构异常。血BNP检测多＞500 ng/ml。

3. 上气道阻塞 上气道内良、恶性肿瘤，上气道内异物，其他原因引起的上气道阻塞，影像学检查可鉴别。

4. 其他 弥漫性泛细支气管炎（DPB）、肺栓塞、支气管肺癌、纵隔肿瘤等。

六、并发症

发作时可并发气胸、纵隔气肿、肺不张。长期反复发作可并发慢性阻塞性肺疾病、慢性肺源性心脏病和支气管扩张症。

七、治疗

尽管哮喘目前很难根治，但是长期、规范治疗能使大多数患者达到长期良好控制或完全控制。

（一）急性发作期的治疗

哮喘急性发作期的治疗方案取决于发作的严重程度以及对治疗的反应。治疗的目的在于尽快解除支气管平滑肌的痉挛，缓解症状，纠正低氧血症。

1. 轻度发作 短效β_2受体激动剂是缓解哮喘症状最有效的药物，可以根据病情轻重每次使用2～4喷，一般间隔3 h重复使用，直到症状缓解。如果治疗效果不佳，应尽早口服激素，必要时到医院就诊。

2. 中度发作 部分中度和所有重度急性发作均应到急诊室或医院治疗。在氧疗的基础上，

重复使用短效 β_2 受体激动剂，联合使用 β_2 受体激动剂和抗胆碱制剂（如异丙托溴铵）能够取得更好的支气管舒张作用。中、重度哮喘急性发作应尽早使用全身激素。

（二）慢性持续期治疗

应首先评估患者的哮喘控制水平，制订长期治疗方案，之后进行评估、随访，根据控制水平调整治疗方案。方案选择上既要考虑药物的疗效及其安全性，也要考虑患者经济收入和当地的医疗资源等实际情况。哮喘患者长期治疗方案可分为 5 级（表 4-2）。

表4-2　哮喘患者长期（阶梯式）治疗方案

药物	1级	2级	3级	4级	5级
推荐选择控制药物	按需 ICS-福莫特罗	低剂量 ICS 或按需 ICS + 福莫特罗	低剂量 ICS + LABA	中剂量 ICS + LABA	参考临床表型加抗 IgE 单克隆抗体，或加抗 IL-5、或加抗 IL-5R、或加抗 IL-4R 单克隆抗体
其他可选择控制药物	按需使用 SABA 时即联合低剂量 ICS	白三烯受体拮抗剂（LTRA）低剂量茶碱	中剂量 ICS 或低剂量 ICS 加 LTRA 或加茶碱	高剂量 ICS 加 LAMA 或加 LTRA 或加茶碱	高剂量 ICS + LABA 加其他治疗，如加 LAMA，或加茶碱、或加低剂量口服激素（注意不良反应）
首选缓解药物	按需使用低剂量 ICS + 福莫特罗，处方维持和缓解治疗的患者按需使用低剂量 ICS + 福莫特罗				
其他可选缓解药物	按需使用 SABA				

注：ICS：吸入性糖皮质激素；LABA：长效 β_2 受体激动剂；SABA：短效 β_2 受体激动剂；LAMA：长效抗胆碱药物

知识链接

哮喘治疗药物分类

控制药物	缓解药物
吸入性糖皮质激素（ICS）	速效吸入或短效口服 β_2 受体激动剂
全身性激素	吸入性抗胆碱药物
白三烯调节剂	短效茶碱
长效 β_2 受体激动剂（LABA）	全身性激素
缓释茶碱	
甲磺司特	
色甘酸钠	

自测题

扫码测验

第三节 肺 炎

> **案例导入**
>
> 患者，男，41岁。发热、咳嗽、咳痰2天。患者2天前受凉后出现发热，体温最高39.5℃，咳嗽，咳少量黄色脓痰，伴右胸钝痛，咳嗽时明显，自服"阿莫西林、复方甘草合剂"，病情无明显缓解。有吸烟史10年，每日约20支。体格检查：T 39.0℃，P 96次/分，R 22次/分，BP 130/80 mmHg，浅表淋巴结未触及肿大，口唇无发绀，双肺叩诊呈清音，呼吸音稍粗，右下肺可闻及细湿啰音，未闻及哮鸣音和胸膜摩擦音。心界不大，心率96次/分，律齐，各瓣膜听诊区未闻及杂音，腹平软，无压痛，肝、脾肋下未触及。血常规：WBC $12.6×10^9$/L，N 0.86，Hb 116 g/L，PLT $256×10^9$/L。胸部X线检查：右肺下叶斑片状影，其内见支气管充气征，余肺及纵隔未见异常。
>
> 问题与思考：
> 1. 初步诊断和诊断依据是什么？应与哪些疾病相鉴别？
> 2. 为明确诊断，需要进一步做哪些检查？
> 3. 治疗原则是什么？

肺炎（pneumonia）是指由病原微生物、理化因素、免疫损伤、过敏及药物所导致的终末气道、肺泡和肺间质的炎症。

一、病因和发病机制

正常的呼吸道免疫防御机制（支气管内黏液-纤毛运载系统、肺泡巨噬细胞等细胞防御的完整性等）使气管隆突以下的呼吸道保持无菌。是否发生肺炎主要取决于病原体和宿主两个因素。如果病原体数量多、毒力强和（或）宿主呼吸道局部和全身免疫防御系统受损害，即可发生肺炎。病原体可通过下列途径引起肺炎：①空气吸入；②血行播散；③邻近感染部位蔓延；④上呼吸道定植菌的误吸。肺炎还可通过误吸胃肠道的定植菌（胃食管反流）和通过人工气道吸入环境中的致病菌引起。病原体直接抵达下呼吸道后，滋生繁殖，引起肺泡毛细血管充血、水肿，肺泡内纤维蛋白渗出及细胞浸润。

二、分类

（一）按病因分类

1. 细菌性肺炎 如肺炎链球菌、金黄色葡萄球菌、甲型溶血性链球菌、肺炎克雷伯菌、流感嗜血杆菌、铜绿假单胞菌等。

2. 非典型病原体所致肺炎 如军团菌、支原体和衣原体等。

3. 病毒性肺炎 如冠状病毒、腺病毒、呼吸道合胞病毒、流感病毒、麻疹病毒、巨细胞病毒、单纯疱疹病毒等。

4. 真菌性肺炎 如白念珠菌、曲霉菌、隐球菌、肺孢子菌等。

5. 其他病原体所致肺炎 如立克次体、弓形虫、寄生虫（如肺吸虫、肺血吸虫）等。

6. 理化因素所致肺炎 如放射性损伤引起的放射性肺炎、胃酸吸入引起的化学性肺炎等。

（二）按发生的解剖部位分类

1. 大叶性肺炎 病原体先在肺泡引起炎症，经肺泡间孔（Cohn孔）向其他肺泡扩散，致使部分肺段或整个肺段、肺叶发生炎症改变。典型者表现为肺实质炎症，通常并不累及支气管。致病菌多为肺炎链球菌。X线胸片显示肺叶或肺段的实变阴影。

2. 小叶性肺炎（支气管肺炎） 病原体经支气管入侵，引起细支气管、终末细支气管及肺泡的炎症，常继发于其他疾病，如支气管炎、支气管扩张、上呼吸道病毒感染以及导致长期卧床的危重疾病。病原体有肺炎链球菌、葡萄球菌、病毒、肺炎支原体以及军团菌等。支气管腔内有分泌物，故常可闻及湿啰音，无实变的体征。X线胸片显示为沿肺纹理分布的不规则斑片状阴影，边缘密度浅而模糊，无实变征象，肺下叶常受累。

3. 肺间质肺炎 可由细菌、支原体、衣原体、病毒或肺孢子菌等引起。累及支气管壁以及支气管周围，有肺泡壁增生及间质水肿，因病变仅在肺间质，故呼吸道症状较轻，异常体征较少。X线胸片通常表现为一侧或双侧肺下部的不规则条索状阴影，从肺门向外伸展，可呈网状，其间可有小片肺不张阴影。

（三）按发病环境分类

1. 社区获得性肺炎（community acquired pneumonia，CAP） 指在医院外罹患的感染性肺实质炎症，包括具有明确潜伏期的病原体感染而在入院后平均潜伏期内发病的肺炎。常见病原体有肺炎链球菌、支原体、衣原体、流感嗜血杆菌和呼吸道病毒（甲、乙型流感病毒，腺病毒、呼吸道合胞病毒和副流感病毒）等。

2. 医院获得性肺炎（hospital acquired pneumonia，HAP） 指患者入院时不存在，也不处于潜伏期，而于入院48 h后在医院（包括老年护理院、康复院等）内发生的肺炎。HAP还包括呼吸机相关性肺炎。无感染高危因素患者的常见病原体依次为肺炎链球菌、流感嗜血杆菌、金黄色葡萄球菌、大肠埃希菌、肺炎克雷伯菌、不动杆菌属等；有感染高危因素患者的常见病原体为铜绿假单胞菌、肠杆菌属、肺炎克雷伯菌、不动杆菌属等，目前金黄色葡萄球菌的感染有明显增加的趋势。

三、临床表现

肺炎的症状变化较大，取决于病原体和宿主的状态。常见症状为咳嗽、咳痰，或原有呼吸道症状加重，并出现脓性痰或血痰，伴或不伴胸痛。病变范围大者可有呼吸困难，呼吸窘迫。大多数患者有发热。早期患者肺部无特殊体征，重症者可有呼吸频率增快，鼻翼扇动，发绀。肺实变时有相应的体征，如叩诊浊音、语颤增强和支气管呼吸音等，也可闻及湿啰音。并发胸腔积液者，患侧胸部叩诊浊音，语颤减弱，呼吸音减弱。

（一）细菌性肺炎

1. 肺炎球菌性肺炎 发病前常有受凉、淋雨、疲劳、醉酒、病毒感染史。起病多急骤，突发高热、寒战、全身肌肉酸痛，体温常在数小时内升至39～40℃，高峰在下午或傍晚，或呈稽留热。脉率增快。可有患侧胸痛，放射到肩部或腹部，咳嗽或深呼吸时加重。痰少，可带血或呈铁锈色。食欲缺乏，偶有恶心、呕吐、腹痛、腹泻，易被误诊为急腹症。

2. 葡萄球菌肺炎 起病多急骤，寒战、高热，体温多高达39～40℃，胸痛，脓性痰，量多，带血丝或呈脓血状，毒血症状明显，全身肌肉、关节酸痛，体质衰弱，精神萎靡，病情严重者可早期出现周围循环衰竭。院内感染者通常起病较隐匿，体温逐渐上升，老年人症状可不典型。血源性葡萄球菌肺炎常有皮肤伤口、疖痈和中心静脉导管入，或静脉吸毒史，咳脓性痰者少见。

（二）非典型病原体肺炎

1. 肺炎支原体肺炎 潜伏期为2～3周，通常起病较缓慢，症状主要为疲乏无力，周身酸痛，发热，咳嗽，多为持久性剧烈干咳，或伴有少量黏痰。发热可持续2～3周，体温恢复正常后可能仍有咳嗽。偶伴胸骨后疼痛。肺外表现更为常见，如皮炎（斑丘疹、多形红斑）等。

2. 肺炎衣原体肺炎 起病多隐袭，早期表现为上呼吸道感染症状。临床上与支原体肺炎相似。通常症状较轻，发热、寒战、肌痛、干咳，非胸膜炎性胸痛，头痛、不适和乏力，少有咯血。发生咽喉炎者表现为咽喉痛、声音嘶哑，有些患者可表现为双阶段病程：开始表现为咽炎，经对症处理好转，1～3 周后又发生肺炎或支气管炎，咳嗽加重。少数患者可无症状。

（三）病毒性肺炎

好发于病毒感染性疾病流行季节，症状通常较轻，与支原体肺炎的症状相似，但起病较急，发热、头痛、全身酸痛、倦怠等症状较突出，常在急性流感症状尚未消退时即出现咳嗽、少痰或白色黏液痰、咽痛等呼吸道症状。小儿或老年人易发生重症病毒性肺炎，表现为呼吸困难、发绀、嗜睡、精神萎靡，甚至发生休克、心力衰竭、呼吸衰竭等严重并发症，也可发生急性呼吸窘迫综合征。

（四）肺真菌病

1. 肺念珠菌病 肺念珠菌病分念珠菌支气管炎和念珠菌肺炎两型，亦是病程中的两个阶段。念珠菌支气管炎常表现为阵发性刺激性咳嗽，咳多量似白泡沫塑料状稀痰，偶带血丝，随病情进展，痰液稠如糨糊状，憋喘、气短，尤以夜间为重。乏力、盗汗，多不发热。X 线仅示两肺中下野纹理增粗。念珠菌肺炎临床表现为畏寒、高热，咳白色泡沫黏痰，或呈胶冻状，有时伴咯血，临床酷似急性细菌性肺炎。胸部 X 线显示双下肺纹理增多，纤维条索影伴散在的大小不等、形状不一的结节状阴影，呈支气管肺炎表现；或融合的均匀大片浸润影，自肺门向周边扩展，可形成空洞。双肺或多肺叶病变，病灶可有变化，但肺尖较少受累，偶可并发渗出性胸膜炎。

2. 肺曲霉菌病 主要由烟曲霉引起，临床常见的主要有 3 型，即变应性支气管肺曲霉菌病、慢性肺曲霉菌病和侵袭性肺曲霉菌病。临床表现均缺乏特异性。变应性支气管肺曲霉菌病多于哮喘诊断多年后发病，临床表现有咳嗽、咳痰、喘息，还可见低热、消瘦、乏力、胸痛等。咳棕褐色黏冻样痰栓为特征性表现。存在支气管扩张时，可有不同程度的咯血。慢性肺曲霉菌病好发于存在肺部基础疾病或轻度免疫缺陷患者，临床可表现为咳嗽、咳痰、胸痛、发热、咯血、呼吸困难、乏力等。侵袭性肺曲霉菌病多继发于免疫受损和骨髓移植的患者，临床表现常有发热、干咳、胸痛、咯血。

3. 肺隐球菌病 可有发热、咳嗽，以干咳为主或有少量痰液。常有难以言明的胸痛和轻度气促。其他症状包括少量咯血、盗汗、乏力和体重减轻。由于患者免疫状态的不同，可形成两种极端：无症状者，系影像学检查发现，主要见于免疫机制健全者；重症患者，有显著气促和低氧血症，并伴有某些基础疾病和免疫抑制状态。

> **要点提示**：肺炎球菌性肺炎主要临床表现有稽留热、咳铁锈色痰等。

四、实验室及其他辅助检查

1. 感染相关炎症指标检查 包括外周血白细胞计数和分类、C 反应蛋白、降钙素原。

2. 影像学检查 最常用的是 X 线胸片和胸部 CT 检查。在重症监护病房，胸部超声的应用也在逐渐发展。

3. 病原学检查 病原学检查常用的方法有基于外周血、尿、肺泡灌洗液的抗原抗体检测、传统核酸检测，基于痰、外周血、气管导管内吸引物、经支气管镜防污染毛刷取样、支气管肺泡灌洗液、胸腔积液、支气管黏膜或肺组织的涂片和培养。新近基于高通量测序技术的临床宏基因组学检查，通过分析临床标本中微生物的 DNA 或 RNA 含量与丰度判断致病菌，显著提高了病原检测的速度,缩短了检测时间,对罕见病原菌感染的诊断具有优势,可审慎地用于现有成熟检测技术不能确定的病原体,或经恰当与规范抗感染治疗无效的患者。

五、诊断和鉴别诊断

（一）诊断

1. 建立临床诊断 肺炎诊断主要依据症状、体征和影像学征象,并除外肺结核、肺癌、非感染性肺间质疾病等,可建立临床诊断。

2. 评估严重程度 如果肺炎的诊断成立,评价病情的严重程度对于决定在门诊或入院治疗甚或ICU治疗,经验性选择初始抗菌药物和判断预后至关重要。肺炎严重性取决于3个主要因素:局部炎症程度、肺部炎症的播散和全身炎症反应程度。重症肺炎目前还没有普遍认同的诊断标准,目前许多国家制订了重症肺炎的诊断标准,虽然有所不同,但均注重肺部病变的范围、器官灌注和氧合状态。

3. 病原学诊断 除在门诊接受治疗的轻症CAP患者不必常规进行病原学检查外,其他CAP患者和所有HAP患者均须进行病原学检查。

（二）鉴别诊断

1. 肺结核 发病缓慢,病程长,常伴有结核毒性症状,如午后低热、盗汗、体重减轻、咳嗽、咯血等。X线胸片所示病变多在肺尖或锁骨上下,密度不均,消散缓慢,且可形成空洞或肺内播散。痰中可找到结核分枝杆菌。一般抗菌治疗无效。

2. 肺癌 发病年龄较大,常有吸烟病史,多无急性感染中毒症状,有时痰中带血丝,肿瘤阻塞支气管可引起远端肺部阻塞性炎症。若痰中发现癌细胞则可以确诊。X线检查可见肿块阴影,局限性肺不张或反复同一部位的肺炎。

3. 急性肺脓肿 早期临床表现与肺炎球菌性肺炎相似。但随病程进展,咳出大量脓臭痰为肺脓肿的特征。X线胸片显示脓腔及气液平,易与肺炎鉴别。

4. 非感染性肺部浸润 还需排除非感染性肺部疾病,如肺间质纤维化、肺水肿、肺不张、肺嗜酸性粒细胞增多症和肺血管炎等。

六、治疗

1. 抗感染治疗 抗感染治疗是肺炎治疗的最主要环节,包括经验性治疗和针对病原体治疗。前者需要根据患者年龄、基础疾病、临床特点、实验室及影像学检查、疾病严重程度、肝肾功能、既往用药和药敏情况、本地区和本单位的病原体分布和耐药的流行病学资料分析最有可能的致病原,选择可能覆盖病原体的抗菌药物;后者则需根据确定的病原学检查和药物敏感试验结果,选择敏感的抗菌药物。另外,选择抗菌药物还要参考药动/药效学特点。

肺炎的抗感染药物治疗应尽早进行。抗感染药物治疗后48～72 h应对病情进行评价。治疗有效表现为体温下降、症状改善、临床状态稳定、白细胞逐渐降低或恢复正常,而X线胸片示病灶吸收较迟。如72 h后症状无改善,需仔细分析,做必要的检查,进行相应处理。病情稳定后可从静脉途径转为口服治疗。细菌性肺炎抗感染药物疗程至少5天,大多数患者需要7～10天或更长疗程。如体温正常48～72 h,无任何一项肺炎临床不稳定征象,可停用抗感染药物。

2. 辅助治疗 辅助治疗包括呼吸支持治疗、脏器功能支持治疗、其他非抗菌药物治疗。呼吸支持治疗包括引流气道分泌物、合理氧疗、无创通气支持、机械通气、体外膜肺氧合等方法。脏器功能支持治疗包括血流动力学监测及液体管理、血糖控制、应激性溃疡预防、持续肾替代治疗等方法。非抗菌药物治疗包括抗炎药物应用、营养支持和免疫治疗。

知识链接

社区获得性肺炎的病原治疗

病原	宜选药物	可选药物
肺炎链球菌	青霉素，氨苄（阿莫）西林	第一代或第二代头孢菌素
流感嗜血杆菌	氨苄西林，阿莫西林，氨苄西林/舒巴坦，阿莫西林/克拉维酸	第一代或第二代头孢菌素，氟喹诺酮类
肺炎支原体	红霉素等大环内酯类	氟喹诺酮类，多西环素
肺炎衣原体	红霉素等大环内酯类	氟喹诺酮类，多西环素
军团菌属	红霉素等大环内酯类	氟喹诺酮类
革兰氏阴性杆菌	第二代或第三代头孢菌素	氟喹诺酮类，ß内酰胺类/ß内酰胺酶抑制剂
金黄色葡萄球菌	苯唑西林，氯唑西林	第一代或第二代头孢菌素，克林霉素

自测题

扫码测验

第四节 慢性阻塞性肺疾病

案例导入

患者，男，60岁，反复咳嗽、咳痰15年，气促3年，再发1天。15年前，患者于受凉后出现咳嗽、咳痰，经治疗后好转，以后每年常因受寒或吸烟诱发咳嗽、咳痰症状。3年前开始出现上楼梯或爬坡时气促，休息后可以缓解，以后渐至平地行走300 m以上即感气促，曾多次到当地医院住院治疗，每次症状好转后出院。1天前因受寒后咳嗽再发加重，伴咳黄色黏稠痰，发热，自测体温39.0℃左右，气促加重、不能平卧，无咯血，自服"罗红霉素"等药物缓解不明显。有吸烟史30余年，每日20支。体格检查：T 39.0℃，P 100次/分，R 26次/分，BP 130/80 mmHg。神志清楚，口唇发绀，桶状胸，肋间隙增宽，双侧呼吸运动减弱，双肺叩诊呈过清音，听诊呼吸音减弱，两肺底可闻及散在湿啰音，心脏、肝、脾检查无明显异常，双下肢无水肿。实验室检查：血常规示 WBC $14.2×10^9$/L，N 0.83，L 0.16，RBC $5.5×10^{12}$/L，Hb 165 g/L。痰涂片提示革兰氏阳性球菌占优势。胸部X线检查提示双肺透亮度增加，肺纹理粗乱。

问题与思考：
1. 初步诊断和诊断依据是什么？应与哪些疾病相鉴别？
2. 为明确诊断，需要进一步做哪些检查？
3. 治疗原则是什么？

慢性阻塞性肺疾病（chronic obstructive pulmonary disease，COPD）简称慢阻肺，是一种以持续气流受限为特征的可以预防和治疗的疾病。其气流受限不完全可逆、呈进行性发展。慢阻肺主要累及肺，也可引起肺外各器官的损害。

一、病因和发病机制

（一）病因

1. 吸烟 最主要的发病因素。烟龄越长，吸烟量越大，慢阻肺患病率越高。烟草中含焦油、尼古丁和氢氯酸等化学物质，可损伤气道上皮细胞，使纤毛运动减退和巨噬细胞吞噬功能降低；支气管黏液腺肥大，杯状细胞增生，黏液分泌增多，使气道净化能力下降；支气管黏膜充血、水肿，黏液积聚，容易继发感染，慢性炎症及吸烟刺激黏膜下感受器，使副交感神经功能亢进，引起支气管平滑肌收缩，导致气道阻力增加，气流受限。

2. 感染 慢阻肺发生、发展的重要因素之一。病毒和细菌感染是本病急性加重的常见原因。

3. 职业粉尘和化学物质 长期接触职业粉尘及化学物质，如烟雾、工业废气、空气污染等，均可能发生与吸烟效果类似的慢阻肺。

4. 其他 遗传因素、肺生长发育不良、年龄增大、气道高反应性、免疫功能紊乱、营养不良等机体因素及气候变化等环境因素均参与慢阻肺的发生、发展。

（二）发病机制

1. 炎症机制 气道、肺实质及肺血管的慢性炎症是慢阻肺的特征性改变，中性粒细胞、巨噬细胞、T淋巴细胞等炎症细胞均参与了慢阻肺的发病过程。

2. 蛋白酶-抗蛋白酶失衡机制 蛋白酶对肺组织有损伤、破坏作用，而抗蛋白酶对多种蛋白酶具有抑制功能。蛋白酶增多或抗蛋白酶不足均可导致肺组织结构破坏而发生肺气肿。

3. 氧化应激机制 有许多研究表明，慢阻肺患者的氧化应激增加。氧化物主要有超氧阴离子、羟自由基、次氯酸和一氧化氮等。

4. 其他机制 如自主神经功能失调、营养不良、气温改变等都有可能参与慢阻肺的发生、发展。

二、病理

慢性阻塞性肺疾病的病理改变主要表现为慢性支气管炎及阻塞性肺气肿的病理变化。支气管黏膜上皮细胞变性、坏死和形成溃疡；纤毛倒伏、粘连和部分脱落；黏膜上皮修复、增生、鳞状上皮化生和肉芽肿形成；腺体增生、肥大、杯状细胞数目增多和分泌亢进；基底部肉芽组织和纤维组织增生导致管腔狭窄。气道壁结构重塑、胶原含量增加及瘢痕形成，造成气道不完全性阻塞，导致肺泡中残存气体过多和肺泡过度充气，从而发生阻塞性肺气肿。按累及肺小叶的部位，可将阻塞性肺气肿分为小叶中央型、全小叶型和混合型。镜检可见肺泡壁变薄，肺泡腔扩大、破裂或形成肺大疱。肺组织外观呈灰白色，表面可见多个大小不一的肺大疱。

三、临床表现

（一）症状

患者起病隐匿，早期可无明显症状，常见症状如下。

1. 咳嗽 慢性咳嗽常为患者的首发症状，晨起较重，夜间有阵咳。

2. 咳痰 多为白色黏液性痰，清晨排痰较多，合并感染时痰量增多，可有脓性痰。

3. 呼吸困难 慢阻肺的标志性症状，早期多在劳力时出现，后逐渐加重，日常活动甚至休息时也有呼吸困难。

4. 其他 患者有体重下降、食欲减退、焦虑等全身症状。出现呼吸衰竭、慢性肺源性心脏病等并发症时可有相应的症状。

(二) 体征

早期可无明显体征。随病情进展，出现阻塞性肺气肿的体征。

1. **视诊** 桶状胸，呼吸运动减弱，部分患者出现呼吸浅促。
2. **触诊** 胸廓扩张度减弱，语音震颤减弱。
3. **叩诊** 肺部呈过清音，心浊音界缩小，肺下界及肝浊音界下移。
4. **听诊** 两肺呼吸音减弱，呼气延长，部分患者可闻及干啰音和（或）湿啰音。

四、实验室及其他辅助检查

1. **肺功能检查** 判断气流受限的主要客观指标，可用于慢阻肺的诊断及严重程度评价。一秒钟用力呼气容积占用力肺活量百分比（FEV_1/FVC）是评价气流受限的一项敏感指标。吸入支气管扩张剂后，$FEV_1/FVC < 70\%$ 可确定为不能完全可逆的气流受限；一秒钟用力呼气容积占预计值百分比（$FEV_1\%$ 预计值）是评估慢阻肺严重程度的良好指标，正常 $FEV_1\%$ 预计值 $> 80\%$；肺总量（TLC）、功能残气量（FRC）和残气量（RV）增高，肺活量（VC）减低，表明肺过度充气；深吸气量（IC）减低，IC/TLC 下降，是反映肺过度充气的指标，与呼吸困难程度及慢阻肺病死率有关。

2. **胸部 X 线检查** 早期无显著异常，也可出现肺纹理增粗、紊乱等非特异性改变。肺气肿患者可见胸廓体积增大、肺纹理稀疏。胸部 X 线检查对慢阻肺诊断特异性不高，主要用于确定肺部并发症及鉴别其他肺部疾病。

3. **胸部 CT 检查** 高分辨 CT 可见肺气肿，有助于慢阻肺的鉴别诊断。

4. **血气分析检查** 确定是否发生低氧血症、高碳酸血症及酸碱平衡紊乱。

5. **其他** 慢阻肺合并细菌感染时，血白细胞增高，中性粒细胞核左移；痰培养可检出病原菌；常见病原菌为肺炎链球菌、流感嗜血杆菌、卡他莫拉菌、肺炎克雷伯菌等。

> **知识链接**
>
> **肺功能常用指标**
>
> 1. 肺活量（VC）：是最大吸气后所能呼出的最大气量。
> 2. 用力肺活量（FVC）：是指深吸气至肺总量后以最大用力、最快速度所能呼出的全部气量。正常人 3 秒内可将肺活量全部呼出，第 1、2、3 秒所呼出的气量各占 FVC 的百分率为 83%、96%、99%，第 1 秒用力呼气容积（FEV_1）既是第 1 秒用力呼气容积的测定，也是 1 秒内的流量测定，临床应用广泛，FEV_1/FVC 简称一秒率。
> 3. 肺总量（TLC）：是深吸气后肺内所含全部气量，是肺活量与残气量之和。
> 4. 残气量（RV）：是指最大呼气末残留于肺内的气量。

五、诊断和鉴别诊断

(一) 诊断

慢阻肺的诊断应根据临床表现、危险因素接触史、体征及实验室检查等资料综合分析确定。可使用图 4-1 的诊断流程进行慢阻肺诊断。

慢阻肺可分为稳定期及急性加重期。稳定期指患者咳嗽、咳痰、气短等症状稳定或症状轻微。急性加重期指短期内咳嗽、咳痰、气短和（或）喘息加重、痰量增多，呈脓性或黏液脓性，可伴发热、发绀等症状，并需改变基础慢阻肺常规用药者。

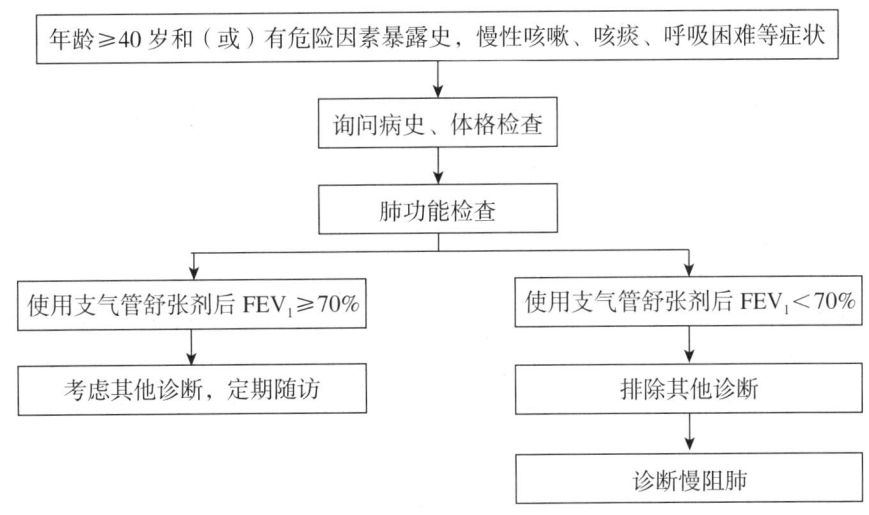

图 4-1 慢阻肺的诊断流程

根据 FEV_1/FVC 及 $FEV_1\%$ 预计值可对慢阻肺的严重程度进行分级（表 4-3）。

表4-3 慢性阻塞性肺疾病患者气流受限严重程度的肺功能分级

分级	严重程度	肺功能（基于使用支气管舒张剂后FEV_1）
GOLD 1 级	轻度	FEV_1 占预计值 % ≥ 80%
GOLD 2 级	中度	50% ≤ FEV_1 占预计值 % < 80%
GOLD 3 级	重度	30% ≤ FEV_1 占预计值 % < 50%
GOLD 4 级	极重度	FEV_1 占预计值 % < 30%

注：基本条件为使用支气管舒张剂后 $FEV_1/FVC < 70\%$

（二）鉴别诊断

慢阻肺的鉴别诊断见表 4-4。

表4-4 慢性阻塞性肺疾病（简称慢阻肺）与其他疾病的鉴别诊断要点

疾病	鉴别诊断要点
慢阻肺	中年发病，症状缓慢进展，有长期吸烟史或其他烟雾接触史
支气管哮喘	早年发病（通常在儿童期），每日症状变异大，夜间和清晨症状明显，常有过敏史、鼻炎和（或）湿疹，有支气管哮喘家族史，可伴有肥胖
充血性心力衰竭	X线胸片示心脏扩大、肺水肿，肺功能检查提示有限制性通气障碍而非气流受限
支气管扩张症	反复咳大量脓痰或咯血，常伴有细菌感染，粗湿啰音、杵状指，X线胸片或胸部CT示支气管扩张、管壁增厚
肺结核	所有年龄均可发病，X线胸片示肺浸润性病灶或结节状、空洞样改变，微生物检查可确诊，流行地区高发

注：以上疾病大多具有典型的临床特征，但并非所有患者都有以上临床表现，例如支气管哮喘也可在成年甚至老年起病

六、治疗

（一）稳定期治疗

1. 教育和劝导患者戒烟 因职业或环境粉尘、刺激性气体所致者，应脱离污染的环境。

2. 支气管舒张剂 是稳定期最主要的治疗药物。暂时缓解症状可选用速效制剂,长期规则应用可选择长效制剂以预防和减轻症状。

(1) β_2 受体激动剂:短效的有沙丁胺醇、特布他林,多使用气雾剂或雾化给药;长效的有沙美特罗、福莫特罗等。

(2) 抗胆碱药:短效的有异丙托溴铵,长效的有噻托溴铵。

(3) 茶碱类:氨茶碱或茶碱缓释剂型。

3. 糖皮质激素 长期规律吸入糖皮质激素适用于重度和极重度且反复急性加重的慢阻肺患者,联合吸入糖皮质激素和长效 β_2 受体激动剂,疗效优于单一制剂,如氟替卡松/沙美特罗、布地奈德/福莫特罗等。不推荐长期口服、肌内注射或静脉应用糖皮质激素治疗。

4. 祛痰药 对痰不易咳出者可应用。常用药物有盐酸氨溴索或乙酰半胱氨酸等。

5. 长期家庭氧疗 适用于合并慢性呼吸衰竭的患者。一般是经鼻导管吸入氧气,流量 1.0~2.0 L/min,持续时间 >15 h/d。目的是使患者在海平面水平、静息状态下,达到 $PaO_2 \geq 60$ mmHg 和(或)使 SaO_2 达到 90%,以维持重要器官的功能,保证周围组织的氧供。使用指征为:① $PaO_2 \leq 55$ mmHg 或 $SaO_2 \leq 88\%$,有或无高碳酸血症;② PaO_2 为 55~60 mmHg,患者出现肺动脉高压、外周水肿(有充血性心力衰竭迹象)或红细胞增多症(血细胞比容 >55%)。

(二) 急性加重期治疗

1. 抗感染治疗 急性加重期最常见的原因是细菌或病毒感染,当患者呼吸困难加重、咳嗽伴痰量增加、有脓性痰时,应根据慢阻肺严重程度及相应的细菌分层情况,结合当地常见致病菌类型及耐药流行趋势和药物敏感情况尽早选择敏感抗菌药物。

2. 支气管舒张剂 用药同稳定期,有严重喘息症状者可给予较大剂量雾化吸入治疗。

3. 呼吸支持 ①控制性吸氧:氧疗是慢阻肺急性加重期患者的基础治疗;发生低氧血症者可鼻导管吸氧,或通过面罩吸氧;避免因吸入氧浓度过高引起二氧化碳潴留。②呼吸衰竭患者应及时给予机械通气。

4. 糖皮质激素 对需住院治疗的急性加重期患者,在有效应用抗生素和使用支气管舒张剂的基础上,可考虑口服泼尼松龙或静脉给予甲泼尼龙。

5. 其他治疗 注意补充营养,维持体液和电解质平衡;注意痰液引流,积极排痰治疗;对卧床、红细胞增多症或脱水的患者,无论是否有血栓栓塞性疾病史,均需考虑使用肝素或低分子肝素;积极防治呼吸衰竭、心力衰竭、自发性气胸等并发症。

自测题

扫码测验

第五节 肺结核

> **案例导入**
>
> 患者，男，27岁，低热、咳嗽、消瘦2个月。患者于2个月前无明显诱因出现发热，自测体温37.5～38.0℃，咳嗽，即到当地卫生院就诊，被诊断为"感冒"，经治疗后，仍有低热，尤以午后明显，间歇性咳嗽，咳少量黄色黏液痰，伴全身乏力，体重逐渐减轻，无咯血，多次在当地按"肺炎"治疗，无明显好转。体格检查：T 38.0℃，P 93次/分，R 21次/分，BP 121/74 mmHg，消瘦，神志清醒，浅表淋巴结无肿大，双肺呼吸音清，右上肺可闻及少许湿啰音，未闻及干啰音。心脏、腹部检查未见异常，双下肢无水肿。血常规：WBC 10.5×10^9/L，N 0.77，L 0.23。尿常规：无异常。胸部X线检查：双肺纹理稍增粗，右侧第2肋间可见斑片状阴影，密度不均，边缘模糊。
>
> **问题与思考：**
> 1. 初步诊断和诊断依据是什么？应与哪些疾病相鉴别？
> 2. 为明确诊断，需要进一步做哪些检查？
> 3. 治疗原则是什么？

肺结核（pulmonary tuberculosis）是由结核分枝杆菌感染引起肺实质病变的慢性传染病。临床上以结核中毒症状、咳嗽、咳痰、咯血等为主要表现。

一、病因和发病机制

结核分枝杆菌属于放线菌目、分枝杆菌科的分枝杆菌属，为有致病力的耐酸菌。主要分为人型、牛型、非洲型和鼠型。对人有致病性的主要是人型，少数为牛型和非洲型。结核分枝杆菌抗酸染色呈红色，对盐酸乙醇的脱色有很强的抵抗，故被命名为抗酸杆菌。结核分枝杆菌生长缓慢，培养时间一般为2～8周。对于干燥、冷、酸、碱等抵抗力强，在干燥环境中可存活数月或数年，在低温条件下如-40℃仍能存活数月。常用杀菌剂中，70%乙醇一般在2 min内可杀死结核分枝杆菌。传统煮沸法（100℃）5 min可杀死结核分枝杆菌。

结核病的传染源主要是排菌的肺结核患者。由于结核分枝杆菌主要是随痰液排出体外而播散，因而痰中查出结核分枝杆菌的患者才具传染性，才是传染源。传染性的强弱取决于痰内菌量的多少。飞沫传播是肺结核最主要的传播途径，经消化道或皮肤的传播现已罕见。婴幼儿、老年人、HIV感染者、免疫抑制剂使用者、慢性疾病患者等免疫力低下者是结核病的易感人群。

二、临床表现

（一）症状

咳嗽、咳痰是肺结核最常见的早期症状，一般比较轻微，为干咳或咳少量黏液痰，有空洞时，痰量增多。1/3左右的患者有咯血，多为小量咯血，少数可出现大咯血。结核累及胸膜时可出现胸痛，并随呼吸运动和咳嗽加重。干酪样肺炎和大量胸腔积液患者可出现呼吸困难。

发热是最常见的全身症状，多为长期低热（午后潮热），还可出现盗汗、乏力、食欲缺乏、体重下降，女性出现月经失调等。

（二）体征

肺部体征依病情轻重、病变范围不同而有差异，早期、小范围的结核患者不易查到阳性体征,病变范围较广者叩诊呈浊音,语颤增强,肺泡呼吸音低,可闻及湿啰音。晚期结核形成纤维化,局部收缩使胸膜塌陷和纵隔移位。在结核性胸膜炎者早期有胸膜摩擦音,形成大量胸腔积液时,胸壁饱满,叩诊浊音,语颤和呼吸音减低或消失。

三、实验室及其他辅助检查

(一)结核分枝杆菌检查

痰结核分枝杆菌检查是确诊结核的主要方法,也是制订化疗方案和评价疗效的主要依据。

1. 痰涂片检查 简单、快速、易行和可靠的方法,但敏感度欠佳,应多次送检。常采用的是齐-尼氏(Zeihl-Neelsen)染色法。痰涂片检查阳性只能说明痰中含有抗酸杆菌,不能区分是结核分枝杆菌还是非结核分枝杆菌。由于非结核分枝杆菌少,故痰中检出抗酸杆菌有极重要的意义。

2. 痰培养检查 痰培养发现结核分枝杆菌是肺结核诊断的"金标准",还可为药物敏感性测定和菌种鉴定提供菌株。结核分枝杆菌培养时间较长,一般为2~8周。

> **知识链接**
>
> **分子诊断**
>
> 针对结核分枝杆菌基因组中特有保守的管家基因,采用现代分子生物学诊断技术,如实时荧光定量PCR技术、等温(恒温)扩增技术、探针-反向杂交技术、基因测序技术等,对痰液、组织等样本进行检测,实现结核分枝杆菌病原学检测、耐药性诊断以及分枝杆菌菌种鉴定,弥补了因结核分枝杆菌生长缓慢对检测周期的影响,同时对实验室的生物安全要求低于多种传统的细菌学诊断方法。

(二)结核菌素试验(PPD试验)

主要用于了解人体是否感染过结核分枝杆菌,而非检出结核病。结核菌素试验对儿童、青少年和老年人的结核病诊断有参考意义。结核菌素试验反应越强,对结核病的诊断意义越大。

实验方法:选择左侧前臂曲侧中上部1/3处,皮内注射0.1 ml含5个结核菌素单位的纯蛋白衍生物(PPD),以局部出现7~8 mm大小的圆形橘皮样皮丘为宜。48~72 h观察结果,用手指轻摸硬结边缘,测量硬结的横径和纵径,得出平均直径。直径≥5 mm作为阳性判断标准,10~14 mm为中度阳性,直径≥15 mm或局部水疱为强阳性。变态反应前期、免疫系统受干扰、免疫功能低下、结核菌素试剂失效或试验方法错误,均可导致结核菌素试验假阴性反应。

(三)影像学检查

胸部X线检查为诊断肺结核的常规首选方法,可以发现早期轻微的结核病变,确定病变范围、部位、形态、密度、与周围组织关系、有无活动性、治疗反应等。CT易发现隐蔽的或微小的病变而减少漏诊,比X线检查更能清晰显示病变特点和性质,常用于肺结核的诊断和与其他胸部疾病的鉴别诊断,可以用于引导穿刺、引流和介入性治疗。

(四)纤维支气管镜检查

纤维支气管镜检查目前常用于支气管内膜结核的诊断,结合导航技术可用于肺内病变的活检,超声支气管镜主要用于淋巴结结核的诊断。

(五)病理学检查

组织病理学改变表现为上皮细胞样肉芽肿性炎,光学显微镜下可见大小不等和数量不同的坏死性和非坏死性的肉芽肿。肉芽肿是由上皮样细胞结节融合而成的。典型的结核病变由融合的上皮样细胞结节组成，中心为干酪样坏死，周边可见朗汉斯多核巨细胞，外层为淋巴细胞浸润和增生的纤维结缔组织。确诊结核性病变，需要在病变区找到病原菌。

四、诊断和鉴别诊断

（一）诊断

1. 痰涂片阳性肺结核诊断　符合以下任何一项者：①2份痰标本涂片抗酸杆菌检查阳性；②1份痰标本涂片抗酸杆菌检查阳性，同时具备结核的典型影像学特征；③1份痰标本涂片抗酸杆菌检查阳性，并且1份痰标本分枝杆菌培养阳性。

2. 痰涂片阴性肺结核诊断　具备①~⑥中3项或⑦⑧中任何1项时可确诊：①典型肺结核临床症状和胸部影像学表现；②抗结核治疗有效；③临床可排除其他非结核性肺部疾病；④结核菌素试验强阳性，γ-干扰素释放试验阳性；⑤结核分子生物学检查阳性；⑥肺外组织病理证实结核病变；⑦支气管肺泡灌洗液中检出抗酸分枝杆菌；⑧支气管或肺组织病理证实结核病变。

（二）肺结核的分型

1. 原发性肺结核　指初次感染即发病的肺结核，包括原发复合征及胸内淋巴结结核，儿童多见。出现肺内渗出病变、淋巴管炎和肺门淋巴结肿大的哑铃状改变的原发复合征，或仅表现为肺门和纵隔淋巴结肿大。

2. 血行播散型肺结核　包括急性粟粒性肺结核、亚急性及慢性血行播散型肺结核两型。急性粟粒性肺结核：两肺散在的粟粒大小的阴影，大小一致、密度相等、分布均匀的粟粒状阴影，随病情进展，可互相融合。亚急性或慢性血行播散型肺结核：两肺出现大小不一、新旧病变不同、分布不均匀、边缘模糊或锐利的结节和索条状阴影。

3. 继发性肺结核　由于初次感染后体内潜伏病灶中结核菌复燃增殖而发病。本型是成人肺结核的最常见类型。其胸部影像学表现多样，轻者主要表现为斑片、结节及索条影，或表现为结核瘤或孤立空洞；重者可表现为大叶性浸润、干酪性肺炎、多发空洞形成和支气管播散等；反复迁延进展者可出现肺毁损，毁损肺组织体积缩小，其内多发纤维厚壁空洞、继发性支气管扩张或伴有多发钙化等，邻近肺门和纵隔结构牵拉移位，胸廓塌陷，胸膜增厚粘连，其他肺组织出现代偿性肺气肿和新旧不一的支气管播散病灶等。

4. 气管支气管结核　指发生在气管支气管的黏膜、黏膜下层、平滑肌、软骨及外膜的结核病，是结核病的特殊临床类型。气管支气管结核主要表现为气管或支气管壁不规则增厚、管腔狭窄或阻塞，狭窄支气管远端肺组织可出现继发性不张或实变、支气管扩张及其他部位支气管播散病灶等。

5. 结核性胸膜炎　患侧胸腔积液，小量为肋膈角变浅，中等量以上积液为致密阴影，上缘呈弧形。

（三）鉴别诊断

1. 肺炎　主要与继发性肺结核鉴别。各种肺炎因病原体不同而临床特点各异，但大都起病急，伴发热，咳嗽、咳痰明显。抗感染治疗后体温迅速下降，1~2周左右影像学上的肺部阴影有明显吸收。

2. 支气管扩张　慢性反复咳嗽、咳痰，多有大量脓痰，常反复咯血。轻者X线胸片无异常或仅见肺纹理增粗，典型者可见卷发样改变，高分辨率CT发现扩张的支气管有助于确诊。

3. 肺癌　多有长期吸烟史，表现为刺激性干咳、痰中带血、胸痛、消瘦等症状，典型影像学表现为病灶常见分叶征、毛刺征、支气管充气征、血管集束征、胸膜牵拉征等。组织活检是最重要的鉴别方法。

4. 纵隔和肺门疾病　主要与原发性肺结核鉴别。经支气管超声针吸活检是最重要的鉴别方法。

五、治疗和预防

（一）化学治疗

肺结核的化学治疗原则是早期、规律、全程、适量、联合，整个标准化疗方案分强化和巩固两个阶段（表4-5）。常用抗结核药物有异烟肼（H）、利福平（R）、吡嗪酰胺（Z）、乙胺丁醇（E）、链霉素（S）等。

表4-5　结核治疗方案

类型	每日用药方案	间歇用药方案
初始涂阳	2 hRZE（S）/4 hR	$2\ h_3R_3Z_3E_3(S_3)/4\ h_3R_3$
初始涂阴	2 hRZ/4 hR	$2\ h_3R_3Z_3/4\ h_3R_3$
复治涂阳	2 hRZSE/4~6HRE	$2\ h_3R_3Z_3S_3E_3/6H_3R_3E_3$

（二）其他治疗

1. 对症治疗　肺结核的一般症状在合理化疗下可很快减轻或消失，无需特殊处理。咯血是肺结核的常见症状，少量咯血时多以安慰和消除紧张情绪、卧床休息为主，可配合使用止血药物。大咯血可危及生命，应特别警惕和尽早发现窒息先兆征象。迅速畅通气道是抢救大咯血窒息的首要措施，包括体位引流、负压吸引、气管插管。当咯血量较大、药物治疗效果不佳时，可采用支气管动脉栓塞术治疗。

2. 糖皮质激素　仅用于结核中毒症状严重者，主要利用其抗炎、抗毒效应，给药剂量依病情而定。

3. 外科手术治疗　肺结核外科手术治疗的适应证主要是经合理化学治疗后无效、多重耐药的厚壁空洞、大块干酪样病灶、结核性脓胸、支气管胸膜瘘和大咯血保守治疗无效者。

（三）结核病控制策略

结核病控制策略包括做好全程督导化疗；按照《中华人民共和国传染病防治法》的规定，及时、准确、完整地报告肺结核疫情；做好病例的登记及管理工作；接种卡介苗；对特殊人群进行预防性化疗。

自测题

扫码测验

第六节 呼吸衰竭

案例导入

患者,男,66岁。反复咳嗽、咳痰16年,气促3年,再发伴发热2天。患者16年前无明显诱因出现咳嗽,咳白色泡沫样痰,此后上述症状常于受凉、季节变化时反复发作,经抗感染止咳等治疗,病情可逐渐好转。3年前开始出现活动后气促,并逐步加重。2天前因受凉再发咳嗽,咳少量黄色脓痰,轻微活动后即感喘息,伴发热,自测体温最高39.0℃。自服"阿莫西林"等药物后症状缓解不明显。有吸烟史30余年,每日20支。体格检查:T 37.5℃,P 100次/分,R 24次/分,BP 135/80 mmHg。急性病容,精神差,口唇轻度发绀。桶状胸,叩诊呈过清音,双肺呼吸音弱,两肺底可闻及散在细湿啰音,无哮鸣音。心界无扩大,心率100次/分,心律齐,无杂音。腹平软,无压痛,肝、脾肋下未触及,双下肢无水肿。血常规 WBC 8.2×10^9/L,N 0.82,RBC 5.32×10^{12}/L。血气分析:PaO_2 48 mmHg,$PaCO_2$ 55 mmHg,pH 7.35,HCO_3^- 27.1 mmol/L,SaO_2 86%。

问题与思考:
1. 初步诊断和诊断依据是什么?应与哪些疾病相鉴别?
2. 为明确诊断,需要进一步做哪些检查?
3. 治疗原则是什么?

呼吸衰竭(respiratory failure)简称呼衰,指各种原因引起的肺通气和(或)换气功能严重障碍,静息状态下也不能维持足够的气体交换,导致低氧血症伴(或不伴)高碳酸血症,从而引起一系列病理生理改变和相应临床表现的综合征。常用血气分析作为呼吸衰竭的诊断标准:在海平面、静息状态、呼吸空气的条件下,动脉血氧分压(PaO_2)< 60 mmHg,伴或不伴二氧化碳分压($PaCO_2$)> 50 mmHg,并排除心内解剖分流和原发于心排血量降低等因素,可诊断为呼吸衰竭。

临床上常用的呼吸衰竭分类:①按发病急缓分类:急性呼吸衰竭和慢性呼吸衰竭;②按发病机制分类:通气性呼吸衰竭和换气性呼吸衰竭,也可分为泵衰竭和肺衰竭;③按动脉血气分析分类:低氧血症型呼吸衰竭(Ⅰ型),PaO_2 < 60 mmHg,$PaCO_2$ 正常或略低;高碳酸血症型呼吸衰竭(Ⅱ型),PaO_2 < 60 mmHg,$PaCO_2$ > 50 mmHg。

慢性呼吸衰竭

慢性呼吸衰竭是由慢性呼吸系统疾病(如慢性阻塞性肺疾病等)所引起的呼吸功能障碍逐渐加重而发生的摄取氧和(或)清除二氧化碳功能异常的综合征。

一、病因和发病机制

(一)病因

最常见的病因为支气管和肺疾病,如慢性阻塞性肺疾病、严重肺结核、肺间质纤维化、尘肺等。此外还有胸廓、神经肌肉病变及肺血管病变,如广泛胸膜增厚、胸廓脊柱畸形等。

(二)发病机制

1. 通气不足 如COPD等导致通气不足,肺泡通气量减少,氧分压下降,二氧化碳潴留，引起 PaO_2 下降和 $PaCO_2$ 上升。

2. 弥散障碍 由于氧和二氧化碳通过肺泡膜的能力相差很大，氧的弥散力仅为二氧化碳的 1/20。病理状态下，弥散障碍主要影响氧交换，产生以缺氧为主的呼吸衰竭。

3. 通气/血流比例失调 正常情况下，通气/血流比值约为 0.8。如肺栓塞、肺气肿等情况下，由于肺内病变分布不均，有些区域有通气但无血流或血流量不足，有些区域虽有血流灌注但气道阻塞，肺泡通气不足，引起弥散功能障碍及通气/血流比例失调，导致缺氧和二氧化碳潴留。

4. 耗氧量增加 发热、寒战、抽搐和呼吸困难时耗氧量增加，加重缺氧。若患者同时出现通气功能障碍，则会导致严重的低氧血症。

二、临床表现

除引起慢性呼吸衰竭原发病的症状和体征外，主要表现为缺氧和二氧化碳潴留所引起的呼吸困难和多器官功能紊乱。

（一）呼吸困难

呼吸困难是临床最早出现的症状。由慢性阻塞性肺疾病所致的呼吸困难，开始只表现为呼吸费力伴呼气延长，严重时则为呼吸浅快，伴发二氧化碳麻醉时，呼吸可转变为浅慢呼吸或潮式呼吸。

（二）发绀

发绀是缺氧的典型表现。当动脉血氧饱和度（SaO_2）低于 90% 时，可在口唇、指（趾）端、耳垂等部位出现发绀。但因发绀主要取决于血液中还原血红蛋白的浓度，故红细胞增多者发绀更明显，而贫血者可不明显或不出现发绀。

（三）精神及神经症状

慢性缺氧者多有智力或定向功能障碍。伴二氧化碳潴留时，可表现为失眠、昼夜颠倒、烦躁不安、谵妄等兴奋症状。此时忌用镇静药或催眠药，以免加重二氧化碳潴留，诱发肺性脑病，表现为神志淡漠、肌阵挛或扑翼样震颤、昏睡甚至昏迷等。

（四）循环系统症状

二氧化碳潴留使外周浅表静脉充盈、皮肤红润、潮湿多汗、血压升高，脑血管扩张可出现搏动性头痛，长期缺氧可引起肺动脉高压、右心衰竭。

（五）消化道和泌尿系统症状

由于缺氧使胃肠道黏膜充血、水肿、糜烂、渗血，严重者可发生应激性溃疡引起上消化道出血。严重呼吸衰竭可引起肝、肾功能异常，出现谷丙转氨酶、血尿素氮、肌酐升高。

三、诊断

有慢性肺部疾病或其他导致呼吸功能障碍的疾病病史，如慢性阻塞性肺疾病等；有缺氧和二氧化碳潴留所引起的呼吸困难和多器官功能紊乱；动脉血气分析是达到呼吸衰竭的诊断标准。

> **知识链接**
>
> **动脉血气分析常用指标**
>
> 1. pH：正常值 7.35～7.45。pH 低于 7.35 为失代偿性酸中毒，pH 大于 7.45 为失代偿性碱中毒。
> 2. 动脉血氧分压（PaO_2）：是反映机体氧合状态的重要指标。正常值 95～100 mmHg。$PaO_2 < 60$ mmHg 可诊断为呼吸衰竭。
> 3. 动脉血氧饱和度（SaO_2）：正常值为 95%～98%。SaO_2 作为缺氧指标不如 PaO_2 灵敏。
> 4. 动脉血二氧化碳分压（$PaCO_2$）：是判断呼吸性酸碱失衡的重要指标。正常值为 35～45 mmHg，$PaCO_2 > 45$ mmHg 提示通气不足。如 $PaCO_2 < 35$ mmHg，提示通气过度。当 $PaCO_2 > 50$ mmHg、$PaO_2 < 60$ mmHg 时，诊断为高碳酸血症型呼吸衰竭。
> 5. 标准碳酸氢盐（SB）：正常值 22～27 mmol/L，为判断代谢性酸碱中毒的指标。
> 6. 实际碳酸氢盐（AB）：受代谢和呼吸两个方面因素的影响。AB 的正常值同 SB，但 AB 与 SB 的差值能反映呼吸因素对酸碱平衡的影响。
> 7. 缓冲碱（BB）：正常值 45～55 mmol/L。代谢性碱中毒时增高，代谢性酸中毒时减低。
> 8. 剩余碱（BE）：正常值 ±3 mmol/L。代谢性酸中毒时，BE 负值增大。代谢性碱中毒时，BE 正值增大。

四、治疗

1. 一般治疗 严重者应卧床休息。但长期卧床休息者，应注意经常主动或被动活动下肢，以防止静脉血栓形成；给予富含蛋白质、维生素的易消化饮食，并注意少食多餐、避免过饱，伴有心力衰竭者还应注意低盐饮食。

2. 积极治疗原发病及去除诱因 应加强慢性肺疾病的防治，防止肺功能逐渐恶化和呼吸衰竭的发生。如为呼吸道感染导致慢性呼吸衰竭急性加重，应根据敏感致病菌选用有效抗生素，积极控制感染。

3. 保持呼吸道通畅 是纠正呼吸衰竭的重要措施。常用的方法有：①清除气道内分泌物：鼓励咳嗽，加强气道护理，如吸痰、翻身拍背等；②解痉平喘：若患者有支气管痉挛，则需使用支气管扩张药，可选用 β_2 肾上腺素受体激动药、抗胆碱药、糖皮质激素或茶碱类药物等；③建立人工气道：若以上方法不能奏效，必要时应建立人工气道。

4. 氧疗 吸氧是治疗呼吸衰竭必需的措施。当患者气道通畅后，必须尽快纠正缺氧。低氧血症型呼吸衰竭时，可给予较高浓度的氧（>35%）；高碳酸血症型呼吸衰竭者，应采用持续低浓度吸氧（<35%）。使 PaO_2 提高到 60 mmHg 以上或 SaO_2 大于 90%。

5. 增加通气量 除积极治疗原发病外，增加肺泡通气量是有效排出 CO_2 的关键措施。呼吸兴奋剂可通过刺激呼吸中枢和外周化学感受器，增加呼吸频率和潮气量以改善通气。机械通气能维持必要的肺泡通气量，降低 $PaCO_2$，改善肺的气体交换功能。

6. 纠正电解质代谢紊乱及酸碱平衡失调 应根据患者心功能状态指导补液。单纯呼吸性酸中毒时治疗的关键是改善通气，促进 CO_2 的排出；合并代谢性酸中毒时，应积极去除代谢性酸中毒的病因；如 pH 过低，可适当补碱，但不需过于积极补碱。呼吸性酸中毒合并代谢性碱中毒时，除积极改善通气外，应注意补钾、补氯。

急性呼吸衰竭

急性呼吸衰竭是指原呼吸功能正常，由于某种原因，导致肺通气和（或）肺换气功能急剧下降，产生缺氧和（或）二氧化碳潴留。

一、病因

（一）呼吸系统疾病

严重呼吸系统感染、急性呼吸道阻塞性病变、重度或危重哮喘、各种原因引起的急性肺水肿、肺血管疾病、胸廓外伤或手术损伤、自发性气胸和急剧增加的胸腔积液等导致肺通气和（或）换气障碍。

（二）中枢神经及神经肌肉疾病

急性颅内感染、颅脑外伤、脑血管疾病等可直接或间接抑制呼吸中枢；脊髓灰质炎、重症肌无力、有机磷中毒及颈椎外伤等可损伤神经肌肉传导系统，引起通气不足。

二、临床表现

急性呼吸衰竭的临床表现与慢性呼吸衰竭大致相似。主要表现为呼吸困难、发绀，以及缺氧和（或）二氧化碳潴留导致的神经系统、循环系统、消化系统和泌尿系统功能紊乱的表现。

三、诊断

除原发疾病、缺氧及二氧化碳潴留导致的临床表现外，呼吸衰竭的诊断主要依靠血气分析。而结合肺功能、胸部影像学和纤维支气管镜等检查对于明确急性呼吸衰竭的原因至关重要。

四、治疗

急性呼吸衰竭时，机体往往来不及代偿，所以需要及时救治。

（一）保持呼吸道通畅

出现呼吸停止时，立即进行现场抢救，通畅呼吸道是救治急性呼吸衰竭的必要条件。

（二）氧疗

呼吸道通畅后，应立即给予高浓度吸氧，以迅速改善组织缺氧，这是抢救成功的关键，但要避免长时间吸入高浓度氧造成氧中毒而发生肺损伤。

（三）病因治疗

在急性呼吸衰竭抢救的同时，针对不同病因采取相应措施，这是治疗的根本。

（四）其他脏器支持治疗

加强对重要脏器功能的监测，及时处理呼吸衰竭并发症如消化道出血、肾衰竭等。

 自测题

扫码测验

（邓新旦）

第五章 循环系统疾病

第五章数字资源

学习目标

通过本章内容的学习，学生应能够：

识记：
1. 列举心力衰竭的常见病因；说出心力衰竭常用的辅助检查及意义。
2. 列举高血压的危险因素；说出高血压的常见并发症；复述高血压的分级标准；列举高血压的辅助检查及其意义。
3. 列举冠心病的危险因素；陈述冠心病的临床类型；列举冠心病的主要辅助检查及临床价值。

理解：
1. 理解心力衰竭的病理机制与临床表现之间的关系；区别左心衰和右心衰的临床特点。理解并复述心力衰竭的治疗原则。
2. 理解稳定性心绞痛及急性冠脉综合征的发病机制；总结并区分心绞痛和心肌梗死的临床特点。
3. 总结并比较稳定性心绞痛、非 ST 段抬高急性冠脉综合征及急性 ST 段抬高心肌梗死治疗的原则。

运用：
1. 根据患者的病史、临床表现、实验室及辅助检查，做出心力衰竭的初步诊断。
2. 运用所学知识，正确进行高血压患者的诊治建议。
3. 根据患者的病史、临床表现、实验室及辅助检查，做出心绞痛及心肌梗死的初步诊断。
4. 熟练掌握运用 CPR 进行心搏骤停的急救，并能对此普及宣传。
5. 能将"敬佑生命、救死扶伤、精益求精、人文关怀"等素养体现在学习和工作中。

第一节 心力衰竭

案例导入

张女士，62 岁。因"发作性胸痛 1 年，活动后气促 1 个月"入院。患者 1 年来反复出现爬 3～4 层楼时胸痛或胸闷，在当地医院就诊，考虑诊断"心绞痛"，间断服用"阿司匹林、阿托伐他汀"治疗，胸痛、胸闷发作频率略有减少。近一月从事扫地等一般家务活动即出现气促、呼吸困难，休息后改善。体格检查：T 36.0℃，P 96 次/分，R 24 次/分，BP 132/88 mmHg，身高 158 cm，体重 70 kg，自主体位，颈静脉无明显怒张，双肺底闻及细湿啰音，心界向左下扩大，心尖部可闻及 3/6 级收缩期杂音。腹平软，无压痛及反跳痛，肝、脾未及，双下肢无水肿。

问题与思考：
1. 患者出现气促、呼吸困难的原因是什么？
2. 进一步应做哪些检查有助于明确诊断和鉴别诊断？

心力衰竭（heart failure，HF），简称心衰，是由于各种心脏结构或功能异常导致心室舒张充盈和（或）收缩射血功能受损，心排血量减少，不能满足机体代谢需要，器官组织血液灌注不足，同时出现肺循环和（或）体循环淤血为特征的一组综合征。随着心血管疾病发病率的增高及人口老龄化，心力衰竭的发病率逐渐上升，成为临床常见的危重病症。

心力衰竭的分类：心力衰竭按左心室射血分数（left ventricular ejection fraction，LVEF）分为射血分数降低的心衰（heart failure with reduced ejection fraction，HFrEF，LVEF < 40%）、射血分数保留的心衰（heart failure with preserved ejection fraction，HFpEF，LVEF ≥ 50%）和射血分数中间值的心衰（heart failure with mid-range ejection fraction，HFmrEF，LVEF 40% ~ 49%）。

根据心力衰竭发生的时间、速度，分为慢性心衰和急性心衰。多数急性心衰患者经住院治疗后症状可部分缓解，转入慢性心衰；慢性心衰患者常因各种诱因急性加重而需住院治疗。

慢性心力衰竭

一、病因和发病机制

（一）基本病因

几乎各种原因导致的心肌损害（如缺血性心肌损害、心肌炎、糖尿病、酗酒等）以及心脏负荷过重（如高血压、瓣膜病、先天性心脏病、甲亢、贫血等）均可引起心力衰竭。其中冠心病，也就是缺血性心肌损害是目前导致左心衰竭的最主要病因。右心衰发生率低于左心衰，右心衰常见病因为慢性阻塞性肺疾病伴肺动脉高压。

（二）发病机制

在以上病因作用下，肾素-血管紧张素-醛固酮系统（RAS）和交感神经系统激活，一些神经体液因子如心钠肽、内皮素水平的改变，以及心肌重构、心脏肥厚扩大在心力衰竭的发生和发展过程中发挥重要作用，也是目前临床干预心衰、改善心衰预后的关键靶点。

（三）诱因

有基础心脏病的患者，其心力衰竭症状的出现或急性加重常有诱发因素。常见的诱发因素有：①感染：是心力衰竭最常见、最重要的诱因，以呼吸道感染最常见。②心律失常：心房颤动是器质性心脏病最常见的心律失常之一，也是诱发心力衰竭最重要的因素。③血容量增加：静脉输液或输血过多、过快，摄钠过多，均可增加心脏容量负荷而导致心力衰竭的发作。④其他：妊娠和分娩、愤怒、不恰当停用利尿剂或降压药、合并贫血、甲亢、肺栓塞等。

二、临床表现

（一）左心衰

左心衰在临床上最为常见，患者可有冠心病、高血压、风湿性心脏瓣膜病等原有基础心脏病史，有诱发或加重心力衰竭的因素。左心衰的临床表现主要与肺淤血及心排血量减低有关。

1. 低心排血量相关的临床症状 左心衰竭患者常有疲倦、乏力、头晕、失眠、嗜睡、烦躁或心悸、尿少等，其原因主要与心排血量不足，导致心、脑、肾、骨骼肌等灌注不足有关。

2. 肺淤血相关的临床症状 主要表现为不同程度的呼吸困难。劳力性呼吸困难是左心衰最早出现的症状。呼吸困难表现可逐渐加重，逐渐进展为夜间阵发性呼吸困难或端坐呼吸。严重者出现急性肺水肿，患者表现为明显呼吸困难、发绀、濒死感、咳粉红色泡沫痰，两肺满布干湿啰音，既往也称之为"心源性哮喘"。

3. 左心衰体征 除原有心脏病体征外，多数患者常有左心室增大，心率加快，心尖部可闻及舒张期奔马律，两肺底可闻及湿啰音，有时伴有哮鸣音。

（二）右心衰

右心衰的临床表现除了原有基础心脏病表现外，尚有体循环淤血相关临床表现。

1. 症状 体循环静脉系统淤血可引起胃肠道、肝、肾淤血，从而出现腹胀、食欲缺乏、恶心、呕吐、尿少、夜尿增多、蛋白尿和肾功能减退。右心衰患者出现的呼吸困难往往与原发肺部疾病（如慢性阻塞性肺疾病等）有关。

2. 体征

（1）颈静脉怒张：是右心衰竭最早出现的体征。当压迫肝时，可见颈静脉充盈或怒张更明显，为肝颈静脉反流征阳性，更具特征性。

（2）肝大：肝淤血肿大常发生于皮下水肿之前，伴有上腹饱胀不适及压痛，是右心衰竭的重要表现。长期肝淤血可导致心源性肝硬化，晚期可出现黄疸及大量腹水。

（3）水肿：是右心衰竭晚期的主要表现。水肿首先出现于身体下垂部位，如两侧脚踝部，卧床患者的腰骶部，严重者水肿遍及全身，可伴胸腔积液和腹水。胸腔积液一般双侧或以右侧更为多见，可能与右膈下肝淤血有关。

（4）心脏体征：除原有心脏病的相应体征外，常因右心室增大或全心增大导致心浊音界向左或者向两侧扩大，三尖瓣听诊区可闻及收缩期吹风样杂音及舒张早期奔马律。

（三）全心衰

左心衰和右心衰的临床表现并存。右心衰继发于左心衰而形成全心衰竭时，因右心排血量减少，肺淤血减轻，左心衰相关的呼吸困难症状可减轻。

> **要点提示**：左心衰的临床表现主要与肺循环淤血有关（呼吸困难），右心衰的临床表现则与体循环淤血有关（如颈静脉怒张、水肿等）。

三、实验室及其他辅助检查

（一）实验室常规检查

2018年中国心力衰竭诊断和治疗指南推荐将血常规、血钠、血钾、血糖、尿素氮、肌酐或估算的肾小球滤过率、肝酶和胆红素、血清铁、铁蛋白、总铁结合力、血脂、糖化血红蛋白、促甲状腺激素、B型利尿钠肽（B-type natriuretic peptide，BNP）作为心衰患者的初始常规检查。

（二）生物标志物

1. BNP 或 N 末端 BNP 前体（N-terminal pro-BNP，NT-proBNP）测定 BNP 检测推荐用于心衰筛查、诊断和鉴别诊断、病情严重程度及预后评估。BNP < 100 ng/L、NT-proBNP < 300 ng/L 时通常可排除急性心衰。BNP < 35 ng/L、NT-proBNP < 125 ng/L 时通常可排除慢性心衰，但其敏感度和特异度较急性心衰低。诊断急性心衰时，NT-proBNP 水平应根据年龄和肾功能进行分层：50 岁以下的患者 NT-proBNP 水平 > 450 ng/L，50 岁以上者 > 900 ng/L，75 岁以上者应 > 1800 ng/L，肾功能不全（肾小球滤过率 < 60 ml/min）时应 > 1200 ng/L。经住院治疗后利钠肽水平无下降的心衰患者预后差。

2. 心肌肌钙蛋白（cardiac troponin，cTn） 推荐心衰患者入院时行 cTn 检测，用于急性心衰患者的病因判断（如急性心肌梗死、心肌炎等往往有心肌肌钙蛋白的升高）。

3. 反映心肌纤维化、炎症、氧化应激的标志物 如可溶性 ST2、半乳糖凝集素 3 及生长分化因子 15 也有助于心衰患者的危险分层和预后评估，联合使用多项生物标志物可能是未来的发展方向。

（三）心电图检查

所有心衰及疑似心衰的患者均应行心电图检查，明确心律、心率、QRS 形态、QRS 宽度等。心衰患者一般有心电图异常，心电图完全正常的可能性很低。怀疑存在心律失常或无症状性心肌缺血时，应行 24 h 动态心电图。

（四）胸部 X 线

对疑似、急性、新发的心衰患者应行胸片检查，以识别/排除肺部疾病或其他引起呼吸困难的疾病，提供肺淤血/水肿和心脏增大的信息，但 X 线胸片正常并不能除外心衰。

（五）超声心动图

经胸超声心动图是评估心脏结构和功能的首选方法，可提供房室容量、左右心室收缩和舒张功能、室壁厚度、瓣膜功能和肺动脉高压的信息。LVEF 可反映左心室收缩功能，推荐改良双平面 Simpson 法评估 LVEF。相对于收缩功能，舒张功能的评估更加复杂，往往需要结合多个参数进行。正常人多普勒超声心动图 E 峰（舒张早期二尖瓣血流速度）/A 峰（舒张晚期二尖瓣血流速度）大于 1.2，舒张功能不全时，E/A 值降低。另外 E/e'（舒张早期二尖瓣环运动速度）≥ 13 以及 e' 平均值 < 9 cm/s，均可作为心脏舒张功能异常的判断指标。

> **要点提示**：对于诊断心衰最重要的两项辅助检查是超声心动图和 BNP（或 N 末端 BNP）前体。

（六）特殊检查

心衰的特殊检查用于需要进一步明确病因和病情评估的患者。

1. 心脏磁共振 心脏 MRI 是测量左右心室容量、质量和射血分数的"金标准"，当超声心动图未能作出诊断时，磁共振是最好的替代影像检查。心脏磁共振是复杂性先天性心脏病的首选检查方法，也是鉴别缺血性与非缺血性心肌损害、评估心肌纤维化、显示心肌组织特征的重要手段。

2. 冠状动脉造影 属于有创检查手段，用于判断心衰的病因是否与缺血性心肌病有关。

3. 心脏 CT 对低中度可疑的冠心病或负荷试验未能明确诊断心肌缺血的心衰患者，可考虑行心脏 CT，以排除冠状动脉狭窄。

4. 其他 如负荷超声心动图可用于心肌缺血和（或）存活心肌、部分瓣膜性心脏病患者的评估。核素心室造影及核素心肌灌注和（或）代谢显像造影评估左心室容量和 LVEF、诊断心肌缺血、判断心肌存活情况。右心导管和肺动脉导管有创血流动力学检查在心脏移植或机械循环支持的重症心衰患者的术前评估等方面也有重要价值。心肌活检推荐用于经规范治疗病情仍快速进展，临床怀疑心衰是由可治疗的特殊病因所致，且只能通过心肌活检明确诊断的患者。对肥厚型心肌病、特发性扩张型心肌病、致心律失常性右心室心肌病患者，推荐基因检测和遗传咨询。

四、诊断和鉴别诊断

1. 诊断 至少应包含以下 3 个部分。

(1) 首先确定是否为 HF 患者：患者的症状、体征等是否与 HF 相符。

(2) 是否存在 HF 解剖及病理生理基础，确定 HF 病因：通过超声心动等影像学检查判断患者心脏是否存在解剖及功能异常。

(3) 心功能状态评估：目前临床上常用 NYHA 分级方法评估慢性心衰患者心功能状态。也有使用 6 min 步行距离评估患者的运动耐力。对于急性心肌梗死患者，因急性期需限制运动，故心功能分级不适合采用 NYHA 法，应使用 Killip 分级评估急性心肌梗死患者的心功能状态，KilliP 分级方法见第三节中急性心肌梗死相关内容。NYHA 分级方法见表 5-1。

表5-1 NYHA心功能分级

分级	表现
Ⅰ级	日常活动量不受限，一般活动不引起乏力、呼吸困难或心悸等症状
Ⅱ级	体力活动轻度受限，一般活动下可出现乏力、呼吸困难或心悸等症状
Ⅲ级	体力活动明显受限，低于平时一般活动即引起乏力、呼吸困难或心悸等症状
Ⅳ级	不能从事任何体力活动，休息状态下即存在乏力、呼吸困难或心悸等心衰症状

要点提示：以活动耐量为主要依据的 NYHA 心功能分级方法是临床最常用的心功能分级方法。

2. 鉴别诊断

(1) 以呼吸困难为主要表现的 HF 需鉴别：支气管哮喘、肺栓塞、心包积液等。

(2) 以体循环淤血为主要表现的 HF 需鉴别：肝硬化、肾疾病、甲状腺疾病等所致的水肿和浆膜腔积液。

五、治疗

慢性心衰的治疗目标主要有两个方面：改善临床症状和生活质量；预防或逆转心脏重构，减少再住院，降低死亡率。具体包括以下几个方面。

（一）一般治疗

1. 去除心衰诱发因素　如积极控制呼吸道感染，治疗快速性心房颤动等。

2. 调节生活方式　低脂饮食，吸烟患者应戒烟，肥胖患者应减轻体重。失代偿期卧床阶段，多做被动运动以预防深静脉血栓形成。临床情况改善后在不引起症状的情况下，应鼓励进行康复运动训练或规律的体力活动。

3. 限制钠盐摄入及体重管理　限钠（< 3 g/d）有助于控制 NYHA 心功能 Ⅲ～Ⅳ级心衰患者的淤血症状和体征。心衰急性发作伴有容量负荷过重的患者，要限制钠摄入 < 2 g/d。每日测定体重对早期发现液体潴留非常重要。如在 3 日内体重突然增加 2 kg 以上，应考虑患者已有钠、水潴留（隐性水肿），需要调整利尿剂用量。

（二）药物治疗

心衰的治疗药物主要包括改善心衰症状的药物，如利尿剂、扩血管药物、强心药物，以及改善心衰长期预后的药物，如 β 受体阻滞剂、肾素-血管紧张素系统（RAS）抑制药、醛固酮受体拮抗剂。另外，目前心衰治疗中尚有一些有循证医学证据的新型药物，如血管紧张素受体脑啡肽酶抑制剂（ARNI）、钠-葡萄糖协同转运蛋白 2 抑制剂（SGLT2i）、I_f 通道抑制剂等在心衰治疗中也发挥了重要价值。

1. 利尿剂　利尿剂消除水钠潴留，可有效缓解心衰患者的呼吸困难及水肿，改善运动耐量，恰当使用利尿剂是心衰治疗取得成功的关键和基础。对于有症状和（或）肺淤血、体循环淤血的 HF 患者均可使用。使用过程中需注意电解质紊乱，利尿剂开始应用或增加剂量后，应复查血电解质和肾功能。常用的利尿剂包括：排钾利尿剂如氢氯噻嗪，袢利尿剂如呋塞米，保钾利尿剂如螺内酯（安体舒通），以及血管加压素 V_2 受体拮抗剂如托伐普坦。

2. RAS 抑制剂 RAS 抑制剂除可扩血管、减轻淤血症状外，还可以通过抑制 RAS、抑制缓激肽的降解等多种机制，降低代偿性神经体液的不利影响，延缓心血管的重塑，达到维护心肌功能、降低远期死亡率的作用。RAS 系统药物包括血管紧张素转换酶抑制剂（ACEI）、血管紧张素 Ⅱ 受体拮抗剂（ARB）、血管紧张素受体脑啡肽酶抑制剂（ARNI）。

（1）血管紧张素转换酶抑制剂（ACEI）：除非有禁忌证或不能耐受，所有心力衰竭患者均应使用。在服用过程中需注意监测血压、血钾和肾功能情况。双侧肾动脉狭窄、妊娠期、未透析的严重肾衰竭、以往服用 ACEI 曾发生血管神经性水肿的患者禁用。常用的 ACEI 药物如：卡托普利、依那普利、培哚普利、贝那普利等。

（2）血管紧张素 Ⅱ 受体拮抗剂（ARB）：HF 患者适用的 RAS 系统药物首选 ACEI，当患者出现 ACEI 不良反应如干咳、血管神经性水肿，不能耐受 ACEI 时，可用 ARB 替代。常用的 ARB 药物如：缬沙坦、氯沙坦、坎地沙坦、厄贝沙坦等。

（3）脑啡肽酶抑制剂（ARNI）：对已经服用 ACEI、β 受体阻滞剂和（或）利尿剂、仍然有症状的 HF 患者，推荐用 ARNI 替代 ACEI，以进一步降低心衰的发病率及死亡率。常用的 ARNI 药物如：沙库巴曲缬沙坦钠。

3. β 受体阻滞剂 临床试验已证实 HFrEF 患者长期应用 β 受体阻滞剂，能改善症状和生活质量，降低死亡、住院、猝死风险。β 受体阻滞剂适应证：病情相对稳定的 HFrEF 患者均应使用 β 受体阻滞剂，除非有禁忌证或不能耐受。但是对于急性心衰发作期、病情尚不稳定的心衰患者，加用负性肌力药物 β 受体阻滞剂后有恶化心衰症状的可能，应暂缓使用，待病情稳定后小剂量开始逐步加用。常用的 β 受体阻滞剂有琥珀酸美托洛尔、比索洛尔及卡维地洛等。

4. 醛固酮受体拮抗剂（MRA） HF 患者使用 ACEI、β 受体阻滞剂后，仍有症状，可加用 MRA。常用的 MRA 药物是螺内酯，螺内酯的不良反应可有高钾血症、男性乳房女性化等。eGFR < 30 ml/（min·1.73 m²）和高钾血症患者禁用。依普利酮是一种选择性醛固酮受体拮抗剂，与螺内酯相比，引起内分泌紊乱和男性乳房发育的风险较小。

5. 正性肌力药 正性肌力药物通过增加心肌收缩力而增加心排血量，是治疗心力衰竭、改善心力衰竭症状的主要药物之一。

（1）洋地黄类药物：洋地黄类药物通过抑制 Na^+-K^+-ATP 酶，产生正性肌力作用，另外尚有增强副交感神经活性，减慢房室传导，减慢心室率的作用。适应证：应用利尿剂、RAS 抑制剂、β 受体阻滞剂和醛固酮受体拮抗剂，仍持续有症状的 HFrEF 患者。常用口服洋地黄类药物为地高辛，常用剂量为 0.125 mg/d。地高辛不良反应包括心律失常如室性早搏、快速性房性心律失常伴有传导阻滞，胃肠道反应如恶心、呕吐，神经精神症状如黄绿视、定向障碍等。地高辛中毒多数发生于地高辛血药浓度 > 2.0 ng/ml 时，故对于老年、肾功能受损、低体重患者，出现可疑地高辛中毒表现时，应及时进行地高辛浓度监测。

（2）非洋地黄类正性肌力药物：如 β 受体兴奋剂如多巴胺与多巴酚丁胺、磷酸二酯酶抑制剂如米力农也可以用于慢性心衰急性发作，可帮助患者渡过难关。

6. I_f 通道抑制剂 该类药物通过特异性抑制心脏窦房结起搏电流 I_f，减慢心率，改善心衰长期预后。适用于已应用最大耐受剂量的 β 受体阻滞剂、ACEI、LVEF ≤ 35%、窦性心律、心率 ≥ 70 次/分，仍有症状的 HF 患者。代表性药物如伊伐布雷定。

7. 钠 - 葡萄糖协同转运蛋白 2 抑制剂（SGLT2i） 近年来多个临床研究发现，新型降糖药物钠 - 葡萄糖协同转运蛋白 2 抑制剂（如达格列净、恩格列净），在控制血糖的同时能带来心血管获益，降低心力衰竭患者再入院率及死亡率。SGLT2i 有望成为未来心力衰竭（尤其合并 2 型糖尿病）患者治疗新的基石。

（三）非药物治疗

HF 的非药物治疗是近年在 HF 治疗中进展最快的领域，包括心脏再同步化治疗（CRT）、植入式心脏转复除颤器（ICD）、左室辅助装置（LVAD）和心脏移植等。

急性心力衰竭

急性心力衰竭（acute heart failure，AHF）是指心力衰竭急性发作和（或）加重的一种临床综合征，包括急性新发心衰或慢性心衰急性失代偿（急性发作）。临床上以急性左心衰竭较为常见，表现为急性肺水肿或心源性休克，是一种危急重症，应积极抢救。本部分主要介绍急性左心衰的临床表现及抢救措施。

一、病因和发病机制

急性弥漫性心肌损害（如急性广泛性心肌梗死、急性心肌炎等）、急性心脏压力负荷过重（如血压急剧升高、严重二尖瓣狭窄或主动脉瓣狭窄者突然过度体力活动）、急性容量负荷过重（如急性心肌梗死、感染性心内膜炎等引起的乳头肌、腱索断裂等导致的急性瓣膜反流、输液过多过快等）导致心肌收缩力突然严重减弱，左心排血量急剧减少，左室舒张末压迅速升高，肺静脉血液回流左心房不畅，导致肺静脉压快速升高，肺毛细血管压随之升高，使肺毛细血管内液体渗入到肺间质和肺泡内形成急性肺水肿。

二、临床表现

患者突然出现严重呼吸困难，呼吸达 30～40 次／分，端坐呼吸，伴有恐惧、窒息感，面色灰白或发绀，大汗淋漓，频繁咳嗽，严重时咳粉红色泡沫样痰。

发病开始可有一过性血压升高，病情如不缓解，血压可持续下降直至休克。听诊两肺满布湿啰音和哮鸣音，心率增快，心尖部可闻及舒张早期奔马律，肺动脉瓣区第二心音亢进。

胸部 X 线检查有肺水肿征象；肺毛细血管楔压增高。

三、治疗

急性左心衰竭时的缺氧和严重呼吸困难是致命的威胁，必须尽快缓解。治疗目标：改善症状，稳定血流动力学状态，维护重要脏器功能，避免复发，改善预后。

（一）一般治疗

患者取坐位，双腿下垂，以利于呼吸和减少静脉回心血量，减轻心脏容量负荷。立即高流量鼻导管吸氧，6～8 L/min，可应用 30%～50% 乙醇湿化或 1% 二甲硅油消泡剂，降低肺泡内泡沫的表面张力，改善通气，严重时用面罩呼吸机呼气末正压通气（PEEP），以增高肺泡内压力，减少浆液渗出。迅速建立两条静脉通路，准备用药。

（二）药物治疗

(1) 吗啡：3～5 mg 静脉注射，可减轻患者的烦躁不安，并扩张小血管，减轻心脏负荷。注意有无呼吸抑制、心率变化、血压下降等不良反应。必要时每 15 min 重复 1 次，共 2～3 次。

(2) 利尿剂：呋塞米 20～40 mg 静脉注射，4 h 后可重复 1 次，可迅速利尿，兼有扩张静脉作用，能显著降低心脏前负荷。

(3) 血管扩张剂：可选用硝普钠、硝酸甘油或重组人脑钠肽（rhBNP）等静脉滴注，维持收缩压在 90～100 mmHg。

(4) 正性肌力药：静脉使用洋地黄类正性肌力药物毛花苷 C 或多巴胺、多巴酚丁胺、米力农等。洋地黄制剂尤其适用于心房颤动心室率快并有心室扩大的左心衰竭者，可用毛花苷 C 0.4～0.8 mg，2 h 后酌情再给 0.2～0.4 mg，稀释后缓慢静脉注射。

(5) 氨茶碱：0.25 g 氨茶碱加入 5% 葡萄糖 20 ml 内缓慢静脉注射，可解除支气管痉挛，减轻呼吸困难，并有利尿、降低肺动脉压的作用。

（三）非药物治疗

危重患者可用机械通气、主动脉内球囊反搏（IABP）和临时心肺辅助系统。

（四）病因及诱因治疗

根据条件适时对病因及诱因进行治疗。

自测题

扫码测验

第二节 高 血 压

案例导入

张先生，54 岁，因"体检发现血压偏高 6 个月"就诊。患者 6 个月前体检发现血压升高，达 160/100 mmHg，予控制饮食、运动等一般治疗，自测血压仍偏高来就诊。平素有吸烟史，其父亲 70 岁时发现高血压。查体：T 36.2℃，P 72 次/分，R 16 次/分，BP 164/100 mmHg，身高 171 cm，体重 80 kg，神志清楚，两肺呼吸音清，心率 72 次/分，律齐，未闻及杂音，腹软，肝、脾未及，腹部听诊未闻及血管杂音。

问题与思考：
1. 患者的诊断及诊断依据是什么？
2. 患者高血压病的危险分层是什么？
3. 进一步需要进行哪些辅助检查？
4. 下一步治疗措施是什么？

高血压（hypertension）是一种以体循环动脉压升高为主要表现的心血管综合征，可分为原发性高血压和继发性高血压两大类。原发性高血压又称高血压病，占所有高血压患者的 95%，是心脑血管疾病最主要的危险因素，可损害重要脏器，如心、脑、肾的结构和功能，最终导致这些器官的功能衰竭。

原发性高血压

一、病因

原发性高血压是遗传与环境多因素共同作用的结果,其发病并非由单一因素引起。但是遗传和环境因素具体通过何种发病机制引起血压升高目前尚不明确。

1. 遗传因素　高血压具有明显的家族聚集性,约60%高血压患者可询问到有高血压家族史。父母均有高血压者,子女高血压患病率达46%。其遗传可能存在主要基因显性遗传和多基因关联遗传方式。

2. 环境因素

(1) 生活习惯因素：高钠、低钾饮食,高蛋白饮食,饱和脂肪酸与多不饱和脂肪酸的高比值、血浆同型半胱氨酸高水平,过量饮酒与吸烟。

(2) 长期精神紧张：长期的心理压力、紧张、担忧、焦虑、愤怒、恐惧等,都会引起高血压的发生。

(3) 其他：超重和肥胖（尤其腹型肥胖）、服用避孕药、睡眠呼吸暂停低通气综合征等都是高血压的重要危险因素。

二、发病机制

高血压的发病机制尚未完全明了,目前认为是在遗传因素的基础上,多种环境因素同时相互作用,使正常血压调节功能失调所致。

血压的调节与心排血量及体循环的周围血管阻力相关。平均动脉血压 = 心排血量（CO）× 总外周阻力（PR）。心排血量随体液容量的增加、心率的增快及心肌收缩力的增强而增加。总外周阻力则与阻力小动脉舒缩、血管壁顺应性、血管的舒缩状态及血液黏稠度有关。以上条件的改变超过机体血压的正常调节范围,即可影响最终血压值。

三、病理改变

高血压病理生理作用的主要靶器官是心脏和血管,早期可无明显病理改变,长期的高血压可导致左心室肥厚及全身小动脉的病变。

1. 心脏　长期高血压,左心室后负荷增加,可导致左心室肥厚及扩大,称为高血压性心脏病,并可发展为心力衰竭。此外,血压升高也是冠状动脉粥样硬化的危险因素之一,故可出现冠脉狭窄等病变,尤其在合并左心室肥厚基础上,容易出现心内膜下心肌供血不足。高血压性心脏病常可合并冠状动脉粥样硬化性心脏病。

2. 脑　长期高血压可引起脑部微血管瘤,一旦破裂可引发脑出血。高血压促使脑动脉粥样硬化,粥样斑块破裂可并发脑血栓形成。长期高血压导致脑小动脉闭塞,引起针尖样小范围梗死灶,称为腔隙性脑梗死。

3. 肾　高血压导致肾小囊内压升高,肾小球纤维化,肾动脉硬化,使肾单位减少,最终导致慢性肾衰竭。慢性肾衰竭是长期高血压的严重后果之一。

4. 视网膜　视网膜动脉病变可反映小血管病变情况,眼底检查视网膜动脉情况有助于对高血压严重程度的了解。早期,视网膜小动脉发生痉挛,随着病情的进展,可发生硬化。血压急剧升高可引起视网膜出血。

四、临床表现

1. 症状　大多数高血压患者起病隐匿,缺乏特异性临床表现,仅在体检或因其他疾病就医时才被发现,有的甚至在发生心、脑、肾等并发症时才被发现。常见的临床症状有头晕、头痛、颈项板紧、疲劳、心悸等，也可出现鼻出血、视物模糊等较重症状。当受累器官受损时，可有相应的靶器官损害的临床症状，如胸闷、气短、心绞痛、多尿等。

2. 体征 测量血压高于正常有可能是高血压患者的唯一异常体征。诊室血压测量时受试者应安静休息至少 5 min，将上臂置于心脏水平，开始测量坐位上臂血压。应间隔 1～2 min 重复测量血压，取 2 次平均值。如果 2 次的收缩压或舒张压读数相差超过 5 mmHg，应再次测量，取 3 次平均值。首诊时应测量两上臂坐位血压，以读数较高的一侧作为今后测量的上臂。

高血压的其他体征较少。但对于高血压初诊患者，周围血管搏动、血管杂音、心脏杂音等是重点检查的项目，尤其应重视颈部、背部两侧肋脊角、腹部血管杂音的检查。有些体征常提示继发性高血压的可能，如腹部血管杂音，股动脉搏动延迟出现或缺如，下肢血压明显低于上肢，提示主动脉缩窄；向心性肥胖、紫纹与多毛，提示皮质醇增多症。

> **要点提示**：部分高血压患者无任何临床症状，仅在测量血压时发现，需引起重视。

五、并发症

血压持久升高可致心、脑、肾、血管等靶器官受损，出现高血压的并发症。

1. 脑血管病 高血压可引起动脉硬化，可致脑出血、脑血栓形成、腔隙性脑梗死、短暂脑缺血发作。具体见第十一章第一节脑血管疾病内容。

2. 高血压性心脏病、冠心病 动脉压持续性升高，增加心脏后负荷，可导致左心室肥厚或扩大，称高血压性心脏病，最后可致心力衰竭。高血压促使冠状动脉粥样硬化的形成和发展，患者可出现心绞痛、心肌梗死甚至猝死等。

3. 慢性肾衰竭 急骤发展的高血压可引起广泛的肾小动脉弥漫性病变，导致肾小动脉硬化，可出现蛋白尿、管型、肾功能损害等表现。

4. 主动脉夹层 系主动脉内的血液经内膜撕裂口流入囊样变性的中层，形成夹层血肿，逐渐在主动脉中层扩展形成主动脉夹层动脉瘤并破裂，出现突发、剧烈、难以耐受的胸背痛或腹部、下肢疼痛，是心血管疾病的灾难性危急重症，若不及时诊治，死亡率极高。

六、实验室检及其他辅助检查

根据检查的必要性，高血压需进行的辅助检查分为以下 3 类。

（一）基本项目

血液生化（电解质、血糖、血脂和尿酸、肌酐）；全血细胞计数、血红蛋白和血细胞比容；尿液分析（蛋白质、尿糖和尿沉渣镜检）；心电图检查。

（二）推荐项目

推荐高血压患者有条件时进行 24 h 动态血压监测、超声心动图、颈动脉超声、餐后 2 h 血糖、血同型半胱氨酸、尿白蛋白定量、眼底、胸部 X 线检查、脉搏波传导速度以及踝臂血压指数等检查。

动态血压监测（ambulatory blood pressure monitoring，ABPM）是由仪器自动定时测量血压，每隔 15～30 min 自动测压，连续 24 h 或更长时间。可评估 24 h 昼夜血压节律、直立性低血压、餐后低血压、单纯夜间高血压等。正常血压波动曲线呈"双峰一谷"，也称为"勺型"，在上午 6～10 时及下午 4～6 时各有一高峰，而夜间血压明显降低。目前认为动态血压的正常参考范围为：24 h 平均血压 < 130/80 mmHg，白天血压均值 < 135/85 mmHg，夜间血压均值 < 120/70 mmHg。

（三）选择项目

对怀疑为继发性高血压患者，根据需要可以分别选择以下检查项目：肾、肾动脉、肾上腺超声，血浆肾素活性、血和尿醛固酮、血和尿皮质醇、血和尿儿茶酚胺、动脉造影、CT 或 MRI、睡眠呼吸监测等。对有并发症的高血压患者进行相应的心、脑和肾检查。

七、诊断和鉴别诊断

（一）高血压诊断标准

主要根据诊室血压的测量值，非同日测量 3 次收缩压（SBP）≥ 140 mmHg 和（或）舒张压（DBP）≥ 90 mmHg，可诊断为高血压。对于既往有高血压史者，目前正在服用降压药物，即使血压值正常，也可诊断为高血压。也可参考家庭自测血压和 24 h 动态血压，家庭自测血压 ≥ 135 mmHg 和（或）85 mmHg，24 h 动态血压平均值标准 ≥ 130 mmHg 和（或）80 mmHg，考虑诊断高血压。

（二）高血压的分级

根据血压水平，可将高血压分为 1、2、3 级，如表 5-2 所列。

表5-2　血压水平分级

分类	收缩压（mmHg）		舒张压（mmHg）
正常血压	< 120	和	< 80
高血压	≥ 140	和（或）	≥ 90
1级高血压	140 ~ 159	和（或）	90 ~ 99
2级高血压	160 ~ 179	和（或）	100 ~ 109
3级高血压	≥ 180	和（或）	≥ 110
单纯收缩期高血压	≥ 140	和	< 90

（三）高血压的危险分层

高血压的预后不仅与血压升高的水平有关，而且与有无其他心血管危险因素和靶器官损害的程度有关。现主张根据血压水平、心血管危险因素、靶器官损害、临床并发症和糖尿病对高血压患者进行心血管风险分层，分为低危、中危、高危和很高危 4 个层次（表 5-3）。

表5-3　高血压患者心血管风险水平分层

其他危险因素和病史	血压（mmHg）		
	1级高血压（SBP 140 ~ 159 或 DBP 90 ~ 99）	2级高血压（SBP 160 ~ 179 或 DBP 100 ~ 109）	3级高血压（SBP ≥ 180 或 DBP ≥ 110）
无	低危	中危	高危
1 ~ 2 个危险因素	中危	中危	很高危
≥ 3 个危险因素，或靶器官损害	高危	高危	很高危
临床并发症或合并糖尿病	很高危	很高危	很高危

用于分层的其他心血管危险因素包括：男性 > 55 岁、女性 > 65 岁；吸烟或者被动吸烟；糖耐量受损和（或）空腹血糖异常：2 h 血糖 7.8 ~ 11.0 mmol/L，空腹血糖 6.1 ~ 6.9 mmol/L；血脂异常：血胆固醇（TC）≥ 5.7 mmol/L，或低密度脂蛋白胆固醇（LDL-C）> 3.3 mmol/L，或高密度脂蛋白胆固醇（HDL-C）< 1.0 mmol/L；早发心血管疾病家族史（一级亲属男性发

病年龄 < 55 岁，女性 < 65 岁）；腹型肥胖（男性腹围 ≥ 90 cm，女性腹围 ≥ 85 cm），或肥胖（体重指数 BMI ≥ 28 kg/m^2）。

用于分层的并发症以及临床疾病：脑血管疾病（脑出血、缺血性脑卒中、短暂性脑缺血发作），心脏疾病（心肌梗死、心绞痛、冠状动脉血运重建史、慢性心力衰竭），肾脏疾病（糖尿病肾病、肾功能受损、蛋白尿 > 300 mg/24 h、血肌酐升高），周围血管疾病，视网膜病变，以及糖尿病。

（四）高血压的鉴别诊断

一旦诊断为高血压，必须鉴别是原发性还是继发性。继发性高血压的病因可以消除，原发病因治愈后，血压多数可恢复正常。具体继发性高血压的临床特点及诊断线索见"继发性高血压"部分。

以头晕、头痛等表现就诊的高血压尚需鉴别神经系统疾病等所致的头晕、头痛。

八、治疗

目前原发性高血压尚无根治方法，治疗的目的主要是将血压降低到目标值范围，以降低高血压并发症的发生率及死亡率：

（一）治疗性生活方式干预

适用于所有高血压患者。减轻和控制体重（BMI < 24 kg/m^2），增加运动，合理膳食（减少钠盐的摄入，增加钾盐摄入，减少脂肪的摄入，适量增加优质蛋白质），戒烟限酒，减轻精神压力，保持心理平衡。

（二）药物治疗

降压药物是治疗高血压的主要手段。

1. 降压药物治疗对象

（1）高血压 2 级及以上的高血压患者。

（2）合并糖尿病或已有靶器官损害及并发症的高血压患者。

（3）经生活方式干预后血压仍未达目标值的高血压患者。

2. 常用降压药物种类和特点　基本降压药物有 5 类：利尿剂、β 受体阻滞剂、钙通道阻滞剂（CCB）、血管紧张素转换酶抑制剂（ACEI）和血管紧张素受体拮抗剂（ARB），以及由以上药物固定配比组成的复方制剂。

（1）利尿剂：主要有噻嗪类利尿剂、袢利尿剂和保钾利尿剂 3 类。其中噻嗪类利尿剂应用最多，如氢氯噻嗪，特别适用于单纯收缩期高血压、合并心力衰竭和老年人高血压。氢氯噻嗪主要不良反应有低钾血症，可影响血脂、血糖的代谢，与剂量密切相关，所以应小剂量使用，痛风患者禁用。袢利尿剂如呋塞米，主要用于合并肾功能不全的患者。保钾利尿剂如阿米洛利、螺内酯等可引起高血钾，因此不宜与 ACEI、ARB 联合应用，肾功能不全者慎用。

（2）β 受体阻滞剂：主要通过抑制过度激活的交感神经活性、抑制心肌收缩力、减慢心率来发挥降压作用。适用于不同程度高血压患者，尤其是心率较快的中、青年患者或合并心绞痛和慢性心力衰竭者，对老年高血压疗效相对较差。临床上治疗高血压宜使用选择性 β 受体拮抗剂如美托洛尔，或者兼有 α 受体拮抗作用的 β 受体拮抗剂如卡维地洛。β 受体阻滞剂主要不良反应有心动过缓、四肢发冷、乏力、胃肠不适等。哮喘、Ⅱ/Ⅲ 度房室传导阻滞、急性心力衰竭、病态窦房结综合征患者禁用。

（3）钙通道阻滞剂（CCB）：主要有二氢吡啶类和非二氢吡啶类。主要通过抑制平滑肌细胞上的钙离子通道，扩张血管，从而达到降低血压的目的。二氢吡啶类如硝苯地平、氨氯地平等，主要适用于老年人高血压、伴稳定型心绞痛、冠状动脉粥样硬化、周围血管病及单纯收缩期高血压患者。不良反应有面部潮红、脚踝水肿、心搏加快、牙龈增生等。心动过速和心力衰竭的患者慎用。非二氢吡啶类如维拉帕米和地尔硫䓬，心力衰竭患者禁用。

（4）血管紧张素转换酶抑制剂（ACEI）：主要是通过抑制血管紧张素转换酶，使血管紧张素Ⅱ的生成减少，同时抑制缓激肽的降解，发挥降压作用。主要适用于心肌梗死后心功能不全、慢性心力衰竭、心房颤动、蛋白尿或微量白蛋白尿、糖耐量减退或糖尿病肾病的患者。常见不良反应是干咳、血管神经性水肿以及血钾升高，使用时应注意监测血钾和血肌酐水平。双侧肾动脉狭窄、高钾血症和妊娠期患者禁用。

（5）血管紧张素受体拮抗剂（ARB）：主要通过抑制血管紧张素Ⅱ受体发挥降压作用。其适应证、禁忌证及不良反应基本与ACEI类一致，区别在于ARB一般不引起刺激性干咳及血管神经性水肿。

3. 降压药物应用基本原则

（1）起始剂量：一般高血压患者采用常规治疗剂量。老年人初始治疗时，通常使用较小的有效治疗剂量，根据需要，可逐渐增加至足剂量。

（2）优先使用长效降压药物：应使用有持续24 h降压作用的长效降压药物，以有效控制晨峰血压和夜间血压，减少心脑血管并发症的发生。

（3）联合用药：对于血压≥160/100 mmHg、高于目标血压20/10 mmHg以上的高危患者，或者单药治疗未达标的高血压患者，应使用两种或两种以上降压药物联合治疗。联合治疗应采用不同降压机制的药物，我国临床主要推荐应用的优化联合治疗方案是：ACEI/ARB + 二氢吡啶类CCB；ARB/ACEI + 噻嗪类利尿剂；二氢吡啶类CCB + 噻嗪类利尿剂；二氢吡啶类CCB + β受体拮抗剂。三种降压药联合治疗一般必须包含利尿剂。

（4）个体化治疗：五大类基本降压药物均可作为初始治疗用药，根据患者具体情况、并发症、合并症以及药物的特点个体化应用。

4. 降压的目标值 高血压患者一般血压目标值应降至< 140/90 mmHg；慢性肾疾病、糖尿病、心力衰竭或病情稳定的冠心病合并高血压患者，血压应控制在< 130/80 mmHg；老年收缩期高血压患者，收缩压应控制在< 150 mmHg，若能耐受可降至140 mmHg。高血压患者应尽早将血压降至上述目标值，但降压并非越快越好。

（三）非药物治疗

近年来，经皮肾动脉交感神经消融治疗显示出初步疗效和前景，其他非药物治疗的方法尚缺乏有效性证据。生活方式干预和药物治疗仍是高血压的根本治疗手段。

（四）特殊类型高血压及其处理

特殊类型高血压及高血压急症和亚急症，详见本章数字资源中相关内容。

继发性高血压

继发性高血压是指由某些确定的疾病或病因引起的血压升高，约占所有高血压的5%。继发性高血压的原发病去除后，患者的血压即可下降或恢复正常，故及早明确诊断能明显提高疾病的治愈率，并可阻止病情进展。继发性高血压的常见原因主要有以下几种。

（一）肾实质性高血压

常见病因有急、慢性肾小球肾炎，肾小管 - 间质疾病，多囊肾，代谢性疾病肾损害等。诊断依赖于肾脏病史，蛋白尿、血尿，肾功能异常等，有条件可行肾穿刺，进行病理活检。肾实质性高血压必须低盐饮食（NaCl < 6.0 g/d），目标血压为130/80 mmHg。有蛋白尿者若无用药禁忌，应首选ACEI或ARB类降压药，以延缓肾功能恶化。

（二）肾血管性高血压

肾动脉狭窄引起的高血压，常见病因有多发性大动脉炎、动脉粥样硬化、肾动脉纤维肌性发育不良。本病通常进展迅速，高血压常突然加重。上腹部或背部肋脊角处可闻及血管杂音。肾动脉 CT 及 MRI、肾动脉超声可辅助诊断，肾动脉造影可明确诊断。可根据患者具体情况选择药物治疗和手术治疗。

（三）原发性醛固酮增多症

患者以高血压伴低血钾为特点，可有烦渴、多尿、肌无力、周期性瘫痪等表现。血浆醛固酮/肾素比值增大对于本病的诊断有较高的敏感性和特异性。超声、CT、MRI、放射性核素检查可确定病变性质和部位。手术切除是本病的有效治疗方法。

（四）嗜铬细胞瘤

患者临床表现变化多端，典型表现有阵发性血压升高伴心动过速、面色苍白、出汗、头痛。发作时血、尿儿茶酚胺或其代谢产物显著增高。嗜铬细胞瘤大多为良性，手术切除效果较好。

（五）皮质醇增多症

库欣综合征即皮质醇增多症，80% 患者有高血压、满月脸、向心性肥胖、水牛背、毛发增多、皮肤紫纹、血糖增高等表现。肾上腺皮质激素兴奋试验、24 h 尿中 17- 羟和 17- 酮类固醇增多，地塞米松抑制试验有助于诊断。原发病治疗主要有手术、药物及放射疗法。

（六）主动脉缩窄

该病多为先天性，临床表现为上臂血压升高，下肢血压不高或降低。腹部听诊有血管杂音。主动脉造影可确诊。根据病情可选择介入或者外科手术。

自测题

扫码测验

第三节 冠 心 病

案例导入

患者，男，54 岁。阵发性胸痛 1 个月，再发 4 h 来急诊。

患者 1 个月前出现活动后心前区压榨性疼痛，放射到左肩部，伴出汗，持续 10 多分钟后自行好转，未予诊治。4 h 前上楼时再发心前区疼痛，持续不缓解，伴胸闷、大汗、恶心，未吐。被家人送来急诊。患病以来无咯血，无意识障碍，无咳嗽、咳痰。患者无糖尿病、高血压病史，无药物过敏史，吸烟史 30 年，20 支 / 日，少量饮酒。患者父亲有冠心病、冠状动脉介入治疗史。查体：T 36.7℃，P 98 次 / 分，R 18 次 / 分，BP 130/70 mmHg，神志清，巩膜无黄染，睑结膜无苍白，口唇无发绀，双肺底可闻及细湿啰音，心界不大，HR 98 次 / 分，心律齐，心音稍低，未闻及杂音。腹平软，肝、脾未触及，双下肢不肿。辅助检查：心电图 $V_1 \sim V_6$ 导联 ST 段弓背向上抬高 0.3 ~ 0.5 mV。CK-MB 16 ng/ml（正常值 < 5 ng/ml），肌钙蛋白 T 1.96 ng/ml（正常值 < 0.05 ng/ml）。

问题与思考:
1. 该患者本次胸痛的原因是什么?考虑什么诊断?
2. 诊断依据有哪些?
3. 下一步治疗措施是什么?

冠状动脉粥样硬化性心脏病,指冠状动脉发生粥样硬化引起管腔狭窄或闭塞,导致心肌缺血、缺氧或坏死而引起的心脏病,简称冠心病(coronary heart disease,CHD),也称缺血性心脏病(ischemic heart disease,ICD)。本病多发于40岁以上成人,在经济发达国家发病率较高,近年来发病呈年轻化趋势,已成为威胁人类健康的主要疾病之一。

由于病理解剖和病理生理变化的不同,冠心病有不同的临床表型。目前临床上趋向于根据发病特点和治疗原则不同分为两大类:①慢性冠脉疾病,主要包括稳定型心绞痛、缺血性心肌病和隐匿性冠心病等;②急性冠状动脉综合征(acute coronary syndrome,ACS),主要包括不稳定型心绞痛(unstable angina,UA)、非ST段抬高型心肌梗死(non-ST-segment elevation myocardial infarction,NSTEMI)和ST段抬高型心肌梗死(ST-segment elevation myocardial infarction,STEMI)。UA和NSTEMI合称为非ST段抬高的ACS。

稳定型心绞痛

稳定型心绞痛(stable angina pectoris)也称劳力型心绞痛,系在冠状动脉固定性严重狭窄的基础上,由于劳累引起心肌急剧、暂时的缺血缺氧,主要表现为发作性胸痛(或胸闷)的一种冠心病类型。稳定型心绞痛患者,其疼痛发作的程度、频度、持续时间、性质及诱发因素等在数个月内无明显变化。

一、发病机制

由于冠状动脉粥样硬化使管腔显著狭窄(至少1支冠状动脉狭窄>70%)或部分阻塞,冠状动脉的供血与心肌需血量之间出现供需失衡,冠状动脉供血量不能满足活动等状态下的心肌代谢的需求,引起心肌急剧、暂时的缺血、缺氧而产生心绞痛。

二、临床表现

1. 症状 以发作性胸痛为主要临床表现,典型心绞痛特征如下。

(1)诱因:常见体力劳动、情绪激动、饱餐、寒冷、吸烟、心动过速、休克等诱发,疼痛发生在体力劳动或激动的当时,而不是体力劳动停止后。

(2)部位:疼痛多位于胸骨体中上段的后方,可波及心前区,范围约手掌大小,界限不清楚,常可放射至左肩、左臂内侧达环指和小指,或至颈、咽、下颌部。

(3)性质:心绞痛性质常为压榨样甚至窒息样,也可表现为胸部发闷、紧缩感、不适感。典型心绞痛不呈针刺、刀割样锐痛,与深呼吸和咳嗽无关,查体无压痛、触痛或者叩击痛。

(4)持续时间:多为3~5 min,一般不超过20 min。

(5)缓解方式:停止原先的活动或舌下含服硝酸甘油,几分钟内症状即可缓解。

2. 体征 心绞痛发作时可伴有心率加快、血压升高、面色苍白、冷汗,部分患者有暂时性心尖部收缩期杂音、舒张期奔马律。不发作时常无特殊表现。

三、实验室及其他辅助检查

1. 实验室检查 血糖、血脂检查可了解冠心病危险因素；胸痛明显者需查血清心肌损伤标志物，包括心肌肌钙蛋白 I 或 T、肌酸激酶同工酶 CK-MB，以与急性心肌梗死相鉴别；查血常规注意有无贫血；必要时需检查甲状腺功能。

2. 心电图检查

（1）常规心电图检查：诊断心绞痛最常用的方法。典型心绞痛发作时，绝大多数患者在以 R 波为主的导联出现暂时性心肌缺血性 ST 段压低（≥ 0.1 mV），有时伴 T 波倒置（图 5-1）。发作缓解后恢复原状。不发作时约半数患者心电图在正常范围。

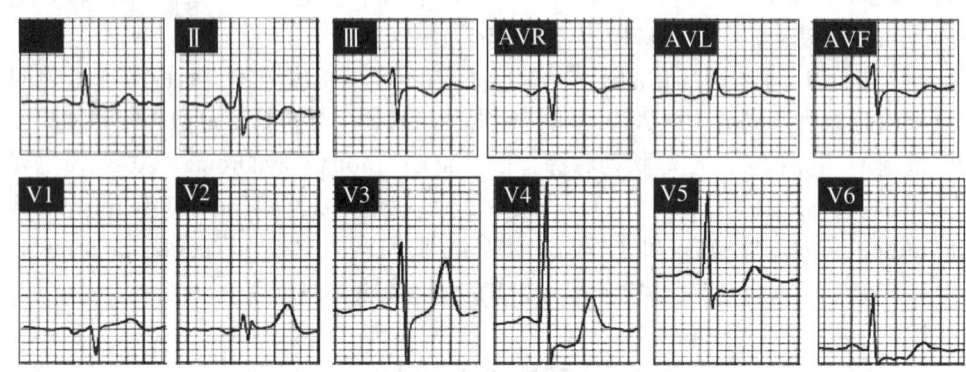

心电图提示：Ⅱ、Ⅲ、aVF 导联及 $V_4 \sim V_6$ 导联 ST 段水平或下斜型压低

图 5-1 心绞痛发作时心电图

（2）心电图运动负荷试验：可记录运动过程中心电图的动态改变，若出现心电图 ST 段水平或下斜型压低 ≥ 0.1 mV，持续 2 min，即为运动试验阳性。

（3）24 h 动态心电图：24 h 动态心电图中若出现 ST 段或者 T 波缺血性改变及各种心律失常，也有助于心绞痛的诊断。

3. 多层螺旋 CT 冠状动脉成像（CTA） 进行冠状动脉二维或三维重建，用于判断冠脉管腔狭窄程度和管壁钙化情况，对判断管壁内斑块分布范围和性质也有一定意义。冠状动脉 CTA 有较高阴性预测价值，若未见狭窄病变，一般可不进行有创检查；但其对狭窄程度的判断仍有一定限度，特别当钙化存在时会显著影响判断。

4. 冠状动脉造影检查（CAG） 冠脉造影为有创性检查手段，目前仍然是诊断冠心病的"金标准"。选择性冠状动脉造影是将心导管经股动脉或桡动脉送到主动脉根部，分别插入左、右冠状动脉口，注入造影剂，使左、右冠状动脉及其分支显影（图 5-2）。CAG 可明确冠状动脉及其分支狭窄的部位及程度，一般认为管腔直径减少 70% ~ 75% 以上时会严重影响供血，引发相应的临床症状。

> **要点提示**：诊断冠心病的"金标准"为冠状动脉造影（CAG）。

5. 超声心动图检查 多数稳定型心绞痛患者静息时超声心动图检查无异常。除非既往有陈旧性心肌梗死等病史。但是超声心动图检查有助于胸痛的鉴别诊断，如鉴别梗阻性肥厚型心肌病、主动脉瓣狭窄等。

6. 放射性核素检查 ^{201} 铊 - 心肌显像可显示心肌缺血区的部位和范围，对诊断心肌缺血极有价值，但临床开展尚不普遍。放射性核素心腔造影可显示缺血区室壁运动障碍。正电子发

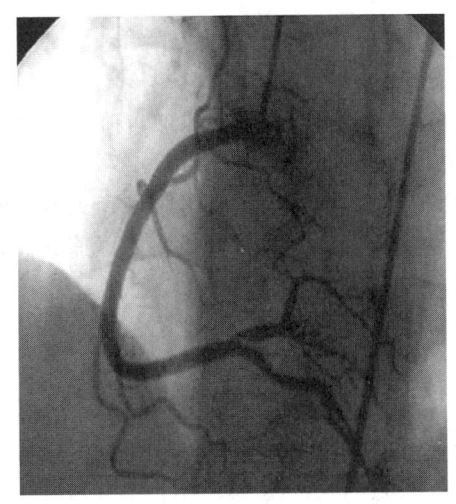
右冠脉造影示右冠正常

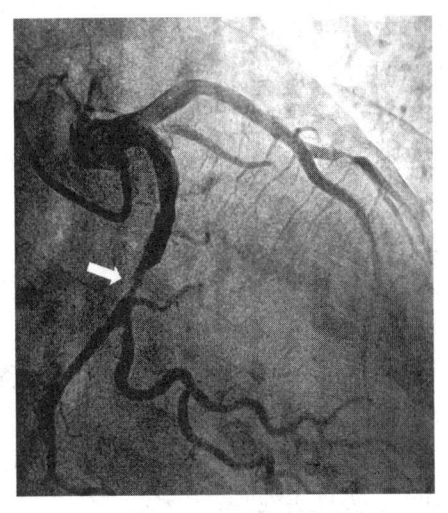
左冠脉造影示左回旋支重度狭窄

图 5-2　冠状动脉造影图

射断层心肌显影（PET）可显示心肌的代谢情况，用于评估心肌的活力。

四、诊断

根据典型心绞痛的发作特点，结合年龄和存在冠心病危险因素，除外其他原因所致的心绞痛，一般即可建立诊断。若能捕捉到伴随心绞痛发作的心电图 ST-T 改变，则支持心绞痛诊断。冠状动脉 CTA 有助于无创性评价冠脉管腔狭窄程度及管壁病变性质和分布，冠状动脉造影可以明确冠状动脉病变的严重程度，有助于明确诊断和决定进一步治疗。

五、鉴别诊断

稳定型心绞痛需与下列情况相鉴别。

（1）急性冠状动脉综合征：不稳定型心绞痛发作的劳力性诱因不同，1 个月内新发的或明显恶化的劳力性心绞痛也属于不稳定型心绞痛；急性心肌梗死的疼痛程度更剧烈，持续时间更长，多超过 30 min，实验室检查示心肌坏死标志物（肌红蛋白、肌钙蛋白Ⅰ或T、CK-MB 等）增高，可鉴别。

（2）其他疾病引起的心绞痛：包括严重的主动脉瓣狭窄或关闭不全、风湿性冠脉炎、梅毒性主动脉炎引起冠脉口狭窄或闭塞、肥厚型心肌病、X 综合征等，要根据其他临床表现来进行鉴别。

（3）肋间神经痛和肋软骨炎：前者疼痛常累及 1~2 个肋间，但并不一定局限在胸前，为刺痛或灼痛，沿神经行径处有压痛，手臂上举活动时局部有牵拉疼痛，咳嗽、用力呼吸和身体转动可使疼痛加剧；后者则在肋软骨处有压痛。

（4）心脏神经症：患者常诉胸痛，但为短暂（几秒钟）的刺痛或持久（几小时）的隐痛，胸痛部位多在左胸乳房下心尖部附近或经常变动。症状多于疲劳之后出现，而非疲劳当时，体力活动反觉舒适。常伴有心悸、疲乏、头晕、失眠及其他神经症的症状。

（5）其他系统疾病相关疼痛：还需与反流性食管炎等食管疾病、膈疝、消化性溃疡、肠道疾病、颈椎病等相鉴别。

六、治疗

稳定型心绞痛的治疗原则是改善冠状动脉供血、降低心肌的氧耗、治疗动脉粥样硬化、预防心肌梗死发生。

（一）发作时的治疗

1. 立即停止活动、就地休息。
2. 应用硝酸酯制剂，扩张周围血管及冠状动脉，以降低心脏前负荷及心肌需氧量、增加冠脉血供，缓解疼痛。常用硝酸甘油 0.3～0.6 mg 舌下含服，1～2 min 起效，必要时可重复；或硝酸异山梨酯 5～10 mg 舌下含服，2～5 min 见效。不良反应有头胀痛、头晕、面红、心悸等症状，不影响治疗，偶有血压下降、直立性低血压发生，故含药后不要迅速站立，首次用药时应平卧片刻。青光眼患者忌用硝酸酯类药。

（二）缓解期的治疗

1. 改善生活方式，控制危险因素，避免诱因。
2. 改善缺血、减轻心绞痛症状的药物。可选用：β受体阻滞剂，如美托洛尔、比索洛尔等；硝酸酯制剂，如单硝酸异山梨酯；钙通道阻滞剂，如维拉帕米、硝苯地平、氨氯地平；改善心肌代谢药，如曲美他嗪；中药，如复方丹参、麝香保心丸等。

（三）运用 ABCDE 方案，预防心肌梗死，改善预后

1. 血管紧张素转换酶抑制剂（ACEI）、抗血小板治疗及抗心绞痛治疗 ①运用 ACEI 或者 ARB 抑制心肌结构重塑和改善心功能，如依那普利、贝那普利、缬沙坦、氯沙坦等。②稳定型心绞痛患者如无禁忌证，应终身服用阿司匹林；若使用阿司匹林出现消化道不良反应等，可考虑使用 ADP 受体拮抗剂如氯吡格雷或替格瑞洛替代；稳定型心绞痛一般不需要双联抗血小板（即联合阿司匹林和 ADP 受体拮抗剂治疗），但冠脉介入治疗后需双联抗血小板 6～12 个月。③抗心绞痛治疗方案同上。

2. β 受体阻滞剂与控制血压 ①β 受体阻滞剂不但能够抗缺血、预防和治疗缺血相关的心律失常，还能减少冠心病患者发生心力衰竭和心肌梗死的风险。如无禁忌证，β 受体阻滞剂应作为初始治疗首选药物之一。建议优先使用选择性 $β_1$ 受体阻滞剂，如美托洛尔。②合并冠心病的高血压患者，尽早启动降压治疗，首选 β 受体阻滞剂、ACEI 或 ARB，必要时加用其他种类降压药物。

3. 戒烟与控制血脂 ①冠心病患者必须戒烟。②冠心病患者无论基线血脂水平如何，除非不耐受，以降低胆固醇为主的他汀类药物应该常规使用，目标是使低密度脂蛋白胆固醇（LDL-C）水平控制在 1.8 mmol/L 以下或者降低 50% 以下。

4. 合理饮食与控制糖尿病

5. 运动与健康教育

（四）介入与外科手术治疗

对于药物治疗后症状仍明显、临床高危、功能或者影像学评价缺血或者狭窄严重的稳定型心绞痛患者，应该考虑行冠状动脉造影检查，并基于造影结果，决定是否行经皮冠状动脉介入治疗，如经皮穿刺腔内冠状动脉成形术、冠脉内支架术，或者外科冠状动脉搭桥手术，以达到改善心肌供血、缓解症状的目的。

不稳定型心绞痛和急性非 ST 段抬高型心肌梗死

不稳定型心绞痛（UA）和急性非 ST 段抬高型心肌梗死（NSTEMI）是由于动脉粥样斑块破裂或糜烂，伴有不同程度的表面血栓形成、血管痉挛及远端血管栓塞所导致的一组临床症状，两者合称为非 ST 段抬高型急性冠脉综合征（NSTE-ACS）。UA 和 NSTEMI 的病因、发病机制及临床表现相似，主要不同在于缺血严重程度以及是否导致心肌损害。NSTE-ACS 患者若出现心肌坏死（体现在心肌坏死标志物升高），考虑诊断非 ST 段抬高型急性冠脉综合征，否则考虑诊断不稳定性心绞痛。

一、发病机制

UA/NSTEMI 病理机制为不稳定粥样硬化斑块破裂或糜烂基础上血小板聚集、并发血栓形成、冠状动脉痉挛收缩、微血管栓塞导致急性或亚急性心肌供氧的减少和缺血加重。其中，NSTEMI 常因心肌严重的持续性缺血导致心肌坏死，病理上出现灶性或心内膜下心肌坏死。

二、临床表现

1. 症状 UA 患者胸部不适的性质与典型的稳定型心绞痛相似，通常程度更重，持续时间更长，可达数十分钟，胸痛在休息时也可发生。通常包括以下类型，如表 5-4 所列。NSTEMI 患者临床表现与 UA 类似，但其缺血性胸部不适症状更加严重，持续时间更长。

表5-4 不稳定型心绞痛的临床类型

UV类型	临床特点
静息型心绞痛	发作于休息时，常常大于 20 min
初发型心绞痛	1 个月内新发作的心绞痛
恶化型心绞痛	原为稳定型心绞痛，在 1 个月内疼痛发作频率增加、程度加重、时限延长、诱因发生变化、硝酸酯类药物疗效减弱
变异性心绞痛	发作时有 ST 段抬高的表现，常发生于夜间

2. 体征 体检可发现一过性第三心音或第四心音以及由于二尖瓣反流引起的一过性收缩期杂音，这些非特异性体征也可出现在稳定型心绞痛患者中。

三、实验室及其他辅助检查

1. 心电图 与稳定性冠心病一样，心电图（尤其症状发作时的心电图）在 UA 和 NSTEMI 的诊断上具有重要价值。大多数患者胸痛发作时有一过性 ST 段（抬高或压低）和 T 波（低平或倒置）改变。若出现 ST 段抬高，需鉴别变异性心绞痛和 STEMI。通常上述心电图动态改变可随着心绞痛的缓解而完全或部分消失。若心电图改变持续 12 h 以上，则提示 NSTEMI 的可能。但是没有心电图动态改变，也不能完全排除 UA 或者 NSTEMI 的可能。

2. 心脏标志物检查 心肌肌钙蛋白（cTnT 或 cTnI）较传统的 CK 和 CK-MB 更为敏感、更可靠。心肌标志物的明确升高是鉴别不稳定性心绞痛和非 ST 段抬高型心肌梗死的重要手段。

3. 冠状动脉造影 冠状动脉造影能提供详细的血管相关信息，可明确诊断、指导治疗并评价预后。

4. 其他检查 胸部 X 线、超声心动图和放射性核素检查等的应用参考稳定型心绞痛部分相关内容。

四、诊断

根据缺血型胸痛或胸闷症状、缺血性心电图改变（新发或一过性 ST 段压低 ≥ 0.1mV，或 T 波倒置）以及心肌损伤标志物（cTnT、cTnI 或 CK-MB）测定，可以作出 UA/NSTEMI 的初步诊断。若出现明确心肌损伤标志物升高，考虑诊断 NSTEMI，否则诊断 UA。冠状动脉造影仍是诊断冠心病的重要方法，可以直接显示冠状动脉狭窄程度，对决定治疗策略有重要意义。

五、治疗

UA/NSTEMI 是具有潜在危险的严重疾病，其治疗主要有两个目的：即刻缓解缺血和预防严重不良反应。

对可疑 UA 者的第一步关键性治疗就是在急诊室做出恰当的检查评估，做出危险分层。大部分患者应入院治疗。对于进行性缺血且对初始药物治疗反应差的患者，以及血流动力学不稳定的患者，均应入心脏监护室（CCU）加强监测和治疗，以防急性心脏事件发生。

（一）一般治疗

患者应立即卧床休息，消除紧张情绪和顾虑，保持环境安静。对于有发绀、呼吸困难或其他高危表现者，给予吸氧，监测血氧饱和度（SaO_2），维持 $SaO_2 > 90\%$。

（二）抗心肌缺血药物

参考稳定型心绞痛部分。

（三）抗血小板和抗凝治疗

双联抗血小板治疗：除非有禁忌证，所有 UA/NSTEMI 患者均应建议在应用阿司匹林基础上，联合应用一种 P2Y12 受体抑制剂。若患者之前无服用抗血小板药物病史，初次应给予负荷量，如阿司匹林 300 mg 和氯吡格雷 300～600 mg 口服。并用常规剂量维持至少 12 个月。

抗凝治疗：除非有禁忌，住院期间所有患者均应在抗血小板治疗的基础上常规接受抗凝治疗，根据治疗策略以及缺血、出血事件风险选择不同药物。常用的抗凝药包括普通肝素、低分子量肝素、磺达肝癸钠和比伐芦定。

（四）运用 ABCDE 方案，改善预后

参考稳定型心绞痛部分。

（五）中高危患者行介入或者外科治疗策略

目前建议根据 UA、NSTEMI 的危险分层，决定行经皮冠状动脉造影及介入治疗的时机。如对于病情极高危的患者，建议 2 h 内行紧急介入治疗。高危患者建议 24 h 内完成介入治疗。中危患者 72 h 内行冠脉造影及必要的介入治疗。对于造影后发现病变严重、多支病变、SYNTAX 评分大于 33 分的患者，建议选择外科冠脉旁路移植手术。

急性 ST 段抬高型心肌梗死（STEMI）

根据第 4 版"心肌梗死全球定义"的标准，心肌梗死是指急性心肌损伤（血清肌钙蛋白升高，且至少 1 次高于正常参考值上限的 99 百分位值），同时有急性心肌缺血的临床证据，包括：①急性心肌缺血症状如胸痛、胸闷；②新的缺血性心电图改变；③新发病理性 Q 波；④新的存活心肌丢失或室壁节段运动异常的影像学证据；⑤冠状动脉造影或腔内影像学检查或尸检证实冠状动脉血栓。

若心肌梗死发生时，心电图表现为相应导联 ST 段抬高，称之为 STEMI，否则为 NSTEMI。STEMI 是冠心病的严重类型和死亡的主要原因。

一、病因和发生机制

在各种危险因素（如年龄、高血压、吸烟、血脂异常、糖尿病等）的长期作用下，冠状动脉形成粥样硬化斑块。若冠状动脉粥样硬化斑块不稳定，发生破裂，继发血栓形成，并导致冠状动脉管腔持续、完全闭塞，相应部位心肌会发生严重而持久的急性缺血。当缺血时间达 20 min 以上时，心肌即可发生缺血性坏死，临床上通常表现为 STEMI。以闭塞性血栓形成为核心环节的 STEMI，治疗的主要策略为尽早开通闭塞血管。

> **要点提示**：STEMI 发病的核心环节是继发于不稳定斑块破裂基础上的血栓形成，导致局部冠状动脉管腔完全闭塞。因此 STEMI 治疗的主要策略是尽早开通闭塞血管。

二、临床特点

STEMI 患者的临床表现与梗死的面积大小、部位、冠状动脉侧支循环情况密切相关。

1. 先兆 多数患者发病前数日可有乏力、不稳定型心绞痛（如新发心绞痛或原有心绞痛加重）等前驱症状。出现先兆症状后若及时住院处理，可使部分患者免于发生急性心肌梗死。

2. 主要症状

（1）胸痛：STEMI 的典型症状为胸痛，即胸骨后或心前区剧烈的压榨性疼痛（通常超过 20 min），可向左上臂、下颌、颈部、背部或肩部放射；常伴有烦躁不安、大汗、恐惧或有濒死感等；含服硝酸甘油多不能缓解。应注意少数不典型疼痛部位和表现，如部分下壁心肌梗死可表现为上腹痛，需与急腹症鉴别。少部分患者无疼痛，一开始即表现为休克或者急性心力衰竭，多见于女性、老年、糖尿病患者。

（2）全身及其他系统表现：疼痛发生后 24～48 h 可出现轻中度发热，持续 1 周左右，并有心动过速、白细胞增高、血沉增快等，系坏死物质吸收所致。疼痛剧烈时常伴恶心、呕吐、上腹部胀痛等胃肠道症状。

3. 体征 可见心浊音界轻至中度增大，心率增快或减慢，心尖区第一心音减弱、有粗糙收缩期杂音、舒张期奔马律等。除早期心肌梗死患者以外，大多数患者都有血压降低。可有心律失常、休克、心力衰竭的有关体征。

4. 并发症

（1）心律失常：既是急性心肌梗死的主要表现之一，也是最重要的并发症，见于 75%～95% 的患者，以发病 24 h 内最为多见。各种心律失常中以室性心律失常最多见，尤其是室性过早搏动。如室性过早搏动频发（每分钟 5 次以上），成对出现或连续出现 2 个以上，多源性早搏形态不一致，或早搏落在前一心搏的易损期时（RonT），常为心室颤动的先兆，应当高度重视。心室颤动是 AMI 发病 24 h 内，特别是入院前主要的死因。下壁心肌梗死易合并严重缓慢性心律失常，如高度房室传导阻滞等。

（2）心力衰竭：主要为急性左心衰竭，为梗死后心脏舒缩力显著减弱或不协调所致，表现为呼吸困难、咳嗽、发绀、烦躁等，重者出现肺水肿、右心衰竭甚至心源性休克表现。

根据有无心力衰竭表现及其相应的血流动力学改变严重程度，AMI 引起的急性心力衰竭心功能 Killip 分级如下。

Ⅰ级：无明显的心力衰竭。

Ⅱ级：有左心衰竭，肺部啰音 < 50% 肺野。

Ⅲ级：肺部啰音 > 50% 肺野，可出现急性肺水肿。

Ⅳ级：有心源性休克，有不同程度或阶段的血流动力学障碍。

（3）休克：常系心肌广泛坏死、心排血量急剧下降所致心源性休克，多于起病后数小时至 1 周内发生。出现面色苍白、大汗淋漓、脉搏细速、烦躁不安、神志迟钝甚至昏厥，尿量少于 20 ml/h 等休克表现。

（4）机械并发症：①乳头肌功能失调或断裂，造成二尖瓣脱垂及关闭不全，重者可出现心力衰竭。②心脏破裂，常发生于起病 1 周内，游离壁破裂时可发生急性心包压塞而猝死；偶有心室间隔破裂引起室间隔穿孔，出现心衰或休克，多在数日内死亡。③心室壁瘤，主要见于左心室，可导致心脏扩大、左心衰竭和栓塞、心律失常等。

（5）心肌梗死后综合征，为机体对坏死物质的自身免疫反应，可表现为心包炎、胸膜炎或肺炎，有发热、胸痛等症状。

三、实验室及其他辅助检查

（一）心电图

用于确诊心肌梗死及心律失常。可对心肌梗死进行定性诊断和定位诊断，并可估计疾病所处的时期。对于疑似 STEMI 患者，应在首次医疗接触后 10 min 内记录心电图。

1. 发病不同时期的特征性心电图改变

（1）超急性期（起病数分钟～数小时内）：可出现异常高大的 T 波，为超急性期改变。此期多持续时间过短而不易记录到。此期若及时有效治疗，有可能避免发展为心肌坏死，预后最佳。

（2）急性期（数小时后～2 周内）：ST 段明显弓背向上抬高，与直立的 T 波连接，形成单相曲线。心肌坏死面开始出现病理性 Q 波。T 波由直立开始倒置，并逐步加深。坏死型的 Q 波、损伤型的 ST 段抬高以及缺血型的 T 波倒置在此期可同时并存，是 STEMI 的典型心电图表现。多数 STEMI 患者入院时处于此期。

（3）亚急性期（数周～数月）：ST 段逐渐回到基线水平，T 波倒置变浅，坏死型 Q 波持续存在。

（4）陈旧期（数月后）：ST 段和 T 波恢复正常（部分患者 T 波持续倒置、低平，趋于恒定不变），残留下坏死型的 Q 波终生存在。

2. 心电图用于心梗的定位及范围判断 由于冠状动脉有各自的心脏供血区域，所以可根据出现特征性心电图改变的导联范围，初步判断心肌梗死的部位，推断梗死的血管，如表 5-5 所列。

表5-5 ST段抬高型心肌梗死的心电图定位诊断

梗死部位	心电图特征性改变导联	受累的冠状动脉
前间壁	$V_1 \sim V_3$	左前降支室间隔分支
前壁	$V_3 \sim V_5$	左前降支远端
前侧壁	V_5、V_6	左前降支中部或左回旋支
高侧壁	Ⅰ、aVL	左回旋支
广泛前壁	$V_1 \sim V_5$	左前降支及左回旋支
下壁	Ⅱ、Ⅲ、aVF	右冠状动脉或左回旋支之后降支
正后壁	$V_7 \sim V_9$	右冠状动脉房室支或左回旋支
右心室	$V_3R \sim V_5R$	右冠状动脉

（二）心肌坏死标志物

cTn 是诊断心肌坏死最特异和敏感的首选心肌损伤标志物，通常在 STEMI 症状发生后 4～6 h 开始升高，10～24 h 达到峰值，并可持续升高 7～14 天；CK-MB 对判断心肌坏死的特异性也较高，溶栓治疗后梗死相关动脉开通时 CK-MB 峰值前移（14 h 以内），CK-MB 测定也适于诊断再发心肌梗死；肌红蛋白是心肌梗死后最早升高的标志物，测定肌红蛋白有助于 STEMI 的早期诊断，但特异性较差。

（三）超声心动图

主要用于观察 STEMI 患者心脏大小、结构和功能，包括心室壁运动情况，有无室壁瘤和机械并发症等。急诊行超声心动图等影像学检查有助于对急性胸痛患者的鉴别诊断。

（四）冠状动脉造影

可以发现梗死相关动脉闭塞，并根据检查结果，行直接 PCI 开通闭塞的冠状动脉，恢复冠状动脉的前向血流，恢复心肌再灌注。

四、诊断

诊断STEMI需要同时满足急性心肌损伤（血清cTn升高）和新出现的缺血性心电图改变（ST段抬高）两项标准。cTn升高的诊断标准：至少1次高于正常值上限（参考值上限的99百分位值）。ST段抬高的诊断标准：相邻2个导联J点后新出现ST段抬高，其中V_2～V_3导联≥2.5 mm（男性，年龄＜40岁）；≥2.0 mm（男性，年龄≥40岁）；≥1.5 mm（女性，无论年龄）；其他导联≥1.0 mm。

必须指出的是，对于根据症状和心电图能够明确诊断STEMI的患者，不需等待心肌损伤标志物和（或）影像学检查结果，而应尽早给予再灌注及其他相关治疗。

五、鉴别诊断

心肌梗死除了与缺血型胸痛疾病如心绞痛相鉴别外，还主要与引起严重胸痛的其他疾病如主动脉夹层、肺栓塞、急性心包炎、气胸和消化道疾病进行鉴别，应综合考虑危险因素、临床症状、体征、实验室检查结果，必要时行影像学检查，以进一步鉴别。

六、治疗

STEMI的治疗原则是尽快恢复心肌的血液灌注（到达医院后30 min内开始溶栓或90 min内开始介入治疗），以挽救濒死的心肌、缩小心肌缺血坏死范围，保护和维持心功能，及时处理严重心律失常、泵衰竭和各种并发症，防止猝死，使患者不但能度过急性期，且康复后还能保持尽可能多的有功能的心肌。

（一）入院后一般处理

①急性期卧床休息12 h，保持环境安静，减少探视。如无并发症，24 h后患者可在床上行肢体活动，血压正常者第3天即可在病房内走动。②安置于心脏监护病房（CCU），连续监测心电图、血压、呼吸5～7天，密切观察心率、心律，及时发现各种心律失常，酌情处理。③对有呼吸困难或者脉氧低者，给予中等流量（2～4 L/min）的吸氧，以提高血氧分压，改善心肌缺氧，缓解疼痛。④一旦诊断为急性心肌梗死，应尽快给予肠溶阿司匹林150～300 mg嚼碎后服用，ADP受体拮抗剂如氯吡格雷300～600 mg或替格瑞洛180 mg负荷剂量口服。

（二）再灌注治疗

使闭塞的冠状动脉再通，心肌得到再灌注，濒临坏死的心肌可能得以存活或缩小坏死范围。再灌注治疗是STEMI治疗的最重要措施。再灌注的措施首选介入治疗。另外，溶栓治疗以及紧急主动脉-冠状动脉旁路移植术（CABG）也是恢复再灌注的可选手段之一。

1. 介入治疗（PCI） 明确诊断的患者，再灌注治疗措施首选急诊PCI。急诊PCI措施包括急诊经皮穿刺腔内冠状动脉成形术（PTCA）及支架置入术等。

急诊（直接）PCI的适应证为：①症状发作12 h以内并且有持续新发的ST段抬高或新发左束支传导阻滞的患者；② 12～48 h内若患者仍有心肌缺血证据（仍然有胸痛和ECG变化），亦可尽早接受介入治疗。

若患者在救护车上或无PCI能力的医院，但预计120 min内可转运至有PCI条件的医院并完成PCI，则首选直接PCI策略，力争在90 min内完成再灌注；或患者在可行PCI的医院，则应力争在60 min内完成再灌注。

已进行溶栓的患者，有条件也建议行进一步冠脉造影检查明确病变，必要时行补救PCI。

> **要点提示**：再灌注治疗开通闭塞血管是 STEMI 治疗的最重要措施，首选急诊 PCI 治疗。

2. 溶栓疗法 急性心肌梗死早期使用溶栓药物可溶解冠状动脉内的血栓，使梗死心肌得到再灌注。

溶栓治疗的适应证：①发病 ≤ 12 h，预计不能在就诊后 120 min 内转运至可行 PCI 的医院并开通梗死相关血管，无溶栓禁忌证，应进行溶栓治疗。②发病 12～24 h，仍有进行性缺血性胸痛，以及心电图相邻 2 个或 2 个以上导联 ST 段抬高 ≥ 0.1 mV，或血液动力学不稳定，但无直接 PCI 条件，无溶栓禁忌证，可考虑溶栓治疗。

对于无条件行介入疗法的急性心肌梗死患者，应立即（最好是 30 min 内）在静脉或冠脉内滴注纤溶酶激活剂如尿激酶（UK）、链激酶（SK）或重组组织型纤维蛋白溶酶原激活剂（rt-PA）进行溶栓治疗。但是对于出血高风险的患者（如既往有脑出血病史、6 个月内的脑梗死、颅内肿瘤、2～4 周内有活动性内脏出血、主动脉夹层未完全排除、血压 > 180/110 mmHg、近期有创手术等）禁忌溶栓。

3. 紧急主动脉 - 冠状动脉旁路移植术（CABG） 介入治疗或溶栓疗法无效者，争取 6～8 h 内施行冠状动脉旁路移植术。

（三）抗血小板和抗凝治疗

STEMI 患者抗血小板治疗方案与 NSTE-ACS 相同，见本节的 UA/NSTEMI 部分。部分血栓负荷重的患者，在直接 PCI 术中可静脉应用 GP Ⅱb/Ⅲa 受体拮抗剂强化抗血小板治疗，如替罗非班。

除非有禁忌，目前国内多数医院对于 STEMI 住院患者，仍在应用抗血小板治疗基础上常规联合抗凝治疗。抗凝治疗药物同 NSTE-ACS 部分。

（四）止痛对症处理

对于心肌梗死的胸痛症状，心肌再灌注疗法可极有效地解除疼痛。但再灌注之前，可适当使用止痛剂缓解疼痛和焦虑，减轻心脏负荷。如哌替啶 50～100 mg 肌内注射或吗啡 5～10 mg 皮下注射。

（五）并发症治疗

STEMI 患者早期应严密监护，监测病情，及时发现并处理心律失常、心力衰竭、心源性休克、机械并发症、室壁瘤、左心室附壁血栓等并发症。

（六）运用 ABCDE 方案，改善预后

具体参见稳定型心绞痛部分。

自测题

扫码测验

第四节　心搏骤停与心肺脑复苏

心搏骤停（cardiac arrest）是指心脏突然停止有效泵血，血液循环停止，从而产生的一系列表现，包括意识丧失、晕厥、大动脉搏动消失等。心搏骤停发生后，由于脑血流突然中断，10 s 左右患者即可出现意识丧失，如在 4~6 min 黄金时段得到救治，存活概率较高，否则将发生生物学死亡，罕见自发逆转者。心搏骤停根据其发生机制包括 4 种情况：心室颤动、无脉搏室性心动过速、心脏静止和电机械分离。前两种被称为"可复律"心搏骤停。

一、病因

心搏骤停的原因可分为心源性病因和非心源性病因。

（1）心源性病因：绝大多数心脏性猝死发生在有器质性心脏病的患者。其中冠心病，尤其有心肌梗死病史是心搏骤停的主要原因。各种心肌病引起的心脏性猝死占 5%~15%，是冠心病易患年龄前（< 35 岁）患者心脏性猝死的主要原因，如梗阻性肥厚型心肌病、致心律失常型右心室心肌病等、遗传性心脏离子通道病等。

（2）非心源性病因：呼吸停止（如窒息）、电解质紊乱（如严重高钾血症）、酸碱失衡、药物中毒或药物过敏、溺水、电击等意外、手术或麻醉意外等。

二、临床表现

心搏骤停、血液循环停止、全身组织缺血、缺氧（脑组织对缺氧尤其敏感），表现为：①神志丧失：患者突发神志丧失，可伴有全身或者局部抽搐，可出现二便失禁。②呼吸异常或停止：大脑呼吸中枢功能障碍，导致呼吸断续，呈叹息样或短促痉挛性呼吸，随后呼吸停止。③大动脉搏动消失：大动脉搏动的检查多采用搏动明显的颈动脉或股动脉处进行检查。④面色苍白或发绀。⑤瞳孔散大：大约在脑血流停止 45 s 后瞳孔开始散大。复苏过程中，瞳孔由大变小的变化是心肺复苏的有效参考标志之一。

三、心搏骤停的处理

心搏骤停的生存率很低，抢救成功的关键是尽早进行心肺复苏（cardiopulmonary resuscitation，CPR）和尽早进行复律治疗。心肺复苏又分初级心肺复苏和高级心肺复苏。可按照以下顺序进行。

（一）判断患者意识、呼吸（或脉搏），识别心搏、呼吸骤停事件

首先需要判断患者的意识（通过轻拍、摇动或者呼喊等方式）；快速检查是否没有呼吸或不能正常呼吸（间停、过缓或喘息）（通过观察胸廓起伏是否存在，将面部靠近患者口鼻部感觉有无气流判断）；同时判断有无脉搏（喉结左右两侧的颈前三角内触摸颈动脉搏动），操作 5~10 s 内完成。确立心搏骤停诊断后，应立即开始初级心肺复苏。注意：接触患者前要快速判断环境是否安全，避免救护人员的意外伤害事件。

（二）呼救

在不延缓实施心肺复苏的同时，应设法（打电话或呼叫他人打电话）通知急救医疗系统。有条件时派人寻找并准备除颤仪，包括院外的 AED（automated external defibrillator）设备。

（三）初级心肺复苏：立即实施 CPR 急救操作

心搏骤停后获得有效 CPR 的起始时间往往决定患者的预后。因此一旦确立心搏骤停的诊断，应立即进行初级心肺复苏。心肺复苏程序为 CAB，包括人工胸外按压（circulation，C）、开通气道（airway，A）和人工呼吸（breathing，B）。其中人工胸外按压最为重要。

1. 胸外心脏按压（circulation） 通过体外用人工的方法持续而有节律地按压胸骨，使胸膜腔内压升高和直接按压心脏而维持一定的血液流动，配合人工呼吸可为心脏和脑等重要器官提供一定含氧的血流。

> **要点提示**：一旦确立心搏骤停，应立即进行CPR，其中胸外按压最为重要。医学工作者不仅要自己掌握该项技能，还需通过宣教使更多公民掌握该技能。

操作方法：将患者以水平仰卧位安放在硬板床上或硬地面上，抢救者紧靠患者右侧胸旁，取双侧乳头连线的中点处胸骨为按压点，抢救者将一手掌根部放在按压区，另一手掌根部平行重叠压在下面手背部，保证手掌根部横轴与胸骨长轴方向一致，以手掌根部为着力点，保证手掌用力在胸骨上，不要按压剑突。施救者身体稍微前倾，肘关节伸直，使肩、肘、腕位于同一直线，与患者身体平面垂直，利用上半身的重力垂直向下按压，每次按压后使胸廓完全回弹，放松时手掌根不可离开胸壁按压点，按压与放松时间相当。按压频率为100～120次/分，成年人按压幅度5～6cm，儿童和婴幼儿按压幅度约为胸廓前后径的1/3（儿童5cm，婴幼儿4cm）。施救者应尽可能减少中断胸外按压的次数和时间。

胸外按压的并发症主要包括：肋骨骨折、心包积血或心脏压塞、气胸、血胸、肺挫伤、肝脾撕裂伤、脂肪栓塞。应遵循正确的操作方法，尽量避免并发症发生。

由于心室颤动是非创伤心搏骤停患者最常见的心律失常，如果具备体外电除颤条件，应该尽早获取医用除颤仪或者简易AED准备除颤。由于AED便于携带、容易操作、能自动识别心电图并提示除颤，非专业人员也可以操作，院外施救者应在第一时间实施CPR的同时，嘱专人寻取AED，并按AED设备的提示进行必要的除颤。注意：每次除颤后要立即进行胸外按压，切不可因判断心律而暂停按压，以尽可能缩短电击前后的胸外按压中断时间。

2. 开通气道（airway） 若患者无呼吸或出现异常呼吸，先使患者仰卧位，行30次心脏按压后，再开通气道。保持呼吸道通畅是成功复苏的重要一步。快速清理气道分泌物或取出义齿后，判断无颈部创伤，即可采用仰头抬颏法开放气道。

操作方法：术者将一手置于患者前额用力加压，使其头后仰，另一手的示、中两指抬起患者下颌，使下颌尖、耳垂的连线与地面呈垂直状态，以通畅气道。

仰头抬颏法简单、实用，操作过程中应注意：①开放气道前应清除患者口中的异物和呕吐物，若有义齿松动应取下。②在抬下颌时，手指不要深压颏下软组织，以防气道阻塞。

3. 人工呼吸（breathing） 开放气道后，首先进行两次人工呼吸，每次持续吹气时间1s以上，保证足够通气使胸廓起伏。但是无论有无胸廓起伏，两次人工呼吸后应该立即胸外按压。虽然气管内插管是建立人工通气的最好方法，但是在初级复苏时，采用口对口、口对鼻或口对通气防护装置人工呼吸，是保证机体供氧的重要措施。

操作方法：确保气道通畅后，术者用置于患者前额的拇指与示指捏住患者鼻孔，吸一口气，用口唇把患者的口全部罩住，然后缓慢吹气，每次吹气应持续1s以上，确保呼吸时有胸廓起伏。无论是单人还是双人进行心肺复苏，按压和通气的比例为30∶2，交替进行。对于儿童和婴儿，心搏骤停病因中常见为窒息，故若有两人在场，按压通气比例应为15∶2。

4. CPR效果判断 复苏过程中若患者瞳孔缩小，对光反射有反应，面色转红，神志渐清楚，脉搏在停止胸外按压时仍然有搏动，并出现自主呼吸，说明复苏有效。若能摸到颈动脉搏动，且桡动脉脉搏在50次/分以上，可停止胸外按压。在1min内脉搏如再次消失，恢复心脏按压。当自主呼吸完全恢复后，可终止人工呼吸。

（四）高级心肺复苏

高级生命支持（advanced life support，ALS）指在初级心肺复苏的基础上应用辅助设备和特殊技术,建立和维持更为有效的通气和血液循环。主要措施包括气管插管建立通气、除颤转复心律并恢复有效的心律、建立静脉通路并应用必要的药物维持已恢复的循环。

1. 通气支持措施,保证供氧 经过早期心肺复苏后,若患者已恢复自主呼吸,一般使用常规给氧方法,如鼻导管、鼻塞给氧。如果患者自主呼吸没有恢复,应尽早行气管插管,充分通气。在呼吸机可用之前,使用球囊-面罩通气,挤压1 L容量成人球囊1/2～2/3或2 L容量成人球囊1/3量即可。气管插管后,通气频率设定每6秒一次,每分钟10次。

2. 电除颤、复律,维持有效心律及循环 心室颤动约占全部心搏骤停的2/3,及时有效的电除颤是复苏成功的关键。故在初级CPR阶段,若电除颤设备已经到位,应尽早识别可除颤心律失常,进行电除颤。

电除颤方法:①打开除颤仪电源。②放置电极板:最常用的电极片位置是指将胸骨电极片置于患者右锁骨下方,将心尖电极片放在与左乳头平齐的左胸下外侧部。若体内存在置入性装置(如起搏器),应避免将电极片直接放在置入装置上。③选择除颤能量及模式进行除颤:除颤仪默认为非同步模式,故心室颤动患者除颤前不需作特殊选择。如采用双相波电除颤,首次能量选择可根据除颤仪的品牌或型号推荐,一般为120～200 J;如使用单相波电除颤,首次能量应选择360 J。第二次及后续的除颤能量应相当,而且可考虑提高能量。④一次除颤后立即实施胸外按压,而非暂停CPR进行电击后脉搏检查。数个周期的CPR后再评估患者自主循环是否恢复,检查脉搏所花时间应控制在10 s以内,若未明确感知到脉搏,应恢复CPR,必要时再次除颤。注意:电击时,任何人不得接触患者及病床,以免触电。

心脏停搏与无脉电活动时电除颤均无益。对心搏停止患者不推荐使用起搏治疗,而对有症状的心动过缓患者则考虑起搏治疗。

3. 建立静脉通道,予药物治疗 在ALS中,建立有效的静脉通道十分必要,便于静脉给药,保证复苏效果。因心搏骤停,末梢静脉收缩,外周静脉通道首选较粗的肘前静脉或颈外静脉。有条件者可置入中心静脉导管输液。

CPR中常用药物的种类、适应证及用法如表5-6所列。

表5-6 CPR中常用药物的种类、适应证和用法

药物	适应证	用法
肾上腺素	电击无效的心室颤动,无脉性室性心动过速,心脏停搏或者无脉性电活动	1 mg / 3～5 min,静脉推注
胺碘酮或者利多卡因	心室颤动或者无脉性室性心动过速,经两次除颤、CPR、1～2次肾上腺素使用后仍无效	胺碘酮第1剂300 mg,静脉推注,若室颤仍持续存在,第2剂150 mg,静脉推注。或者利多卡因第1剂1.0～1.5 mg/kg,若无效可使用第2剂0.50～0.75 mg/kg,静脉推注
碳酸氢钠	明显代谢性酸中毒或者高钾血症	心肺复苏抢救时,首次1 mmol/kg,以后根据血气分析结果调整用量

(五)复苏后处理

心肺复苏后处理,又称为延续生命支持。患者在经历全身性缺血性损伤后,将进入更加复杂的缺血再灌注损伤阶段。后者是复苏后院内死亡的主要原因。心肺复苏后的处理原则和措施包括维持有效的循环和呼吸功能,特别是脑灌注,预防再次心搏骤停,维持水、电解质和酸碱平衡,防治脑水肿、急性肾衰竭和继发感染等,其中重点是脑复苏。具体措施见本章数字资源中相关内容。

自测题

扫码测验

(童 敏)

第六章 消化系统疾病

学习目标

通过本章内容的学习，学生应能够：

识记：
1. 说出消化系统常见疾病的主要临床表现。
2. 陈述消化系统常见疾病的诊断依据和治疗原则。
3. 列举消化系统常见疾病的并发症。

理解：
解释消化系统常见疾病的发病机制和病理变化。

运用：
1. 根据患者的病史、临床表现和辅助检查结果，对消化系统常见疾病做出初步诊断。
2. 根据患者病情拟订治疗计划，正确评估预后。
3. 对患者进行健康教育，树立健康理念，培养健康生活方式。

第一节 胃食管反流病

案例导入

患者，男，62岁，体重72 kg，主因"胸前区不适、烧心、反酸2年，再发1周"入院。2年前患者开始反复出现胸前区不适、胃灼热、反酸，伴晨起口苦，多次于当地医院治疗后好转出院。1周前患者再次出现胸前区不适，胃灼热，口腔内异味，伴恶心，无呕吐，进食后为重。吸烟史30余年，每日20支。饮酒史20余年，每天100 ml。查体：T 36.7℃，P 75次/分，R 16次/分，BP 130/85 mmHg。神志清，精神可。胸骨无压痛，心、肺检查无异常。腹部平软，上腹部压痛，无反跳痛，肝、脾检查无异常。病理反射未引出。食管钡餐检查：食管裂孔疝。

问题与思考：
1. 初步诊断和诊断依据是什么？应与哪些疾病相鉴别？
2. 为明确诊断，需要进一步做哪些检查？
3. 治疗原则是什么？

胃食管反流病（gastroesophageal reflux disease，GERD）是指胃十二指肠内容物反流入食管引起胃灼热、反酸等症状，分为3种类型：非糜烂性反流病（nonerosive reflux disease，NERD）、糜烂性食管炎（erosive esophagitis，EE）和巴雷特食管（Barrett's esophagus，BE）。EE是指内镜下可见食管远段黏膜破坏即反流性食管炎（reflux esophagitis，RE）。胃食管反流病在西方国家十分常见，在我国的患病率低于欧美等国家，病情亦较轻。

一、病因和发病机制

胃食管反流病是由多种因素造成的消化道动力障碍性疾病，主要发病机制是抗反流防御机制减弱和反流物对食管黏膜攻击作用的结果。

1. 抗反流屏障功能降低 食管下段括约肌（LES）是指食管末端3～4 cm长的环形肌束，正常人静息LES压为10～30 mmHg。LES在抗胃食管反流作用中最为重要，当LES压力下降、不能有效关闭以阻止胃内容物反流入食管时，即引起本病。一些因素可导致LES压力降低，如某些激素（如胆囊收缩素、胰高血糖素、血管活性肠肽等）、食物（如高脂肪食物、巧克力等）、药物（如钙通道阻滞药、地西泮）等。

2. 食管清除能力下降 食管的廓清能力主要依靠食管的推进性蠕动、食团的重力和唾液对反流物中胃酸的清除，三者相互作用以消除反流物，减少其与食管黏膜接触时间。

3. 食管黏膜屏障防御功能破坏 反流物进入食管后，可凭借食管上皮表面黏液、不移动水层和表面HCO_3^-、复层鳞状上皮等构成的屏障以及黏膜下丰富的血液供应构成的后上皮屏障，发挥其抗反流物对食管黏膜损伤的作用。故导致食管黏膜屏障作用下降的因素（例如长期吸烟、饮酒以及抑郁等），会使食管不能抵御反流物的损害。

4. 胃排空延迟 胃排空延迟使胃充盈时间延长、易产生更多的餐后反流，胃内压超过LES压而导致反流；胃排空延迟导致胃扩张，使得LES变短并诱发短暂性LES松弛而易于反流。

二、病理

在有反流性食管炎的GERD患者，其病理组织学基本改变有：①复层鳞状上皮细胞层增生；②黏膜固有层乳头向上皮腔面延长；③固有层内炎症细胞主要是中性粒细胞浸润；④糜烂及溃疡；⑤食管下段鳞状上皮被化生的柱状上皮所替代，称为Barrett食管。

三、临床表现

胃食管反流病的临床表现多样，轻重不一，主要表现有以下几种。

（一）食管症状

1. 胃灼热、反酸 胃灼热、反酸是胃食管反流病常见的典型症状，表现为胸骨后和剑突下烧灼感，多在餐后1 h出现。平卧、弯腰或用力屏气时加重。

2. 吞咽疼痛、吞咽困难 有严重食管炎或食管溃疡时可出现吞咽疼痛，痉挛食管或功能紊乱可引起吞咽困难，进食固体或液体食物均可发生。

> **要点提示**：胃食管反流病典型食管症状。

（二）食管外症状

部分GERD患者由于胃食管反流物刺激或损伤食管以外的组织或器官，引起其他表现：反流物刺激咽部黏膜可引起咽喉炎，出现声嘶、咽部不适或异物感；吸入呼吸道可发生咳嗽、哮喘，反流引起的哮喘无季节性；严重者可发生吸入性肺炎，甚至出现肺间质纤维化；有部分患者会出现口咽部症状：流涎过多、牙齿受损、牙周病、中耳炎等。

四、并发症

1. 上消化道出血 反流性食管炎患者，因食管黏膜糜烂及溃疡可以导致上消化道出血，临床表现可有呕血和（或）黑便以及不同程度的缺铁性贫血，轻症患者可能仅有贫血表现，粪便隐血检查阳性。

2. 食管狭窄 食管炎反复发作致使纤维组织增生，最终导致瘢痕狭窄。

3. Barrett 食管 为长期慢性胃食管反流的并发症，由于长期反流，下段食管的鳞状上皮可被化生的柱状上皮所代替，原正常食管黏膜出现胃黏膜的橘红色，分布可为环形、舌形或岛状，患者常有典型的反流症状。Barrett 食管是食管腺癌的癌前病变，其腺癌的发生率较正常人高 30~50 倍。

> **要点提示：** Barrett 食管
> 食管外并发症以胸部并发症多见，如支气管炎、支气管扩张、吸入性肺炎、肺脓肿等。

知识链接

化生和癌前疾病的概念

1. 化生：指一种已分化成熟组织转变为另一种分化成熟组织的过程。
2. 癌前疾病：指继续发展下去具有癌变可能的某些疾病，如黏膜白斑、交界痣、慢性萎缩性胃炎、子宫颈糜烂、结直肠的多发性腺瘤性息肉、某些良性肿瘤等。

五、实验室及其他辅助检查

（一）内镜检查

内镜检查是诊断反流性食管炎最准确的方法，并能判断反流性食管炎的严重程度和有无并发症，结合活检可与其他原因引起的食管炎和其他食管疾病（如食管癌等）作鉴别。内镜下无反流性食管炎不能排除胃食管反流病。根据内镜下所见食管黏膜的损害程度进行反流性食管炎分级（表6-1），有利于病情判断及指导治疗。

表6-1 胃镜下反流性食管炎分级

分级	食管黏膜内镜下表现
正常	食管黏膜没有破损
A级	一个或一个以上食管黏膜破损，长径小于 5 mm
B级	一个或一个以上食管黏膜破损，长径大于 5 mm，但没有融合性病变
C级	黏膜破损有融合，但小于 75% 的食管周径
D级	黏膜破损融合，至少达到 75% 的食管周径

（二）24 h 食管 pH 监测

24 h 食管 pH 监测是诊断 GERD 的重要检查方法。连续监测患者 24 h 食管 pH，可提供食管是否存在过度酸反流的客观证据，并了解酸反流的程度及其与症状发生的关系。

（三）食管吞钡 X 线检查

食管吞钡 X 线检查对诊断反流性食管炎敏感性不高，适用于不愿接受或不能耐受内镜检查者，其目的主要是排除食管癌等其他食管疾病。严重反流性食管炎可发现阳性 X 线征。

（四）食管滴酸试验

在滴酸过程中，出现胸骨后疼痛或胃灼热的患者为阳性，且多在滴酸的最初 15 min 内出现。

（五）食管测压

了解食管动力状态，可测定 LES 的长度和部位、LES 压、LES 松弛压、食管体部压力及食管上括约肌压力等。能显示食管下括约肌压力低下，食管下括约肌频发的松弛及食管蠕动收缩波幅低下或消失。食管测压不直接反映胃食管反流，但有助于评估患者的食管功能。

（六）核素胃食管反流检查

核素胃食管反流检查是用放射性核素标记液体，显示在静息时及腹部加压时有无过多的胃食管反流。该技术是未来医学界研究的方向，其特异性和灵敏性仍然存在争议，目前尚未普及。

六、诊断与鉴别诊断

GERD 的诊断是基于：①有反流症状；②内镜下有反流性食管炎的表现；③食管过度酸反流的客观证据。如患者有典型的胃灼热和反酸症状，可作出 GERD 的初步临床诊断。内镜检查如发现有反流性食管炎并能排除其他原因引起的食管病变，本病诊断可成立。对有典型症状而内镜检查阴性者，行 24 h 食管 pH 监测，如证实有食管过度酸反流的存在，诊断成立。

GERD 症状虽有其特点，但临床上仍应与其他病因的食管炎、消化性溃疡、胆道疾病以及食管动力疾病相鉴别。胸痛时应与心源性、非心源性胸痛的各种病因进行鉴别；有吞咽困难者要与食管癌和贲门失弛缓症相鉴别。

七、治疗

GERD 的治疗目的是控制症状、治愈食管炎、减少复发和防治并发症。

（一）一般治疗

改变生活方式与饮食习惯。为了减少卧位及夜间反流，可将床头抬高 15～20 cm。避免睡前 2 h 内进食，白天进餐后亦不宜立即卧床。减少一切引起腹压增高的因素，如肥胖、便秘、紧束腰带等。避免进食使 LES 压降低的食物，如高脂肪食物、巧克力、咖啡、浓茶等。应戒烟及禁酒。避免应用降低 LES 压的药物及引起胃排空延迟的药物。

（二）药物治疗

1. 抑酸药

（1）H_2 受体拮抗剂（H_2 receptor antagonist，H_2RA）：H_2RA 能有效减少 24 h 胃酸分泌量的 50%～70%，但不能有效抑制进食刺激引起的胃酸分泌，适用于轻、中症患者。

（2）质子泵抑制剂（protonpump inhibitor，PPI）：抑酸作用强，对本病的疗效优于 H_2RA，特别适用于症状重、有严重食管炎的患者。

（3）钾离子竞争性酸阻断剂（potassium-competitive acid blockers，P-CAB）：通过竞争性结合 H^+、K^+-ATP 酶的 K^+ 结合位点，从而阻断 H^+-K^+ 交换，减少胃酸分泌。药物作用不受胃酸影响，半衰期长。

2. 促胃肠动力药 如多潘立酮、莫沙必利、依托必利等，这类药物可能通过增加 LES 压力、改善食管蠕动功能、促进胃排空，从而达到减少胃内容物食管反流，减少其在食管的暴露时间。由于这类药物疗效有限且不确定，因此只适用于轻症患者，或作为与抑酸药合用的辅助治疗。

3. 黏膜保护剂 铝碳酸镁能结合反流的胆酸，减少其对黏膜的损伤，并能作为物理屏障黏附于黏膜表面，对合并胆汁反流者有一定效果。

抑酸治疗是目前治疗本病的主要措施，对初次接受治疗的患者或有食管炎的患者宜用 PPI

或 P-CAB 治疗，以求迅速控制症状、治愈食管炎。

（三）维持治疗

为减少复发及防止并发症，需给予维持治疗。P-CAB、PPI 和 H_2RA 均可用于维持治疗，P-CAB 由于酸环境稳定和半衰期长的特点，更有利于维持治疗。维持治疗剂量以调整至患者无症状的最低剂量为最适剂量；对无食管炎的患者也可考虑采用按需维持治疗，即有症状时用药，症状消失时停药。

（四）内镜治疗

主要包括内镜下局部注射治疗和贲门黏膜缝合皱折成形术。Barrett 食管也可行内镜下氩离子凝固术等治疗。

（五）抗反流手术治疗

对于经严格内科治疗后仍表现有严重的反流症状和（或）并发症，病情重，需要长期大剂量抗酸药维持治疗的年轻患者，可以考虑手术治疗。抗反流手术有不同形式的胃底折叠术、食管裂孔疝修补术以及贲门成形术等。

（六）并发症的治疗

对于轻微的食管狭窄，可以通过饮食限制及药物（PPI）治疗改善。短期单纯性狭窄可行内镜下食管扩张术治疗。扩张术后予以长程 PPI 维持治疗可防止狭窄复发，部分患者亦可行外科抗反流手术。Barrett 食管是胃食管反流严重的并发症。因其有恶变的可能，应进行内镜随访及活检以早期发现异型增生及腺癌。

 自测题

扫码测验

第二节　胃　炎

> **案例导入**
>
> 患者，男，36 岁，上腹部隐痛、饱胀不适 2 年余，加重 1 个月。2 年来患者每于受凉、进食不当或进食刺激食物后出现上腹部隐痛不适，无放射痛，多于餐后半小时开始，持续 1~2 h，偶有反酸、嗳气，无空腹痛及夜间痛，于当地医院就诊，服用奥美拉唑及铝碳酸镁片后可缓解。1 个月前患者因进冷食后再次出现上述不适症状，反复发作。查体：T 36.5℃，P 88 次/分，R 16 次/分，BP 115/78 mmHg。心、肺检查无异常。腹平软，上腹部轻度压痛，无反跳痛，未触及包块，肝、脾未触及。实验室及其他检查：^{13}C-尿素呼气试验阳性。内镜检查：胃体及胃窦黏膜充血水肿，红白相间，以红色为主，皱襞增粗、紊乱，十二指肠球部及降段黏膜未见异常。
>
> **问题与思考：**
>
> 1. 该患者可能的诊断及依据是什么？
> 2. 治疗原则是什么？

胃炎（gastritis）是多种病因引起的胃黏膜炎症。按临床发病的缓急，一般可分为急性和慢性胃炎两大类型。急性胃炎以急性发病为特征，常表现为上腹部相关症状，病程多在1周内；慢性胃炎病程一般6个月以上，胃黏膜表现为慢性炎症，主要病因为幽门螺杆菌感染，可分为非萎缩性、萎缩性和特殊类型胃炎三大类。各型胃炎的诊断和鉴别诊断主要依据胃镜检查。

一、病因和发病机制

（一）急性胃炎

1. 理化损伤 暴饮暴食、刺激性食物、化学性药物、胆汁、胰液中胆盐等都可以造成胃黏膜损伤。特别是非甾体抗炎药如阿司匹林、吲哚美辛，某些抗生素等不但可以刺激胃黏膜引起浅表损伤，还会影响胃黏膜的修复而加重炎症。

2. 急性感染 被细菌、病毒等微生物及其毒素污染的食物可引起胃炎或同时合并肠炎。常见微生物包括沙门菌属、嗜盐杆菌、幽门螺杆菌、轮状病毒等。

3. 急性应激 如严重创伤、大面积烧伤、全身感染、大手术、休克、脑血管意外、情绪剧烈波动等应激状态。应激所致的胃黏膜缺血和胃腔中氢离子弥散进入黏膜为主要发病因素。

4. 胃黏膜血液循环障碍 门静脉高压常导致胃底静脉曲张，胃黏膜内静脉血淤滞，代谢产物不能及时清除，胃黏膜常有渗血及糜烂，称为门静脉高压性胃病。胃动脉治疗性栓塞后的局部区域、胃黏膜血管炎等均可使胃黏膜缺血，从而导致糜烂或出血。

（二）慢性胃炎

1. 理化因素 造成急性胃炎的理化因素长期存在，如长期摄食过冷或过热食物、粗糙食物、刺激性食物，长期应用化学药物如NSAIDs等，这些因素长期存在，导致胃黏膜损伤引起炎症病变迁延不愈形成慢性胃炎。

2. 幽门螺杆菌（helicobacter pylori，Hp）感染 目前认为Hp是慢性胃炎最主要的病因，经口进入胃内的Hp，部分被胃酸杀灭，部分则黏附于胃窦黏膜层，通过侵袭黏膜，促进炎性介质释放，诱导免疫反应等多种机制，导致胃黏膜的慢性炎症。

3. 免疫因素 患者血液中常检测到自身抗体如壁细胞抗体（parietal cell antibody，PCA），伴恶性贫血者还可检测到内因子抗体（intrinsic factor antibody，IFA）；自身抗体攻击壁细胞，使壁细胞总数减少，导致胃酸分泌减少或丧失；内因子抗体与内因子结合，阻碍维生素B_{12}吸收，从而导致恶性贫血（巨幼细胞贫血）。上述表现提示本病与免疫因素有关，也称为自身免疫性胃炎，我国较少见。

4. 其他因素 人体的遗传易感性、慢性右心衰竭、肝硬化门静脉高压等可致黏膜淤血，使新陈代谢受影响而发病。胆汁、胰液和十二指肠液反流削弱胃黏膜屏障功能，使胃黏膜受胆汁及胰液等的侵袭而产生炎症。

二、病理

急性胃炎病理变化以胃黏膜急性损伤为主，常表现为充血、水肿、出血、糜烂等病理变化。慢性胃炎主要组织病理学特征是炎症、萎缩和肠化生。炎症表现为黏膜层慢性炎症细胞浸润，以淋巴细胞和浆细胞为主，Hp引起的慢性胃炎常见淋巴滤泡形成。慢性胃炎胃黏膜萎缩性病变是指病变扩展至腺体深部，腺体破坏、减少，固有层纤维化，累及胃窦及胃体的多灶萎缩发展为胃癌的风险增加。萎缩性病变常见有化生及异型增生。

三、临床表现

（一）急性胃炎

在症状上，起病较急，主要表现为上腹痛、腹胀、嗳气、食欲减退、恶心、呕吐等。有沙门菌或金黄色葡萄球菌等细菌污染食物或毒素所致者，多伴有腹泻、发热，严重者甚至脱水、休克。急性糜烂出血性胃炎可以呕血和黑便为首发症状。急性胃炎症状缺乏特异性，临床较难诊断。在体征上，常表现为上腹压痛。

（二）慢性胃炎

不同类型慢性胃炎的临床表现会有所不同，但症状缺乏特异性，且轻重程度与病变严重程度常不一致。大多数患者无明显症状，各型胃炎的表现不尽相同，病情轻重不同，病程长短不一。慢性非萎缩性患者可有不同程度的消化不良症状，可表现为上腹痛或不适、上腹胀、早饱、嗳气、恶心等，少数可有消化道出血，一般量较少，仅表现为粪便隐血试验阳性。慢性萎缩性胃炎除上述表现外，还会表现为畏食、消瘦、舌炎、腹泻，甚至出现恶性贫血等。慢性胃炎体征多不明显，有时出现上腹轻度压痛。

四、实验室及其他辅助检查

1. 胃镜及活组织检查 诊断胃炎的主要方法。在出血后 24～48 h 内进行急诊胃镜检查，能够确诊急性糜烂性胃炎。镜下可见胃黏膜病损，表现为黏膜水肿、多发性糜烂、出血灶等。内镜下慢性非萎缩性胃炎的表现是胃黏膜点片状红斑，黏膜粗糙不平。慢性萎缩性胃炎表现为黏膜红白相间，白相为主、血管显露、色泽灰暗、皱襞变平甚至消失，有些黏膜呈颗粒状或结节状。黏膜活组织检查可以帮助确诊胃炎类型、有无化生，有助于早期发现恶性病变。

2. 幽门螺杆菌检测 检测方法分为侵入性和非侵入性，前者需通过胃镜检查取胃黏膜活组织进行检测，包括快速尿素酶试验、组织学检查和幽门螺杆菌培养等，后者主要有 ^{13}C- 或 ^{14}C- 尿素呼气试验、粪便幽门螺杆菌抗原检测及血清学检查（检测血清抗幽门螺杆菌 IgG 抗体）。

3. 其他检查 检测血清 PCA 和 IFA 及维生素 B_{12} 水平，有助于诊断自身免疫性胃炎。血清胃泌素 G17、胃蛋白酶原 Ⅰ 和 Ⅱ 测定有助于判断萎缩是否存在。

五、诊断和鉴别诊断

（一）急性胃炎

诊断依据病史、临床表现、内镜检查。应注意与急性胆囊炎、急性胰腺炎和早期阑尾炎等疾病鉴别。

（二）慢性胃炎

根据病史、症状，主要依靠内镜检查和胃黏膜活组织检查确诊。主要与胆囊炎、胆结石、功能性消化不良、胃食管反流病等相鉴别。

六、治疗

（一）急性胃炎

注意休息及饮食，根据病情可短期内禁食或进流食。积极治疗原发病，去除病因，对不能停用 NSAIDs 者，应视情况应用 H_2 受体拮抗药、质子泵抑制剂或米索前列醇等预防。出现呕吐、腹痛、腹泻等不同症状者对症处理。

（二）慢性胃炎

注意生活规律，避免粗糙、辛辣刺激性食物，戒除烟酒。由于大多数成人胃黏膜均有非活动性、轻度慢性非萎缩性炎症，如 Hp 阴性且无症状，可不予药物治疗；Hp 引起的慢性胃炎，应予根除治疗。如有高级别上皮内瘤变（含重度异型增生和原位癌），可在胃镜下行黏膜下剥离术（ESD），并视病情定期随访。

七、预后

急性胃炎预后一般良好。慢性非萎缩性胃炎预后良好；慢性萎缩性胃炎伴肠上皮化生通常难以逆转，部分患者萎缩可以改善或逆转，轻度异型增生可逆转，但重度者易转变为癌。对有胃癌家族史、食物营养单一、常食熏制或腌制食品的患者，需警惕肠上皮化生、萎缩及异型增生向胃癌的进展。

自测题

扫码测验

第三节　消化性溃疡

案例导入

患者，男，48岁，因"反复上腹痛4年，加重1h"入院。患者近4年来多于不规律饮食后出现上腹疼痛，剑突下为重，腹痛多呈胀痛，间断发作，饥饿时明显，进食后缓解，无放射痛，伴嗳气、反酸、恶心，无呕吐。4年来上述症状反复发作，服用胃药（奥美拉唑）可缓解，未引起重视。1h前患者饮白酒约150 ml后突然出现上腹痛，呈持续性绞痛，阵发性加剧，伴恶心、呕吐3次，为胃内容物，无咖啡色物质，无胸痛、胸闷，无心悸，急诊入院。患者自发病以来，神志清，精神差，二便正常。查体：T 37.8℃，R 20次/分，P 110次/分，BP 110/75 mmHg，急性痛苦病容。心、肺无异常。腹平坦，呈板状腹，全腹压痛、反跳痛，肝、脾肋下未触及，肝浊音区消失，肠鸣音减弱。实验室及其他辅助检查：①血常规：WBC 15.8×10^9/L，N 0.87，L 0.13；②尿常规未见异常；③血淀粉酶98 U/L。

问题与思考：
1. 该病例诊断及诊断依据是什么？应与哪些疾病进行鉴别？
2. 为了明确诊断，需做哪些实验室及其他辅助检查？
3. 该病有哪些常见并发症？

消化性溃疡（peptic ulcer，PU）是指胃肠道黏膜被自身胃酸和胃蛋白酶消化而形成的溃疡。PU是全球性常见病，估计约有10%的人在其一生中患过此病。消化性溃疡通常发生于胃及十二指肠，也可以发生在食管-胃吻合口、胃-空肠吻合口及其附近，含有胃黏膜的Meckel憩室等。男性发病率高于女性，任何年龄段都可发病，十二指肠溃疡（duodenal ulcer，DU）多于胃溃疡（gastric ulcer，GU），两者比例约为3∶1。十二指肠溃疡多见于青壮年，胃溃疡多见于中老年。

一、病因和发病机制

PU 的发生机制是损伤因素与黏膜防御因素间失去平衡，胃酸/胃蛋白酶对黏膜进行自我消化所致。

（一）幽门螺杆菌感染

Hp 感染是 PU 的重要病因，也是 PU 反复发作、迁延不愈的根本原因。PU 患者中 Hp 感染率高，根除 Hp 有助于 PU 的愈合及显著降低溃疡的复发。Hp 凭借其毒力因子（包括能使 Hp 在胃黏膜定植的因子和诱发组织损害的因子）的作用，在胃黏膜定植，诱发局部炎症和免疫反应，破坏局部黏膜的防御/修复机制；Hp 亦可增加胃泌素和胃酸的分泌，二者的协同作用造成胃十二指肠黏膜损害，形成溃疡；Hp 的毒素、有毒性作用的酶和幽门螺杆菌诱导的黏膜炎症反应均能导致胃十二指肠黏膜的损害；Hp 产生的尿素酶分解尿素产生氨，氨除了对 Hp 本身有保护作用外，还能降低黏液中蛋白质的含量，从而造成黏膜屏障损害。

（二）胃酸和胃蛋白酶

PU 的最终形成是由于胃酸/胃蛋白酶对黏膜自身消化所致。"无酸就无溃疡"的说法至今仍然成立，胃酸在溃疡形成过程中起决定性作用，是溃疡形成的直接原因。胃蛋白酶是 PU 发生的另一个重要因素，胃蛋白酶在 pH 值为 2～3 时容易被激活，造成胃黏膜损害；而在 pH 值 > 4 时，则容易失活，因此抑制胃酸的同时可抑制胃蛋白酶的活性。PU 发生的机制是各种致病因素引起的胃酸和胃蛋白酶对胃黏膜侵袭作用增强，以及黏膜屏障的防御能力降低，其中 GU 多以防御机制降低为主要发病机制，而 DU 多以高胃酸分泌导致的侵袭作用增强为主要发病机制。

（三）药物因素

长期服用非甾体类抗炎药（NSAIDs）、糖皮质激素、氯吡格雷、化疗药物、双磷酸盐、西罗莫司等药物易于发生消化性溃疡。其中 NSAIDs 是引起消化性溃疡的最常见药物，如布洛芬、吲哚美辛、阿司匹林等，有 5%～30% 的患者可发生消化性溃疡。主要与其可抑制体内前列腺素合成，削弱其对胃、十二指肠黏膜的保护作用有关。

（四）其他因素

1. 吸烟　吸烟者消化性溃疡发生率比不吸烟者高，吸烟影响溃疡愈合和促进溃疡复发。机制可能与吸烟增加胃酸分泌、减少十二指肠及胰腺碳酸氢盐分泌、影响胃十二指肠协调运动、黏膜损害性氧自由基增加等因素有关。

2. 遗传因素　部分消化性溃疡患者有家族史，提示可能的遗传易感性，由于幽门螺杆菌感染也存在家族聚集性，所以遗传因素的作用尚有待进一步研究。

3. 应激和心理因素　急性应激可引起应激性溃疡。长期精神紧张、过劳，通过神经内分泌途径影响胃十二指肠分泌、运动和黏膜血流的调节，使溃疡发作或加重。

4. 胃十二指肠运动异常　研究发现，部分十二指肠溃疡患者胃排空增快，使十二指肠球部酸负荷增大；部分胃溃疡患者有胃排空延迟，这可增加十二指肠液反流入胃，加重胃黏膜屏障损害。

总之，消化性溃疡是一种多因素疾病，其中 Hp 感染和服用 NSAIDs 是已知的主要病因，溃疡发生是黏膜侵袭因素和防御因素失平衡的结果，胃酸在溃疡形成中起关键作用。

二、病理

DU 多发生在球部，以前壁常见。GU 多发生在胃角和胃窦小弯，老年患者 GU 病变部位多较高。活动期 PU 一般为单个，也可为多个，呈圆形或椭圆形。直径多 < 10 mm，边缘较光整，底部由肉芽组织构成，表面覆以白色或黄色渗出物，溃疡周围黏膜充血、水肿。

三、临床表现

(一) 症状

上腹痛是消化性溃疡患者的典型症状,性质可为钝痛、灼痛、胀痛、剧痛或饥饿样不适感。腹痛特点:①慢性病程:可达数年至数十年;②周期性发作:发作期可为数周甚至数月,缓解期亦可长短不一。发作有季节性,多在秋冬或者冬春之交发病;③节律性上腹痛:部分患者有与进餐相关的节律性上腹部疼痛。GU多为餐后痛,DU多为饥饿痛或夜间痛,进餐缓解;④腹痛多可被抑酸或抗酸药所缓解。

部分患者症状较轻,仅表现为上腹胀满、上腹部不适、厌食、嗳气、反酸等消化不良症状。还有无症状性溃疡,因此不易被患者注意,往往以出血、穿孔等并发症为首发症状。无症状性溃疡以长期服用NSAIDs患者及老年人多见。

> **要点提示**:PU的典型症状及其特点。

(二) 体征

溃疡发作时上腹部可有局限性压痛,缓解期无明显体征。

(三) 特殊类型溃疡

1. 复合性溃疡 指胃和十二指肠同时发生的活动性溃疡,多见于男性。

2. 幽门管溃疡 餐后很快发生疼痛,上腹痛的节律性不明显,易发生幽门梗阻、出血和穿孔等并发症。

3. 球后溃疡 发生在十二指肠降段、水平段的溃疡,疼痛可向右上腹及背部放射,对药物治疗反应较差,较易并发出血。

4. 巨大溃疡 指直径>20 mm的溃疡,常见于服用NSAIDs的老年人。巨大十二指肠球部溃疡常在后壁,易引发慢性穿透性穿孔。

5. 无症状性溃疡 约15%消化性溃疡患者可无症状,而以出血、穿孔等并发症为首发症状。本病可见于任何年龄,以老年人及NSAIDs引起的PU无症状者多见。

四、并发症

(一) 出血

消化道出血是PU患者最常见的并发症,PU也是上消化道大出血最常见的病因,约占所有病因的50%。因溃疡侵蚀血管可引起出血,DU较GU更易发生。临床表现为呕血和(或)黑便,出血量大者可伴失血性休克。

(二) 穿孔

溃疡病灶由黏膜层向深部发展,穿透浆膜层则并发穿孔。急性穿孔常发生于十二指肠前壁或胃前壁,胃肠内容物漏入腹腔而引起急性弥漫性腹膜炎。溃疡深至浆膜层时,与邻近组织或器官发生粘连,称为慢性穿孔,又称为穿透性溃疡。穿入胆总管、横结肠等空腔脏器会形成瘘管。

(三) 幽门梗阻

主要由十二指肠球部溃疡或幽门管溃疡引起。急性发作时可因炎症水肿和平滑肌痉挛而引起暂时性梗阻,可随炎症的好转而缓解。因瘢痕收缩或与周围组织粘连而阻塞胃流出道,梗阻呈持久性,需要手术治疗。幽门梗阻患者,上腹胀满不适,常伴有恶心、呕吐,呕吐物含发酵酸性宿食,体征可有振水音阳性。

(四) 癌变

DU一般不发生癌变;反复发作、病程长的GU发生癌变的概率增加。对可疑癌变者,在胃镜下取多点活检做病理检查；在积极治疗后复查胃镜，直到溃疡完全愈合；必要时定期随访复查。

> **要点提示**：PU 的常见并发症。

五、实验室及其他辅助检查

（一）胃镜及胃黏膜活检

胃镜是诊断消化性溃疡的首选方法。通过胃镜检查不仅可对胃十二指肠黏膜进行直接观察，还可在直视下取活组织做病理学检查及进行幽门螺杆菌检测。

（二）X 线钡餐

适用于对胃镜检查有禁忌证或不愿接受胃镜检查者。气钡双重造影可提高诊断率，溃疡的 X 线征象：龛影为直接征象，有确诊价值；十二指肠激惹和球部畸形、胃大弯侧痉挛性切迹均为间接征象，提示可能为溃疡。

（三）幽门螺杆菌检测

应被列为 PU 的常规检查项目。常用的有 ^{13}C 或 ^{14}C- 尿素呼气试验，不依赖内镜，患者依从性好，准确性较高，为 Hp 检测的重要方法之一。但其结果的判定容易受到抗生素、铋剂、抑酸药物的干扰；单克隆抗体酶联免疫分析（ELISA）检测粪便中的抗原，方法简单、方便，敏感性和准确性类似尿素呼气试验。

（四）粪便隐血试验

可了解溃疡有无合并出血，也可见于胃溃疡恶变的前期征象。

六、诊断

根据慢性病程、周期性发作、节律性上腹痛可做出初步诊断。确诊主要依据胃镜检查，X 线钡餐检查见龛影有确诊价值。

七、鉴别诊断

消化性溃疡应与胃癌、慢性胆囊炎、胃泌素瘤、功能性消化不良等引起慢性上腹部疼痛的疾病相鉴别。

八、治疗

治疗目的是消除病因、缓解症状、促进溃疡愈合、防止复发和防治并发症。

（一）一般治疗

生活规律，工作劳逸结合，避免过度劳累和精神紧张。注意饮食规律，戒烟、戒酒。停用不必要的 NSAIDs 等药物。

（二）药物治疗

1. 根除 Hp 对 Hp 感染引起的 PU，根除 Hp 不但可促进溃疡愈合，而且可预防溃疡复发。因此，凡有 Hp 感染的 PU 患者，均应予以根除。目前倡导的联合方案为含有铋制剂的四联方案，即 1 种 PPI+2 种抗生素和 1 种铋剂，疗程 10～14 天。

2. 抑酸药 H_2RA 和 PPI 通过不同作用途径抑制胃壁细胞的胃酸分泌，减轻对胃十二指肠黏膜的损害，在 PU 治疗中可起到非常重要的作用。PPI 也是根除 Hp 治疗方案中的重要药物。

3. 保护胃黏膜药物 铋剂分子量较大，在酸性溶液中呈胶体状，与溃疡基底面的蛋白形成复合物，覆盖于溃疡表面，阻隔侵袭损害因素。铋剂还有轻度杀菌作用，是根除 Hp 的四联药物的主要组成之一。铝碳酸镁、磷酸铝、硫糖铝、氢氧化铝凝胶等可中和胃酸，起效快，可短暂缓解疼痛。

(三) 治疗 PU 的方案及疗程

为达到溃疡愈合，抑酸药物的疗程通常为 4～6 周，一般推荐 PPI 治疗 DU 疗程为 4 周，治疗 GU 疗程为 6～8 周。根除 Hp 所需的 1～2 周疗程可重叠在 4～8 周的抗酸药疗程内，也可在抗酸疗程结束后进行。

(四) 外科手术治疗

由于内科治疗的发展，大多数 PU 患者已不需要外科手术。外科手术主要限于少数出现并发症者或内科治疗无效的难治性溃疡，包括：①大量出血经药物、内镜、介入治疗无效者；②急性穿孔、慢性穿透溃疡；③内镜治疗无效的瘢痕性幽门梗阻；④ GU 疑有癌变等。

九、预后

由于内科治疗的发展，预后远较过去好，已使 PU 患者死亡率明显下降至 1% 以下。死亡主要见于高龄伴严重并发症的患者，尤其是并发大出血和急性穿孔者。

自测题

扫码测验

第四节 肝硬化

案例导入

患者，男，57 岁，因"反复腹胀、乏力、黄疸半年，躁动不安 4 h"入院。患者半年前出现腹部胀满不适，伴乏力、纳差。当地医院按"慢性乙型病毒性肝炎、肝硬化"，给予对症治疗疗效不佳。半年来患者反复出现腹胀，10 天前于当地医院行利尿对症治疗，每天排尿量 3200 ml 左右。4 h 前患者开始出现躁动不安、言语混乱、行为举止异常等症状，急诊入院。既往有"乙型病毒性肝炎"病史 10 年，饮酒史 20 年，每日约 100 ml 白酒，近半年戒酒。查体：T 37.3℃，R 22 次/分，P 83 次/分，BP 110/60 mmHg。患者面色晦暗，意识错乱，狂躁不安，有幻觉。皮肤、巩膜中度黄染，腹软、膨隆，腹壁静脉曲张，肝肋下及剑下未触及，脾左肋下 3 cm，腹部移动性浊音阳性。双下肢轻度凹陷性水肿。扑翼样震颤阳性，四肢肌张力增高，膝反射亢进，巴宾斯基征阳性。实验室检查：①血常规：Hb 101 g/L，WBC 6.7×10^9/L，N 0.76，L 0.24，PLT 68×10^9/L；② K^+ 3.3 mmol/L，Na^+ 126 mmol/L；③肝功能：TBIL 64 mol/L，DBIL 20 mol/L，IBIL 44 mol/L，ALT 48 U/L，AST 86 U/L，TP 48.1 g/L，ALB 21 g/L。

问题与思考：

1. 本病最有可能的诊断是什么？其诊断依据是什么？
2. 本病常见的病因有哪些？
3. 本例出现意识障碍是发生了哪种并发症？还有哪些常见的并发症？

肝硬化（liver cirrhosis）是由多种病因导致的肝组织炎症、坏死，进而以肝组织弥漫性纤维化、假小叶和残存肝细胞结节性再生为特征的慢性肝病。临床以肝功能减退和门静脉高压为主要临床表现，晚期常因上消化道出血、肝性脑病、感染、肝肾综合征等严重并发症而死亡。

一、病因

引起肝硬化的原因很多，在我国以乙型病毒性肝炎所致的肝硬化最为常见；在欧美国家以乙醇及丙型肝炎病毒（HCV）为多见。

（一）病毒性肝炎

主要是乙型和丙型病毒性肝炎；丁型肝炎病毒可在乙型肝炎病毒感染的基础上重叠致病；甲型病毒性肝炎和戊型病毒性肝炎很少发展为肝硬化。从病毒性肝炎发展至肝硬化的病程，可短至数月，长至20余年。

（二）乙醇中毒

长期大量饮酒（每日80～150 g，连续8～10年），摄入的乙醇及其中间代谢产物乙醛可直接损伤肝细胞，导致酒精性肝炎进而发展为肝硬化。

（三）胆汁淤积

由于胆汁淤积，高浓度胆酸和胆红素损伤肝细胞，可发展为肝硬化。

（四）循环障碍

慢性充血性心力衰竭、缩窄性心包炎、肝静脉和（或）下腔静脉阻塞（Budd-Chiari syndrome）可致肝长期淤血，肝细胞变性、坏死、纤维化，形成肝硬化。

（五）化学毒物

长期接触或服用某些毒物或药物，如四氯化碳、砷、磷、对乙酰氨基酚、异烟肼、甲氨蝶呤、四环素、甲基多巴、部分中药等可引起中毒性肝炎，进而发展为肝硬化。

（六）寄生虫感染

血吸虫卵沉积于汇管区，刺激肝汇管区纤维组织增生，形成肝纤维化及门静脉高压。华支睾吸虫寄生于肝内外胆管内，导致胆道梗阻及炎症，可逐渐进展为肝硬化。

（七）遗传和代谢性疾病

由于遗传或先天性酶的缺陷，使某些物质代谢障碍，沉积于肝，引起肝细胞坏死和纤维增生。如肝豆状核变性（铜代谢障碍）、血色病（铁代谢障碍）、半乳糖血症、α_1-抗胰蛋白酶缺乏症等。

（八）营养障碍

长期营养不良，食物中营养物质比例失调，可引起脂肪肝，肝细胞变性、坏死，发展为营养不良性肝硬化。

（九）自身免疫性肝病

原发性胆汁性肝硬化、自身免疫性肝炎和原发性硬化性胆管炎等，可导致肝硬化。

（十）原因不明

部分患者难以用目前认识的疾病来解释其肝硬化的发生，称隐源性肝硬化。

要点提示：肝硬化的常见病因。

二、病理

早期肝硬化，肝体积正常或稍增大；后期肝体积缩小、重量减轻、质地变硬，表面弥散有大小不等的结节和塌陷区，肝边缘变薄。切面可见圆形或类圆形结节弥漫分布，结节周围被灰白色的纤维隔包绕。在组织学上，正常肝小叶结构被假小叶所代替。假小叶由再生肝细胞结和（或）残存肝小叶构成，内含2～3个中央静脉或一个偏在边缘部的中央静脉。假小叶内肝细胞有不同程度变性甚至坏死。汇管区因结缔组织增生而增宽，其中可见程度不等的炎症细胞浸润，并有小胆管样结构（假胆管）。

根据结节形态将肝硬化分为：①小结节型肝硬化：最常见，结节大小相近，直径3～5 mm，纤维隔细且均匀，假小叶大小较一致；②大结节型肝硬化：结节大小不均，直径在1～3 cm，可达5 cm以上或更大，纤维隔宽窄不一，假小叶大小不等；③混合型肝硬化：同时存在大、小结节两种病理形态，此型也很常见；④不完全分隔型肝硬化：纤维隔显著，并向小叶伸入，不完全分隔小叶，再生结节不明显。

三、临床表现

肝硬化通常起病隐匿，病程缓慢，按临床表现可分为肝功能代偿期和失代偿期，但两期分界并不明显。

代偿期：大部分患者无症状或症状轻微。可有乏力、食欲减退、腹部不适、消化不良和腹泻等。患者营养状况一般，可触及轻中度肿大的脾。肝功能检查正常或仅有轻度酶学异常。

失代偿期：症状较明显，主要有肝功能减退和门静脉高压两类临床表现。

（一）肝功能减退

1. 全身症状 消瘦、乏力、精神不振、面色晦暗、不规则低热、水肿，各种维生素缺乏症等。半数以上患者有黄疸，肝细胞进行性或广泛坏死及肝衰竭时，黄疸持续加重，多系肝细胞性黄疸。

2. 消化道症状 食欲减退，上腹饱胀不适，可有恶心、呕吐、腹泻等，是因肝功能减退和门静脉高压，胃肠淤血、水肿，消化和吸收功能障碍所致。

3. 出血和贫血 鼻腔、牙龈出血、皮肤黏膜瘀点或瘀斑、女性月经过多、消化道出血等，与肝合成的凝血因子减少、脾功能亢进和毛细血管脆性增加有关。常有轻重不等的贫血。

4. 内分泌失调 肝是多种激素转化及降解的重要器官。肝硬化时肝对雌激素、醛固酮和抗利尿激素的灭活作用减弱，导致体内雌激素、醛固酮和抗利尿激素增多。蜘蛛痣和肝掌与雌激素增多有关。男性可有性功能减退、男性乳房发育，女性可发生闭经、不孕。

（二）门静脉高压（portal hypertension）

肝硬化时门静脉阻力增加是门静脉高压发生的始动因子，而门静脉血流量的增加是维持和加剧门静脉高压的重要因素。门静脉高压常导致门静脉与腔静脉之间吻合支代偿性扩张，建立门-体侧支循环，腹水形成或加重，脾大和脾功能亢进等。

1. 侧支循环的形成是门静脉高压特征性表现 门静脉压力超过200 mmH$_2$O时，门静脉与腔静脉之间的吻合支代偿性扩张，建立门-体侧支循环。肝内分流是纤维隔中的门静脉与肝静脉之间形成的交通支。常见侧支循环如图6-1所示。

（1）食管和胃底静脉曲张：由门静脉的胃冠状静脉、胃短静脉和腔静脉系的食管静脉、奇静脉等相吻合，形成食管胃底静脉曲张。

（2）腹壁静脉曲张：门静脉高压时，已闭锁的脐静脉重新开放，与附脐静脉、腹壁静脉相连，进入上、下腔静脉；脐周和腹壁出现迂曲的静脉，以脐为中心，向上及下呈放射状延伸。

（3）痔静脉曲张：由门静脉系的直肠上静脉与腔静脉系的直肠中、下静脉相吻合，形成痔静脉曲张，易发生便血。

（4）腹膜后吻合支曲张：门静脉高压时，腹膜后门静脉及下腔静脉间分支增多和曲张，以缓解门静脉高压。

（5）脾肾分流：脾静脉、胃静脉与左肾静脉沟通，形成脾肾分流。

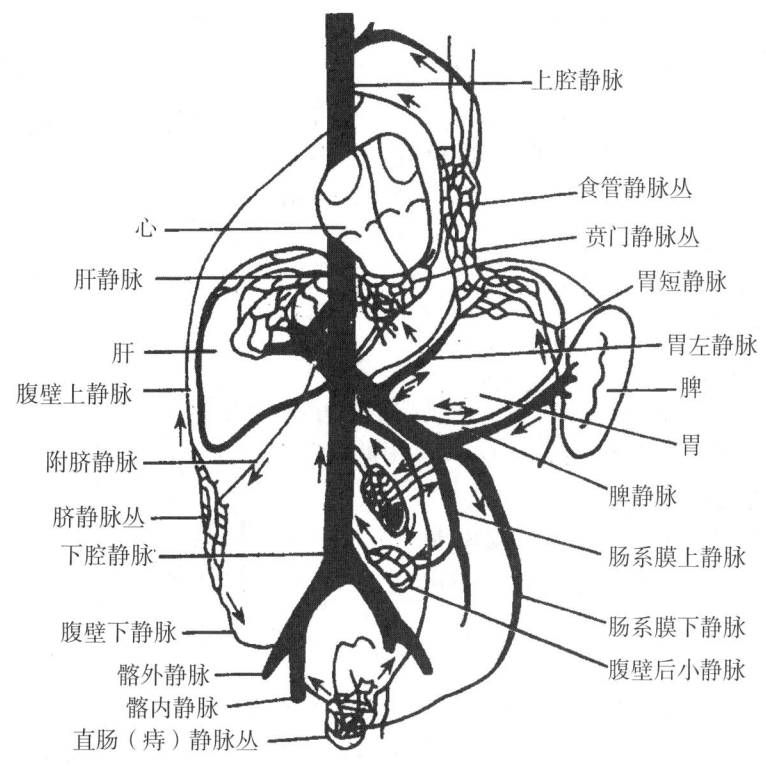

图 6-1　门静脉高压时侧支循环建立与开放示意图

2. 脾大及脾功能亢进　是肝硬化门静脉高压较早出现的体征。门静脉高压时脾静脉回流受阻，脾淤血增大，肝硬化时毒素刺激单核巨噬细胞增生，引起脾功能亢进，一般为轻、中度肿大，部分可达脐下。并发上消化道大出血时，可暂时缩小。脾功能亢进时，主要表现为白细胞与血小板减少，也可以有红细胞减少。

3. 腹水　是肝功能减退和门静脉高压的共同结果，也是肝硬化失代偿期最突出的表现。患者腹胀、腹部膨隆，重者出现脐疝。腹水形成的机制，与下列因素有关：①门静脉高压：门静脉压力超过 300 mmH$_2$O 时，门静脉系统毛细血管内静脉压增高，组织液漏入腹腔；②血浆胶体渗透压降低：血浆白蛋白低于 30 g/L 时，血浆胶体渗透压降低，水分外渗入腹腔或组织间隙；③肝淋巴液生成过多：肝静脉血流受阻，淋巴液生成增多，超过胸导管的引流能力，自肝包膜表面和肝门淋巴管壁漏入腹腔；④有效循环血量不足：肾血流量减少，肾小球滤过率下降、肾素-血管紧张素系统激活，尿量减少；⑤继发性醛固酮和抗利尿激素增多，水钠吸收增加。

> **要点提示**：肝硬化腹水的形成机制。

四、并发症

（一）上消化道出血

肝硬化最常见的并发症，临床表现为呕血和（或）黑便，严重者致失血性休克。肝硬化门静脉高压可以造成食管胃底静脉曲张破裂、消化性溃疡、门静脉高压性胃病等，易致消化道出血。

（二）肝性脑病

肝性脑病（hepatic encephalopathy，HE）是肝硬化晚期严重并发症和主要死亡原因之一，是在肝硬化基础上因肝功能不全和（或）门-体分流引起的，以代谢紊乱为基础、中枢系统功能失调的综合征，常表现为性格行为失常、意识障碍或昏迷。

（三）感染

肝硬化患者易并发各种感染，如支气管炎、肺炎、胆道感染、革兰氏阴性杆菌败血症、结核性腹膜炎和自发性腹膜炎等。自发性腹膜炎是指肝硬化患者腹腔内无脏器感染的急性细菌性腹膜炎，因肠道内细菌通过肠壁或侧支循环而进入腹腔。表现为发热、腹痛、腹膜刺激征，白细胞增高。腹水呈渗出液，腹水培养可有革兰氏阴性杆菌生长。

（四）电解质和酸碱平衡紊乱

常见低钠血症、低钾低氯血症、代谢性碱中毒。与长期钠摄入减少、服用利尿药、放腹水及抗利尿激素增多等因素有关。

（五）原发性肝癌

肝炎后肝硬化、酒精性肝硬化发生肝癌的危险性明显增高，如出现进行性肝大、肝区疼痛、血性腹水、不明原因的发热等，应定期做甲胎蛋白和肝B超等检查。

（六）肝肾综合征

大量腹水时由于有效血容量和肾血流量减少，使肾小球滤过率下降，但肾无实质性病变，发生肝肾综合征（hepatorenal syndrome，HRS），又称功能性肾衰竭。表现为少尿、无尿、氮质血症，预后差。

（七）肝肺综合征

肝硬化基础上，排除原发心肺疾病后，出现呼吸困难及缺氧体征，如发绀、杵状指（趾），称为肝肺综合征（hepatopulmonary syndrome，HPS）。与肺内血管扩张和动脉血氧合功能障碍有关，预后差。

> **要点提示**：肝硬化的常见并发症。

五、实验室及其他辅助检查

（一）血常规

失代偿期由于出血、营养不良、脾功能亢进可出现轻重不等的贫血。随着脾大、脾功能亢进的加重，外周血白细胞、红细胞和血小板计数减少。

（二）尿常规

失代偿期可有蛋白尿、管型尿和血尿。有黄疸时尿胆红素和尿胆原增加。

（三）肝功能

代偿期肝功能大多正常。失代偿期血清胆红素水平升高。转氨酶常轻、中度增高。酒精性肝硬化患者γ-谷氨酰转肽酶（GGT）增高持久。血浆白蛋白降低，球蛋白增高，白蛋白和球蛋白比值（A/G）降低或倒置。凝血酶原时间在失代偿期有不同程度延长。

（四）免疫学检查

反应体液免疫功能的指标IgG、IgA均可增高。病毒性肝炎者可检测出乙型或丙型肝炎病毒标记。

（五）腹水检查

没有感染的肝硬化腹水，通常为漏出液。并发自发性细菌性腹膜炎时其透明度降低，比重＞1.018，李凡他试验阳性，白细胞增多，常在500×10^6/L以上，分类以中性粒细胞为主，并发结核性腹膜炎时，以淋巴细胞为主。血性腹水时应高度怀疑癌变。

知识链接

漏出液与渗出液的鉴别

类别	漏出液	渗出液
原因	非炎症所致	炎症、肿瘤或理化刺激
外观	淡黄色、透明或微浊	黄色、血色、脓性或乳糜性
比重	< 1.018	> 1.018
蛋白质定量	< 25 g/L	> 30 g/L
黏蛋白定性	阴性	阳性
细胞数	< 100×10^6	> 500×10^6
细胞分类	淋巴、间皮细胞为主	急性炎症以中性粒细胞为主,慢性炎症以淋巴细胞为主

(六)超声检查

可见肝实质回声增强或呈网状结构,肝内血管走行紊乱,肝包膜不光整,表现为凹凸不平。脾体积增大,腹水时出现液性暗区。门静脉及(或)脾静脉增宽。B超可检出原发性肝癌,可作为初筛检查。

(七)X 线检查

食管胃底静脉曲张时吞钡可见钡剂在食管分布不均,呈蛇状或蚯蚓状充盈缺损,胃底见菊花样充盈缺损。

(八)CT、MRI 检查

CT 及 MRI 图像肝密度降低,肝叶比例失调,肝左叶、尾叶增大而右叶萎缩,肝裂增宽,脾大,腹水。

(九)内镜检查

内镜检查有助于确定肝硬化上消化道出血的具体原因,如食管胃底静脉曲张、门静脉高压性胃病、消化性溃疡、糜烂出血性胃炎等。腹腔镜可直接观察肝外形、表面、色泽、边缘和脾的改变,并能进行活组织检查与其他肝病鉴别。

(十)肝穿刺检查

发现假小叶是确诊肝硬化最准确的依据。

六、诊断及鉴别诊断

失代偿期肝硬化诊断并不困难,但代偿期诊断常较困难。对原因不明的肝大,迁延不愈的肝炎病例及长期酗酒者,需定期检查肝功能及超声等影像学改变,有时需行肝穿刺活检或腹腔镜检查才能确定。

(一)肝硬化诊断依据

1. 有病毒性肝炎、长期酗酒等相关情况。
2. 有肝功能减退及门静脉高压的临床表现。
3. 肝功能检查有异常,影像学检查显示肝硬化征象。
4. 当肝功能减退和门静脉高压证据不充分、影像学征象不明确时,肝穿刺活检有假小叶形成,可确定诊断。

完整的诊断应包括病因、病期、病理和并发症,如"乙型病毒性肝炎肝硬化(失代偿期),合并食管静脉曲张破裂出血"。同时,对肝储备功能的评估不但有助于预后估计,且对治疗方案的选择具有重要意义,临床常用 Child-Pugh 分级来评估(表 6-2)。

表6-2 肝功能Child-Pugh分级

项目	分数		
	1	2	3
肝性脑病（级）	无	Ⅰ～Ⅱ	Ⅲ～Ⅳ
腹水	无	少量，易消退	中～大量，难消退
胆红素（μmol/L）	<34	34～51	>51
白蛋白（g/L）	>35	28～35	<28
凝血酶原时间（s）	≤14	15～17	≥18

注：A级：≤6分；B级：7～9分；C级：≥10分。

（二）鉴别诊断

1. 肝、脾大 应与慢性肝炎、原发性肝癌、慢性白血病、血吸虫病等进行鉴别。

2. 腹水及腹部膨隆的疾病 应与结核性腹膜炎、缩窄性心包炎、肾病综合征、腹腔肿瘤、巨大卵巢囊肿等相鉴别。

3. 肝硬化并发症 上消化道出血应与消化性溃疡、糜烂出血性胃炎、胃癌等鉴别；肝性脑病应与低血糖、糖尿病酮症酸中毒、脑血管意外、脑部感染和镇静药过量等鉴别；肝肾综合征应与慢性肾小球肾炎、急性肾小管坏死等鉴别；肝肺综合征注意与肺部感染、哮喘等鉴别。

> **要点提示**：肝硬化的诊断依据。

七、治疗

本病目前无特效治疗，关键在于早期诊断。对于代偿期患者，治疗目的是延缓肝功能失代偿，预防肝细胞癌；对失代偿期患者，以改善肝功能、治疗并发症、延缓或减少肝移植为目标。

（一）一般治疗

注意劳逸结合，失代偿期患者或有并发症者应休息或住院治疗。饮食以高热量、高蛋白质、富含维生素且易消化的食物为宜。有肝性脑病趋向者应限制蛋白质摄入量，有腹水者应限制钠盐摄入，注意维生素的摄入。

（二）药物治疗

去除病因主要采取抗肝炎病毒治疗和针对其他病因的治疗。保护肝细胞的药物一般同时选用不超过两种。中医药在治疗肝硬化方面显示了良好的前景，一般常用活血化瘀药为主，按病情辨证施治。

（三）腹水的治疗

1. 限制钠、水摄入 每日氯化钠摄入量<2g为宜，摄入水量500～1000ml，低钠血症者限制在500ml以内。

2. 利尿 不主张用强利尿药，以避免因快速利尿而引起电解质紊乱及诱发肝性脑病。利尿药一般联合使用保钾及排钾利尿剂。

3. 放腹水 利尿药效果不佳者，可采取放腹水治疗。

4. 纠正有效循环血量不足 补充人血白蛋白等，可提高胶体渗透压，纠正有效血容量不足，增加利尿效果。

5. 其他 自身腹水回输、经颈静脉肝内门体分流等也是治疗腹水的有效办法。

（四）门静脉高压的治疗

β受体阻滞剂、生长抑素、血管加压素、硝酸酯等药物可通过降低内脏血流量而降低门静脉压力。也可以通过各种分流术、断流术和脾切除术等降低门静脉系统压力和消除脾功能亢进。经颈静脉肝内门腔分流术（TIPS）能有效降低门静脉压，可用于治疗门静脉压增高明显的难治性腹水，但易诱发肝性脑病。

（五）并发症治疗

1. 上消化道出血 禁食、静卧、监护、补充有效血容量抗休克，以及采取止血措施等。给予生长抑素、特利加压素等药物，减少门静脉血流量，降低门静脉压。内镜下行食管静脉曲张结扎或硬化治疗。TIPS 对急性大出血效果比较好。三腔二囊管止血效果肯定，但患者较为痛苦，且并发症较多，不宜长期应用，停用后再出血率高。服用普萘洛尔、硝酸酯类药物降低门静脉压，可预防食管胃底曲张静脉再出血。

2. 自发性腹膜炎 一经诊断就应早期应用抗菌药物，选用肝毒性小、主要针对革兰氏阴性杆菌兼顾革兰氏阳性球菌的抗菌药物。

3. 肝性脑病 去除诱因，减少肠内氮源性毒物的生成和吸收，促进体内氨的代谢，调节神经递质等。

4. 肝肾综合征 消除各种诱发肝肾综合征的因素：控制上消化道大出血、感染，严格控制输液量，纠正水、电解质代谢紊乱和酸碱失衡等。输入白蛋白，提高血浆胶体渗透压，应用血管活性药物，改善肾血流量，增加肾小球滤过率。

八、预后

肝硬化的预后因病因、肝功能代偿程度及有无并发症而有所不同。血吸虫性肝纤维化、循环障碍引起的肝硬化、胆汁性肝硬化及酒精性肝硬化如处于代偿期，去除病因、积极治疗后预后较好。肝功能失代偿期，并出现各种严重并发症时，则预后极差。

自测题

扫码测验

第五节 急性胰腺炎

案例导入

患者，男，38岁，因"腹痛4 h"入院。患者4 h前大量饮酒后出现上腹痛，腹痛初为左侧腹部，后累及全腹，伴恶心、呕吐，呕吐物为胃内容物。为进一步诊治入院。既往曾于外院行超声检查：胆囊多发结石。胃镜：慢性浅表性胃炎，Hp（+）。

查体：T 37.8℃，P 96 次/分，R 21 次/分，BP 135/80 mmHg。神清语利，被动体位，皮肤、巩膜轻度黄染，浅表淋巴结未及。心肺未及明显异常。腹软，中上腹压痛（+），未触及包块，肝、脾肋下未触及。肠鸣音 5 次/分。肛诊：（-）。血常规：WBC 13.9×10^9/L，中性粒细胞 81.8%，Hb 126 g/L，PLT 380×10^9/L；血淀粉酶 676 U/L。

问题与思考：

1. 患者的初步诊断和诊断依据是什么？应与哪些疾病相鉴别？
2. 为明确诊断，需要进一步做哪些检查？
3. 本病的治疗原则是什么？

急性胰腺炎（acute pancreatitis，AP）是由多种病因导致胰酶在胰腺内被激活后引起的胰腺组织自身消化的急性炎症。以急性上腹痛、恶心、呕吐和血胰酶增高为主要临床特征，严重者可出现休克或多功能脏器衰竭。患者病情轻重不一，轻者以胰腺水肿为主，病情常呈自限性，称为轻症急性胰腺炎，预后良好；重者以胰腺出血、坏死为主，常继发感染、腹膜炎和休克等多种并发症，称为重症急性胰腺炎，病死率为5%～10%。

一、病因和发病机制

急性胰腺炎的病因众多，以胆道疾病、大量饮酒、暴饮暴食、高脂血症最为常见。多种病因通过不同途径激活胰腺内的消化酶和酶原，从而引起胰腺本身及周围邻近组织自身消化，胰腺受损同时释放的血管活性物质吸收入血，最终引起休克、多器官损伤等严重并发症。

1. 胆道疾病 胆道疾病是我国引起急性胰腺炎的最常见原因。"共同通道"学说认为，70%～80%的胰管与胆总管汇合成"共同通道"，开口于十二指肠壶腹部。如果合并有胆管结石、炎症、寄生虫等导致壶腹部发生阻塞，胆管内压力超过胰管内压，胆汁反流到胰管内，胰酶活性增高，胰腺自身消化，最终引起急性胰腺炎。

2. 胰管梗阻 胰管结石、肿瘤、狭窄等导致胰液排出障碍，胰管不畅，胰管内压过高，胰腺腺泡发生破裂，腺液溢入间质，最终引起急性胰腺炎。

3. 大量饮酒和暴饮暴食 乙醇既可引起Oddi括约肌水肿、痉挛，又可刺激胰腺分泌增多，导致胰管内压增高。暴饮暴食可大量刺激胰液分泌，引起Oddi括约肌痉挛，从而引发急性胰腺炎。

4. 十二指肠疾病 十二指肠内肿瘤、炎症等，均可引起十二指肠阻塞，肠腔内压力增高，十二指肠液可进入胰管，激活胰酶，引发急性胰腺炎。

5. 手术与创伤 腹腔手术，特别是胰腺、胆道或胃部手术、腹部钝挫伤等，可直接或间接损伤胰腺腺体组织与胰腺的供血，从而引发胰腺炎。内镜逆行胰胆管造影术（ERCP）检查时，部分可因重复注射造影剂或注射压力过高从而引发胰腺炎。

6. 其他 高脂血症可引起胰液内脂质沉积，高钙血症可引起胰管钙化，促使胰液分泌增多，引发胰腺炎。腮腺炎、败血症、传染性单核细胞增多症等感染因素也可诱发胰腺炎。肾上腺皮质激素、噻嗪类利尿药、四环素、磺胺类、硫唑嘌呤等药物可损伤胰腺组织，引发胰腺炎。动脉粥样硬化可影响胰腺供血，也可能为胰腺炎的发病原因之一。对发病原因不明确的胰腺炎，称为特发性胰腺炎。

二、病理

急性胰腺炎的病理变化一般分为两型。

1. 水肿型 病变轻，多局限在体尾部。胰腺肿胀变硬，充血，被膜紧张，胰周可有积液。显微镜下可见腺泡和间质水肿，炎症细胞浸润，伴有轻度出血及局灶性坏死，周围脂肪组织可呈融合性坏死。

2. 出血坏死型 病变以胰腺实质出血、坏死为特征。胰腺肿胀，呈暗紫色，分叶结构模糊，坏死灶呈灰黑色，严重者整个胰腺变黑。腹腔内可见皂化斑和脂肪坏死灶，腹膜后可出现广泛组织坏死。显微镜下胰腺组织的坏死主要为凝固性坏死，细胞结构消失。坏死灶周围包绕炎症细胞浸润，常见淋巴管炎、静脉炎、血栓形成及出血。

三、临床表现

急性胰腺炎常在暴饮暴食或大量饮酒后发生。少数患者可无明显诱因。

（一）症状

1. **腹痛** 本病的主要症状，多发生于暴饮暴食、大量饮酒后。起病急，疼痛多为持续性，伴阵发性加剧，呈钝痛、刀割样痛或绞痛，通常发生于中上腹部，可向左上腹、腰背部放射。疼痛时采取坐位前倾可减轻，一般持续 3～5 日后缓解。若为重症急性胰腺炎，则腹痛持续时间长，并呈全腹疼痛，出现各种并发症。年老体弱者腹痛较轻或无腹痛。

2. **恶心、呕吐和腹胀** 恶心、呕吐大多在起病后出现，呕吐后腹痛不减轻，多伴有腹胀。

3. **发热** 中度发热，一般 3～5 日自行消退者以轻症胰腺炎多见。出血坏死性胰腺炎体温常较高，可超过 39℃，如持续发热 1 周不退，应考虑继发感染。

4. **水、电解质及酸碱平衡失调** 患者多有不同程度的脱水、低钾血症、低血钙等表现，频繁呕吐者可出现代谢性碱中毒。

5. **休克** 见于重症胰腺炎患者。患者表现为烦躁不安、皮肤苍白、脉搏细弱、血压下降、湿冷等。极少数患者可突然发生休克，甚至出现猝死。

（二）体征

轻症急性胰腺炎患者以腹部体征为主，表现为上腹部压痛、轻度反跳痛与肌紧张、轻度腹胀，与腹痛剧烈程度不符。重症急性胰腺炎表现为全腹压痛、反跳痛、腹肌紧张、肠麻痹、肠鸣音减弱或消失，如有腹水和胸腔积液出现，呈血性。由于胰腺坏死出血，血性渗出物沿腹膜间隙与肌层渗入皮下，可出现皮下瘀斑；如在季肋区及腹部形成暗灰蓝色斑，称 Grey-Turner 征；如在脐周出现蓝色斑片，称 Cullen 征；胰头炎性水肿或并发脓肿时可出现黄疸。

> **要点提示**：急性胰腺炎的临床表现。

四、并发症

1. **胰腺脓肿** 常在起病 2～3 周后形成，因胰腺及胰周组织坏死，继发感染而形成脓肿。患者出现高热、持续性上腹痛，腹部可触及包块，并有中毒表现。

2. **假性囊肿** 发病 3～4 周后，由胰液和液化的坏死组织在胰腺内或其周围包裹而成。囊肿以胰尾部多见，大小不等，可压迫邻近组织引起相应症状。

3. **全身并发症** 重症急性胰腺炎患者，由于继发感染及血管活性物质的释放，可合并急性呼吸衰竭、急性心力衰竭、急性肾衰竭、糖尿病、胰性脑病、消化道出血、败血症、真菌感染、DIC 等全身并发症。胰腺-心脏反应，可导致猝死。

> **要点提示**：急性胰腺炎的并发症。

五、实验室及其他辅助检查

1. **白细胞计数** 白细胞增多、中性粒细胞明显增高及核左移。

2. **血、尿淀粉酶测定** 血淀粉酶在起病后 2～12 h 开始出现，24 h 达到高峰，48 h 开始下降，持续 3～5 日。尿淀粉酶在发病 24 h 开始出现，48 h 达到高峰，持续 2 周。

3. **血清脂肪酶测定** 常在起病后 24～72 h 开始出现升高，持续 7～10 日。

4. **血清标志物** C 反应蛋白（C-reactive protein，CRP）是组织损伤和炎症的非特异性标志物，有助于评估与监测急性胰腺炎的严重程度。

5. **生化检查** 常出现血糖升高，少数患者可出现胆红素增高，血清 AST、LDH 可增高。血钙 < 1.75 mmol/L，提示预后不良。

6. **影像学检查** 腹部 X 线检查可发现肠麻痹、麻痹性肠梗阻、胰腺钙化部位等间接征象。B 超、CT、MRI 检查可显示胰腺增大、光点增多、轮廓不清晰、腹水等，也可对胰腺脓肿或假性囊肿进行鉴别。

> **要点提示**：急性胰腺炎最主要的辅助检查。

六、诊断和鉴别诊断

轻症急性胰腺炎可根据典型临床表现，结合血、尿淀粉酶升高，以及符合胰腺炎的影像学证据等明确诊断。重症急性胰腺炎的诊断包括下述特点：①腹痛剧烈，有腹膜炎体征，伴腹水、胸腔积液或麻痹性肠梗阻；②高热不退，手足搐搦、休克及皮下瘀斑；③血钙显著下降，血糖 > 11.2 mmol/L（无糖尿病史）；④腹腔诊断性穿刺有高淀粉酶活性的腹水；⑤有严重并发症出现，如胰性脑病、DIC、多器官功能衰竭等。

急性胰腺炎应与消化性溃疡急性穿孔、胆石症和急性胆囊炎、心肌梗死、急性肠梗阻等疾病相鉴别。

七、治疗

轻症急性胰腺炎患者，经控制饮食、休息、补液、解痉止痛等治疗，一般1周内淀粉酶可恢复正常。对重症胰腺炎患者，须重点监护，采取综合治疗。

（一）一般治疗

1. **禁食及胃肠减压** 轻症胰腺炎患者可短期禁食，不需胃肠减压，病情重者，应禁食并胃肠减压。禁食期间维持水、电解质、酸碱平衡。
2. **加强监测** 密切监护患者生命体征、腹部体征及血、尿淀粉酶变化。
3. **营养支持** 禁食期靠全肠外营养，注意补液、防治休克。

（二）药物治疗

1. **抑制胰腺分泌** 使用抑酸和胰酶抑制剂。
2. **镇痛、解痉** 诊断明确后使用。
3. **应用抗生素** 对重症胰腺炎，静脉使用广谱抗生素。
4. **中医药治疗** 清胰汤等。

（三）并发症的治疗

并发腹膜炎时，可行腹膜透析，将腹腔内酶、毒性物质等清除。对并发血糖增高的患者，应用胰岛素控制血糖。对有胰性脑病者，应限制补液、脱水、使用白蛋白等。对呼吸衰竭患者，可使用人工呼吸机。

（四）内镜治疗

急性胰腺炎胆道梗阻时，可行内镜下乳头肌切开术，取石或引流，降低胆道压力，有利于胰腺炎恢复。

（五）外科治疗

当重症胰腺炎患者内科治疗无效时，选择手术治疗。最关键的是去除坏死组织，进行腹腔冲洗并引流。结合内科治疗，有助于挽救患者生命。

自测题

扫码测验

（赵文星）

第七章 泌尿系统疾病

学习目标

通过本章内容的学习，学生应能够对常见泌尿系统疾病充分掌握、做出诊断。

识记：
1. 说出常见泌尿系统疾病的常见病因。
2. 列举常见泌尿系统疾病的分型和临床表现。

理解：
1. 解释常见泌尿系统疾病的主要临床特征和主要并发症。
2. 分析常见泌尿系统疾病的早期诊断方法和意义。
3. 概括常见泌尿系统疾病要进行的实验室及辅助检查。

运用：
1. 能根据患者的病史、临床表现、实验室及辅助检查做出初步诊断。
2. 根据病情选择合适的治疗方案，正确评估其预后。
3. 对患者进行健康教育，树立护佑生命、健康至上的职业素养。

第一节 急性肾小球肾炎

案例导入

张某，男，27岁，因肉眼血尿、全身水肿伴头晕、呕吐3天入院。1周前患者曾患上呼吸道感染，未治疗，1天前晨起发现眼睑水肿，尿液发红，呈洗肉水样，伴有头痛、头晕、呕吐等症状，当晚双下肢亦出现水肿，急来院就诊。查体：双下肢可凹性水肿（轻度），血压145/97 mmHg，颈静脉怒张，心脏听诊发现奔马音。实验室检查：抗"O"滴度升高，血清补体C3及总补体均下降，尿沉渣中含异形红细胞、白细胞和肾小管上皮细胞，有红细胞管型，存在中度蛋白尿。肾功能检查表现为血肌酐轻度升高。

问题与思考：
1. 该患者目前诊断是什么？诊断依据有哪些？
2. 应与该疾病相鉴别的疾病有哪些？

急性肾小球肾炎（acute glomerulonephritis，AGN）是指一组不同病因所致的感染后免疫反应引起的急性两侧肾弥漫性肾小球非化脓性炎性病变。临床以水肿、少尿、血尿及高血压为主要表现。本病绝大多数为链球菌感染后所致，预后良好，常可在数月内临床治愈，部分患者可遗留慢性肾脏病。

本病多见于儿童，男性多于女性，通常在前驱期感染后 1～3 周起病。呼吸道感染者的潜伏期较皮肤感染者短。本病起病较急，病情轻重不一，轻者呈亚临床型，仅有尿常规及血清 C3 异常。

一、病因和发病机制

急性肾小球肾炎确切的发病机制尚不清楚，目前考虑主要是免疫反应所致，急性期主要是免疫复合物疾病，是以抗链球菌抗原的抗体形成以及补体免疫复合物覆盖肾为标志，急性肾小球肾炎往往发生在溶血性链球菌感染以后。

一些其他的原因，如细菌、病毒直接感染侵犯肾小球，高血压加速动脉硬化等也具有一定关系。

> **要点提示**：急性肾小球肾炎的出现，常见的原因与链球菌感染有关。

二、病理

急性肾小球肾炎的病理类型主要为弥漫性毛细血管内增生性肾小球肾炎。早期，肾小球增生的细胞主要是系膜细胞和内皮细胞，急性期有较多的中性粒细胞以及单核细胞浸润。可能会出现免疫复合物沉积，间质会有水肿以及炎性细胞浸润。免疫荧光可见 IgG 和 C3 呈颗粒状沉积于毛细血管壁和系膜区，电镜检查可以发现上皮细胞下有"驼峰状"的电子致密物沉积。

三、临床表现

1. **水肿** 80% 以上患者有水肿，典型表现为晨起眼睑水肿，伴有下肢轻度可凹陷性水肿，少数严重者可以波及全身。
2. **高血压** 80% 患者可以出现一过性轻、中度高血压，利尿以后血压可以恢复正常。
3. **肾功能异常** 患者起病早期可因肾小球滤过率下降、水钠潴留而尿量减少，少数患者甚至出现少尿。肾功能可一过性受损，表现为血肌酐轻度升高，多于 1～2 周后尿量渐增，数日后，肾功能可逐渐恢复正常。
4. **充血性心力衰竭** 常发生在急性肾炎综合征期，严重水钠潴留和高血压为重要的诱发原因。

四、辅助检查

1. **尿液检查** 尿蛋白多在（+～+++）；尿中可见大量红细胞，以变形红细胞为主；尿沉渣除红细胞外，早期可以看到白细胞和上皮细胞稍增多，并可见红细胞管型、透明管型、颗粒管型等。
2. **血液检查** 红细胞计数及血红蛋白可稍低，白细胞计数正常或增高。血沉增快，多在 2～3 个月内恢复正常。血清抗链球菌溶血素"O"滴度升高，提示近期曾有过链球菌感染。发病初期血清补体 C3 及总补体下降，8 周内逐渐恢复正常，对本病具有诊断意义。
3. **肾功能检查** 可有一过性血肌酐和尿素氮升高。

五、相关并发症

1. 急性心力衰竭 多见于儿童。主要的原因如下。

(1) 水钠潴留引起血容量增加、循环负荷过重。

(2) 高血压可以导致血管阻力增加，导致心排血量减少。

(3) 由于急性肾炎时存在弥漫性血管炎症，可以导致冠脉痉挛、炎症渗出，引起心肌损害，这些因素可以诱发心衰，从而导致胸闷气促、心率快、肺部湿啰音，及时应用利尿剂治疗效果较好。

2. 高血压脑病 主要由于血压急剧增高，脑血管痉挛，脑缺血缺氧。多发生于急性肾炎起病后 1~2 周内，患者表现有剧烈头痛、频繁呕吐、视物模糊、嗜睡、烦躁等。

3. 急性肾衰竭 主要表现有少尿或者无尿，血肌酐进行性上升，血钾增高。

> **要点提示**：急性肾小球肾炎严重的并发症有心力衰竭、高血压脑病和急性肾衰竭 3 种。

六、诊断和鉴别诊断

根据链球菌感染后 1~3 周出现血尿、蛋白尿、水肿、高血压的特点，伴血清总补体及补体 C3 下降，可作出诊断。若血肌酐持续升高或 2 个月后病情尚未见好转，应及时行肾穿刺活检，以明确诊断。

应注意与其他病原体感染后的急性肾炎、膜增生性肾小球肾炎、IgA 肾病等鉴别。

七、治疗

支持休息及对症治疗为主。

1. 一般治疗 急性期需卧床休息，静待肉眼血尿消失、水肿消退及血压恢复正常。低盐饮食，水肿较重伴有少尿者限制液体入量，有氮质血症者限制蛋白质的摄入，水肿消退、血压正常后过渡到普通饮食。

2. 抗感染治疗 对体内存在的感染应彻底治疗，选用无肾毒性的抗生素。对于反复发作的慢性扁桃体炎，病情稳定后可考虑行扁桃体切除。

3. 对症治疗 可使用利尿剂改善患者的水肿，如氢氯噻嗪、螺内酯、呋塞米等。给予降压治疗，同时治疗高血压脑病、急性肾衰竭及心力衰竭等。

4. 透析治疗 发生急性肾衰竭而有透析指征时，应及时给予透析治疗，一般不需要长期维持透析。

知识链接

透析

透析分为血液透析和腹膜透析，两者都是治疗慢性肾脏病的肾替代治疗方式。血液透析主要是利用透析液与血液的渗透压差，驱动水、电解质从患者体内排出，血液中因为毒素水平比较高，形成一定渗透压，透析液中的电解质也有渗透压，两者的压差驱动通过透析器将患者体内肌酐、尿素氮等小分子毒素及水分清除。腹膜透析是利用弥散原理来完成毒素清除的。腹膜及肠壁上丰富的毛细血管床提供了较好的半透膜，血液在毛细血管床膜内，而腹透液在膜外，血液中的毒素通过自身的血管半透膜弥散至膜外无毒素的腹透液中，从而使血中的毒素减少。腹透液浓度是人为配制的，根据需求可以选用不同浓度的腹透液进行透析。

扫码测验

第二节 急进性肾小球肾炎

案例导入

患者，男，30岁，水肿、少尿5天，发热伴乏力、精神不振1天就诊。查体：BP 160/100 mmHg，全身中度水肿，贫血貌。实验室检查：血常规示红细胞 $3.34×10^{12}/L$，血红蛋白 100 g/L。尿蛋白4+，尿红细胞满视野。24 h尿蛋白定量7.8 g。血浆白蛋白25 g/L，血尿素氮23.4 mmol/L，血肌酐 530 umol/L。

问题与思考：
1. 患者急骤起病，水肿伴进行性少尿及肾衰竭符合哪种肾小球疾病？
2. 对本病例及时行肾活检的临床意义是什么？

急进性肾小球肾炎（rapidly progressive glomerulonephritis，RPGN）又称为新月体性肾炎，是以急性肾炎综合征、肾功能恶化、早期出现少尿性急性肾衰竭为主要特征，其病理呈新月体肾小球肾炎表现的一组疾病，因此急进性肾小球肾炎也常被称为新月体性肾炎。

> **要点提示：** 急进性肾小球肾炎肾活检病理表现为肾小球广泛新月体形成。

一、病因和发病机制

本病是由多种病因所致的一组疾病，可分为原发性与继发性两大类。原发性急进性肾小球肾炎常与病毒感染或细菌感染有关，少数有烃化物密切接触史。自身免疫也可能与急进性肾小球肾炎的发病有关，继发性见于以下2种情况：①继发于原发性肾小球疾病的基础上形成广泛新月体，如在系膜毛细血管性肾炎的基础上形成新月体；②继发于全身性疾病，如继发于系统性红斑狼疮、过敏性紫癜等疾病。

二、分型

急进性肾小球肾炎根据不同的免疫发病机制分为三型。

Ⅰ型为抗肾小球基底膜抗体疾病，占所有急进性肾小球肾炎患者的10%~20%，主要是由于抗肾小球基底膜抗体在肾内形成原位免疫复合物导致的肾损伤。本病的抗体可直接作用于肺泡基底膜，引起肺出血。

Ⅱ型为免疫复合物型肾病，大约占40%，此型可见大量的免疫复合物沉积，由于肾小球内的原位免疫复合物或者机体内的循环免疫复合物沉积于肾形成的损伤。

Ⅲ型非免疫复合物型急进性肾小球肾炎，此型有肾小球炎症和坏死表现，是一种坏死性增生性肾小球肾炎，但很少有免疫复合物沉积，绝大部分患者有抗中性粒细胞胞质抗体（ANCA），伴系统性血管炎等全身症状。

三、病理

Ⅰ型的免疫病理特点为 IgG 和 C3，沿肾小球毛细血管袢呈线条样沉积，为抗基底膜病中肾受累较重的一种分型；Ⅱ型为免疫球蛋白和补体成分呈颗粒样或团块样，沿肾小球毛细血管袢和系膜区沉积，可在多种肾小球疾病基础上发生，如 IgA 肾病、过敏性紫癜性肾炎和狼疮性肾炎等；Ⅲ型则无明显的免疫球蛋白成分沉积，部分患者与 ANCA 相关。

四、临床表现

急进性肾小球肾炎是肾小球肾炎中最严重的类型。主要表现如下。

1. 该病呈急性起病，多数患者在发热或上呼吸道感染后出现急性肾炎综合征，即水肿、血尿、蛋白尿、高血压等。肾活检病理通常表现为新月体肾炎。
2. 发病时患者全身症状较重，如疲乏、无力、精神萎靡，体重下降，可伴发热、腹痛。
3. 病情发展很快，起病数天内即出现少尿及进行性肾衰竭。部分患者起病相对隐袭、缓慢，病情逐步加重。

五、辅助检查

急进性肾小球肾炎的辅助检查包括尿液检查、血常规检查、血生化检查、免疫学检查以及肾脏形态学的检查。

1. **尿常规** 可以见到大量红细胞，多为畸形红细胞，尿蛋白一般在 1~2 g/d，部分患者有大量蛋白尿。常见肾小管上皮细胞，可见红细胞管型、透明管型及颗粒管型。
2. **血常规** 常出现贫血，为正色素正细胞性贫血，贫血程度轻重不一，红细胞沉降率于急性期增快。
3. **血生化** 可以出现血肌酐进行性升高，血钾可轻度升高，血钠轻度降低，血浆白蛋白常下降。
4. **免疫学检查** Ⅰ型急进性肾小球肾炎血清中抗 GBM 抗体阳性。而Ⅱ型急进性肾小球肾炎可有血清补体水平下降和血清冷球蛋白阳性等。Ⅲ型急进性肾小球肾炎患者 50%~80% 检测出 ANCA 阳性，血清补体 C3 多为正常。

知识链接

ANCA

抗中性粒细胞胞质抗体（ANCA）是一种以中性粒细胞和单核细胞胞质成分为靶抗原的自身抗体，目前临床上分 c-ANCA、p-ANCA、a-ANCA 3 种类型，目前已成为部分原发性小血管炎的特异性血清学诊断工具。其检测意义为，ANCA 是原发性小血管炎诊断、监测病情活动和预测复发的重要指标，特异性、敏感性均较好。c-ANCA 主要用于诊断肉芽肿性血管炎（旧称韦格纳肉芽肿）。p-ANCA 主要用于诊断显微镜下多血管炎，局灶节段坏死性肾小球肾炎和寡免疫复合物型新月体肾炎。

5. **肾脏形态学的检查** B 超检查常提示肾增大，皮髓质交界不清，放射性核素肾图检查可以提示肾灌注和滤过的减少。

六、诊断

急进性肾小球肾炎是由不同病因引起的综合征,凡怀疑本病者应尽早就医诊断,要点如下。
1. 肾活检病理有大量肾小球新月体形成（>50%）。
2. 临床上有急进性肾炎综合征的临床表现。
3. 除外其他原发性肾小球疾病。
4. 除外继发性肾小球疾病。

七、治疗

1. 强化免疫抑制疗法 甲基泼尼松龙冲击疗法,必要时可重复。血浆置换疗法,为抗肾小球基底膜抗体型的首选疗法,但出现少尿和依赖透析者则疗效欠佳。血浆置换也可用于治疗肺出血,疗效肯定。对于发病时表现为急性肾衰竭而依赖透析的 ANCA 相关小血管炎患者,血浆置换有助于患者脱离透析。

2. 一般免疫抑制疗法 在强化免疫抑制疗法的基础上,可继续口服泼尼松联合环磷酰胺。环磷酰胺既可采用口服疗法,也可采用静脉疗法。

3. 维持缓解治疗 多用于 ANCA 相关小血管炎和狼疮肾炎。

4. 肾替代治疗 肾功能严重受累者需行透析治疗,急性期未能脱离透析者需接受长期维持透析或肾移植。

自测题

扫码测验

第三节 肾病综合征

案例导入

患者,女,36岁,眼睑水肿伴双下肢水肿半个月就诊。患者半个月前无明显诱因出现眼睑水肿,伴双下肢水肿,休息后无缓解,水肿对称性分布,呈可凹陷性,疲乏不适,无尿频、尿急、尿痛,无腰痛,无发热,无面部红斑,无四肢关节痛,无脱发,无口腔溃疡,无光过敏,未治疗,水肿逐渐加重,尿量逐渐减少,未注意尿中是否有泡沫。饮食、睡眠可,排便无异常,体重增加 5 kg。既往体健,无肝炎、结核等传染病史;无外伤及手术史,无食物及药物过敏史。无吸烟及酗酒史。婚姻史及家族史无特殊。查体:血压 125/80 mmHg,正力体型,眼睑轻度水肿,全身无皮疹,浅表淋巴结未触及肿大;心、肺、腹无异常,双下肢中度凹陷性水肿,对称性分布。完善检查:尿常规:Pro 3+,尿红细胞 56 个/HP;24 h 尿蛋白定量 7.3 g/d;生化:总蛋白 46 g/L,白蛋白 23 g/L,血肌酐 56 μmol/L,尿素 5.8 mmol/L,胆固醇 9.5 mmol/L,三酰甘油 1.46 mmol/L。

问题与思考:
1. 考虑该患者的诊断是什么?
2. 需要与什么疾病相鉴别?

肾病综合征（nephrotic syndrome，NS）是由不同肾小球疾病引起的一组症候群，临床特点是大量蛋白尿（> 3.5 g/d）、低白蛋白血症（血清白蛋白< 30 g/L）、水肿、高脂血症。

一、病因及病理

肾病综合征分为原发性和继发性两大类，其病因及常见的病理类型如表 7-1 所列。

表7-1　肾病综合征的分类和常见的病理类型

	原发性	继发性
儿童	微小病变型肾病	过敏性紫癜性肾炎、乙型肝炎病毒相关性肾炎、狼疮肾炎
青少年	系膜增生性肾小球肾炎微小病变型肾病、局灶节段性肾小球硬化系膜毛细血管性肾小球肾炎	狼疮肾炎、过敏性紫癜肾炎、乙型肝炎病毒相关性肾炎
中老年	膜性肾病	糖尿病肾病、肾淀粉样变性、淋巴瘤或实体肿瘤性肾病

二、并发症

1. 感染　感染是肾病综合征患者的常见并发症，是导致肾病综合征复发和疗效不佳的主要原因，因此应积极治疗。

2. 血栓和栓塞　大量蛋白尿导致低蛋白血症，可出现有效血容量减少，导致血液浓缩及高脂血症，造成血液黏度增加，容易出现血栓栓塞，以肾静脉血栓最为常见。肺动脉栓塞和下肢静脉、下腔静脉、冠脉血管和脑血管血栓亦常见，可影响肾病综合征的治疗效果和预后。

3. 急性肾损伤　有效血容量减少可导致肾血流量下降，容易诱发急性肾损伤；微小病变型肾病容易引起急性肾损伤。

4. 蛋白质及脂肪代谢紊乱　长期大量蛋白尿可造成低蛋白血症，导致营养不良、小儿发育迟缓、免疫力下降等；高脂血症容易出现血栓、栓塞及心脑血管系统并发症。

> **要点提示**：感染是肾病综合征患者的常见并发症。

三、诊断和鉴别诊断

诊断思路如下：①明确是否为肾病综合征；②明确病因：完善检查，除外继发性病因和遗传性疾病；③明确病理诊断：肾活检；④判定有无并发症。

需进行鉴别诊断的疾病如下：乙型肝炎病毒相关性肾炎、狼疮肾炎、过敏性紫癜肾炎、糖尿病肾病、肾淀粉样变性、骨髓瘤性肾病。

四、治疗

1. 一般治疗　注意休息，避免感染，适当活动，预防静脉血栓形成。

2. 对症治疗

（1）利尿消肿：利尿治疗不宜过快、过猛，避免造成血容量不足、加重血液高黏滞，以免出现血栓、栓塞并发症。临床常用利尿剂有氢氯噻嗪、呋塞米、托拉塞米等。必要时可输注白蛋白、低分子右旋糖酐等以提高血浆胶体渗透压，从而加强利尿。

（2）减少尿蛋白：应用血管紧张素转换酶抑制剂（ACEI）或血管紧张素 II 受体阻断剂（ARB）降压、减少尿蛋白。

3. 免疫抑制治疗

（1）糖皮质激素：具有抑制免疫炎症反应、抑制醛固酮和抗利尿激素分泌、影响肾小球基底膜通透性和消除尿蛋白的作用。临床常用的激素有甲泼尼龙琥珀酸钠、醋酸泼尼松等。治疗原则是：①起始足量；②缓慢减药；③长期维持。患者对激素的治疗反应可分为"激素敏感型"（用药8～12周内肾病综合征缓解）、"激素依赖型"（激素减药到一定程度即复发）和"激素抵抗型"（常规激素治疗无效）3类。

（2）细胞毒药物：可协调激素治疗"激素依赖型"或"激素抵抗型"患者。一般不作为首选或单独治疗用药。临床常用细胞毒药物有环磷酰胺、环孢素A、他克莫司、吗替麦考酚酯等。应用中需注意药物的副作用。

4. 防治并发症
积极治疗感染、血栓及栓塞、急性肾损伤、脂代谢紊乱等并发症。

自测题

扫码测验

第四节　泌尿系统感染

案例导入

患者，女，30岁，劳累后出现发热2天，体温高达39℃，伴尿频、尿急、尿痛、腰痛，无肉眼血尿，无腹痛、腹泻，无咳嗽、咳痰，既往体健。查体：体温39℃，心、肺查体未见异常，腹软，肝、脾肋下未触及，双肾有叩击痛（+），双下肢无水肿。实验室检查：血常规：WBC 11.8×10^9/L，N 93%，RBC 4.1×10^9/L，Hb 131 g/L，PLT 276×10^9/L，ESR 88 mm/h；尿沉渣：红细胞满布视野，形态正常，白细胞满布视野，可见成堆脓球及少量杆菌，亚硝酸盐（+），尿蛋白（+）；肝功能：ALT 16 U/L，AST 15 U/L，ALB 39 g/L；肾功能：BUN 5.4 mmol/L，Scr 78.4 μmol/L。

问题与思考：
1. 该患者最可能的诊断是什么？
2. 诊断依据有哪些？
3. 请简述治疗方案。

尿路感染（urinary tract infection，UTI）是指各种病原微生物在尿路中生长、繁殖而引起的炎症性疾病，多见于育龄期妇女、老年人、免疫力低下及尿路畸形者。多种病原微生物可致病，如细菌、真菌、支原体、衣原体、病毒等，本节主要介绍细菌性尿路感染。

一、分类

尿路感染的分类如表7-2所列。

表7-2 尿路感染的分类

分类依据	类别
感染部位	上尿路感染（肾盂肾炎）、下尿路感染（膀胱炎、尿道炎）
病程	急性和慢性感染
有无结构或功能异常	复杂性和非复杂性感染
有无症状	有症状性和无症状性感染
是否初发	初发性和再发性感染

二、致病菌和发病机制

1. 常见致病菌 革兰氏阴性杆菌，以大肠埃希菌最常见，约占全部致病菌的95%，其次是变形杆菌、肺炎克雷伯菌等。

> **要点提示**：泌尿系统非特异性感染最常见的细菌是大肠埃希菌。

2. 感染途径 上行感染最常见（占95%），血行感染、直接感染、淋巴感染少见。

> **要点提示**：上行感染是最常见的感染途径。

3. 机体防御机制 正常情况下进入膀胱的细菌很快被清除，细菌的数量、毒力以及机体的防御功能与是否发生尿路感染有关（表7-3）。

表7-3 机体的防御机制及其作用

机体防御机制	作用
排尿的冲刷作用	机械性冲洗
尿道和膀胱黏膜的抗菌能力	抑制细菌生长
尿液中高浓度尿素、高渗透压、低pH	抑制细菌生长
男性前列腺含有抗菌成分	抑制革兰氏阴性杆菌
感染后白细胞进入膀胱与尿液	清除细菌
输尿管膀胱连接处活瓣结构	防止尿液、细菌进入输尿管
女性阴道乳酸杆菌菌群	限制病原体繁殖

4. 易感因素 尿路梗阻、膀胱输尿管反流、机体免疫力低下、神经源性膀胱、妊娠、性别及性活动、医源性因素、泌尿系统结构异常、遗传因素等。

5. 细菌的致病力 细菌进入尿路后能否引发感染，与其致病力密切相关，大肠埃希菌仅其中少数菌株如O、K和H血清型菌株可致病。大肠埃希菌表面的P型菌毛也是影响致病力的重要因素。

三、临床表现

1. 膀胱炎 占尿路感染的60%以上，女性患者居多。主要表现为尿路刺激症状：尿频、尿急、尿痛，排尿不畅、下腹不适，排尿烧灼感。一般无全身感染症状。其中30%患者伴有血尿，偶有肉眼血尿。致病菌多为大肠埃希菌，占75%以上。

2. 尿道炎 多见于女性，一般起病缓慢，表现为尿痛、脓尿，临床表现与膀胱炎不易区分。尿道炎常因尿道口或尿道内梗阻、邻近器官的炎症蔓延所致。致病菌以大肠埃希菌、链球菌、葡萄球菌多见。

3. 肾盂肾炎

(1) 急性肾盂肾炎：①全身感染症状：寒战、发热、头痛、消化道症状等，体温 > 38.0℃，部分患者出现革兰氏阴性杆菌败血症。②泌尿系统症状：腰痛、腹痛，伴或不伴尿路刺激症状。③体征：肋脊点和输尿管压痛点压痛，伴或不伴肾区叩痛。④不典型患者的表现：无症状性肾盂肾炎，类似膀胱炎。

(2) 慢性肾盂肾炎：表现复杂多样，全身及泌尿系统局部表现可不典型，有时仅表现为无症状性菌尿。半数以上有急性肾盂肾炎病史，后出现腰部不适、间歇性尿频、排尿不适、全身症状如低热等。肾小管功能损伤如夜尿增多、低渗、低比重尿。晚期可发展为慢性肾衰竭。

4. 无症状性细菌尿 指患者有真性细菌尿，而无尿路感染症状，又称隐匿性尿路感染，可由症状性尿路感染演变而来或无急性尿路感染病史，多见于老年女性和妊娠期女性。

5. 导管相关性尿路感染 指留置导尿管或先前 48 h 内留置导尿管者发生的感染，在全球范围内最常见。其发病机制为导管上形成的生物被膜为细菌定植和繁殖提供了条件。为减少导管感染，最有效的方式为避免不必要的导尿管留置，并尽早拔除尿管。

6. 前列腺炎 成年男性的常见病，包括致病菌明确的急性和慢性感染，常见有前列腺感染的症状和体征，但未检测出明确致病菌的病例。急性细菌性前列腺炎常常可在现有症状、体征、脓尿和细菌尿的基础上确诊。对怀疑慢性前列腺炎者进行正确的分类，需要行 1 次中段尿、1 次前列腺液和 1 次前列腺按摩后尿标本的定量培养，并估计白细胞数。

四、相关并发症

尿路感染如能及时治疗，并发症很少见。但当伴有糖尿病和（或）存在复杂因素的尿路感染时，如未能及时治疗或治疗不当，可出现多种并发症，如肾乳头坏死、肾周围脓肿、革兰氏阴性杆菌败血症、尿路结石与梗阻等。

五、实验室及其他辅助检查

1. 尿液检查

(1) 常规检查：尿液常混浊，可有白细胞尿、血尿、蛋白尿，尿沉渣镜检白细胞 > 5 个 /HP 称为白细胞尿，对尿路感染诊断意义较大。

(2) 细菌性检查：①细菌培养：可采用清洁中段尿、导尿及膀胱穿刺尿，其中尿含菌量 ≥ 10^5/ml 有意义，为真性菌尿；如两次均 ≥ 10^5/ml，且为同一菌种，即使无症状也可诊断；尿含菌量 10^4 ~ 10^5/ml，可疑阳性，需复查；尿含菌量 < 10^4/ml，可能为污染。②涂片细菌检查：选择新鲜清洁中段尿沉渣涂片，未染色的尿沉渣在高倍镜下检查或革兰氏染色用油镜检查，取 10 个视野的平均值，> 1 个 / 视野提示尿路感染。此法操作简单、方便，检出率在 80% 以上，可初步判断感染细菌的类型。

> **要点提示**：涂片细菌检查可判断感染细菌的类型。

(3) 硝酸盐还原试验：大肠埃希菌等革兰氏阴性细菌可使尿内硝酸盐还原为亚硝酸盐，其敏感性在 70% 以上，特异性在 90% 以上，可作为尿路感染的过筛试验。

2. 其他检查

(1) 血常规及肾功能检查：急性肾盂肾炎时血白细胞常升高，中性粒细胞增多，核左移，血沉常增快。慢性肾盂肾炎肾功能受损时可出现血肌酐升高。

(2) 影像学检查：如 B 超、X 线腹平片、IVP、排尿期膀胱输尿管反流造影、逆行性肾盂造影等。

六、诊断和鉴别诊断

1. 诊断 典型尿路感染有尿路刺激征,伴或不伴感染中毒症状、腰部不适等,结合尿液相关检查,不难诊断。凡有真性细菌尿者,均可诊断为尿路感染。无症状细菌尿主要依靠尿细菌学检查,要求两次尿细菌培养菌落数 $\geq 10^5$/ml,且为同一菌株。

(1) 尿路感染的临床定位诊断(表7-4)。

表7-4 尿路感染的临床定位诊断

症状	下尿路感染	上尿路感染	无症状性菌尿
尿路刺激症状	常见	可有	无
全身症状	无	高热、寒战,毒血症症状	无
体温	少数发热,体温 < 38℃	多高热,体温 > 38℃	无
肾区叩痛	无	有	无
腰痛	少有	常见	无
血象、血沉	正常	白细胞增高、血沉增快	正常
菌尿	+	+	+

(2) 尿路感染的实验室定位诊断:①膀胱冲洗后尿培养阳性;②尿沉渣镜检白细胞管型,排除间质性肾炎、狼疮性肾炎等;③尿 NAG、尿 β_2-MG 升高;④尿渗透压降低。

(3) 慢性肾盂肾炎的诊断:除反复尿路感染外,需结合影像学及肾功能检查,符合以下第3项再加前两项的任何一项可诊断慢性肾盂肾炎:①肾外形凹凸不平,且双肾大小不等;②静脉肾盂造影可见肾盂、肾盏变形,缩窄;③持续性肾小管功能损害。

2. 鉴别诊断 不典型尿路感染需与尿道综合征、肾结核、慢性肾小球肾炎、全身感染性疾病等进行鉴别。

七、治疗

1. 一般治疗 急性期注意休息,多饮水,勤排尿,加强饮食营养,增强抵抗力。膀胱刺激症状比较明显者可口服碳酸氢钠片 1 g,每日 3 次,以碱化尿液、缓解症状。

2. 抗感染治疗

(1) 用药原则:①选用对致病菌敏感的药物;②所选药物在尿液及肾内分布浓度高;③选用肾毒性及副作用小的药物;④必要时应联合用药;⑤对于不同的尿路感染制订不同的治疗方案。

(2) 药物治疗:①急性膀胱炎:可选用复方磺胺甲噁唑、头孢菌素类、喹诺酮类等药物。对于女性无并发症的单纯性膀胱炎,可选择敏感的抗菌药物,首选 3 日疗法,对于症状持续 1 周或更长时间者以及可能具有复杂因素的患者,可选用 7 日疗法。②急性肾盂肾炎:尿培养和敏感性试验出来前,可选用复方磺胺甲噁唑、喹诺酮类、青霉素类、第一二代头孢菌素类等药物,治疗需个体化,疗程 7~14 天。

(3) 疗效评价:①治愈:症状消失,尿菌阴性,疗程结束后 2 周、6 周复查尿菌仍阴性。②治疗失败:治疗后尿菌仍阳性,或治疗后尿菌阴性,但 2 周或 6 周复查时尿菌转为阳性,且为同一菌株。

自测题

扫码测验

第五节 慢性肾衰竭

案例导入

患者，女，42岁，因"夜尿增多2年，乏力、厌食2个月"就诊。患者2年前无明显诱因出现夜尿增多，每晚4～6次，未行诊治。近2个月无诱因感乏力、厌食，有时伴恶心、腹胀，自服"健胃消食片"无效，乏力、厌食症状进行性加重就诊。患者发病以来，食欲差，睡眠可，排尿如上所述，排便未见异常，体重下降约2kg。既往史：5年前曾发现血压偏高，150/90 mmHg，未正规诊治。无糖尿病史，无药物滥用史，无药物过敏史。查体：T 36.8℃，P 90次/分，R 20次/分，BP 160/100 mmHg。慢性病容，贫血貌，口腔有氨味，浅表淋巴结无肿大，巩膜无黄染。心、肺、腹部查体未见异常。双下肢无水肿。实验室检查：血常规 Hb 90 g/L；尿蛋白（++），尿RBC（++）；粪便常规（-）。血生化：Cr 900 μmol/L，HCO_3^- 15 mmol/L，血钙 1.65 mmol/L，血磷 2.15 mmol/L，血钾 6.8 mmol/L。B超：双肾缩小。

问题与思考：
请给出患者目前的诊断及高钾血症的治疗原则。

慢性肾衰竭（chronic renal failure，CRF）为各种慢性肾脏病持续进展的共同结局，是以代谢产物潴留，水、电解质及酸碱失衡和全身各系统症状为主要表现的一种临床综合征。我国慢性肾衰竭发病率约为100/百万人口，男女发病率分别占55%和45%，高发年龄为40～50岁。

一、定义和分期

各种原因引起的肾结构和功能障碍≥3个月，包括肾小球滤过率（GFR）正常和不正常的病理损伤、血液或尿液成分异常，以及影像学检查异常；或不明原因的GFR下降（＜60 ml/min）超过3个月，称为慢性肾脏病（chronic kidney disease，CKD）。目前国际公认的慢性肾脏病分期分为5期（表7-5）。

表7-5 慢性肾脏病分期及建议

分期	特征	GFR（ml/min·1.73 m²）	防治目标与措施
1	GFR 正常或升高	≥90	CKD诊治，缓解症状，保护肾功能
2	GFR 轻度降低	60～89	评估、延缓CKD进展，降低心血管疾病风险
3a	GFR 轻到中度降低	45～59	
3b	GFR 中到重度降低	30～44	延缓CKD进展，评估、治疗并发症

续表

分期	特征	GFR (ml/min·1.73 m^2)	防治目标与措施
4	GFR 中度降低	15～29	综合治疗，透析前准备
5	ESRD	<15 或透析	如出现尿毒症，需及时透析治疗

慢性肾衰竭主要代表慢性肾脏病中 GFR 下降至失代偿的那一类，主要为 CKD 4～5 期。

二、病因和发病机制

凡能引起慢性肾损害的疾病都可以导致慢性肾衰竭，其病因常见于原发性与继发性肾小球疾病（慢性肾小球肾炎、糖尿病肾病、高血压肾损害等）、肾小管疾病（慢性间质性肾炎、慢性肾盂肾炎等）、肾血管疾病（肾动脉狭窄等）、遗传性肾病（多囊肾等）。在我国，原发性肾小球肾炎仍是慢性肾衰竭的病因之首。

慢性肾衰竭发病机制尚未完全阐明，目前有 4 种学说：健存肾单位学说，矫枉失衡学说，肾小球高代谢、高滤过学说，尿毒症毒素蓄积学说等。

三、临床表现

慢性肾衰竭的临床表现较为复杂，在 CKD 1～3 期可以无任何临床症状，也可仅有乏力、夜尿增多、腰酸等症状，少数患者可出现食欲减退、代谢性酸中毒等明显症状；在 CKD 4 期以后症状较为明显；到了 CKD 5 期，则可出现高钾血症、急性心力衰竭等并发症，严重者可危及生命。主要有水、电解质代谢紊乱，蛋白质、糖类、脂类和维生素代谢紊乱，心血管、呼吸、胃肠道、血液、神经肌肉、内分泌、骨骼病变等各系统表现。

1. 水、电解质和酸碱平衡失调

（1）酸中毒：慢性肾衰竭时易发生酸中毒，由于肾小管分泌 H$^+$ 障碍或肾小管重吸收 HCO$_3^-$ 能力下降，以及体内酸性代谢物（如磷酸、硫酸等）因肾排泄障碍导致潴留而产生。多数患者能耐受轻度慢性酸中毒，如严重酸中毒，则有明显症状，如食欲不振、呕吐、虚弱无力、呼吸深长等，与酸中毒时体内多种酶活性受抑制有关。

（2）钠、水失衡：当钠、水摄入过量，而肾排泄能力下降时就会导致钠水潴留，出现水肿、高血压甚至心力衰竭。当患者呕吐、食欲减低时也可出现低钠血症及失水。

（3）钾代谢紊乱：慢性肾衰竭患者由于酸中毒、少尿及保钾利尿剂等的应用容易出现高钾血症，患者表现为软弱无力，肢体瘫痪，严重者可出现心律失常甚至心搏骤停等风险。少部分患者由于排钾利尿剂的使用，出现呕吐、腹泻、摄入不足等，也可导致低钾血症。

（4）钙磷代谢紊乱：主要表现为钙缺乏和磷增多，慢性肾衰竭时由于骨化三醇产生减少，使肠道钙吸收减少，同时肾排磷减少，血磷升高，出现低钙高磷现象。低钙刺激甲状旁腺分泌增加，导致肾性骨病。

2. 蛋白质、糖类、脂类和维生素代谢紊乱 蛋白质代谢紊乱主要表现为蛋白质代谢产物聚集，也可有白蛋白、必需氨基酸水平下降等。糖代谢异常主要表现为糖耐量减低和低血糖两种情况，前者多见与胰高血糖素水平升高、胰岛素受体障碍等因素有关，后者主要与胰岛素灭活减少有关。慢性肾衰竭可出现高脂血症，多数为高甘油三酯血症，少数为胆固醇升高。维生素代谢紊乱主要与摄入不足及某些酶活性降低有关。

3. 心血管系统表现 心血管病变是慢性肾脏病患者常见并发症和最主要的死亡原因。主要表现为高血压、左心室肥厚、心力衰竭、心律失常、尿毒症性心肌病、心包病变、血管钙化和动脉粥样硬化等，其中心力衰竭是尿毒症患者最常见的死亡原因。

4. 呼吸系统症状 体液过多和酸中毒可出现呼吸深长，代谢产物潴留可引起尿毒症性支气管炎、肺炎、胸膜炎，甚至胸腔积液。表现为呼吸困难、咳嗽咳痰、双肺湿啰音等。

5. 胃肠道症状 本病最早和最常见的症状，主要表现为恶心、呕吐、食欲减低、口腔有异味，也可出现消化道出血。主要与尿毒症毒素蓄积、胃黏膜糜烂等因素有关。

6. 血液系统表现 主要表现为贫血和出血倾向，贫血主要与肾萎缩、促红细胞生成素减少有关，出血倾向多与血小板功能降低有关，轻者可出现皮肤瘀点、瘀斑，严重者可出现消化道出血以及脑出血等。

7. 神经肌肉系统症状 疲乏、失眠、注意力不集中是肾衰竭早期最常出现的精神症状，患者也可出现性格改变、抑郁等。周围神经系统也常有改变，最常见的是肢端袜套样感觉丧失，也可出现肢体麻木、深感觉迟钝或消失，并可有神经肌肉兴奋性增加等表现。

8. 内分泌功能紊乱 主要表现为肾本身产生促红细胞生成素、骨化三醇等不足，以及糖耐量异常、胰岛素抵抗，还有垂体、甲状腺等激素分泌异常，可出现性腺功能障碍。

9. 骨骼病变 慢性肾脏病存在钙、磷等矿物质代谢及内分泌紊乱（如甲状旁腺功能亢进、骨化三醇分泌不足等），导致矿物质异常、骨病、血管钙化等临床综合征，称之为慢性肾脏病-矿物质和骨异常。慢性肾衰竭出现的骨矿化和代谢异常称为肾性骨营养不良，包括高转化性骨病、低转化性骨病和混合性骨病，以高转化性骨病常见，可出现骨质破坏增加，纤维囊性骨炎，严重者可出现自发性骨折、骨骼变形。

10. 皮肤症状 皮肤瘙痒最常见，可能与尿毒症的毒素和钙盐沉积于皮肤有关。患者颜面部肤色暗黄、水肿。

四、诊断和鉴别诊断

慢性肾衰竭诊断并不困难，主要依据患者病史、体格检查及实验室检查。因慢性肾衰竭临床表现复杂，各系统均有表现，且各系统表现均可称为首发症状，因此需全面掌握慢性肾衰竭的病史特点，仔细询问病史和查体，并重视肾相关功能的检查，做到早明确诊断，防止误诊、误治。对既往史不明确或近期存在急性加重诱因的患者，需与急性肾损伤鉴别，是否有贫血、低钙高磷血症，以及甲状旁腺激素水平、双肾大小等有助于鉴别。如条件允许，可行肾穿刺活检以明确病因。

五、治疗

对诊断慢性肾衰竭的患者要积极采取各种措施延缓、停止或逆转慢性肾衰竭的发生，防止进展至终末期肾病。治疗原则是积极去除诱因和治疗原发病，注意饮食和电解质平衡，对症处理，必要时行肾替代治疗。

1. 去除诱因和治疗原发病 是治疗慢性肾衰竭的关键，可使肾功能损害减轻。

2. 饮食治疗

（1）低蛋白饮食：主要目的是降低尿素氮水平，减轻尿毒症症状，特别是厌食、恶心及呕吐。根据慢性肾脏病的分期，分别在 CKD 1～2 期推荐蛋白质摄入量 0.8 g/（kg·d），CKD 3 期开始低蛋白饮食 0.6 g/（kg·d），有条件的患者可在低蛋白饮食基础上推荐补充必需氨基酸或 α-酮酸。

（2）高热量的摄入：无论哪种方案的饮食治疗，都必须摄入足够的热量。

（3）其他：要注意补充维生素及叶酸等营养物质，限制钾、磷的摄入，对于高磷血症患者应给予磷结合剂治疗。

3. 慢性肾衰竭的药物治疗

（1）水、钠失衡：治疗目的是尽可能增加尿量，清除毒素，减少水钠摄入，避免出现水钠潴留及心力衰竭，注意出入量平衡，水肿严重者可给予呋塞米 0.5～1.5 g/d 口服或静脉用药。

(2) 高钾血症的防治：积极预防高钾血症的发生，严格限制钾的入量，对已有高钾血症患者应采取积极措施：①纠正酸中毒，除口服碳酸氢钠外，也可静脉给予碳酸氢钠 10～25 g，根据需要 4～6 h 后再重复用药；②给予袢利尿剂，静脉或肌内注射呋塞米 40～80 mg，必要时增加剂量至 100～200 mg；③应用葡萄糖-胰岛素溶液静脉滴注（4～6 g 葡萄糖中加入胰岛素 1 单位）；④口服降钾树脂，以聚苯乙烯磺酸钙常见；⑤对严重高钾血症（血钾＞6.5 mmol/L）应及时给予血液透析治疗。

(3) 高血压治疗：多为容量依赖性，对于血压的控制不仅是为了控制高血压的症状，还是为了保护心、脑等靶器官。

(4) 贫血的治疗：主要应用促红细胞生成素，同时需注意补充铁、叶酸、维生素 B_{12} 等造血原料，还应排除慢性失血等因素。

(5) 肾性骨营养不良的治疗：除限制磷的摄入外，还应给予磷结合剂，比如碳酸钙、司维拉姆、碳酸镧等。对明显低钙患者可口服骨化三醇，治疗中需监测钙、磷、甲状旁腺水平。

(6) 感染：平时应预防各种病原体感染，抗生素剂量需根据 GFR 水平调整，尽量应用肾毒性最小的抗生素。

(7) 其他：口服吸附疗法、导泄疗法等，注意复查电解质，以防加重电解质紊乱。对于糖尿病肾病患者，注意调整胰岛素剂量；对于高脂血症患者，采取降脂治疗、降尿酸治疗等。

4. 肾替代治疗 肾替代治疗可代替肾的排泄功能，但不能代替内分泌和代谢功能，常见的肾替代治疗方式包括：血液透析、腹膜透析和肾移植，目前来说肾移植是最好的肾替代治疗模式。

知识链接

慢性肾衰竭饮食相关事项

1. 每日必须保证充足的热量：每人每日摄入量在 8368～12552 kJ。急性期患者开始 2～3 天内一般不能进食，可采用静脉输液以补充热量及营养的需要。

2. 供给优质蛋白质：当患者肾功能处在早、中期损害阶段，即肾小球滤过率（GFR）＞25 ml/min 左右时，蛋白质摄入量在每日每千克体重为 0.6 g 左右比较适宜，同时必须补足热量。

3. 低盐低钠：慢性肾衰竭合并高血压和水肿的患者，要限制钠盐和含钠丰富食品的摄入，必要时用无盐膳食。当食用利尿剂或伴有呕吐、腹泻时，不应限钠盐。

4. 保持水的平衡：慢性肾衰竭患者体内水的平衡非常重要，液体的摄入量要根据排出量而决定。一定要在医生的指导下进行液体的补充，以防水摄入过多，排出障碍而加重水肿。

5. 慢性肾衰竭血钾高时，应限制含钾食物，避免食用果汁，慎重选用蔬菜及水果。

自测题

扫码测验

（武庆杰）

第八章数字资源

第八章

血液和造血系统疾病

学习目标

通过本章内容的学习，学生应能够：

识记：
1. 说出常见血液系统疾病的病因。
2. 列举常见血液系统疾病的分型和临床表现。

理解：
1. 解释常见血液病的主要临床表现和主要并发症。
2. 分析常见血液病的常用实验室检查方法。

运用：
1. 根据患者的病史、临床表现、实验室及辅助检查做出疾病的初步诊断。
2. 知道常见血液系统疾病的治疗原则及方法，学会人文关怀。
3. 对患者进行健康教育，树立健康观念，增强爱伤意识。

第一节 贫 血

案例导入

张女士，46 岁，乏力、心慌 1 个半月。1 个半月前开始逐渐心慌、乏力，上楼无力，进食正常，不挑食，粪便每日 1 次，成形，颜色无异常，排尿正常，睡眠可，体重似略减轻（未量体重），既往无胃病史，近 3 个月月经不规则，量较多。查体：T 36.5℃，P 96 次/分，R 18 次/分，BP 130/70 mmHg，贫血貌，皮肤无出血点和皮疹，浅表淋巴结不大，巩膜无黄染，舌乳头正常，甲状腺不大，肺未见异常，心界不大，心率 96 次/分，律齐，心尖部 2/6 级收缩期吹风样杂音，腹平软，无压痛及反跳痛，肝、脾肋下未触及，双下肢不肿。辅助检查：Hb 75 g/L，RBC 3.08×10^{12}/L，WBC 8.0×10^9/L，分类：中性分叶核粒细胞 69%，嗜酸性粒细胞 3%，淋巴细胞 25%，单核细胞 3%，血小板 136×10^9/L；粪便隐血（+），尿常规（−）。

问题与思考：
1. 初步诊断和诊断依据是什么？
2. 为明确诊断，需要进一步做哪些检查？
3. 治疗原则是什么？

贫血（anemia）是指人体外周血中红细胞总容量减少，低于正常范围下限，从而不能运输足够的氧至组织而产生的综合征，它不是一种疾病的名称。临床常以血红蛋白（Hb）浓度作为判断贫血的标准。在我国海平面地区，成年男性 Hb < 120 g/L，成年女性（非妊娠）Hb < 110 g/L，孕妇 Hb < 100 g/L 可诊断为贫血。

知识链接

贫血的诊断标准

1972 年 WHO 制订的诊断标准认为，在海平面地区，Hb 低于下述水平时诊断为贫血，6 个月～6 岁儿童 110 g/L，6～14 岁儿童 120 g/L，成年男性 130 g/L，成年女性 120 g/L，孕妇 110 g/L。应注意，高原地区居民的血红蛋白正常值较海平面居民为高，在妊娠、低蛋白血症、充血性心力衰竭、脾大及巨球蛋白血症时，血浆容量增加，血液被稀释，血红蛋白浓度降低，容易被误诊为贫血；在脱水或失血等循环血容量减少时，由于血液浓缩，即使红细胞容量偏低，但因血红蛋白浓度增高，因此易漏诊贫血。

一、分类

基于不同的临床特点，贫血有不同的分类方法。

（一）根据贫血的病因和发病机制分类

1. 红细胞生成减少性贫血 红细胞生成主要取决于 3 个因素：造血细胞、造血调节和造血原料。①造血细胞：包括多能造血干细胞、髓系干/祖细胞及各期各系细胞；②造血调节：包括细胞调节和因子调节；③造血原料：指造血细胞增殖、分化、代谢以及细胞构建必需的物质。任何一种因素发生异常都可能导致红细胞生成减少而发生贫血。

（1）造血干/祖细胞异常所致贫血：如再生障碍性贫血、造血系统恶性克隆性疾病等。

（2）造血调节异常所致贫血：①骨髓基质及基质细胞受损（骨髓被异常组织浸润）：如骨髓坏死、骨髓纤维化、髓外肿瘤性疾病的骨髓浸润或转移、各种感染或非感染性骨髓炎等。②淋巴细胞功能亢进所致贫血：T 细胞功能亢进可通过细胞毒性 T 细胞直接杀伤，和（或）T 细胞因子介导造血细胞凋亡而使造血功能衰竭。B 细胞功能亢进可产生抗骨髓细胞自身抗体，进而破坏或抑制造血细胞，导致造血功能衰竭。③造血调节因子水平异常所致贫血：肾功能不全、肝病等均可因产生促红细胞生成素（erythropoietin，EPO）不足而导致贫血。肿瘤性疾病或某些病毒感染会诱导机体产生较多的负调控因子，从而抑制造血，导致贫血。

（3）造血原料不足或利用障碍所致贫血：①叶酸或维生素 B_{12} 缺乏：巨幼细胞贫血主要是由各种因素导致机体叶酸和（或）维生素 B_{12} 绝对或相对缺乏或利用障碍引起，是临床上常见的大细胞性贫血之一。②缺铁和铁利用障碍：是临床上引起贫血最常见的病因。缺铁和铁利用障碍影响血红蛋白合成，使得红细胞形态变小，中央淡染区扩大，属于典型的小细胞低色素性贫血。

2. 红细胞破坏过多性贫血 该种情况主要指各种原因导致的溶血性贫血。发病机制分为红细胞自身异常和红细胞外在异常。

3. 失血性贫血 失血性贫血根据失血速度分为急性和慢性贫血，根据失血严重程度分为轻、中、重度贫血。慢性失血性贫血往往合并缺铁性贫血。

（二）根据红细胞形态分类

根据红细胞形态可分为大细胞性贫血、正常细胞性贫血和小细胞性贫血（表 8-1）。

表8-1 贫血的红细胞形态分类

红细胞形态学类型	MCV (fl)	MCHC (pg)	MCHC (%)	临床类型
大细胞性贫血	> 100	> 32	32～35	巨幼细胞贫血
正常细胞性贫血	80～100	26～32	32～35	再生障碍性贫血、急性失血性贫血、溶血性贫血
小细胞性贫血	< 80	< 26	< 32	缺铁性贫血、珠蛋白生成障碍性贫血、铁粒幼细胞性贫血

注：MCV指红细胞平均体积，MCH指红细胞平均血红蛋白量，MCHC指红细胞平均血红蛋白浓度

（三）根据血红蛋白浓度分类

根据血红蛋白浓度可分为轻度贫血、中度贫血、重度贫血和极重度贫血（表8-2）。

表8-2 贫血的血红蛋白浓度分类

血红蛋白浓度	< 30 g/L	30～59 g/L	60～90 g/L	> 90 g/L
贫血严重程度	极重度	重度	中度	轻度

二、临床表现

贫血最常见和最早出现的症状是乏力，皮肤黏膜苍白是贫血的突出体征。贫血的临床表现与贫血的病因、年龄、发生贫血的速度与程度，以及与血液、循环、呼吸等系统对贫血的代偿和耐受能力等有关。贫血可有全身各系统的表现。

1. 中枢神经系统 头晕、头痛、失眠、多梦、耳鸣、眼花、记忆力下降、注意力不集中等是贫血常见的症状，严重者可发生昏迷。

2. 皮肤黏膜 贫血时通过神经体液调节使得人体有效循环血容量重新分布，为保障重要脏器供血，皮肤、黏膜则减少血供。同时，由于单位容积血液内红细胞和血红蛋白含量减少，也会引起皮肤、黏膜颜色变淡。

3. 呼吸系统 轻度贫血时，由于机体代偿，呼吸变化不明显，活动后机体处于低氧和高二氧化碳状态，刺激呼吸中枢，进而引起呼吸加快、加深。重度贫血时，即使静息状态也会有气短、呼吸困难甚至端坐呼吸。

4. 循环系统 轻度贫血时，安静状态下可无明显表现，仅活动后有心悸、心率加快；中重度贫血时，均可出现心悸和心率加快，且贫血愈重，活动量愈大，心脏负荷愈重，症状愈明显。长期贫血时，心脏超负荷工作且供血不足，会导致贫血性心脏病，此时不仅有心率变化，还可有心律失常、心脏结构异常，甚至心力衰竭。

5. 消化系统 一般有食欲缺乏、恶心、腹胀、腹泻、便秘等表现。长期慢性溶血可合并胆道结石和（或）炎症。缺铁性贫血可有吞咽异物感。巨幼细胞贫血或恶性贫血可引起舌炎、舌乳头萎缩、牛肉舌、镜面舌等。

6. 泌尿生殖系统 肾性贫血在贫血前和贫血同时有原发肾疾病的临床表现。血管内溶血出现游离血红蛋白和含铁血黄素尿，甚至可发生游离血红蛋白堵塞肾小管，引起少尿、无尿甚至急性肾衰竭。血管外溶血出现胆红素尿和高尿胆原尿；急性重度失血性贫血可因血容量不足而致肾血流量减少，进而引起少尿甚至无尿，持续时间过长可致肾功能不全。长期贫血可影响睾酮的分泌，减弱男性特征；女性贫血可有月经失调，严重贫血可出现性功能减退。

7. 内分泌系统 孕妇分娩时，因大出血可导致垂体缺血坏死而发生希恩综合征。长期贫血会影响甲状腺、性腺、肾上腺、胰腺的功能。

8. 免疫系统 所有继发于免疫系统疾病的贫血患者,均有原发免疫系统疾病的临床表现。贫血本身也会引起免疫系统的改变。

三、实验室及其他辅助检查

贫血的实验室检查包括血液检查、骨髓检查和贫血发病机制检查。

1. 血液检查 ①血红蛋白测定、红细胞计数及血细胞比容测定均低于正常值的低限,其中血红蛋白测定是确诊贫血最可靠的指标。②外周血涂片检查:可直接观察到红细胞的大小、形态及染色深浅度,而且又能从中发现异形红细胞。③网织红细胞计数及绝对值:在溶血性贫血时可增高,骨髓造血功能受抑制时网织红细胞则显著减少,如再生障碍性贫血。④红细胞平均数值的计算:有助于贫血的形态学分类。

2. 骨髓检查 包括骨髓涂片分类和骨髓活检。涂片分类反映骨髓细胞的增生程度、细胞成分、比例和形态变化。活检反映骨髓造血组织的结构、增生程度、细胞成分和形态变化。

3. 贫血发病机制检查 包括缺铁性贫血的铁代谢及引起缺铁的原发病检查,巨幼细胞贫血的血清叶酸和维生素 B_{12} 水平测定;失血性贫血的原发病检查;溶血性贫血的红细胞膜、酶、珠蛋白、血红蛋白、自身抗体等检查;骨髓造血功能衰竭性贫血的造血细胞质异常、T/B细胞调控检查,以及造血系统肿瘤性疾病和其他系统继发贫血的原发病检查。

四、诊断

分析从病史采集、体格检查和实验室检查获得的有关贫血的临床资料,通常可以明确贫血的发病机制或病因,从而做出贫血的完整诊断。

> **要点提示**:贫血的主要诊断依据包括病史、体格检查、实验室检查。

五、治疗

1. 对症治疗 重度贫血患者、老年人或合并心肺功能不全的贫血患者应予输红细胞,纠正贫血,改善体内缺氧状态;急性大量失血患者应及时输红细胞及血浆,迅速恢复血容量并纠正贫血;对贫血合并出血者,应根据出血机制的不同采取不同的止血治疗;对贫血合并感染者,应酌情予抗感染治疗;对贫血合并其他脏器功能不全者,应根据脏器的不同及功能不全的程度给予不同的支持治疗;先天性溶血性贫血多次输血并发血色病者应予祛铁治疗。

2. 对因治疗 缺铁性贫血采用补铁及缺铁的病因治疗,巨幼细胞贫血补充叶酸或维生素 B_{12},自身免疫性溶血性贫血采用糖皮质激素或脾切除术,遗传性球形红细胞增多症脾切除有肯定疗效,再生障碍性贫血采用抗淋巴/胸腺细胞球蛋白、环孢素及造血正调控因子,各类继发性贫血治疗原发病。

3. 特殊治疗 造血干细胞移植等。

自测题

扫码测验

第二节　急性白血病

> **案例导入**
>
> 患者，男，22岁，发热、牙龈出血、皮肤瘀斑5天，胸骨压痛明显，肝、脾肋下未触及。
>
> 血常规：血红蛋白70 g/L，白细胞$50×10^9$/L，血小板$20×10^9$/L。骨髓检查：原始细胞38%。
>
> 问题与思考：
> 1. 初步诊断和诊断依据是什么？
> 2. 为明确诊断，需要进一步做哪些检查？
> 3. 治疗原则是什么？

白血病（leukemia）是一类造血干细胞恶性克隆性疾病，主要是由于白血病细胞增殖失控、分化障碍、凋亡受阻，从而在骨髓和其他造血组织中积聚，广泛浸润肝、脾、淋巴结等各种脏器，表现为贫血、出血、感染和浸润。按起病急缓可分为急、慢性白血病。急性白血病（acute leukemia，AL）细胞分化停滞在早期阶段，以原始及早幼细胞为主，疾病发展迅速，病程数月。慢性白血病细胞分化较好，以幼稚或成熟细胞为主，发展缓慢，病程数年。本节主要介绍急性白血病。

一、分类

常用的法美英FAB分类法将AL分为急性淋巴细胞白血病（acute lymphoblastic leukemia，ALL）和急性髓系白血病（acute myeloid leukemia，AML）两大类。

AML共分8型：

M_0：急性髓细胞白血病微分化型

M_1：急性粒细胞白血病未分化型

M_2：急性粒细胞白血病部分分化型

M_3：急性早幼粒细胞白血病（acute promyelocytic leukemia，APL）

M_4：急性粒-单核细胞白血病

M_5：急性单核细胞白血病

M_6：红白血病

M_7：急性巨核细胞白血病

ALL共分3型：

L_1：原始和幼稚淋巴细胞以小细胞（直径≤12 μm）为主，大小较一致。

L_2：原始和幼稚淋巴细胞以大细胞（直径＞12 μm）为主，大小不一致。

L_3（Burkitt型）：原始和幼稚淋巴细胞以大细胞为主，大小较一致，细胞内有明显空泡，胞质嗜碱性，染色深。

1999年以来，世界卫生组织提出采用形态学（morphology）、免疫学（immunology）、细胞遗传学（cytogenetics）和分子生物学（molecular biology）相结合，从而形成MICM分型，沿用至今。这使白血病诊断从细胞形态学水平上升到分子生物学水平，对研究白血病发病机制和生物学特征有重大意义，而且对指导临床治疗和判断预后有重要价值。

二、临床表现

AL起病急,往往以发热、出血为首发症状。其主要表现如下。

(一)正常骨髓造血功能受抑制表现

1. 贫血 白血病患者最常见的症状之一,通常首发。部分患者因病程短,暂无贫血,多数患者已有重度贫血,且呈进行性加重。

2. 感染 发热是急性白血病的最常见症状。可低热,亦可高达39～40℃以上,伴有畏寒、出汗等。虽然白血病本身可以发热,但高热往往提示有继发感染。感染可发生在各个部位,如口腔炎(图8-1)、牙龈炎(图8-2)、咽峡炎、肺部感染、肛周炎、肛旁脓肿等,严重时可致败血症。最常见的致病菌为革兰氏阴性杆菌,革兰氏阳性球菌感染的发病率也有所上升。长期应用抗生素者,可出现真菌感染,因患者伴有免疫功能缺陷,可发生病毒感染,偶见卡氏肺孢菌病。

3. 出血 几乎所有患者都有不同程度的出血,可发生在全身各部位,以皮肤瘀点、瘀斑、鼻出血、口腔及牙龈出血、月经过多为多见。眼底出血可致视力障碍。颅内出血最为严重,会引发头痛、呕吐、瞳孔大小不对称,甚至昏迷而死亡。

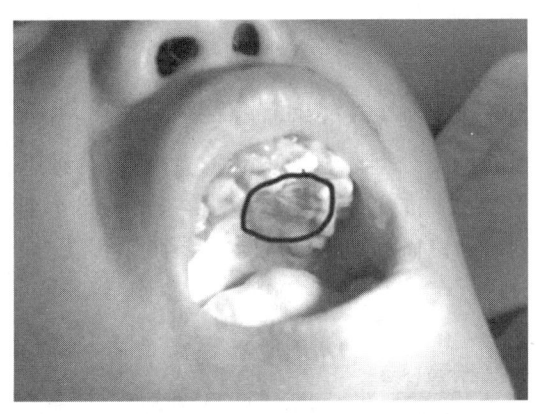

图8-1 急性白血病口腔炎

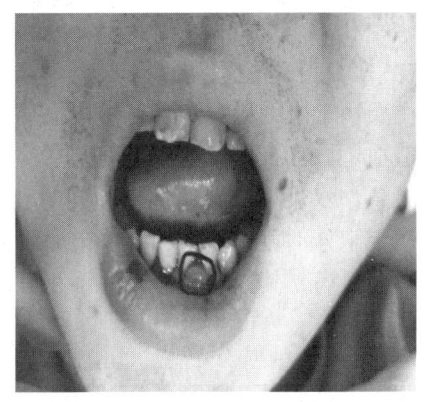

图8-2 牙龈增生肿胀

(二)白血病细胞增殖浸润的表现

1. 淋巴结和肝脾大 是AL常见体征之一,以ALL较多见,肝脾大约见于半数患者,多为轻度或中度肝脾大。

2. 骨骼及关节 骨髓腔内白血病细胞过度增生,常导致胸骨下段局部压痛。关节、骨骼疼痛,发生骨髓坏死时可引起骨骼剧痛,尤以儿童多见。

3. 中枢神经系统白血病 可发生在疾病各个时期,但常发生在治疗后缓解期,这是由于化疗药物难以通过血脑屏障,隐藏在中枢神经系统的白血病细胞不能被有效杀灭而引起。以ALL最常见,儿童尤甚,其次为M_4、M_5和M_2。临床上轻者表现为头痛、头晕,重者有呕吐、颈强直,甚至抽搐、昏迷。

4. 其他部位 ①眼部:粒细胞白血病形成的粒细胞肉瘤或绿色瘤常累及眼眶骨膜,可引起眼球突出、复视或失明。②口腔和皮肤:AL尤其是M_4和M_5,由于白血病细胞浸润可使牙龈增生、肿胀;局部皮肤隆起、变硬,呈紫蓝色结节。③睾丸:睾丸出现无痛性肿大,多为一侧性,另一侧虽无肿大,但在活检时往往也会发现白血病细胞浸润。睾丸白血病多见于ALL化疗缓解后的幼儿和青年。

此外,白血病可浸润其他组织器官。肺、心脏、肾、消化道等均可受累。

三、实验室及其他辅助检查

(一) 血细胞检查

大多数患者白细胞增多,超过 $10×10^9/L$ 以上者,血涂片分类检查可见数量不等的原始和幼稚细胞,称为白细胞增多性白血病。也有部分白细胞计数正常或减少,低者可 $< 1.0×10^9/L$,血细胞检查表现为全血细胞减少,但很难找到原始细胞,称为白细胞不增多性白血病。患者常有不同程度的正常细胞性贫血,少数患者血片上红细胞大小不等,可找到幼红细胞。约 50% 的患者血小板低于 $60×10^9/L$,晚期血小板往往极度减少。

(二) 骨髓检查

骨髓检查是诊断 AL 的金标准。FAB 协作组提出原始细胞≥骨髓有核细胞的 30% 为 AL 的诊断标准,WHO 分类将骨髓原始细胞≥ 20% 定为 AL 的诊断标准。多数病例骨髓象有核细胞显著增生,以原始细胞为主,而较成熟中间阶段细胞缺如,并残留少量成熟粒细胞,形成所谓"裂孔"现象。少数骨髓增生低下但原始细胞仍在 30% 以上者称为低增生性 AL。Auer's 小体仅见于 AML,有独立诊断意义。

> **要点提示**:骨髓检查是诊断白血病的金标准。

(三) 免疫学检查

主要用于协助形态鉴别各类白血病。根据白血病细胞表达的系列相关抗原,确定其系列来源。造血干/祖细胞表达 CD34 抗原,其他常用的免疫分型标志见表 8-3。急性混合细胞白血病包括急性双表型(白血病细胞同时表达髓系和淋系抗原)、双克隆(两群来源各自干细胞的白血病细胞分别表达髓系和淋系抗原)或双系列(除白血病细胞来自同一干细胞外,余同双克隆型)白血病,其髓系和一个淋系积分均 > 2 分。

表8-3 白血病免疫分型标志

分值	B 系	T 系	髓系
2	*CyCD79α	CD3	*CyMPO*
	CyCD22	*TCRα/β	
	CyIgM	TCRγ/δ	
1	CD19	CD2	CD117
	CD20	CD5	CD13
	CD10	CD8	CD33
		CD10	CD65
0.5	TdT	TdT	CD14
	CD24	CD7	CD15
		CD1α	CD64

* 注:Cy 即胞质内,TCR 即 T 细胞受体

(四) 染色体异常和基因突变

AL 常伴有特异的染色体异常和基因突变。例如 90% 的 M3 有 t (15;17)(q22;q21),该易位使 15 号染色体上的早幼粒白血病基因(promyelocytic leukemia,PML)与 17 号染色体上的维 A 酸受体基因(Vitamin A acid receptor alpha,RARα)形成 *PML-RARα* 融合基因。这是 M3 发病及用全反式维 A 酸靶向治疗有效的分子基础。

四、诊断和鉴别诊断

（一）诊断

有上述白血病临床表现、血象和骨髓象特点，诊断白血病一般不难。但因白血病细胞类型、染色体改变、免疫表型和融合基因的不同，治疗方案及预后亦随之改变，故初诊患者应尽力获得全面的 MICM 资料，以便评价预后，指导治疗。

（二）鉴别诊断

1. 骨髓增生异常综合征 该病的难治性贫血伴原始细胞增多，外周血中有原始和幼稚细胞，全血细胞减少和染色体异常，易与白血病相混淆，但骨髓中原始细胞小于 20%。WHO 分类法已将难治性贫血伴原始细胞增多在转变中（原始细胞 20%~30%）划为 AL。

2. 某些感染引起的白细胞异常 如传染性单核细胞增多症，血象中出现异形淋巴细胞，但形态与原始细胞不同，血清中嗜异性抗体效价逐步上升，病程短，可自愈。百日咳、传染性淋巴细胞增多症、风疹等病毒感染时，血象中淋巴细胞增多，但淋巴细胞形态正常，病程良性。骨髓原幼细胞不增多，经原发病治疗后血常规可恢复。

3. 巨幼细胞贫血 巨幼细胞贫血有时可与红白血病相混淆。但前者骨髓中原始细胞不增多，叶酸、维生素 B_{12} 治疗有效。

4. 急性粒细胞缺乏症恢复期 在药物或某些严重感染引起的粒细胞缺乏症的恢复期，骨髓中原、幼粒细胞增多。但该症多有明确病因，血小板正常，原、幼粒细胞中无 Auer's 小体及染色体异常。短期内骨髓成熟粒细胞恢复正常。

五、治疗

（一）一般治疗

1. 紧急处理高白细胞血症 当外周血白细胞数 $> 100 \times 10^9/L$ 时，患者可产生白细胞淤滞，应紧急行血细胞分离（M3 型不推荐），并以化疗和大量补液的水化治疗。

2. 防治感染 白血病患者在化、放疗及粒细胞缺乏期，需入住层流病房或消毒隔离单间病房。粒细胞集落刺激因子（granulocyte colony-stimulating factor，G-CSF）可缩短粒缺期，发热患者应在使用抗生素之前做细菌培养和药敏试验，并酌情行骨髓培养提高阳性率。

3. 成分输血支持 严重贫血可吸氧、输浓缩红细胞。如果因血小板计数过低而引起出血，最好输注单采血小板悬液。拟行异基因造血干细胞移植者减少输注频次及输注辐照血液制品。

4. 防治高尿酸血症肾病 由于白血病细胞被大量破坏，发生高尿酸血症肾病。因此需多饮水，大量补液水化治疗，使每小时尿量 $> 150 \text{ ml/m}^2$ 并保持碱性尿。若患者出现少尿和无尿，应按急性肾衰竭处理。

5. 维持营养 应注意补充营养，维持水、电解质平衡及肠道菌群平衡，给患者高蛋白、高热量、易消化食物，必要时经静脉补充营养及专业肠内营养液。

（二）化疗

联合化疗是治疗急性白血病的主要方法。化疗可分为诱导缓解治疗和缓解后巩固治疗两个阶段。诱导缓解方案是多种药物联用的强效化疗，AML 以去甲氧柔红霉素或柔红霉素联合阿糖胞苷（DA 或 IA）方案为主，ALL 以长春新碱联合泼尼松（VP）方案为基础，以求快速杀伤白血病细胞，达到完全缓解（complete remission，CR）。所谓完全缓解，是指白血病的症状、体征完全消失，血象和骨髓象基本恢复正常。缓解后治疗目的在于巩固治疗和维持强化治疗。巩固治疗是在诱导缓解治疗患者获得缓解后进行，原则上选用原诱导方案继续进行 1~2 个疗程。维持巩固治疗是在诱导缓解治疗使患者获得完全缓解并经巩固治疗后进行，以期继续杀灭残留于体内的白血病细胞。

（三）其他治疗

针对发病机制的分子靶向治疗，全反式维 A 酸及亚砷酸治疗 APL。甲磺酸伊马替尼针对 *bcr/abl* 融合基因的产物融合蛋白在慢性粒细胞白血病治疗中已取得成功，对 Ph1 阳性的 ALL 也有效果。针对 CD33 及 CD52 单克隆抗体及 CAR-T 等治疗现已成为新的治疗手段。

（四）造血干细胞移植治疗

根据造血干细胞的来源，分别称为自体造血干细胞移植和异体造血干细胞移植，适用于复发难治的白血病，为根治白血病的方法之一。

六、预后

AL 患者即便获得 CR 后，无病生存率仍仅为 40%～50%。造血干细胞移植可明显改善预后。目前认为，急性早幼粒细胞白血病长期生存率可以达到 90% 以上，使其成为一种可以被治愈的肿瘤。

> **知识链接**
>
> CAR-T（chimeric antigen receptor T-cell）疗法，全称是嵌合抗原受体 T 细胞免疫疗法，是一种治疗肿瘤的新型精准靶向疗法，其精准、快速、高效是有可能治愈肿瘤的新型免疫疗法。通过基因工程技术，将一个含有能识别肿瘤细胞且激活 T 细胞的嵌合抗原受体的病毒载体转入 T 细胞，将 T 细胞改造成 CAR-T 细胞，专门识别体内肿瘤细胞，并通过免疫作用释放多种效应因子，杀灭肿瘤细胞，从而达到治疗恶性肿瘤的目的。

自测题

扫码测验

第三节　淋巴瘤

> **案例导入**
>
> 患者，男，35 岁，农民。因"反复咳嗽、乏力 1 年，间断咯血 10 个月，加重 2 个月"入院。患者 1 年前着凉后出现咳嗽，咳少量白痰，伴有乏力。无发热，无明显胸痛及心悸不适。于当地诊所就诊，给予抗炎、对症治疗，症状好转。后又反复咳嗽，咳少量白痰。10 个月前，患者出现痰中带有鲜红色血丝。2 个月前，患者咳嗽加重，咳白痰，伴有气喘，间断出现痰中带血。当地予抗炎、对症治疗，疗效不佳。1 天前，行胸部 CT 检查，发现纵隔占位性病变。门诊以"纵隔肿瘤"收入院。发病以来，饮食、睡眠基本正常，二便正常，体重减轻 5 kg。

查体：T 36.5℃，P 80 次/分，R 19 次/分，BP 120/75 mmHg。神志清，精神好，自主体位，查体合作。全身皮肤黏膜无黄染、出血点。浅表淋巴结未触及肿大。扁桃体无肿大，咽部无充血。颈部活动自如，右侧颈静脉怒张，气管居中，甲状腺未触及肿大。胸部对称无畸形，无胸壁静脉曲张，双侧呼吸动度均等，触觉语颤对称，两肺叩诊呈清音，双肺呼吸音粗，未闻及干、湿啰音。心前区无隆起，无异常搏动，未触及震颤及心包摩擦感，心浊音界不大，心率 80 次/分，节律规整，心音可，未闻及额外心音及分裂音，各瓣膜听诊区未闻及病理性杂音。胸部 CT：前上纵隔见不规则占位，与周围组织分界不清，气管受压，双肺纹理增强、紊乱。腹部彩超示左侧腰大肌占位。行左侧腰大肌肿物切除术，术后病理提示为霍奇金淋巴瘤。

问题与思考：
1. 初步诊断和诊断依据是什么？
2. 为明确诊断，需要进一步做哪些检查？
3. 治疗原则是什么？

淋巴瘤（lymphoma）是一组起源于淋巴造血系统的恶性肿瘤，主要表现为无痛性淋巴结肿大，肝、脾大，全身各组织器官均可受累，伴发热、盗汗、消瘦、瘙痒等全身症状。根据组织病理学改变，分为非霍奇金淋巴瘤（non-Hodgkin's lymphoma，NHL）和霍奇金淋巴瘤（Hodgkin's lymphoma，HL）两类。

病理学特征上，霍奇金淋巴瘤内含有特异性的里-斯（Reed-Steinberg，R-S）细胞，除此之外还有淋巴细胞、嗜酸性粒细胞、浆细胞、中性粒细胞等。HL 按照病理类型分为结节性富含淋巴细胞型和经典型，经典型包括淋巴细胞为主型、结节硬化型、混合细胞型和淋巴细胞耗竭型。

> **知识链接**
>
> **R-S 细胞**
>
> R-S 细胞见于霍奇金淋巴瘤，是霍奇金淋巴瘤含有的一种体积较大的独特的瘤巨细胞，即 Reed-Sternberg 细胞（简称 R-S 细胞），中文名为里德-斯德伯格氏细胞（简称里-斯氏细胞），由 Dorothy Mabal Reed Mendenhall 发现，故以发现者的名字命名。

NHL 发病率远高于 HL，具有很强的异质性，病理上主要是分化程度不同的淋巴细胞、组织细胞或网状细胞。根据自然病程，NHL 归为三大类型：高度侵袭性、侵袭性和惰性淋巴瘤。根据淋巴细胞起源，分为 B 细胞、T 细胞和 NK 细胞淋巴瘤。我国以 NHL 常见。

一、病因

常不能发现确切的病因，可能与放射线、药物有关，部分患者与艾滋病病毒及 EB 病毒、幽门螺杆菌感染及免疫功能低下有关。

二、临床表现

（一）症状

1. 无痛性颈部、锁骨上、腋下或腹股沟淋巴结进行性肿大 表面光滑、活动，扪之质韧、饱满、均匀，早期活动，孤立或散在，晚期则互相融合，与皮肤粘连，不活动，或形成溃疡，HL 以颈部包块为多，NHL 更易发生结外受累。

2. 淋巴结外器官受累的表现 多见于 NHL。胃肠道、肠系膜、腹膜后及髂窝淋巴结是 NHL 最常见的结外病变部位。皮肤表现可为原发或继发皮肤侵犯，多见于 NHL；疾病晚期表现为骨髓受侵或合并白血病；神经系统表现，如进行性多灶性脑白质病、亚急性坏死性脊髓病、感觉或运动性周围神经病变以及多发性肌病等其他表现。恶性淋巴瘤还可以原发或继发于脑、硬脊膜外、睾丸、卵巢、阴道、宫颈、乳腺、甲状腺、肾上腺、眼眶球后组织、喉、骨骼及肌肉软组织等，临床表现复杂多样，应注意识别。

3. 细胞及体液免疫功能降低的表现 因体液及细胞免疫受损，放化疗影响，易发生各种感染。病毒感染如带状疱疹，反复的肺部感染及二重感染为常见表现。晚期患者易死于严重而无法控制的全身性复杂感染。

4. 全身症状 可以不明原因发热为首发表现，霍奇金淋巴瘤可出现特殊性的周期性发热，非霍奇金淋巴瘤则以不规则发热常见，注意明确有无感染；顽固性的皮肤瘙痒及多形性红斑较常见，以及盗汗、消瘦等。

（二）体征

颈部包块为主，其包块性质有典型的"橡皮样"感，余体征因器官受压或受累不同而各不相同。

三、实验室及其他辅助检查

1. 血常规检查 早期无特殊，可合并慢性病性贫血；HL 可以出现血小板增多、白细胞增多、嗜酸性粒细胞增多；侵袭性 NHL 侵犯骨髓可出现贫血、白细胞及血小板减少，外周血涂片可发现淋巴瘤细胞，甚至典型的白血病表现。

2. 骨髓检查 骨髓活检找到 R-S 细胞是霍奇金淋巴瘤骨髓浸润的依据，HL 罕见骨髓受累。NHL 侵犯骨髓，骨髓涂片可见淋巴瘤细胞；淋巴瘤细胞≥20% 称为淋巴瘤白血病；骨髓活检可见淋巴瘤细胞聚集浸润。

3. 病理活检 淋巴瘤细胞侵犯的淋巴结及结外组织器官的病理活检为确诊恶性淋巴瘤的金标准，细胞学穿刺仅作为辅助诊断手段，不作为确诊检查依据。HL 的基本病理改变是在炎症细胞的混合增生背景中见到诊断性的 R-S 细胞及其变异型细胞。NHL 淋巴结或组织病理可见正常淋巴结或组织结构破坏，根据不同的病理类型有其独特的病理表现和免疫表型。

4. 影像学检查 依受累的淋巴结及器官不同进行选择，如 X 线、B 超、CT 检查等。目前，PET-CT 在淋巴瘤诊断、疗效判断及随访中具有重要意义，作为首选。

四、淋巴瘤的临床分期

目前国内外医疗机构大多仍沿用 1971 年 Ann Arbor 会议的分期标准。

Ⅰ期：病变仅限于一个淋巴结区（Ⅰ）或单个结外器官局限受累（ⅠE）。

Ⅱ期：病变涉及膈肌一侧的两个或更多的淋巴结区（Ⅱ），或一个以上的淋巴结区伴发一个结外器官或组织的局部侵犯（ⅡE）。

Ⅲ期：病变涉及膈肌两侧的淋巴结区（Ⅲ），或伴发结外器官或组织的局部侵犯（ⅢE），或脾的侵犯（ⅢS），或两者都侵犯（ⅢSE）。

Ⅳ期：在淋巴结、脾、咽淋巴环外，一个或多个结外器官或组织的广泛侵犯。如骨髓或肝受侵犯，即使局限也属Ⅳ期。

各期按有无全身症状分为 A、B 两组。无症状者为 A，有症状者为 B。全身症状包括三方面：①发热 38℃以上，连续 3 天以上，且无感染原因；②6 个月内体重减轻 10% 以上；③盗汗。

五、治疗

1. 一般对症治疗

2. 放射治疗 Ⅰ、Ⅱ期患者首选，现倾向用扩大野照射（膈以上用斗篷式，膈以下用倒 "Y"字式），放射量为 30～40 GY。

3. 联合化疗 适用于Ⅲ、Ⅳ期患者及Ⅰ、Ⅱ期患者放疗后的巩固维持治疗。霍奇金淋巴瘤首选"ABVD"方案，非霍奇金淋巴瘤首选"CHOP"方案，均为 4～6 个疗程。具体方案如下：① ABVD：(4 种药均在第 1 及第 15 天静脉注射 1 次，疗程间休息 2 周)。A（阿霉素）25 mg/m^2；B（博来霉素）10 mg/m^2；V（长春碱）6 mg/m^2；D（甲氮咪胺）375 mg/m^2；② CHOP：C（环磷酰胺）750 mg/m^2 静脉注射，第 1 天；H（阿霉素）50 mg/m^2 静脉注射，第 1 天；O（长春新碱）1.4 mg/m^2 静脉注射，第 1 天（最大剂量每次 2 mg）；P（泼尼松）100 mg/d 口服，第 1～5 天。对于一线治疗方案 4～6 个疗程反应较差、达不到完全缓解的病例，可使用二线方案。

4. 造血干细胞移植 复发难治的恶性淋巴瘤可进行自体造血干细胞移植或者异基因造血干细胞移植。

5. 生物治疗 凡 CD20 阳性的 B 细胞淋巴瘤，均可用 CD20 单抗（利妥昔单抗）与 CHOP 联合形成 R-CHOP 方案治疗。注意检测 HBV-DNA 拷贝数及肝功能。其他包括 α-干扰素的使用。CAR-T（chimeric antigen receptor T-cell，嵌合抗原受体 T 细胞）免疫疗法治疗复发性难治 B 细胞淋巴瘤有明显疗效。

六、预后

目前淋巴瘤的治疗已取得很大进步，霍奇金淋巴瘤已成为化疗可治愈的肿瘤之一，非霍奇金淋巴瘤 5 年生存率明显改善，部分患者可治愈。

自测题

扫码测验

第四节　原发免疫性血小板减少症

案例导入

患者，女，21 岁，反复出现双下肢瘀斑、月经过多 1 年，病前无服药史。脾肋下 1 cm。血常规：Hb 105 g/L，WBC 5.4×10^9/L，PLT 25×10^9/L。血沉、尿常规及肝功能试验正常。未找到红斑狼疮细胞。骨髓检查见颗粒型巨核细胞增多。

问题与思考：

1. 初步诊断和诊断依据是什么？
2. 为明确诊断，需要进一步做哪些检查？
3. 治疗原则是什么？

原发免疫性血小板减少症（primary immune thrombocytopenia）（旧称特发性血小板减少性紫癜）是一组免疫因素介导的血小板过度破坏与血小板生成受到抑制所致的血小板减少。临床特点为皮肤黏膜及内脏广泛出血、血小板减少、血小板生存时间缩短、骨髓巨核细胞成熟障碍及抗血小板自身抗体增高等。

临床上将其分为急性型和慢性型，急性型多见于儿童，慢性型多见于青年女性。

一、病因和发病机制

病因不明。目前认为与以下因素有相关性。

1. 感染 病毒感染与发病有密切关系。急性型患者发病前1～3周多有上呼吸道感染或其他病毒感染史。最常见的是病毒感染，如水痘、风疹、麻疹病毒、EB病毒、巨细胞病毒等。慢性型患者常因感染而使得病情加重。

2. 免疫因素 现认为该病是一组与自身免疫相关的疾病。大部分患者的血清或血小板表面有特异性自身抗体，对自身抗体致敏的血小板可被单核-巨噬细胞系统破坏，且自身抗体的存在可损害巨核细胞，从而造成血小板生成减少。

3. 脾因素 脾是血小板抗体产生的主要场所，也是血小板破坏的主要场所。主要抗体为IgG。

4. 其他 ITP的发生可能与遗传因素有关。

二、临床表现

1. 急性型 主要见于儿童，发病前1～3周常有上呼吸道感染史。起病急骤，部分有寒战、高热，出血症状较重，主要表现为皮肤黏膜广泛出血，大量瘀点、瘀斑，分布不均，先发生在四肢，尤以下肢为多。重症者可有眼底和内脏出血。颅内出血是本病死亡的主要原因。病程4～6周，少数病例迁延不愈转为慢性。

2. 慢性型 主要见于成人，多见于青年女性。起病缓慢，出血症状轻，主要表现为反复发作的皮肤黏膜瘀点、瘀斑及外伤后出血不止、鼻出血、牙龈出血。内脏出血少见，但女性患者通常有月经过多，甚至是其唯一的表现。病程达数月至数年。

三、实验室检查

1. 血常规检查 血小板计数减少程度不一，急性型常 $< 20 \times 10^9$/L，慢性型通常在 $(30～80) \times 10^9$/L。出血时间延长，血块退缩不良。血小板平均体积偏大，但功能一般正常。慢性失血患者可有小细胞低色素性贫血。

2. 骨髓检查 骨髓巨核细胞数正常或增多。急性型主要是幼稚型巨核细胞增多，慢性型为颗粒型巨核细胞增多显著，均伴有成熟障碍。两型巨核细胞形成血小板均减少。

3. 血小板抗体及血小板相关补体测定 血小板相关免疫球蛋白和相关补体阳性。

四、治疗

1. 一般治疗 ITP患者应注意休息，若血小板 $< 20 \times 10^9$/L，应严格卧床休息，防止外伤及颅内出血。

2. 药物治疗

（1）糖皮质激素：为首选药物，适用于治疗急性型和慢性型急性发作期。常用制剂：泼尼松 1～2 mg/(kg·d) 晨起顿服，血小板升至正常后逐步减量。泼尼松维持量 5～15 mg/d，持续3～6个月。

（2）静脉注射丙种球蛋白：主要用于紧急治疗、不能耐受糖皮质激素治疗、妊娠分娩、脾切除前准备。

（3）免疫抑制剂：不作为首选，常用于激素治疗或脾切除无效者。作用为抑制单核-巨噬细胞的吞噬功能，抑制细胞和体液免疫反应，增加血小板生成。常用制剂有长春新碱、环磷酰胺、硫唑嘌呤等。

（4）达那唑：为合成的雄性激素，其作用机制是调节 T 细胞的免疫功能，抑制抗体产生，减少血小板破坏。

3. 特殊治疗 包括脾切除、输全血和血小板、血浆置换疗法等。

五、预防

避免进食粗硬食物，避免病毒感染、过度劳累、外伤、手术、应用某些影响血小板功能的药物如阿司匹林、磺胺类药物等。定期门诊随访。

自测题

扫码测验

（孙妍珺）

第九章 内分泌系统及代谢性疾病

学习目标

通过本章内容的学习，学生应能够：

识记：
1. 说出常见内分泌系统及代谢性疾病的病因。
2. 列举常见内分泌系统及代谢性疾病的临床表现。

理解：
1. 解释常见内分泌系统及代谢性疾病的主要临床表现和主要并发症。
2. 分析常见内分泌系统及代谢性疾病的常用实验室检查。

运用：
1. 根据患者的病史、临床表现、实验室及辅助检查做出疾病的初步诊断。
2. 知道常见内分泌系统及代谢性疾病的治疗原则及方法，学会人文关怀。

第一节 甲状腺功能亢进症

案例导入

患者，女，28岁。近3个月来乏力、怕热、多汗、心慌、消瘦、手抖、食欲亢进，排便次数增加。近半月来上述症状加重就诊。体格检查：T 37.5℃，P 110次/分，R 24次/分，BP 120/80 mmHg，发育正常，精神兴奋，明显消瘦，皮肤潮湿、多汗，双眼突出，颈软，甲状腺Ⅱ度肿大，质软，无压痛，可闻及血管杂音。心率118次/分，律齐，第一心音亢进。肺、腹部未见异常。双手细颤，双下肢无水肿。病理反射阴性。

问题与思考：
1. 初步诊断和诊断依据是什么？
2. 为明确诊断，需要进一步做哪些检查？
3. 治疗原则是什么？

甲状腺功能亢进症（hyperthyroidism）是由于甲状腺组织增生、功能亢进，产生和分泌甲状腺激素过多所引起的一组临床综合征，简称甲亢。甲亢的病因很多，临床上以弥漫性毒性甲状腺肿（diffuse toxic goiter，Graves disease，GD）最常见，约占所有甲亢患者的85%。本章主要讨论GD。

GD多见于20~50岁女性，男女之比为1：(4~6)。

一、病因和发病机制

该病的病因和发病机制未明，目前认为与自身免疫反应有关。

1. 遗传 该病有显著的遗传倾向。临床可见家族性GD患者及家属常同时或先后发生其他自身免疫性甲状腺疾病，如桥本甲状腺炎等。

2. 自身免疫 GD患者的血清中存在针对甲状腺组织的自身抗体。其中最主要的有促甲状腺激素受体抗体（TSH receptor antibody，TRAb）、甲状腺过氧化物酶抗体（thyroid peroxidase antibody，TPOAb）、甲状腺球蛋白抗体（thyroglobulin antibody，TgAb）。TRAb是G蛋白偶联受体家族中的一种，其分子结构和功能不均一，其中一种TRAb可与TSH受体结合，激活TSH受体，引起甲状腺功能自主性合成和分泌甲状腺激素、甲状腺肿大。

3. 环境因素 细菌感染、碘摄入量、性别、应激等都对该病的发生和发展有影响。

GD是以遗传易感性为背景，在感染、应激等启动因素作用下，引起体内免疫功能紊乱，产生针对甲状腺组织的自身免疫反应。

二、临床表现

（一）甲状腺毒症表现

1. 高代谢症候群 乏力、怕热多汗、皮肤潮湿、多食易饥、体重减轻、低热等。

2. 精神神经表现 易激动，焦虑，烦躁，严重者可出现幻觉甚至躁狂症。年老者也可表现为抑郁。

3. 心血管系统 甲状腺素直接作用于心肌和周围血管，增强交感神经兴奋性，使患者出现心悸气短、心率加快。收缩压升高、舒张压降低，脉压增大。严重者可有甲状腺毒症性心脏病，出现心律失常、心脏增大和心力衰竭。以心房颤动等房性心律失常多见。当伴有下列一项或多项心脏病的表现时可诊断为甲亢性心脏病：①心律失常：包括持续性或阵发性心房颤动、心房扑动、频发房性早搏、频发室性早搏、二到三度房室传导阻滞；②心力衰竭；③心脏扩大；④心绞痛或心肌梗死；⑤除外其他原因引起的心脏病。甲亢控制好转后上述情况可减轻或恢复。

4. 消化系统 食欲亢进，排便次数增多。部分可出现厌食甚至恶病质。可出现肝功能异常或伴黄疸。

5. 皮肤、毛发和四肢 皮肤温暖潮湿，毛发脱落或斑秃。小腿胫前下1/3处可出现黏液性水肿。可合并甲亢性肌病，包括甲亢性低钾性周期性麻痹、重症肌无力。

（二）甲状腺肿

甲状腺弥漫性、对称性肿大，因局部血流增多，可出现震颤和血管杂音的体征。部分患者无甲状腺肿大。

（三）眼部表现

甲状腺相关性眼病（thyroid associated ophthalmopathy，TAO）是由于甲状腺激素分泌过多导致局部交感神经兴奋性增强，可出现以下眼征：突眼、眼裂增宽、上睑移动受限、瞬目减少和凝视、惊恐眼神、双眼内聚不良。

（四）甲状腺危象

甲状腺危象又称甲亢危象，多发生于病情较重的甲亢未治疗或治疗不充分的患者，可能与血液循环中甲状腺激素水平增高有关。常见的诱因有感染、手术、创伤、精神刺激等，临床表现为高热、大汗、心动过速（心率140次/分以上）、烦躁不安、谵妄、恶心、呕吐、腹泻，严重的可有心力衰竭、休克及昏迷等。常因高热、心力衰竭、肺水肿、水电解质紊乱而死亡。甲亢危象患者死亡率在20%以上。

三、辅助检查

1. 甲状腺功能检查 甲状腺激素水平升高，TSH水平降低。

（1）血清总甲状腺素（TT_4）、血清总三碘甲腺原氨酸（TT_3）：TT_4、TT_3受血中TBG含量影响。在患者无TBG异常时，血清TT_4、TT_3的升高提示甲亢。

（2）血清游离甲状腺素（FT_4）、游离三碘甲腺原氨酸（FT_3）：FT_4、FT_3是诊断甲亢的首选指标。目前临床的检测方法都不能直接测定真正的游离激素水平。

（3）促甲状腺激素（TSH）：血清TSH浓度的变化是反映甲状腺功能最敏感的指标。

2. ^{131}I摄取率 ^{131}I摄取率正常值（盖革计数管测定）为3 h 5%～25%，24 h 20%～45%，高峰在24 h出现。甲亢时^{131}I摄取率的总摄取量增加，摄取高峰前移。

3. 甲状腺自身抗体测定 TRAb在未经治疗的GD中阳性率可达80%～100%，是判断病情活动度及早期诊断的重要依据。

4. 影像学检查 甲状腺B超和甲状腺功能显像有助于GD的诊断和鉴别诊断。

> **知识链接**
>
> 甲亢时，TT_4、TT_3、FT_4、FT_3升高，TSH降低。亚临床甲亢时，T_3、T_4正常，TSH降低，诊断需排除非甲状腺因素引起的TSH降低，在2～4个月内复查，以确定TSH降低为持续性而非一过性。

四、诊断

1. 甲亢的诊断 具有典型表现的病例易于诊断，而不典型病例则易被漏诊或误诊。临床上遇有不明原因的体重下降、低热、腹泻、心房颤动、肌无力等均应考虑甲亢的可能。对疗效不满意的结核病、心力衰竭、肝病等也要排除合并甲亢的可能。不典型甲亢的诊断有赖于甲状腺功能检查。

2. GD的诊断 ①甲亢；②甲状腺弥漫性肿大（部分甲状腺无肿大）；③甲状腺相关性眼病；④胫前黏液性水肿；⑤TRAb、TPOAb、TgAb阳性。其中前两项为必备条件，后三项为辅助条件，其中TPOAb、TgAb虽为非特异性指标，但能提示自身免疫病因。

五、治疗

（一）一般治疗

注意休息，保证足够的热量和营养摄入，限制碘的摄入。

（二）药物治疗

1. 抗甲状腺药物 是甲亢治疗的基础，包括硫脲类和咪唑类。药物治疗分为3个阶段：初治期、减量期、维持期。根据病情决定起始剂量，总疗程超过1.5年。治疗过程中应监测药物的不良反应，包括皮肤过敏、粒细胞减少或缺乏、肝功能异常等。

2. 其他药物 复方碘液仅用于甲亢术前准备和甲状腺危象的治疗。β-受体阻滞剂可作为甲亢初治期的辅助治疗，用于控制心率。

（三）放射性 ^{131}I 治疗

治疗机制是甲状腺高度摄取 ^{131}I 后释放出 β 射线，破坏甲状腺滤泡上皮而降低甲状腺激素的分泌。一般在治疗后 2～4 周症状改善，3～4 个月后约 60% 以上的患者可治愈，如半年后仍未缓解，可进行第二次治疗。妊娠和哺乳期妇女禁用。副作用主要是可并发永久性甲状腺功能减退或使 TAO 恶化。

（四）手术治疗

甲状腺次全切除术的治愈率在 95% 左右，但可发生创口出血、喉上神经与喉返神经损伤、甲状旁腺功能受损、甲状腺功能减退及 TAO 恶化等。浸润性突眼者，合并较严重心、肝、肾疾病不能耐受手术者，妊娠初 3 个月和第 6 个月以后的患者禁用。

（五）TAO 的治疗

目的是纠正甲状腺功能异常，改善和保护视力、减轻眼部症状。轻度 TAO 具有自限性，不必使用特殊药物，选择合适的治疗方案控制甲亢后眼病即可恢复正常。建议戒烟、注意眼部保护、低盐饮食等。中、重度 TAO 需要使用糖皮质激素、眼眶减压手术或放射治疗。

  自测题

扫码测验

第二节　糖 尿 病

案例导入

患者，男，53 岁，办公室职员。体检发现空腹血糖 16.8 mmol/L 就诊。平素无口干、多饮、多食、多尿及消瘦，无视物模糊。体格检查：T 36.7℃，P 78 次，R 17 次/分，BP 135/85 mmHg，身高 178 cm，体重 85 kg，神志清楚，精神好。心、肺、腹部检查未见异常。颈部未闻及血管杂音，两足背动脉搏动对称。余未见异常。

问题与思考：

1. 初步诊断和诊断依据是什么？
2. 为明确诊断，需要进一步做哪些检查？
3. 治疗原则是什么？

糖尿病（diabetes mellitus，DM）是多种病因作用于机体导致胰岛功能减退和（或）胰岛素抵抗等而引发的糖、蛋白质、脂肪、水和电解质等一系列代谢紊乱的综合征，以慢性高血糖为主要特点，典型病例可出现多尿、多饮、多食、消瘦，即"三多一少"症状。长期代谢紊乱可引起多系统损害，导致心、脑、肾、眼、足等部位的慢性进行性病变。

糖尿病是常见病、多发病，患病率随着人民生活水平的提高、人口老龄化及生活方式的改变而迅速增加。糖尿病的发病正趋向于低龄化，在儿童中发病率逐渐升高。糖尿病是严重威胁人类健康的世界性公共卫生问题，已成为发达国家继心血管疾病和肿瘤之后的第三大非传染性疾病。

一、分型

目前国际上通用WHO糖尿病专家委员会提出的病因学分型标准（1999年），将糖尿病分为1型糖尿病、2型糖尿病和其他特殊类型糖尿病及妊娠期糖尿病。

二、病因和发病机制

1. 1型糖尿病（type 1 diabetes，T_1DM）

（1）遗传因素：T_1DM为多基因、多因素共同相互作用，遗传背景不同的亚型其病因和表现不同。

（2）环境因素：①病毒感染：有柯萨奇病毒、风疹病毒、腮腺炎病毒、巨细胞病毒等，可通过直接损伤或启动胰岛β细胞的自身免疫反应引起β细胞的破坏。②化学毒性物质和饮食因素。

（3）自身免疫：以下研究提示T_1DM为自身免疫性疾病：①遗传易感性与HLA区域密切相关，某些HLA区域和免疫调节、自身免疫性疾病的发生有密切关系。②已发现90%新诊断的T_1DM患者血清中存在胰岛细胞抗体。③早期病理改变为有淋巴细胞浸润的免疫性胰岛炎。④免疫抑制治疗可预防小剂量链脲佐菌素所致的动物糖尿病。⑤同卵双生子中有糖尿病的一方从无糖尿病的一方接受胰腺移植后可迅速发生胰岛炎和细胞破坏。

总之，在遗传的基础上，病毒感染或其他环境因素激活T淋巴细胞介导的一系列自身免疫反应，会造成胰岛细胞破坏和T_1DM的发生。

知识链接

胰岛细胞抗体

胰岛细胞抗体有胰岛细胞胞质抗体（ICA）、胰岛素自身抗体（IAA）、谷氨酸脱羧酶（GAD）抗体、胰岛抗原2（1A-2）抗体等。ICA在糖尿病发病后6个月至3年后，滴定度逐渐降低或消失。IAA的测定不能区分是胰岛素治疗前还是注射胰岛素后产生的胰岛素抗体。GAD抗体在新诊断的T_1DM患者中的阳性率为60%～96%，特异性强、持续时间长，有助于区分1型和2型糖尿病。

---

2. 2型糖尿病（type 2 diabetes，T_2DM）

（1）遗传因素：T_2DM是由多个基因和环境因素综合引起的，有较强的遗传倾向。

（2）环境因素：常见的环境因素包括人口老龄化、生活方式、营养过剩、向心性肥胖、体力活动不足、子宫内环境以及应激等。其中，向心性肥胖和胰岛素抵抗与T_2DM的发生有密切关系。

（3）胰岛素抵抗和β细胞功能缺陷：胰岛素抵抗指胰岛素作用的靶器官（肝、肌肉、脂肪组织等）对胰岛素作用的敏感性降低。β细胞功能缺陷主要表现为胰岛素分泌量的缺陷和胰岛素分泌模式异常。在胰岛素抵抗的情况下，β细胞代偿性分泌胰岛素增加（高胰岛素血症），以维持血糖正常。随着病情的进展，当β细胞功能有缺陷或对胰岛素抵抗无法代偿时，就会发生T_2DM。从血糖升高到出现临床症状的时间平均可长达7年，因此对糖尿病的初级预防很重要。

三、临床表现

糖尿病的主要临床表现为代谢紊乱症状群，典型症状为"三多一少"，即多尿、多饮、多食和体重减轻。可伴有皮肤瘙痒尤其是外阴瘙痒。血糖升高较快时可使眼房水、晶体渗透压改变引起屈光改变，导致视物模糊。许多患者无任何症状，因其他疾病就诊时或仅于健康体检时发现高血糖，也有部分患者因并发症和（或）合并症而就诊。

四、并发症

（一）急性并发症

1. 糖尿病酮症酸中毒　糖尿病加重时，胰岛素绝对缺乏，血糖升高，脂肪分解增加，产生大量乙酰乙酸、β-羟丁酸和丙酮，三者统称为酮体。早期血酮升高称酮血症，尿酮排出增多称酮尿症，统称为酮症。糖尿病酮症酸中毒（diabetic ketoacidosis，DKA）是指糖尿病病情加重时因体内β-羟丁酸、乙酰乙酸产生过多引起代谢性酸中毒，甚至脱水、休克、意识障碍或昏迷。

DKA是最常见的糖尿病急症。T_1DM患者有自发DKA的倾向，T_2DM患者在一定诱因下也可发生DKA。常见诱因有感染、胰岛素治疗中断或不适当减量、饮食不当，以及各种应激如创伤、手术、妊娠和分娩等，有时无明显诱因。其中20%～30%的患者无糖尿病病史。早期酮症或酸中毒代偿阶段常有糖尿病症状加重或首次出现，酸中毒失代偿后病情迅速恶化，出现食欲减退、恶心、呕吐、头痛、嗜睡、呼吸深快，呼气中有烂苹果味；后期严重失水，导致尿量减少、皮肤黏膜干燥、眼球下陷、血压下降、心率加快、四肢厥冷；晚期可有不同程度的意识障碍，反射迟钝甚至消失，终至昏迷。

实验室检查，尿糖呈强阳性、尿酮阳性，当肾损害严重而肾糖阈增高时，尿糖和尿酮可减少或消失。可有蛋白尿和管型尿。血糖多数为16.7～33.3 mmol/L，有时可达55.5 mmol/L以上。血酮体升高，正常 < 0.6 mmol/L，1.0 mml/L以上为高血酮，3.0 mmol/L以上提示酸中毒。

2. 高血糖高渗状态　高血糖高渗状态（hyperglycemic hyperosmolar status，HHS）是指糖尿病患者出现严重高血糖、高血浆渗透压和脱水，伴不同程度的意识障碍或昏迷，无明显酮症酸中毒。HHS多见于老年人、原来无糖尿病史或仅有轻度症状的患者。其诱因为引起血糖升高和脱水的因素，如急性感染外伤、手术、脑血管意外等应激状态，使用糖皮质激素、免疫抑制剂、利尿剂、甘露醇等药物透析治疗，静脉内高营养，水摄入不足或失水，误输，较多葡萄糖液或摄入大量含糖饮料等可诱发或加重该病。

该病起病缓慢，常先有多尿、多饮，但多食不明显或反而食欲减退，以致常被忽视。继而逐渐出现严重脱水和神经精神症状，患者反应迟钝、烦躁或淡漠、嗜睡，逐渐陷入昏迷。就诊时严重脱水甚至休克，可有神经系统损害的定位体征，无酸中毒样大呼吸。与DKA相比，失水更为严重、神经精神症状更为突出。

实验室检查：血糖 ≥ 33.3 mmol/L（一般为33.3～66.6 mmol/L），血浆渗透压 ≥ 320 mOsm/L（一般为320～430 mOsm/L）时可诊断为HHS。血钠正常或增高，可达155 mmol/L。无酮症或较轻，一般无明显酸中毒（CO_2结合力高于15 mmol/L）。临床上凡遇原因不明的脱水、休克、意识障碍及昏迷均应想到HHS的可能，尤其是对于血压低而尿量多者，不论有无糖尿病史，均应进行有关检查以确定或排除HHS。

（二）慢性并发症

糖尿病的慢性并发症可遍及全身各重要器官，各种并发症可单独出现或以不同组合形式同时或先后出现。并发症可在诊断糖尿病前已经存在，有些患者因并发症就诊而发现糖尿病。大多数糖尿病患者死于心、脑血管动脉粥样硬化或糖尿病肾病。

1. 微血管病变 微血管病变的典型改变是微循环障碍和微血管基底膜增厚，是糖尿病的特异性并发症，主要累及视网膜、肾、神经和心肌组织，其中以糖尿病肾病及视网膜病变最为重要。①糖尿病肾病：常见于病史超过10年的患者，是T_1DM患者的主要死因，对于T_2DM其严重性仅次于心、脑血管病。糖尿病肾病共分5期：Ⅰ期，肾体积增大；Ⅱ期，肾小球毛细血管基底膜增厚，肾小球滤过率（GFR）增高；Ⅲ期，早期肾病，出现微量白蛋白尿，GFR增高或正常；Ⅳ期，临床肾病；Ⅴ期，尿毒症期。②糖尿病性视网膜病变：糖尿病病程超过10年，大部分患者合并视网膜病变，是失明的主要原因之一。分为六期：Ⅰ期，微血管瘤、小出血点；Ⅱ期，出现硬性渗出；Ⅲ期，出现棉絮状软性渗出；Ⅳ期，新生血管形成、玻璃体积血；Ⅴ期，纤维血管增生、玻璃体机化；Ⅵ期，牵拉性视网膜脱离、失明。

2. 动脉粥样硬化性血管疾病 糖尿病患者并发动脉粥样硬化的患病率较一般人群高，发病年龄较轻，病情进展较快。动脉粥样硬化主要侵犯主动脉、冠状动脉、脑动脉、肾动脉及肢体外周动脉等，引起冠心病、缺血性或出血性脑血管病、肾动脉硬化、肢体动脉硬化等。

3. 神经系统病变 ①周围神经病变最常见，通常为对称性，下肢较上肢严重，病情进展缓慢。先出现远端感觉异常，有时痛觉过敏、疼痛，夜间及寒冷季节加重。后期可有运动神经受累，出现肌力减弱甚至肌萎缩和瘫痪。②中枢神经系统并发症，如缺血性脑卒中。③自主神经病变较常见，影响胃肠、心血管、泌尿生殖系统功能。

4. 糖尿病足 指与下肢远端神经异常和不同程度周围血管病变相关的足部（踝关节或踝关节以下的部分）感染、溃疡和（或）深层组织坏死。表现为足部畸形、皮肤干燥，重者溃疡坏疽。糖尿病足是糖尿病非外伤性截肢、致残的主要原因。

5. 眼部其他疾病 糖尿病还可引起视网膜黄斑病、白内障、青光眼、屈光改变等。

（三）感染

糖尿病患者常发生疖、痈等皮肤化脓性感染，可反复发生。足癣、体癣等皮肤真菌感染也常见。真菌性阴道炎和巴氏腺炎是女性患者常见的并发症，多为白念珠菌感染所致。糖尿病合并肺结核的发生率较非糖尿病者高。

五、实验室检查

1. 尿糖测定 尿糖阳性是诊断糖尿病的重要线索，但尿糖阴性也不能排除糖尿病的可能。尿糖阳性提示血糖值超过肾糖阈（大约10 mmol/L），当肾脏病变时，血糖虽高，但尿糖阴性。妊娠期肾糖阈降低，血糖虽正常，尿糖可呈阳性。

2. 血糖测定 血糖升高是诊断糖尿病的主要依据，也是判断糖尿病病情和控制情况的主要指标。诊断糖尿病时必须用静脉血浆测定血糖。治疗过程中随访血糖控制程度时可用便携式血糖仪。空腹血糖（FPG）在3.9～6.0 mmol/L（70～108 mg/dL）为正常，6.1～6.9 mmol/L（110～125 mg/dL）为空腹血糖调节受损（IFG）；7.0 mmol/L（126 mg/dL）以上应考虑糖尿病。

3. 口服葡萄糖耐量试验（OGTT） 当血糖高于正常范围而又未达到糖尿病诊断标准时，须进行OGTT。OGTT应在清晨空腹进行，成人为75 g无水葡萄糖，溶于250～300 ml水中，5～10 min内饮完，测空腹、口服葡糖后30 min、1 h、2 h和3 h静脉血浆葡萄糖。儿童服糖量按1.75 g/kg体重计算，总量不超过75 g。OGTT的2 h血糖正常值＜7.7 mmol/L（139 mg/d）；糖耐量异常为7.8～11.0 mmol/L（140～199 mg/d），也称为糖耐量减退（IGT）；OGTT的2 h血糖值≥11.1 mmol/（200 mg/dl）考虑为糖尿病。

4. 糖化血红蛋白（GHbA1）测定 GHbA1是葡萄糖与血红蛋白的氨基反应的产物，与血糖浓度呈正相关，GHbA1有A、B、C 3种，其中以GHbA1C最为主要。正常人GHbA1C占3%～6%，由于红细胞在血循环中的寿命约为120日，因此GHbA1C可反映患者近8～12周总的血糖水平，为糖尿病控制情况的主要监测指标之一。

5. 胰岛素释放试验和 C 肽释放试验　方法同 OGTT。正常人空腹基础血浆胰岛素为 35～145 pmol/L（5～20 mU/L），糖刺激后胰岛素分泌增加，其高峰与血糖高峰一致，在 30～60 min 达高峰，为基础值的 5～10 倍，3～4 h 恢复到基础水平。C 肽与胰岛素以等分子数从胰岛细胞生成和释放，而且 C 肽清除率慢，肝对 C 肽摄取率低，不受血清中胰岛素抗体和外源性胰岛素的影响，能较准确地反映胰岛 β 细胞功能。基础值约为 400 pmol/L，峰值为基础值的 5～6 倍。

知识链接

糖尿病诊断标准

1. 糖尿病诊断标准：糖尿病症状＋任意时间血浆葡萄糖 ≥ 11.1 mmol/l（200 mg/dl），或 FPG ≥ 7.0 mmol/L（126 mg/dL），或 OGTT 2 h PG ≥ 11.1 mmol/L（200 mg/dL）。需再测一次证实，诊断才能成立。儿童糖尿病诊断标准与成人相同。空腹指 8～10 h 内无任何热量摄入。任意时间指一日内任何时间，不论上次进餐时间及食物摄入量。OGTT 采用 75 g 无水葡萄糖负荷。

2. 无糖尿病症状，仅一次血糖值达到糖尿病诊断标准者，须在另一天复查核实诊断。如复查结果未达到糖尿病诊断标准，应定期复查。IFG 或 IGT 的诊断应根据 3 个月内的两次 OGTT 结果，用其平均值来判断。

六、治疗要点

由于糖尿病的病因和发病机制未完全阐明，缺乏病因治疗。治疗中强调早期、长期、综合以及治疗措施个体化的原则。治疗目标是血糖恢复或接近正常水平，纠正代谢紊乱，消除症状、防止或延缓并发症的发生，保障儿童生长发育，维持良好的生活劳动及学习能力，延长寿命，降低病死率，提高患者生活质量。

知识链接

糖尿病治疗的"五驾马车"

糖尿病的治疗目前依赖"五驾马车"，包括糖尿病健康教育、医学营养治疗、运动疗法、自我监测血糖和药物治疗。

1. 糖尿病健康教育　对糖尿病患者进行健康教育是重要的基础治疗措施之一。教育的要点为：使患者了解糖尿病的基础知识和治疗控制要求，学会正确使用便携式血糖仪，掌握医学营养治疗的具体措施和体育锻炼的具体要求；了解使用降糖药的注意事项，学会胰岛素注射技术，在医务人员指导下坚持长期合理治疗。

2. 医学营养治疗　是重要的基础治疗措施，应长期严格执行。主要分为计算总热量、营养物质含量计算及合理分配。

（1）计算总热量：首先计算理想体重[理想体重（kg）=身高（cm）-105]，然后根据理想体重和工作性质，计算每日所需总热量。儿童、孕妇、乳母、营养不良和消瘦以及伴消耗性疾病者应酌情增加，肥胖者酌减，使患者体重逐渐恢复至理想体重的 ±5%。

> **知识链接**
>
> **人体每天热量需要量**
>
> 成人休息状态下每日每千克理想体重给予热量105～125.5 kJ（25～30 kcal），轻体力劳动者125.5～146 kJ（30～35 kcal），中度体力劳动者146～167 kJ（35～40 kcal），重体力劳动者167 kJ（40 kcal）以上。

（2）营养物质含量计算：①糖类占饮食总热量的50%～60%，提倡食用粗制米、面和一定量的杂粮。②蛋白质含量一般不超过总热量的15%，成人每日每千克理想体重给予0.8～1.2 g。③脂肪约占总热量的30%，饱和脂肪、多价不饱和脂肪与单价不饱和脂肪的比例应为1∶1∶1，每日胆固醇摄入量宜在300 mg以下。④各种富含可溶性食用纤维的食物能够延缓食物吸收，降低餐后血糖高峰。饮食中纤维素含量不宜少于40 g/d，提倡食用绿叶蔬菜、豆类、块根类、粗谷物及含糖成分低的水果等。

（3）合理分配：确定每日饮食总热量和糖类、蛋白质及脂肪的组成后，按照每克糖类产热16.7 kJ（4 kcal）、每克蛋白质产热16.7 kJ（4 kcal）、每克脂肪产热37.7 kJ（9 kcal），将热量换算为食物重量后制订食谱，并根据病情、生活习惯等，按每日三餐分配为1/5、2/5、2/5或1/3、1/3、1/3，也可按四餐分为1/7、2/7、2/7、2/7。坚持定时、定量进餐。

3. 运动疗法 糖尿病患者应进行有规律的适宜运动。T_1DM患者体育锻炼宜在餐后进行，对T_2DM患者（尤其肥胖患者），适当运动有利于减轻体重，提高胰岛素敏感性。如患者有严重的急、慢性并发症时，应禁止运动。

4. 病情监测 定期监测血糖，建议患者用便携式血糖计自我监测血糖。为了解血糖控制情况，及时调整治疗方案，每3～6个月定期复查GHbA1C。每年1～2次全面复查身体状况，了解血脂、心脏、肾、神经及眼底的情况，尽早发现并发症，并给予相应治疗。

5. 口服药物治疗 饮食和运动不能控制血糖达标时，应及时使用口服降糖药物。

（1）促胰岛素分泌剂：①磺脲类：可刺激胰岛β细胞分泌胰岛素。常用第二代磺脲类药物，如格列吡嗪、格列齐特、格列喹酮及格列美脲等。可单用或与其他类型降糖药合用，不宜与其他胰岛素促分泌剂（如格列奈类）合用。适用于饮食和运动治疗控制血糖不理想的非肥胖新诊断的T_2DM患者。不良反应中低血糖反应最常见，另外可有体重增加、皮肤过敏、腹部不适及食欲减退等。②格列奈类：降糖作用快而时间短，主要用于控制餐后高血糖，于餐前或进餐时口服。有瑞格列奈和那格列奈两种制剂。可单用或与其他类降糖药合用。低血糖发生率低。

（2）双胍类：主要通过抑制肝葡萄糖输出、改善胰岛素的敏感性、增加外周组织对葡萄糖的摄取和利用起作用。主要制剂为二甲双胍，可单用或与其他类降糖药合用，为肥胖或超重T_2DM患者的一线用药。不良反应有消化道反应、皮肤过敏反应及乳酸性酸中毒。

（3）噻唑烷二酮类：主要增强外周组织对胰岛素的敏感性，明显减轻胰岛素抵抗。现有制剂包括罗格列酮和吡格列酮。可单独或与其他降糖药合用治疗T_2DM，尤其是胰岛素抵抗者，单用不引起低血糖；不宜用于T_1DM患者、儿童、孕妇和哺乳期妇女。主要不良反应为水肿，有心脏病、心力衰竭倾向或肝病者慎用。

（4）α-葡萄糖苷酶抑制剂：主要通过抑制小肠黏膜刷状缘的α葡萄糖苷酶而延缓糖类的吸收，降低餐后高血糖。有阿卡波糖和伏格列波糖两种制剂。为T_2DM的一线药物，尤其是空腹血糖正常而餐后血糖明显升高者，可单用或与其他降糖药合用。不良反应为腹胀、排气增多或腹泻。

(5) 二肽基肽酶-Ⅳ抑制剂（DPP-Ⅳ抑制剂）：该类药物通过抑制 DPP-Ⅳ活性而减少胰高血糖素样多肽-1（GLP-1）的失活，提高内源性 GLP-1 水平。单药使用，或与其他口服降糖药物或胰岛素联合，主要用于 T_2DM。目前主要的 DPP-Ⅳ抑制剂包括沙格列汀、西格列汀、维格列汀等。

6. 胰岛素治疗

（1）适应证：① T_1DM；②各种严重的糖尿病急、慢性并发症；③手术、妊娠和分娩；④ T_2DM 胰岛细胞功能明显减退；⑤新诊断的 T_2DM 伴明显高血糖，或病程中无明显诱因出现体重下降显著者。

（2）胰岛素制剂：按作用起效快慢和维持时间，将胰岛素制剂分为短（速）效、中效、长效三类。短效胰岛素是唯一可经静脉注射的胰岛素，主要控制餐后高血糖。中效胰岛素主要控制两餐饭后高血糖，以第二餐饭后为主。长效胰岛素无明显作用高峰，主要提供基础水平胰岛素。

（3）胰岛素的不良反应：包括低血糖、视物模糊，罕见皮下脂肪萎缩或肥大、胰岛素过敏等。

7. 胰腺移植和胰岛细胞移植 治疗对象主要为 T_1DM 患者，目前尚局限于伴终末期肾病的 T_1DM 患者。

自测题

扫码测验

第三节　高尿酸血症和痛风

案例导入

患者，男，48 岁，左踇趾关节痛 8 h 入院。患者昨天晚上饮酒约 180 ml，今天清晨因左踇趾关节痛醒来，无发热，自服芬必得后稍好转，现入院进一步检查。1 年前体检时发现血尿酸稍高于正常，未予重视。右踇趾关节无外伤史。体格检查：T 36.5℃，P 75 次/分，R 16 次/分，BP 135/85 mmHg，BMI 28 kg/m²，眼睑无水肿，耳郭无结节，右踇趾关节红肿，局部皮温高，触痛明显，余正常。

问题与思考：
1. 初步诊断和诊断依据是什么？
2. 为明确诊断，需要进一步做哪些检查？
3. 治疗原则是什么？

高尿酸血症（hyperuricemia）与痛风（gout）是嘌呤代谢障碍所致的慢性代谢性疾病，临床上约 80% 的高尿酸血症者可终生无症状，少部分发展为痛风，确切原因不明。当血尿酸浓度过高和（或）在酸性环境下，尿酸可析出结晶，沉积在骨关节、肾和皮下等组织。痛风除高尿酸血症外，可表现为急性关节炎、痛风石、慢性关节炎、关节畸形、慢性间质性肾炎及尿酸性尿路结石等。临床上高尿酸血症和痛风分为原发性和继发性两大类，前者多由先天性嘌呤代谢异常所致，常与肥胖、糖和脂代谢紊乱、动脉硬化、高血压及冠心病等聚集发生；后者则由某些疾病（如慢性溶血、红细胞增多症等）或者药物引起。

一、病因和发病机制

1. 原发性高尿酸血症和痛风　由先天性嘌呤代谢障碍引起，包括多基因遗传缺陷、嘌呤代谢酶缺陷导致的尿酸生成增多或排泄减少。痛风患者中高尿酸血症多数由尿酸排泄减少引起，因尿酸生成增多所致者仅占10%左右。

2. 继发性高尿酸血症和痛风

（1）某些遗传学疾病：如Ⅰ型糖原贮积症。

（2）某些血液病：如多发性骨髓瘤、淋巴瘤及恶性肿瘤化疗或放疗后，因尿酸生成过多而引起高尿酸血症。

（3）药物：呋塞米、吡嗪酰胺等药物可因抑制尿酸排泄而引起高尿酸血症。

知识链接

尿酸的来源和去路

尿酸是人体内嘌呤的代谢终产物。人体中尿酸80%来源于内源性嘌呤代谢，而来源于富含嘌呤或核酸蛋白食物的仅占20%。正常情况下，体内产生的尿酸2/3经肾排出，余下的1/3从肠道排出。

二、临床表现

原发性痛风多见于男性，常伴有肥胖、2型糖尿病、高脂血症、高血压等。其自然病程包括以下几个阶段：无症状期、急性关节炎期、间歇期、慢性关节炎期和肾脏病变。继发性痛风的临床表现常较原发性痛风严重，肾石病多见，关节症状多不典型。

1. 无症状期　仅有血尿酸波动性或持续性升高。

2. 急性关节炎期　急性关节炎是原发性痛风最常见的首发症状。好发部位为跖趾关节，通常在夜间发作，数小时内出现关节红、肿、热、痛，可伴发热等全身性症状，疼痛剧烈难忍。受凉、劳累、酗酒、进食富含嘌呤食物为常见诱因。

3. 间歇期　多数患者数月发作一次，病程越长，发作越频繁。

4. 慢性关节炎期　多见于未经治疗或治疗不规范者。尿酸盐沉积于软骨、滑膜、肌腱等组织中形成痛风石为本期的特征性表现，以耳轮、跖趾、指间和掌指等关节较为常见。痛风石在骨关节周围引起炎症性损伤，甚至可造成关节功能损毁和畸形。

5. 肾脏病变　病程较长的痛风患者约1/3会出现肾损害，主要表现为痛风性肾病、尿酸性肾石病及急性肾衰竭。

（1）痛风性肾病：尿酸盐在肾间质组织沉积，导致肾小管功能受损，可出现间歇性蛋白尿、镜下血尿、夜尿增多甚至慢性肾功能不全。

（2）尿酸性肾石病：以尿酸性肾结石为首发表现。细小泥沙样结石可随尿液排出，较大结石常引起肾绞痛、血尿及尿路感染。

（3）急性肾衰竭：大量尿酸盐结晶堵塞肾小管、肾盂甚至输尿管所致。

> 知识链接
>
> 中老年人如突然发生跗趾及第1跖趾等单关节红、肿、热、痛，即应考虑痛风，血尿酸不高亦不能除外，应用秋水仙碱治疗有特效或关节液穿刺或痛风石活检证实为尿酸盐结晶可做出诊断。X线检查、CT或MRI扫描对明确诊断有一定价值。

三、辅助检查

1. **血尿酸增高** 少数患者在急性痛风发作时可能正常。
2. **关节腔滑囊液旋光显微镜检查** 白细胞内有双折光的针形尿酸盐结晶。
3. **痛风石活检或穿刺** 检查证实为尿酸盐结晶。
4. **X线检查** 提示受累关节骨软骨缘有圆形或不整齐穿凿样透亮缺损。
5. **CT检查** 见灰度不等的斑点状痛风石影像。

四、诊断

常根据诱因、家族史、泌尿系尿酸结石史及典型的关节炎表现考虑痛风的诊断。其中以关节症状的部位穿刺发现尿酸盐结晶为诊断的金标准。急性关节炎期诊断困难者可行秋水仙碱诊断性治疗。如为痛风性关节炎，服用秋水仙碱后症状可迅速缓解。

五、治疗

原发性痛风目前尚无根治方法，控制高尿酸血症可使病情逆转。继发性痛风的治疗主要针对原发疾病的病因。

1. **一般治疗** 低嘌呤饮食，多饮水，使每日尿量在2000 ml以上。可口服碳酸氢钠碱化尿液，使尿pH值维持在6.2~6.9，以增加尿酸溶解度，避免结石形成。
2. **急性关节炎期的治疗** 急性关节炎发作期应及早治疗，24 h以内有针对性地使用非甾体抗炎药或秋水仙碱可有效抗炎镇痛，提高患者生活质量。非甾体类抗炎药或秋水仙碱治疗无效或有禁忌时可采用糖皮质激素缓解急性发作。
3. **间歇期和慢性关节炎期的治疗** 抑制尿酸合成的药物（如别嘌醇）或促进尿酸排泄的药物（如苯溴马隆、非布司他）可用于控制尿酸水平。
4. **合并肾脏病变患者的治疗** 先评估肾功能，再根据具体情况使用对肾功能影响小的降尿酸药物，并在治疗过程中密切监测不良反应。

六、预防

痛风是一种终身性疾病，为防止复发，患者除遵医嘱长期服药外，还应控制饮食总热量；限制高嘌呤食物，如动物内脏、鱼虾等海产品、肉类、豆类等摄入，避免辛辣食物，如茴香、胡椒、芥末等；戒酒；禁用抑制尿酸排泄的药物，如噻嗪类利尿药等；避免寒冷、劳累以及外伤、感染等；选用低嘌呤食物，如各种谷类、水果、蔬菜、奶制品和鸡蛋等；每天饮水2000 ml以上，以增加尿酸的排泄。

自测题

扫码测验

第四节 骨质疏松症

> **案例导入**
>
> 患者，女，64岁。因腰痛1天入院。1天前无明显诱因出现腰痛，无肉眼血尿，无下肢痛。休息和按摩不能缓解。其母76岁时发生过一次髋部骨折。体格检查：T 36.0℃，P 70次/分，R 18次/分，BP 130/82 mmHg，眼睑无水肿，无突眼，口唇红润，甲状腺不大。输尿管无压痛，腰椎压痛明显。
>
> 问题与思考：
> 1. 初步诊断和诊断依据是什么？
> 2. 为明确诊断，需要进一步做哪些检查？
> 3. 治疗原则是什么？

骨质疏松症（osteoporosis，OP）是由多种原因引起的骨量降低和骨组织微结构破坏，导致骨脆性增加和易发生骨折的代谢性骨病。骨质疏松症可发生于任何年龄，但多见于绝经后女性和老年男性。按病因可分为原发性骨质疏松症和继发性骨质疏松症两大类。原发性骨质疏松症主要包括绝经后骨质疏松症（Ⅰ型）和老年骨质疏松症（Ⅱ型），继发性骨质疏松症指由任何影响骨代谢的疾病和（或）药物及其他明确病因导致的骨质疏松。本章主要介绍绝经后骨质疏松症。

一、病因和发病机制

骨吸收增加和（或）骨形成不足都可引起骨质量和骨密度（bone mineral density，BMD）下降。绝经后骨质疏松症主要是由于绝经后雌激素水平降低，对破骨细胞抑制作用减弱，因此破骨细胞数量增加、凋亡减少、寿命延长，导致其骨吸收功能增强。尽管成骨细胞介导的骨形成亦有增加，但不足以代偿过度的骨吸收，导致骨强度下降、骨脆性增加，直至发生脆性骨折。此外，随着年龄增长，肠的钙吸收减少，1,25-$(OH)_2D_3$生成减少，甲状旁腺激素相对增多，促进骨吸收。

二、临床表现

1. 骨痛 骨痛是骨质疏松症最常见的症状，可出现腰背疼痛或全身骨痛。疼痛通常在翻身、坐起时及长时间行走后出现，夜间或负重活动时疼痛加重，并可伴有肌肉痉挛及活动受限。

2. 脊柱变形 严重骨质疏松症患者因椎体压缩性骨折，可出现身高变矮或驼背等脊柱畸形。多发性胸椎压缩性骨折可导致胸廓畸形，形成驼背；严重的腰椎压缩性骨折会导致便秘、腹痛、腹胀、食欲减退等腹部不适。

3. 骨折 骨质疏松性骨折属于脆性骨折，通常指在日常生活中受到轻微外力时发生的骨折。骨折发生的常见部位为椎体（胸、腰椎）、髋部（股骨近端）、前臂远端和肱骨近端；其他部位亦可发生。第一次骨折后，再骨折的风险显著增加。

4. 并发症 胸廓畸形者可伴胸闷、呼吸困难甚至发绀等呼吸系统表现。心肺功能下降易导致免疫力下降，并发上呼吸道感染和肺部感染。股骨颈骨折易致股骨头坏死。

三、实验室及其他辅助检查

该病的确诊有赖于X线或骨密度（BMD）测量。

1. X 线检查 可见椎体形态和骨小梁，但是骨量丢失 30% 以上才能发现骨质疏松征象，因此该检查不能作为早期诊断方法。

2. 骨密度（BMD）测量 常用方法有单光子吸收测量（SPA）、双光子吸收测量（DPA）、双能 X 射线吸收法（dual energy X-ray absorptiometry，DXA）、CT 及 MRI 等。DXA 的扫描时间短，图像清晰，准确性与精确性均优于 SPA 和 DPA，通常测量腰椎及股骨近端骨密度，是目前诊断骨质疏松症的金标准。BMD 低于正常青年人平均值的 2.5 个标准差以上为骨质疏松症；BMD 低于正常青年人平均值 1～2.5 个标准差为低骨量或骨量减少；严重骨质疏松症为骨质疏松症伴一处或多处骨折。

3. 生化检查 原发性骨质疏松症血清钙、磷皆正常；骨形成指标有碱性磷酸酶、血骨钙素及 I 型前胶原羧基端前肽；骨吸收指标有血抗酒石酸酸性磷酸酶、尿胶原吡啶啉、尿型胶原的 N 末端肽、C 末端肽等。绝经后骨质疏松症多表现为骨形成和骨吸收指标均增高。

> **要点提示**：DXA 测量骨密度是目前诊断 OP 的金标准。

四、诊断

骨质疏松症的诊断基于全面的病史采集、体格检查、骨密度测定、影像学检查及必要的生化测定。临床上诊断原发性骨质疏松症应包括两方面：确定是否为骨质疏松症和排除继发性骨质疏松症。目前公认的骨质疏松症诊断标准是基于 DXA 的结果。

五、治疗要点

强调早期治疗、综合治疗和个体化治疗。治疗目的为缓解骨痛、改善骨功能、提高骨量和预防骨折。

1. 一般治疗 加强营养，均衡膳食，推荐每天摄入牛奶 300 ml 或相当量的奶制品。戒烟、限酒。避免过量饮用咖啡、碳酸饮料。加强运动，可以促进骨量增加；补充钙元素 800～1200 mg/d，维生素 D 400～600 IU/d，纠正不良生活习惯，避免使用致骨质疏松症的药物。

2. 性激素替代 雌激素治疗对绝经后骨质疏松症疗效肯定。常用药物有己烯雌酚，宜小剂量长期使用；尼尔雌醇是新一代雌激素，剂量为每周 1～2 mg；雌二醇皮贴剂 0.05～0.1 mg/d。

3. 降钙素 降钙素是骨吸收抑制剂。有鲑鱼降钙素、鳗鱼降钙素，不仅可治疗骨质疏松，还能缓解骨质疏松引起的疼痛。应用前需先补充数日钙剂和维生素 D。

4. 二膦酸盐 二膦酸盐是目前应用最广泛的抗骨质吸收药物。①口服制剂：如依替膦酸二钠、阿仑膦酸钠。口服制剂生物利用度仅 1%，需空腹单独服用，服后半小时避免平卧，用药后 1 h 方可进食；②静脉应用制剂，有氯屈膦酸二钠、帕米膦酸钠等。

5. 骨质疏松性骨折的治疗 复位、固定、功能锻炼和抗骨质疏松治疗是骨质疏松性骨折的基本治疗原则。

自测题

扫码测验

（孙妍珺）

第十章 风湿性疾病

学习目标

通过本章内容的学习，学生应能够：

识记：
1. 列举风湿性疾病的病因。
2. 说出风湿性疾病的定义及分类。

理解：
1. 分析风湿性疾病的临床特点。
2. 说明常见风湿性疾病的辅助检查及治疗要点。

运用：
1. 根据患者的病史、临床表现、实验室及辅助检查做出初步诊断。
2. 根据病情选择合适的治疗方案，并针对风湿性疾病进行健康教育。
3. 培养高度责任心和同情心，树立医者仁心、护佑生命的职业素养。

第一节 概 述

风湿性疾病（rheumatic diseases），简称风湿病，泛指影响骨、关节及其周围软组织，如肌肉、滑囊、肌腱、筋膜、神经等的一组疾病。近年来研究发现，大部分风湿性疾病的发病机制与自身免疫相关。其病因可以是感染性、免疫性、代谢性、内分泌性、退行性、地理环境性、遗传性、肿瘤性等。风湿性疾病的发病率高，有一定致残率，极大地危害着人类健康，同时给社会和家庭带来了沉重的负担。

一、分类

风湿性疾病目前临床较为常用的分类方法仍在沿用1983年美国风湿病协会所制定的分类方法，根据其发病机制、病理和临床特点，将风湿性疾病分为10大类（表10-1）。

表10-1 风湿性疾病的范畴和分类

分类	相关疾病
1. 弥漫性结缔组织病	SLE、RA、pSS、SSc、PM/DM、血管炎等
2. 脊柱关节病	AS、Reiter综合征、银屑病关节炎、未分化脊柱关节病等

续表

分类	相关疾病
3. 退行性变	OA（原发性，继发性）
4. 与代谢和内分泌相关的风湿病	痛风、假性痛风、马方综合征、免疫缺陷病等
5. 与感染相关的风湿病	反应性关节炎、风湿热等
6. 肿瘤相关的风湿病	原发性（滑膜瘤、滑膜肉瘤等）、继发性（多发性骨髓瘤、转移瘤）
7. 神经血管疾病	神经性关节炎、压迫性神经病变（周围神经受压、神经根受压等、雷诺病）
8. 骨与软骨病变	骨质疏松、骨软化、肥大性骨关节病、弥漫性原发性骨肥厚、骨炎等
9. 非关节性风湿病	关节周围病变、椎间盘病变、特发性腰痛、其他疼痛综合征（精神性风湿病）等
10. 其他有关节症状的疾病	周期性风湿病、间歇性关节积液、药物相关的风湿综合征、慢性活动性肝炎等

二、临床特点

风湿病的临床表现具有以下特点。

1. 呈发作与缓解相交替的慢性病程 如系统性红斑狼疮（systemic lupus erythematosus，SLE）、类风湿关节炎（rheumatoid arthritis，RA）、痛风等，病程漫长、病情反复，多次发作可造成相应脏器和局部组织的严重损害。

2. 异质性 即同一疾病，不同患者的临床表现、抗风湿药物应用耐受量及其疗效和不良反应、预后等方面差异很大。

3. 免疫学异常或生化改变 风湿病患者常有免疫学或生化检查的异常，如类风湿关节炎患者类风湿因子（rheumatoid factor，RF）多呈阳性，系统性红斑狼疮患者抗 dsDNA 抗体阳性等。

> **要点提示**：风湿病的临床特点。

第二节 系统性红斑狼疮

案例导入

患者，女，26岁，因"面部皮疹半年、双下肢水肿1个月余，头痛、间断失明2天、发热1天"入院。无药物、食物及其他过敏史。查体：T 37.0℃，BP 132/90 mmHg；谵妄，面部蝶形红斑，颈稍抵抗，双下肢凹陷性水肿，双下肢肌力4级。实验室检查：WBC 15.26×10^9/L，NEU% 80.64%，24 h尿蛋白定量 3.2 g；ESR 92.0 mm/h；CRP 52.62 mg/L；白蛋白 12.4 g/L；ANA（+），ARPA（+），抗SS-A（+），抗Sm（+）；抗心磷脂抗体（−）。

问题与思考：
1. 初步诊断和诊断依据是什么？应与哪些疾病相鉴别？
2. 如果确定诊断，治疗原则是什么？

系统性红斑狼疮（systemic lupus erythematosus，SLE）是一种慢性、多系统受累、自身免疫介导的、以免疫性炎症为突出表现的弥漫性结缔组织病。血清中可出现以抗核抗体（antinuclear antibody，ANA）为代表的多种自身抗体。该病好发于育龄期女性，多见于20～40岁年龄段，女：男比例为（7～9）：1。我国的流行病学调查显示SLE的患病率为70/10万，女性则高达113/10万。不同种族的患病率也不一致，非洲裔女性最高，而白人男性最低。

一、病因和发病机制

SLE的病因和发病机制尚未明确，目前的研究概括起来认为是易感基因与环境因素两方面的相互作用导致了机体免疫反应异常。SLE存在遗传易感性，同时性激素水平异常。SLE发病的环境因素包括紫外线、病毒感染（如EB病毒感染）、药物（如肼屈嗪、异烟肼、普鲁卡因胺及肿瘤坏死因子抑制剂等）、吸烟及接触过敏原等。

> **要点提示**：SLE发病的环境因素包括紫外线、病毒感染、药物等。

二、临床表现

SLE临床表现复杂多样，病程多呈发作与缓解交替过程。早期症状往往不典型。

1. 全身表现 SLE活动期约90%的患者出现各种热型的发热，以低、中热多见。此外，还可出现疲倦、乏力、体重下降等。

2. 皮肤黏膜 在鼻梁、颧部及颊部呈蝶形分布的红斑是SLE特征性改变。其他皮肤损害包括光过敏、脱发、盘状红斑、血管炎、网状青斑、雷诺现象等。

> **要点提示**：蝶形分布的红斑是SLE特征性皮肤改变。

3. 关节肌肉 约85%的患者有不同程度的关节痛，出现在指、腕、膝关节，很少伴有红肿。一般不出现关节畸形。常出现对称性多关节疼痛。可出现肌痛和肌无力。小部分患者出现股骨头坏死，目前不能肯定是由本病所致，还是糖皮质激素的不良反应。

4. 肾损害 狼疮性肾炎（lupus nephritis，LN）是SLE最常见的脏器受累表现，也是导致SLE患者死亡的主要原因之一，对SLE的预后影响深远。LN的表现包括蛋白尿、血尿、管型尿，乃至肾衰竭。LN的病理分型对于评估预后和指导治疗有积极意义。

> **要点提示**：肾损害是SLE最常见的脏器受累表现。

5. 神经系统 约20%患者有神经系统损伤，以脑损害最多见，严重头痛是SLE的首发症状，表现为精神障碍、癫痫发作、偏瘫、蛛网膜下腔出血、脊髓炎等。出现神经系统症状往往提示SLE病情的活动变化，表示病情严重，预后不佳。

6. 血液系统 SLE常出现贫血、白细胞减少及血小板减少。约20%患者有无痛性轻或中度淋巴结肿大，以颈部和腋下多见。约15%患者有脾大。

7. 肺部表现 SLE常出现渗出性胸膜炎，其他肺部表现包括狼疮性肺炎、肺间质病变、肺动脉高压、肺梗死等，合并弥漫性肺泡出血的患者病情危重，死亡率高。

8. 心脏表现 约30%患者有心血管表现，以心包炎最常见，表现为心包积液。也可出现心肌炎、心律失常、心功能不全。SLE可出现心脏瓣膜受累，出现疣状心内膜炎。SLE患者出现心肌梗死风险更高。

9. 消化系统 约30%患者有食欲不振、腹痛、呕吐、腹泻、腹水等，部分患者以上述症状为首发症状。约40%患者血清转氨酶升高，10%患者肝大，但多无黄疸。少数可发生急腹症，如胰腺炎、肠穿孔、肠梗阻等，往往提示SLE的活动性。

10. 抗磷脂抗体综合征（APS） 表现为动脉和（或）静脉血栓形成、习惯性流产、血小板减少，血清抗磷脂抗体多次阳性，主要发生于SLE活动期。

11. 其他 SLE可出现眼部受累，眼底改变包括出血、视神经盘水肿、视网膜渗出等，视网膜血管炎及视神经炎是严重并发症，可导致失明。SLE可继发干燥综合征，出现口干、眼干和其他外分泌腺受累表现。

三、实验室及其他辅助检查

1. 一般检查 ①血液检查：常有贫血，可有白细胞、血小板减少，血沉增快。②尿液检查：可见蛋白尿、血尿及各种管型尿。③肝功能检查：血清转氨酶增高。④肾功能检查：内生肌酐清除率降低，血清尿素氮、肌酐增高。

2. 免疫学检查 ①抗核抗体（ANA）：几乎见于所有SLE患者，是目前SLE首选的筛查项目。但其特异性低，结果阳性并不能用于SLE与其他结缔组织病的鉴别。②抗dsDNA抗体：是诊断SLE的标记性抗体之一，多出现在SLE的活动期，抗体含量与疾病活动性密切相关，也与疾病的预后相关。③抗Sm抗体：诊断SLE的标记性抗体之一，特异性99%，但敏感性低，且与病情活动性无关。④免疫复合物增加，补体C3、C4、CH50（总补体）降低有助于SLE的诊断，同时提示狼疮活动。⑤肾穿刺活检和皮肤狼疮带试验，用于进行免疫病理学检查。

3. 影像学检查 X线、超声心动图及CT检查，有利于早期发现肺部浸润病变、心血管病变及出血性脑病等。

> **要点提示**：SLE的免疫学检查对疾病诊断最重要。

四、诊断和鉴别诊断

SLE国际协作组在美国风湿病学会1997年推荐的SLE分类标准基础上，于2012年发表了新的分类标准。该分类标准包括11项临床标准和6项免疫学标准。

（一）临床标准

1. 急性或亚急性皮肤型狼疮。
2. 慢性皮肤型狼疮。
3. 口鼻部溃疡。
4. 脱发。
5. 关节炎。
6. 浆膜炎 胸膜炎和心包炎。
7. 肾脏病变 尿蛋白肌酐比 > 0.5 mg/mg（随机），或尿蛋白定量（24 h）> 0.5 g或有红细胞管型。
8. 神经病变 癫痫、精神病、多发性单神经炎、脊髓炎、周围或脑神经病变、急性精神混乱状态。
9. 溶血性贫血。
10. 白细胞减少 至少一次白细胞减少（$< 4 \times 10^9/L$）或淋巴细胞减少（$< 1 \times 10^9/L$）。
11. 血小板减少 至少一次血小板减少（$100 \times 10^9/L$）。

（二）免疫学标准

1. 抗核抗体阳性。
2. 抗 dsDNA 抗体阳性（ELISA 方法需 2 次阳性）。
3. 抗 Sm 抗体阳性。
4. 抗磷脂抗体阳性　狼疮抗凝物阳性，或梅毒血清学试验假阳性，或中高水平阳性的抗心磷脂抗体，或抗 $β_2$ 糖蛋白 I 抗体阳性。
5. 补体降低　C3、C4 或 CH50 降低。
6. 直接抗人球蛋白试验（Coombs）阳性（无溶血性贫血）。

满足以上 4 项，包括至少 1 项临床标准和 1 项免疫学标准；或肾活检证实狼疮肾炎，同时抗核抗体阳性或抗 dsDNA 抗体阳性，可诊断 SLE。

SLE 应与下述疾病鉴别：RA、各种皮炎、癫痫病、精神病、特发性血小板减少性紫癜和原发性肾小球肾炎等，也需与其他结缔组织病相鉴别。

五、治疗

目前 SLE 尚无根治方法，但可通过合理治疗控制病情活动，达到长期缓解的目的。治疗原则是急性期积极用药物诱导缓解，尽快控制病情活动，病情缓解后调整用药，维持缓解治疗，保持长期缓解状态。糖皮质激素加免疫抑制剂是主要的治疗方案。

1. 一般治疗　积极去除和避免各种诱发因素，进行心理治疗，根据病情合理安排休息与工作。

2. 对症治疗　发热及关节痛者可应用非甾体抗炎药，积极治疗高血压、糖尿病、血脂异常，积极针对神经精神症状进行降低颅内压、抗癫痫、抗抑郁等治疗。

3. 药物治疗

（1）糖皮质激素：是目前治疗 SLE 的首选药物，有显著抗炎及免疫抑制作用。适用于急性暴发性狼疮、肾、中枢神经系统、心、肺等脏器受损者。通常采用泼尼松 0.5～1.5 mg/（kg·d），早晨 1 次顿服，病情好转后 2 周或疗程 8 周内，开始以每 1～2 周减 10% 的速度缓慢减量，减至小于 0.5 mg/（kg·d）后，减量速度按病情适当减慢，减至最小维持量（一般为 10～15 mg/d）后长期维持，服药过程中严密观察不良反应。对于病情突然恶化的严重狼疮性肾炎、中枢神经系统病变者，应采用大剂量激素冲击疗法，如甲泼尼龙 1 g/d 静脉滴注，连用 3 日，再改用大剂量泼尼松口服治疗，如需要可于 1 周后重复使用，可很快控制 SLE 暴发。皮损处亦可使用糖皮质激素类软膏外用。

（2）免疫抑制剂：多数 SLE 患者，尤其是病情活动期应加用免疫抑制剂联合治疗，可更好地控制 SLE 活动，保护重要脏器功能，减少复发，减少激素的剂量和不良反应。诱导缓解期常首选环磷酰胺（CTX）或吗替麦考酚酯（MMF）治疗，至少应用 6 个月以上。维持治疗阶段可根据病情选择 1～2 种免疫抑制剂长期维持治疗。另外，羟氯喹可在诱导缓解和维持治疗阶段长期应用。除上述药物外，还可选用环孢素（CsA）、甲氨蝶呤（MTX）、他克莫司（FK506）、硫唑嘌呤（AZA）、雷公藤总苷等。

4. 其他药物治疗　病情危重患者可给予静脉注射大剂量免疫球蛋白、血浆置换、造血干细胞移植等治疗。还可应用贝利木单抗、利妥昔单抗等生物制剂。

5. 合并抗磷脂综合征的治疗　可给予阿司匹林、华法林等抗血小板、抗凝治疗。

要点提示：糖皮质激素是目前治疗 SLE 的首选药物。

六、预后

急性期患者的死亡原因主要是 SLE 的多脏器损害和严重感染，尤其是伴有严重神经精神狼疮和急进性狼疮性肾炎的患者；慢性肾功能不全和药物（尤其是长期大剂量激素）不良反应，冠状动脉硬化性心脏病等，是 SLE 的远期死亡原因。

知识链接

SLE 与妊娠

病情处于缓解期达半年以上者，没有中枢神经系统、肾或其他脏器严重损害，口服泼尼松剂量低于每日 10 mg，一般能安全地妊娠，并分娩出正常婴儿。非缓解期的 SLE 患者容易出现流产、早产和死胎，发生率约 30%，故应避孕。妊娠前 3 个月至妊娠期应用大多数免疫抑制剂均可能影响胎儿的生长发育，故必须停用半年以上方能妊娠。但目前认为羟氯喹和硫唑嘌呤对妊娠影响相对较小，尤其是羟氯喹可全程使用。妊娠可诱发 SLE 活动，特别在妊娠早期和产后 6 周内。激素通过胎盘时被灭活（但是地塞米松和倍他米松例外），孕晚期应用对胎儿影响小，妊娠时及产后可按病情需要给予激素治疗。产后避免哺乳。

自测题

扫码测验

第三节　类风湿关节炎

案例导入

患者，男，49 岁。主因"双手关节肿痛 3 年，加重 2 个月"入院。患者 3 年前开始无明显诱因出现双手掌指关节肿痛，伴晨僵，晨僵超过 1 h。服中药（具体不详）治疗，疼痛无缓解，病变逐渐累及双手指间关节和双腕关节。2 个月前开始上述受累关节肿痛加重，双手活动明显受限。无口干、眼干、皮疹、脱发、光过敏、发热和消瘦。查体：T 36.1℃，P 72 次 / 分，R 18 次 / 分，BP 130/80 mmHg。神志清楚，浅表淋巴结未触及肿大。心、肺、腹检查未见异常。双手第二、三掌指关节肿胀、压痛，双腕关节肿胀，活动受限，双膝关节浮髌试验阴性，双侧髋关节活动正常，无压痛。双下肢无水肿。实验室检查：Hb 140 g/L，WBC 7.5×10^9/L，PLT 345×10^9/L。RF 220 IU/ml，ESR 50 mm/h，CRP 16 mg/L。

问题与思考：

1. 初步诊断和诊断依据是什么？
2. 应与哪些疾病相鉴别？
3. 如果确定诊断，那么治疗原则是什么？

类风湿关节炎（rheumatoid arthritis，RA）是以慢性、对称性、侵袭性多关节炎为主要表现的全身性自身免疫性疾病，可伴有关节外系统性损害如血管炎和肺间质病变等。其基本病理改变是滑膜炎和血管翳形成。本病多数呈进行性和侵蚀性，如未适当治疗，病情逐渐发展，最终导致关节畸形和功能丧失，致残率极高。RA 目前在中国的发病率为 0.28%～0.44%，其中女性患病率为男性的 2～3 倍。

> **要点提示**：类风湿关节炎基本病理改变是滑膜炎和血管翳形成。

一、病因和发病机制

RA 的病因及发病机制尚未明确，本病的病因可能与以下因素有关。

（一）环境因素

虽然目前尚未证实有导致本病的直接感染因子，但临床及实验研究资料均表明，一些细菌、支原体、病毒、原虫等的感染与 RA 的发病和病情进展关系密切。

（二）遗传因素

本病有遗传倾向。家系调查发现，RA 患者一级亲属的发病率为 11%。单卵双生子同时患 RA 的概率为 12%～30%，而异卵孪生子的概率仅为 4%。研究发现，RA 的发病与人白细胞相关抗原 HLA-DR4 有关。

（三）免疫紊乱

近年来认为免疫紊乱是 RA 主要的发病机制，类风湿关节炎的发生及迁延不愈是病原体和遗传基因相互作用的结果。

类风湿关节炎的基本病理改变是滑膜炎。急性期滑膜表现为渗出性和细胞浸润性，当病变进入慢性期后，滑膜变得肥厚，形成许多绒毛样突起，突向关节腔内或侵入软骨和软骨下的骨质。绒毛又名血管翳，具有很强的破坏性，是造成关节破坏、关节畸形及功能障碍的病理基础。

二、临床表现

RA 常表现为慢性病程，可单关节或多关节起病，表现为关节肿胀及压痛，少数患者可起病较急。还可出现全身症状，包括乏力、体重下降、低热等。

（一）关节症状

滑膜炎症状和关节结构破坏的表现，前者经治疗后有一定可逆性，但后者一经出现很难逆转。RA 病情和病程有个体差异，从短暂、轻微的少关节炎到急剧进行性多关节炎均可出现。

1. 晨僵 RA 患者晨僵时间通常超过 1 h。晨僵出现在 95% 以上的 RA 患者。晨僵持续时间的长短常提示关节滑膜炎症的轻重程度，常被作为观察 RA 活动性的指标之一。

2. 疼痛与压痛 关节痛往往是最早的症状，腕关节、掌指关节、近端指间关节为最常出现的部位，其次是足趾、膝、踝、肘、肩等关节，多呈对称性、持续性。疼痛的关节往往伴有压痛，受累关节的皮肤可出现褐色色素沉着。

3. 关节肿胀 多因关节腔内积液或关节周围软组织炎症引起，凡受累的关节均可肿胀，常见的部位为腕关节、掌指关节、近端指间关节、膝关节等，多呈对称性，近端指间关节肿胀使手指呈梭形（图 10-1）。

4. 关节畸形 多见于较晚期患者。最常见的是掌指关节的半脱位和手指的尺侧偏斜（图 10-2）。近端指间关节过度伸展，使指（趾）呈"天鹅颈样"（图 10-3）及"纽扣花样"（图 10-4）表现。重症患者关节出现纤维性或骨性强直，腕、肘、膝关节强直，影响患者正常活动，致使生活不能自理。

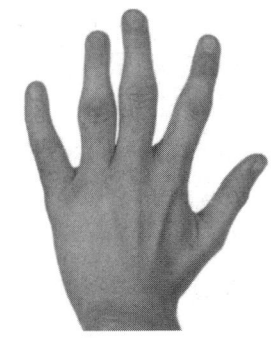

图 10-1　RA 患者近端指间关节梭形肿胀

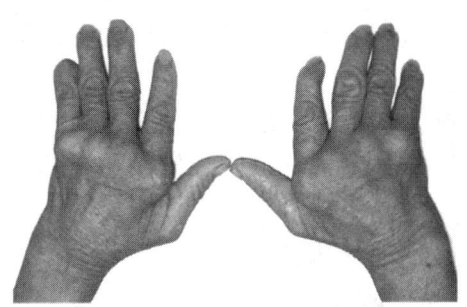

图 10-2　RA 患者手指的尺侧偏斜

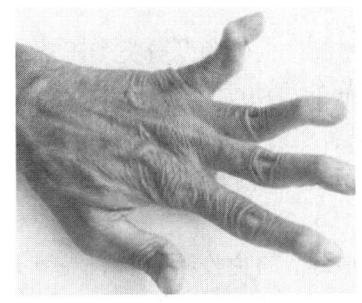

图 10-3　RA 患者手指"天鹅颈样"畸形

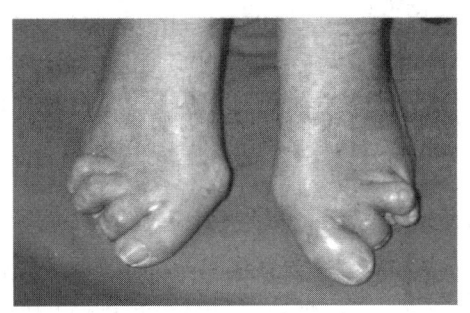

图 10-4　RA 患者足趾"纽扣花样"畸形

5．关节功能障碍　关节的持续肿痛和畸形导致关节活动障碍。美国风湿病学会将本病的关节功能分为如下 4 级。

Ⅰ级：可照常进行日常生活和各项工作。

Ⅱ级：可进行一般日常活动和某些职业工作，但其他项目的活动受限。

Ⅲ级：可进行一般日常活动，但对参与某种职业工作或其他项目活动受限。

Ⅳ级：日常生活的自理和参加工作的能力均受限。

> **要点提示**：类风湿关节炎的关节表现。

（二）关节外表现

1．类风湿结节　RA 患者的特异性皮肤表现，可见于 20%～30% 的患者，多位于前臂伸侧面、肘部鹰嘴突附近、枕、跟腱等关节隆突及受压部位的皮下处。其大小不一，结节直径由数毫米至数厘米无定形、质硬、无压痛、呈对称性分布。心、肺、眼等均可累及。其存在提示本病的活动。

2．类风湿血管炎　系统性血管炎少见，主要为指甲下或指端的小血管炎，表现为远端血管炎、皮肤溃疡、周围神经病变、巩膜炎、心包炎、内脏动脉炎等，其表现和滑膜炎的活动性无直接相关性。

3．肺　肺间质纤维化和胸膜炎为常见症状。

4．心脏受累　心包炎是最常见的心脏受累表现，还可出现心肌炎、心内膜炎和心瓣膜炎，多发生在 RA 活动时。约 30% 出现小量心包积液，多数患者无相关临床表现。

5．胃肠道　患者可有上腹不适、胃痛、恶心、食欲减退甚至黑便，多与服用抗风湿药物有关，很少由 RA 本身引起。

6．肾　RA 本身很少累及肾，但有严重血管炎者也可累及肾，偶有轻微膜性肾病、肾小球肾炎、肾内小血管炎以及肾的淀粉样变等报道。

7．神经系统损害　神经受压是 RA 患者出现神经系统病变的常见原因。正中神经在腕关节处受压出现腕管综合征。脊椎骨突关节病变可引起脊髓受压，表现为渐起的双手感觉异常和力量减弱，腱反射多亢进，病理反射阳性。多发性单神经炎则因小血管炎的缺血性病变所造成。

8. 其他关节外表现 可出现贫血、血小板减少、淋巴结肿大、巩膜炎、角膜炎及继发干燥综合征或眼干燥症，或伴发因血管炎、淀粉样变而致的胃肠道、肝、脾及胰腺损害。

> **要点提示**：类风湿结节提示疾病处于活动期，是RA患者的特异性皮肤表现；类风湿血管炎是RA患者关节外损害的病理基础。

三、实验室及其他辅助检查

1. 血象 有轻至中度贫血。活动期患者血小板可增高。白细胞及分类多正常。

2. 炎性标志物 血沉和C反应蛋白常升高，与疾病的活动度相关。

3. 自身抗体 类风湿因子（RF）见于约70%的患者血清，其滴度一般与RA的活动性和严重性相关。RF并非类风湿关节炎特异性抗体，阴性者也不能排除类风湿关节炎的诊断。另外，抗角蛋白抗体谱在临床中也有使用。

4. 免疫复合物和补体 70%患者血清中出现各种类型的免疫复合物，尤其是活动期和RF阳性患者。急性期和活动期，患者血清补体均有升高，有少数血管炎者出现低补体血症。

5. 关节滑液 滑液中的白细胞数明显增多，达$(2\sim75)\times10^9$/L，且中性粒细胞占优势，其黏度差，含葡萄糖量低于血糖。

6. 关节X线检查 对本病的诊断、关节病变的分期、监测病情演变均很重要。常规首选双手指及腕关节X线片检查。X线表现分为4期：关节周围软组织的肿胀阴影，关节端的骨质疏松（Ⅰ期）；关节间隙狭窄（Ⅱ期）；关节面出现虫蚀样破坏性改变（Ⅲ期）；关节半脱位和关节破坏后的纤维性和骨性强直（Ⅳ期）。

7. 类风湿结节的活检 其典型的病理改变有助于本病的诊断。

> **要点提示**：类风湿因子与RA的活动性和严重性相关，缺乏特异性。

四、诊断

美国风湿病学会（ACR）和欧洲抗风湿病联盟（EULAR）于2010年提出了新的RA分类标准和评分系统。如表10-2所列，四项评分相加，大于等于6分，明确诊断为类风湿关节炎，小于6分者，不能分类为RA，但是可以再次评价，随着时间推移，可能会符合标准。评分时注意取患者符合条件的最高分。目前该标准正在临床实践中验证推广。

表10-2　2010年ACR和EULAR的RA分类标准

关节受累（0~5分）	
1个中大关节	0分
2~10个中大关节	1分
1~3个小关节	2分
4~10个小关节	3分
>10个关节（包含≥1个小关节）	5分
血清学（0~3分）	
RF和ACPA均阴性	0分

续表

≥1项低滴度阳性	2分
≥1项高滴度阳性	3分
滑膜炎持续时间（0~1分）	
<6周	0分
≥6周	1分
急性相反应物（0~1分）	
CRP和ESR均正常	0分
≥1项异常	1分

注：①总分≥6分即为明确的RA。②大关节：肩、肘、髋、膝、踝关节。③小关节：腕、掌指、近侧指间、跖趾关节。

五、治疗

RA的病因和发病机制尚未明确，目前临床上缺乏根治及预防本病的有效措施。治疗目标主要是减轻关节症状、延缓病情进展、防止和减少关节的破坏、保护关节功能、最大限度地提高患者的生活质量。按照早期、达标、个体化方案治疗原则，密切监测病情，减少致残。

（一）一般治疗

一般治疗包括患者教育、休息、关节制动（急性期）、关节功能锻炼（恢复期）、物理疗法等。

（二）药物治疗

治疗RA的常用药物分为五大类，即非甾体抗炎药（NSAIDs）、改变病情抗风湿药（DMARDs）、糖皮质激素（glucocorticoid，GC）、生物制剂和植物药等。

1. 非甾体抗炎药 是RA治疗的一线药物，有抗炎、止痛、解热作用，是类风湿关节炎治疗中最为常用的药物，适用于活动期等各个时期的患者。常用的药物包括双氯芬酸、萘丁美酮、美洛昔康、塞来昔布等。只能缓解症状，不能阻止疾病的进展。应用非甾体抗炎药的同时，应尽早加用DMARDs。

2. 改善病情抗风湿药（DMARDs） 可以控制病情的进展，阻止关节侵蚀及畸形发生，是RA治疗的核心。常用DMARDs药物如下。

（1）MTX：为RA的首选用药，同时也是联合治疗的基本药物。每周剂量7.5~20 mg，以口服为主，可静脉、皮下或肌内注射。4~6周起效，疗程至少半年。不良反应有肝损害、胃肠道反应、骨髓抑制、口角糜烂等，停药后多能恢复。

（2）柳氮磺吡啶：每日剂量2~3 g，分2~3次服用，由小剂量开始，减少不良反应。对磺胺过敏者禁用。

（3）来氟米特：每日剂量为10~20 mg，与MTX有协同作用，常联合使用。有胃肠道反应、肝损伤、骨髓抑制、脱发等不良反应。

（4）氯喹和羟氯喹：前者每日0.25 g，一次口服。后者每日0.2~0.4 g，分两次服。长期服用可出现视物盲点，眼底有"牛眼"样改变，因此每6~12个月宜做眼底检测，少数患者服用氯喹后出现心肌损害。

3. 糖皮质激素 起效迅速，但因副作用较多，与DMARDs联用时仅作为DMARDs起效前的"桥梁"治疗。常用于RA活动期、有关节外表现、关节腔内局部注射等，疾病控制后尽早减量。

4. 植物药 包括雷公藤、白芍总苷、青藤碱等。部分药物对治疗类风湿关节炎具有一定的疗效，但作用机制需进一步研究。

要点提示：RA 的药物治疗。

（三）外科手术治疗

外科手术治疗包括关节置换和滑膜切除手术。前者适用于较晚期有畸形并失去功能的关节。后者可以使病情得到一定的缓解，但当滑膜再次增生时病情又趋复发，所以必须同时应用 DMARDs。

六、预后

RA 病程多迁延不愈，在病程 2～3 年内即可致残，关节破坏率达 70%。影响预后的因素包括性别、发病早晚及病情和相关实验室指标等。RA 死亡率较低，有关的死亡原因主要有内脏血管炎、感染和肺间质纤维化等。

自测题

扫码测验

第四节 脊柱关节炎

案例导入

患者，男，19 岁。3 年前出现腰骶部疼痛及右膝关节疼痛，自服止痛片缓解。1 年前腰骶部疼痛加重，伴腰部僵硬，阴雨天尤甚，不能久坐久立，在某医院按风湿性关节炎治疗，疼痛暂时缓解，后时轻时重，呈进行性加重，腰部活动明显受限。辅助检查：HLA-B27 阳性，血沉 68 mm/h，C 反应蛋白阴性，类风湿因子阴性。X 线检查显示关节间隙模糊，轻度变窄。诊断为强直性脊柱炎。

问题与思考：
1. 初步诊断和诊断依据是什么？
2. 如果确定诊断，那么治疗原则是什么？

脊柱关节炎（spondyloarthritis，SpA）以往曾被称为血清阴性脊柱关节病，是一类以累及脊柱、关节韧带和肌腱为主要表现的慢性炎症性风湿病的总称，我国人群患病率为 1% 左右。最典型的疾病是强直性脊柱炎（AS）。其他 SpA 疾病包括反应性关节炎（ReA）、银屑病关节炎（PsA）、炎症性肠病关节炎（IBDA）、幼年脊柱关节炎及未分化脊柱关节炎（USpA）。不同形式的 SpA 具有多种共同的临床特征：①最突出的特征是中轴关节（尤其是骶髂关节）炎症；②炎症性外周关节炎常累及下肢关节，并为不对称性；③常见指/趾炎（腊肠指/趾）和附着点炎（韧带或肌腱的骨骼附着处炎症）；④与 HLA-B27 密切关联；⑤阳性家族史；⑥皮肤和生殖器病变、眼和肠道炎症、与先前或持续性感染性疾病相关。本章重点阐述强直性脊柱炎。

强直性脊柱炎（ankylosing spondylitis，AS）是 SpA 常见的临床类型，以中轴关节受累为主,可伴发关节外表现,严重者可发生脊柱强直和畸形。我国人群患病率为 0.25% 左右,多见于青少年。

> **要点提示**:脊柱关节炎共同的临床特征。

一、病因和发病机制

本病是遗传和环境因素共同作用引发的多基因遗传病,其中主要易感基因是 HLA-B27,约 90% 的患者该基因阳性。AS 可能还与泌尿生殖道沙眼衣原体、志贺菌、沙门菌和结肠耶尔森菌等某些肠道病原菌感染有关,这些病原体激发了机体炎症和免疫应答,造成组织损伤而参与疾病的发生和发展。

二、病理

附着点病(炎)指肌腱、韧带和关节囊等附着于骨关节部位的非特异性炎症、纤维化乃至骨化,为该病的基本病变。骶髂关节是本病最早累及的部位,病理表现为滑膜炎,软骨变性、破坏,软骨下骨板破坏以及炎症细胞浸润等。反复的炎症可致晚期脊柱呈"竹节样"变化。

三、临床表现

多数起病缓慢而隐匿。男女比例约 1:1,男性病情较重。发病年龄多在 20~30 岁。16 岁以前发病者称幼年型 AS,晚发型常指 40 岁以后发病者,且临床表现常不典型。

(一)症状

1. 关节表现 骶髂关节是最早受累的关节之一,首发症状常为下腰背痛伴晨僵,也可表现为单侧、双侧或交替性臀部、腹股沟向下肢放射的酸痛等。症状在夜间休息或久坐时较重,活动后可以减轻。对非甾体抗炎药反应良好。开始时疼痛呈间歇性,经数月至数年可发展为持续性疼痛。晚期可有腰椎各方向活动受限和胸廓活动度减低。随着病情进展,整个脊柱常自下而上发生强直。

最典型和常见的表现为炎性腰背痛,附着点炎多见于足跟、足掌部,也见于膝关节、胸肋连接、脊椎骨突、髂嵴、大转子和坐骨结节等部位。部分患者首发症状可以是下肢大关节如髋、膝或踝关节痛,常为非对称性、反复发作与缓解,可伴发骨关节破坏。幼年起病者尤为常见,可伴或不伴有下腰背痛。

> **要点提示**:强直性脊柱炎的最典型和常见的表现为炎性腰背痛,骶髂关节是最早受累的关节。

2. 关节外症状 30% 左右的患者可出现反复发作的葡萄膜炎或虹膜炎。1%~33% 的患者可出现升主动脉根部扩张和主动脉瓣病变以及心传导系统异常,少见肾功能异常、上肺间质性肺炎、下肢麻木、感觉异常及肌肉萎缩和淀粉样变等。晚期病例常伴骨密度下降甚至严重骨质疏松,易发生脆性骨折。

(二)体征

常有骶髂关节压痛,脊柱前屈、后伸、侧弯和转动受限,胸廓活动度减低等。

四、实验室及其他辅助检查

(一)实验室检查

无特异性实验室检查指标。RF 阴性,活动期可有血沉和 C 反应蛋白升高。90% 左右的患者HLA-B27阳性。

(二)影像学检查

骶髂关节炎是诊断的关键依据。评定骶髂关节炎的X线分级如表10-3所示，Ⅱ级X线表现不明显时，可行CT或MRI检查。

表10-3 骶髂关节的X线分级

分级水平	X线表现
0级	正常
Ⅰ级	可疑两侧骶髂关节炎
Ⅱ级	轻度异常，可见局限性侵蚀、硬化，但关节间隙正常
Ⅲ级	明显异常，中度或进展性骶髂关节炎，伴有以下1项或1项以上改变：侵蚀、硬化、关节间隙狭窄，部分强直
Ⅳ级	严重异常，完全性关节强直

五、诊断

近年来有不同的诊断标准，可参照1984年修订的纽约标准：①腰背痛、晨僵的病程至少持续3个月，活动改善，但休息后不减轻；②腰椎在前后和侧屈方向活动受限；③胸廓扩张范围低于同年龄和性别的正常值；④双侧骶髂关节炎Ⅱ~Ⅳ级，或单侧骶髂关节炎Ⅲ~Ⅳ级。如果患者具备④和①~③中的任何1项，即可确诊为强直性脊柱炎。

六、治疗

目前尚无根治方法，治疗的主要目的在于控制炎症，缓解症状，保持正常姿势和最佳功能位，减缓疾病进展，防止畸形。

1. 药物治疗 包括：①NSAIDs：可选用的药物有吲哚美辛、阿西美辛、双氯芬酸钠、洛索洛芬钠等，可迅速改善患者腰背部疼痛和僵硬，减轻关节肿胀、疼痛及增加活动范围，可作为首选药物，用于夜间严重疼痛和僵硬的患者，可在睡前服用；②改善病情抗风湿药，可应用柳氮磺吡啶、甲氨蝶呤、雷公藤等，疗效有待确定；③糖皮质激素，不作为首选，眼急性葡萄膜炎可局部使用激素；④生物制剂，如抗肿瘤坏死因子的单克隆抗体，用于本病的治疗已取得初步疗效，但最后结论有待进一步证实。

2. 外科治疗 髋关节僵直和脊柱严重畸形的晚期患者可行矫正手术。

七、预后

本病一般不影响寿命，但可致残，影响患者正常生活和工作。

自测题

扫码测验

(柳海凤)

第十一章 神经系统疾病

学习目标

通过本章内容的学习，学生应能够：

识记：
1. 说出我国急性脑血管疾病的发病状况；帕金森病、癫痫的病因及发病机制。
2. 列举常见脑血管疾病、癫痫、帕金森病的定义及临床特点。
3. 列举急性脑血管疾病的分类。

理解：
1. 分析常见脑血管疾病的诱因、发病机制、并发症及预后。
2. 解释常见脑血管疾病的病因、临床表现及辅助检查。
3. 说明常见脑血管疾病及癫痫的诊断要点、治疗与预防；帕金森病的临床表现与治疗原则。

运用：
1. 根据患者的病史、临床表现、实验室及辅助检查做出常见脑血管疾病、癫痫的初步诊断。
2. 针对脑血管疾病高危人群和患者进行健康教育和预防。
3. 对癫痫患者的治疗和预防进行指导。
4. 合理选择帕金森病的治疗药物，以及对其进行日常生活的训练。
5. 培养学生的爱伤意识，树立以患者为中心的服务理念。

第一节 脑血管疾病

脑血管疾病（cerebrovascular disease，CVD）是由各种原因引起的急慢性脑血管病变，表现为局限性或弥漫性脑功能障碍。

脑血管疾病的发病率、患病率和死亡率随着年龄增长而逐年增高，是成人首要的致残疾病，约2/3的脑卒中幸存者遗留有不同程度的残疾，给患者、患者家庭和社会带来沉重的经济负担和痛苦。目前，脑卒中已是全球范围内导致人类死亡的第二位病因，近年来，成为我国居民首要致死病因。

(一)脑血管疾病的病因和危险因素

1. 病因

(1) 血管壁病变:以脑动脉粥样硬化最常见,其次为动脉炎(钩端螺旋体、风湿、结核、梅毒等所致)、发育异常(先天性脑动脉瘤、脑动脉畸形)、外伤等引起的动脉损害等,致血管腔形成粥样斑块、狭窄、闭塞等。

(2) 血液流变学异常及血液成分改变:①血液黏滞度增高,如高脂血症、高糖血症、高蛋白血症、白细胞淤滞症、红细胞增多症等。②凝血功能异常,如血小板计数减少及功能降低、凝血因子缺乏、使用抗凝剂、DIC等。另外,妊娠、产后及术后可引起高凝状态。

(3) 血流动力学改变:如高血压、低血压或血压急骤波动、心功能障碍、心律失常等。

(4) 其他:各种栓子(如空气、脂肪、肿瘤和寄生虫等)引起的脑栓塞,脑血管痉挛,颈椎病,肿瘤等压迫大血管而影响脑供血。

2. 危险因素 一类是无法干预的因素,如年龄、性别、种族、遗传等;另一类是可以干预的因素,如高血压、心血管疾病、糖尿病是脑血管疾病发病最重要的危险因素,高脂血症、血黏度增高、吸烟、酗酒、肥胖、口服避孕药、高盐及高饱和脂肪酸饮食等亦是脑血管疾病的危险因素。另外,短暂性脑缺血发作是公认的缺血性脑卒中最重要的独立危险因素。CVD往往是多种危险因素共同作用的结果。

> **要点提示**:脑血管疾病的病因和危险因素。

(二)脑血管疾病的分类

脑血管疾病有多种分类方法。中华医学会神经病学分会和脑血管疾病学组编写了《中国脑血管疾病分类》。该分类主要根据脑血管疾病的病因和发病机制、病变血管、病变部位及临床表现等因素,将脑血管疾病归为十三类(表11-1)。此版本包括了几乎所有相对常见的脑血管疾病,是系统、全面了解脑血管疾病的重要参考。

表11-1 中国脑血管疾病分类

一、缺血性脑血管病	四、高血压脑病
1. 短暂性脑缺血发作	五、颅内动脉瘤
2. 脑梗死(急性缺血性脑卒中)	六、颅内血管畸形
3. 脑动脉盗血综合征	七、脑血管炎
4. 慢性脑缺血	八、其他脑血管疾病
二、出血性脑血管病	九、颅内静脉系统血栓形成
1. 蛛网膜下腔出血	十、无急性局灶性神经功能缺损症状的脑血管病
2. 脑出血	十一、脑卒中后遗症
3. 其他颅内出血	十二、血管性认知障碍
三、头颈部动脉粥样硬化、狭窄或闭塞(未导致脑梗死)	十三、脑卒中后情感障碍

根据发病缓急又可分为慢性脑血管疾病和急性脑血管疾病两类。慢性脑血管疾病起病隐袭,缓慢进展,如血管性痴呆等。临床上以急性脑血管疾病最多见,又称为脑卒中(stroke)。根据脑的病理性质改变,急性脑血管疾病可分为缺血性脑血管疾病和出血性脑血管疾病。前者包括短暂性脑缺血发作和脑梗死(脑血栓形成、脑栓塞、腔隙性脑梗死等),后者包括脑出血和蛛网膜下腔出血等。

一、短暂性脑缺血发作

短暂性脑缺血发作（transient ischemic attack，TIA）是局部脑、脊髓或视网膜缺血所引起的短暂的神经功能缺失发作，且没有急性梗死的证据。

> **知识链接**
>
> **TIA 的概念**
>
> 新的 TIA 概念取消了时间的概念，只是笼统地提出了短暂性的神经功能障碍，提示一过性脑缺血症状可以引起持续性脑损害，因此鼓励使用辅助检查来确定有无脑损害及其原因，加速对急性脑缺血的治疗，更准确反映缺血的脑损害，同时使心脑血管病的诊断趋向一致。

（一）病因及发病机制

本病多与脑动脉粥样硬化有关，其病因可能包括多种因素。不同病例可能有不同的发病机制。

1. 微血栓 主动脉-颅脑动脉粥样硬化斑块及其发生溃疡时的附壁血栓凝块的碎屑，可散落在血流中成为微栓子，这种微栓子循血流进入视网膜或脑小动脉，可造成微栓塞，引起局部缺血症状。

2. 血流动力学改变 患者原已有某一动脉严重狭窄或完全闭塞，平时靠侧支循环尚能勉强维持该局部脑组织的血供。在一过性血压降低时，脑血流量下降，该处脑组织因侧支循环供血减少而发生缺血症状。

3. 头部血流改变 头部血流的改变和逆流，急剧的头部转动和颈部伸屈，可能改变脑血流量而发生头晕和不平衡感，甚至触发短暂性脑缺血，特别是有动脉硬化、颈椎病者更易发生本病。

4. 血液成分的改变 各种影响血氧、血糖、血脂、血液黏度和凝固性的血液成分改变和血液病理状态，如严重贫血、红细胞增多症、白血病、血小板增多症等，均可能触发短暂性脑缺血发作。

（二）临床表现

TIA 多发生于中老年人，男多于女，常有高血压、糖尿病、心脏病和高脂血症等危险因素。发病突然，症状和体征数分钟达到高峰，并持续数分钟或数十分钟，多在 1 h 内缓解。临床表现可完全消失，不遗留后遗症。常反复发作，有局灶性脑或视网膜功能障碍的症状。

1. 颈内动脉系统 TIA 表现为单眼（同侧）或大脑半球症状。视觉症状表现为一过性黑矇、雾视、失明等。大脑半球症状多为一侧面部或肢体的无力、轻偏瘫及感觉障碍，优势半球受累可出现失语。

2. 椎-基底动脉系统 TIA 主要表现为眩晕、共济失调、交叉性感觉障碍或瘫痪、复视、构音障碍、异常的眼球运动等，还可出现由于脑干下部网状结构缺血所致的跌倒发作。

> **要点提示**：TIA 的临床表现及特点。

（三）辅助检查

脑电图（EEG）、计算机体层扫描（CT）或磁共振成像（MRI）检查大多正常；数字减影血管造影（DSA）可见颈内动脉粥样硬化斑块、狭窄等；彩色经颅多普勒（TCD）脑血流检查可显示血管狭窄、动脉粥样硬化斑；单光子发射计算机断层扫描（SPECT）可发现局部脑灌流量减少程度及缺血部位；正电子发射断层扫描（PET）可显示局灶性代谢障碍。

（四）诊断要点

TIA 患者就医时多数已无症状和体征，因此，诊断只能依靠病史。中老年人突然出现脑局限性症状且迅速完全恢复者，诊断不难。TCD、DSA 对确定病因和促发因素、选择适当治疗方法有帮助。

（五）治疗要点

治疗原则：去除病因和诱因，控制危险因素，减少及预防 TIA 复发，保护脑功能。

常用的治疗药物如下。

1. 抗血小板聚集药 可预防 TIA 进展及发作。常用药物有阿司匹林、氯吡格雷、双嘧达莫、噻氯匹定等。

2. 抗凝药物 用于心源性栓子引起的 TIA、预防 TIA 复发。常用药物有肝素、低分子肝素、华法林等。

3. 降纤药物 TIA 患者有时存在血液成分的改变，如纤维蛋白原含量明显增高，或频繁发作患者可考虑选用巴曲酶或降纤酶治疗。

（六）预后

未经治疗的 TIA 患者约 1/3 发展为脑梗死，1/3 反复发作，1/3 自行缓解。

二、脑梗死

案例导入

患者，女，79 岁。突发神志不清半天入院。患者夜间突发神志不清，呼之不应，次日被家人送院诊治。既往房颤病史多年。查体：T 36.2 ℃，P 95 次/分，R 17 次/分，BP 180/120 mmHg，房颤律，浅昏迷状态，双瞳孔等大等圆，直径约 3 mm，对光反射迟钝，双眼球向左凝视，右侧肢体坠落试验（+），颈稍抵抗，右侧病理征（+）。头颅 CT 示左侧大脑半球大面积低密度影。ECG：心房颤动，ST-T 改变。

问题与思考：

1. 患者最可能的诊断及依据是什么？
2. 应与哪些疾病相鉴别？
3. 进一步做哪些检查可明确诊断？

脑梗死（cerebral infarction）又称缺血性脑卒中，是指各种脑血管病变所致脑部血液供应障碍导致局部脑组织缺血、缺氧性坏死，而迅速出现相应神经功能缺损的一类临床综合征，是脑卒中最常见的类型，占 70%~80%。通常分为脑血栓形成、脑栓塞、腔隙性脑梗死。

（一）脑血栓形成

脑血栓形成（cerebral thrombosis）是脑梗死最常见的类型，约占 60%。指在各种原因引起的血管壁病变的基础上，脑动脉管腔狭窄、闭塞或血栓形成，造成脑局部急性血流减少或中断，使脑组织缺血缺氧性坏死，出现相应的神经系统症状和体征。

1. 病因和发病机制 最常见的病因是脑动脉粥样硬化，其次是高血压、糖尿病和血脂异常。其他少见的病因有各种动脉炎、先天性动脉狭窄、真性红细胞增多症、血液高凝状态、烟雾病等。脑动脉粥样硬化斑块溃疡，造成管壁粗糙，管腔狭窄，在血液黏滞性增高、血流缓慢、血压下降和心功能不全时，可促使血小板、纤维素等血液中有形成分黏附、沉积形成血栓。

> **要点提示**：脑血栓形成最常见的病因是脑动脉粥样硬化。

2．临床表现 多见于中老年人，男性多于女性，部分患者病前有 TIA 症状。常在安静或睡眠中发病。起病相对较慢，多数在数小时或 1～3 天达到高峰。除部分脑干梗死和大面积脑梗死外，大多数患者意识清楚，多无头痛、呕吐等颅内压增高表现。神经系统表现视病变部位和病变范围而定，常为各种类型的瘫痪、感觉障碍、吞咽困难和失语等。

（1）颈内动脉：主要表现为病灶对侧肢体出现不同程度的偏瘫、偏身感觉障碍，优势半球受损可出现失语。如果累及眼动脉可出现单眼一过性失明和 Horner 征。

（2）椎-基底动脉系统：临床表现为眩晕、恶心、呕吐、复视、眼球震颤、交叉性瘫痪、共济失调、吞咽困难及构音障碍等。

> **要点提示**：脑血栓形成的临床表现。

3．辅助检查 CT 检查在发病 24～48 h 后逐渐显示低密度梗死灶。经颅多普勒（TCD）可发现颈动脉及颈内动脉狭窄、动脉粥样硬化斑块或血栓形成。脑血管造影可显示血栓形成的部位、程度及侧支循环情况。

> **要点提示**：CT 是急性脑血管病首选检查。

4．诊断要点 中老年人突然发病，数小时或数日出现脑局灶性损害症状和体征，应考虑急性脑梗死可能，CT 或 MRI 检查发现低密度梗死灶可以确诊。

5．治疗要点 治疗原则：尽快恢复缺血脑组织的血供，改善微循环，减少梗死范围；加强脑保护，尽早进行神经功能锻炼，促进康复，减少复发率和降低病残率。

（1）溶栓治疗：包括静脉溶栓及动脉内溶栓，药物有尿激酶和 rt-PA。治疗的"时间窗"应严格控制在 3～4.5 h 之内，并应按要求严格选择适应证。

（2）抗凝治疗：短期应用可防止血栓进展。常用药物有肝素、低分子肝素、华法林等。

（3）降纤治疗：可选用巴曲酶、降纤酶，使用中注意出血并发症。

（4）抗血小板治疗：可降低死亡率和复发率。常用药物有阿司匹林、氯吡格雷等。

（5）脑保护治疗：常用药物包括钙通道阻滞剂、自由基清除剂及细胞膜稳定剂等。

（6）血压控制：脑梗死急性期慎用降压药物，以免减少脑血流灌注使病情加重。

（7）其他：可选择活血化瘀作用的中药。

> **要点提示**：脑梗死的治疗要点。

6．预后 急性期病死率为 5%～15%，致残率达 50% 以上。轻者预后较好，意识障碍较重、并有脑干损害或严重肺部感染者预后较差，存活者中均有不同程度的后遗症。

（二）脑栓塞

脑栓塞（cerebral embolism）是指各种栓子随血液进入脑动脉，使血管腔急性闭塞，引起相应供血区脑组织缺血坏死及脑功能障碍。占脑卒中的 15% ~ 20%。

1. 病因和发病机制 脑栓塞根据栓子来源不同,可分为:①心源性:是本病最常见的原因。心房颤动是心源性脑栓塞最主要的原因,其中非瓣膜性心房颤动占 70%。风湿性心瓣膜病、亚急性细菌性心内膜炎、心肌梗死、心房黏液瘤、二尖瓣脱垂、先心病、心脏导管检查、心脏手术后等均可形成附壁血栓。②非心源性:如主动脉弓及其他大血管的粥样硬化斑块的脱落,少见的有肺部感染引起的脓栓塞、骨折所致的脂肪栓塞、癌栓塞、空气栓塞等。③来源不明:少数病例查不到栓子来源。

> **要点提示**:心房颤动是心源性脑栓塞最主要的原因。

2. 临床表现 脑栓塞可发生于任何年龄,平均发病年龄较轻。中青年患者主要以风湿性心脏病引起,中老年患者则以冠心病及颈动脉病变引起。多在活动中急性发病,神经体征在数秒至数分钟达到高峰,是脑血管疾病中发病最快者。半数患者起病时有短暂的、程度不等的意识丧失,当大血管及椎-基底动脉栓塞时,昏迷发生快且重。神经系统局灶表现与脑血栓形成相似。

3. 辅助检查 CT 和 MRI 检查的表现同脑血栓形成,若有出血性梗死,CT 示低密度灶内有高密度影。应做血和尿常规、心电图、胸部 X 线及超声心动图等检查,以明确栓子来源。

4. 诊断要点 有栓子来源,急骤起病,出现偏瘫、失语等局灶性体征,数秒至数分钟达到高峰,可做出临床诊断。CT 和 MRI 检查可确定脑栓塞部位、数目及是否伴发出血等。

> **要点提示**:脑栓塞的临床表现,是脑血管疾病中发病最快者。

5. 治疗

(1) 脑栓塞的治疗:急性期和恢复期的治疗原则与脑血栓形成的治疗基本相同。为了防止新的血栓形成和被栓塞血管发生逆行血栓,进而降低复发率与死亡率,主张抗凝及抗血小板聚集治疗,但合并出血性梗死时应停用,防止出血加重,并及时调整血压,防治脑水肿。

(2) 原发病的治疗:原发病的防治随疾病不同而异,其目的在于去除栓子来源,有利于控制病情和防止复发。

6. 预后 急性期病死率为 5% ~ 15%,多死于严重脑水肿、脑疝、肺部感染及心力衰竭。半数患者可复发,复发者病死率更高、预后差。

三、脑出血

案例导入

患者,女,67 岁。与人争吵后突发左侧肢体活动不能 2 h。有高血压病史 20 余年。查体:BP 220/112 mmHg。神清,言语流利,左侧肢体肌力 1 级,肌张力低,左 Babinski 征阳性。

问题与思考:
1. 患者可能的诊断及依据是什么?
2. 应与哪些疾病相鉴别?
3. 做哪项辅助检查可进一步明确诊断?
4. 治疗原则是什么?

脑出血（intracerebral hemorrhage，ICH）是指多种原因引起的、非外伤性的脑实质内自发性出血，占我国全部脑卒中的20%～30%。急性期死亡率高达30%～40%。

（一）病因及病理

高血压是最常见的病因，其次为动脉粥样硬化，其他病因还包括血液病、脑淀粉样血管病、动脉瘤、动静脉畸形、抗凝或溶栓治疗等。高血压性脑出血好发部位为大脑基底节区，此处豆纹动脉自大脑中动脉近端呈直角分出，受高压血流冲击最大，故此动脉最易破裂。

脑出血后血肿周围的脑组织受压，水肿明显，血肿较大时引起颅内压增高，重者形成脑疝。脑疝是各类脑出血最常见的直接致死原因。

> **要点提示**：高血压是最常见的病因。脑疝是各类脑出血最常见的直接致死原因。

（二）临床表现

脑出血好发年龄在50～60岁，冬春季发病较多，男性略多见，多有高血压史。通常在体力活动和情绪激动时突然发生，少数可有头晕、头痛、肢体麻木等前驱症状。临床症状常在数分钟至半小时内达高峰，常有头痛、呕吐、意识障碍、肢体瘫痪、失语、二便失禁、脑膜刺激征等表现。常伴血压明显升高，部分有癫痫发作。临床表现主要取决于出血的量和出血部位，常见部位出血的表现如下。

1. 基底节区出血 壳核是高血压性脑出血最常见的部位，占脑出血的60%。基底节区出血常累及内囊，典型可见"三偏征"，即病灶对侧偏瘫、偏身感觉障碍和双眼对侧同向偏盲。优势半球出血可出现失语，累及下丘脑可伴持续高热、消化道出血等。

2. 脑叶出血 常出现头痛、呕吐等颅内压增高症状和各脑叶的局灶体征，如单瘫、单侧肢体感觉障碍、失语、偏盲、精神异常或智能障碍等。

3. 脑桥出血 小量出血无意识障碍，表现为眩晕、交叉性瘫痪，两眼向病灶对侧凝视；大量出血可表现为四肢瘫痪，双侧瞳孔缩小呈针尖样，呼吸不规则，数秒至数分钟内陷入昏迷，通常在48 h内死亡。

4. 小脑出血 约占脑出血的10%。轻者表现为眩晕、呕吐、共济失调、眼球震颤、枕部疼痛等。大量出血可迅速陷入昏迷，因枕骨大孔疝而死亡。

5. 原发性脑室出血 多是小量脑室出血，可见头痛、呕吐、脑膜刺激征及血性脑脊液，无意识障碍及局灶性神经体征。大量脑室出血起病急骤，患者可迅速陷入昏迷，四肢弛缓性瘫痪及去大脑强直发作，多迅速死亡。

> **要点提示**：脑出血的临床表现。壳核是高血压性脑出血最常见的部位。有内囊受损表现，典型可见"三偏征"。

（三）辅助检查

脑出血时首选CT检查，可显示脑内相应部位的均匀高密度影。磁共振（MRI）和数字减影血管造影（DSA）可检出更细微的病变。脑脊液检查压力常增高，多为血性。

（四）诊断要点

包括：①常见于50岁以上，多有高血压病史，活动时或激动时突然发病；②迅速出现局灶体征和头痛、呕吐等颅内高压症状，常伴意识障碍；③头颅CT检查发现呈高密度影的血肿。

（五）治疗

主要目的是防止再出血、降低颅内压和控制脑水肿，维持生命功能，防治并发症。

1. 一般处理和护理 十分重要，要求如下。

(1) 卧床，取头高位。就地抢救，避免长途运送。

(2) 保持营养和水、电解质代谢平衡。最好记录 24 h 出入量，量出为入。吞咽困难者应留置鼻饲，维持营养。

(3) 保持呼吸道通畅：多加吸痰。必要时气管切开或气管插管。间歇给氧。

(4) 加强护理：防止压疮、肺炎。有尿潴留者，应保留导尿，防止尿路感染。

2. 降低颅内压和控制脑水肿 若有颅内压升高，可予 20% 甘露醇 125 ml，快速静脉滴注，每 6～8 h 1 次。

3. 控制高血压 中国脑出血诊治指南（2019）指出，对于收缩压 150～220 mmHg 的住院患者，在没有急性降压禁忌证的情况下，数小时内降压至 130～140 mmHg 是安全的；对于收缩压＞220 mmHg 的脑出血患者，在密切监测血压的情况下，持续静脉输注药物控制血压可能是合理的，收缩压目标值为 160 mmHg。可静脉滴注尼卡地平或乌拉地尔等降压药。

4. 止血药物的应用 止血药无肯定疗效，但如有消化道出血或凝血障碍时，可选用氨基己酸、氨甲苯酸等药物。

5. 亚低温治疗 脑出血的辅助治疗措施，可在临床中尝试。

6. 并发症的防治 出现感染、中枢性高热、应激性溃疡、痫性发作、深静脉血栓和卒中后抑郁等并发症应给予积极处理。

7. 外科治疗 目的是尽快清除血肿，降低颅内压，挽救生命。一般不常规采用。常用的手术方法有小骨窗血肿清除术、去骨瓣减压术、钻孔血肿抽吸术及脑室穿刺引流术等。

8. 康复治疗 脑出血后，只要患者生命体征平稳、病情稳定，即应尽早进行康复治疗。

（六）预后

死亡率高，约为 40%。脑水肿、颅内压增高和脑疝形成是致死的主要原因。脑干、丘脑和大量脑室出血预后较差。70% 的存活患者遗留不同程度的残疾。

四、蛛网膜下腔出血

案例导入

患者，女，45 岁。主因剧烈头痛、恶心、呕吐、眩晕、下肢疼痛 2 h 入院。查体：神清，脑膜刺激征阳性，双侧腓肠肌压痛（+），脑脊液检查为压力升高，均匀血性。

问题与思考：

1. 该患者最可能的诊断是什么？
2. 可做哪一项辅助检查明确诊断？

蛛网膜下腔出血（subarachnoid hemorrhage，SAH）是多种原因所致脑底部或脑表面的病变血管自发性（非外伤性）破裂，血液直接流入蛛网膜下腔引起的一种临床综合征，又称原发性 SAH。占所有急性脑血管病的 5%～10%。

（一）病因

颅内动脉瘤是 SAH 的最常见病因（占 50%～80%）。其他还包括动静脉畸形、高血压脑动脉硬化、颅内肿瘤、血液病及凝血障碍疾病和抗凝治疗并发症等。原因不明者占 10%。

要点提示：蛛网膜下腔出血最常见的病因是颅内动脉瘤。

（二）临床表现

多发生于青壮年，发病前多有明显诱因如剧烈运动、过劳、激动、排便、咳嗽、饮酒等，少数可在安静状态下发病。典型表现是突发剧烈全头痛、呕吐、意识障碍、脑膜刺激征及血性脑脊液。大多数患者无明确脑功能障碍的定位体征，瘫痪少见。

病情稳定后可发生再出血，是蛛网膜下腔出血主要的急性并发症和导致死亡的主要原因；脑血管痉挛严重者可导致脑实质缺血，引起轻偏瘫等局灶性体征，也是蛛网膜下腔出血死亡和致残的重要因素；蛛网膜下腔脑脊液吸收障碍可导致急性或亚急性脑积水。此外，还有上消化道出血、急性肺水肿、心肌缺血等并发症。

要点提示：蛛网膜下腔出血典型表现是突发剧烈全头痛、脑膜刺激征（+）及血性脑脊液。再出血是导致死亡的主要原因。

（三）辅助检查

头颅 CT 是确诊蛛网膜下腔出血的首选检查，可见蛛网膜下腔高密度出血征象。CSF 检查是诊断蛛网膜下腔出血的重要依据，肉眼见均匀一致血性 CSF，压力明显升高。数字减影血管造影（DSA）可确定动脉瘤位置，为病因诊断提供可靠证据。经颅多普勒超声可监测脑血管痉挛。

（四）诊断要点

突发剧烈头痛伴脑膜刺激征，无局灶性神经体征，高度提示蛛网膜下腔出血。如 CT 显示出血征象，腰椎穿刺压力明显增高和血性脑脊液，可临床确诊。

（五）治疗与预防

治疗原则：降低颅内压，预防再出血，治疗原发病。

1. 一般治疗 绝对卧床 4～6 周。避免诱因，如用力排便、咳嗽、喷嚏和情绪激动等，头痛时可用止痛药，可用缓泻剂保持排便通畅。防止并发症。避免使用损伤血小板功能的药物，如阿司匹林。

2. 药物治疗要点

（1）降低颅内压：可用 20% 甘露醇、呋塞米和白蛋白等脱水降颅压治疗。

（2）预防再出血：可用 6-氨基己酸、氨甲苯酸、注射用血凝酶（立止血）、维生素 K 等缓慢静脉注射。

（3）预防脑血管痉挛：应用钙通道阻滞剂如尼莫地平，可减少迟发性血管痉挛导致的缺血并发症。

3. 手术治疗 是根除病因、防止复发的有效方法，可择期进行。

要点提示：蛛网膜下腔出血的治疗与预防。手术治疗是根除病因、防止复发的有效方法。

（六）预后

SAH 的预后与病因、出血部位、出血量、是否及时治疗等有关。急性期动脉瘤破裂的死亡率为 30%。存活者中 50% 会遗留认知功能障碍、正常颅压脑积水等残疾，未经手术治疗者 20% 死于再出血。动静脉畸形性 SAH 预后较好，90% 患者可以恢复，再出血的可能性较小。

 自测题

扫码测验

第二节 帕金森病

案例导入

患者，男，73岁，4年前无明显诱因出现右上肢疼痛及轻微震颤，静止时明显。2年后右下肢亦出现震颤，伴有右膝关节疼痛，动作迟缓。近1年患者左上、下肢亦相继出现震颤，情绪紧张时加剧，入睡后消失，行走困难，步距小而蹒跚，生活不能自理。查体：慌张步态，头部与躯干前倾姿态，面具脸，吐字不清，流涎。四肢肌力正常，双手呈搓丸样动作，肌张力增高。辅助检查：CT扫描示脑室对称性轻度扩大。

问题与思考：
1. 患者目前的诊断可能是什么？
2. 应进一步完善哪些辅助检查？
3. 治疗的基本原则是什么？

帕金森病（Parkinson's disease，PD）又称震颤麻痹，是一种常见的神经系统变性疾病，临床上以静止性震颤、运动迟缓、肌强直和姿势平衡障碍为主要特征。

一、病因和发病机制

通常所称的帕金森病是指原发性者，即找不到明确的原因，目前主要认为与机体老化、遗传或环境因素有关；另一类继发性又称为帕金森综合征，可因脑炎、中毒（如一氧化碳、锰、氰化物中毒）、药源性（服用吩噻嗪类和丁酰苯类药物以及三环类抗抑郁药物等）、脑血管病、颅脑损伤、脑肿瘤等引起。目前认为黑质神经细胞变性导致多巴胺缺乏是本病病理化学改变的关键。

要点提示： 目前认为黑质神经细胞变性导致多巴胺缺乏是帕金森病病理化学改变的关键。

二、临床表现

多见于60岁以上人群，男性稍多于女性。起病隐匿，缓慢进展。症状常自一侧上肢开始，逐渐波及同侧下肢、对侧上肢及下肢。

1. 静止性震颤 常为首发症状，震颤多由一侧上肢远端开始，逐渐扩展到其他肢体。手指节律性震颤使手部不断地做旋前、旋后的动作，形成"搓丸样"动作，静止时出现，随意动作时减轻，睡眠时消失。

2. 肌强直 全身屈肌与伸肌肌肉紧张度同时增高，在关节被动运动时感到均匀的阻力，表现为"铅管样强直"；如患者合并有震颤，则表现为"齿轮样强直"。面肌强直使表情和瞬目动作减少，形成"面具脸"。

3. 运动迟缓 随意运动始动困难，运动减少，动作缓慢。尤其是开始活动时表现为动作困难、吃力、缓慢。做重复动作时，幅度和速度均逐渐减弱。书写时越写越小，呈现"写字过小征"。出现语言困难，声音变小，音域变窄。吞咽困难，进食饮水时可出现呛咳。有的患者起身时全身不动，持续数秒至数十分钟，称为"冻结发作"。

4. 姿势步态异常 由于肌肉强直，患者站立时呈头部前倾，躯干俯屈，上臂内收、肘关节屈曲，腕关节伸直，双手置于前方，下肢髋及膝关节略为屈曲的特有姿势。走路缓慢，行走时上肢协同摆动动作消失，步距小，一旦迈步，以碎步前冲，越走越快，躯干愈加前倾、前屈，难以及时止步或转弯，称为"慌张步态"。

5. 其他症状 自主神经功能障碍比较常见，可出现吞咽困难、多汗、顽固性便秘、直立性低血压等。部分患者出现精神症状，如情绪低落、抑郁、认知功能障碍等。

> **要点提示**：帕金森病的临床表现。

三、辅助检查

1. **血、脑脊液检查** 多正常。
2. **影像学检查** 头颅CT、MRI检查多无特征性改变。正电子发射计算机断层显像（PET-CT）检查可显示多巴胺递质合成减少及多巴胺转运体（DAT）数量减少，有辅助诊断价值。
3. **其他检查** PD患者可存在嗅觉减退。

四、诊断要点

帕金森病的诊断主要依靠病史、临床症状和体征。根据中老年发病，逐渐进展，出现静止性震颤、肌强直、运动迟缓、姿势步态异常等表现，多巴胺治疗有效，排除非典型帕金森病样症状即可作出临床诊断。

五、治疗要点

治疗原则：以药物治疗为主，辅以手术治疗、康复训练、心理疏导与治疗，同时加强护理。

（一）药物治疗要点

药物治疗是为了有效改善症状，提高患者生活质量。用药原则主要是个体化、从小剂量开始，缓慢递增，避免或减少药物的副作用和并发症，避免突然撤药。

1. 多巴胺能药物 运用替代治疗补充脑内多巴胺。可改善帕金森病所有临床症状，对运动减少有特殊疗效。目前左旋多巴是控制症状最有效的药物。将左旋多巴与外周多巴脱羧酶抑制剂（DCI）制成复方左旋多巴，可增加左旋多巴进入脑内的量，同时减轻左旋多巴的副作用。常用药物有多巴丝肼、卡比多巴等。左旋多巴的副作用分为周围性和中枢性。周围性副作用多是近期的。①运动障碍：又称异动症，与纹状体受体的超敏感有关，可表现为类似舞蹈症及手足徐动症。②症状波动：包括剂末现象（指每次用药的有效作用时间缩短，症状随血液药物浓度发生波动）和"开-关"现象（指症状在突然缓解与加重之间波动，与血药浓度无关）。③精神症状：表现为欣快、躁狂、抑郁、焦虑、错觉、幻觉等，故精神病患者禁用。

> **要点提示**：目前左旋多巴是控制帕金森病症状最有效的药物。

2. 抗胆碱药 主要是抑制乙酰胆碱的作用，对震颤和强直有效，对运动迟缓疗效较差。由于该药对认知功能损害明显，还能加重青光眼，引起尿潴留、便秘等症状，因此仅适用于震颤突出且年龄较轻的患者。常用药有苯海索等。

3. 多巴胺受体激动剂 能直接激动纹状体，产生与多巴胺相同的作用。年轻帕金森病患者早期可单用，中晚期患者与复方左旋多巴合用。常用药有培高利特、溴隐亭、吡贝地尔等。

4. 金刚烷胺 促进DA释放，减少DA再摄取，改善运动减少、强直和震颤等，单独或与苯海索合用，适于早期轻症患者。

5. 单胺氧化酶B抑制剂 具有轻度改善症状作用，与复方左旋多巴合用有协同作用，早期患者可单用。常用药有盐酸司来吉兰片。

6. 儿茶酚-氧位-甲基转移酶抑制剂 与复方左旋多巴制剂如多巴丝肼或卡比多巴合用可增强后者疗效，减少症状波动反应，单独使用无效。常用药有托卡朋片、恩托可朋等。

(二) 其他

外科治疗对震颤、运动迟缓、强直有效，术后仍需药物治疗。治疗中不容忽视的重要措施是康复治疗和心理治疗。护理可提高患者生活质量。

知识链接

帕金森病的外科治疗

帕金森病出现一侧症状较重且药物治疗不满意者，可考虑立体定向手术。以往开展的丘脑、苍白球切开术治疗效果不持久，常复发，已较少使用。目前采取深部脑刺激法，如通过对丘脑的底核或腹内侧区行高频电刺激可改善症状，通过脑深部电刺激术（DBS），在脑内特定的神经核团植入电极，释放高频电刺激，抑制这些因多巴胺能神经元减少而过度兴奋的神经元的电冲动，减低其过度兴奋的状态，从而减轻帕金森病症状。

六、预后

本病目前尚无法根治。若不经治疗，通常病后 10 年左右，可因严重肌强直、全身僵硬及各种并发症而死亡。

自测题

扫码测验

第三节 癫 痫

案例导入

患者，男，28 岁。反复发作性四肢抽搐伴意识丧失 2 年余。入院前 8 h 四肢抽搐频繁发作，每次 15～25 min，伴尿失禁及舌咬伤；发作间歇期意识不清。既往粪便中曾有白色节片。头颅 CT 可见多发性钙化灶。

问题与思考：
1. 该患者可能的诊断是什么？
2. 可做哪项检查明确诊断？

癫痫（epilepsy）是多种病因引起脑部神经元高度同步化异常放电，导致短暂性脑功能障碍的一种慢性脑部疾病。临床表现具有发作性、短暂性、重复性和刻板性的特点。由于异常放电神经元的位置及异常放电波及的范围不同，患者可有不同的临床表现，主要为意识、运动、感觉、精神、行为及自主神经功能障碍。

根据我国最新流行病学资料显示，癫痫的总体患病率为7.0‰，年发病率为28.8/10万，是一种常见病。青少年和老年是发病的两个高峰阶段。

> **要点提示**：癫痫临床表现具有发作性、短暂性、重复性和刻板性的特点；青少年和老年是发病的两个高峰阶段。

一、病因及发病机制

1. 病因 根据病因可将癫痫分为3类。

（1）特发性癫痫：又称原发性癫痫，病因未明确，与遗传因素密切相关，多在儿童或青少年期起病，发作时有典型临床表现及脑电图异常，抗癫痫药物治疗效果较好。

（2）症状性癫痫：又称继发性癫痫，病因一般明确，常见病因有基因突变引起的染色体异常、局灶性或弥漫性脑组织受损及系统性疾病等。如颅脑损伤、各种脑炎和脑膜炎、急性脑血管病、脑外伤、颅内肿瘤、脑寄生虫病等脑部疾病，或者阿-斯综合征、肝性脑病、慢性肾衰竭、CO中毒等全身性疾病。各年龄段均可发病，抗癫痫药物治疗效果差。

（3）隐源性癫痫：临床表现提示为症状性癫痫，但未查到明确病因，无特定临床和脑电图表现。

2. 发病机制 尚未完全明确。所有癫痫电生理变化基本一致，表现为发作时大脑神经元异常、过度同步放电，不同类型癫痫的发作与异常放电的传播有关，如异常放电局限于某一区域，则引起局灶性发作；如异常放电波及双侧脑部，则引起全面性癫痫发作；如异常放电在边缘系统扩散，可致复杂部分性发作；如异常放电传至丘脑神经元被抑制，则引起失神发作。

3. 影响癫痫发作的因素

（1）遗传因素：据调查发现，癫痫患者的近亲中，癫痫的患病率明显高于普通人群；单卵双胎儿童失神发作和全面强直-阵挛发作的一致率几乎达到100%。

（2）年龄：原发性癫痫发作与年龄关系密切，多数患者首次癫痫发作年龄在20岁以前，如婴儿痉挛症常在1岁内首次发病，失神发作高峰多在6～7岁，青春期前后常发生肌阵挛发作。另外，各年龄段癫痫的病因也不一致。

（3）睡眠：婴儿痉挛症常发生于睡前或醒后，全面强直-阵挛发作多于清晨醒后发生，提示癫痫发作与睡眠-觉醒周期有关。

（4）环境因素：情绪激动、疲劳、睡眠不足、便秘、饥饿、饮酒、内分泌紊乱及代谢异常、电解质紊乱等均可引起癫痫发作。月经期癫痫仅在月经期发作；妊娠性癫痫仅在妊娠早期发作；反射性癫痫是指癫痫发作仅在某些特定条件下发生，如闪光、阅读、听音乐、下棋、刷牙、沐浴等。

二、临床表现

癫痫的临床表现形式多样，但均具有以下共同特征：①发作性：症状突然发生，持续一段时间后迅速恢复，间歇期正常；②短暂性：每次发作持续时间为数秒或数分钟，很少超过30 min（癫痫持续状态除外）；③刻板性：每次发作的临床表现几乎一致；④重复性，第一次发作后，经过不同间隔时间会有第二次或更多次发作。

癫痫每次发作和每种发作的短暂过程称为痫性发作，是癫痫的特征性临床表现。依据发作时的临床表现和脑电图特征，可将痫性发作分为以下临床类型。

（一）部分性发作

部分性发作又称局灶性发作，是痫性发作最常见的类型，系大脑半球局部神经元异常放电所致。包括单纯部分性发作、复杂部分性发作和部分性发作继发全面性发作 3 类。

1. 单纯部分性发作 以发作时无意识障碍，发作后能回忆为主要特征。可分为以下 4 型。

（1）部分运动性发作：病灶多在中央前回或附近。发作时出现身体局部抽动，常见于一侧口角、眼睑、手指或足趾，亦可波及整侧面部肢体。如放电沿着大脑皮质运动区扩展，则可引起 Jackson 发作，表现为抽搐自一侧拇指开始，沿腕部、前臂、肘部、肩部、口角、面部顺序依次扩展。严重者在发作后可遗留短暂的局部肢体无力或瘫痪，称为 Todd 麻痹。

（2）部分感觉性发作：发作时表现为一侧肢体麻木感或针刺感，以口角、手指、足趾等部位多见。部分患者可表现为特殊感觉性发作，如视觉性（出现闪光、黑矇等）、听觉性、味觉性、嗅觉性及眩晕性发作（出现坠落感、飘动感等）。

（3）自主神经性发作：患者出现自主神经功能障碍表现，表现为全身出汗、潮红、苍白、呕吐、瞳孔散大。很少单独出现，常为复杂部分性发作的一部分。

（4）精神性发作：出现记忆障碍、情感障碍、错觉、幻觉等。可单独发生，亦可继发全面性强直-阵挛发作。

2. 复杂部分性发作 复杂部分性发作占成人癫痫发作的一半以上，又称为精神运动性发作，病灶多在颞叶，也称为颞叶癫痫，发作的主要特征是有意识障碍和遗忘。临床主要表现为意识模糊，对外界刺激无反应；或在意识模糊基础上，出现自动症，即具有一定协调性和适应性的无意识行为异常，如反复的咂嘴、噘嘴、舔舌、咀嚼或吞咽、搓手、抚面、起立徘徊、脱衣、解扣、摸索衣裳、自言自语，甚至奔跑、游走、外出远行、乘坐车船等。发作一般持续数分钟，少数甚至可长达半小时至数日，事后对其行为不能回忆。

3. 部分性发作继发全面性发作 先出现部分性发作，随后出现全身性发作。

（二）全面性发作

最初的症状学和脑电图提示发作起源于双侧大脑皮质，多在发作初期就有意识丧失。

1. 全面性强直-阵挛发作（generalized tonic clonic seizure，GTCS） 以意识丧失、双侧强直发作后出现阵挛为主要特征。早期出现意识丧失、跌倒，随后的发作分为 3 期。

（1）强直期：表现为全身骨骼肌持续性收缩，眼球上窜或凝视，喉部痉挛、发出叫声，张口后突然闭合、可咬破舌头，头后仰，躯干先屈曲、后反张，上肢上举后内收、旋前、屈曲，下肢屈曲后猛然伸直。持续 10～20 s 后进入阵挛期。

（2）阵挛期：肌肉交替收缩与松弛，出现一张一弛的节律性抽动，阵挛频率逐渐减慢，最后一次在强烈阵挛之后，抽搐突然停止，历时数分钟，进入发作后期。以上两期均伴有呼吸停止、发绀、瞳孔扩大，对光反射消失、血压升高，唾液及其他分泌物增多、口吐白沫等。

（3）发作后期：此期尚有短暂阵挛，造成牙关紧闭和二便失禁。呼吸首先恢复，随后心率、血压和瞳孔渐至正常，肌张力松弛，意识逐渐恢复清醒。

一般从发作开始至意识恢复清醒历时 5～10 min。清醒后患者常感头痛、头晕和疲乏，对发作过程不能回忆。部分患者可有意识模糊，如强行约束患者可能发生伤人或自伤。

2. 失神发作 在儿童期起病，青春期前停止发作。典型表现为突然意识短暂丧失，停止正在进行的活动，呼之不应，两眼凝视不动，可伴咀嚼、吞咽等简单的不自主动作，或伴失张力，如手中持物坠落等。发作过程持续 5～10 s，清醒后无明显不适，并继续原来的活动，对发作无记忆。每日发作数次至数百次不等。

3. 强直性发作 多见于弥漫性脑损害的儿童，多在睡眠中发作。表现为与强直-阵挛性发作中强直期相似的全身骨骼肌强直性收缩，常伴有面色苍白或潮红、瞳孔散大等自主神经症状，发作时处于站立位者可突然倒地。发作持续数秒至数十秒。

4. 阵挛性发作 几乎都发生于婴幼儿。特征为重复阵挛性抽动伴意识丧失，之前无强直期，持续 1 min 至数分钟。

5. 肌阵挛发作 可见于任何年龄，常见于预后较好的特发性癫痫患者。表现为快速、短暂、触电样肌肉收缩，可遍及全身或局限于某个肌群、某个肢体，声、光刺激可诱发。

6. 失张力发作 部分或全身肌肉张力突然降低，导致垂颈、张口、肢体下垂和跌倒。持续数秒至 1 min。

（三）癫痫持续状态

癫痫持续状态又称癫痫状态，可见于任何类型的癫痫，但通常是指全面强直-阵挛发作持续状态，是指一次癫痫发作持续 30 min 以上或连续多次发作而发作间歇期患者意识或神经功能仍未恢复至清醒的状态。常见诱因有感染、精神刺激、饮酒、过度疲劳、治疗不规范、不恰当停药等。可因高热、循环衰竭、电解质紊乱等引起脑损害，致残率和死亡率均高。

三、实验室及其他辅助检查

1. EEG 检查 是诊断本病最重要的辅助检查。主要表现是出现棘波、尖波、棘-慢波或尖-慢复合波等。常规 EEG 检查阳性率约为 49.5%，因而 EEG 检查正常者不能排除癫痫的可能。

> **要点提示**：脑电图检查是诊断癫痫最重要的辅助检查。

知识链接

脑电图

脑电图（electroencephalogram，EEG）是通过电极记录下来的脑细胞群的自发性、节律性电活动。EEG 是癫痫诊断和治疗中最重要的一项检查，在癫痫的诊治中始终是其他检测方法所不可替代的。目前头皮 EEG 监测的种类主要有视频脑电图、动态脑电图及常规脑电图 3 种类型。EEG 在癫痫诊断中的作用主要包括以下几点：确定发作性事件是否为癫痫发作；确定癫痫发作类型；确定可能的癫痫综合征；有助于发现癫痫的诱发因素。EEG 在治疗中的作用主要有：评估单次无诱因的癫痫发作后再次发作的风险性；评估何种类型的抗癫痫药可能最有效；评估有无外科手术适应证，确定发作起源部位；寻找认知功能受损的原因；判断临床行为变化是否为非惊厥性持续状态；评估抗癫痫药撤药后复发的风险性等。

2. 头 CT、MRI 检查 可发现脑部器质性病变、占位性病变等。

3. DSA 检查 可发现颅内动脉瘤、动静脉畸形、血管狭窄或闭塞等。

4. 血液检查 可发现有无贫血、低血糖、寄生虫病等。

四、诊断要点

病史是诊断癫痫的最主要依据，完整、详尽的病史和发作时目击者的描述，典型的临床表现及有发作性、短暂性、刻板性和重复性等特点，发作时伴有舌咬伤、跌伤和尿失禁等，脑电图检查有异常发现，即可诊断。通过神经系统检查、生化检查、脑血管造影、头颅 CT 和 MRI 等检查，可进一步明确病因。

五、治疗要点

目前癫痫的治疗以药物治疗为主。药物治疗应达到：①控制发作或最大限度地减少发作次数；②没有或只有轻微的不良反应；③尽可能不影响患者的生活质量。

1. 病因治疗　对于症状性癫痫患者，应首先进行病因治疗。如手术切除颅内肿瘤，抗寄生虫感染，积极治疗脑炎、脑膜炎、脑血管病、肝性脑病，纠正低血糖、低血钙等。

2. 发作时治疗　立即安置患者就地平卧，解开衣领扣、腰带，保持呼吸道通畅，吸氧；用纱布包裹压舌板放置于患者的两侧臼齿之间，防止舌咬伤或其他并发症；应用地西泮或苯妥英钠终止发作。

3. 发作间歇期治疗　应用抗癫痫药物。

(1) 药物治疗原则：①确定是否用药，半年内发作2次以上者，一经诊断即应用药。首次发作或半年以上发作1次者，告知药物的不良反应和不治疗可能发生的后果，根据患者和家属的意愿，酌情选用或不用药。②尽可能单一用药，从单一药物开始，对于一种药物增加至最大且已达到有效血药浓度而仍不能控制发作者，再增加第二种药物。③小剂量开始，剂量由小到大，逐渐增加至最低有效量（最大限度地控制癫痫发作而无不良反应或不良反应很轻）。④正确选择药物，根据癫痫发作的类型、药物不良反应的大小等选择药物。⑤长期规律服药，控制发作后必须坚持长期服用药物，不宜随意减量或停药。一般全面强直-阵挛性发作、强直性发作、阵挛性发作完全控制4～5年后，失神发作停止半年后可考虑停药，且停药前应有缓慢的减量过程，1～1.5年以上无发作者方可停药。

(2) 常用抗癫痫药物：包括苯妥英钠、卡马西平、苯巴比妥、丙戊酸钠、托吡酯、拉莫三嗪等。全面强直-阵挛性发作、失神发作、阵挛性发作、肌阵挛发作常首选丙戊酸钠，单纯部分性发作、部分性发作继发全面性发作、强直性发作常首选卡马西平，难治性癫痫可单一选用拉莫三嗪、托吡酯等，亦可与传统抗癫痫药物联合应用。

4. 癫痫持续状态的治疗　癫痫持续状态可危及患者生命，应迅速控制发作。持续状态的治疗目标为保持稳定的生命体征和进行心肺功能支持；终止持续状态的癫痫发作；减少发作对脑部的损害；寻找并尽可能去除病因和诱因；处理并发症、迅速控制发作是治疗的关键，否则可危及生命。

(1) 控制发作：①首选地西泮，成人10～20 mg静脉注射，注射速度不超过2 mg/min，儿童0.3～0.5 mg/kg，如15～30 min后复发可重复注射，或给予地西泮100～200 mg溶于5%葡萄糖液中，于12 h内缓慢静脉滴注。如果出现呼吸抑制，应立即停止注射。②10%水合氯醛，成人每日25～30 ml，儿童0.5～0.8 ml/kg，加等量植物油保留灌肠。③苯妥英钠，每次剂量10～20 mg/kg，溶于20 ml生理盐水中静脉注射，速度不超过50 mg/min。④异戊巴比妥钠，0.5 g溶于10 ml注射用水中静脉注射，速度不超过0.1 g/min，注意观察有无呼吸抑制及血压下降，每日极量为1 g。

(2) 保持呼吸道通畅，吸氧：取平卧位，头偏向一侧，及时清除口腔和鼻腔分泌物，必要时进行气管插管或气管切开。

(3) 防治并发症：脑水肿者应快速静脉滴注20%甘露醇；应用抗生素防止感染；积极纠正水、电解质和酸碱平衡紊乱；纠正低血糖；加强营养支持治疗等。

> **要点提示**：抗癫痫药物的治疗原则；不同类型首选的抗癫痫药；癫痫持续状态的治疗要点。

六、预后

未经治疗的癫痫患者，5年自发缓解率达25%以上，最终缓解率为39%。约80%患者应用目前抗癫痫药物能完全控制发作，正规减量后，50%以上患者终生不再发病。

自测题

扫码测验

第四节 阿尔茨海默病

案例导入

患者，男，52岁，记忆力减退、精神行为异常2年。患者2年前出现记忆力减退，表现为忘记刚刚做过的事情，如早饭吃的什么不记得；经常找不到自己放的东西，认为被别人偷走了；不认识以前的熟人、同事，甚至在熟悉的地方（如办公室）迷路；伴有精神行为异常，怀疑同事议论自己，妻子对自己不忠，性格容易暴躁，偶有攻击行为。症状进行性加重，目前不能完成日常工作。

神经系统查体：神志清晰，言语流利，记忆力、计算力、定向力、理解判断力粗测下降。双侧瞳孔正大等圆，直接及间接对光反射存在，双侧额纹对称，伸舌居中。四肢肌张力正常，四肢肌力5级，双侧深、浅感觉正常。双侧肱二头肌反射、肱三头肌反射、膝腱反射正常，双侧Hoffmann征（-）、Babinski征（-）。双侧指鼻、跟-膝-胫试验稳准。脑膜刺激征（-）。

问题与思考：
1. 该患者可能的诊断是什么？
2. 阿尔茨海默病的诊断标准是什么？

阿尔茨海默病（Alzheimer's disease，AD）是发生于老年和老年前期、以进行性认知功能障碍和行为损害为特征的中枢神经系统退行性病变，是老年期痴呆的最常见类型，约占老年期痴呆的50%。临床上表现为记忆力障碍、失语、失用、失认、视空间能力损害、抽象思维和计算力损害、人格和行为改变等。AD的发病率为1000万/年，每3s新发1例。2018年全球患者数量达5000万，预计2030年达8200万，2050年达15200万。

> **要点提示**：AD是老年期痴呆的最常见类型。

一、病因和发病机制

AD分为家族性AD和散发性AD。家族性AD呈常染色体显性遗传，发病较早，一般65岁之前发病。AD的基因包括致病基因和易感基因。目前已知的致病基因有3个，分别是位于21号染色体的淀粉样前体蛋白（amyloid precursor protein，*APP*）基因、位于14号染色体的早老素1（presenilin 1，*PS1*）基因及位于1号染色体的早老素2（presenilin 2，*PS2*）基因。这些β淀粉样蛋白（β-amyloid，Aβ）代谢相关的基因突变可导致β淀粉样蛋白过度生成，脑内

β淀粉样蛋白异常沉积是家族性AD的病因。易感基因是散发AD的易患基因，目前研究最广泛被认可的是载脂蛋白E（apolipoprotein E，AOPE），有ε2、ε3、ε4 3种不同的等位基因。

AOPEε4携带者是散发性AD的高危人群，研究显示，携带一个AOPEε4等位基因的人群，其罹患AD的风险约是正常人群的3.2倍，而携带两个AOPEε4等位基因的人群，其罹患AD的风险是正常人群的8～12倍。其他的AD危险因素还包括高龄、受教育程度较低、膳食因素、吸烟、女性雌激素水平下降、高血压、糖尿病、高胆固醇、高同型半胱氨酸、血管因素等。

AD的发病机制有多种假说，其中影响较广的有β淀粉样蛋白假说、tau蛋白假说和神经递质障碍假说3种。

二、临床表现

AD通常隐匿起病，好发年龄一般在65岁以上，持续性进展，主要表现为进行性全面认知功能损害和非认知性神经精神症状。按照认知损害的程度，AD痴呆期可分为轻、中、重度3期，但是各期症状存在重叠和交叉，并无明显分界。

1. 轻度 主要表现为记忆力障碍，早期对近事遗忘突出，记忆力缺损妨碍日常活动，学习新知识困难，其特点是情景记忆力障碍，表现为不记得刚才做的事情或说过的话，忘记刚刚吃过的饭菜等。随着病程的进展，可出现远期的记忆减退，可能会忘记熟悉的人的名字；可以出现时间定向障碍；判断力、处理复杂问题的能力下降，家庭活动轻度障碍，放弃复杂的家务、爱好和兴趣；部分患者出现视空间障碍，外出找不到回家的路，临摹图形困难；言语障碍，表现为词汇量减少，找词困难，命名困难；同时可能会伴有焦虑、抑郁等情绪，甚至部分患者会出现精神、行为异常。此期患者个人生活能力需旁人督促或提醒。

2. 中度 患者认知障碍随着病情进展逐渐加重，出现严重的记忆缺损，只能够记住过去非常熟悉的事情，对新发生的事情很快遗忘，原来掌握的知识和技能明显衰退；时间、地点定向明显障碍，出现迷路，甚至在自己熟悉的环境中（如自己家中）也不能顺利到达自己想去的地方；在解决问题、分辨事物间的异同点方面受损严重，社会判断力受损；还可以出现失语、失用、失认等；此时可以有明显的精神行为异常、人格改变，可出现幻觉、错觉、妄想等，比如怀疑配偶出轨，怀疑子女偷盗自己的钱财和物品，甚至出现丧失羞辱感（比如随地排二便）的行为。此期患者的穿衣、个人卫生及个人事务都需要他人的帮助。

3. 重度 此期患者上述症状加重，出现严重的记忆丧失，仅存片段的记忆，精神行为症状比较突出，判断力、认知能力完全丧失；不能独立进行室外活动，病重者不能被带到家庭以外的场所参加活动，丧失一切有意义的家庭活动；经常出现二便失禁，个人自理方面依赖别人给予很大的帮助。查体可出现锥体系和锥体外系体征，如肌强直、动作缓慢、姿势和步态异常等。此期容易合并全身系统性疾病症状，常因感染等并发症死亡。

> **要点提示**：AD的临床表现，早期主要表现为记忆力障碍，对近事遗忘突出。

三、实验室及其他辅助检查

（一）实验室检查

1. 常规实验室检查 血、尿常规及生化检查均正常。

2. 基因检测 有明确家族史的可以进行 *APP*、*PS*1、*PS*2 基因检测，有助于家族性AD的诊断，AOPEε4易感基因的检出有助于高危人群的提前预防。

3. 脑脊液常规检查 无明显异常。脑脊液 $A\beta 42$ 浓度、$A\beta 42/A\beta 40$ 比值、总的Tau蛋白浓度、磷酸化Tau蛋白浓度，或者三者组合可作为AD诊断的特异性生物标志物。

（二）影像学检查

影像学检查分为进展标志物和诊断标志物。

1. 进展标志物　包括头颅CT、头颅磁共振成像（magnetic resonance imaging，MRI）和正电子发射计算机断层扫描（positron emission tomography，PET）。其中头颅MRI能够很好地提供脑叶、脑室、脑沟等结构信息，成为最为常用的诊断AD的检查方法，海马、颞叶内嗅皮质是AD最早受累的位置。PET比头颅MRI更早出现脑葡萄糖代谢减低。

2. 诊断标志物　PET扫描技术可通过同位素示踪剂标记放射性核素，以三维成像形式高灵敏、高特异地反映体内组织的生理情况和病理改变。其中β淀粉样蛋白PET（如PIB-PET、AV45-PET）可见脑内Aβ沉积，Tau蛋白PET可见脑内异常Tau蛋白沉积。

（三）神经生理学检查

神经生理学检查是目前临床诊断AD最常用的检查方法，可以评价各个认知领域损害的程度，并可与其他类型痴呆相鉴别，但是量表检查具有一定的主观性，需要与客观性更强的影像学检查指标相结合进行判断。临床上常用的工具包括：简易的精神状况量表（Mini-mental examination，MMSE）、蒙特利尔认知测验（Montreal Cognitive Assessment，MoCA）、世界卫生组织-加利福尼亚听觉词语学习测试（WHO-UCLA Auditory Verbal Learning Test，WHO-UCLA AVLT）、波士顿命名测验（Boston Naming Test，BNT）、临床痴呆评定量表（Clinical Dementia Rating，CDR）、日常生活能力量表（Activity of Daily Living Scale，ADL）等。

四、诊断要点

临床AD诊断可依据1984年美国国立神经病语言障碍卒中研究所和阿尔茨海默病及相关疾病学会（the National Institute and Communicative Disorders and Stroke and the Alzheimer Diseases and Related Disorders Associations，NINCDS-ADRDA）或美国国立老化研究所和阿尔茨海默协会（National Institute of Aging-Alzheimer Association，NIA-AA）诊断标准进行诊断。具体诊断标准见表11-2。

表11-2　NIA-AA AD的诊断标准

Ⅰ. 很可能的AD痴呆核心临床诊断标准：
1. 符合痴呆诊断标准
2. 隐匿起病，症状缓慢进展，长达数月乃至数年，并非发生于数小时和数天之内
3. 报告或观察到明确的认知功能恶化史；包括记忆、视空间、执行功能等方面的障碍
排除标准：
1. 伴发与认知障碍发生或恶化相关的脑血管病，或存在严重的白质病变
2. 具有路易体痴呆而非痴呆本身的核心特征
3. 具有行为变异性额颞叶痴呆的显著特征
4. 具有原发性进行性失语的显著特征
5. 有其他活动性神经疾病并发症，或非神经性并发症，或药物使用产生严重认知影响的证据
Ⅱ. 可能的AD痴呆
满足AD痴呆所有的核心临床诊断标准，但具有以下症状：
1. 伴发与认知障碍发生或恶化相关的脑血管病，或存在严重的白质病变
2. 有其他疾病引起的痴呆特征，或痴呆症状可用其他疾病或者原因解释
Ⅲ. 确诊的AD痴呆
满足很可能和可能AD痴呆的诊断标准，同时具有以下表现：
1. 具有组织病理学诊断的证据（脑活检或尸检，*AD诊断标志物阳性）
2. 具有遗传学诊断的证据（*APP*、*PS*1、*PS*2 突变）

注：*AD诊断标志物包括β淀粉样蛋白PET、Tau蛋白PET、脑脊液β淀粉样蛋白或Tau蛋白

鉴别诊断：主要与其他类型的痴呆包括血管性痴呆、额颞叶痴呆、路易体痴呆等相鉴别。

五、治疗要点

1. 非药物治疗 包括认知康复、生活护理等。

2. 药物治疗 改善认知：胆碱酯酶抑制剂（cholinesterase inhibitors，ChEIs），包括多奈哌齐、卡巴拉汀等，是目前治疗轻、中度 AD 的一线药物；N-甲基-D-天冬氨酸受体拮抗剂，盐酸美金刚可用于中重度 AD 的治疗。两类药物均存在剂量效应关系，但是给药时应遵循低剂量开始、逐渐滴定的原则，防止出现不良反应。控制精神症状：临床上常用 5-HT 再摄取抑制剂和非典型的抗精神病药。

3. 支持治疗 重度患者自身生活能力丧失，常常合并营养不良、褥疮、感染等合并症，支持治疗和对症治疗尤为重要。

六、预防与预后

早期诊断可使患者从容地计划从工作岗位退休，与医师和家人讨论未来医疗问题。晚期患者需要照看，防止鲁莽行为、自伤或伤及家人。病程通常持续 5～10 年，患者常死于营养不良、肺部感染和压疮等并发症。预防应注意均衡营养，低盐饮食，减少动物性脂肪的摄入。戒烟限酒，生活作息有规律，适度运动。预防动脉硬化、高血压和肥胖等。避免外伤，尤其是头部外伤。要积极用脑，预防脑力衰退。

自测题

扫码测验

（柳海凤）

第四篇

外科常见疾病

外科学是医学科学的一个重要组成部分，是研究外科疾病发生、发展规律、临床表现、诊断、治疗和预防的科学。它的范畴是在整个医学的历史发展中形成，并且不断更新变化的。外科学与内科学的范畴是相对的，外科疾病一般需要以手术或手法整复处理为主要疗法。按病因的不同，外科疾病大致可分为七类：损伤、感染、肿瘤、畸形、内分泌失调、寄生虫及其他（如器官梗阻、血液循环障碍、结石以及大出血等）。

随着科学的进步，医学的发展，外科工作范围不断发生变化，并且与医学其他分支学科出现许多交叉的领域，外科学在理论基础和临床实践上都已有了很大的提高，手术方法和新技术的结合越来越广泛。手术虽然仍是外科工作中极其重要的组成部分，但是单纯将外科看成是手术工作的时代已经过去。特别在近年由于介入放射学和内镜诊疗技术的迅速进展，使外科与内科以及其他专科更趋于交叉。本篇主要介绍无菌术、体液失调、休克、感染、麻醉与疼痛、创伤、烧伤及各系统常见的外科疾病。

第十二章 外科学概论

学习目标

通过本章内容的学习，学生应能够：

识记：
1. 说出无菌术的概念、休克的定义、常见软组织感染的临床表现及治疗方法、烧伤面积的计算方法（新九分法）和深度的判断方法（三度四分法）。
2. 列举各种灭菌法、常用的麻醉方法、慢性疼痛的治疗方法、癌痛的三阶梯疗法、烧伤的严重度分度。

理解：
1. 解释麻醉前准备和用药的目的、休克的临床表现和治疗原则，脓毒症的临床表现。
2. 分析体液失调的类型、手术中的无菌原则、创伤的分类和急救方法。
3. 说明诊断体液失调、休克和外科感染要进行的实验室检查、创伤的相关影像学检查。

运用：
1. 具有无菌观念，掌握基本无菌技术。
2. 早期及时发现休克。
3. 根据患者伤情，正确评估烧伤面积和进行深度识别。
4. 具有对创伤、烧伤患者的现场急救和初步处理能力。
5. 培养学生的急救意识、爱伤观念和奉献精神。

第一节 无菌术

无菌术（asepsis）是临床医学的一个基本操作规范。在人体和周围环境中普遍存在各种微生物。在手术、穿刺、插管、注射及换药等过程中，必须采取一系列严格措施，防止微生物通过接触、空气或飞沫进入伤口或组织，否则就可能引起感染。无菌术在临床具体实施中主要包括三大方面：一是灭菌，即通过物理或化学方法，预先彻底地消灭附着在所有与手术区域伤口接触的物品上的一切活的微生物，包括具有顽强抵抗力的芽孢；二是消毒，即消灭病原微生物和其他有害微生物，但并不要求消灭所有微生物；三是严格操作程序和管理制度，这是保证无菌物品、无菌操作得以贯彻落实的原则。

一、手术用品的灭菌和消毒方法

（一）高压蒸汽灭菌法

高压蒸汽灭菌法是目前常用的有效灭菌方法。高压蒸汽灭菌器可分为下排气式和预真空式两类。下排气式高压蒸汽灭菌器仍是目前国内基层卫生机构最普遍使用的，其样式有多种，但其构造原理相同，均由双壁层的能耐高压的蒸汽锅炉构成，可杀死一切微生物。预真空式高压蒸汽灭菌器的特点是先抽吸灭菌器内的空气，使其呈真空状态，然后将蒸汽直接输入灭菌室，这样可以保证灭菌室内的蒸汽分布均匀，整个灭菌时间也可缩短，对物品的损害也更轻微。

高压蒸汽灭菌法用于能耐高温的物品，如金属器械、玻璃、搪瓷、敷料、橡胶制品等，各种物品的灭菌所需压力、温度和时间有些不同（表12-1）。

表12-1 各类物品灭菌所需的压力、温度和时间

灭菌器类型	物品类别	压力（kpa）	温度（℃）	维持时间（min）
下排气式灭菌器	器械、玻璃、搪瓷、药液、橡胶	104.0	121	15~20
	敷料、布类、手术包	137.3	126	30~45
预真空式灭菌器	器械、药液、敷料、手术包等	210	134	4~6

（二）煮沸法和火烧灭菌法

煮沸法适用于金属器械、玻璃制品及橡胶类等物品。在正常气压下，煮沸的水温为100℃，一般生长期细菌在10~15 min后即可被杀死，带芽孢细菌则需1h以上。金属器械的灭菌在紧急情况下亦可用火烧法，可将器械放在装有少许95%乙醇的搪瓷或金属盆内点燃，至乙醇燃尽。此法容易使锐利器械变钝，失去光泽。煮沸法和火烧法现已少用，目前仅用于紧急的特殊情况。

（三）化学蒸气灭菌法

适用于电子仪器、光学仪器、内镜及其专用器械、各种导管等不耐高温、潮湿的医疗材料的灭菌。目前主要采用环氧乙烷气体灭菌法、过氧化氢等离子体低温灭菌法和甲醛蒸气灭菌法等。

（四）化学药物消毒法

化学消毒法是用化学药物以涂擦、浸泡、喷洒或熏蒸等方式进行处理，以达到杀灭微生物的目的。临床上常用的化学消毒剂有醇类（70%乙醇）、氧化剂（碘剂、次氯酸盐、过氧乙酸、高锰酸钾等）、表面活性剂（苯扎溴铵、氯己定等）、酚类（甲酚是来苏儿的主要成分）、烷化剂（40%甲醛、戊二醛、环氧乙烷等）。

临床上选用消毒剂时，必须根据灭菌的要求、药剂对人体组织的刺激性、药剂对器械用品的侵袭作用等条件进行评估，选择合适的灭菌剂种类。

（五）电离辐射

主要用于药物如抗生素、激素等的制备过程，或一次性医疗器械、手术衣、敷料等的制备过程中的灭菌。常用γ射线或加速器产生的电子射线起到灭菌作用。紫外线可以杀灭悬浮在空气中和附于物体表面的细菌、真菌、支原体和病毒等，常用于室内空气的灭菌。

二、手术人员和患者手术区域的无菌准备

（一）手术人员的术前准备

手术人员进入手术室后，先要换穿手术室准备的清洁鞋和衣裤，戴好帽子和口罩。帽子要盖住全部头发，口罩要盖住鼻孔。剪短指甲，并去除甲缘下的积垢。手或臂部皮肤有破损或有

化脓性感染时，不能参加手术。

手术人员的手及前臂消毒，穿戴无菌手术衣、口罩及手套，是防止术中伤口污染的主要措施，同时也能起到保护手术人员的作用。

> **知识链接**
>
> **手臂消毒法**
>
> 手臂的消毒包括清洁和消毒2个步骤：先用皂液或洗手液按"七步洗手法"洗手；再用蘸有肥皂液的消毒刷对手及手臂进行刷洗，清除皮肤上的各种污渍；然后用消毒剂进行皮肤消毒。最经典的皮肤消毒剂是70%乙醇，手臂在溶液中浸泡5 min后能达到消毒目的。现很多医院改用了新型消毒剂（聚维酮碘溶液或氯己定-乙醇溶液），消毒过程大为简化，同样有效。各种消毒剂的使用要求会有些不同，但都强调消毒前的皮肤清洁步骤，不能忽视。

（二）患者手术区的准备

1. 手术前皮肤准备　手术前的更衣、洗澡、擦浴等操作，可以减少患者皮肤上的细菌数量。需注意对患者肚脐、会阴等部位积垢的清除，同时要避免皮肤损伤。毛发或体毛覆盖区域或周边区域的皮肤准备，以达到去除粗毛的效果即可，过度的毛发准备会导致皮肤受损，反而可能增加手术切口感染率。

2. 手术区正常皮肤的消毒和铺巾　目的在于消灭切口处及其周围皮肤上的细菌，预防手术过程中的外源性感染。消毒范围一般应超过切口周围15 cm。一般手术的消毒顺序是由手术区中央向四周涂擦，感染伤口或肛门部手术则由手术区外周向内涂擦。一般采用0.5%聚维酮碘（碘伏）直接涂擦皮肤2遍。手术区消毒后，铺无菌布单。其目的是除显露手术切口所必需的最小皮肤区以外，其他部位均需予以遮盖，以避免和尽量减少手术中的污染。在手术区的皮肤粘贴无菌塑料薄膜的方法也很常用，皮肤切开后薄膜仍黏附在伤口边缘，可防止皮肤上尚存的细菌在术中进入伤口。小手术仅盖一块孔巾即可；对于较大手术，须铺盖无菌巾和其他必要的布单。原则是除手术野外，至少要有2层无菌布单遮盖。

三、手术中的无菌原则

在手术过程中，虽然器械和物品都已灭菌、消毒，手术人员也已洗手、消毒、穿戴无菌手术衣和手套，患者手术区也已消毒和铺盖无菌布单，已为手术提供了一个无菌操作的环境，但是，在手术进行中，如果没有一定的规章来保持这种无菌环境，则已经灭菌和消毒的物品或手术区域仍有受到污染和引起伤口感染的可能。有时可因此而导致手术失败，甚至影响患者的生命。这种所有参加手术的人员必须认真执行的规章，即为无菌操作规则。若发现有人违反，必须予以立即纠正。无菌操作规则包括如下。

1. 手术人员穿无菌手术衣和戴无菌手套之后，手不能接触背部、腰部以下和肩部以上部位，这些区域属于有菌地带；同样，也不要接触手术台边缘以下的布单。

2. 不可在手术人员的背后传递手术器械及用品。坠落到无菌巾或手术台边以外的器械物品，不准拾回再用。

3. 手术中如手套破损或接触到有菌之处，应更换无菌手套。如前臂或肘部触碰到有菌之处，应更换无菌手术衣或加套无菌袖套。如无菌巾、布单等已被湿透，其无菌隔离作用不再完整，应加盖干的无菌布单。

4．在手术过程中，同侧手术人员如需调换位置，一人应先退后一步，背对背地转身到达另一位置，以防触及对方背部不洁区。

5．手术开始前要清点器械、敷料，手术结束时，检查胸、腹等体腔，待核对器械、敷料数无误后，才能关闭切口，以免异物遗留腔内，产生严重后果。

6．切口边缘应以无菌大纱布垫或手术巾遮盖，并用巾钳或缝线固定，仅显露手术切口。术前手术区粘贴无菌塑料薄膜可达到相同目的。

7．行皮肤切口以及缝合皮肤之前，需用70%乙醇再涂擦、消毒皮肤1次。

8．切开空腔脏器前，要先用纱布垫保护周围组织，以防止或减少污染。

9．参观手术的人员不可太靠近手术人员或站得太高，也不可经常在室内走动，以减少污染机会。

10．手术进行时不应开窗通风或用电扇，室内空调机风口也不能吹向手术台，以免扬起尘埃，污染手术室内空气。

自测题

扫码测验

第二节 外科患者的体液失调

人体新陈代谢在体液环境中进行，正常体液容量、渗透压及电解质含量（即内环境稳定）是机体正常代谢和各器官功能正常进行的基本保证。疾病和外界环境变化常引起水、电解质代谢紊乱及酸碱平衡失调，这些紊乱若得不到及时纠正，常会引起严重后果，甚至危及生命。许多外科疾病及外科手术均可能导致体内水、电解质和酸碱平衡的失调，正确处理这些失调是外科患者治疗中的一个基础内容。

体液的主要成分是水和电解质。其总量因性别、年龄和体型而异。成年男性的体液总量约占体重的60%，成年女性体液总量约为体重的55%。体液分为细胞内液（男性约占体重的40%，女性约占体重的35%）和细胞外液（男、女均约占体重的20%）两部分。细胞外液又被血管分成血浆和组织间液。血浆量约占体重的5%，组织间液约占体重的15%。组织间液中绝大部分能迅速与血浆或细胞内液进行交换，对维持循环和细胞功能起很大作用，称为功能性细胞外液。

体液中除了水外，其溶质可分为电解质和非电解质两类。电解质在细胞内液和细胞外液的分布显著不同。细胞外液中的阳离子主要是钠离子（Na^+），阴离子主要是氯离子（Cl^-）、碳酸氢根离子（HCO_3^-）和蛋白质；细胞内液中的阳离子主要是钾离子（K^+），其次为镁离子（Mg^{2+}），阴离子主要是磷酸氢根离子（HPO_4^{2-}）和蛋白质。由于电解质能自由出入毛细血管壁，所以除蛋白质外，功能性组织间液和血浆的电解质成分基本相同。因此，临床上只要测定血浆中的电解质成分，就可以反映细胞外液的情况。

细胞外液和细胞内液的渗透压相等，正常为290～310 mmol/L。渗透压的稳定对维持细胞内、外液平衡具有非常重要的意义。体液及渗透压的稳定由神经-内分泌系统调节。体液正常渗透压通过下丘脑-垂体-抗利尿激素系统维持和恢复，肾素-醛固酮系统则维持和恢复血容量，两系统共同通过肾调节水及钠等电解质的吸收和排泄，从而维持体液平衡、保持内环境稳定。

体液出入平衡包括水、钠的出入平衡及钾的出入平衡等。机体通过内在调节机制维持水和电解质在体内的动态平衡。当这种调节机制因疾病或手术等因素而遭破坏时，机体就会出现水、电解质紊乱，表现为容量、浓度和成分失调。

一、水、钠代谢失调

在细胞外液中，水和钠的关系非常密切，一旦发生代谢紊乱，缺水和失钠常同时存在，但比例上有所差别。根据缺水和缺钠的程度不同，分为等渗性脱水、低渗性脱水和高渗性脱水。

（一）等渗性脱水

等渗性脱水又称急性脱水或混合性脱水，在外科临床上最为常见。即细胞外液减少而血钠正常，其特点是水钠成比例丢失，血容量减少但血清钠位于正常范围（135～145 mmol/L），细胞外液为等渗状态，是典型的容量失调。

1. 病因 为急性体液丧失。①急性胃肠道消化液丧失：如严重呕吐、腹泻、肠瘘等。②体液丧失发生在感染区或软组织内：如弥漫性腹膜炎、肠梗阻、大量抽放胸腔积液、腹水及大面积烧伤等。

2. 临床表现 患者有尿少、厌食、恶心、乏力等，但口渴不明显。舌干燥，眼球凹陷，皮肤干燥、松弛。短期内体液丧失达到体重的5%，即丧失细胞外液的25%时，患者出现脉搏细速、肢端湿冷、血压不稳定或下降等血容量不足的症状。体液继续丧失达体重的6%～7%时（相当于丧失细胞外液的30%～35%），休克的表现更严重，常伴发代谢性酸中毒。

3. 诊断 多数有消化液或其他体液大量丧失的病史，结合临床表现常可做出初步诊断。实验室检查可发现血液浓缩现象（红细胞计数、血红蛋白量和血细胞比容均明显增加）、尿比重增高等，血清Na^+和Cl^-一般无明显降低。必要时做动脉血气分析，以确定是否有酸碱平衡失调。

4. 治疗 积极治疗原发病，若能消除病因，则脱水将很容易被纠正。以平衡盐溶液或等渗盐水尽快补充血容量；对已有脉搏细速和血压下降等血容量不足表现者，需从静脉快速输注以恢复其血容量。另外，快速输注上述液体时必须监测患者心功能。在纠正缺水后，排钾量会有所增加，血清K^+浓度也因细胞外液量的增加而被稀释降低，故应注意预防低钾血症的发生。

（二）低渗性脱水

低渗性脱水又称慢性脱水或继发性脱水。即细胞外液减少合并低血钠，缺水少于失钠。血清钠低于正常范围（小于135 mmol/L），细胞外液呈低渗状态，属于浓度失调。

1. 病因 ①大量消化液丢失而只补充水，这是最常见原因。②大创面慢性渗液；③肾排出水和钠过多，例如应用排钠利尿剂时，未注意补给适量的钠盐；④禁食患者未补电解质液或补得少及某些疾病长期低盐或无盐饮食。

2. 临床表现 患者无口渴，常见症状有恶心、呕吐、头晕、软弱无力、站立性晕倒等。根据缺钠程度不同分为三度：①轻度缺钠：血清钠为130～135 mmol/L，患者有疲乏、头晕、手足麻木，尿中钠、氯减少。②中度缺钠：血清钠120～130 mmol/L。患者除上述症状外，还有食欲缺乏、恶心、呕吐、血压不稳、直立性低血压等表现。尿少，尿中几乎不含钠和氯。③重度缺钠：血清钠<120 mmol/L。除上述症状加重外，还出现表情淡漠、肌痉挛性抽痛、休克及昏迷等。腱反射减弱或消失。

3. 诊断 存在相关病因及临床表现。进一步的检查包括：①尿液检查：尿比重常在1.010以下，尿中Na^+和Cl^-常明显减少；②血钠浓度低于135 mmol/L，血钠浓度越低，病情越重；③红细胞计数、血红蛋白量、血细胞比容及血尿素氮值均有增高。

4．治疗 积极处理致病原因。针对细胞外液缺钠多于缺水和血容量不足的情况，采用含盐溶液或高渗盐水静脉输注，以纠正体液的低渗状态和补充血容量。①轻、中度患者口服盐水或静脉输入生理盐水，通过机体的调节纠正脱水。②重症患者出现休克者，应快速输入平衡盐溶液和胶体液，补充血容量，提高渗透压、改善微循环，使血压尽快回升。补高渗盐水时滴速每小时应小于100～150 ml。同时要加强对输液的监测。

补钠量可按下列公式计算：需补钠量（mmol）=［血钠正常值（mmol）－血钠测得值（mmol）］×体重（kg）×0.6（女性为0.5）。按17 mmol Na^+等于1 g钠计算补给氯化钠的量，当天补给一半，另一半在第2、3天逐渐补给。并根据患者具体情况考虑是否补充日需量和当日继续丢失的钠量。以后根据血钠和病情变化再确定输液方案。

（三）高渗性脱水

高渗性脱水又称原发性脱水，即细胞外液减少合并高血钠，缺水多于缺钠，血清钠高于正常范围（大于150 mmol/L），细胞外液呈高渗状态，也属于浓度失调。

1．病因 ①摄入水分不够，如吞咽困难，危重患者的给水不足，鼻饲高浓度的要素饮食或静脉注射大量高渗盐水溶液。②水分丧失过多，如高热大量出汗、烧伤暴露疗法、中枢性或肾性尿崩症时排出大量低渗性尿液、呼吸道不显性失水增加（气管切开、代谢性酸中毒、发热、脑功能障碍）等。

2．临床表现 口渴为最早出现的症状，随后出现黏膜干燥、皮肤弹性减退、眼窝凹陷、尿量减少、尿比重增高、体温上升等。按缺水的多少可分为轻、中、重三度。①轻度缺水：除口渴外，无其他症状。缺水量为体重的2%～4%。②中度缺水：极度口渴，乏力，尿少和尿比重增高，唇舌干燥，皮肤弹性差，眼窝凹陷，常出现烦躁。缺水量为体重的4%～6%。③重度缺水：除上述症状外，出现躁狂、幻觉、谵妄，甚至昏迷等脑功能障碍的症状。缺水量超过体重的6%。

3．诊断 诊断依据为存在脱水的病因，有相应的临床症状和体征，实验室检查异常包括：①尿比重>1.030；②红细胞计数、血红蛋白量、血细胞比容轻度升高；③血钠浓度升高，在150 mmol/L以上。

4．治疗 治疗原则是积极治疗原发病，控制钠摄入，纠正细胞外液容量异常，若有液体持续丢失，应予以持续性补充。重点是补充缺失的水量，高渗性脱水者血清钠测定值虽然增高，但体内总体钠是减少的，只不过是由于失水多于失钠，故在纠正脱水过程中，应当补充钠。故在输入适量等渗葡萄糖溶液后，应适当纠正缺钠，并在尿量超过40 ml/h后考虑补钾。

二、钾代谢失调

钾是机体重要的矿物质之一。体内总钾含量的98%存在于细胞内，是细胞内最主要的电解质。细胞外液的含钾量仅占全身钾的2%左右。钾有许多重要的生理功能：参与、维持细胞的正常代谢，维持细胞内外的渗透压和酸碱平衡，维持神经肌肉组织的兴奋性，以及维持心肌正常功能等。机体可通过以下几条途径维持血钾平衡：①通过细胞膜Na^+-K^+泵改变钾在细胞内外液中的分布；②通过细胞内外H^+-K^+交换影响细胞内外钾的分布；③通过肾小管上皮内外跨膜电位的改变影响钾的排泄量；④通过醛固酮和远端小管调节肾排钾量；⑤通过出汗方式或结肠排泄钾。肾对钾的调节能力较差，在禁食及血清钾很低的情况下，肾仍从尿中排钾（相当于氯化钾2～3 g/d）。成年人每日需钾盐3～4 g。正常血清钾浓度为3.5～5.5 mmol/L，钾代谢异常分为低钾血症和高钾血症，以前者为常见。

（一）低钾血症

血清钾低于3.5 mmol/L时，称为低钾血症。属成分失调。

1．病因 ①摄入不足：如手术后患者或重病、昏迷的患者长期禁食，未及时补钾。②损失过多：经胃肠道丢失过多，如频繁呕吐、持续胃肠减压、肠瘘等；经肾丢失过多，如长期应用利尿剂、原发性或继发性醛固酮增多症、碱中毒时肾排钾增多等。③钾分布异常：如静脉输入葡萄糖和胰岛素溶液时，钾离子随糖原的合成进入细胞内；碱中毒时细胞外液的 K^+ 与细胞内液的 H^+ 交换，钾离子进入细胞内。

2. 临床表现 主要是血清钾降低引起的一系列神经-肌肉兴奋性的改变等。典型表现包括：①神经-肌肉兴奋性降低：最早的表现是肌无力，先是四肢软弱无力，以后可延及躯干和呼吸肌。还可有软瘫、腱反射减退或消失。②消化道症状：腹胀、厌食、恶心、呕吐、肠鸣音减弱或消失。重者可出现麻痹性肠梗阻。③中枢神经系统症状：早期有烦躁不安、濒死感。重者神志淡漠、定向力障碍、嗜睡。④循环系统症状：心音低沉、心律失常、心动过速。⑤检查：血清钾 < 3.5 mmol/L。⑥心电图可有心动过速、房性期前收缩或室性期前收缩、T 波改变（低平、双向、倒置）、Q-T 延长和出现 U 波等。低血钾的患者不一定出现典型的心电图改变，故不能依靠心电图诊断。⑦引起代谢性碱中毒，但此时尿液呈酸性，称为反常性酸性尿。

有时低钾血症的临床表现可以很不典型。特别是当患者伴有严重细胞外液减少时，其临床表现主要是缺水、缺钠所致的症状。但当缺水被纠正之后，由于钾浓度被进一步稀释，此时即会出现低钾血症的症状。

3. 诊断 根据详细的病史、临床表现以及实验室检查即可诊断低钾血症，血钾浓度低于 3.5 mmol/L 有诊断意义，心电图检查可作为辅助性诊断手段。

4. 治疗 ①病因治疗：尽快去除造成缺钾的原因。②补钾治疗：口服补钾是最安全的补钾方法，但外科低钾血症患者多无法口服补钾，常需要静脉滴注补钾（禁止静脉推注）。临床实践已经证明，只要严格掌握静脉滴注补钾的原则，静脉滴注补钾是安全的。静脉滴注补钾的原则：①尿畅补钾：通常尿量达到或超过 40 ml/h 后才可进行静脉滴注补钾；由于钾离子主要经肾排泄，故少尿者补钾应慎重，防止引起高钾血症。②浓度控制：静脉输液的含钾浓度不超过 0.3%（10% 氯化钾 15 ml 加 500 ml 液），浓度过高则不易控制，且对静脉刺激性大，患者不能忍受滴注时的疼痛。③速度控制：溶液应缓慢滴注，输注速度应控制在 20 mmol/h 以下。④总量控制：因钾在体内分布与代谢的特点，缺钾不可能在 1～2 天内得到纠正，要达到纠正体内缺钾目标，常需连续 3～5 天甚至更长时间的治疗。每天补钾量可根据缺钾情况和患者饮食恢复状况评估。严重缺钾者每日补钾 6～9 g，相当于 10% 氯化钾 60～90 ml。值得注意的是，临床上补钾后血钾浓度上升只是暂时的，因为大多数补充的钾将进入细胞内以补充细胞内钾的缺失，因此补钾过程中应密切进行血钾浓度监测。

> **要点提示**：静脉补钾的注意原则：尿畅补钾、浓度控制、速度控制、总量控制。

（二）高钾血症

血清钾高于 5.5 mmol/L，称为高钾血症。也属成分失调。

1. 病因 常见：①进入体内（或血液内）的钾增多，如口服或静脉输入氯化钾，服用含钾药物，以及大量输入保存较久的库血等。②肾排泄功能减退，如急性肾衰竭，应用保钾利尿剂，以及盐皮质激素不足等。③细胞内钾的移出，如重度溶血、组织损伤（大面积挤压伤、烧伤等）以及酸中毒等。

2. 临床表现 一般无特异性症状，有时有轻度神志模糊或淡漠、感觉异常和四肢软弱等。严重高钾血症有微循环障碍的表现，如皮肤苍白、发冷、青紫、低血压等。常出现心搏缓慢或心律失常，甚至发生心搏骤停（停搏在舒张期）。高钾血症，特别是血钾超过 7 mmol/L 时，几乎都有心电图的改变。典型的心电图改变为早期 T 波高而尖，QT 间期延长，随后出现 QRS 波增宽，PR 间期延长。

3. 诊断 有引起高钾血症原因的患者，当出现无法用原发病解释的上述临床表现时，应考虑到有高钾血症的可能。血清钾浓度超过 5.5 mmol/L 即可确诊，心电图有辅助诊断价值。

4. 治疗 高钾血症有导致患者心搏骤停的危险，因此一经诊断，应予积极治疗，措施包括：①停止钾盐的摄入和补充：避免一切含钾食物和药物的进入。②保护心肌，防止心律失常。可用钙剂来对抗钾离子抑制心肌的作用。如 10% 葡萄糖酸钙 20～30 ml 或 5% 氯化钙 20 ml，缓慢静脉注射。③促进钾离子向细胞内转移，降低血钾浓度：可用葡萄糖液加胰岛素静脉输入；或静脉输入 5% 碳酸氢钠溶液，碱化细胞外液，可促进肾排钾，并使钾离子转入细胞内。④口服阳离子交换树脂：能从消化道带走较多的钾离子等。⑤透析疗法：最快速有效的降低血钾的方法，包括腹膜透析和血液透析，可用于上述治疗仍无法降低血钾浓度或者严重高钾血症患者。

三、钙、镁代谢失调

（一）低钙血症

血钙低于 2 mmol/L 即为低钙血症。多见于急性胰腺炎、慢性肾衰竭、甲状旁腺激素缺乏（甲状腺手术后或甲状旁腺功能不全）及维生素 D 缺乏等。临床主要表现为神经-肌肉兴奋性增强，如易激动、口周麻木、手足搐搦、肌肉抽动等。治疗低钙血症应纠正病因，急性者可静脉注射 10% 葡萄糖酸钙或 5% 氯化钙 10～20 ml。一般可口服乳酸钙及维生素 D 治疗。

（二）低镁血症

血清镁低于 0.7 mmol/L 即需治疗。低镁血症多发生于长期肠瘘、胆瘘、慢性腹泻或经长期输液而未注意补充镁的患者。缺镁时可出现神经-肌肉及中枢神经系统的症状。表现为：①中枢神经系统症状：眩晕、共济失调、手足徐动等。②精神：谵妄、抑郁、性格改变、昏迷。③神经肌肉：震颤、手足搐搦等。常与缺钙、缺钾同时存在。故对于手足搐搦患者注入钙剂不见好转者，应想到低镁血症。低钾血症患者补钾后病情无改善，也应怀疑存在镁缺乏。治疗低镁血症可口服硫酸镁或氯化镁。亦可肌内注射 10% 硫酸镁。重症有搐搦时，可静脉滴注 10% 硫酸镁。

四、酸碱平衡失调

酸碱平衡也是体液平衡的重要组成部分。正常人体血液的 pH 值相当恒定，动脉血的 pH 值是 7.40±0.05。体内具有酸碱平衡的调节机制，称为缓冲系统，通过血液缓冲作用和肺、肾等的调节作用，维持体液相对恒定的酸碱度。血液缓冲对中以 HCO_3^-/H_2CO_3 最为重要。正常的 $[HCO_3^-]$ 值平均为 24 mmol/L，$[H_2CO_3]$ 值平均为 1.2 mmol/L。凡体内产生和积聚的酸性或碱性物质超过机体的缓冲和调节能力，就可发生酸碱平衡紊乱。pH 低于 7.35 即为酸中毒，高于 7.45 即为碱中毒。按其发生的原因及病理生理的不同，可分为 4 类，即代谢性酸中毒、代谢性碱中毒、呼吸性酸中毒和呼吸性碱中毒。

（一）代谢性酸中毒

代谢性酸中毒是外科最常见的酸碱平衡失调，主要是血浆 pH 降低、$[HCO_3^-]$ 减少。

1. 病因 ①碱性物质丢失过多：如肠瘘、胆瘘、胰瘘、重度腹泻、肠梗阻等；②产酸过多：如休克致急性循环衰竭，组织缺血缺氧，产生大量丙酮酸和乳酸，还可见于糖尿病、禁食、抽搐、心搏骤停等；③肾功能不全：酸性物质排出障碍。

2. 病理 以上原因造成了体内 $[HCO_3^-]$ 的减少，$[H^+]$ 和 $[H_2CO_3]$ 相对增高及 pH 下降，机体很快出现代偿反应：刺激呼吸中枢，使呼吸加深、加快；同时肾代偿，增加 HCO_3^- 的回吸收和泌 H^+。另外，细胞外液 H^+ 与细胞内液 K^+ 交换，降低细胞外液的 $[H^+]$，可使血钾升高。

3. 临床表现 轻度代谢性酸中毒可无明显症状。重症患者可有疲乏、眩晕、嗜睡、感觉迟钝或烦躁，甚至昏迷。最明显的表现是呼吸加快、加深。常伴有严重缺水的一些症状，易发生心律失常、急性肾功能不全和休克。

4. 诊断 根据患者有严重腹泻、肠瘘或休克等病史，又有深而快的呼吸，即应怀疑有代谢性酸中毒。动脉血气分析及血生化检测可以明确诊断，并可了解代偿情况和酸中毒严重程度。血液 pH 和 [HCO_3^-] 明显降低。呼吸代偿时，$PaCO_2$ 降低。尿液检查一般呈酸性。

5. 治疗 最根本的是病因治疗。轻度代谢性酸中毒（[HCO_3^-] 为 16～18 mmol/L）经适当补液、纠正脱水后，往往自行好转。补碱液常用 5% 碳酸氢钠溶液，根据血气分析补碱计算公式：5% 碳酸氢钠溶液的量（ml）=[HCO_3^- 正常参考值（mmol）－HCO_3^- 测得值（mmol）]×体重（kg）×2/3，先补一半的量。严重者（[HCO_3^-]＜10 mmol/L）应立即进行静脉补液和补碱治疗，5% 碳酸氢钠溶液剂量可按每 kg 体重 5 ml 计算，可分次或单次静脉滴注，逐渐纠正酸中毒。纠正酸中毒过程中要注意钾离子向细胞内转移，并及时补钾。

（二）代谢性碱中毒

代谢性碱中毒是血浆 pH 升高，[HCO_3^-] 增高。

1. 病因 ①酸性物质丢失过多：如幽门梗阻、剧烈呕吐、长期胃肠减压等，这是外科患者发生代谢性碱中毒的最常见原因。②碱性物质摄入过多：如碱性液体输入过多或长期服用碱性药物（如胃溃疡患者长期服用碳酸氢钠）。③长期应用利尿剂：如呋塞米等，可引起低氯性碱中毒。

2. 病理 以上原因造成了体内 [HCO_3^-] 的增加，[H^+] 和 [H_2CO_3] 相对减少及 pH 升高，机体表现代偿反应：对呼吸中枢的兴奋性减弱，使呼吸变浅、变慢；肾减少对 H^+ 的排出和 HCO_3^- 的回吸收；细胞外液 K^+ 与细胞内液 H^+ 交换，增高细胞外液的 [H^+]，可使血钾下降。在血容量不足的情况下，机体为了保存 Na^+，经远曲小管排出的 H^+ 及 K^+ 则增加，HCO_3^- 的回吸收也增加，更加重了细胞外液的碱中毒及低钾血症。此时可出现反常性酸性尿。

3. 临床表现 轻度代谢性碱中毒一般无明显症状，有时可有呼吸变浅、变慢，或神经精神方面的异常，如谵妄、精神错乱或嗜睡等。严重时，可因脑和其他器官的代谢障碍而发生昏迷。

4. 诊断 根据病史和症状可以初步作出诊断。血气分析可明确诊断及其严重程度。失代偿时，血液 pH 值和 [HCO_3^-] 明显增高，$PaCO_2$ 正常；部分代偿时，血液 pH 值、[HCO_3^-] 和 $PaCO_2$ 均有一定程度的增高。

5. 治疗 着重于原发疾病的积极治疗。轻症的碱中毒只需补给生理盐水或葡萄糖盐水就可纠正。因往往伴有缺钾，所以补钾很重要，以纠正细胞内外离子的异常交换和终止从尿中排酸。一般补给氯化钾，可同时纠正低氯。严重的碱中毒（血浆 [HCO_3^-] 达 45～50 mmol/L、pH＞7.65），需给稀盐酸溶液或盐酸精氨酸溶液静脉滴注来纠正。

（三）呼吸性酸中毒

呼吸性酸中毒指血液中 $PaCO_2$ 升高、pH 下降，亦称高碳酸血症。

1. 病因 呼吸功能障碍，导致 CO_2 不能正常呼出。①急性呼吸性酸中毒：呼吸道梗阻（如异物、痰栓、溺水）、呼吸中枢受抑制（脑外伤、心搏骤停、吗啡副作用）、呼吸肌麻痹（重症肌无力、严重低血钾等）、急性肺部疾患（肺炎、肺不张、胸外伤）；②慢性呼吸性酸中毒：慢性阻塞性肺疾病、硅肺及限制性通气障碍等。

2. 病理 $PaCO_2$ 升高时，肾排 H^+ 和 HCO_3^- 回吸收增加，使体内的 [HCO_3^-] 增加。但这一作用的完成需要时间。急性呼吸性酸中毒时，通过血液的缓冲系统代偿，但能力有限，血液 pH 常随着 $PaCO_2$ 的升高而相应下降。慢性呼吸性酸中毒时，通过肾的代偿，可使 pH 保持在正常范围。另外，细胞外液中 H_2CO_3 增多，可使 K^+ 由细胞内移出，Na^+ 和 H^+ 转入细胞内，减轻酸中毒。

3. 临床表现 ①急性呼吸性酸中毒：呼吸困难、全身乏力、发绀、头痛、胸闷、烦躁不安、心律失常（血清钾升高时），甚至昏迷；②慢性呼吸性酸中毒：喘息、咳嗽、发绀、桶状胸、杵状指等。慢性呼吸性酸中毒的患者血中 $PaCO_2$ 增高，呼吸中枢对 CO_2 的敏感性降低。此时，缺氧使呼吸中枢兴奋。不适当的吸氧治疗可使缺氧对呼吸中枢的兴奋作用解除，患者会出现呼吸抑制，甚至呼吸停止。

4. 诊断 患者多有呼吸功能受影响的病史，同时出现上述症状，即应怀疑有呼吸性酸中毒。呼吸性酸中毒的血气分析参数变化规律：$PaCO_2$ 增高，pH 降低，通过肾代偿后，代谢性指标继发性升高，AB、SB 及 BB 值均升高，AB > SB，BE 正值加大。

5. 治疗 主要是解决通气问题，去除呼吸道梗阻及其他妨碍气体交换的因素，改善通气功能。必要时，做气管插管或气管切开，使用呼吸机治疗。对于慢性呼吸性酸中毒，以控制感染，促进咳痰和扩张小支气管等措施为主。

（四）呼吸性碱中毒

呼吸性碱中毒是通气过度，造成血中 CO_2 排出过多，血液 pH 升高，又称低碳酸血症。

1. 病因 多为急性呼吸性碱中毒，发生时间短暂，见于癔症、高热、颅脑损伤、感染、应用呼吸兴奋剂、机械通气不当等。慢性呼吸性碱中毒在外科患者中比较少见。

2. 病理 $PaCO_2$ 的降低，起初虽可抑制呼吸中枢，使呼吸减慢、变浅，CO_2 排出减少，血液中 $[H_2CO_3]$ 代偿性增高，但这种代偿很难持续下去。肾的代偿作用为肾小管上皮细胞分泌 H^+ 减少，HCO_3^- 回吸收减少，使血液中 $[HCO_3^-]$ 降低，$[HCO_3^-]/[H_2CO_3]$ 比值接近正常，维持 pH 值在正常范围。$PaCO_2$ 降低可使脑血管收缩，脑血流量减少，颅内压降低。

3. 临床表现 多数有呼吸急促，引起呼吸性碱中毒后可有眩晕、手足及面部麻木感，肌肉震颤、手足抽搐等。

4. 诊断 结合病史和临床表现常可作出诊断。呼吸性碱中毒的血气分析参数变化规律：$PaCO_2$ 降低，pH 升高，AB < SB，代偿后，代谢性指标继发性降低，AB、SB 及 BB 值均降低，BE 负值加大。

5. 治疗 治疗应首先处理原发疾病。危重患者发生急性呼吸性碱中毒，常提示将发生急性呼吸窘迫综合征，预后不良。一般患者可用纸袋罩住口鼻，增加呼吸道死腔，减少 CO_2 的排出，以升高 $PaCO_2$。有手足抽搐时，可静脉注射钙剂。如系呼吸机使用不当所造成的通气过度，应调整呼吸机参数。危重患者或中枢神经系统所致呼吸急促，可用呼吸机辅助呼吸。

（五）混合性酸碱平衡失调

临床上有些患者不是单一的原发性酸碱失衡，而是存在两种以上混合性酸碱失衡。常见的双重性酸碱失衡类型有：①呼吸性酸中毒合并代谢性酸中毒；②呼吸性酸中毒合并代谢性碱中毒；③呼吸性碱中毒合并代谢性酸中毒；④呼吸性碱中毒合并代谢性碱中毒；⑤高阴离子间隙的代谢性酸中毒合并代谢性碱中毒。常见的三重性酸碱失衡类型有：①呼吸性酸中毒合并高阴离子间隙的代谢性酸中毒 + 代谢性碱中毒；②呼吸性碱中毒合并高阴离子间隙的代谢性酸中毒 + 代谢性碱中毒。这些混合性酸碱平衡失调往往由多种复杂的原因所致，必须在充分了解、分析原发病的基础上，结合实验室检查，进行综合分析才能作出正确的判断，进而制订相应的治疗措施。

自测题

扫码测验

第三节 外科休克

> **案例导入**
>
> 患者，男，19岁，学生。2 h前不慎从宿舍上铺摔下，左胸腹部撞到桌角。伤后感左上腹部持续性疼痛，范围逐渐扩大。渐感头晕、心悸、口渴，来诊。查体：P 120次/分，BP 90/60 mmHg，神志清楚，面色苍白，轻度烦躁，左下胸及上腹部压痛。实验室检查：Hb 85 g/L。
>
> 问题与思考：
> 1. 患者出现了怎样的病情变化？
> 2. 进一步的检查有哪些？应如何进行初步治疗？

休克（shock）本身并不是一个独立的疾病，它是机体有效循环血容量骤减、组织血流灌注不足、细胞代谢紊乱和器官功能受损的病理过程，是由多种病因引起的一种临床综合征。组织细胞氧供给不足和需求增加是休克的本质，产生炎症介质是休克的特征，因此恢复供氧、促进氧的有效利用、重新建立氧的供需平衡和维护正常的细胞功能是治疗休克的关键环节。如果抢救不及时，患者常因各种严重并发症而死亡。

一、分类

通常将休克分为低血容量性（包括失血性及创伤性）休克、感染性休克、心源性休克、神经源性休克和过敏性休克5类。低血容量性休克和感染性休克在外科最常见。

二、病理生理改变

各类休克的发生和发展都有不同的病因和病理过程，有效循环血容量锐减及组织灌注不足，以及产生炎症介质是各类休克共同的病理生理基础。一方面，创伤、失血、感染等可以直接引起组织灌注不足；另一方面，其产生的细胞炎症反应，引起一系列炎症应答，又可加重组织灌注的不足，从而促进休克的进展。

（一）微循环的变化

1. 微循环收缩期 即休克早期，有效循环血量显著减少，循环血量重新分布，保证心脑等重要器官的有效灌注，选择性收缩外周（皮肤、骨骼肌）和内脏（肝、脾、胃肠）的血管。微循环内因前括约肌收缩而致"只出不进"，血量减少，组织处于低灌注、缺氧状态。若能在此时去除病因，积极复苏，休克常较容易得到纠正。

2. 微循环扩张期 即休克失代偿期，休克继续发展，微循环因严重缺氧出现能量不足、乳酸类产物蓄积和舒血管介质等释放。结果是微循环广泛扩张，"只进不出"，血液滞留，血浆外渗、血液浓缩和黏稠度增加，进一步降低回心血量，致心排血量持续下降，心脑器官灌注不足，临床上患者表现为血压进行性下降、意识模糊、发绀和酸中毒。

3. 微循环衰竭期 病变继续发展，进入不可逆性休克。淤滞在微循环内的黏稠血液在酸性环境中处于高凝状态，红细胞和血小板容易发生聚集并在血管内形成微血栓，甚至引起弥散性血管内凝血。最终引起大片组织、整个器官乃至多个器官的功能受损。

（二）代谢改变

休克时代谢的变化包括：蛋白质分解和糖异生增加；骨骼肌和肝糖原分解加速；缺氧时，

无氧代谢增加，乳酸产生增加，加上肝对乳酸的代谢障碍，使乳酸积聚，导致代谢性酸中毒。组织缺氧，能量产生不足，代谢产物的堆积，都可引起细胞膜的离子泵功能障碍，导致细胞的严重损伤和死亡。

休克的发展过程中，可对心、肺、肝、肾、胃肠道及脑等主要器官产生继发性损害，导致多器官功能不全的发生。

三、临床表现

按照休克的发病过程可分为休克代偿期和失代偿期，也称休克早期和休克期。

（一）休克代偿期

在休克代偿期，患者的血压仍可维持在正常或稍偏低水平，但脉压变小，常小于 30 mmHg。患者常表现为精神兴奋或烦躁不安，脸色苍白，脉搏细速，心搏增快，四肢湿冷，外周静脉萎陷，尿量减少（常小于 30 ml/h）。此时全身组织器官的灌注不足，心血管系统则发生代偿性改变，以保证生命器官（心、脑等）的血液灌流和供氧。此时如处理及时、得当，休克可较快得到纠正。否则，病情继续发展，将进入休克失代偿期。

（二）休克失代偿期

休克失代偿期的患者意识改变十分明显，有神志淡漠、昏睡甚至昏迷，皮肤变得更加苍白和湿冷，黏膜和甲床变为灰白，尿量进行性减少，脉搏减弱甚至消失，血压进行性下降，脉压继续降低。若皮肤、黏膜出现瘀斑或消化道出血，提示病情已发展至弥散性血管内凝血阶段。若出现进行性呼吸困难、烦躁、发绀，给予吸氧治疗不能改善呼吸状态，应考虑已发生呼吸窘迫综合征。

> **要点提示**：休克的临床表现分为代偿期和失代偿期。

四、诊断与监测

休克的诊断关键是早期发现并准确分期：①凡遇到严重损伤、大量出血、重度感染以及过敏和有心脏病史者，应想到并发休克的可能；②临床观察中，对于有出汗、兴奋、心率加快、脉压小或尿少等症状者，应疑有休克；③若患者出现神志淡漠、反应迟钝、皮肤苍白、呼吸浅快、收缩压降至 90 mmHg 以下及尿少或无尿者，则标志患者已进入休克失代偿期。

监测是对休克的一个连续诊断过程，通过监测可掌握患者病情变化和治疗反应，为调整治疗方案提供客观依据。

（一）一般监测

1. 神志状态 反映脑组织的灌流情况。在脑血流灌注逐渐减少的过程中，脑缺氧的程度不断加重，患者可依次出现兴奋、躁动不安、神志淡漠、昏迷等症状。

2. 皮肤温度、色泽及甲床充盈时间 是体表灌流情况的标志。四肢皮肤苍白湿冷，轻压指甲或口唇颜色苍白，松开后色泽恢复红润缓慢，表明体表灌流不足。

3. 血压 是休克患者监测的基本指标之一，通常认为收缩压 < 90 mmHg、脉压 < 20 mmHg 是休克存在的表现；血压回升、脉压增大则是休克好转的征象。

4. 脉率 多出现在血压变化之前，表现为脉率加快。当血压仍偏低，如果脉率已恢复且肢体温暖者，常表示休克趋于好转。常用脉率比收缩压计算休克指数，帮助判断有无休克及其严重程度。指数为 0.5 多提示无休克；> 1.0 ~ 1.5 提示有休克；> 2.0 为严重休克。

5. 尿量 尿量可直接反映肾灌注情况，是衡量全身组织器官灌注情况的窗口。尿量持续减少表明器官灌注不足未能纠正，治疗后尿量增加表明器官灌注得到改善。尿量减少，尿比重增加，表示血容量不足，肾功能并未受到明显损害。如休克纠正后尿量仍少且比重降低，应特别警惕急性肾功能障碍。

(二) 特殊监测

特殊监测适用于严重或持续时间长的休克。常用的监测项目有：①中心静脉压（CVP）；②肺动脉压（PAP）；③肺毛细血管楔压（PCWP）；④心排血量（CO）；⑤氧供（DO_2）和氧耗量（VO_2）的监测；⑥动脉血气分析；⑦DIC的检测；⑧血乳酸含量的测定等。

五、治疗和预防

休克治疗的基本原则是：尽快恢复有效循环血量，尽早去除引起休克的原因，纠正微循环障碍，增进心功能和恢复机体的正常代谢。应当针对引起休克的原因和休克不同发展阶段的重要生理紊乱采取下列相应的治疗。其中重点是恢复灌注和为组织提供足够的氧，目的是防止多器官功能不全综合征的发生。

(一) 一般紧急治疗

积极处理原发病，如大出血止血。采取头和躯干抬高20°~30°，下肢抬高15°~20°的体位，以增加回心血量。及早建立多条静脉通路。保持呼吸道通畅、吸氧。药物维持血压、保温及酌情镇痛等。

(二) 恢复血容量

恢复血容量是纠正休克引起的组织低灌注和缺氧的关键。目前，晶体液仍然是容量复苏时的第一线选择，大量液体复苏时可联合应用人工胶体液，必要时进行成分输血。

(三) 积极处理原发病

外科疾病引起的休克，多存在需手术处理的原发病变，如大出血、肠袢坏死、消化道穿孔等。应在尽快恢复有效循环血量的同时或之后，及时施行手术，以免延误抢救时机。

(四) 纠正酸碱平衡失调

休克时代谢性酸中毒最为常见。目前对酸碱平衡的处理多主张宁酸勿碱。根本措施是改善组织灌注，并适时和适量地给予碱性药物。另外，使用碱性药物须首先保证呼吸功能完整，否则会导致CO_2潴留和继发呼吸性酸中毒。常用药物为碳酸氢钠。

(五) 心血管活性药物的应用

在容量复苏的同时应用血管活性药物可以迅速升高血压和改善循环，主要包括血管收缩剂、血管扩张剂和强心药。常用药物有多巴胺、山莨菪碱（654-2）和毛花苷C（西地兰）等。

(六) 治疗DIC，改善微循环

对诊断明确的DIC，可用肝素抗凝。有时还使用抗纤溶药，如氨甲苯酸、甘氨酸和抗血小板黏附和聚集的阿司匹林、双嘧达莫和低分子右旋糖酐。

对于休克的预防临床医师必须重视，主要围绕引起休克的原因做好预防工作。第一，对容易引起休克的各种疾病（如严重感染、大出血等）加强治疗、监测和护理，使其早期即获得良好疗效，从而避免休克发生；第二，随时做好抢救各种意外（如交通事故、急性心肌梗死等）的准备，一旦意外发生，能较为主动地进行各种施救，避免和减少病情恶化和休克的发生；第三，对手术中的麻醉、出血和手术牵拉等可能造成或加剧休克的情况要防到实处，如正确估计术中失血，备血充足，有效预防术中失血而引起休克的发生；第四，对于所有可能造成药物过敏的药物（如青霉素及破伤风抗毒素等），使用前必须做过敏试验，同时准备好抢救药物，待过敏试验确认阴性后才可使用，且使用时还要同时准备好抢救药物。

自测题

扫码测验

第四节 外科感染

案例导入

患者，男，46岁，工人。右臀部肌内注射后疼痛、肿胀5天，伴发热、乏力、食欲减退来诊。查体：T 38.6℃，神志清楚，右臀部局部皮肤红肿，皮温增高，明显疼痛，可触及波动感，穿刺抽出脓液。实验室检查：WBC $13.4×10^9/L$，中性粒细胞比例74%。

问题与思考：

1. 患者最可能的诊断是什么？诊断依据有哪些？
2. 应如何治疗？

外科感染（surgical infection）是指需要外科治疗的感染，包括创伤、烧伤、手术、器械检查等并发的感染。具有以下特点：常为多种细菌（需氧菌与厌氧菌）的混合感染，局部症状及体征明显，多为器质性病变，常有组织化脓坏死而需外科手术治疗。

一、概述

1. 分类 近代外科感染的病原菌日趋复杂，有细菌、真菌及病毒等，但以细菌感染为主。外科感染按病菌种类常分为非特异性和特异性感染。非特异性感染又称化脓性感染或一般性感染，常见如疖、痈、丹毒、急性乳腺炎、急性阑尾炎等。常见致病菌包括金黄色葡萄球菌、大肠埃希菌、铜绿假单胞菌、链球菌等。特异性感染如结核、破伤风、气性坏疽、念珠菌病等，因致病菌不同，可有独特的表现。

根据病程长短，外科感染可分为急性感染（病程在3周内）、亚急性感染（3周～2个月）与慢性感染（病程超过2个月）。感染亦可按照发生条件分类，如条件性（机会性）感染、二重感染（菌群交替）、医院内感染等。

2. 致病因素 外科感染的发生与病原体的数量和毒力有关，局部或全身免疫力的下降亦是引发感染的因素。近年来，肠道细菌移位与外科感染的关联引起了广泛关注，严重者可导致脓毒症，甚至感染性休克。

3. 临床表现 急性期局部表现为红、肿、热、痛及功能障碍。脓肿形成时，触诊可有波动感。病变位置深的，局部症状不明显。慢性感染致局部肿胀或硬结肿块，但疼痛大多不明显。

感染轻微可无全身症状，感染重时常有发热、呼吸和心搏加快、头痛、乏力、全身不适、食欲缺乏等表现。严重脓毒症时可有尿少、神志不清等，甚至出现休克和多器官功能障碍。

4. 诊断 根据典型的局部症状和体征，位置表浅的外科感染诊断并不困难。深部的外科感染常仅有局部压痛。必要时可做诊断性穿刺。实验室检查：血常规多有白细胞计数增加，或分类可见核左移现象及中毒颗粒;尿常规可诊断泌尿系感染;通过脓液、血、尿、痰或穿刺液培养检测细菌及药物敏感试验,有助于判断病原体的种类,选择有效的抗生素治疗。根据病情可进行 B 超、X 线、CT、MRI 等辅助检查。

5. 治疗与预防 治疗原则是消除感染病因和毒性物质,制止病菌生长,增强人体抗感染能力以及促使组织修复。应从局部处理与全身性治疗两方面着手,对于轻度感染,有时仅需局部治疗即可治愈。外科感染处理的关键在于控制感染源和合理应用抗菌药物,抗菌药物不能取代去除感染灶、通畅引流等外科处理。

预防方面,应增强机体的抗感染能力。加强卫生宣教,注意个人清洁和公共卫生,减少体表、体内病原微生物滞留,严格规范的无菌手术操作,以防止病原微生物侵入。切断病原菌传播环节对于预防医院内感染尤为重要。

二、常见的非特异性感染

(一)疖

疖是单个毛囊及其周围组织的急性化脓性感染。致病菌以金黄色葡萄球菌为主。疖好发于颈项、头面、背部、会阴等毛囊和皮脂腺丰富的部位。初起时,局部皮肤有红、肿、热、痛的小硬结,数日后结节中央组织坏死、软化,出现黄白色脓栓、脓栓脱落、破溃流脓,炎症逐步消退而愈合。

鼻、上唇及周围的面疖(危险三角)危险性较大。如疖被挤压或处理不当,细菌或脓栓极易进入血液,引起化脓性海绵状静脉窦炎。患者表现为颜面部肿胀,可有寒战、高热、头痛、呕吐、昏迷等,病情严重,死亡率高。疖以局部治疗为主,如热敷、理疗等。亦可涂以碘酊、外敷鱼石脂软膏中药等。对于未成熟的疖,切忌挤压。脓肿形成尚未破溃者,可以切开引流,面部疖应尽量避免切开。

> **要点提示**:面部危险三角区的疖,可引起化脓性海绵状静脉窦炎。

(二)急性蜂窝织炎

急性蜂窝织炎是皮下、筋膜下或深部疏松结缔组织的急性弥漫性感染。其病原菌主要是溶血性链球菌、金黄色葡萄球菌、大肠埃希菌等。浅表感染局部红、肿、热、痛表现常较明显,色暗红,中央部颜色较深,容易发生坏死,无明确的边界。深部感染除局部水肿、疼痛及压痛外,常伴有严重的全身性症状,如寒战、高热、头痛、全身乏力等,且易并发淋巴管炎、淋巴结炎。

治疗可局部制动、休息,以 50% 硫酸镁溶液湿敷,也可以敷中药及理疗等,同时应用抗生素。经上述治疗,如仍不能控制其扩散,或脓肿形成者,应手术切开引流。注意改善患者全身状态,高热时可行物理降温。进食困难者输液维持营养和体液平衡。

(三)甲沟炎

甲沟炎是指甲一侧或两侧的甲沟及其周围组织的化脓性感染,多由轻微外伤、逆剥倒刺、嵌甲或修甲过短等所引起。病原菌多为金黄色葡萄球菌。主要表现为指甲一侧红肿、疼痛,有压痛。感染可逐渐蔓延至甲根部和对侧甲沟,形成甲周围炎或甲下脓肿。局部红肿明显,疼痛剧烈,严重者可脱落,偶有全身症状。

甲沟炎早期,尚未形成脓肿,可采用非手术疗法,局部热敷、理疗及中药外敷并辅以抗菌药物治疗。若已形成脓肿,应沿甲沟做纵行切开引流。甲根处脓肿,应拔去指甲,但勿损伤甲床,每日换药,3~4 个月可生出新甲。

（四）脓肿

化脓性感染在组织、器官或体腔出现的脓液积聚、周围有完整的腔壁者称为脓肿。致病菌常为金黄色葡萄球菌。脓肿可原发于急性化脓性感染的后期，如急性蜂窝织炎、急性淋巴结炎、疖、痈，或损伤后感染；或由远处原发感染灶，经血流、淋巴管转移而来。脓腔周围有明显的充血、水肿和白细胞浸润。

浅表脓肿表现为略高出于体表的局限性红、肿、热、痛和波动感，全身症状不明显。波动感与脓肿大小、位置、深浅及脓腔壁厚薄有关。深部脓肿仅局部有疼痛及压痛，体表有水肿，而全身中毒症状明显。

脓肿诊断一般不困难，必要时可做穿刺及超声波检查以明确诊断。当脓肿尚未局限时，局部应热敷、理疗等。一旦脓肿形成，即应切开引流。全身症状明显时，应用抗菌药物治疗。

（五）全身化脓性感染

全身化脓性感染指病原菌侵入血液循环，生长繁殖或产生毒素，引起严重的全身感染症状或中毒症状。当前国际通用的感染用词是脓毒症和菌血症。脓毒症是指因病原菌因素引起的全身性炎症反应，体温、循环、呼吸、神志有明显的改变者，用以区别一般非侵入性的局部感染。菌血症是脓毒症中的一种，即血培养检出病原菌者。常见革兰氏染色阴性杆菌有大肠埃希菌、铜绿假单胞菌、变形杆菌、克雷伯菌、肠杆菌等。革兰氏染色阳性球菌较常见的有金黄色葡萄球菌、表皮葡萄球菌、肠球菌。

脓毒症主要表现为：①骤起寒战，继以高热；②头痛、头晕、恶心、呕吐、腹胀，面色苍白或潮红、出冷汗，神志淡漠或烦躁、谵妄和昏迷；③心率加快、脉搏细速，呼吸急促或困难；④肝、脾可大，严重者出现黄疸或皮下瘀斑等。实验室检查白细胞计数明显增高或降低，核左移、幼稚型增多，出现毒性颗粒。水、电解质和酸碱平衡紊乱。如病情发展，感染未能控制，可出现感染性休克及急剧发展为多器官功能障碍综合征（MODS）。

病原菌的检查对确诊和治疗有重要意义，但需一定时间和条件，并且脓毒症患者因先用抗生素治疗，以致血液培养常得不到阳性结果，故应多次抽血培养，最好在发生寒战、发热时抽血行细菌培养，可提高阳性率。治疗全身性感染应用综合性治疗，关键是明确感染的原发灶，做及时、彻底的处理，包括清除坏死组织和异物、消灭死腔、脓肿引流等。同时联合应用抗菌药物，增强机体免疫力和营养支持。

三、特异性感染

（一）破伤风

破伤风是常与创伤相关联的一种特异性感染。由破伤风杆菌经皮肤或黏膜伤口侵入人体，在缺氧环境下生长繁殖，产生毒素，以引起机体全身或局部肌肉持续性或阵发性收缩和痉挛为特征。

破伤风潜伏期一般为7~8天，潜伏期越短，预后越差。前驱症状是全身乏力、头晕、头痛、咀嚼无力、局部肌肉发紧、反射亢进等。发作期典型症状为肌肉持续收缩和痉挛性发作。通常最先受影响的肌群是咀嚼肌，随后顺序为面部表情肌、颈、背、腹、四肢肌，最后为膈肌和肋间肌。相应表现为：张口困难（牙关紧闭）、苦笑面容、颈强直、角弓反张，膈肌和肋间肌受影响后可出现呼吸暂停。上述发作可因轻微的刺激，如光、声、接触、饮水等而诱发。发作时神志清楚，表情痛苦，每次发作时间由数秒至数分钟不等。病程一般为3~4周。绝大多数为全身型，偶有局限型者，病情较轻，肌肉抽搐、痉挛仅限于创伤或感染部位或伤肢。患者死亡原因多为窒息、心力衰竭或肺部并发症。

破伤风是一种极为严重的疾病，死亡率高，尤其是新生儿和吸毒者，为此要采取积极的综合治疗措施，包括清除毒素来源、中和游离毒素、控制和解除痉挛、保持呼吸道通畅和防治并发症等。凡有伤口内存留坏死组织、引流不畅者，应进行彻底清创，扩大伤口，充分引流，清除坏死组织和异物，并用3%过氧化氢溶液冲洗，置放引流物充分引流。

破伤风是可以预防的疾病。避免创伤，正确及时处理伤口，均可减少破伤风的发病率。尽早注射破伤风抗毒素（TAT）有预防作用，注射前必须进行皮内敏感试验。如过敏，应按脱敏法注射。目前最佳的被动免疫是肌内注射人体破伤风免疫球蛋白（TIG）。

（二）气性坏疽

气性坏疽是一种发展迅速的严重急性感染，肌肉广泛坏死，可有（或无）气体产生，伴有严重的脓毒症。通常发生于开放性骨折、深部肌肉广泛性挫裂伤、伤口内有异物或伴有血管损伤、血运不良、大量组织坏死，也可发生于截肢、结肠手术及胆囊手术后。病原菌梭状芽孢杆菌是革兰氏阳性厌氧杆菌，主要有产气荚膜杆菌、水肿杆菌、腐败杆菌、溶组织杆菌等。

气性坏疽潜伏期一般为1～4天，也可短至伤后8～10 h。表现为伤口剧痛，呈"胀裂样"，一般止痛剂难以缓解。起初伤口周围水肿，皮肤苍白，紧张发亮，随后快速变为紫红色，最后为灰黑色，并出现水疱，伤口内流出带有恶臭的浆液性或血性液体。伤口周围的组织间隙气体积聚，触压有捻发音，有气泡和血性液体溢出。伤口内肌肉呈暗红色肿胀，失去弹性，刀割不出血。全身表现为患者烦躁不安或谵妄、呼吸急促、面色苍白、出冷汗、高热、脉快、贫血、黄疸等。严重者可出现多器官功能衰竭。

早期诊断和治疗是保存伤肢和抢救生命的关键。因此，凡创伤、手术后，伤口突然出现剧痛、肿胀，有明显的全身中毒症状，无一般炎症的红、热表现时，应高度怀疑此病。早期诊断的3项主要依据：①伤口周围触诊有捻发音；②X线平片检查发现肌群内有积气阴影；③伤口渗出液细菌涂片检查出革兰氏阳性染色粗大杆菌。一经诊断，需立即开始积极治疗，以减少组织的坏死或截肢率。彻底清创是预防气性坏疽最可靠的办法。抗生素治疗首选青霉素，大环内酯类和硝基咪唑类（如甲硝唑、替硝唑）也有一定疗效。高压氧治疗可以提高组织间的含氧量，造成不适合厌氧菌生长繁殖的环境，可提高治愈率，减轻伤残率。同时应给予患者高营养、易消化的饮食，补充维生素，维持水、电解质平衡等支持与对症处理。应将患者隔离，患者衣物、敷料、器材等单独收集进行消毒，以防止交叉感染。

自测题

扫码测验

第五节　麻醉与疼痛

麻醉（anesthesia）的原意是感觉丧失，即指应用药物及其他方法使患者整个机体或机体的一部分暂时失去知觉，以达到无痛的目的，并应用于临床手术或疼痛的治疗。麻醉学是临床医学的一门重要学科，现代麻醉学的理论和技术是随着基础医学、临床医学和医学生物工程等现代科学技术综合发展而形成的，主要包括临床麻醉、重症治疗、急救复苏和疼痛治疗4个部分。

一、麻醉

临床麻醉是麻醉学的主要内容之一，其基本内容是消除手术疼痛，保障患者安全，并为手术创造条件。麻醉作用是利用药物使中枢神经系统或神经系统中某些部位受到抑制的结果。根据麻醉作用部位和所用药物的不同，可将临床麻醉方法进行分类（表12-2）。

表12-2 临床麻醉方法分类

分类	麻醉方式
全身麻醉	吸入全身麻醉，静脉全身麻醉
局部麻醉	表面麻醉，局部浸润麻醉，区域麻醉，神经阻滞麻醉
椎管内麻醉	蛛网膜下腔阻滞麻醉，硬脊膜外间隙阻滞麻醉，腰麻 - 硬脊膜联合麻醉

（一）麻醉前准备和用药

1. 病情评价 影响麻醉风险性的因素是多样的，麻醉方法和药物对患者的生理功能有一定的影响。为了提高麻醉的安全性，需要对患者全身状况和手术风险进行系统评估，对可逆因素进行及时纠正。麻醉前应仔细阅读病历，详细了解病史、临床诊断及与麻醉有关的检查。访视患者时，应询问手术麻醉史、吸烟史、药物过敏史及药物治疗情况，平时体力活动能力及目前的变化。重点检查生命体征，心、肺及呼吸道，脊柱及神经系统，并对并存病的严重程度进行评估。根据访视和检查结果，对病情和患者对麻醉及手术的耐受能力做出全面评价。麻醉前评估是保障患者围术期安全、增强其对手术和麻醉的耐受力、避免或减少围术期并发症的重要前提。

2. 麻醉前准备 术前应纠正或改善病理生理及营养不良状态，使血红蛋白达80 g/L以上，血浆白蛋白达30 g/L以上，应纠正脱水、电解质紊乱和酸碱平衡失调，以免麻醉期间发生严重低血压和心律失常。择期术前除浅表局部浸润麻醉小手术外，其他任何麻醉方式均应使胃处于排空状态，以避免围术期发生胃内容物的反流、呕吐或误吸。成人术前应禁食12 h，禁饮4 h。小儿术前应禁食（奶）4~8 h，禁水2~3 h。急症患者也应充分考虑胃排空问题。术前患者常有紧张和焦虑，对手术和麻醉有恐惧感。这些心理状态对生理功能都有不同程度的扰乱，并会影响患者的恢复。在访视患者时，应消除其思想顾虑和焦虑心情，耐心听取和解答患者提出的问题，以取得患者的理解、信任与合作。对于过度紧张而难以自控者，应用药物治疗；有心理障碍者，应请心理学专家协助处理。在手术前，应向患者和（或）其家属说明将采取的麻醉方式、围术期可能发生的各种意外情况及并发症和手术前后的注意事项等，并签署知情同意书。

> **要点提示**：麻醉前的胃肠道准备：术前成人禁食12 h，禁饮4 h；小儿禁食（奶）4~8 h，禁水2~3 h。

3. 麻醉前用药 麻醉前用药的目的在于：①消除患者紧张、焦虑及恐惧的情绪，增强全身麻醉药的效果，减少其副作用，对不良刺激可产生遗忘作用；②提高患者的痛阈，缓解或解除原发疾病或麻醉前有创操作引起的疼痛；③消除因手术或麻醉引起的不良反射，特别是迷走神经反射，抑制交感神经兴奋，以维持血流动力学的稳定。

麻醉前用药的种类、用量、给药途径和时间应根据麻醉方法和麻醉药物药理特点以及患者情况来选择。一般来说，全麻患者以镇静药和抗胆碱药为主，有剧痛者加用麻醉性镇痛药。腰麻患者以镇静药为主。硬膜外麻醉给予镇静药和镇痛药。常用药物有地西泮、阿托品等。

（二）全身麻醉

麻醉药经呼吸道吸入或静脉、肌内注射进入人体，产生中枢神经系统的可逆抑制，临床表现为神志消失、全身痛觉丧失、遗忘、反射抑制和一定程度的肌肉松弛，这种方法称为全身麻醉，临床常简称为全麻。对中枢神经系统抑制的程度与血液内的药物浓度有关，并且可以调控。这种抑制是完全可逆的，当药物被代谢或从体内排出后，患者的神志逐渐恢复。

1. 全身麻醉的诱导 指患者接受全麻药后，由清醒状态到神志消失，进行气管内插管的阶段。具体方法包括吸入诱导法和静脉诱导法。

（1）吸入诱导法：将麻醉面罩扣于患者的口鼻部，开启麻醉药蒸发器，使患者吸入麻醉药物，待患者意识消失并进入麻醉状态时，静脉注射肌松药后行气管内插管。

（2）静脉诱导法：优点在于诱导迅速，患者舒适，无环境污染，但麻醉深度的分期不明显，对循环的干扰较大。先以面罩吸入纯氧 2～3 min，增加氧储备并排出肺及组织内的氮气。根据病情选择合适的静脉麻醉药及剂量，如丙泊酚、依托咪酯、咪达唑仑等。从静脉缓慢注入并严密监测患者的意识、循环和呼吸变化。待患者神志消失后再注入肌松药，人工控制呼吸，行气管内插管。插管成功后，立即与麻醉机相连接并行人工呼吸或机械通气。

2. 全身麻醉的维持 全麻维持期的主要任务是维持适当的麻醉深度以满足手术的要求，同时加强对患者的管理，保证循环和呼吸等生理功能的稳定。

（1）吸入麻醉药维持：为经呼吸道吸入一定浓度的吸入麻醉药，以维持适当的麻醉深度。目前吸入的气体麻醉药为氧化亚氮，挥发性麻醉药为氟化类麻醉药，如恩氟烷、异氟烷等。

（2）静脉麻醉药维持：为全麻诱导后经静脉给药维持适当麻醉深度的方法。静脉给药方法有单次、分次和连续注入法 3 种，应根据手术需要和不同静脉全麻药的药理特点选择给药方法。目前所用的静脉麻醉药中，除氯胺酮外，多数都属于催眠药，缺乏良好的镇痛作用。因此，使用全静脉麻醉过程中也需要按需给予镇痛和肌松药物。

（3）复合麻醉：指两种或两种以上的麻醉药和（或）方法复合应用，彼此取长补短，以达到最佳临床麻醉效果。根据给药的途径不同，复合麻醉可大致分为全静脉复合麻醉、静脉与吸入麻醉药复合的静吸复合麻醉、全身麻醉与局部麻醉复合麻醉等。

3. 全身麻醉的并发症及其防治 全身麻醉时患者的意识丧失，吞咽及咳嗽反射减弱或消失，贲门松弛，胃内容物较多的患者容易发生胃食管反流。反流物一旦到达咽喉部，就可发生误吸，造成窒息、吸入性肺炎及肺不张。通常情况下反流和误吸最易发生在麻醉诱导时、气管插管前和麻醉苏醒期气管拔管后。因此全身麻醉过程中应积极预防反流、误吸的发生。患者一旦出现呕吐，应迅速将头偏向一侧，并取头低脚高位，避免呕吐物进入呼吸道，同时用吸引器清除口鼻腔的反流物。另外，全麻还可能出现血压过高或过低、心律失常、心搏骤停与心室颤动等循环系统并发症及高热、抽搐、惊厥和苏醒延迟等，应针对不同原因进行处理。

（三）局部麻醉

用局部麻醉药暂时阻断某些周围神经的冲动传导，使这些神经所支配的区域产生麻醉作用，称为局部麻醉，简称局麻。局麻是一种简便易行、安全有效、并发症较少的麻醉方法，并可保持患者意识清醒，适用于较表浅、局限的手术，但也可干扰重要器官的功能。因此，施行局麻时应熟悉局部解剖和局麻药的药理作用，掌握规范的操作技术。常用的酯类局麻药有普鲁卡因、氯普鲁卡因和丁卡因，酰胺类局麻药有利多卡因、布比卡因和罗哌卡因等。

所有的局麻药，一旦血药浓度超过一定阈值，就可能发生不良反应，主要累及中枢神经系统和心血管系统，严重者可危及患者生命安全。常见原因：①一次用量超过患者的耐受量；②意外注入血管内；③注药部位血供丰富，吸收增快；④患者因体质衰弱等原因而导致耐受力降低。主要表现在对中枢神经系统和心血管系统的影响，且中枢神经系统对局麻药更为敏感。轻度毒性反应时，患者常出现眩晕、多语、嗜睡、寒战、惊恐不安和定向障碍等症状。如继续发展，则可神志丧失，并出现面肌和四肢的震颤。局麻药对心血管系统的作用主要是降低心肌收缩力，使心排血量减少，血压下降。高血药浓度时，周围血管广泛扩张、房室传导阻滞，心率缓慢，甚至心搏骤停。

为了预防局麻药毒性反应的发生，一次局麻用药量不应超过限量，根据具体情况和用药部位酌减剂量，药液内加入适量肾上腺素，注药前应回吸无血液以及注意缓慢给药等。一旦发生毒性反应，应立即停止用药，吸入氧气。轻者可肌内注射或静脉注射地西泮或咪达唑仑。如已发生抽搐或惊厥，给予起效快的硫喷妥钠（1～2 mg/kg）静脉缓慢注射。若抽搐仍不能制止，在有气管插管条件及麻醉机的前提下，可考虑给予肌肉松弛药，如琥珀酰胆碱。如出现低血压，可用麻黄碱或间羟胺等药物维持血压稳定，心动过缓则静脉注射阿托品。一旦出现呼吸、心脏停搏，立即进行心肺复苏。

局部麻醉方法主要有表面麻醉、局部浸润麻醉、区域阻滞和神经阻滞麻醉，广义的局麻包括椎管内麻醉。

1. 表面麻醉 利用局部麻醉药透过黏膜或皮肤而阻滞浅表的神经末梢，称为表面麻醉。眼、鼻、咽喉和尿道等处的浅表手术或内镜检查时常用此法。

2. 局部浸润麻醉 沿手术切口线分层注射局部麻醉药，使组织中神经末梢神经传导被阻滞，称为局部浸润麻醉。进针时可将针头的斜面紧贴皮肤，斜面向上刺入至皮内即可注药。在皮肤表面呈橘皮样隆起，称为皮丘，然后从皮丘向皮内和皮下分层注射。穿刺针应仅从已浸润过的部位刺入，以减轻穿刺时的疼痛。

3. 区域阻滞麻醉 围绕手术区组织，在其周围和基底部注射局部麻醉药，以阻滞进入手术区的神经干和末梢，称为区域阻滞麻醉。常用于切除囊肿、肿块组织等。

4. 神经阻滞麻醉 在神经干（丛）周围注射局部麻醉药，使其所支配的区域失去痛觉，称为神经干（丛）阻滞麻醉。此法能以少量的局麻药产生较大区域的无痛效果，效果好而安全。常用神经阻滞有肋间、眶下、坐骨和指（趾）神经干阻滞，颈丛、臂神经丛阻滞，以及诊疗用的星状神经节和腰交感神经节阻滞等。

（四）椎管内麻醉

椎管内有两个可用于麻醉的腔隙，即蛛网膜下腔和硬脊膜外间隙。根据局麻药注入的腔隙不同，分为蛛网膜下腔阻滞（简称腰麻）、硬膜外间隙阻滞（简称硬膜外麻醉）及腰麻-硬膜外间隙联合阻滞，统称椎管内麻醉。椎管内麻醉可延迟手术应激反应，减少术中出血，降低术后血栓栓塞发生率，从而降低高危患者术后并发症的发病率。另外，硬膜外麻醉还可用于术后镇痛，是目前胸、腹部手术后和分娩镇痛的主要镇痛方法。熟悉椎管的解剖结构，掌握椎管内麻醉对生理可能产生的影响，及其与手术操作之间的关系，是提高穿刺成功率，取得良好麻醉效果、减少并发症的根本保障。

椎管内麻醉时药物的主要作用部位是脊神经根，从而阻滞交感、感觉、运动神经纤维。施行蛛网膜下腔阻滞时，局麻药经脑脊液稀释和扩散后直接作用于脊神经根和脊髓表面。硬膜外阻滞作用机制较复杂，药物首先是在硬膜外间隙扩散，进而通过不同途径产生麻醉作用。主要作用方式有：①药物由硬膜外间隙经椎间孔渗出，在椎旁阻滞脊神经；②经根蛛网膜绒毛阻滞脊神经根；③局麻药直接弥散过硬膜进入蛛网膜下腔，直接作用于脊神经根和脊髓表面。

椎管内麻醉时如胸脊神经被阻滞，肋间肌大部或全部麻痹，可使胸式呼吸减弱或消失，如膈肌同时麻痹，腹式呼吸减弱或消失，则将导致通气不足甚至呼吸停止；对循环的影响可导致低血压和心动过缓。另外，椎管内麻醉下，迷走神经功能亢进，胃肠蠕动增加，容易诱发恶心、呕吐；对肝、肾功能有一定影响；也可能引起尿潴留。

二、疼痛

疼痛（pain）是人类大脑对机体组织损伤或可能导致组织损伤的刺激所产生的一种不愉快的主观感觉。不同个体对疼痛的感受可有明显差异，同一个体在不同时期对疼痛的反应也可不同。疼痛还可能诱发机体产生代谢、内分泌、呼吸、循环、应激、神经、精神等功能或状态的改变，已成为影响人类健康的重要医学问题。

（一）疼痛的分类

疼痛的分类尚无统一标准，临床上常用的有以下几种。

1. 按疼痛的神经生理机制分类 ①伤害感受性疼痛：包括由各种伤害性刺激所导致的躯体痛和内脏痛；②非伤害感受性疼痛：包括神经源性疼痛和精神性或心理性疼痛。

2. 按疼痛持续时间分类 ①急性疼痛：如发生于创伤、胃肠道穿孔和手术后的疼痛等；②慢性疼痛：如慢性腰腿痛、晚期癌症痛等。

3. 按疼痛在躯体的解剖部位分类 头痛、颌面痛、颈项痛、肩与上肢痛、胸痛、腹痛、腰背痛、盆腔痛、下肢痛、肛门、会阴痛。

4. 按疼痛的发生部位深浅分类 ①浅表痛：位于体表皮肤或黏膜；②深部痛：内脏、关节、胸膜、腹膜等部位的疼痛。

5. 按疼痛的表现形式分类 ①局部痛；②放射痛；③牵涉痛等。

6. 按疼痛的性质分类 ①刺痛；②灼痛；③酸痛；④胀痛；⑤绞痛等。

（二）术后镇痛

术后疼痛是人体对手术创伤刺激的一种反应，其所引起的病理生理改变能影响术后恢复，甚至导致呼吸、泌尿及心血管系统的并发症。临床上应综合考虑，选择对患者适宜的药物或技术，以达到最佳的镇痛效果。

术后镇痛最常用的药物有阿片类药，如吗啡和芬太尼等；非阿片类药，如曲马多等。硬膜外镇痛时局麻药常选用罗哌卡因或布比卡因，如浓度低于0.2%，则对运动神经的阻滞很弱，比较安全。

传统的术后镇痛方法有口服药物，肌内、皮下、静脉注射药物和直肠给药等。这些方法的缺点：①不能及时止痛；②血药浓度波动大，有效镇痛时间有限，镇痛效果往往不够满意；③不能个体化用药，对于药物需求量很大的患者常镇痛不全，而对于需求量较小的患者又可能用药过量，抑制呼吸；④重复肌内注射造成注射部位疼痛，对患者产生不良的心理影响。现以硬膜外镇痛和患者自控镇痛法为好。

1. 硬膜外镇痛 包括硬膜外单次和持续给药。常选用吗啡，吗啡可透过硬膜外间隙进入蛛网膜下腔，作用于脊髓后角的阿片受体。不良反应：常有恶心、呕吐、皮肤瘙痒、尿潴留和呼吸抑制。药液中加入氟哌利多2.5 mg，既可增强镇痛，又可减少恶心、呕吐的发生。由于注射吗啡可产生延迟性呼吸抑制，故应密切观察，最好控制单次剂量在2～3 mg，对老年危重患者更应警惕。

2. 患者自控镇痛（PCA） 指患者使用医师预设安装的自控镇痛装置，根据自身的疼痛情况自我控制给药，从而达到止痛效果。PCA弥补了传统镇痛方法存在的镇痛不足和对患者个体差异的忽视，以及难以维持血药浓度稳定等的不足。PCA是目前术后镇痛非常常用的方法。根据给药途径的不同可分为静脉PCA、硬膜外PCA、皮下PCA和神经丛（干）阻滞PCA等。

（三）慢性疼痛治疗

慢性疼痛是指疼痛持续超过相关疾病的一般病程或超过损伤愈合所需的一般时间（或疼痛复发持续超过1个月；或疼痛持续时间超过3个月）。慢性疼痛主要有以下几种：①头痛：偏头痛、紧张性头痛、丛集型头痛等；②颈肩痛和腰腿痛：颈椎病、颈肌筋膜炎、肩周炎、腰椎间盘突出症、腰椎骨质增生症、腰背肌筋膜炎、腰肌劳损；③四肢慢性损伤性疾病：滑囊炎、狭窄性腱鞘炎（如弹响指）、腱鞘囊肿、肱骨外上髁炎（网球肘）；④神经痛：三叉神经痛、肋间神经痛、灼性神经痛、幻肢痛、糖尿病性神经痛、酒精成瘾性神经痛、带状疱疹和带状疱疹后遗神经痛；⑤周围血管疾病：血栓闭塞性脉管炎、雷诺综合征；⑥癌症疼痛；⑦心理性疼痛。

其常用治疗方法包括以下几种。

1. 药物治疗 最基本、最常用的疼痛治疗方法。一般慢性疼痛患者需较长时间用药，为了维持最低的有效血浆药物浓度，应采取定时定量用药。如待疼痛发作时才使用药物，往往需要较大剂量，且疗效维持时间较短。

（1）解热镇痛消炎药（也被称为非甾体抗炎药）：常用药有阿司匹林、吲哚美辛、布洛芬、双氯芬酸、氟比洛芬酯、对乙酰氨基酚、塞来昔布、帕瑞昔布等。该类药物对头痛、牙痛、神经痛、肌肉痛或关节痛的效果较好，对创伤性剧痛和内脏痛无效。该类药物（对乙酰氨基酚除外）还有较强的消炎和抗风湿作用。

（2）麻醉性镇痛药（又称阿片类镇痛药）：因这类药物很多有成瘾性，仅用于急性剧痛和晚期癌症疼痛。常用的有吗啡、哌替啶、芬太尼和可待因等。其中前三者为强效镇痛剂，后者是弱镇痛剂。

（3）抗癫痫药：卡马西平常用于治疗三叉神经痛和舌咽神经痛。加巴喷丁、普瑞巴林主要用于神经病理性疼痛的治疗，包括糖尿病性周围性神经痛、带状疱疹后神经痛、幻肢痛和外伤后神经痛等。

（4）抗抑郁药：用于治疗由紧张及焦虑等精神、心理因素导致的疼痛，以及治疗慢性疼痛患者的抑郁症状。常用药有阿米替林、氟西汀、多虑平等。

（5）镇静催眠药：以苯二氮䓬类最常用，如地西泮和硝西泮等。该类药物在慢性疼痛治疗中多用作辅助用药，但反复应用后，可引起药物依赖和耐药性，故不应滥用。

（6）糖皮质激素类药物：常用药包括地塞米松、泼尼松龙、曲安奈德等。主要用于治疗炎症及创伤后疼痛、肌肉韧带劳损、神经根病变引起的疼痛、软组织或骨关节无菌性炎性疼痛、风湿性疼痛、癌痛及复杂区域疼痛综合征。除全身给药外，糖皮质激素给药途径还包括关节腔内、关节周围给药，肌腱和韧带周围给药，肌肉痛点给药，硬膜外腔给药及皮肤损害部位注射等。

2. 神经阻滞 治疗慢性疼痛的主要手段之一。一般选用长效局麻药，对癌症疼痛、顽固性头痛（如三叉神经痛）可以采用无水乙醇或5%~10%苯酚，或采用物理方法如射频热凝或冷冻等，以达到长期止痛目的。许多疾病的疼痛与交感神经有关，可通过交感神经阻滞进行治疗，例如用交感神经阻滞治疗急性期带状疱疹，不但可解除疼痛，使皮疹迅速消退，而且还可降低后遗神经痛的发生率。常用的交感神经阻滞法有星状神经节阻滞和腰交感神经阻滞。

3. 椎管内注药

（1）蛛网膜下腔注药：用无水乙醇或5%~10%酚甘油注入，以治疗晚期癌痛。

（2）硬脊膜外间隙注药：①糖皮质激素：主要治疗颈椎病和腰椎间盘突出症；②阿片类药物：常用吗啡，因其成瘾问题，多限于癌症疼痛治疗；③局麻药：可单独使用，但常与糖皮质激素或阿片类药物合用。

4. 痛点注射 痛点是患者疼痛最剧烈的部位，有明显压痛并可能向周围放射。痛点注射是将药物注射到痛点部位以达到治疗疼痛的目的。主要用于慢性疼痛疾病，如腱鞘炎、肩周炎、肱骨外上髁炎、紧张性头痛及腰肌劳损等。常用药物有局部麻醉药和糖皮质激素等。

5. 其他治疗 针灸、推拿和理疗作为中国传统医学的重要组成部分，对慢性疼痛有辅助治疗作用。神经电刺激可将刺激电极置于皮肤、脊髓或颅内，低压的低频和高频脉冲电流刺激神经，以提高痛阈、缓解疼痛。心理疗法在慢性疼痛治疗中也起着重要作用。

（四）癌症疼痛治疗

约70%晚期癌症患者有剧烈疼痛，为患者及其家庭和社会都带来很大影响。癌症患者常常有严重的心理障碍，因此，在积极治疗癌痛的同时，要重视心理治疗，包括姑息保健。

癌痛的三阶梯疗法基本原则：①根据疼痛程度选择镇痛药物；②口服给药，一般以口服药为主；③按时服药，根据药理特性有规律地按时用药；④个体化用药，应根据患者具体情况和疗效用药。

1．第一阶梯 轻度疼痛时，选用非阿片类镇痛药，如阿司匹林；也可选用胃肠道反应较轻的布洛芬和对乙酰氨基酚等。

2．第二阶梯 在轻、中度疼痛时，单用非阿片类镇痛药不能控制疼痛，应加用弱阿片类药以提高镇痛效果，代表药物为可待因。

3．第三阶梯 选用强阿片类药，如吗啡。药物的选用应根据疼痛的强度而非癌症的预后或生命的时限，常用缓释或控释剂型。

4．辅助用药 在癌痛治疗中，常采取联合用药的方法，即加用一些辅助药以减少主药的用量和副作用。辅助药有：①弱安定药，如地西泮和艾司唑仑等；②强安定药，如氯丙嗪和氟哌啶醇等；③抗抑郁药，如阿米替林。

自测题

扫码测验

第六节　创　伤

案例导入

患者，男，39岁，因"头及左大腿车祸伤后1h"入院。既往体健，无高血压、冠心病、糖尿病病史。查体：T 37.2℃，R 23次/分，P 100次/分，BP 110/70 mmHg。神志清楚，头额顶部约10 cm皮肤裂伤，左大腿中下段皮肤擦伤并肿胀畸形。

问题与思考：

1．患者最可能的初步诊断是什么？
2．为明确诊断，需要进一步做哪些检查？
3．目前需要如何紧急处理？

创伤（trauma）是指机械性致伤因素作用于人体所造成的组织结构完整性的破坏或功能障碍。随着社会进步和科学技术的不断发展，不少疾病已逐步得到有效控制，但创伤却有增无减，越来越受到社会的广泛关注，医务人员更应给予足够的重视。本节将简要介绍有关创伤的基础知识，重点是创伤的共性规律和救治原则。

一、分类

由于损伤形态、受伤部位和致伤因素的不同，临床上对创伤有不同的分类方法。常用的分类方法有以下几种：

1. 按致伤机制分类 可分为挫伤、擦伤、刺伤、切割伤、挤压伤、撞击伤、火器伤等。

2. 按受伤部位分类 一般分为颅脑伤、颌面部伤、颈部伤、胸（背）部伤、腹（腰）部伤、骨盆伤、脊柱脊髓伤、四肢伤和多发伤等。诊治时需进一步明确受伤的组织和器官，如软组织损伤、骨折、脱位或内脏损伤等。

3. 按伤后皮肤或黏膜完整性分类 皮肤或黏膜完整无伤口者称闭合伤，如挫伤、挤压伤、扭伤、震荡伤、关节脱位和半脱位、闭合性骨折和闭合性内脏伤等。有皮肤或黏膜破损者称开放伤，如擦伤、撕裂伤、切割伤、砍伤和刺伤等。在开放伤中，又可根据伤道类型再分为贯通伤（既有入口又有出口者）和盲管伤（只有入口没有出口者）等。一般而言，开放伤易致伤口感染，但某些闭合伤如肠破裂等也可造成严重感染。

4. 按伤情轻重分类 一般分为轻度、中度和重度伤。

二、病理和并发症

（一）创伤的病理

在致伤因素的作用下，机体迅速产生各种局部和全身性防御反应，目的是维持机体自身内环境的稳定。不同的损伤，机体的反应也不相同。如局部软组织轻微损伤，一般以局部反应为主，全身反应较轻或持续时间短；而严重的局部损伤，特别是战伤，局部组织损伤较重，且往往有坏死组织存在，此时，不仅局部反应重，全身反应也较明显且持续时间较长，两者还可相互加重以形成恶性循环。所以，对局部伤口的早期、正确处理将有利于全身反应的减轻，并可促进局部反应的消退。伤后局部和全身反应是机体稳定自身内环境的需要，但过度的反应往往可对机体造成损害，需在治疗中加以调整。

影响创伤愈合的因素：主要有局部和全身两个方面。局部因素中伤口感染是最常见的原因。细菌感染可损害细胞和基质，导致局部炎症持久不易消退，甚至形成化脓性病灶等，均不利于组织修复及创伤愈合。损伤范围大、坏死组织多，或有异物存留的伤口，伤缘往往不能直接对合，必然影响修复。局部血液循环障碍使组织缺血缺氧，或由于采取的措施不当（如局部制动不足，包扎或缝合过紧等）造成组织继发性损伤，也不利于愈合。全身因素主要有营养不良、大量使用细胞增生抑制剂（如皮质激素等）、免疫功能低下及全身性严重并发症（如多器官功能不全）等。因此，在创伤处理时，应重视影响创伤愈合的因素，并积极采取相应的措施予以纠正。

> **知识链接**
>
> **创伤的愈合类型**
>
> 1. 一期愈合 组织修复以原来的细胞为主，仅含少量纤维组织，局部无感染、血肿或坏死组织，再生修复过程迅速，结构和功能修复良好。多见于损伤程度轻、范围小、无感染的伤口或创面。
>
> 2. 二期愈合 以纤维组织修复为主，不同程度地影响结构和功能恢复，多见于损伤程度重、范围大、坏死组织多，且常伴有感染而未经合理的早期外科处理的伤口。
>
> 在创伤治疗时，应采取合理措施，创造条件，争取达到一期愈合。

（二）创伤并发症

严重创伤后，由于组织或器官损伤，局部及全身器官功能和代谢紊乱，易发生较多的并发症，可影响伤员的伤情及病程的发展和预后。故对创伤并发症应有足够的警惕性，要密切观察，早期诊断，积极采取措施预防和处理。常见的并发症有以下几种：感染、休克、脂肪栓塞综合征、应激性溃疡、凝血功能障碍、器官功能障碍、创伤后应激障碍等。

三、诊断

诊断创伤主要是明确损伤的部位、性质、程度、全身性变化及并发症，特别是原发损伤部位相邻或远处内脏器官是否损伤及其程度。一般情况下，根据病史和临床表现，正确诊断并不困难，但有些受伤机制复杂，损伤的部位较多，尤其是合并有内脏损伤时，往往需要仔细观察，结合必要的化验、检查才能做出完整的诊断。

（一）受伤史

1. 受伤及伤前情况 要了解致伤物的性质、受力的方向、受伤的部位及患者受伤时的姿势，以及从受伤到救治的时间。伤前情况注意伤员是否饮酒，这对判断意识情况有重要意义。了解有无其他相关疾病，如高血压、糖尿病史，对药物过敏史也应了解。

2. 伤后表现及其演变过程 不同部位创伤，伤后表现不尽相同。如神经系统损伤，应了解是否意识丧失、持续时间及肢体瘫痪等；胸部损伤是否有呼吸困难、咳嗽及咯血等；对腹部创伤应了解最先疼痛的部位，疼痛的程度和性质及疼痛范围扩大等情况。疼痛部位有指示受伤部位或继发损伤的诊断意义。对开放性损伤失血较多者，应询问大致的失血量、失血速度及口渴情况。此外，还应了解伤后的处理情况，包括现场急救，所用药物及采取的措施等，对于使用止血带者，应计算使用时间。

（二）体格检查

对创伤患者的检查，首先要注意患者的生命体征，其次要检查受伤部位和其他方面的改变。对生命体征平稳者，可做进一步仔细检查；伤情较重者，可先着手急救，在抢救中逐步检查。

1. 全身情况的检查 目的是快速判断是否存在威胁生命和肢体安全的状态，注意呼吸、脉搏、血压、体温等生命体征以及意识状态、面容、体位姿势等。如发现下列任何一项或多项表现，必须进一步深入检查：体温过低、意识失常、呼吸急促或困难、脉搏微弱、脉率过快或失律、收缩压或脉压过低、面色苍白或口唇、肢端发绀等。

2. 详细检查 对患者的检查要有整体观，一般按心脏、呼吸、腹部、脊柱、头部、骨盆、肢体、动脉和神经的顺序检查。如头部伤需检查头皮、颅骨、瞳孔、耳道、鼻腔、神经反射、肢体运动和肌张力等；腹部伤需观察触痛、腹肌紧张、反跳痛、移动性浊音、肝区浊音和肠鸣音等；胸部伤需注意肋骨叩痛、双侧呼吸音是否对称等；四肢伤需检查肿胀、畸形或异常活动、骨擦音、肢端脉搏、感觉及运动等。严重的多发伤，尤其是对危及生命的内脏器官损伤，应认真检查，以防漏诊。

3. 伤口检查 对于开放性损伤，必须仔细观察伤口或创面，注意伤口形状、大小、边缘、深度及污染情况、出血的性状、外露组织、异物存留及伤道位置等。

4. 手术探查 仍然是诊断闭合性创伤的重要手段之一。尽管辅助检查手段日益增多，但是，为了争取抢救的时间和进一步治疗，仍应重视手术探查，但要严格掌握手术探查指征。

（三）辅助检查

1. 实验室检查 血、尿常规对判断失血量、肾功能状态是重要指标。血糖和电解质检查对治疗有指导意义。疑有胰腺损伤时，应做血或尿淀粉酶测定等。

2. 穿刺和导管检查 诊断性穿刺简便、易行，可迅速、客观、准确地明确诊断。胸腔穿刺可明确血胸或气胸；腹腔穿刺或灌洗，可证实内脏破裂、出血。导尿管的插入和冲洗，可以明确尿道及膀胱损伤的情况，留置尿管可观测尿量，对休克和肾衰竭的治疗非常重要。置管测中心静脉压已成为危重症救治中重要的监测指标，可判断血容量和心功能。

3. 影像学检查 X线平片对骨关节损伤，胸部的气胸、血胸、创伤性湿肺等，腹部空腔脏器损伤造成的膈下游离气体均有诊断意义。CT可对颅脑损伤、腹部实质性脏器的损伤做出诊断。超声可为实质性脏器损伤，体腔的积血、积液，以及血管损伤提供诊断帮助。近年来，介入手段也为血管损伤的诊断提供了重要依据。

四、治疗

创伤的致残率和死亡率很高，其处理是否及时和正确直接关系到伤员的生命安全和功能恢复。不同的创伤处理方法有所不同，但基本原则是一致的。

（一）急救

目的是挽救生命和稳定伤情。优先解除危及伤员生命的情况，主要包括心搏和呼吸骤停、窒息、大出血、张力性气胸和休克等。然后再进行后续处理以稳定伤情，为转送和后续治疗创造条件。常用的急救技术主要有复苏、通气、止血、包扎、固定和搬运等。

1. 抢救生命 如有窒息和心搏骤停，要及时通畅呼吸道，进行心肺复苏。

2. 开放性气胸 用无菌或清洁织物在伤员呼气末封闭伤口，变开放性气胸为闭合性气胸。若为张力性气胸，可在锁骨中线第2肋间插入一粗针头接水封瓶或接胶皮指套排气。若为连枷胸，可用加垫压迫法制止反常呼吸，以防止纵隔摆动。

3. 及时止血 如有活动性出血，应及时止血。常用的止血方法有指压法、加压包扎法、填塞法和止血带法等。

4. 包扎 其目的是保护伤口、减少污染、压迫止血、固定骨折并止痛。最常用的材料是绷带、三角巾和四头带。遇有外露污染的骨折断端或腹内脏器，不可轻易还纳。

5. 固定 简易固定骨折和伤肢，以减少合并伤和疼痛，避免骨折端损伤血管和神经，防止休克。其中开放性骨折在没有清创之前不能复位，以免将污染物带入伤口深处。

6. 搬运 正确的搬运可减少伤员痛苦，避免继发损伤。对骨折伤员，特别是脊柱损伤者，搬运时必须保持伤处稳定，切勿弯曲或扭动，以免加重损伤。搬运昏迷伤员时，应将头偏向一侧，或采用半卧位或侧卧位，以保持呼吸道通畅。

> **要点提示**：创伤的急救。

（二）后继治疗

伤者经急救处理并送到救治机构后，应根据病情行进一步检查、诊断和治疗，包括复苏后期治疗，抗休克，调节水、电解质平衡。根据不同的创伤类型，给予针对性的治疗。在救治过程中，遵循一定的程序，可提高工作效率，防止漏诊。其基本原则是先救命，后治伤。可分为5个步骤进行：①把握呼吸、血压、心率、意识和瞳孔等生命体征，检查伤部，迅速评估伤情；②对生命体征的重要改变迅速做出反应，如心肺复苏、抗休克及外出血的紧急止血等；③重点询问受伤史，分析受伤情况，仔细体格检查；④实施各种诊断性穿刺或安排必要的辅助检查；⑤进行确定性治疗，如各种手术等。

1. 闭合性创伤的处理 软组织损伤常用物理疗法，伤后初期局部可用冷敷，12 h后改用热敷或红外线治疗，或包扎制动，还可服用云南白药等。少数挫伤后有血肿形成时，可加压包扎。闭合性骨折和脱位应先予以复位，然后根据情况选用各种外固定或内固定的方法制动。头部、颈部、胸部、腹部等的闭合性创伤，都可能造成深部组织器官的损伤，甚至危及生命，必须仔细检查、诊断和采取相应的治疗措施。

2. 开放性创伤的处理　擦伤、表浅的小刺伤和小切割伤，可用非手术疗法局部清洁消毒。其他开放性创伤均需手术处理，目的是修复断裂的组织，但必须根据具体的伤情选择方式方法。清洁伤口可以直接缝合；污染伤口可行清创术，直接缝合或者延期缝合；感染伤口先要引流，然后再作其他处理。开放性创伤者应注射破伤风抗毒素，污染和感染伤口还要根据伤情和感染程度考虑使用抗菌药。

（三）康复治疗

主要包括物理治疗和功能练习，特别是对骨折和神经损伤者更属必要。目前，一般以伤员心理恢复正常、能重返社会和原有工作岗位、提高生活满意度作为创伤伤员的康复目标。

知识链接

清创术

目的是将污染伤口变成清洁伤口，为组织愈合创造良好条件。清创时间越早越好，伤后 6～8 h 内清创一般都可达到一期愈合。

清创步骤：①先用无菌敷料覆盖伤口，用无菌刷和肥皂液清洗周围皮肤；②除去伤口内的纱布，取出明显可见的异物、血块及脱落的组织碎片，用生理盐水、双氧水反复冲洗；③常规消毒铺巾，沿原伤口切除创缘皮肤 1～2 mm，必要时可扩大伤口；④由浅至深，切除失活的组织，清除血肿和异物，对损伤的肌腱和神经可酌情进行修复或仅用周围组织掩盖；⑤彻底止血，再次用生理盐水反复冲洗伤腔；⑥彻底清创后，伤后时间短和污染轻的伤口可予缝合，但不宜过密、过紧，以伤口边缘对合为度。缝合后消毒皮肤，外加包扎，必要时固定制动。

自测题

扫码测验

第七节　热力烧伤

案例导入

患者，男，48 岁，体重 60 kg，锅炉工。不慎被烧伤后急诊入院。体检：P 102 次/分，BP 100/60 mmHg，胸腹部、双大腿见多处饱满水疱，创面渗出明显，创面底部肿胀红润，明显疼痛。

问题与思考：

1. 估算该患者的烧伤面积是多少？
2. 该患者属于几度烧伤？

热力烧伤指由火焰、热液、高温气体、激光、热金属液体或固体等所引起的组织损害，为通常所称的或狭义的烧伤（burn），临床上也有将热液、蒸气所致的烧伤称为烫伤。由电、化学物质等所致的损伤，也属烧伤范畴，本节将介绍热力烧伤。

一、临床分期

根据烧伤的病理生理特点，一般将烧伤临床发展过程分为4期，各期相互交错，烧伤越重，其关系越密切。

（一）体液渗出期（休克期）

烧伤后创面立即发生体液渗出，通常在伤后2～3 h已非常明显，6～8 h达峰值，随后逐渐减缓，一般持续36～48 h。大面积烧伤后的急性体液渗出造成循环血量下降，加之其他血流动力学的变化，患者可迅速发生休克，故此期又称"休克期"。对处于该期的伤员应采取有效的容量复苏措施，以平稳渡过休克期，48 h后渗出于组织间隙的水肿液开始回吸收，临床表现为动脉血压趋向稳定，尿液增多，表明患者已渡过休克期。

（二）急性感染期

水肿液回收一开始，感染就上升为主要矛盾。发生感染的原因主要有：皮肤、黏膜屏障功能受损；机体免疫功能受抑制；机体抵抗力降低；易感性增加。早期缺血缺氧损害是机体易发生全身性感染的重要因素。烧伤感染可来自创面、肠道、呼吸道或静脉导管等。防治感染是此期的关键。

（三）创面修复期

烧伤后，炎症反应的同时，组织修复也已开始。浅度烧伤多能自行修复，深Ⅱ度烧伤靠残存的上皮岛融合修复；Ⅲ度烧伤靠皮肤移植修复。此期的关键是加强营养，维持机体修复功能和抵抗力，积极消灭创面和防治感染。

（四）康复期

深度创面愈合后形成的瘢痕，严重者影响外观和功能，需要康复锻炼、体疗和整形以期恢复。某些器官功能损害及心理异常也需要恢复过程。深Ⅱ度和Ⅲ度创面愈合后，形成"残余创面"，也需要较长时间恢复。严重大面积深度烧伤愈合后，由于大部分汗腺被毁，机体通过散热调节体温的能力下降，伤员多感全身不适，常需2～3年的调整适应过程。

二、伤情判断

判断伤情最基本的要素是烧伤面积和深度，同时还应考虑全身情况，如休克、重度吸入性损伤和较重的复合伤等。

（一）烧伤面积的估算

烧伤面积估算是指皮肤烧伤区域占全身体表面积的百分数。目前在我国采用两种计算法，即新九分法和手掌法。前者主要用于大面积烧伤，后者用于小面积烧伤。

1. 新九分法 为便于计算，将体表面积划分为11个9%的等份，另加1%，构成100%的总体表面积。即头颈部占体表面积9%；双上肢各占9%；躯干前后（各占13%）及会阴部（占1%）共占3×9%（27%）；臀部及双下肢占5×9%+1%（46%）（表12-3）。

表12-3 中国新九分法

部位	体表面积（%）	分部位	体表面积（%）
头颈	9×1（9）	发部	3
		面部	3
		颈部	3

续表

部位	体表面积（%）	分部位	体表面积（%）
双上肢	9×2（18）	双上臂	7（3.5×2）
		双前臂	6（3×2）
		双手	5（2.5×2）
躯干	9×3（27）	躯干前	13
		躯干后	13
		会阴	1
双下肢	9×5+1（46）	双臀	5（2.5×2）
		双大腿	21（10.5×2）
		双小腿	13（6.5×2）
		双足	7（3.5×2）

估算面积时，女性和儿童有所差别。一般成年女性的臀部和双足各占6%；儿童头大，下肢小，可按下法计算：头颈部面积=[9+（12－年龄）]%，双下肢面积=[46－（12－年龄）]%。

2. 手掌法 以患者的一个手掌（手指并拢）为体表面积1%估计，此法测定小面积烧伤比较方便。

（二）烧伤深度的判定

根据烧伤的深度分为Ⅰ度、浅Ⅱ度、深Ⅱ度、Ⅲ度，称三度四分法。组织损害层次如图12-1所示。

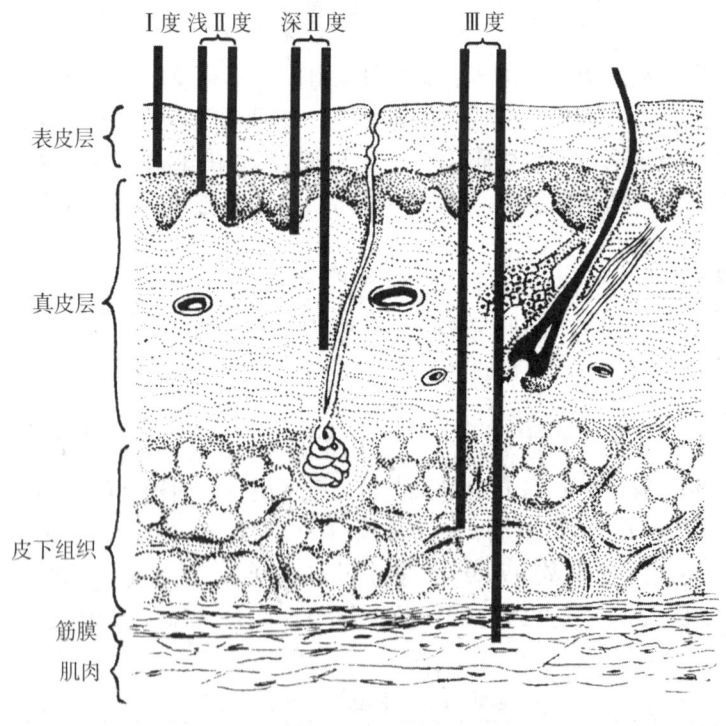

图12-1 热烧伤深度分度示意图

Ⅰ度烧伤：仅伤及表皮浅层，生发层健在。局部呈红斑状，干燥，有疼痛和烧灼感，又称红斑性烧伤。皮温稍增高。3～7日脱屑痊愈，不留瘢痕。短期内可有色素沉着。

Ⅱ度烧伤：深达真皮，局部出现水疱，故又称水疱性烧伤。①浅Ⅱ度：仅伤及表皮生发层、真皮乳头层。因渗出较多，水疱多而饱满，破裂后创面渗液明显，创面红润、潮湿，有剧痛和感觉过敏，皮温增高。若无感染，约2周可愈，一般不留瘢痕，多有色素沉着。皮肤功能良好。②深Ⅱ度：伤及真皮深层，尚残留皮肤附件。水疱较小或较扁薄，感觉稍迟钝，皮温可稍低。创面呈浅红色或红白相间，表面渗液少。若无感染等并发症，3~4周可愈，但常有瘢痕增生。

Ⅲ度烧伤：伤及皮肤全层，甚至可深达皮下、肌肉、骨骼等。皮肤坏死、脱水后形成焦痂，故又称焦痂性烧伤。创面无水疱，呈蜡白或焦黄色，可见树枝状栓塞血管，硬如皮革。感觉消失，皮温低。创面修复有赖于植皮，较小创面也可由创缘健康皮肤上皮生长修复。愈合后多形成瘢痕，且常造成畸形。

（三）烧伤严重性分度

为了对烧伤严重程度有一基本估计，作为设计治疗方案的参考，我国常用下列分度法。

1. 轻度烧伤 Ⅱ度烧伤面积在9%以下。

2. 中度烧伤 Ⅱ度烧伤面积在10%~29%之间，或Ⅲ度烧伤面积不足10%。

3. 重度烧伤 烧伤总面积30%~49%；或Ⅲ度烧伤面积10%~19%；或烧伤面积虽不足上述百分比，但有下列情况之一者：①全身情况较重或已有休克；②较重的复合伤；③中、重度吸入性损伤。

4. 特重烧伤 烧伤总面积在50%以上；或Ⅲ度烧伤面积20%以上。

（四）吸入性损伤

吸入性损伤又称"呼吸道烧伤"。其致伤因素除了热力引起外，燃烧时烟雾中还含有大量的化学物质（如CO中毒、氰化物等），被吸入至下呼吸道，引起局部腐蚀或全身中毒。合并重度吸入伤可使烧伤死亡率增加20%~40%。

> **要点提示**：烧伤面积和深度判断。

三、烧伤的救治

（一）治疗原则

小面积浅度烧伤按外科原则，及时给予清创、保护创面，大多能自行愈合。大面积深度烧伤的全身反应重、并发症多、死亡率和伤残率高，治疗原则如下。

1. 早期及时补液，维持呼吸道通畅，纠正低血容量休克。
2. 深度烧伤组织是全身性感染的主要来源，应早期切除，采取自体、异体皮移植覆盖。
3. 及时纠正休克、控制感染是防治多脏器功能障碍的关键。
4. 重视形态、功能和心理的恢复。

（二）现场急救

1. 迅速脱离热源 应尽快灭火，切勿奔跑扑救，以免助燃和导致吸入性损伤。互救者可就近用非易燃物品（如棉被、毛毯）覆盖，隔绝灭火，如附近有凉水，可冲淋或浸浴以降低局部温度。

2. 保持呼吸道通畅 火焰烧伤常伴烟雾、热力等吸入性损伤，应注意保持呼吸道通畅。合并CO中毒者应移至通风处，必要时应吸入氧气。

3. 积极处理危及生命的创伤 如合并有大出血、开放性气胸、严重中毒等，应迅速进行处理与抢救。

4. 保护受伤部位 为避免进一步污染和受伤，使用烧伤湿性药膏迅速涂抹保护创面后，应用消毒敷料包裹烧伤创面。如无此条件，可用清洁布类覆盖后送救治。避免用有色药物涂抹，因其会增加对烧伤深度判定的困难。

5. 防治休克和感染 高度口渴、烦躁不安者常示休克严重，应建立静脉输液通道，加快输液，只可少量口服盐水；疼痛剧烈者可酌情使用地西泮、哌替啶（度冷丁）等。

（三）入院后初步处理

入院后的主要工作是防治休克和进行必要的清创。应迅速了解伤情，包括扼要的病史询问、烧伤面积和深度的估计、必要的体检等，并确定有无休克、吸入性损伤和其他合并伤或中毒。然后根据情况进行早期处理，如实施紧急气管切开，行静脉穿刺或切开，留置导尿管记录每小时的尿量、比重、酸碱度，制订补液及其他治疗计划。对Ⅱ度以上的烧伤创面进行清创，选用包扎疗法或暴露疗法。创面污染重或有深度烧伤者，均应注射破伤风抗毒血清，并用抗生素治疗。

自测题

扫码测验

（张 伦）

第十三章

外科各论常见疾病

学习目标

通过本章内容的学习，学生应能够：

识记：
1. 说出外科常见疾病的病因。
2. 列举外科常见疾病的分型和临床表现。

理解：
1. 解释外科常见疾病的主要临床特征和主要并发症。
2. 分析外科常见疾病的早期诊断方法和意义。
3. 说明外科常见疾病要进行的实验室及影像学检查。

运用：
1. 能根据患者的病史、临床表现、实验室及辅助检查做出初步诊断。
2. 根据病情选择合适的治疗方案，正确评估其预后。
3. 培养临床诊疗思维，培育救死扶伤的医德医风。

第一节 急性阑尾炎

案例导入

患者，女，26岁，已婚，工人。于2019年1月12日入院。患者入院前24h，在路边摊吃饭，之后出现腹部不适，呈阵发性，伴有恶心，口服654-2对症治疗，不见好转，并出现呕吐、发热及腹泻症状，腹泻多次，为稀便，无脓血，体温36.5~38.4℃，来院就诊。检查便常规阴性，按"急性胃肠炎"给予对症治疗，夜间腹痛加剧，伴发热，体温38.7℃，腹痛转移至右下腹，查血象 WBC 21×10^9/L，收入院。

既往史：无肝、肾病史，无结核病史，无疫区过往史，无药物过敏史。月经 14 (3/26~27)，末次月经2019年1月10日。

查体：T 38.8℃，P 120次/分，BP 100/70 mmHg，发育、营养正常，皮肤无黄染，无出血点及皮疹，浅表淋巴结不大，眼睑无水肿，结膜无苍白，巩膜无黄染，颈软，甲状腺不大，心界大小正常，心率120次/分，律齐，未闻及杂音，双肺清，未闻及干、湿啰音，腹平，肝、脾未及，无包块，全腹压痛以右下腹麦氏点周围为著，无明显肌紧张，肠鸣音10~15次/分。

问题与思考：
1. 初步诊断及诊断依据，需鉴别诊断的疾病有哪些？
2. 为明确诊断，需要进一步做哪些检查？
3. 治疗原则是什么？

急性阑尾炎（acute appendicitis）是阑尾的急性化脓性病变，也是常见的外科急腹症之一，多发于20～30岁青壮年，80%以上的患者在5～35岁，男性多于女性。1886年，雷金纳德·海伯·菲茨（Reginald heber Fitz）首次对急性阑尾炎进行命名。1889年，麦克·伯尼（Mc Burney）提出采用手术治疗急性阑尾炎。虽然人类对阑尾炎的病因、病理、临床表现、治疗方法及病变的转归已有深刻的认识，绝大多数患者能得到治愈，死亡率已经降至0.1%左右，但当患者病情复杂时，仍易导致误诊和处置不当，可引起严重并发症，甚至危及生命。

一、解剖生理

阑尾为一细长的盲管，长度以5～7 cm者较多，近端在3条结肠带的会合处，开口于盲肠的内后壁；远端为盲端，较游离，受系膜等因素的影响，阑尾可伸向腹腔的任何方位。阑尾动脉来自回结肠动脉，为一终末血管，一般无交通支。受压或痉挛时，容易引起阑尾壁的循环障碍，诱发阑尾炎症的发生。阑尾静脉经右结肠静脉回流入门静脉系统，阑尾发生急性炎症时，细菌、脓性栓子等可随静脉回流进入门静脉，导致门静脉炎、甚至肝脓肿的发生。

二、病因

（一）阑尾管腔阻塞

阑尾易发生炎症，与其解剖特点关系密切。阑尾黏膜下淋巴组织比较丰富，常因肿胀、增生致阑尾腔变小，易被粪石、异物堵塞；阑尾系膜较短，容易发生扭曲；造成阑尾腔梗阻的主要原因依次是黏膜下淋巴滤泡增生、粪石或稠便、异物、寄生虫及阑尾本身的病变。

> **要点提示**：阑尾管腔阻塞是阑尾炎发病的常见病因。

（二）细菌入侵

阑尾发生梗阻和炎症后，细菌经直接侵入、血源性感染、邻近感染蔓延而侵入，在管腔内不能被排除，在阑尾腔阻塞的基础上大量繁殖，分泌内毒素和外毒素，导致黏膜损伤，侵入管壁，形成溃疡而致病。致病菌多为肠道内的各种革兰氏阴性杆菌，包括需氧菌和厌氧菌两类，主要为大肠埃希菌、肠球菌及脆弱类杆菌。

知识链接

麦克·伯尼（Mc Burney）

1891年，Mc Burney明确指出阑尾炎患者在保守治疗下死亡率很高。他发现阑尾炎的患者首先表现为整个腹部疼痛，在几小时或一天之后，疼痛越来越明显地集中于腹部一个固定的点。这个点位于成人的右髂前上棘与脐的连线上，可以精确地定位到右髂前上棘内侧1.5至2英寸处。麦氏点（Mc Burney point）、麦氏切口，这些现在人们耳熟能详的名词都是为了纪念Mc Burney这位伟大的医生。正是Mc Burney的贡献，使得阑尾炎的诊断、治疗更加科学规范，从而极大地降低了其病死率。

（三）胃肠道功能紊乱

急性阑尾炎可发生在任何年龄，以青少年为多见，常突然发病，与职业、地区和季节、性别无关，但暴饮暴食、生活不规律、过度劳累和急性胃肠炎等各种原因可导致胃肠道功能紊乱，可引起阑尾环形肌和阑尾动脉痉挛性收缩而致病。

三、病理类型

急性阑尾炎根据病程及炎症的程度，可分为4种类型。

（一）急性单纯性阑尾炎

早期阑尾炎，炎症局限于阑尾黏膜和黏膜下层。阑尾轻度肿胀，浆膜表面充血。经积极药物治疗后炎症消退，少数患者可治愈，大多数患者可转为慢性阑尾炎。

（二）急性化脓性阑尾炎

阑尾肿胀明显，浆膜高度充血，腔内有大量积脓。症状和体征较重，常伴有局限性腹膜炎表现。

（三）坏疽性及穿孔性阑尾炎

阑尾因内腔阻塞、积脓等导致腔内压力增高，造成阑尾壁血液循环障碍，导致阑尾管壁部分或全部坏死，浆膜呈紫黑色或黑色。症状和体征严重，若治疗不及时，可导致炎症扩散，进展为弥漫性腹膜炎、感染性休克等，重者危及生命。

（四）阑尾周围脓肿

阑尾在穿孔前被大网膜等周围组织粘连、包裹，形成局部炎性包块，限制了阑尾感染的扩散，最终形成炎性肿块或阑尾周围脓肿。

阑尾炎的演变是一个渐进的过程，其演变过程中的主要特征，见表13-1。

表13-1 急性阑尾炎病理分型及临床特征

临床分型	病程	阑尾表现	镜下检查	腹膜炎	全身症状	治疗
急性单纯性阑尾炎	早期	肿胀，无光泽，少量纤维渗出	各层肿胀，炎性细胞浸润	无	轻	手术
急性化脓性阑尾炎	中期	明显肿胀，高度充血，脓性渗出物	各层形成小脓肿，黏膜溃疡加大	局限性	发热、畏寒	手术
坏疽性及穿孔性阑尾炎	加剧期	暗黑色，有穿孔坏死物及脓液	各层出血坏死	弥漫性	高热、寒战	手术
阑尾周围脓肿	进一步发展期	大网膜及周围组织包裹	大多有坏疽性改变	局限于右下腹	发热、右下腹包块	非手术

四、临床表现

（一）症状

1. 腹痛 腹痛起于脐周和上腹部，位置不固定，呈阵发性，多因阑尾管腔扩张及管壁肌肉紧张所致。6~12h后转移并固定于右下腹，呈持续性疼痛伴进行性加重状态，多因炎症侵入浆膜，导致壁腹膜受刺激而引发体神经定位疼痛。

不同病理类型的阑尾炎腹痛存在差异，单纯性阑尾炎一般为轻度隐痛；化脓性阑尾炎呈阵发性胀痛；坏疽性阑尾炎为持续剧烈腹痛；穿孔性阑尾炎因管腔压力骤减，腹痛可暂时减轻，随着腹膜炎出现后，腹痛又会持续加剧。

不同年龄、不同耐受能力及不同的阑尾位置同样存在差异性。如盲肠后阑尾炎时右侧腰部疼痛；肝下区阑尾炎时右上腹疼痛。

2. 胃肠道症状 恶心、呕吐为常见症状，早期呕吐多为反射性，程度较轻，可伴发便秘或腹泻，晚期呕吐则与腹膜炎有关。盆位阑尾炎时因炎症刺激直肠和膀胱，有粪便次数增多，可有里急后重、黏液便等直肠刺激症状及排尿痛等表现。弥漫性腹膜炎时可致麻痹性肠梗阻。

3. 全身症状 早期可有头痛、乏力。炎症加重可有中毒症状，出现发热、脉速、出汗、口渴；阑尾化脓、坏疽穿孔、腹膜炎时可有畏寒、高热；并发门静脉炎时可有黄疸、高热及肝区痛等表现。

> **要点提示**：阑尾炎的主要局部表现。

（二）体征

1. 右下腹固定压痛 急性阑尾炎常见的体征之一，是诊断急性阑尾炎最重要的依据，也是阑尾炎常见的重要体征。压痛点通常位于麦氏点（Mc Burney），即右髂前上棘与脐连线的中外 1/3 处，但临床上压痛点可随阑尾位置的变异而改变，也可位于兰氏点（Lanz），即两髂前上棘连线右侧中外 1/3 处；或库梅尔点（Kümmell），即脐右下方。阑尾穿孔合并弥漫性腹膜炎时，虽然全腹都有压痛，仍以右下腹最为明显。

2. 腹膜刺激征 当阑尾炎发展至化脓、坏疽或穿孔时，腹膜因炎性刺激而出现腹肌紧张、压痛、反跳痛，称为腹膜刺激征。发展至弥漫性腹膜炎后可出现腹胀、肠鸣音减弱或消失。但是老人、小儿、肥胖者、孕妇及虚弱患者，有时腹膜刺激征可不明显。

3. 右下腹包块 阑尾周围脓肿较大时，体检发现右下腹饱满，扪及境界不清，不能活动，伴有压痛性包块。主要是由于弥漫性腹膜炎形成脓肿后可出现阑尾周围脓肿及包块所致。

4. 诊断性体征

（1）结肠充气试验（Rovsing 试验）：患者取仰卧位，检查者一手按压左下腹部降结肠区，另一手反复按压其近端结肠，使结肠内积气逆向传至盲肠及阑尾，若出现右下腹痛，则为阳性，提示阑尾根部有炎症（图 13-1）。

（2）腰大肌试验：患者左侧卧位，检查者将患者右大腿向后过伸，若出现右下腹痛，则为阳性，提示阑尾位置较深，位于盲肠后或贴近腰大肌处，或炎症已波及腰大肌（图 13-2）。

（3）闭孔内肌试验：患者仰卧位，右腿屈膝、屈髋 90° 并内旋右大腿，若出现右下腹痛，则为阳性，提示阑尾位置较低，在盆位或靠近闭孔内肌，或炎症已波及闭孔内肌（图 13-3）。

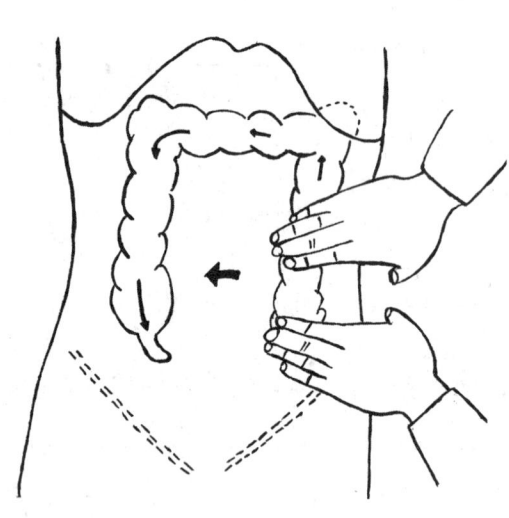

图 13-1　Rovsing 试验

（4）直肠指检：当阑尾位于盆腔或炎症波及盆腔时，直肠右前方有触痛，如发生脓肿，可触及炎性肿块。同时，直肠指检可发现直肠膀胱隐窝或道格拉斯窝（Douglas）有触痛，尤其是右侧。阑尾穿孔伴盆腔脓肿时，直肠前壁膨隆，并有触痛，部分患者伴有肛门括约肌松弛现象。

5. 特殊部位阑尾体征 盲肠后位阑尾因胀气的盲肠保护了阑尾，腹肌紧张和压痛不明显，腰部触痛明显，髋关节屈曲位时伸髋关节可引起疼痛。

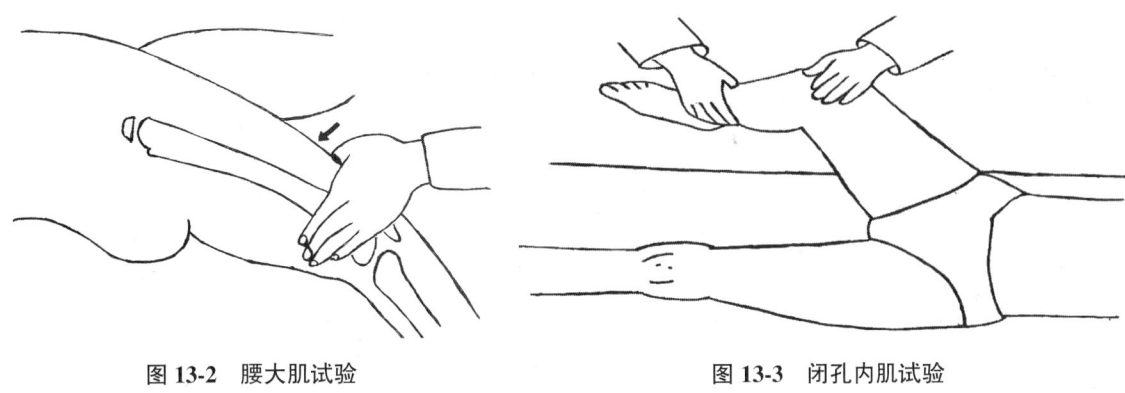

图 13-2　腰大肌试验　　　　　　图 13-3　闭孔内肌试验

知识链接

几种特殊类型阑尾炎

小儿急性阑尾炎：小儿阑尾壁薄、腔小，一旦梗阻易发生血运障碍，引起坏疽和穿孔；同时，小儿大网膜短，不能起到保护作用，穿孔后易形成弥漫性腹膜炎。病情较严重，高热，呕吐及腹泻明显，右下腹固定性压痛。

老年人急性阑尾炎：老年人痛觉迟钝，腹痛不明显，早期易忽视，又因大网膜萎缩，腹腔炎症局限，包裹作用减弱，易导致炎症扩散，在临床容易延误诊断和治疗。

妊娠期急性阑尾炎：妊娠过程中，子宫逐渐增大，盲肠和阑尾的位置也随之向上、向外、向后移位，阑尾炎压痛部位随之上移。妊娠后期子宫增大，阻碍大网膜趋近发炎的阑尾，孔后感染不易局限，常引起弥漫性腹膜炎。炎症发展易致流产或早产，威胁胎儿和孕妇的安全。

五、实验室和其他辅助检查

1. 实验室检查　急性阑尾炎实验室检查中最具诊断价值的是白细胞总数和分类。

（1）白细胞：白细胞数中度升高，可达 $(10～16)×10^9/L$，中性粒细胞增多。如白细胞计数增高、C-反应蛋白增高（>8 mg/L）、中性粒细胞增高，可诊断为急性阑尾炎，敏感性可达 97%～100%。

（2）尿液分析：部分患者尿常规可见少量白细胞和蛋白质。

2. 影像学检查

（1）腹部平片：可见盲肠扩张及气液平面，偶见钙化的肠石和异物影。

（2）B超检查：可见肿大的阑尾或脓肿，尤其对小儿、妇女右下腹痛或盆位阑尾具诊断价值。

（3）CT 扫描：可与 B 超相似。用泛影葡胺-盐水灌肠 CT 扫描可在 1 h 内出结果，清晰度高于 B 超检查，还可显示炎性改变，这些特殊检查在急性阑尾炎的诊断中不是必须的，当诊断不明时可选择应用。

3. 腹腔穿刺或腹腔镜检查　小儿阑尾炎并发穿孔及孕期阑尾炎时，术前诊断较为困难，腹腔镜诊断价值较高。但是妊娠 3 个月或 6～9 个月期间，腹腔镜诊断可刺激子宫收缩导致流产或穿刺误伤子宫，故而在检查时应尤为注意。

腹腔穿刺时若穿刺液为脓性，应考虑急性阑尾炎，但不排除阑尾穿孔；穿刺液为血性，且为育龄妇女时，结合血清 β-hCG，考虑异位妊娠或黄体破裂；穿刺液含食物残渣时，注意是否为消化道穿孔。

腹腔镜检查可直视阑尾周围情况，对明确诊断具有决定性作用，诊断的同时可做阑尾切除术。但此法需要在麻醉下进行，费用高，需要医师具备熟练的操作技术。当遇到难以鉴别的阑尾炎时，可采用腹腔镜检查并可同时开展治疗。

六、诊断和鉴别诊断

（一）诊断

1. 典型阑尾炎 阑尾位置没有变异，根据转移性右下腹疼痛病史、固定压痛点、体检及血细胞计数等临床表现即可确诊，即腹痛＋压痛＋体征＋实验室检查。

2. 非典型阑尾炎 常见3种情况：一是右下腹痛或始终弥散性腹痛不转移；二是老年人，疼痛不重，局限定位较晚，诊断较为困难；三是盆位阑尾没有右下腹痛，取而代之的仅是耻骨上不适或里急后重表现。

（二）鉴别诊断

有许多急腹症的症状和体征与急性阑尾炎相似，且阑尾炎表现不典型，需认真鉴别。

1. 内外科疾病

（1）末端回肠炎：回肠炎可由克罗恩病（Crohn病）和耶氏杆菌（Yersinia杆菌，肠内细菌，革兰氏阴性菌）感染等非特异性原因引起。耶氏杆菌感染可累及末端回肠、阑尾及盲肠，表现为肠系膜淋巴结肿胀。因此，除非扪及面团样炎性的回肠包块，末端回肠炎与急性阑尾炎鉴别诊断相对困难。

（2）胃十二指肠溃疡穿孔：消化性溃疡的腹痛发作突然，穿孔时溢出的内容物可流至右下腹部，易被误认为急性阑尾炎的转移性腹痛。一般疼痛开始于上腹部，向右下腹转移，且肌紧张位于右上腹；急性阑尾炎腹痛起于脐周，然后向右下腹转移，伴有右下腹触痛和肌紧张。消化性溃疡穿孔患者X线检查可见膈下有游离气体，有助于鉴别诊断。

（3）右侧肾盂肾炎：患者腰部触痛、寒战及高热，伴有尿频及脓尿，需与位置较深的急性阑尾炎进行鉴别。

（4）输尿管绞痛：疼痛放射状况及特点不同于阑尾炎，临床通过尿常规、腹部平片、B超及静脉造影有助于诊断。

（5）急性胰腺炎：血尿淀粉酶测定为鉴别要点。

2. 妇科疾病

（1）输卵管炎：多见于年轻女性。腹痛位置低于阑尾炎，为双侧痛。常伴有阴道白带、痛经和排尿烧灼痛，或有不洁性交史。临床取阴道高位取材做衣原体培养及诊断性腹腔穿刺即可鉴别。

（2）卵巢囊肿：两者不易鉴别，应妇科会诊，做盆位B超检查。术中发现者，育龄妇女可做卵巢囊肿摘除。

（3）异位妊娠破裂：突然后下腹疼痛，常伴有急性失血和腹腔内出血，有停经史和不规则阴道出血史，检查时有宫颈举痛、阴道后穹隆穿刺出血等。右侧输卵管妊娠未破裂时右下腹痛，位置不变，疼痛严重、不减轻。患者有停经史，妊娠试验阳性。破裂后患者有明显的出血征象，出血严重者可出现休克。

（4）痛经：尤其是经间痛。月经中期卵泡破裂出血，出现下腹及盆部疼痛。特点是经期长，全身症状少，腹痛数小时可改善。

3. 儿科疾病

（1）急性胃肠炎：患者肠绞痛、腹泻、呕吐严重，没有局限性压痛。回肠后阑尾炎与此相似，应行腹腔镜或腹腔穿刺探查。

（2）肠套叠：18～24个月以下小儿，很少患阑尾炎，发生肠套叠时可在右下腹扪及包块。治疗首选灌肠复位。

(3) 肠系膜淋巴结炎：多见于儿童，往往先有上呼吸道感染史，腹痛性质为绞痛，持续数分钟，之后腹痛消失，继而再次发作。可伴有颈部淋巴结肿大。患儿左侧卧位，触痛移向左侧有助于诊断。不能明确诊断时可剖腹探查。

(4) 美克尔憩室（Meckel 憩室）：腹痛位于中部或偏左，少数患者既往有腹痛史和贫血史。

(5) 过敏性紫癜（Henoch-Schonlein 紫癜）：患者常有咽痛或呼吸道感染史。腹痛可严重，有瘀斑，位于肢体伸侧和臀部。

4．其他疾病

(1) 肠梗阻：少数老年阑尾炎的表现与肠梗阻相似，难于鉴别。而肠梗阻的早期治疗以输液、应用抗生素和胃肠减压为主。

(2) 盲肠癌：盲肠癌患者既往有腹部不适、排便习惯改变或不明原因的贫血。触诊可发现右下腹肿块，结肠镜有助于诊断。

七、治疗

急性阑尾炎的治疗可采用非手术和手术治疗。其原则是尽早手术治疗，以切除阑尾为主。早期阑尾炎症处于管腔阻塞和水肿阶段，可接受非手术治疗，同时，此期手术操作简单易行。如阑尾发生化脓、坏疽及穿孔，会增加手术难度，术后并发症明显增多，术前应大量应用抗生素，防治术后感染的发生。

（一）非手术治疗

适用于单纯性阑尾炎及急性阑尾炎早期阶段，或患者客观条件不允许行手术者，或伴存其他严重器质性疾病有手术禁忌者。治疗上以抗生素及对症治疗为主。

（二）手术治疗

绝大多数急性阑尾炎一旦确诊，应尽早施行手术，手术治疗以阑尾切除术为主，包括剖腹手术及腹腔镜手术。早期手术可有效减少并发症的发生，提高救治效果，降低死亡率。

自测题

扫码测验

第二节　椎间盘突出症

案例导入

患者，男，56岁，已婚，工人。主诉：间断性腰痛3年，加重1个月。3年前因劳累受凉致腰部疼痛，久坐久站后加重，伴腰部屈伸活动不便，伴左下肢后外侧放射痛。

既往史：无特殊病史，无药物过敏史，既往有吸烟及饮酒史。

查体：T 36.3℃，P 73次/分，R 19次/分，BP 158/84mmHg，心肺听诊无异常，腹平软，无明显异常生命体征。

生化及影像学检查：查血气分析、胸透、血脂、心电图、肝肾功能均正常，空腹血糖3.36 mmol/L。

专科检查：腰椎居中，生理曲度存在，$L_{4～5}$、$L_5～S_1$旁压痛（+），椎旁叩击痛（+），左侧直腿抬高及加强试验（+）。

问题与思考：
1. 初步诊断及诊断依据是什么？
2. 需要与哪些疾病相鉴别？
3. 治疗原则是什么？

椎间盘突出症（intervertebral disc herniation）是常见的脊柱疾病之一，是椎间盘髓核、纤维环、软骨板等组成部分发生不同程度退行性病变后，在外界因素作用下，椎间盘纤维环破裂，髓核组织从破裂处突出，使得相邻组织受到刺激或受压，导致颈、肩、腰、腿出现疼痛、麻木等临床症状的一组疾病。可以发生在颈椎、胸椎和腰椎的各脊柱节段。

一、颈椎间盘突出症

颈椎间盘突出症（cervical disc herniation）是在颈椎间盘出现退行性改变后，因外界因素作用或无明显诱因导致颈椎间盘突出而压迫脊髓和神经根的一种病变。

（一）病因病理

颈椎间盘退变时，在轻微外力作用下，颈椎过伸或过屈运动，导致椎骨移位，使椎间盘突然承受较大牵张力而完全断裂，髓核组织从纤维环破裂处突出于椎管，压迫脊髓和神经根而产生临床症状和体征。

（二）临床表现

颈椎间盘突出症好发于40～50岁，突出部位以$C_{5～6}$、$C_{4～5}$居多。患者既往有病史或无症状，在轻微外力作用下或无诱因出现上肢痛或颈肩痛，或伴肢体感觉、运动障碍。临床上以压迫神经根居多，压迫脊髓或兼有神经根者少见。

椎间盘组织压迫神经根时，患者有颈部疼痛、颈肩疼痛或上肢放射痛，疼痛较重，病程较久者可有麻木感，压迫严重可有突然短时上肢抬举障碍或手无力。颈部检查处于强迫体位、活动受限。椎间盘组织压迫脊髓时，表现为四肢不同程度的感觉和运动障碍、括约肌收缩障碍，亦可表现为截瘫等。

（三）影像学检查

常规X线正侧位、双斜位颈椎摄片，可见椎间隙高度变化、椎间孔形态变化及骨赘形成等退行性改变。CT扫描可见椎间盘突出类型、是否伴有骨赘形成、黄韧带肥厚、钙化或骨化等改变。MRI检查可见椎管的解剖学形态，是重要的诊断依据。

（四）诊断与鉴别诊断

典型病症的临床表现结合影像学检查，即可确诊。需与椎管狭窄、椎管内肿瘤及肩周炎症等疾病进行鉴别。

（五）治疗

根据临床症状、体征和影像学检查结果确定治疗方案。以神经根压迫为主，多采用适当休息、卧床、颈部牵引、理疗等非手术治疗，同时可给予脱水药、止痛药等；若非手术治疗无效，甚至出现疼痛加重、肌肉瘫痪等症状，及时行颈椎手术治疗，切除椎间盘，解除神经根及脊髓压迫。

二、胸椎间盘突出症

胸椎间盘突出症（thoracic disc herniation）临床少见，其症状较为复杂，临床表现多样，诊断困难。

（一）病因病理

因其往往发生在承受力量最大的胸腰段，因此退行性病变是主要病因。由于机械性压迫或继发缺血性损伤，可导致神经损害。胸椎管径小，充满脊髓，若供血不足易使胸段脊髓损伤。

（二）临床表现

胸椎间盘突出症临床表现多样，多为动态性和进展性症状和体征，主要与突出物部位、大小、压迫时间、血管损害程度和健康状况等有关。常见症状有胸痛、感觉障碍、无力、二便功能障碍，并依据疾病严重程度依次出现。

（三）影像学检查

常规X线检查在发生椎间盘钙化时有诊断价值。CT对椎间盘和韧带已经发生钙化或骨化有诊断价值。MRI检查无创、无辐射，可显示冠状面、矢状面和横断面，是目前最优的诊断方法。

（四）诊断和鉴别诊断

依据病史、临床表现和影像学检查综合分析即可诊断。需与脊柱肿瘤、脊柱感染、强直性脊柱炎、骨折、带状疱疹等疾病相鉴别。

（五）治疗

非手术治疗适用于老年、髓核已经钙化或骨化无移位可能的轻症患者，主要包括休息、制动、理疗及非甾体抗炎药的应用。

如出现如下情况，可行手术治疗：进行性脊髓病变；根性疼痛经手术治疗无效；下肢无力或麻痹。常用术式：椎间盘摘除术、脊髓减压术、椎间融合术及微创技术等。

三、腰椎间盘突出症

腰椎间盘突出症（lumbar disc herniation）是指腰部椎间盘发生退行性改变后，在外力作用下，纤维环破裂和髓核组织突出，刺激和压迫神经根所引起的一种病变。腰椎间盘突出症是骨科常见病、多发病，也是导致腰腿疼痛最常见的原因之一。

（一）病因及发病机制

腰椎间盘在脊柱负荷与运动中承受强大的应力，易因劳损致退行性改变，多发生在$L_{4\sim 5}$、$L_5\sim S_1$间隙。以后外侧突出多见，可压迫一侧神经根；少数由后侧中央突出，引起双侧神经根症状及肛门会阴区麻痹。

1. 年龄因素　腰椎间盘突出症好发年龄为20～50岁，男性多于女性。随着年龄增长，椎间盘逐渐出现退行性改变，髓核和纤维环含水量下降，弹性降低。加之劳损积累及外力作用，椎间盘发生破裂、纤维化、髓核向后突出压迫神经，产生症状。

2. 损伤　累积损伤是腰椎间盘退行性改变的主要原因。患者多数有弯腰负重用力史，或扭转腰部猛力投物等急性腰部损伤史。急性外伤可为腰椎间盘突出的诱发因素。

3. 妊娠　女性妊娠期间，由于脊柱所受负荷和应力改变，腰部整个韧带松弛，易发生腰椎间盘突出。

4. 其他因素　个别患者有家族遗传史，小于20岁的青少年患者30%以上有家族史；腰骶椎先天异常，使下腰椎承受异常应力，会增加腰椎间盘的损害，也是造成椎间盘损伤的因素之一。

要点提示：腰椎间盘突出的常见病因。

(二) 病理与分型

1. 膨隆型 纤维环部分破裂，但表层完整，髓核因压力向椎管内局限性突出而隆起，表面光滑。该型非手术疗法大多有效。

2. 突出型 纤维环完全破裂或破碎，髓核突向椎管，后纵韧带覆盖，高低不平，呈菜花状。常需手术切除突出的髓核。

3. 脱垂游离型 纤维环完全破裂，髓核碎块经破口突出椎管内或完全游离，常引起神经根或马尾神经的广泛压迫。需手术治疗。

4. Schmorl 结节及经骨突出型 前者是指髓核经上、下软骨板的先天性缺陷或后天性裂隙突入椎体松质骨内；后者是指髓核向前纵韧带方向突出，形成游离型骨块。这两型在临床上无神经根压迫症状和体征，仅出现腰痛，无需手术治疗。

(三) 临床表现

1. 症状

(1) 腰部疼痛：绝大多数患者最常见、最早期的症状，以后可出现腿痛，亦可同时出现。以持续性钝痛最为常见。疼痛程度有很大差别，轻者可继续工作，重者疼痛剧烈，卧床不起，翻身困难。走路时、久站后疼痛加剧，平卧时疼痛减轻。疼痛原因主要是腰椎间盘突出刺激外层纤维环及后纵韧带。为缓解疼痛，患者一般采取侧卧位、左右侧卧并屈髋、屈膝，也有取仰卧位者。

(2) 坐骨神经痛：90% 左右的腰椎间盘突出见于 $L_{4\sim 5}$、$L_5\sim S_1$，故多伴有坐骨神经痛。典型疼痛是从下腰部向臀部、大腿后方、小腿外侧直到足部的放射痛，在打喷嚏、咳嗽或弯腰时疼痛加剧。患者为减轻疼痛，行走时取前倾位，卧床时取弯腰侧卧屈髋屈膝位。少数患者可有双侧坐骨神经痛。

(3) 马尾神经受压：中央型腰椎间盘突出的髓核可压迫马尾神经，出现鞍区感觉迟钝，二便功能障碍，急性发病时应急诊手术。

> **要点提示**：腰椎间盘突出的好发部位、最常见表现。

2. 体征

(1) 腰椎侧突：是一种为减轻疼痛、缓解神经根受压的姿势性代偿畸形。当髓核压迫神经根肩部，上身向健侧弯曲；当髓核压迫神经根腋部，上身向患侧弯曲，以缓解疼痛。

(2) 腰肌痉挛、腰部活动受限：几乎所有患者都有单侧或双侧腰肌痉挛和腰部活动受限。由于腰肌痉挛和腰部疼痛常使患者腰部活动受限，且前屈时进一步压迫神经根，故以前屈受限最明显。

(3) 腰部压痛及骶棘肌痉挛：大部分患者压痛点常在相应病变间隙，棘突旁侧 1 cm 处有深压痛、叩痛，并可引起下肢放射痛。约 1/3 患者有骶棘肌痉挛，致腰部固定于强迫位。

(4) 直腿抬高试验或加强试验阳性：患者仰卧，伸膝、被动抬高患肢，抬高到 60° 以内，出现不适、放射痛，即为直腿抬高试验阳性，阳性率 90%。缓慢放下患肢，待放射痛消失，再被动背屈踝关节以牵拉坐骨神经，如又出现疼痛，即为加强试验阳性（图 13-4）。

(5) 感觉、肌力、腱反射改变：多数患者有感觉异常，L_5 神经根受损时，小腿前外侧及足背痛、触觉减退，踇趾背伸力减弱。S_1 神经根受损时，外踝附近及足外侧痛、触觉减退，踝反射减弱或消失。若神经受压严重，可有肌力下降。根据受累神经不同，患者常有相应的反射异常。

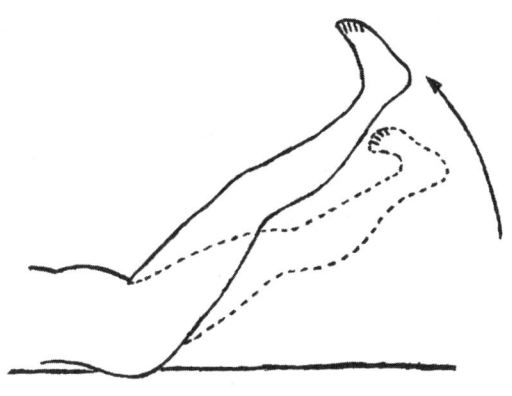

图 13-4　直腿抬高试验及加强试验

（四）影像学检查

X 线平片通常作为常规检查，取腰椎正侧位片，可显示脊柱侧凸、椎间盘退化情况。CT 可更好显示骨性结构细节，还能观察椎间黄韧带和小结节情况。MRI 能清楚显示解剖结构图像，可显示髓核突出程度和位置，压迫神经根的部位和程度。脊髓造影可间接显示有无椎间盘突出及突出程度，只在一般诊断不明确时慎重使用。

（五）诊断

典型腰椎间盘突出患者，依据病史、临床表现及影像学检查即可确诊。

（六）鉴别诊断

1. 腰肌劳损　好发于中年，与长期保持固定姿势有关。以无明显诱因的慢性疼痛为主，主要为腰部酸胀痛，休息后缓解，下肢无神经受累表现，直腿抬高试验阴性。

2. 腰椎管狭窄　临床上以下腰痛或腰神经受压症为主要表现，以神经性间歇性跛行为主要特点，结合影像学检查可鉴别。

3. 腰椎结核　有结核病病史或接触史。常有午后低热、乏力等全身症状。X 线显示有明显的骨破坏，受累椎体间隙狭窄，病灶有寒性脓肿阴影。

4. 椎管内肿瘤　发病慢但呈进行性加重。足部首发麻木并自下而上发展，感觉、运动障碍，反射消失。脑脊液检查及 MRI 检查可鉴别。

5. 脊柱肿瘤　腰痛呈进行性加重，平卧不减轻。有贫血和恶病质。X 线平片显示骨破坏，CT 和 MRI 检查可鉴别。

（七）治疗

1. 非手术治疗　对于年轻、初次发作、症状轻或病程短者，以及休息后症状可自行缓解的患者，可采用非手术治疗。目的是减轻椎间盘对神经根的压迫或刺激，消除神经根水肿。主要方法包括：绝对卧床休息，严格卧床 3 周；持续骨盆水平牵引；硬膜外间隙封闭；理疗及按摩；髓核化学溶解法；应用非甾体抗炎药物。80% 的患者可治愈或缓解。

2. 手术治疗　对诊断明确、症状严重或经严格的非手术治疗半年以上无效者，且病情逐渐加重，影响工作生活者，须采用手术治疗。常用的术式有：全椎板切除髓核摘除术、半椎板切除髓核摘除术、显微外科腰椎间盘摘除术、经皮腰椎间盘切除术、人工椎间盘置换术。但手术治疗可导致椎间隙感染、神经根损伤或手术后粘连等并发症，故需严格掌握手术指征及提高手术技巧。

扫码测验

第三节 骨 折

案例导入

患者，男，40岁，胸痛、呼吸困难2h。工作时由三楼不慎坠落，右胸背着地并撞击地面石块，伤后剧烈胸痛，在呼吸、咳嗽及体位变换时加重，自觉心慌、气短、呼吸困难，未吐血痰。

既往史：健康。无药物过敏史，既往有吸烟及饮酒史。

查体：T 37.4℃，P 100次/分，R 33次/分，BP 110/82 mmHg，神志清，左侧卧位，痛苦面容，面色苍白。气管居中，胸廓无畸形，呼吸运动浅快，右侧胸部腋后线6~9肋皮肤有瘀斑、压痛，可闻及骨擦音，叩诊右胸鼓音，右肺呼吸运动减弱，左肺无异常。心脏瓣膜听诊未见杂音。腹部平坦，无压痛、反跳痛和肌紧张。肝、脾肋下未触及。右上肢有挫伤，四肢无畸形，脊柱无压痛，活动无受限。未见病理反射。

影像学检查：X线胸片示第6~8肋骨显示阴影，轻度移位；气管轻度左偏，右侧气胸，右侧肋膈角变钝。

问题与思考：
1. 初步诊断及诊断依据有哪些？
2. 需要与哪些疾病相鉴别？
3. 治疗原则是什么？

骨折（fracture）即骨的完整性或连续性发生部分或完全中断。多由暴力、意外创伤及骨骼疾病引起，常伴有周围软组织损伤。因暴力作用引起的骨折，称为外伤性骨折；因骨骼疾病致骨折破坏，受轻微外力即发生的骨折，称为病理性骨折。

一、病因

1. 直接暴力 暴力直接作用使受伤部位发生骨折，常伴有不同程度软组织损伤，如车辆碾压伤。

2. 间接暴力 暴力通过传导、杠杆、旋转和肌肉收缩使肢体远处发生骨折。例如行走中突然滑倒、手掌撑地，可导致桡骨远端骨折。

3. 积累性劳损 长期、反复、轻微的直接或间接损伤致使肢体某些特定部位骨折，又称为疲劳性骨折或应力性骨折。如篮球运动员长时间跳投，可致足跟积累性压缩性骨折。

4. 肌牵拉力 肌肉突然剧烈收缩时，致肌肉附着处骨质断裂而发生骨折。例如骤然跪倒时股四头肌猛烈强力收缩，可造成髌骨骨折。

二、分类

(一)依据骨折端是否与外界相通分类

1. 开放性骨折 骨折附近的皮肤及筋膜或骨膜破损,骨折断端与外界相通。开放性骨折的创口可有刀伤、枪伤或骨折断端刺破,易发生感染。

2. 闭合性骨折 骨折处皮肤及筋膜或黏膜完整,骨折断端不与外界相通。

(二)依据骨折断裂程度与形态分类

1. 完全性骨折 骨的完整性或连续性全部中断(图13-5)。

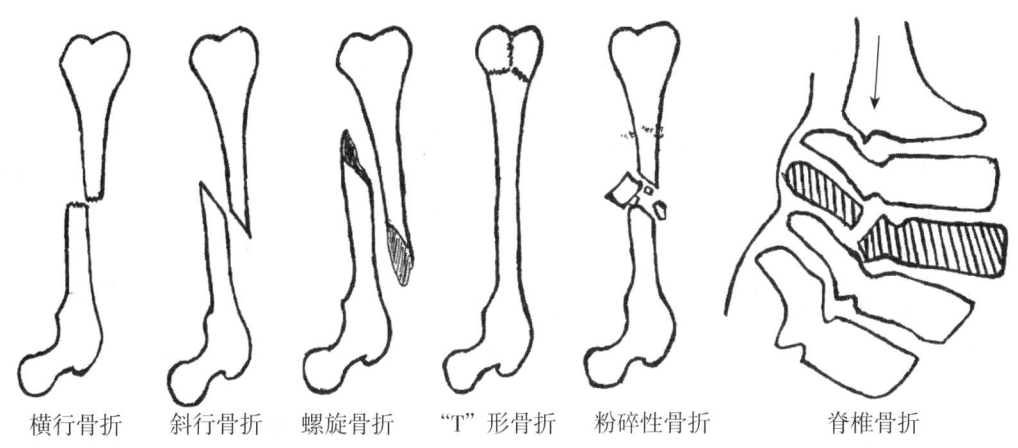

图 13-5 骨折的形态分类

按骨折线的方向及形态分为8类。

(1)横行骨折:骨折线与骨折纵轴垂直。
(2)斜行骨折:骨折线与骨折纵轴呈一定角度。
(3)螺旋骨折:骨折线围绕骨折纵轴呈螺旋状。
(4)粉碎性骨折:骨质碎裂成3块以上,骨折线呈"Y"形或"T"形。
(5)嵌入性骨折:骨折片相互嵌插,多见于干骺端骨折。骨干密质骨插入骺端松质骨。
(6)压缩性骨折:骨质因压缩而变形,多见于松质骨,如脊柱骨和跟骨。
(7)凹陷性骨折:骨折片局部下陷,常见于颅骨。
(8)骨骺损伤:经过骨骺的骨折,骨骺的断面可带有数量不等的骨组织。

2. 不完全性骨折 骨的完整性或连续性仅有部分中断,分为裂缝骨折和青枝骨折。

(1)裂缝骨折:骨质发生裂隙,无移位。多见于肩胛骨、颅骨。
(2)青枝骨折:多见于儿童,骨质与骨膜部分断裂,可有成角畸形,与嫩树枝被折相似而得名。

(三)依据骨折端的稳定程度分类

1. 稳定性骨折 在生理外力下,骨折复位后经适当的外固定不易发生再移位者,如裂缝骨折、青枝骨折、嵌插骨折、长骨横断骨折、压缩骨折等。

2. 不稳定性骨折 在生理外力下,骨折复位后易于发生再移位者,如斜行骨折、螺旋骨折、粉碎性骨折等。

要点提示：按骨折程度分类，不稳定性骨折包括的类型。

（四）按骨折端的移位分类
骨折端的移位表现为成角、侧方、缩短、分离和螺旋5种形态的移位方式。
1. **成角移位** 两骨折断端纵轴交叉成角。
2. **侧方移位** 相对于近侧断端，远侧断端向前、后、内外移位。
3. **缩短移位** 两骨折断端相互嵌插或重叠。
4. **分离移位** 两骨折断端在纵轴上相互分离。
5. **螺旋移位** 远侧断端围绕骨纵轴旋转。

三、骨折的愈合

（一）骨折愈合过程
骨折愈合是复杂而连续的过程，通常可分为3个阶段。

1. 血肿炎症机化期 形成肉芽组织的过程，骨折后骨折血管破裂出血，在骨折断端及周围形成血肿，伤后6～8h内，外凝血系统激活，断端血肿凝结成血块。断端局部发生无菌性炎症反应，中性粒细胞、淋巴细胞等侵入血肿，逐渐清除机化的血肿，形成肉芽组织（图13-6）。

肉芽组织成纤维细胞合成和分泌胶原纤维，转化为纤维结缔组织，使骨折断端开始连接，称为纤维连接，故又称纤维愈合期。此期需要2～3周（图13-7）。

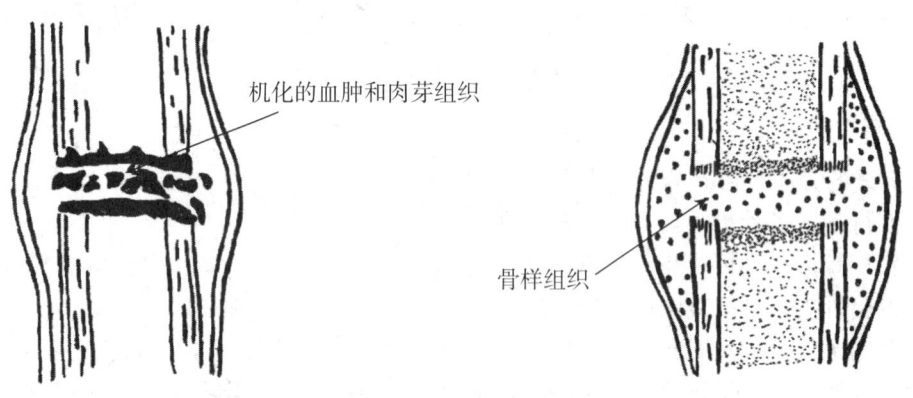

图13-6 血肿炎症机化期　　　　图13-7 纤维连接期

2. 原始骨痂形成期 成骨细胞大量增生，合成、分泌骨基质，使断端的骨样组织逐渐钙化而形成新生骨，即膜内化骨。骨内、外膜紧贴骨皮质内、外形成新骨，逐渐向骨折间隙汇合形成梭形，分别称为内骨痂、外骨痂。

断端间和髓腔内的纤维组织转化为软骨组织，随着成骨细胞侵入，软骨基质钙化成骨，即软骨内化骨，而分别形成环状骨痂和髓腔内骨痂，即为连接骨痂。

内、外骨痂与连接骨痂相连，形成桥梁骨痂，标志原始骨痂形成。原始骨痂不断钙化加强，至能抗拒由肌肉收缩及剪力和旋转力等各种应力时，骨折已达临床愈合阶段，故又称临床愈合期。此期需要12～24周。

3. 骨板形成期 原始骨痂中新生骨小梁逐渐增加，排列规律有序且致密，形成骨性连接，使骨折部位形成坚强的骨性连接，随着肢体的活动和负重，在应力线上，成骨细胞相对活跃，新骨不断得到加强和改造；在应力线以外，破骨细胞相对活跃，多余骨痂逐步被吸收清除，使原始骨痂逐渐被改造成为永久骨痂，骨折处恢复正常骨结构，为骨性愈合期。此期需8～12周。

（二）影响骨折愈合的因素

1. 全身因素

（1）年龄：不同年龄对骨折愈合的影响是显著的。新生儿股骨骨折2周可达坚固愈合，青少年骨折愈合较快，老年人则愈合较慢。

（2）健康状况：健康状况良好的患者骨折愈合较快。健康状况欠佳，特别是慢性消耗性疾病患者，如糖尿病、营养低下、恶性肿瘤、钙磷代谢紊乱患者，骨折愈合时间明显延长。

2. 局部因素

（1）局部血液供应：影响骨折愈合的重要因素。血运差或血运中断将造成延迟愈合或不愈合，甚至骨缺血性坏死，如股骨颈囊内骨折，股骨头血液供应中断，易发生不愈合甚至坏死。

（2）骨折类型：固定不良的骨折，如螺旋骨折、斜行骨折。骨折处仍可受到剪力和旋转力的影响，干扰骨痂生长，不利于骨折愈合。

（3）局部损伤程度：软组织严重损伤，可直接损伤骨折段附近的肌肉、血管和骨膜，造成血液供应不良，影响骨折愈合。

（4）软组织嵌入：骨折端有软组织、肌肉、肌腱嵌入，阻碍对合，骨折难以愈合。

（5）感染：开放性骨折、局部感染会破坏成骨细胞，造成化脓性骨髓炎及大片缺血性骨坏死，严重影响骨折愈合。

3. 医源性影响 骨折患者服用非甾体抗炎类药物，反复接受X线检查，反复多次手法复位、过度牵引，手术时骨片摘除过多、骨膜剥离过多，骨折固定不牢固，过早或不恰当的功能锻炼等都可造成骨折不愈合。

（三）骨折愈合的标准

局部无反常活动；局部无压痛和纵向叩击痛；X线摄片显示骨折线模糊，有连续骨痂通过骨折线；外固定解除后上肢能向前平举1 kg重量达1 min，下肢能不扶拐平地连续步行3 min，且不少于30步；连续观察2周，骨折处不变形。

知识链接

各部位骨折愈合时间

骨折部位	愈合时间（周）	骨折部位	愈合时间（周）
指骨	3～5	骨盆	6
桡骨、尺骨	10～12	股骨囊内	24
掌骨	10～12	股骨粗隆内	10～12
腕骨	8	股骨骨干	18
舟骨	8～12	股骨髁上	12～15
肱骨髁上	6	胫骨骨干	14～20
肱骨中骨干	6	胫骨骨端	8～10
肱骨端（未离位）	10	胫骨踝部	6
肱骨（脱臼）	6～8	跟骨	16
锁骨	3	足趾	3
脊椎骨	6～8		

四、临床表现

（一）症状

1. 局部表现 骨折后体温一般正常，出血量大的骨折可有低热，但一般不超过38℃，开放性骨折可因感染出现高热；有肿胀、瘀斑或出血；疼痛与压痛；功能障碍。

2. 全身表现 严重骨折时，可因大量出血和剧烈疼痛，引起失血性休克和神经性休克，休克的主要原因是出血，如骨盆骨折及股骨骨折。严重的开放性骨折或并发重要器官损伤时，可导致休克甚至死亡。

（二）体征

1. 骨折的一般表现 具有疼痛、肿胀和功能障碍。骨折局部剧烈疼痛，特别是移动时加剧。局部疼痛和肿胀导致肢体活动受限，形成功能障碍。

2. 骨折的特有体征

（1）畸形：骨折段移位后可发生受伤肢体外形改变，表现为肢体短缩、成角、弯曲等畸形。

（2）反常活动：在肢体的非关节部位出现不正常活动。

（3）骨擦音或骨擦感：骨折断端之间相互摩擦时所产生的声音或感觉。

以上3项为骨折的特有体征，只要出现其中之一，即可确诊。但裂缝骨折、不完全骨折、脊柱骨折、嵌插骨折时常不出现上述骨折特有体征，需结合临床体征和X线摄片才能确诊。

（三）并发症

1. 早期并发症

（1）休克：严重创伤、大量出血、脏器损伤时可出现休克，是某些骨折常见的并发症。

（2）感染：开放性骨折可能发生化脓性感染和厌氧菌感染。

（3）脂肪栓塞：常见于长形管状骨骨折部位。栓塞可发生在肺、脑或周边部位。

（4）内脏损伤：严重的下胸壁损伤可造成肝、脾破裂，造成大出血引发休克；肋骨骨折可造成肺损伤，出现气胸、血胸、血气胸，引起呼吸困难；骨盆骨折造成膀胱、尿道损伤；骶尾部骨折造成直肠损伤。

（5）重要周围组织损伤：骨折可造成重要血管损伤，如股骨髁上骨折，骨折远端可致腘动脉损伤；肱骨髁上骨折，骨折近端可致肱动脉损伤。创伤时的直接损伤，或因石膏绷带过紧压迫或过度牵引致神经损伤；上肢骨折可能损伤桡神经、正中神经和尺神经；下肢骨折可能造成腓总神经受损；脊柱骨折和脱位造成脊髓损伤，多见于脊柱颈段和胸腰段。

（6）骨筋膜室综合征（osteofascial compartment syndrome）：由骨、骨间膜、肌间隔和深筋膜形成的骨筋膜室内肌肉和神经因急性缺血而产生的一系列早期综合征。最多见于前臂掌侧和小腿，多由骨折的血肿、创伤及外包扎过紧所致，临床表现为患肢持续性剧烈疼痛、进行性加重，感觉异常，肤色苍白；肢体活动障碍，被动活动时引起剧痛。如延误救治可导致肢体坏疽或缺血性肌挛缩。应立即行筋膜室切开减压术。

> **要点提示**：骨筋膜室综合征的好发部位、临床表现。

2. 晚期并发症

（1）坠积性肺炎：主要发生于因骨折长期卧床的患者，特别是年老体弱者。

（2）压疮：严重骨折，长期卧床不起，身体骨隆起处受压，局部血液循环障碍引起，常为全身感染的来源。

（3）骨化性肌炎：又称损伤性骨化。由于关节脱位、扭曲或关节附近骨折，骨膜剥离形成骨膜下血肿所致，处理不当可使血肿扩大、机化，并在关节附近软组织内广泛骨化，造成关节活动障碍。特别多见于肘关节，如肱骨髁上骨折。

（4）创伤性关节炎：关节内骨折未准确复位、关节面不平整或畸形愈合可引起创伤性关节炎。

(5) 关节僵硬：关节内骨折或患处关节长期固定，导致静脉和淋巴回流不畅，关节周围组织中浆液纤维性渗出和纤维蛋白沉积，发生纤维粘连，并伴有关节囊和周围肌挛缩，导致关节活动障碍。

(6) 急性骨萎缩：指损伤所致关节附近的痛性骨质疏松，称为反射性交感神经性营养不良。好发于手、足骨折后，典型症状是疼痛和血管舒缩紊乱，一旦发生，治疗十分困难。

(7) 缺血性骨坏死：骨折使某一骨折段的血液供应被破坏，而发生该骨折段缺血性坏死。最常见于股骨颈骨折后的股骨头坏死，腕舟状骨骨折后近端骨折端缺血性坏死。

(8) 缺血性肌挛缩：是骨筋膜室综合征处置不当的后果，是骨折最严重的并发症之一。一旦发生则难以治疗，常导致严重残疾。典型的畸形是爪形手（图13-8）和爪形足。

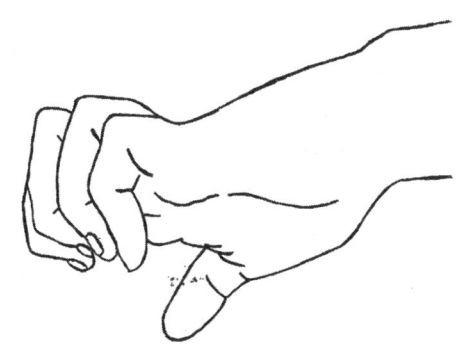

图13-8　爪形手

> **要点提示**：缺血性肌挛缩的病因和表现。

五、实验室及其他辅助检查

（一）实验室检查

1. 血常规检查　骨折致大量出血，患者可见血红蛋白和血细胞比容降低。

2. 尿常规检查　脂肪栓塞综合征时，尿液中可出现脂肪球。

（二）影像学检查

1. X线检查　X线检查对骨折的诊断和治疗有重要价值，可明确骨折的部位、类型、移位和畸形。检查时应拍摄包括邻近一个关节在内的正、侧位片，必要时采取特殊位拍片。

2. CT检查　对于早期、不典型病例及复杂解剖部位，X线检查受限时可采取CT检查。一般来说，解剖部位复杂或X线难以检查的部位，均可采用CT检查。可发现结构复杂的骨折和其他组织的损伤，如椎体、颅骨骨折，可清晰显示椎体骨折破裂的后方骨片突入椎管的情况。

3. MRI检查　MRI所获得的图像清晰、分辨率高、对比度好、信息量大，特别是软组织层次显示和椎体韧带、脊髓损伤较好，还可发现X线片及CT未能发现的隐匿性病变。

六、治疗

（一）骨折的急救

骨折，特别是严重骨折，常伴有全身多发性损伤，易危及患者生命安全，因此需进行急救。急救的目的是用最为简单而有效的方法抢救生命，保护患肢，迅速转运，以便使患者尽快得到妥善处理。

1. 抢救休克　首先检查患者全身情况，如有休克、昏迷等情况，优先紧急处理心搏和呼吸骤停、窒息、大出血等危及生命的情况。休克应保暖，有条件者立即输液、输血。昏迷者应保持呼吸道通畅。

2. 包扎伤口　开放性骨折伤口出血，大多可用无菌敷料或清洁布类加压包扎止血。大血管出血，可采用止血带止血，并应记录时间，每隔40～60 min放开5 min。若有骨折端外露，并已污染,不可现场回纳、复位,以免细菌侵入,如在包扎时自行划入,应做好记录,以便后续进一步处理。

3. 妥善固定 固定是骨折急救的重要措施。凡疑有骨折者,均应按骨折处理。固定可用特制的夹板,或就地取材木棒、树枝等妥善固定伤肢。目的是避免在搬运过程中对重要血管、神经、内脏的损伤;减少骨折端活动,减轻疼痛。在无任何材料时,可采取自体固定,如上肢骨折可将患肢固定于胸部,下肢骨折可将患肢固定于健肢,以达到减轻疼痛、便于搬运的目的。对疑有脊柱骨折的患者,应将其卧于硬板上。颈椎受伤患者,需在颈两侧加垫固定。

4. 迅速运送 经过初步处理后,应迅速将患者送往有治疗条件的医院。

(二)治疗原则

复位、固定和功能锻炼是骨折治疗的三大基本原则。复位是将移位的骨折端恢复正常,是治疗骨折的首要步骤;固定是将骨折维持在复位后的位置,使其对合良好,是骨折愈合的关键;康复锻炼是在不影响固定的前提下,尽快恢复活动,促进血液循环,消除肿胀,促进骨折愈合,是恢复患肢功能的重要保证。

1. 复位 方法有手法复位和切开复位。

应用手法使骨折复位,称为手法复位。大多数闭合性骨折均可采用手法复位。复位时要求手法轻柔,一次复位成功,避免多次复位增加软组织损伤,影响骨折愈合。

通过手术切开骨折部位的软组织,暴露骨折端,在直视下复位,称为手术复位,又名切开复位。手法复位失败、关节内骨折经手法复位达不到解剖复位、骨折断端软组织嵌入、多处或多段骨折、陈旧性骨折不能手法复位者可采取切开复位。

切开复位的优点是可使手法复位不能达到复位的骨折达到解剖复位。缺点是手术切开骨折部位组织,减少血液供应;增加软组织损伤,操作不当易感染;内固定器选择不当,可影响操作和固定效果,且需二次手术拔除。

2. 固定 方法有外固定(固定器材在体外)和内固定(固定器材在体内)。

骨折复位后需对伤肢加以固定,使其保持在良好的位置,直至骨折愈合。

外固定是骨折患者手法复位后的首选固定方法,主要有小夹板、石膏绷带固定和持续牵引。小夹板可用柳木板、竹板或塑料板等,适用于四肢闭合性、无移位、稳定性骨折。石膏绷带固定适用于开放性骨折清创缝合术后,创口愈合之前;畸形矫正后矫形位置的维持和关节手术后的固定;化脓性关节炎和骨髓炎患肢的固定。持续牵引既有复位作用,也是外固定,分为皮肤牵引、骨牵引和枕颌带牵引等(图13-9)。

内固定主要用于闭合或切开复位的患者,常用的内固定物有钢针、螺丝钉、接骨板、加压钢板、带锁髓内钉等,将复位的骨折固定(图13-10)。

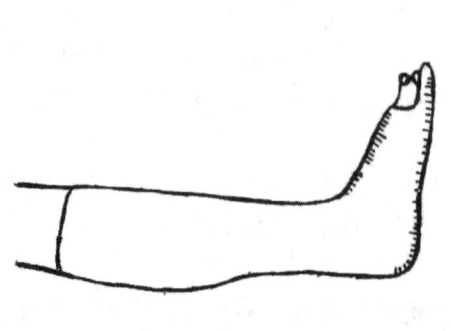

图 13-9 外固定(石膏)

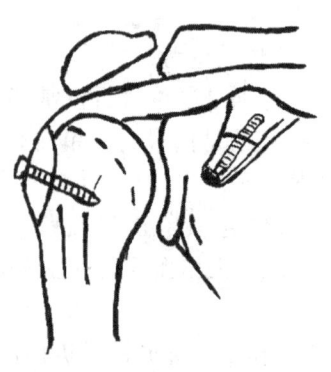

图 13-10 内固定(骨钉)

3. 功能锻炼 骨折治疗的重要组成部分,是防止并发症和促进恢复的重要保证。其目的在于促进功能恢复,防止并发症。

(1) 早期阶段:骨折后 1~2 周。此期目的是促进患者血液循环,消除肿胀,以患肢肌肉主动舒展活动为主。

(2) 中期阶段:骨折后 2 周。此期肿胀消退、疼痛减轻,骨折已有纤维连接,应逐渐增加肢体活动强度和范围,防止肌肉萎缩和关节僵硬。

(3) 晚期阶段:骨折已达到临床愈合标准,外固定已拆除。辅助增加物理治疗和外用药物,促进关节活动范围和肌力恢复。

自测题

扫码测验

第四节 胆 石 症

案例导入

患者,男,60 岁,主诉间歇发作性腹痛,发热 4 个月而入院。患者 4 个月前无明显诱因出现餐后突然上腹部疼痛,向后背、双肩反射,疼痛剧烈,伴发热,体温 38.1℃,次日发现皮肤、巩膜黄染,于社区医院应用抗生素及利胆药物治疗,症状缓解。入院前再次发作,疼痛难忍,入院就诊。

既往史:无药物过敏史,无肝炎、结核病史,无吸烟及饮酒史。

查体:T 36.9℃,P 102 次/分,R 32 次/分,BP 140/90 mmHg,一般情况好,发育和营养中等,神志清,皮肤黄染,浅表淋巴结无肿大,心肺无异常,腹平软,无压痛、反跳痛和肌紧张,肝、脾未触及,肝区无叩痛,移动性浊音(-),肠鸣音正常,四肢无畸形,脊柱无压痛,活动无受限。未见病理反射。

实验室检查:WBC 4.8×10^9/L,Hb 160 g/L,尿胆红素(-),总胆红素 29.8 μmol/L,直接胆红素 7.3 μmol/L。

B 超检查:肝大小、形态正常,回声欠均匀,为脂肪肝表现。胆总管内径 1.3 cm,可以扩大,未见结石影,但未探及十二指肠后段及末端胆总管。

问题与思考:

1. 初步诊断及诊断依据是什么?
2. 需要与哪些疾病相鉴别?
3. 需进一步做哪些检查?
4. 治疗原则是什么?

胆石症(cholelithiasis)即人们通常所说的"胆结石",又被称作胆石病,是胆道系统发生结石的疾病统称,包括胆囊结石和胆管结石。女性明显多于男性,男女之比约为 1:2,发病率随年龄增长而增高,尤以40岁以上、肥胖者、经产妇最为多见。随生活条件及营养状况的改善,我国的胆结石已由以胆管的胆色素结石为主转变为以胆囊的胆固醇结石为主。

一、概论

(一) 病因

胆石形成的原因复杂,至今仍不明确,主要与胆汁成分改变、胆盐浓度减低、胆固醇超饱和、胆囊排空功能障碍、寄生虫感染、遗传、脂类代谢异常、细菌感染和收缩排空功能减退有关。在以上多种因素的综合作用下,经过成核期、结晶形成期和成长期3个阶段,聚集成肉眼可见的结石。

根据结石化学成份分为胆固醇结石、胆色素结石和混合结石3种类型,见图13-11。

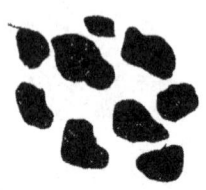  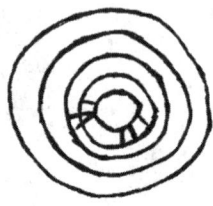 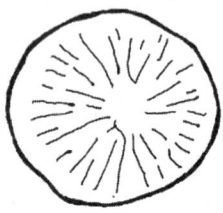

　胆色素结石　　　胆色素结石　　　胆固醇结石　　　胆固醇结石

图 13-11　胆固醇结石和胆色素结石

1. 胆固醇结石　成分以胆固醇为主,淡灰色或淡黄色,圆形或椭圆形,质硬,剖面呈放射状线纹,X线片中不显影,主要位于胆囊内。

胆汁内的主要成分为胆固醇、胆汁酸盐、卵磷脂。正常情况下,三种成分在一定比例下呈溶解状态。若胆固醇浓度过饱和,可析出结晶致结石形成。因此,高脂饮食摄入将明显提高胆固醇结石的发生率。另外,胆囊功能减退可导致胆汁滞留胆囊,形成胆泥,为胆固醇结晶、成石提供了条件与场所。

> **要点提示**:胆固醇结石为胆囊内的主要结石。

2. 胆色素结石　成分以胆色素为主,黑色或棕色,形态不定、大小不等,多为泥沙样,也可为铸管形,质软而脆,如泥团状或沙粒,因含钙少,X线片中不显影,主要位于肝内、外胆管内。

胆道感染、胆汁淤滞是形成结石的主要原因。正常胆汁中的胆红素80%为结合胆红素,细菌能够产生β-葡糖醛酸酶和磷脂酶,水解结合胆红素为非结合胆红素。非结合胆红素与钙结合成胆红素钙沉淀;炎症使胆道黏膜分泌大量糖蛋白,糖蛋白作为基质凝聚各种沉淀物而形成结石。

> **要点提示**:胆色素结石为胆管内的主要结石。

3. 混合结石　由胆红素、胆固醇、钙盐等多种成分混合而成,外形不一,为多面形颗粒,表面光滑,边缘钝圆,深绿或棕色,切面呈环层状。因含钙质较多,在X线片上有显影,其中60%发生于胆囊,其余在胆管。

（二）分类

按结石所在部位不同分为胆囊结石和胆管结石两种。胆管结石又分为肝内胆管结石与肝外胆管结石。

胆管结石按病因不同又分为原发性胆管结石和继发性胆管结石。原发性胆管结石是指胆管内形成的结石，继发性胆管结石是指来源于胆囊内的结石。

二、胆囊结石

胆囊结石为原发于胆囊内的结石，主要为胆固醇结石或混合结石，见于成年人。

（一）病因

1. 胆汁成分改变 胆汁中胆盐、卵磷脂、胆固醇按一定比例共存，胆固醇与胆盐之比大致为 1：(20～30)，任何原因导致胆汁中胆固醇呈过饱和状态，如代谢原因造成胆盐、卵磷脂减少，或胆固醇量增加，都可导致胆固醇沉淀析出、聚合形成结石。老年人、妊娠后期、血胆固醇增高等情况均可导致胆固醇增多，而肝功能障碍可造成胆酸分泌减少，均可产生胆色素性结石。

2. 胆系感染 细菌感染可引起胆囊发炎，其菌落、脱落上皮细胞等可成为结石的核心，与炎性渗出物的糖蛋白结合，可形成结石核。

3. 胆囊收缩力下降 胆囊收缩力下降导致胆汁淤滞、形成胆泥，提供结石核。

（二）临床表现

早期通常无明显症状，多数在体检中发现，有时可被误认为是胃病而未能及时就诊。

1. 无症状胆囊结石 胆囊结石不论单发或多发，只要未发生嵌顿，在胆囊内自由存在，就很少产生症状，被称为无症状胆囊结石，又称为静止性结石。大约60%的胆囊结石患者无明显临床症状，于上腹手术或体检普查而被发现，主要表现为胃肠功能紊乱和腹部隐痛，如右上腹不适、隐痛、进食后上腹部饱胀，进食油腻食物后症状加重等。

2. 症状性胆囊结石 当结石嵌顿于胆囊颈部，造成胆囊管梗阻，胆囊内胆汁不能排出而导致胆囊内高压时即引起临床症状，称为症状性胆囊结石。症状性胆囊结石临床表现与结石的严重程度、结石的大小及部位、是否合并感染、是否造成胆道梗阻有关。

(1) 消化不良等胃肠道症状：表现为进食后，尤其是进油腻食物后，出现上腹或右上腹部隐痛，伴有恶心、呕吐、畏食、腹胀、呃逆、嗳气等。

(2) 胆绞痛：结石移位并嵌顿于胆囊壶腹部或颈部，导致胆囊排空受阻，压力升高，当饱餐、进食油腻食物后，胆囊强力收缩而引起。疼痛位于上腹或右上腹部，呈阵发性，可向肩胛部和背部放射，出现首次绞痛后，1年内会再次发作，随后频次增加。

(3) Mirizzi综合征：是特殊类型的胆囊结石。持续嵌顿和压迫胆囊壶腹部和颈部的较大结石，可引起肝总管狭窄或胆囊胆管瘘，以及反复发作的胆囊炎、胆管炎及梗阻性黄疸，称Mirizzi综合征。

(4) 胆囊积液：胆囊结石长期嵌顿但未合并感染时，胆汁中的胆色素被胆囊黏膜吸收，并分泌黏液性物质而致胆囊积液。积液呈透明无色，称为白胆汁。

(5) 其他：小结石可通过胆囊管进入并滞留于胆总管内成为胆总管结石；大结石通过瘘管进入肠道偶可造成肠梗阻；结石及炎症长期刺激可诱发胆囊癌。

（三）诊断

典型的胆绞痛病史是诊断的重要依据，影像学检查可辅助诊断。

1. 腹部X线 平片显影的结石占胆囊结石的20%，可见肿大的胆囊，提示胆囊积水或积脓。

2. 腹部B超 B超的诊断率接近100%，典型的图像为胆囊液性腔内有强回声团伴声影，随体位改变而移动。

3. CT、MRI B超诊断困难，可用CT或磁共振，不作为常规检查。

(四) 治疗

1. 非手术治疗

(1) 口服溶石药物：口服鹅去氧胆酸、熊去氧胆酸，抑制胆固醇合成。

(2) 灌注溶石法：经皮肝穿刺胆囊置管注入甲基叔丁醚或单辛脂溶解胆固醇结石。但患者可出现上腹部烧灼痛、肠炎、溶血及肝实质坏死等不良反应。

(3) 体外冲击波碎石：可采用液电冲击波、电磁冲击波或压电冲击波行体外碎石，适用于：①症状性胆囊结石；②口服胆囊造影确定胆囊功能正常；③胆囊阴性结石；④5～25 mm单颗或5～15 mm的2～5颗结石。

2. 手术治疗 胆囊切除是治疗胆囊结石的首选方法，临床上可以选择开腹胆囊切除术或腹腔镜下胆囊切除术。腹腔镜下胆囊切除术以微创、对腹腔脏器干扰小，以及术后恢复快、住院时间短等优点而被临床广泛接受与应用，并成为有适应证患者的首选。

具体的手术指征为：①合并胆囊息肉>1 cm；②结石直径≥2～3 cm；③合并需要开腹的手术；④胆囊壁增厚、钙化或瓷性胆囊，壁厚>3 mm；⑤儿童胆结石；⑥合并糖尿病；⑦有心肺功能障碍者；⑧发现胆囊结石10年以上。

胆囊切除过程中，如有下列情况，应行胆总管探查术：①术前已证实有胆总管梗阻、胰腺炎、胆管炎及黄疸病史者，包括梗阻性黄疸、胆总管结石；②术中证实有胆总管病变，如蛔虫、肿块等；③胆囊结石小，估计有可能通过胆囊管进入胆总管者；④胆总管扩张直径超过1 cm，胆管壁明显增厚，胆管穿刺抽出脓性、血性胆汁。

三、肝外胆管结石

肝外胆管结石是指发生在肝总管及胆总管内的结石，以胆总管结石多见。

(一) 病因

肝外胆管结石分为原发性结石和继发性结石。继发性结石多数为胆囊结石进入胆管并停留，多为胆固醇结石，少数来源于肝内胆管结石；原发性结石多为胆色素类结石，主要的病因为胆道梗阻、胆道感染、胆管扩张、胆道异物等。

(二) 临床表现

一般无症状或仅有上腹不适，表现为剑突下或右上腹部绞痛，向右肩背部放射，伴有恶心与呕吐。如果胆总管下端的结石移位或排出，胆道梗阻解除，则上述症状缓解，这种间歇性黄疸是肝外胆管结石的特点。当结石无法排除、造成梗阻后，可出现腹痛或黄疸，甚至继发胆管炎可出现Charcot三联征，即腹痛、寒战高热和黄疸。

1. 腹痛 发生在剑突下或右上腹，阵发性绞痛或持续性疼痛阵发加剧，向右肩及背部放射，伴有恶心、呕吐。主要是因胆总管平滑肌或Oddi括约肌痉挛所致。

2. 寒战高热 胆管梗阻激发胆管炎，胆管黏膜水肿，加重梗阻，导致管内压力升高，细菌及毒素逆行至肝静脉，再进入体循环引起全身感染。一般表现为弛张热，体温可达39～40℃。

3. 黄疸 胆管梗阻后可发生黄疸，其轻重程度、持续时间与胆管梗阻的程度、部位、有无感染等有关。出现黄疸时通常伴发尿色改变、便色变浅，完全梗阻可呈陶土样便。

(三) 辅助检查

1. 体格检查 一般无发作时无症状或仅有剑突下和右上腹深压痛。可有皮肤、巩膜黄染，严重时有局限性腹膜炎，可出现腹膜刺激征，并伴有肝区叩痛。胆总管下端梗阻者可触及肿大胆囊，有触痛。

2. 实验室检查 合并胆管炎时，白细胞计数及中性粒细胞升高，血清总胆红素及结合胆红素增高，尿中胆红素升高，尿胆原降低或消失。

3. 影像学检查　超声能发现结石并明确其部位和大小，为首选检查方法。X 线平片难以观察到非含钙的结石，CT 可发现胆管扩张和结石部位，但影响对不含钙结石的观察。经皮肝穿刺胆管造影（PTC）和内镜下胰胆管造影（ERCP）为有创性检查，可清楚显示结石及部位，但可诱发胆管炎及急性胰腺炎的发生，同时可并发出血、胆瘘。

（四）诊断及鉴别诊断

胆绞痛患者，除考虑胆囊结石外，应考虑肝外胆管结石，结合影像学检查可诊断。合并胆管炎有典型 Charcot 三联征即可诊断。

腹痛需与下列疾病相鉴别：①右肾绞痛：始发于右腰部，向外生殖器放射，无发热，无腹膜刺激征；②肠绞痛：好发于脐周，可见肠型，肠鸣音亢进，可闻及过水音；③胰头癌：有黄疸时鉴别，起病缓慢，黄疸为进行性，无腹痛，无腹膜刺激征，肝大，可触及肿大的胆囊，晚期有腹水。

（五）治疗

肝外胆管结石以手术治疗为主。原则是：手术要取尽结石、解除梗阻，保持胆汁引流通畅。单发或少发且直径小于 20 mm 的肝外胆管结石可行十二指肠内镜取石。

1. 非手术治疗　应用抗生素，主要选择针对革兰氏阴性细菌的抗生素；解除痉挛；中药或中成药利胆；纠正水、电解质、酸碱平衡失调；加强营养、补充维生素；护肝及纠正凝血功能异常。

2. 手术治疗　主要的术式有：①胆总管下端通畅者多采用胆总管切开取石 + T 管引流术，适用于单纯胆总管结石。放置 T 管时应注意观察：胆汁引流的量和性状，一般为 200～300 ml/d，颜色澄清；术后 10～14 天行 T 管造影，造影后继续引流 24 h 以上；造影后如发现有结石残留，术后 6 周行显微胆道镜检查和取石；如无结石残留，夹闭 T 管 24～48 h，无腹痛、黄疸、发热等症状可拔管；②胆总管下端狭窄者须加行 Oddi 括约肌切开成形术，但后来发现内引流术会废弃 Oddi 括约肌功能，因此该术式应用逐渐减少；③胆总管下端严重狭窄或梗阻无法通过局部手术解除狭窄或梗阻者，应行胆总管与空肠端侧 Roux-en-Y 吻合术，为防止胆道逆行感染，"Y"形温和的引流袢应超过 40 cm，必要时可切除胆囊（图 13-12）。④对于结石不多、高龄、体质差的患者，伴有重要器官疾病不能耐受手术者，可选择经内镜鼻胆管引流术（ENBD）。

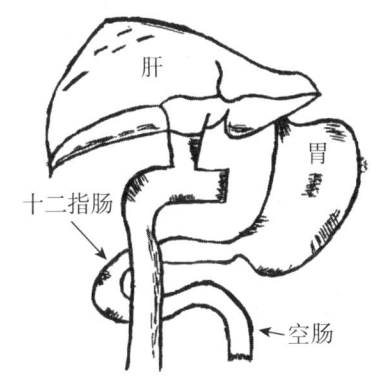

图 13-12　胆管空肠 Roux-en-Y 吻合术

四、肝内胆管结石

肝内胆管结石又称肝胆管结石，是我国常见而难治的胆道疾病。结石多为含有细菌的棕色胆色素结石，呈肝段、肝叶分布。肝内胆管结石易进入胆总管并发肝外胆管结石，可形成肝胆管梗阻、肝内胆管炎、肝胆管癌等病理改变。

（一）病因

病因复杂，与多余胆道感染、胆汁停滞、胆道寄生虫、胆管变异、营养不良有关。

（二）临床表现

一般多年无症状或仅有上腹部、胸背部胀痛不适。检查时触及肿大或不对称的肝，肝区有压痛和叩击痛。常见的临床表现是急性胆管炎引起的寒战高热和腹痛。严重者出现急性梗阻性化脓性胆管炎、感染性休克。长期梗阻可导致肝硬化，表现为黄疸、腹水、门静脉高压、上消化道出血、肝衰竭。若腹痛持续、进行性消瘦，感染难以控制，腹部出现肿物，应考虑肝胆管癌的可能。

(三) 辅助检查

急性胆管炎时，实验室检查可有白细胞计数升高、分类中性粒细胞增高并左移，肝功能酶学检查异常。

(四) 诊断

超声检查可显示肝内胆管结石及其部位，根据胆管扩张部位可判断狭窄为主。CT 和 MRI 对肝硬化和癌变有重要诊断价值。经皮肝穿刺胆管造影（PTC）、内镜下胰胆管造影（ERCP）、磁共振胰胆管造影（MRCP）均可直接观察胆管树，可观察胆管内结石阴影。

(五) 治疗

无症状的肝内胆管结石可不治疗，定期随访即可。反复发作应手术治疗，原则是：手术要取尽结石、解除梗阻，保持胆汁引流通畅。常用术式：①胆管切开取石：最基本的方法，直视下或胆道镜下取石，直至取净；②胆肠吻合术：当 Oddi 括约肌有功能时，可采用 Roux-en-Y 吻合术；③肝切除术：肝内胆管结石反复发作伴感染，可切除结石和感染病灶，去除结石的发源地，并可有效防止癌变，是治疗肝内胆管结石的积极方法；④残留结石的处理：术后结石残留较为常见，因此术后治疗措施可经引流管窦道胆道镜取石、激光、微爆破、超声碎石；体外震波碎石；引流管溶石等。

自测题

扫码测验

第五节 肠 梗 阻

案例导入

患者，男，30 岁，腹痛 3 天急诊入院。患者于 48 h 前突然发作全腹痛，以右下腹更明显，为阵发性绞痛，伴有肠鸣音，多次呕吐，开始为绿色物，以后呕吐物有粪臭味。两天来未进食，亦未排便、排气，尿少，不觉发烧。

既往史：无药物过敏史，既往无吸烟及饮酒史，3 年前曾做过阑尾切除术。

查体：急性病容，神志清，T 37.5℃，P 132 次 / 分，R 30 次 / 分，BP 100/60 mmHg，皮肤无黄染，干燥，弹性差。心肺正常，腹膨隆，未见肠型，全腹触诊柔软，广泛轻压痛，无反跳痛，未触及肿块，肝、脾不大，肠鸣音高亢，有气过水声。

生化及影像学检查：Hb 160 g/L，WBC 10.6×10^9/L，尿常规阴性。腹部透视有多个液平面。

问题与思考：
1. 初步诊断及诊断依据是什么？
2. 需要与哪些疾病相鉴别？
3. 进一步的检查有哪些？
4. 治疗原则是什么？

任何原因引起的肠内容物不能正常运行或通过障碍，统称为肠梗阻（intestinal obstruction），是常见的外科急腹症之一。肠梗阻发生后，病情发展迅速、变化复杂，不但在形态上、功能上发生改变，还可导致一系列全身病理改变，若不及时处理，常危及患者的生命。特别是绞窄性肠梗阻，死亡率仍较高。

一、病因及分类

（一）按肠梗阻发生的原因分类

1. 机械性肠梗阻 指各种机械性原因引起肠腔狭小或不通，使肠内容物无法正常通过，是临床上最常见的肠梗阻。引起的原因常见于：

（1）肠腔堵塞：如结石、粪块、寄生虫、异物等。

（2）肠管受压：如肠扭转、肠套叠、腹腔肿瘤压迫、粘连引起的肠管扭转、腹外疝或腹内疝、先天畸形等。

（3）肠壁病变：如肠肿瘤、嵌顿疝、束带压迫、先天性肠道闭锁等。

2. 动力性肠梗阻 由于神经反射或毒素刺激引起肠壁肌肉运动紊乱，使肠内容物无法正常通过，但无器质性肠腔狭小。分为麻痹性肠梗阻和痉挛性肠梗阻两类，前者发生在急性腹膜炎、腹内手术后，体液及代谢改变后（如低钾血症）；后者较少见，可因慢性铅中毒、肠炎及肠功能紊乱所致。

3. 血运性肠梗阻 由于肠管局部血供障碍致使肠道功能受损、肠蠕动能力减弱或丧失，使肠内容物无法正常通过。血运性肠梗阻较少见，肠腔虽无阻塞，但肠内容物停止运行，亦可归入动力性肠梗阻，如肠系膜血栓形成、栓塞或血管受压等。

（二）按肠壁血运有无障碍分类

1. 单纯性肠梗阻 只是肠内容物通过受阻，而无肠管血运障碍。

2. 绞窄性肠梗阻 指梗阻并伴有肠壁血运障碍，可引起肠坏死、穿孔。

（三）按梗阻发生的病程分类

可分为急性肠梗阻和慢性肠梗阻。急性完全性肠梗阻多为绞窄性肠梗阻，慢性不完全性肠梗阻多为单纯性肠梗阻。

（四）按梗阻的程度分类

可分为完全性肠梗阻和不完全性肠梗阻。肠管完全被阻塞而发生的肠梗阻，称为完全性肠梗阻；肠管不被完全阻塞，具有一定通畅功能而发生的肠梗阻，称为不完全性肠梗阻。

（五）按梗阻的部位分类

可分为高位（如空肠上段）肠梗阻和低位（如回肠末端和结肠）肠梗阻，后者因回盲瓣的作用，肠内容物只能从小肠进入结肠，不能反流，又称为"闭袢性梗阻"。

上述肠梗阻的类型并非固定不变，随着病情发展，某些类型的肠梗阻在一定条件下可以互相转换，单纯性肠梗阻如不及时治疗，可发展为绞窄性肠梗阻；慢性不完全性肠梗阻可因炎性水肿而演变为急性完全性肠梗阻。

> **要点提示**：机械性肠梗阻的分类。

二、病理生理

（一）局部变化

梗阻一旦发生，初期梗阻以上肠蠕动增强，推动肠内容物通过梗阻部位。梗阻以下肠管则空虚、瘪陷或仅存少量粪便，梗阻以上肠段积气、积液导致肠管膨胀。梗阻时间越长，部位越低，肠膨胀越显著。肠管膨胀又会影响肠壁微循环，抑制肠液吸收，加剧气、液的积聚。随着梗阻近端肠管不断膨胀，肠壁压力逐渐升高，导致肠壁静脉回流受阻，而影响肠壁血供，肠壁水肿、充血，失去正常光泽，呈暗红色；若肠管内压力继续升高，可引起动脉血运障碍，肠壁失去活力，呈紫黑色，最后肠管因缺血而坏死，进而破溃穿孔。

（二）全身变化

1. 体液代谢紊乱 肠梗阻发生后，高位肠梗阻由于不能进食及频繁呕吐，大量丢失消化液。低位肠梗阻由于消化液不能被吸收，返回全身循环而潴留在肠腔内，形成第三间隙积液。

高位肠梗阻以丢失酸性消化液为主，除引起脱水外，还会引起代谢性碱中毒；低位肠梗阻以碱性消化液的丢失为主，加之组织灌流不足，酸性代谢产物剧增，可引起严重的代谢性酸中毒。

2. 感染和中毒 由于梗阻以上的肠管内细菌大量繁殖并产生毒素，同时肠壁通透性增强，细菌和毒素可以透过肠壁引起腹腔内感染，经腹膜吸收引起全身性感染。

3. 血容量不足及休克 严重的脱水，血容量减少、电解质紊乱、酸碱平衡失调，可导致休克的发生。若肠管坏死、穿孔致腹膜炎，全身中毒明显，可引起严重的低血容量性休克及中毒性休克。

4. 呼吸和循环功能障碍 肠腔大量积气、积液引起腹内压升高，膈肌上升，影响肺内气体交换，并阻碍下腔静脉血的回流，导致呼吸、循环功能障碍，腹痛、腹胀可使腹式呼吸减弱。大量体液丧失，血液浓缩，使下腔静脉回流量减少，心排血量降低。

三、临床表现

（一）症状

1. 腹痛 单纯机械性肠梗阻由于梗阻部位以上肠蠕动强烈，因此腹痛明显，特点是阵发性腹部绞痛，并伴有高亢的肠鸣音，当积气积液时，肠鸣音呈气过水声或高调金属音，患者自觉气体在肠内窜行。麻痹性肠梗阻肠管无蠕动，表现为全腹持续性胀痛，肠鸣音减弱或消失。绞窄性肠梗阻表现为持续性剧烈腹痛伴阵发性加重。

2. 呕吐 呕吐与肠梗阻发生的部位、类型有关。早期呕吐多为反射性，呕吐物以胃液及食物为主。高位性肠梗阻呕吐出现比较早且较为频繁，呕吐物主要为胃及十二指肠内容物，如胃液、十二指肠液、胆汁；低位性肠梗阻呕吐出现比较晚，初期呕吐物为胃内容物，后期呕吐物呈粪样，呕吐物为血性或棕褐色液体，是肠管血运障碍的表现，可演变为绞窄性肠梗阻；麻痹性肠梗阻的呕吐呈溢出性。

3. 腹胀 发生在腹痛和呕吐之后，程度与梗阻部位有关。高位肠梗阻呕吐频繁，腹胀不明显，偶见胃型；低位肠梗阻腹胀显著，遍及全腹，梗阻以上肠管膨胀，可见肠型；肠扭转及绞窄性肠梗阻腹胀多为不对称；麻痹性肠梗阻则表现为均匀性全腹胀；结肠梗阻时，则腹周膨胀显著。

4. 停止排便排气 完全性肠梗阻时，肠内容物不能通过梗阻部位，多停止排便排气。但在高位性肠梗阻早期，由于梗阻以下肠腔内有残存气体和粪便，可在灌肠后或自行排出，易造成误诊，故不应因此排除肠梗阻。不完全性肠梗阻可有多次少量排便排气；绞窄性肠梗阻，如肠套叠、肠系膜血栓形成，可排血性黏液样粪便。

> **要点提示**：肠梗阻的典型症状。

（二）体征

1. 局部表现

（1）视诊：机械性肠梗阻可见腹部膨胀、肠型和蠕动波；绞窄性肠梗阻可见不对称性腹胀；

麻痹性肠梗阻则腹胀均匀。

(2) 触诊：单纯性肠梗阻因肠管膨胀，可有轻度压痛，但无腹膜刺激征；绞窄性肠梗阻可有固定压痛和腹膜刺激征。

(3) 叩诊：麻痹性肠梗阻全腹呈鼓音；绞窄性肠梗阻腹腔有渗液时，可有移动性浊音。

(4) 听诊：机械性肠梗阻肠鸣音亢进，有气过水声或金属音；麻痹性肠梗阻肠鸣音减弱或消失。

2. 全身表现 肠梗阻可导致体液丢失而出现相应的脱水体征，如皮肤弹性差、眼窝凹陷、尿少等。严重脱水或发生绞窄性肠梗阻时，可出现脉搏细速、血压下降、面色苍白、四肢发凉等休克征象。

3. 几种常见机械性肠梗阻的特点

(1) 粘连性肠梗阻：是肠粘连或腹腔内粘连带压迫所至的肠梗阻，是肠梗阻最常见的一种类型。粘连分为先天性和后天性，先天性少见，后天性多因手术、炎症、损伤造成。腹部手术造成腹腔出血、损伤、感染和异物带入造成粘连，腹腔内炎症、损伤、肿瘤等因素亦可造成粘连。但粘连并非都会引起肠梗阻，多有其诱发因素，如剧烈活动、体位突然改变等，使肠袢重量增加，肠袢被拉成锐角而导致梗阻。急性粘连性肠梗阻多数为机械性肠梗阻的表现，一般为单纯性，可以是不完全性或完全性梗阻，少数为绞窄性梗阻。

> **要点提示**：粘连性肠梗阻的病因。

(2) 肠扭转：是一段肠管或全部小肠沿其系膜长轴旋转360°~720°而造成的闭袢性肠梗阻。既有肠梗阻，又有肠系膜血管受压、血液循环障碍。肠扭转很容易发生绞窄、坏死。因肠扭转部位不同，其临床表现各有特点。

小肠扭转：多见于青壮年，常在饱餐后因剧烈活动而发病。起病急，表现为突发持续性腹部疼痛，阵发加剧，多在脐周围，可放射至腰背部，患者不敢平卧，取膝胸卧位或蜷曲侧卧位，呕吐频繁，腹胀不明显，肠鸣音减弱，可闻及气过水声，早期即出现休克。若发生腹胀，腹部可触及有压痛的扩张肠袢。腹部X线检查符合绞窄性肠梗阻的表现，有时可见空肠和回肠转位。

乙状结肠扭转：多见于乙状结肠冗长，常有便秘习惯的男性老年人。临床表现除有腹部绞痛外，以往有多次腹痛发作，经排气排便后缓解的病史，而呕吐一般不明显，左腹部明显膨胀，可见肠型。腹部压痛和肌紧张不明显。若低压灌肠，往往不足500 ml便不能灌入。钡剂灌肠X线检查见扭转部位钡剂通过受阻，尖端呈"鸟嘴"状。

(3) 肠套叠：一段肠管套入其相连的肠管腔内称为肠套叠，以小儿多见，多见于2岁以下的儿童，易形成绞窄性肠梗阻。主要与饮食性质改变引起的肠蠕动节律紊乱有关。最多见的为回肠末端套入结肠。继发性肠套叠多见于成年人，因肠管内或内壁器质性病变，使蠕动节律失调所致。肠套叠的三大典型症状是腹痛、血便和腹部肿块。表现为突然发作的剧烈阵发性腹痛、患儿哭闹不安、面色苍白、出汗，伴有呕吐和果酱样血便，腹部检查可扪及腊肠形肿块。表面光滑，具有压痛，常见于脐右上方。空气灌肠显示空气在结肠内受阻。钡剂胃肠道造影对诊断有较高的准确率。

> **要点提示**：肠套叠的临床表现。

(4) 蛔虫性肠梗阻：是一种单纯机械性肠梗阻。多见于儿童，农村发病率较高。主要的诱因为驱虫不当，临床表现为阵发性脐周腹痛，伴呕吐，腹胀不明显，腹部可扪及条索状团块，肠鸣音可亢进或正常。

四、实验室及其他辅助检查

1. 实验室检查

（1）血尿常规：单纯性肠梗阻早期不明显，后期由于出现脱水，血液浓缩时可出现白细胞计数、血红蛋白、血细胞比容及尿比重升高。绞窄性肠梗阻多有白细胞计数和中性粒细胞比例升高。

（2）血气分析及血清电解质检查：血清 Na^+、K^+、Cl^-、尿素氮等检查可反映电解质紊乱、酸碱失衡和肾功能的情况。

2. X线检查 一般在肠梗阻发生 4～6 h 后，X线立位平片可见肠管内气体及多数阶梯状液平面；空肠胀气时空肠黏膜的环状皱襞可见"鱼肋骨刺"状。结肠胀气位于腹部周围，显示结肠形。绞窄性肠梗阻可见孤立、突出胀大的肠袢，不因时间而改变位置。

五、诊断

肠梗阻诊断时首先要根据共同的临床特点确定是否为肠梗阻，然后进一步分析梗阻的类型和性质，明确梗阻的部位和病因。

1. 是否为肠梗阻 依据腹痛、呕吐、腹胀和停止排便排气 4 个主要症状以及肠型、蠕动波、肠鸣音等，一般可以做出诊断。偶有患者症状不典型，特别是绞窄性肠梗阻早期，可与急性胰腺炎、急性胃肠炎、输尿管结石混淆，可行 X 线检查有助于诊断。

2. 是机械性还是动力性梗阻 机械性肠梗阻具有典型临床表现。麻痹性肠梗阻无阵发性绞痛表现，而出现肠蠕动减弱或消失，腹胀明显，肠鸣音减弱或消失。腹部 X 线检查对于鉴别诊断有重要意义，显示大、小肠充气扩张，而机械性肠梗阻充气限于梗阻以上部位。

3. 是单纯性还是绞窄性梗阻 因严重程度存在巨大差别，这点鉴别极为重要，关系到治疗方法和预后状态。有如下表现者可考虑绞窄性肠梗阻：①腹痛发病急骤，为持续性剧痛，呕吐早且频繁；②病情发展迅速，早期可有休克表现，抗休克治疗效果不明显；③有明显腹膜刺激征，体温升高、白细胞计数增高、脉率增快；④腹胀不对称，腹部有局部隆起或触及有压痛的肿块；⑤呕吐物、肛门排出物、胃肠减压抽出液为血性；⑥腹部 X 线检查，见孤立胀大的肠袢；⑦经积极的非手术治疗症状无改善。

4. 是高位还是低位梗阻 高位性肠梗阻呕吐早且频繁，腹胀不明显；低位性肠梗阻呕吐晚且次数少，腹胀明显，呕吐物为粪样。X 线检查有助于鉴别。

5. 是完全性还是不完全性梗阻 完全性肠梗阻呕吐频繁，如为低位性则腹胀明显，停止排便排气；不完全性肠梗阻呕吐和腹胀均较轻。

六、治疗

1. 基础治疗 无论采用非手术治疗还是手术治疗，均须施行基础治疗。具体内容如下：①胃肠减压：吸出胃肠内气体和液体，降低肠腔内压力，改善肠壁血液循环，改善中毒症状和呼吸循环功能，是治疗肠梗阻的主要措施之一；②纠正水、电解质紊乱和酸碱平衡失调：血液生化检查结果未出前，可以给予平衡盐溶液；③抗感染：肠梗阻后肠壁血供障碍，肠管内细菌穿透肠壁至腹腔发生感染，应用有效肠道细菌、厌氧菌的抗菌药；④抗休克：若出现休克表现，积极抗休克治疗；⑤其他治疗：可以给予镇静药、止痛药及解痉药。

2. 非手术治疗 在基础治疗基础上，非手术治疗还可采用中医药治疗、口服或胃肠道灌注生植物油、低压空气或钡灌肠、腹部按摩等治疗。但需满足如下情况：①麻痹性或痉挛性肠梗阻；②单纯性不完全性肠梗阻；③炎症引起的不完全性肠梗阻；④蛔虫或粪块阻塞引起的肠梗阻；⑤肠套叠早期。非手术治疗期间，若症状、体征无改善甚至加重，应及时手术治疗。

3. 手术治疗 适应证：①非手术治疗无效者；②各种类型的绞窄性肠梗阻；③先天性肠道畸形引起的肠梗阻；④肿瘤引起的肠梗阻。大多数肠梗阻患者是需要手术治疗的，原则是及时诊断、正确处理、以最简单的方法解除梗阻，这是提高治疗效果的关键。常见的手术方式：肠粘连松解术、肠切开取出异物、肠套叠或肠扭转复位术、短路术和肠造口术等。

 自测题

扫码测验

第六节 尿 石 症

案例导入

患者，男，58岁，右腰痛伴血尿3个月。3个月前，右腰部持续性胀痛，活动后出现血尿并伴轻度尿急、尿频、尿痛。反复化验尿中有较多红细胞、白细胞，给予抗炎治疗。1个月前B超发现右肾积水，来院就诊，腹平片未见异常。静脉尿路造影（IVP）右肾中度积水，各肾盏呈囊状扩张，输尿管显影，左肾正常。发病以来，食欲及二便正常。

既往史：否认肝炎、结核等病史；吸烟30余年，1包/日。近2年来有时双足趾红肿疼痛，疑有"痛风"，未做进一步检查。

查体：发育正常，营养良好，皮肤巩膜无黄染，浅表淋巴结不大，心肺无异常。腹平软，肝、脾、双肾未及，右肾区压痛（+）、叩痛（+）。右输尿管走行区平脐水平，有深压痛。化验：血常规正常，尿pH 5.1，尿蛋白（+），RBC 30～50/HP，WBC 2～4/HP，血肌酐142 μmol/L，尿素8.78 mmol/L，尿酸598 mmol/L（正常90～360 mmol/L），肝功能正常，电解质无异常。24 h尿酸定量1260 mg（正常<750）。

B超：右肾盂扩张，皮质厚度变薄，未见结石影，右输尿管上段扩张，内径1.2～1.5 cm，左肾未见明显异常。膀胱镜检查正常。右逆行造影，插管至第5腰椎水平受阻，注入造影剂显示在受阻水平有一2.6 cm×1.5 cm大小充盈缺损，上段输尿管显著扩张。

问题与思考：
1. 该例的诊断及诊断依据是什么？
2. 鉴别诊断有哪些？
3. 进一步检查有哪些？
4. 治疗原则是什么？

尿石症（urolithiasis）又称尿路结石，是肾结石、输尿管结石、膀胱结石和尿道结石的总称，是常见的泌尿外科疾病之一。分为上尿路结石（即肾结石、输尿管结石）和下尿路结石（即膀胱结石、尿道结石），上尿路结石男女比例相当，下尿路结石男性发病率明显高于女性。在我国，南方地区较北方地区多见，男性较女性多见，男女比例3∶1。

一、概述

(一) 病因

1. 流行病学因素　流行病学因素包括年龄、性别、职业、饮食、水分摄入量、气候、代谢和遗传等因素。上尿路结石好发于25～40岁，男性发病年龄高峰为35岁，女性发病年龄高峰为30岁；野外及高温工作环境可导致水分摄入不足或水分排出过多，导致尿液浓缩而形成结石；大量摄入动物蛋白可增加尿酸负荷；摄入过量含钙、钠、镁的食物等可导致高钙尿；气候可直接或间接诱发结石形成，热带、亚热带地区的夏季，结石发生率较高；摄入某些药物可促进成石成分排泄率增加，且其代谢产物可直接在尿路沉淀，如维生素C、糖皮质激素、磺胺类药物等。

2. 代谢异常因素　尿液常见的成石成分包括钙、尿酸、草酸和胱氨酸等，任何代谢异常导致成石成分在尿液中过饱和或抑制结晶因子缺乏时，都可导致结石的形成和发展。

(1) 形成结石的物质排出过多：尿液中钙、尿酸、草酸排出量增加。长期卧床、甲状旁腺功能亢进症、特发性高尿钙症，均可使尿钙增加；痛风、慢性腹泻等可使尿酸排出增多；家族性胱氨酸尿症可使胱氨酸排出增加；内源性合成草酸增加引起高草酸尿症。

(2) 尿pH值改变：在酸性尿中，易形成尿酸或胱氨酸结晶而导致结石发生；在碱性尿液中，易形成磷酸镁铵及磷酸钙沉淀而导致结石发生。

(3) 尿中抑制晶体形成的物质含量减少：如枸橼酸、酸性黏多糖、焦磷酸盐、镁离子等抑制晶体形成的物质减少而产生结石。

(4) 尿量减少：使盐类和有机物质的浓度增高。

3. 局部因素　泌尿系统疾病，如尿路梗阻、感染、异物等均为诱发结石的局部因素，泌尿系统局部因素所致的结石多为继发性结石。

(1) 梗阻：梗阻可导致感染和结石的形成，尿路梗阻后尿流缓慢，尿中成石物质易于析出沉淀形成结晶，临床上易引起尿路结石形成的梗阻包括机械性梗阻和动力性梗阻。如肾盂输尿管连接处狭窄、输尿管畸形为机械性梗阻疾病；神经源性膀胱和先天性巨输尿管则为动力性梗阻疾病。

(2) 尿路感染：由尿路感染引起的结石称为"感染石"。感染的脓块、坏死组织、细菌残骸可形成结石核心，主要的晶体成分是磷酸铵镁和碳酸磷灰石。

(3) 异物：进入尿路的异物都可成为结石核心而诱发结石，最常见的异物如长期留置尿管、不吸收缝线等。

(二) 尿石的形成机制

尿石的形成机制尚未完全清楚。尿中成石成分浓度过高导致尿液过饱和是结石形成最重要的驱动力，肾钙化斑、过饱和结晶、晶体抑制物质、异质促进成核是结石形成的基本学说，因此，目前认为尿石的形成可能是多种因素共同作用的结果。

(三) 尿石的成分及性质

按结石成分可分为草酸钙结石、磷酸钙结石、磷酸镁铵结石、尿酸结石、胱氨酸结石等。上尿路结石以草酸钙结石多见，膀胱及尿道结石以磷酸镁铵结石多见。

1. 草酸盐结石　最常见，质硬，不易碎，粗糙，不规则，多呈桑椹状，棕褐色，X线片可显影。

2. 磷酸钙、磷酸镁铵结石　与尿路感染和梗阻有关，易碎，粗糙，不规则，多呈鹿角形，灰白色、黄色或棕色，X线片呈多层影。

3. 尿酸结石　与尿酸代谢异常有关，结石表面光滑，质硬，多呈颗粒状，黄色或红棕色，X线片上不显影。

4. 胱氨酸结石 为家族性遗传性疾病所致，结石表面光滑，质硬，呈蜡样，淡黄至黄棕色，X线片上不显影。

上尿路结石大多数为草酸钙结石，下尿路结石多为磷酸镁铵结石。

> **要点提示**：草酸盐结石最常见。

（四）病理生理

结石的病理改变与其形态、大小、活动度和所在部位直接相关，尿路结石可造成局部损害、梗阻和感染。多在肾和膀胱内形成，输尿管和尿道结石多为结石排出过程中停留所致。输尿管有3个生理狭窄，即肾盂输尿管交界处、输尿管跨髂血管处、输尿管膀胱入口处，见图13-13，且输尿管内径自上而下由粗变细，因此输尿管下1/3处结石最为多见。

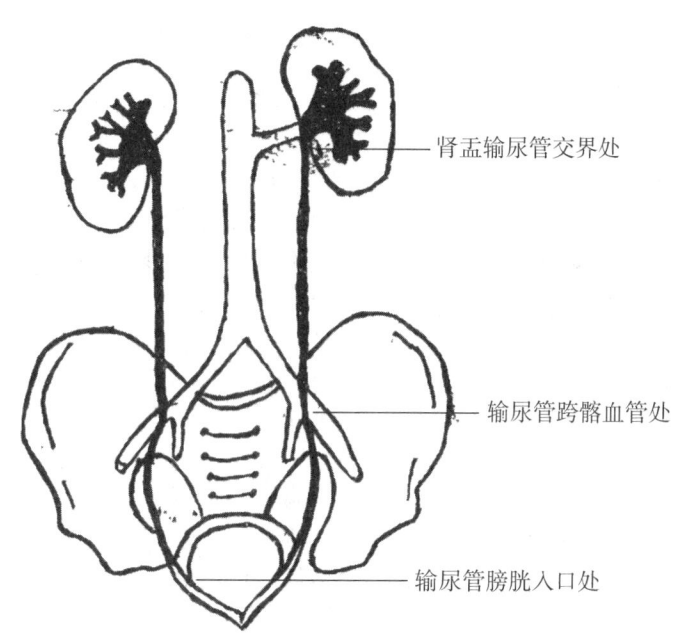

图13-13 输尿管生理狭窄

结石常先形成于肾盏，增大后向肾盂延伸，若造成肾盏颈部梗阻，可引起肾盏积液，导致肾实质萎缩，甚至发展为肾周围感染；若结石进入肾盏或输尿管，可经尿路排出，亦可停留在尿路的任何部位，形成完全性或不完全性梗阻，结石刺激输尿管平滑肌导致损伤，出现血尿、痉挛，若梗阻时间持久，可引起黏膜充血水肿，息肉形成，加重梗阻。若梗阻及时解除，不影响肾功能；若梗阻不能及时解除，可导致肾积水，使肾实质受损、肾功能减退。

继发感染可造成肾积脓并加重梗阻，又可使结石增大或再形成结石。长时间结石对黏膜的损伤偶可引起癌变。结石在肾内逐渐增长，充满肾盂及部分或全部肾盏，形成鹿角形结石（图13-14）。结石后可继发感染，亦可无任何症状，少数出现恶变。

> **要点提示**：结石、梗阻、感染三者互为因果。

二、上尿路结石

上尿路结石包括肾结石和输尿管结石，主要表现为疼痛和血尿，其程度与结石的大小、部位、活动度、感染及梗阻程度有关。

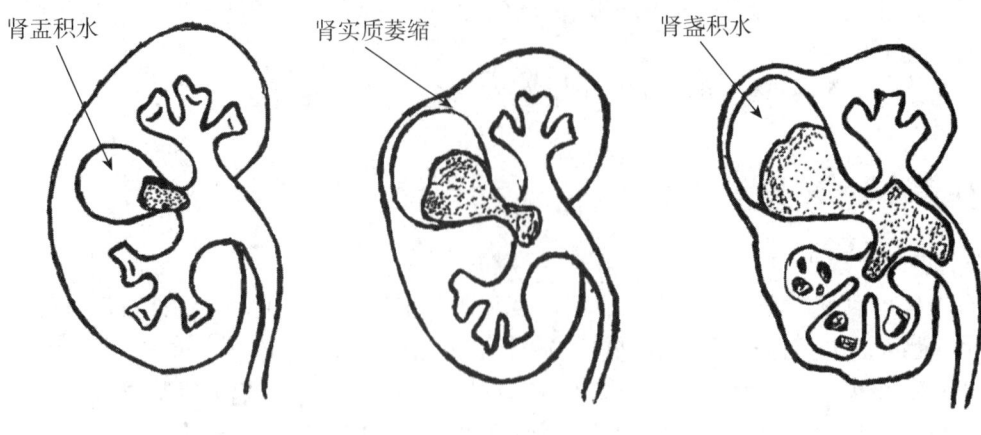

图 13-14 肾结石的发展

(一) 临床表现

1. 疼痛 肾结石可致肾区疼痛伴肋脊角叩痛。大结石在肾盂或肾盏内移动不大，可引起腰部钝痛或隐痛，甚至无痛。输尿管结石可引发肾绞痛，表现为阵发性腰部或上腹部剧烈疼痛。疼痛突然发作，多为夜间或凌晨，可沿输尿管向下放射至膀胱、腹股沟管及睾丸或阴唇。输尿管口结石可伴有膀胱刺激症状及尿道、阴茎头部放射。

2. 血尿 一般为镜下血尿，少数可见肉眼血尿，有时活动后镜下血尿是上尿路结石的唯一临床表现，血尿多少与结石造成的损伤严重程度有关。

> **要点提示**：上尿路结石的血尿特点。

3. 恶心、呕吐 结石引发梗阻时，输尿管腔内压力升高，管壁扩张、缺血。因输尿管与肠道由共同的神经支配，故可出现恶心、呕吐症状。

4. 膀胱刺激症状 结石合并感染时可有尿频、尿急、尿痛的表现，输尿管末端结石亦可引起尿频、尿急。

5. 肾积水及肾功能不全 结石引发梗阻导致水代谢障碍，造成肾积水，双侧上尿路结石可造成肾功能不全。

6. 其他症状 如继发肾积脓、急性肾盂肾炎，可有畏寒、发热、脓尿、肾区压痛。

> **要点提示**：上尿路结石的主要临床表现。

(二) 辅助检查

1. 实验室检查

(1) 尿常规：可见肉眼或镜下血尿，并发感染时可见白细胞、脓尿。

(2) 尿液分析：可测定钙、磷、尿酸、尿素及有无晶体等。成分分析可确定结石的性质，也是制订溶石疗法的依据，包括物理方法和化学方法，常用物理分析法是红外光谱法。

(3) 血液分析：可检测血钙、肌酐、尿酸等。

2. 影像学检查

(1) B超：可显示结石的高回声影及其后方的声影，可发现 X 线不能显示的小结石和 X 线透光的结石。因 B 超为无创检查，因此是首选的影像学检查。

(2) X 线检查：腹部平片（KUB）能发现 90% 以上的 X 线显影结石；静脉尿路造影

（IVU）可评价结石所致的肾功能和结构的改变；逆行性或经皮肾造影（ReP）属有创性检查，用于其他检查后病情不明、需鉴别诊断时。

(3) CT 检查：能发现较小的输尿管中、下段结石。

(4) 磁共振水成像（MRU）：不能显示结石，用于检查梗阻后肾和输尿管积水情况。

（三）诊断

病史对诊断有重要帮助。尤其是典型的腰痛、肾绞痛、血尿相继出现，发作期常有肾区叩击痛。

（四）治疗

由于结石复杂多变，且结石大小、数目、位置、成分，以及有无梗阻、感染和肾积水等情况不同，治疗的目的不仅要解除病痛，保护肾功能，还要根据患者的全身情况，尽可能找到并解除病因，同时综合考虑治疗方案，必要时可实施患者个体化治疗。

1. 病因治疗 有些患者的病因明确，如甲状旁腺功能亢进，只要切除肿瘤，即可防止结石复发；若存在梗阻，只要解除梗阻，就可避免复发。

2. 非手术治疗 适用于结石小于 0.6 cm，表面光滑，结石以下无尿路梗阻和感染者。直径小于 0.4 cm 的结石，90% 以上可自行排出。

(1) 大量饮水：增加尿量，促进结石排出，每日饮水量 3000 ml 以上，尤其是睡前及半夜饮水，可保持夜间尿液呈稀释状态，有利于减少晶体形成。

(2) 饮食调节：少食或禁食含钙、草酸成分丰富的食物，多食纤维素类食物，减少结石的形成。

(3) 适当运动：采用跑步、跳绳、打球、骑车等运动，促进结石的排出，避免引发梗阻。

(4) 调节尿液 pH 值：服用碱化尿液的药物，如枸橼酸钾、碳酸氢钠，抑制尿酸及胱氨酸结石形成；服用酸化尿液的药物，如氯化铵，有利于防止感染性结石生长。

(5) 控制感染：根据尿细菌培养结果选用有针对性的抗菌药物控制感染。

(6) 肾绞痛治疗：肾绞痛是泌尿外科常见的急症，需紧急处理。止痛可用非甾体抗炎药和阿片类药物。口服吲哚美辛（消炎痛），双氯芬酸钠栓剂塞肛。轻者可给予山莨菪碱（654-2），重者可肌内注射哌替啶 50 mg 或并用阿托品 0.5 mg；局部热敷及针灸止痛。

3. 体外冲击波碎石术（extracorporeal shock wave lithotripsy，ESWL） 此方法安全、有效。通过 X 线、B 超对结石定位，利用高能冲击波于体外聚焦后击碎体内的结石，使之随尿液排出。实践证明，大多数上尿路结石可采用此法治疗。

体外冲击波碎石术最适用于直径 ≤ 2.5 cm 的结石及输尿管上段结石，且肾功能良好、未发生感染的上尿路结石患者。但结石远端有梗阻、感染者以及妊娠、出血性疾病、严重心脑疾病者禁用。

> **要点提示**：体外冲击波碎石的适应证。

体外冲击波碎石术后患者可见一过性血尿，无须特殊处理。结石并发感染者，由于细菌播散，碎石梗阻造成肾盂高压、肾组织损伤，可引发尿源性脓毒症，导致感染性休克甚至死亡，因此需高度重视，积极治疗。形成过多碎石时，结石积聚在输尿管内，患者出现腰痛和不适，有时可造成感染，需警惕及对症治疗。为了减少并发症的发生，应采用低能量治疗，且限制冲击频次。如需多次治疗，间隔时间不少于 14 天，且次数不多于 5 次。

> **知识链接**
>
> **体外冲击波碎石术**
>
> 体外冲击波碎石术是利用电极放电时（或电磁产生撞击）所产生的冲击波，经过水及身体组织的传导，将肾或输尿管内的结石击碎，然后随着尿液排出体外。冲击波源主要分为液电、电磁、压电3种；定位系统包括X线定位、B超定位，以及同时具有X线与B超定位的双定位系统；聚焦系统则分为发射杯聚焦与透镜聚焦两类。

4. 手术治疗

（1）非开放手术治疗：①输尿管肾镜取石或碎石术：经尿道插入输尿管镜直视下取石，若结石较大，可用超声、液电、激光、弹道碎石后取出。适用于输尿管中下段结石。②经皮肾镜取石或碎石术：在超声或X线定位下，经腰背部穿刺至肾盂或肾盏，反复扩张皮肤至肾内通道，插入肾镜，直视下取石或碎石，结石较大者可先行碎石后取出。适用于肾及输尿管上段结石；③腹腔镜输尿管取石术：经腹腔切口插入输尿管镜，直视下取石或碎石。适用于ESWL、输尿管镜手术失败者，一般不作为首选方案。

（2）开放手术治疗：手术治疗能给患者带来较大创伤，复杂结石又存在一次手术不能取净的风险，需反复手术，又增加了危险性。因此手术治疗不作为首选治疗方案。当以上治疗方法无效时，则需考虑开放手术治疗。手术方法有肾盂切开取石术、输尿管切开取石术、肾实质切开取石术、肾部分切除术和肾切除术。

三、下尿路结石

下尿路结石包括膀胱结石和尿道结石。原发性膀胱结石与营养不良、低蛋白饮食有关，好发于男性；继发性膀胱结石与膀胱憩室、良性前列腺增生、异物、神经源性膀胱、输尿管结石排入有关。尿道结石大多数来自肾和膀胱，多数位于前尿道，见于男性。

（一）临床表现

膀胱结石的典型症状是排尿突然中断，疼痛向远端放射甚至至阴茎头部，伴有排尿困难和膀胱刺激症状，常需调整排尿姿势及跑跳，方能缓解疼痛，继续排尿，小儿多以手搓揉阴茎。尿道结石的典型症状是排尿困难，点滴状排尿伴尿痛，严重者可导致尿潴留及会阴部剧痛。

（二）诊断

根据典型症状及影像学检查即可做出诊断。前尿道结石可沿尿道触及，后尿道结石经直肠指检可触及，较大膀胱结石需行直肠腹壁双合诊。

（三）辅助检查

1. B超检查 能发现膀胱及后尿道强光团及声影，亦可发现良性前列腺增生。

2. X线检查 可显示绝大多数结石，怀疑尿路结石者，需行泌尿系统平片及排泄性尿路造影。

3. 膀胱尿道镜检查 可直接看到结石，可发现膀胱及尿道病变。

（四）治疗

1. 经尿道膀胱镜取石或碎石 大多数结石可用碎石钳碎石并取出，适用于结石大于2~3cm者。较大结石可采用超声、激光、气压弹道碎石。过大结石可行耻骨上膀胱切开取石。

2. 耻骨上膀胱切开取石术 传统的开放手术方式。前尿道结石去阴茎根阻滞麻醉，压迫近端尿道防止结石后退，注入无菌液体石蜡，向尿道远端推挤，钩取或钳出。切忌粗暴，以免造成尿道狭窄。后尿道结石可用探条将结石推入膀胱，按膀胱结石处理。

扫码测验

第七节 良性前列腺增生

案例导入

患者，男，72岁，已婚，2020年3月2日初诊。主诉：尿频、尿急、尿痛2年，排尿困难半月。

现病史：患者2018年无明显诱因出现尿频、排尿不畅、排尿费力，尿线细、射程短，尿后滴沥，夜尿增多，每晚2～3次。近两年加重，半月前开始排尿困难。病程中无发热、畏寒、腹痛，无进行性消瘦，无恶心、呕吐。

既往史：无高血压、糖尿病及心脏病病史，无外伤史，无食物、药物过敏史。

查体：发育正常，营养中等，自主体位，神志清醒，查体合作，未见异常。

实验室检查：血清 PSA 6.46 ng/ml，血清 fPSA 0.62 ng/ml。

B超检查：前列腺左右径 6.0 cm，前后径 5.2 cm，上下径 5.2 cm，形态饱满，边界清楚。膀胱壁稍厚，其内透声尚可。

问题与思考：
1. 患者的诊断依据是什么？
2. 本病的治疗原则是什么？

良性前列腺增生（benign prostatic hyperplasia，BPH）简称前列腺增生，是老年男性的常见良性疾病，发病率随年龄的增长而增加。一般45岁以上男性均有不同程度的前列腺增生，50岁后出现临床症状。

一、病因和病理

（一）病因

有关前列腺增生的研究有很多，目前其病因尚不完全清楚。公认的是年龄和有功能的睾丸是发病的因素，与睾酮、双氢睾酮及雌性激素的改变和失去平衡有关。

前列腺正常发育有赖于雄激素，青春期前切除睾丸，前列腺即不再发育。前列腺增生患者切除睾丸后，增生的上皮细胞凋亡，腺体萎缩。受性激素影响，前列腺上皮细胞和间质细胞相互影响，随着年龄增大，体内性激素平衡失调，可能是前列腺增生的重要病因。同时肥胖、吸烟、酗酒、环境等与前列腺增生的发生亦有一定的关系。

（二）病理

前列腺增生始于围绕尿道精阜的腺体，称为移行带，其余腺体由中央带和外周带组成，外周带组成前列腺的外侧和背侧，是前列腺癌的好发部位。而前列腺增生主要发生在移行带，增生组织呈结节状，有两种类型：即基质型和腺泡型。

增生的腺体向后尿道突出，使尿道前列腺部弯曲、伸长，受压变窄，造成排尿困难，同时腺体向下移至接近外括约肌处，使平滑肌收缩，增加前列腺尿道的阻力，可引发梗阻。前列腺增生的程度与尿流梗阻无直接关系，但与增生部分的位置有直接关系，若增生部分伸向膀胱，极易堵塞尿道内口，可引起严重梗阻。

梗阻发生时，为克服排尿阻力，逼尿肌收缩力增强，加之膀胱内长期高压，可在黏膜表面出现小梁或形成小室和假性憩室。长期排尿困难使膀胱持续扩张，导致输尿管末端活瓣功能减弱或丧失，引发膀胱输尿管反流，反流可引起肾积水和肾功能损害。梗阻后，膀胱内尿液潴留，且膀胱功能受损，使排尿不净形成残余尿，易继发感染和形成结石。

二、临床表现

症状的出现决定于梗阻程度、病变发展速度，以及是否合并感染和结石，而不在于前列腺的增生程度。

1. 尿频 尿频是前列腺增生症患者的早期症状，属储尿期症状。主要是因前列腺充血刺激所引起，夜间较显著。若梗阻加重，残余尿量增多，尿频亦逐渐加重，这是由于膀胱有效容量缩小所致。

2. 尿急 属储尿期症状，下尿路梗阻时，50%以上的患者有尿急或急迫性尿失禁。

3. 进行性排尿困难 进行性排尿困难是前列腺增生症最重要的症状，属排尿期症状。由于尿道阻力增加，排尿起始常很缓慢，排尿时间延长，射程不远。轻度梗阻时，排尿迟缓、断续、尿后滴沥。梗阻加重后，排尿费力，需增加腹压帮助排尿，终呈滴沥状，甚至出现尿流中断。

> **要点提示**：前列腺增生症的典型症状。

4. 尿潴留 梗阻加重达到一定程度，尿不尽、尿残留增多，过多的残余尿可使逼尿肌失去收缩能力，逐渐发生尿潴留，当膀胱过度膨胀、压力高于尿道阻力，尿液自行从尿道溢出，称为充溢性尿失禁。便秘、饮酒、寒冷、劳累、憋尿及服用药物等情况都可诱发尿潴留。

5. 其他症状 增生合并感染，可有尿频、尿急、尿痛等膀胱炎症状；有结石时症状更为明显，可伴有血尿，是老年男性常见的血尿原因之一；增生因局部充血可以发生无痛血尿，晚期可出现肾积水和肾功能不全征象；长期依靠增加腹压帮助排尿，可引发疝、痔和肛脱。

三、诊断和鉴别诊断

（一）诊断

50岁以上男性出现排尿不畅等临床表现，须考虑患病的可能，可通过国际前列腺症状评分表进行评估，如表13-2所列。

表13-2 国际前列腺症状评分表

最近1个月是否有以下症状	无	在五次中					症状评分
		少于1次	少于半数	大约半数	多于半数	几乎每次	
1. 是否经常有尿不尽感？	0	1	2	3	4	5	
2. 两次排尿间隔是否经常小于2h？	0	1	2	3	4	5	
3. 是否经常有间断性排尿？	0	1	2	3	4	5	
4. 是否有排尿不能等待现象？	0	1	2	3	4	5	
5. 是否有尿线变细现象？	0	1	2	3	4	5	
6. 是否需要用力才能排尿？	0	1	2	3	4	5	
7. 从入睡到早起一般需要排尿几次？	没有	1次	2次	3次	4次	5次	
	0	1	2	3	4	5	
症状评分 =							

注：总分0~35分；轻度症状0~7分；中度症状8~19分；重度症状20~35分

1. 直肠指检 是重要的检查方法,前列腺增生患者均需做此项检查。可触到增大的前列腺,表面光滑、质韧、有弹性,中间沟消失或隆起,即可初步诊断。

2. 影像学检查 经腹壁或直肠途径行B超检查,可清晰显示前列腺体积大小、是否突入膀胱,测定残余尿量。还可了解有无结石及继发积水等。IVU检查了解肾积水及肾功能。

3. 尿动力学检查 可确定前列腺增生患者排尿梗阻程度。测定尿流率,若最大尿流率小于15 ml/s,说明排尿不畅;若小于15 ml/s,说明梗阻严重,是手术的重要指征。

4. 实验室检查 尿常规检查可见血尿、脓尿。

5. 膀胱镜检查 了解前列腺突入膀胱的情况及膀胱的继发性病变。

（二）鉴别诊断

1. 尿道狭窄 多有尿道损伤病史、感染病史,尿道镜检查可以鉴别。

2. 前列腺癌 若有结节,质硬,血清PSA异常,需行MRI和前列腺穿刺活检鉴别。

3. 膀胱颈挛缩 多为慢性炎症导致,多在40~50岁出现排尿不畅,膀胱镜检查可以鉴别。

4. 神经源性膀胱功能障碍 症状与前列腺增生相似,有排尿困难、肾积水及肾功能不全、前列腺增大等,尿流动力学检查可以明确诊断。

四、治疗

前列腺增生若未形成梗阻,一般无须处理,但须密切随访;梗阻较轻者可采用药物治疗或非手术微创治疗;当梗阻严重或经药物治疗不佳时,对于具有外科手术适应证者,应积极采取手术治疗。

1. 紧急处理 患者若出现尿潴留,应行导尿或留置导尿,若导尿失败则行耻骨上膀胱造瘘术。引流尿液,减轻症状,恢复膀胱功能,预防尿毒症发生。

2. 药物治疗 早期症状较轻时可采用药物治疗。常用的药物包括α受体阻滞剂、5α还原酶抑制剂、降胆固醇药物以及植物药等。α受体阻滞剂分为α_1和α_2两型,α_1可有效降低膀胱颈及前列腺平滑肌张力,减少尿道阻力,能改善排尿功能。常用药物:特拉唑嗪、多沙唑嗪等,对症状较轻的患者有良好的疗效。激素类药物以5α-还原酶抑制剂通过阻止睾酮转变为有活性的双清睾酮,使前列腺体积缩小,改善排尿。常用药物:非那雄胺和度他雄胺,大约服药3个月可以使前列腺缩小,改善排尿功能。

3. 手术治疗 对于梗阻症状严重的良性前列腺增生患者,手术治疗仍是最佳选择。若有尿路感染,肾积水,肾功能不全,心、肺、肝功能不全时,宜先留置导尿或造瘘引流,待全身情况改善后再行择期手术。常用术式:经尿道前列腺切除术和开放手术,经尿道前列腺切除术具有无创口、出血少、痛苦少、恢复快的优点,是目前治疗前列腺增生的"金标准",已逐步取代开放手术。

> **要点提示:** 手术治疗是治疗前列腺增生最有效的方法。

4. 其他疗法 经尿道激光治疗,用于尿道梗阻较重而又不适宜手术者,疗效肯定;经尿道气囊高压扩张术;经尿道高温治疗;体外高强度聚焦超声,对增生引起的梗阻症状有一定疗效,适用于前列腺增生体积较小者。前列腺尿道支架网适用于不能耐受手术的患者。

自测题

扫码测验

（秦立国）

第五篇

妇产科常见疾病

第十四章 妇产科常见疾病

学习目标

通过本章内容的学习，学生应能够熟知妇产科常见疾病的类型，掌握其发病规律和特征性表现，学会疾病诊断的过程，根据患者情况制订治疗方案。

识记：
1. 说出常见妇产科疾病的主要病因。
2. 列举常见妇产科疾病病种和临床表现。

理解：
1. 解释常见妇产科疾病的主要临床特征和主要并发症。
2. 分析常见妇产科疾病的诊断方法和鉴别诊断。
3. 说明常见妇产科疾病要进行的实验室及影像学检查。

运用：
1. 根据患者的病史、临床表现、实验室及辅助检查做出初步诊断。
2. 根据病情选择合适的治疗方案，正确评估其预后。
3. 树立预防疾病的健康理念，培养爱伤意识和医者仁心的职业素养。

第一节 女性生殖系统解剖

女性生殖系统位于骨盆腔内，由内、外生殖器官及其相关血管、淋巴及神经组织构成，与尿道、膀胱、直肠等器官相邻。

一、生殖器

（一）外生殖器

女性外生殖器（external genitalia）又称外阴（vulva），指生殖器官的外露部分，位于耻骨联合后下方、会阴前面及两股之间。包括阴阜、大阴唇、小阴唇、阴蒂和阴道前庭（图14-1）。

1. 阴阜（mons pubis）　为耻骨联合前面含有丰富脂肪组织的皮肤隆起。青春期女性第二性征出现，该部皮肤开始逐渐生长呈倒三角形分布的阴毛；阴毛的色泽、疏密及曲直形态等因种族及个体不同而存在差异。

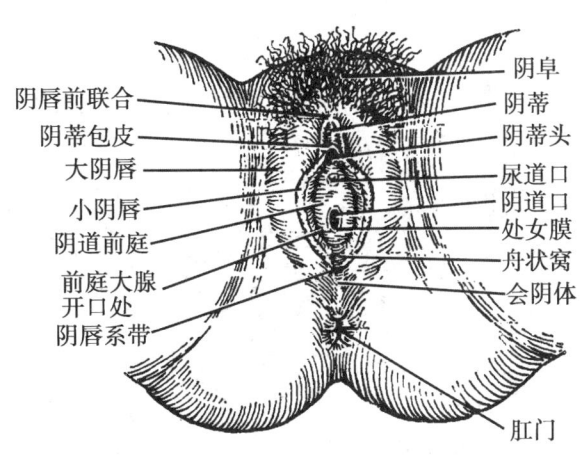

图 14-1 女性外生殖器示意图

2．大阴唇（labium majus） 两股内侧纵行隆起的一对皮肤皱襞，起于阴阜，止于会阴。前端为子宫圆韧带终点，后端与会阴体融合，形成大阴唇的前后联合。外侧面与皮肤相同，含有皮脂腺与汗腺，有色素沉着和阴毛；内侧面湿润似黏膜。皮下为疏松结缔组织和脂肪，含有丰富的血管、淋巴和神经，若受外伤易致血肿。未婚女性大阴唇呈自然闭合，经产妇大阴唇向两侧分开，绝经后大阴唇逐渐萎缩。

3．小阴唇（labium minus） 位于两大阴唇内侧的一对淡褐色薄皮皱襞。表面湿润，无阴毛。富含神经末梢，故敏感。两侧小阴唇前端相互融合，分为前后两叶包绕阴蒂。前叶形成阴蒂包皮，后叶形成阴蒂系带。两侧小阴唇后端与大阴唇融合，正中线形成横皱襞为阴唇系带（frenulum labium pudendal）。

4．阴蒂（clitoris） 位于小阴唇顶端下方，由海绵体构成，与男性阴茎相似，可勃起。直径 6～8 mm。阴蒂分为头、体、脚三部分，头部富含神经末梢，极其敏感。

5．阴道前庭（vaginal vestibule） 两侧小阴唇之间的菱形区域。前端为阴蒂，后端为阴唇系带，中间有尿道口和阴道口，阴道口与阴唇系带之间有一浅窝为舟状窝（fossa navicularis），又称阴道前庭窝。此外，阴道前庭内还有以下结构。

（1）前庭球（vestibular bulb）：又称球海绵体。位于前庭两侧，由勃起性组织构成，上有球海绵体肌覆盖。其前端与阴蒂相接，后端膨大与前庭大腺相邻。

（2）前庭大腺（major vestibular gland）：又称巴氏腺（Bartholin gland）。位于大阴唇后方深部，表面为球海绵体肌覆盖，左右各一，如黄豆大小，腺管细长，长度 1～2 cm，向内开口于前庭后方小阴唇与处女膜之间的沟内，一般不易触及。性兴奋时可分泌黏液润滑阴道。当感染、腺管口堵塞后，可形成前庭大腺囊肿或脓肿。

（3）尿道外口（external orifice of urethra）：位于阴蒂头后下方，略呈圆形，后襞上有一对并列的腺体，称尿道旁腺，分泌物润滑尿道口，易有细菌潜伏而引发感染。

（4）阴道口（vaginal orifice）及处女膜（hymen）：阴道口位于前庭后部，尿道外口后下方，其周缘有一层较薄的黏膜称处女膜，膜中央多有一筛状处女膜孔，其厚薄、形态和大小因人而异，内含有血管、神经末梢及结缔组织，可因性交或剧烈运动而破裂出血，分娩后则残留处女膜痕。

（二）内生殖器

女性内生殖器（internal genitalia）位于真骨盆内，包括阴道、子宫、输卵管和卵巢，后两者又称为子宫附件（uterine adnexa）（图 14-2、图 14-3）。

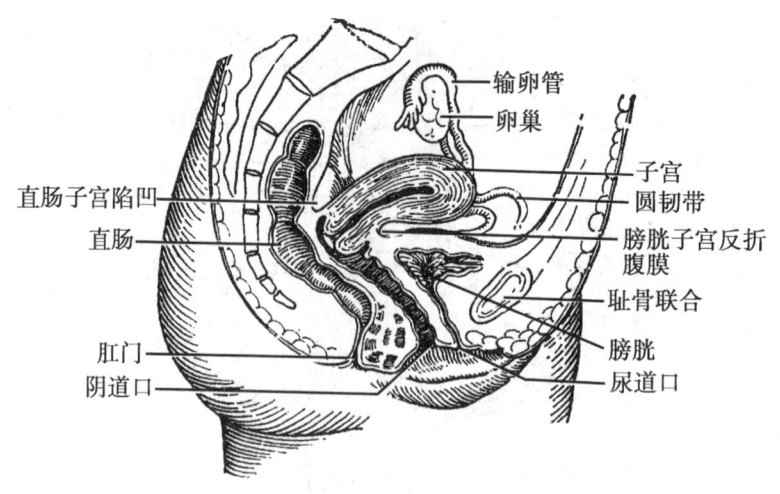

图 14-2 女性内生殖器侧位矢状面示意图

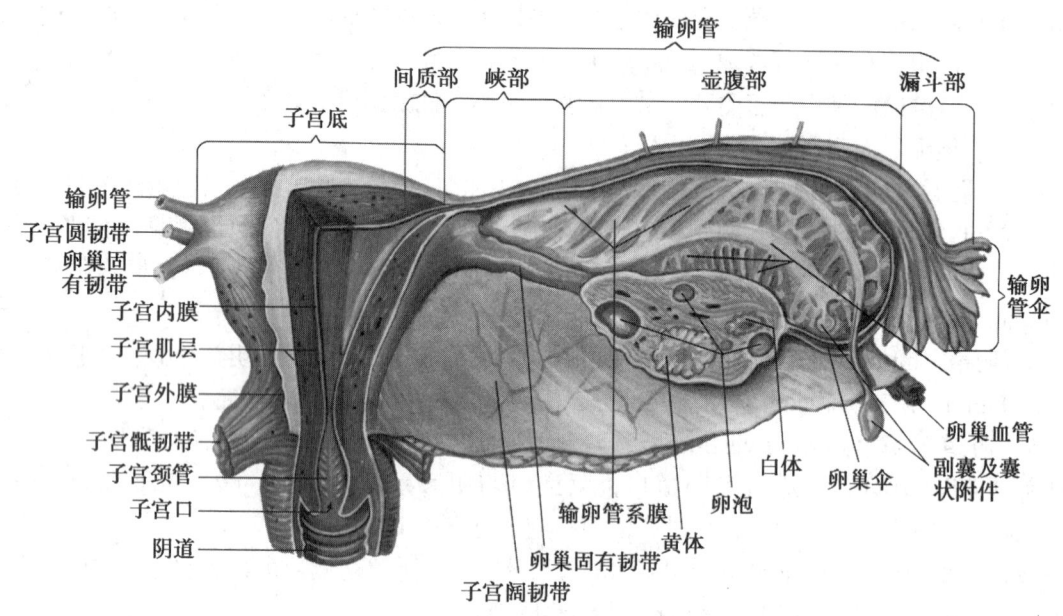

图 14-3 女性内生殖器正位后面示意图

1. 阴道（vagina） 阴道是性交器官，也是月经血排出与胎儿娩出的通道。

（1）位置与形态：位于真骨盆下部中央，为子宫与外阴之间上宽下窄的扁圆柱状的管道。前壁长 7～9 cm，与膀胱和尿道比邻；后壁长 10～12 cm，与直肠相贴近。上端环绕宫颈，下端开口于阴道前庭。环绕宫颈的部分称阴道穹，按其位置分为前、后、左、右 4 个部分，其中后穹隆较深，具有重要的临床意义。

（2）组织结构：阴道壁由黏膜层、肌层和纤维组织膜构成。内层为黏膜层，由复层扁平上皮（又称复层鳞状上皮）覆盖，淡红色，无腺体。受激素影响呈周期性变化。中层为肌层，含内环、外纵两层平滑肌。外层为纤维组织膜，与肌层紧密相贴，富含弹性纤维及结缔组织。阴道有很多横纹皱襞，富有较大伸展性。

2. 子宫（uterus） 子宫是产生月经和孕育胎儿的场所，也是精子到达输卵管的通道，并为促进胎儿及附属物的娩出提供动力。

（1）位置与形态：子宫位于盆腔中央，前邻膀胱，后邻直肠，下接阴道。两侧有输卵管和卵巢。靠韧带、盆底肌及筋膜支持，呈前倾前屈位，站立时与阴道呈90°。子宫呈前后略扁的倒置梨形。重约50 g，长7～8 cm，宽4～5 cm，厚2～3 cm，宫腔容量约5 ml。其上端突隆部为子宫底（fundus uteri）、下端较窄呈圆柱状的为子宫颈（cervix uteri）、中间为子宫体（corpus uteri）；宫底两侧为子宫角（cornua uteri），与输卵管相通。宫体与宫颈的比例因年龄而异，幼儿期为1∶2，成年期为2∶1，老年期为1∶1。

子宫腔呈上宽下窄的三角形，尖端向下通向子宫颈管（cervial canal）。宫体与宫颈之间最狭窄部分称为"子宫峡部"（isthmus uteri），非妊娠期长约1 cm。上端因在此处解剖上狭窄，称为"解剖学内口"，下端因在此处子宫内膜转变为宫颈黏膜而名为"组织学内口"。妊娠后子宫狭部逐渐伸展，末期可延长至7～10 cm，形成子宫下段，成为软产道的一部分。宫颈内腔呈梭形，为宫颈管，成年期长约3 cm，下端为宫颈外口，伸入阴道内的部分为宫颈阴道部，未产妇宫颈外口呈圆形，经产妇受分娩的影响，宫颈外口形成"一"字形似唇样的横裂。

(2) 组织结构：宫体与宫颈的组织结构不同。

宫体：由3层组织构成，由内向外分为子宫内膜层、子宫肌层和子宫浆膜层。①子宫内膜层：呈粉红色，由致密层、海绵层、基底层构成。内膜层的2/3为致密层和海绵层，统称"功能层"，青春期后受性激素影响，发生周期性变化脱落。内膜层的1/3为"基底层"，贴近肌层，无周期性变化，能再生新的功能层。②子宫肌层：由平滑肌束与弹力纤维构成，是宫壁最厚的一层，非孕时约0.8 cm。肌束排列为外纵、内环、中间交织成网状，内含血管，子宫收缩时能压迫血管，从而有效地控制出血。③子宫浆膜层：为覆盖于宫体底部及前后壁上面的脏腹膜，与肌层紧贴。浆膜在子宫前壁近峡部处，向前反折覆盖在膀胱上，形成膀胱子宫陷凹；在子宫后壁向下至宫颈后方于阴道后穹隆再折向直肠，形成直肠子宫陷凹，又称道格拉斯陷凹（Douglas pouch）。

宫颈：主要由结缔组织构成，含平滑肌纤维、血管及弹性纤维。宫颈管黏膜上皮细胞呈高柱状，内含有许多腺体，分泌碱性黏液并形成黏液栓堵塞宫颈管。宫颈黏膜受性激素影响可发生周期性变化。宫颈阴道部由鳞状上皮覆盖，表面光滑；宫颈管为柱状上皮，在宫颈外口柱状上皮与鳞状上皮交界处是宫颈癌好发部位。

> **要点提示**：子宫的解剖特点和邻近结构，宫颈管上皮的组织学特点，子宫肌瘤和宫颈癌的好发部位。

(3) 子宫韧带：共有4对。①圆韧带（round ligament）：呈圆索状而得名。由结缔组织和平滑肌组成。起于两侧子宫角前面、输卵管起始部的下方，向前下方伸展达两侧盆壁，再穿过腹股沟管止于大阴唇前端。维持子宫前倾位置。②阔韧带（broad ligament）：为一对翼形腹膜皱襞。覆盖子宫前后，自子宫两侧延伸达两侧盆壁。维持子宫于盆腔正中位置。其上缘游离，内2/3包绕输卵管峡部、壶腹部，外1/3由输卵管伞部下方向外延伸达骨盆壁，称"骨盆漏斗韧带"，又称"卵巢悬韧带"。卵巢动、静脉由此穿过。卵巢内侧与子宫角之间的阔韧带稍增厚处，称"卵巢韧带"或"卵巢固有韧带"。在输卵管以下、阔韧带后叶卵巢附着处以上的阔韧带称"输卵管系膜"。卵巢与阔韧带后叶相连处称"卵巢系膜"。宫体两侧阔韧带中有丰富的血管、神经、淋巴管及大量的结缔组织，称"宫旁组织"。子宫动、静脉和输尿管均从底部穿过。感染或癌肿常累及此部。③主韧带（cardinal ligament）：位于阔韧带下部，横行于宫颈两侧和骨盆侧壁之间，又称宫颈横韧带。为坚韧的平滑肌与结缔组织纤维束，主要固定宫颈，维持宫颈于正中位置，并防止宫体下垂。④宫骶韧带（uterosacral ligament）：内含平滑肌与结缔组织，外为腹膜覆盖；起自宫颈宫体交界的后侧方，向两侧绕过直肠达第2、3骶椎前面的筋膜。将宫颈向后、向上牵引，使颈、体之间形成钝角，维持子宫于前倾、前屈的位置。上述韧带、肌肉及筋膜等薄弱或受损，可导致子宫位置异常或不同程度的子宫脱垂。

3. 输卵管（fallopian tube，oviduct） 是精子与卵子结合的场所，拾卵的工具，运送孕卵的管道，异位妊娠的好发部位。

输卵管为一对细长而弯曲的肌性管道，全长 8～14 cm。位于阔韧带上缘内，近端与子宫角相连，外端游离呈漏斗状，与卵巢相近。由内向外按输卵管形态将其分为 4 个部分，即间质部、峡部、壶腹部、伞部。输卵管通过有节奏地收缩、蠕动及纤毛的摆动，有助于孕卵的运送。输卵管黏膜层受激素影响而有周期性变化。

4. 卵巢（ovary） 具有产生卵子和分泌性激素的功能。

卵巢为一对灰白色、扁椭圆形的性腺，位于输卵管的后下方，外侧以骨盆漏斗韧带连于骨盆壁，内侧借卵巢固有韧带与子宫相连接。成年女性卵巢大小约 4 cm×3 cm×1 cm，重 5～6 g。青春期前卵巢表面光滑；青春期卵巢开始排卵后，其表面逐渐凹凸不平；绝经后卵巢逐渐萎缩、变硬、变小。

二、血管、淋巴与神经及邻近器官

女性生殖器官与血管、淋巴及神经密切相联，并且在位置上与盆腔内其他器官相邻，在生理、病理上相互影响。

（一）血管、淋巴与神经

1. 血管

（1）动脉：女性内、外生殖器官的血液供应主要来自卵巢动脉、子宫动脉、阴道动脉及阴部内动脉。①卵巢动脉：为腹主动脉分支，左侧为肾动脉分支；其分支供应输卵管，末端在子宫角附近与子宫动脉上行支相吻合。②子宫动脉：为髂内动脉前分支，分为子宫体支和宫颈-阴道支。③阴道动脉：为髂内动脉前干分支，与子宫动脉的阴道支和阴道内动脉的分支相吻合，分布于膀胱及阴道中下段前后壁。④阴部内动脉：为髂内动脉前干终支，分出痔下动脉、会阴动脉、阴唇动脉及阴蒂动脉 4 支，供应肛门、阴道、直肠下段及外生殖器各部位的血液。

（2）静脉：盆腔静脉与同名动脉伴行，并在相应的器官及其周围形成静脉丛，互相吻合，盆腔一旦发生感染则容易蔓延。卵巢静脉出卵巢门后形成静脉丛，与同名动脉伴行，右侧汇入下腔静脉，左侧汇入左肾静脉，故左侧盆腔静脉曲张较多见。

2. 淋巴 女性生殖器官和盆腔具有丰富的淋巴系统，淋巴结通常伴随相应的血管排列，成群或成串分布。其数目、大小和位置变异较大。一般分外生殖器淋巴与盆腔淋巴两组。外生殖器淋巴又分为腹股沟浅淋巴结和腹股沟深淋巴结 2 部分。盆腔淋巴又分为髂淋巴组、骶前淋巴组和腰淋巴组 3 组。

子宫宫体两侧淋巴沿圆韧带汇入腹股沟浅淋巴结；宫体、宫底、输卵管、卵巢淋巴大部分汇入腰淋巴结，小部分汇入髂外淋巴结；阴道上段淋巴与宫颈淋巴回流相同，大部分汇入髂内及闭孔淋巴结；阴道下段淋巴主要汇入腹股沟浅淋巴结。当内外生殖器官发生感染或癌肿时，则可沿各向回流的淋巴管播散，引起相应各部淋巴结增生肿大。

3. 神经 女性内外生殖器官由躯体神经和自主神经共同支配。

（1）外生殖器的神经支配：由阴部神经支配，含运动神经及感觉神经。由第 Ⅱ、Ⅲ、Ⅳ 骶神经的分支组成。在坐骨结节内侧分成 3 支，即会阴神经、阴蒂背神经、肛门神经（也称痔下神经），分布于阴唇、阴蒂、会阴及肛门周围。

（2）内生殖器的神经支配：由交感与副交感神经支配。交感神经纤维自腹主动脉前神经丛分出，下行入盆后分为 2 部分：①卵巢神经丛：分布于卵巢与输卵管；②骶前神经丛：大部分在宫颈旁形成骨盆神经丛，分布于宫体、宫颈、膀胱上部。骨盆神经丛与含有向心传导感觉神经纤维共同支配子宫肌的收缩与舒张；但子宫平滑肌有自主节律活动，其神经被切断后，仍可节律性收缩完成分娩。临床上可见低位截瘫后的产妇能顺利自然分娩。

（二）邻近器官

女性生殖器官的邻近器官包括尿道、膀胱、输尿管、直肠与阑尾。

1. 尿道（urethra） 为肌性管状排尿器官。自膀胱三角尖端开始，穿过泌尿生殖膈，开口于阴道前庭，形成尿道外口。尿道长4～5 cm，直径约0.6 cm。女性尿道短而直，且与阴道邻近，易引起感染。

2. 膀胱（urinary bladder） 为囊腔性储尿器官，位于耻骨联合之后、子宫前方。形态、大小可因其充盈程度而变化。充盈时可凸向盆腔（甚至腹腔），影响妇科检查及手术视野暴露。底部黏膜形成的三角区称"膀胱三角"；三角尖端向下有尿道内口，两侧为输尿管开口，两口距离约为2.5 cm。膀胱底部与宫颈和阴道前壁紧邻，故妇科手术或检查时均需排空膀胱。

3. 输尿管（ureter） 为一对圆索状肌性长管。起自肾盂，终止于膀胱。粗细不一，内径最细3～4 mm，最粗达7～8 mm，长约30 cm。自肾盂沿腰大肌下行，跨过髂外动脉起点的前方进入盆腔后，沿盆壁下行，达阔韧带底部时向前内行，于宫颈旁2 cm处，在子宫动脉后方与之交叉（形成桥下流水现象），再经阴道侧穹隆顶端绕向前方进入膀胱壁，开口于膀胱三角的两外侧角。在结扎子宫动脉时，应避免损伤输尿管。

4. 直肠（rectum） 为盆腔后部，上接乙状结肠、下接肛管；前为子宫与阴道、后为骶骨。肛管周围有肛门内、外括约肌及肛提肌，外括约肌为骨盆浅层肌的一部分。直肠前面与阴道后壁相贴，妇科检查、手术及分娩时要注意避免损伤直肠及肛管。

5. 阑尾（vermiform appendix） 位于右髂窝内，上接盲肠，远端游离，形似蚯蚓，长7～9 cm，位置、长度、粗细等变异较大。妊娠期可随子宫增大而逐渐上移。感染后可累及附件甚至盆腔，需注意鉴别诊断。

三、骨盆

骨盆是人体躯干和下肢之间的骨性连接，具有支持躯干和保护盆腔脏器的重要作用。女性骨盆（pelvis）是胎儿娩出的必经通道，其大小、形状直接影响分娩的难易程度。

（一）骨盆的组成

1. 骨盆的骨骼 骨盆由骶骨、尾骨及左右两块髋骨组成。每块髋骨又由髂骨、坐骨及耻骨融合而成。骶骨由5～6块骶椎融合而成，呈楔形，第1骶椎向前突出形成骶岬，为骨盆内测量的重要标志。尾骨由4～5块尾椎融合而成。

2. 骨盆的关节

（1）耻骨联合：位于骨盆前方，两耻骨之间，由纤维软骨连接形成。

（2）骶髂关节：位于骨盆后方，骶骨和左、右髂骨之间。

（3）骶尾关节：骶骨与尾骨的联合处，有一定活动度。

3. 骨盆的韧带 骨盆中有两对重要的韧带，一是骶结节韧带，位于骶骨、尾骨与坐骨结节之间；二是骶棘韧带，位于骶骨、尾骨与坐骨棘之间。骶棘韧带宽度即为坐骨切迹宽度，是判断中骨盆是否狭窄的重要标志。妊娠期韧带松弛，有利于分娩。

（二）骨盆的分界

以耻骨联合上缘、髂耻缘及骶岬上缘的连线为界，将骨盆分为假骨盆、真骨盆2部分。

1. 假骨盆 又称"大骨盆"。指分界线以上，为腹腔的一部分。前为腹壁下部、两侧为髂骨翼，后为第5腰椎。假骨盆与分娩无直接关系，但某些径线的长短与真骨盆的大小有关，临床上测量假骨盆径线，可间接估计真骨盆的大小。

2. 真骨盆 又称"小骨盆"。指分界线以下部分，也称骨产道，是胎儿娩出的通道。真骨盆有上、下两口，上口为骨盆入口，下口为骨盆出口，两口之间为骨盆腔。骨盆腔前浅后深，前壁为耻骨联合，后壁为骶骨和尾骨，两侧为坐骨、坐骨棘和骶棘韧带。骨盆腔中轴为骨盆轴，分娩时胎儿沿此轴娩出。两坐骨棘连线的长短是衡量中骨盆大小的重要径线，也是分娩时衡量胎先露下降程度的重要标志。

> 要点提示：真骨盆和假骨盆的区别，骨产道在分娩中的作用。

（三）骨盆的类型

根据骨盆的形状，可分为4种类型。

1. 女型（gynecoid type） 最常见。入口呈横椭圆形，入口横径较前后径稍长，骶岬突出不明显，盆腔浅而宽，耻骨弓角度大约90°，两侧坐骨棘间径≥10 cm，有利于胎儿的娩出。为女性正常骨盆，在我国女性中占52%～58.9%。

2. 扁平型（platypelloid type） 较常见。入口呈扁椭圆型，入口横径大于前后径，耻骨弓宽，大于90°。骶骨短，失去正常弯曲，故骨盆浅。在我国女性中占32.2%～29%。

3. 类猿人型（anthropoid type） 较少见。入口呈长椭圆形，入口前后径大于横径，两侧壁内聚，坐骨棘较突出，耻骨弓较窄，骶骨较长，向后倾斜，骨盆前部窄、后部宽，故骨盆腔深。在我国女性中占14.2%～18%。

4. 男型（android type） 很少见。入口略呈三角形，两侧壁内聚，坐骨棘突出，耻骨弓较窄，骶骨较直而前倾，出口后矢状径短，骨盆腔呈漏斗形。在我国女性中仅占1%～3.7%。

临床所见骨盆多是混合型，仅理论上归为上述4类。骨盆的生长发育与种族、遗传、营养及性激素有密切关联，故形态、大小有所差异。

> 要点提示：女性骨盆的类型和特点。

四、骨盆底

骨盆底（pelvic floor）由多层肌肉和筋膜所组成，封闭骨盆出口，使骨盆腔内各器官保持于正常位置。尿道、阴道和直肠经盆底贯穿而出，若分娩处理不当，可损伤盆底组织，影响脏器的位置和功能。盆底前为耻骨联合，后为尾骨尖，两侧为耻骨降支、坐骨升支及坐骨结节。盆底由外向内分为3层组织。

（一）外层

外层为会阴浅层筋膜与肌肉。含有3对肌肉和1块括约肌（球海绵体肌、坐骨海绵体肌、会阴浅横肌和肛门外括约肌）。肌肉的肌腱汇合于阴道外口与肛门之间，形成中心腱。

球海绵体肌：又称"阴道括约肌"，于阴道两侧，覆盖前庭球与前庭大腺，向后与肛门外括约肌相互交叉混合。坐骨海绵体肌：自坐骨结节内侧沿坐骨升支内侧与耻骨降支向上，最终汇合于阴蒂脚部。会阴浅横肌：自两侧坐骨结节内侧面向中线汇合于中心腱。肛门外括约肌：围绕肛门的环形肌束，后端与肛尾韧带相连，前端也汇合于中心腱。

（二）中层

中层为泌尿生殖膈。由上、下两层坚韧筋膜及一薄层肌肉组成，覆盖于耻骨弓与两坐骨结节所形成的骨盆出口前面三角形平面上，又称"三角韧带"。上有尿道与阴道穿过。两层筋膜间有一对由两侧坐骨结节至中心腱的会阴深横肌及位于阴道周围的尿道括约肌。

（三）内层

内层即盆膈。为骨盆底最坚韧的一层，由肛提肌及其内、外各覆盖一层筋膜所组成，有尿道、阴道及直肠穿过。肛提肌是位于骨盆底的成对扁肌，向下、向内合成漏斗形，每侧肛提肌由耻尾肌、髂尾肌及坐尾肌3部分组成。肛提肌有加强盆底托力的作用。而且部分肌纤维在阴道和直肠周围密切交织，还有加强肛门及阴道括约肌的作用。

会阴（perineum）广义是指封闭骨盆出口的所有软组织；狭义是指位于阴道口与肛门之间的楔形软组织，又称"会阴体"（perineal body），厚3～4cm。由表及里依次为皮肤、皮下脂肪筋膜、部分肛提肌和会阴中心腱。会阴有较大伸展性。妊娠期在性激素作用下，会阴组织变软，有利于分娩。分娩时要注意保护会阴，以免发生裂伤。

  自测题

扫码测验

第二节 妊娠诊断

案例导入

女性，29岁，已婚，停经40天，乏力、嗜睡、恶心呕吐1周来诊。患者结婚半年，平素月经规律，周期30～32天。LMP：2021.09.08。婚后性生活正常，未避孕。近1周来无明显诱因出现乏力、嗜睡、食欲不振、晨起恶心，偶有呕吐。自查尿妊娠试验阳性，遂来诊。

问题与思考：
1. 该例初步诊断和诊断依据是什么？应与哪些疾病相鉴别？
2. 为明确诊断，需要进一步做哪些检查？
3. 应该如何做好孕期保健？

通常将妊娠（全程共40周，280天）分为3个时期，妊娠13周末以前为"早期妊娠"（first trimester of pregnancy）；第14周～第27周末为"中期妊娠"（second trimester of pregnancy）；第28周以后为"晚期妊娠"（third trimester of pregnancy）。

一、早期妊娠的诊断

（一）症状与体征

1. 停经 有性生活的育龄妇女，若平素月经规律，一旦月经过期，应疑为妊娠。停经是育龄妇女妊娠后最早与最重要的症状。但停经不一定是妊娠，应与哺乳、使用避孕剂、环境因素、精神因素等引起的月经不规律相鉴别。

2. 早孕反应（morning sickness） 约半数女性在妊娠6周左右出现头晕、乏力、嗜睡、流涎、食欲不振、恶心、晨起呕吐等现象，称"早孕反应"。12周以后多自行消失。

3. 尿频 孕早期因前倾增大的子宫在盆腔内压迫膀胱导致尿频，12周后子宫进入腹腔、不再压迫膀胱，症状自然消失。

4. 乳房变化 乳房增大、胀痛（初产妇明显），有明显的静脉显露，乳头、乳晕着色加深，乳晕周围有蒙氏结节（Montgomery's tubercles）出现；哺乳期女性妊娠后乳汁明显减少。

5. 生殖器官变化 外阴色素沉着，阴道壁与宫颈充血、变软呈紫蓝色；双合诊检查宫体增大、变软，峡部极软，感觉宫颈与宫体似不相连，称为黑加征（Hegar sign）。随孕期增加，子宫逐渐增大，可于12周后在耻骨联合上方触及。

> **要点提示**：妊娠早期的主要症状和体征，尤其是育龄期女性如果有停经情况，首先应该排除妊娠的可能。

（二）辅助检查

1. 妊娠试验（pregnancy test） 利用孕卵着床后滋养细胞分泌 hCG 并经尿液排出的原理，临床上多用早早孕试纸法检测受检者尿液，最早于受精卵着床后 2~3 天即可在血、尿中测到 hCG。若阳性可协助诊断。但要确定是否宫内妊娠，尚需超声检查。

2. 超声检查

（1）超声检查：停经 5 周时宫腔内即可见妊娠囊，若见到胚芽和节律的心管搏动，可确诊为宫内妊娠、活胎。停经 12 周后可测量胎儿头臀长、双顶径、股骨径等，作为估计孕周的依据。

（2）超声多普勒法：妊娠 8 周后，在增大的子宫区内，用超声多普勒仪能听到有节律的胎心音，频率为 150~160 次/分，可确诊为早期妊娠、活胎。妊娠 11~13 周末测量头臀长度（crown-rump length，CRL）能较准确地估计孕周，校正预产期，同时检测胎儿颈后透明带（nuchal translucency，NT）厚度和胎儿鼻骨等。可作为早孕期染色体疾病筛查的指标。妊娠 9~13 周末进行超声检查可以排除严重的胎儿畸形，如无脑儿。

3. 基础体温测定 具有双向型基础体温的女性，停经后高温相持续 18 天不见下降，有早孕可能，如高温相持续 3 周以上，妊娠可能性更大。

4. 宫颈黏液检查 宫颈黏液量少、质稠，涂片干燥后光镜下见到排列成行的珠豆状椭圆体，则有妊娠可能；若镜下出现羊齿植物叶状结晶，基本能排除早孕。

一般早孕诊断需根据病史、体征及辅助检查结果综合判断。对临床表现可疑者需排除内分泌失调、子宫肌瘤、卵巢囊肿、膀胱尿潴留等病理情况。

> **要点提示**：hCG 检测是妊娠诊断的最重要依据，正常妊娠的维持表现为血 β-hCG 的隔日翻倍。

（三）诊断

有性生活史的育龄期妇女出现停经或月经异常，均应考虑妊娠的可能；血或尿 hCG 阳性提示妊娠；超声发现宫内孕囊或胚芽可以确诊为宫内妊娠，见原始心管搏动提示胚胎存活。因此，血或尿 hCG 阳性、超声检查见胚芽和原始心管搏动才能确诊为正常的早期妊娠。若临床高度怀疑妊娠，血或尿 hCG 阳性而超声检查未发现孕囊或胚芽，则不能排除妊娠，有可能是超声检查时间过早或异位妊娠，尤其是有异位妊娠可能的一定要及时复查，以防出现破裂大出血，危及患者生命。

根据超声测量估计孕龄：根据末次月经推算的预产期有 50% 不准确，需要经妊娠早期超声确认或校正。特别是妊娠 11~13 周末测量胎儿 CRL 来估计孕龄是最准确的方法，妊娠 ≥14 周则采用双顶径、头围、腹围和股骨长度综合判断孕龄。

要点提示：在妊娠的诊断中，超声检查是确定宫内妊娠的"金标准"。

二、中、晚期妊娠的诊断

中、晚期妊娠是胎儿生长和各器官发育成熟的重要时期，这个时期的诊断主要是判断胎儿生长发育情况、宫内状况和发现胎儿畸形。

（一）症状和体征

1. 症状 有早期妊娠的经过，并感腹部逐渐增大；妊娠18周左右自觉胎动，至妊娠32～34周达高峰，38周后逐渐减少；正常胎动每小时3～5次。

2. 体征

（1）子宫增大：随妊娠进展，子宫逐渐增大，孕妇自觉腹部日渐膨隆。根据手测宫底高度及尺测耻上子宫长度（表14-1），可判断胎儿大小及孕周。应注意宫底高度可受孕妇脐耻间距离、胎儿发育情况、胎儿数、羊水量及胎头等影响。不同孕周的子宫底增长速度不同，妊娠20～24周时增长速度较快，平均每周增长1.6 cm，至36～39周末增长速度减慢，每周平均增长0.25 cm。正常情况下，子宫高度在妊娠36周时最高，至妊娠足月时因胎先露入盆而略下降。

表14-1 不同妊娠周数的宫底高度及子宫长度

妊娠周数	手测宫底高度	尺测耻上子宫长度
12周末	耻骨联合上2～3横指	
16周末	脐耻之间	
20周末	脐下1横指	18（15.3～21.4）cm
24周末	脐上1横指	24（22.0～25.1）cm
28周末	脐下3横指	26（22.4～29.0）cm
32周末	脐/剑之间	29（25.3～32.0）cm
36周末	剑突下2横指	32（29.8～34.5）cm
40周末	脐/剑之间或略高	33（30.0～35.3）cm

（2）胎动（fetal movement，FM）：胎儿在子宫内的活动为胎动。一般孕18～20周开始自觉胎动，每小时3～5次；用听诊器可闻及胎动音，手可触及胎动感。

（3）胎心音：于18～20周后用一般听诊器在孕妇腹壁可听到胎心音，每分钟110～160次；成双音，似钟表"滴答"声，在胎背部听诊最清楚。需与子宫杂音、腹主动脉音、胎动音及脐带杂音相鉴别。子宫杂音、腹主动脉音的节律与孕妇脉搏一致，脐带杂音为脐带血流受阻出现的与胎心率一致的吹风样低音响，改变体位可消失。

（4）胎体：妊娠20周后可触及胎体，孕周越大，胎体触及越清楚。24周后可区分，胎头圆而硬、有浮球感；胎臀宽而软、形状不规则；胎背宽而平；胎肢小而有不规则活动。

要点提示：胎动和胎心音出现的时间和特点，对于判断胎儿宫内状态具有重要价值。

（二）辅助检查

1. 超声检查 超声检查可以显示胎儿数目、胎方位、胎先露、胎动、胎心搏动、胎盘位置、羊水量等，还可测定胎头双顶径，用超声多普勒仪可探测胎心音、胎动音、脐带血流音、胎盘血流音等，了解胎儿生长发育情况。在妊娠20～24周，可采用超声进行胎儿系统检查，筛查胎儿结构畸形。

2. 彩色多普勒超声 妊娠中期子宫动脉血流舒张期早期切迹可用于评估子痫前期的风险，妊娠晚期的脐动脉搏动指数和阻力指数可用于评估胎盘血流，胎儿大脑中动脉的收缩期峰值流速可用于判断胎儿贫血的程度。

三、胎姿势、胎产式、胎先露、胎方位

胎儿在宫内有一定的姿势与位置。妊娠28周前，胎儿小，羊水量相对多，胎儿活动范围大，位置易变；32周后胎儿生长迅速、羊水相对减少，胎儿的位置和姿势相对固定。胎儿的位置与母体骨盆的关系是决定能否顺利分娩的重要因素，故在产前或分娩时检查胎儿在宫内的位置非常重要。

（一）胎姿势

胎姿势（fetal attitude）指胎儿在子宫内的姿势。正常胎姿势为胎头俯屈，颏部贴近胸壁，脊柱略前弯，四肢屈曲交叉于胸腹前，其体积及体表面积均明显缩小，整个胎体成为头端小、臀端大的椭圆形。

（二）胎产式

胎体纵轴与母体纵轴的关系称为胎产式（fetal lie）。两纵轴平行为纵产式（如头位、臀位），占99.75%；两纵轴垂直为横产式，占0.25%；两纵轴交叉呈角度者为斜产式，一般在分娩过程中多数转为纵产式，偶尔转成横产式（图14-4）。

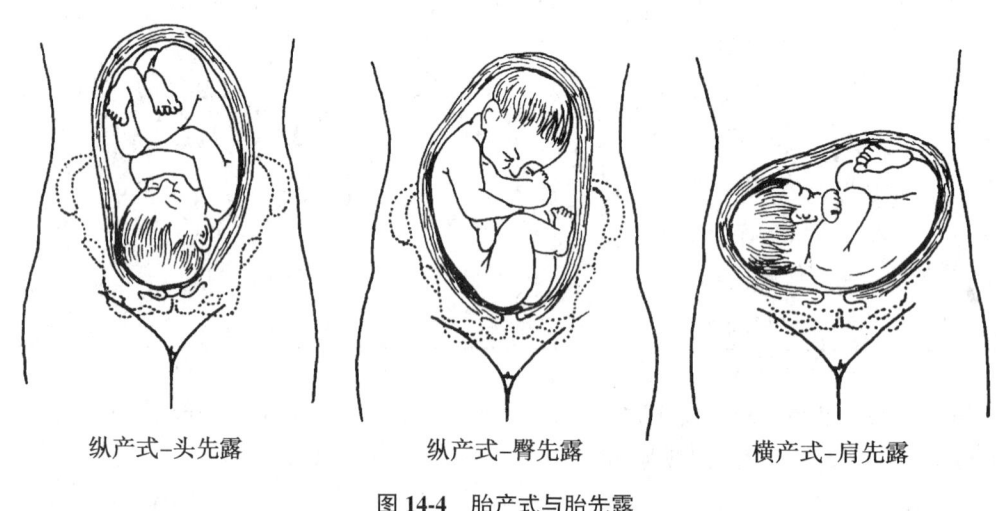

纵产式-头先露　　　　纵产式-臀先露　　　　横产式-肩先露

图14-4　胎产式与胎先露

> **要点提示：** 胎产式包括纵产式和横产式，纵产式有头先露和臀先露，横产式为肩先露，注意区分不同胎产式。

（三）胎先露

最先进入骨盆入口的胎儿部分为胎先露（fetal presentation）。纵产式为头和臀先露，横产式为肩先露。头先露因胎头屈伸程度不同可分为枕先露、前囟先露、额先露、面先露（图14-5）。臀先露可分为完全臀先露（混合臀先露）、单臀先露、足先露（图14-6）。偶见头先露或臀先露与胎手胎足同时入盆，称为"复合先露"。

> **要点提示：** 枕先露以枕骨、面先露以颏骨、臀先露以骶骨、肩先露以肩胛骨为指示点，每个指示点与母体骨盆入口的不同位置构成不同胎位。

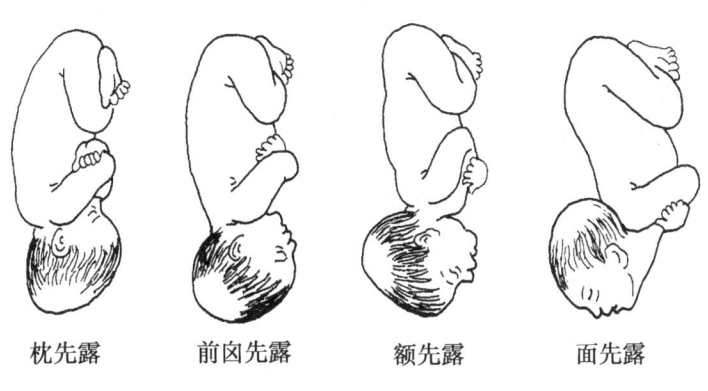

图 14-5 头先露的种类

(枕先露　前囟先露　额先露　面先露)

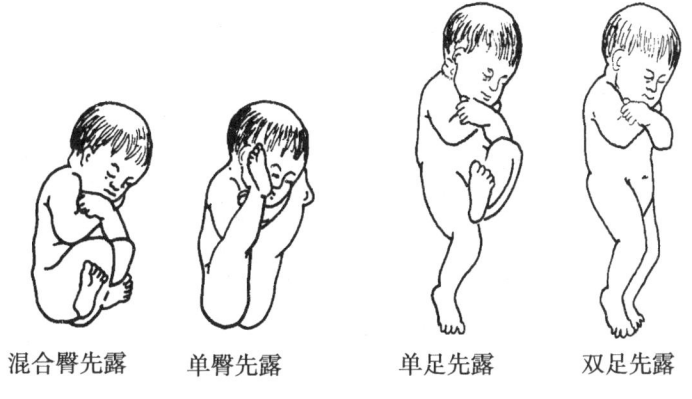

图 14-6 臀先露的种类

(混合臀先露　单臀先露　单足先露　双足先露)

(四) 胎方位

胎儿先露部的指示点与母体骨盆的关系称为胎方位 (fetal position)，简称胎位。枕先露以枕骨、面先露以颏骨、臀先露以骶骨、肩先露以肩胛骨为指示点。根据指示点与骨盆前后左右的关系又有不同的胎位。如枕先露时，胎儿枕骨位于母体骨盆的左前方，应为枕左前位。其余类推 (表 14-2)。

胎产式、胎先露、胎方位的关系及种类见表 14-2。通过腹部视诊、触诊和必要的肛门指检、阴道检查及 B 型超声检查，确定胎产式、胎先露、胎方位。

表14-2 胎产式、胎先露和胎方位的关系及种类

胎产式	胎先露		胎方位		
纵产式 (99.75%)	头先露 (95.75% ~ 97.75%)	枕先露 (95.55% ~ 97.55%)	枕左前 (LOA)	枕左横 (LOT)	枕左后 (LOP)
			枕右前 (ROA)	枕右横 (ROT)	枕右后 (ROP)
		面先露 (0.2%)	颏左前 (LMA)	颏左横 (LMT)	颏左后 (LMP)
			颏右前 (RMA)	颏右横 (RMT)	颏右后 (RMP)
	臀先露 (2% ~ 4%)		骶左前 (LSA)	骶左横 (LST)	骶左后 (LSP)
			骶右前 (RSA)	骶右横 (RST)	骶右后 (RSP)
横产式 (0.25%)	肩先露 (0.25%)		肩左前 (LSCA)		肩左后 (LSCP)
			肩右前 (RSCA)		肩右后 (RSCP)

自测题

扫码测验

第三节 异位妊娠

案例导入

患者，女，30岁，已婚，停经39天，阴道少量出血10天，伴右下腹疼痛5天。患者结婚1年，平素月经规律，婚后性生活正常，未严格避孕。10天前开始出现少量阴道出血，以为是月经来潮，但量少于平素月经量，一直淋漓至今；5天前出现右下腹胀痛不适，遂来诊。体检：右附件区增厚、轻压痛；尿妊娠试验（+）。血 hCG：1200 mIU/ml。

问题与思考：
1. 初步诊断和诊断依据是什么？应与哪些疾病相鉴别？
2. 为明确诊断，需要进一步做哪些检查？
3. 应该如何治疗？

受精卵在子宫腔正常着床部位以外着床发育，称为"异位妊娠"（ectopic pregnancy），习称"宫外孕"（extrauterine pregnancy）。根据受精卵异常着床部位，分为输卵管妊娠、卵巢妊娠、腹腔妊娠、宫颈妊娠及子宫残角妊娠等。异位妊娠中，以输卵管妊娠最多见，占95%以上。输卵管妊娠的发病部位以壶腹部最多，占55%～60%；其次为峡部，占20%～25%；再次为伞端，占17%；间质部妊娠最少，仅占2%～4%。输卵管妊娠是妇产科常见急腹症之一，当输卵管妊娠发生流产或破裂时，可引起腹腔内严重出血。本节主要讨论输卵管妊娠。

一、病因病理

（一）病因

1. 慢性输卵管炎 造成输卵管妊娠的主要原因。慢性炎症可使输卵管黏膜皱襞粘连，导致管腔狭窄，输卵管周围粘连，管形扭曲。

2. 输卵管手术后 输卵管绝育后复通术或输卵管成形术，或绝育术后形成输卵管瘘管或再通，可因瘢痕使管腔狭窄、通畅不良而导致输卵管妊娠。

3. 输卵管发育或功能异常 输卵管发育异常，如过长、肌层发育不良、黏膜纤毛缺如、双管输卵管、额外伞部等，也是导致输卵管妊娠的原因之一。输卵管壁的运动、纤毛摆动、黏膜分泌等受雌、孕激素的调节，如两种激素平衡失调，也会影响受精卵的运送而发生输卵管妊娠。

4. 避孕失败 宫内节育器避孕失败，极易发生异位妊娠。

5. 其他 盆腔子宫内膜异位症、子宫肌瘤、卵巢肿瘤压迫、辅助生殖技术等。

（二）病理

1. 输卵管妊娠的特点及结局 输卵管管腔狭窄、管壁肌层纤薄，黏膜下组织缺乏，无法形成完好蜕膜，受精卵着床后不能正常生长发育，常发生以下结局。

(1) 输卵管妊娠流产：多发生在输卵管壶腹部，其生长发育多向管腔膨出，因包膜组织脆弱，常在妊娠6～12周破裂，出血使孕卵落入管腔，由于接近伞端，易被挤入腹腔，如胚胎全部完整地剥离流入腹腔，流血量往往较少，形成输卵管完全流产。有时胚胎分离后仍滞留于输卵管内，血液充满管腔，形成输卵管血肿。胚胎死亡后，多数被吸收，但亦可形成输卵管血性胎块，如输卵管血肿机化，血红蛋白消退后，亦可形成肉样胎块，当壶腹部妊娠不全流产时，滋养叶细胞可在相当长的时间内仍保存有活力，且能继续侵蚀输卵管组织引起出血。由于反复出血，血液凝聚于伞端及输卵管周围，形成输卵管周围血肿，最后由于出血较多，腹腔内血液多聚集在子宫直肠窝而形成子宫后血肿。

(2) 输卵管妊娠破裂：多发生在输卵管峡部妊娠6周左右，由于管腔狭窄，孕卵绒毛向管壁侵蚀肌层及浆膜，最后穿透管壁，形成输卵管破裂。输卵管妊娠破裂可引起输卵管壁内较大血管的裂伤，血液直接流入腹腔，出血常较严重，可危及生命。峡部破裂发生时间较早，在受孕第1周即可发生（孕卵在受精后3～6天即具有植入能力），故可无闭经史，而临床已出现异位妊娠症状，在间质部着床的胚胎，可发育到3～4个月才开始破裂，出血极为严重。

在迁延性病例，常无法分清流产型或破裂型，因两种类型常交错出现，在临床上常可遇到输卵管不全流产后，由于残留绒毛的继续生长发育而又发生输卵管破裂。

(3) 输卵管妊娠胚胎停止发育并吸收：这种情况常在临床上被忽略，依靠hCG进行诊断，但若血hCG水平很低，常被诊断为未知部位妊娠，不容易与宫内妊娠隐性流产相鉴别。

(4) 继发腹腔妊娠：输卵管妊娠破裂或流产时，胎儿已从穿孔处或伞端排出，而胎盘仍然附着于管壁或从破裂处向外生长，附着在子宫、输卵管、阔韧带、盆壁等处而形成继发性腹腔妊娠。

(5) 陈旧性异位妊娠：输卵管妊娠流产或破裂，若长时间反复内出血形成的盆腔血肿不消退，血肿机化变硬并与周围组织粘连。若机化包块存在多年，可钙化形成石胎。

(6) 盆腔血肿及感染：积聚在直肠子宫陷凹的血肿可通过腹膜的结缔组织反应渐渐变为一层结缔组织，包绕并与周围邻近器官粘连。

2. 子宫内膜的变化 输卵管妊娠时，受内分泌的影响，子宫内膜呈蜕膜改变，蜕膜的存在与否由孕卵的存亡决定，输卵管妊娠的胚胎仅生存一个较短的时期，胚胎死亡后，子宫蜕膜常脱落，排出的组织不见绒毛，组织学检查无滋养细胞，此时血hCG下降。子宫内膜形态学改变呈多样性，若胚胎死亡已久，内膜可呈增殖期改变，有时可见Arias-Stella（A-S）反应，镜检见内膜腺体上皮细胞增生、增大，细胞边界不清，腺细胞排列成团突入腺腔，细胞极性消失，细胞核肥大、深染，细胞质有空泡。

二、临床表现

输卵管妊娠的临床表现与孕卵在输卵管的着床部位、有无流产或破裂、腹腔内出血量及发病时间有关。输卵管妊娠流产或破裂前，症状和体征均不明显，除短期停经及妊娠表现外，有时出现一侧下腹胀痛，检查时输卵管正常或有肿大。在输卵管妊娠流产或破裂后，则临床表现典型而明显。

(一) 症状

典型症状为停经、腹痛与阴道流血，即异位妊娠三联征。

1. 停经 输卵管妊娠部位不同，停经时间不同。间质部妊娠停经时间较长，多达6～8周。20%～30%患者无停经史，在受孕1周内即可出现输卵管妊娠破裂出血，而误认为月经延期。

2. 腹痛 输卵管妊娠的主要症状，患者多因突发性腹痛就诊，其发生率在90%以上，开始常为患侧下腹剧烈疼痛，如撕裂感，随即可能波及全腹，疼痛的程度和性质与内出血的量及速度有关，血凝集于盆腔最低处（子宫直肠陷凹），而引起肛门处严重坠痛。

3. 阴道不规则流血 出血常呈不规则点滴状，深褐色，需在去除病灶（手术或药物）后才能完全停止。有少数病例的阴道流血较多，流血除来源于子宫内膜剥脱外，有人认为系来自输卵管。

4. 晕厥与休克 患者在腹痛的同时，常有头晕、眼花、出冷汗、心悸，甚至晕厥。晕厥和休克的程度与出血的速度及量有关。

5. 腹部包块 输卵管妊娠流产或破裂时形成的血肿时间较久者，血液凝固并与周围组织或器官发生粘连形成包块，包块较大或位置较高者，腹部可扪及。

（二）体征

1. 全身检查 体温一般正常，腹腔出血不多时，血压可代偿性轻度升高；出血多时血压下降，脉搏变快、变弱，出现面色苍白等休克表现。

2. 腹部检查 下腹部有明显的压痛、反跳痛，以患侧最为显著，内出血量多时可出现移动性浊音体征，出血缓慢者或就诊较晚者形成血肿，可在腹部触到半实质感、有压痛的包块；若反复出血并积聚，包块可不断增大、变硬。

3. 妇科检查 阴道后穹隆常常饱满、有触痛，子宫颈有明显的抬举痛；在内出血多者，检查时常觉子宫有漂浮感，子宫正常大或稍大，稍软，子宫一侧可触及胀大的输卵管；就诊时间较迟者，可在子宫直肠窝处触到半实质包块，时间愈长，则血块机化变硬越明显。输卵管间质部妊娠时，子宫大小与停经月份基本符合，但子宫不对称，一侧角部突出，破裂所致的征象与子宫破裂极为相似。

> **要点提示**：异位妊娠中90%以上是输卵管妊娠，以停经、腹痛、阴道出血为三主症。

三、实验室检查及其他辅助检查

1. 绒毛膜促性腺激素测定 尿或血hCG测定对早期诊断异位妊娠至关重要。正常妊娠早期，β-hCG量会隔日翻倍。而86.6%的异位妊娠，其倍增缓慢，且其β-hCG的绝对值亦低于正常妊娠。

2. 超声检查 超声检查对异位妊娠诊断必不可少，有助于明确异位妊娠的部位和大小，阴道超声检查较腹部超声检查准确性高。声像特点表现为：宫腔内空虚，宫旁出现低回声区，内见血流信号，其内探及胚芽及原始心管搏动，可助于诊断。即使宫外未探及异常回声，也不能排除异位妊娠。需要注意鉴别子宫内假妊娠囊（蜕膜管型与血液形成），不要误诊为宫内妊娠。超声检查与血hCG测定相结合，更有利于诊断异位妊娠。

3. 阴道后穹隆穿刺 为目前诊断异位妊娠应用比较广泛的方法，简单、可靠，适用于有腹腔内出血的患者，若抽出黯红色不凝固血液，说明有血腹症存在。陈旧性宫外孕时，可抽出小血块或不凝固的陈旧血液。

4. 腹腔镜检查 对不典型的病例应用腹腔镜检查有一定价值，可详细观察宫外孕的部位及其与周围脏器的关系和粘连状态。目前很少将腹腔镜作为检查的手段，而更多将其作为手术治疗的方法。

5. 诊断性刮宫 目前较少用。将宫腔排出物或刮出物做病理检查。仅适用于阴道出血较多的患者，目的是排除宫内妊娠，如见到绒毛，可诊断为宫内妊娠；如仅见蜕膜而无绒毛，可考虑异位妊娠，但不能作为确诊依据。

要点提示：血 hCG 测定和超声检查是确诊异位妊娠最重要的辅助检查。

四、诊断和鉴别诊断

（一）诊断依据

1. 育龄期女性有性生活史，有或无停经史，不规则阴道出血伴腹痛。
2. 妇科检查阳性表现。
3. 后穹隆穿刺抽出不凝血是宫外孕破裂重要的诊断依据。
4. 血 β-hCG 升高，超声检查宫内未发现孕囊，而在一侧附件区发现低回声光团是诊断的主要依据。

（二）鉴别诊断

异位妊娠应与流产、急性阑尾炎、急性盆腔炎、卵巢囊肿蒂扭转等疾病相鉴别。

表14-3 异位妊娠的鉴别诊断

	输卵管妊娠	流产	急性盆腔炎	急性阑尾炎	卵巢囊肿蒂扭转
停经史	多有	有	无	无	无
腹痛	突发下腹一侧撕裂样剧痛并全腹扩散	下腹中央阵发性坠痛	下腹部持续钝痛	转移性右下腹持续疼痛	突发性下腹一侧绞痛，伴恶心、呕吐
阴道流血	不规则少量或点滴状，暗红色可见蜕膜管型	量由少到多，色鲜红，有块或绒毛	无	无	无
休克	程度与阴道流血量不成正比	程度与阴道流血量成正比	无	无	无
腹部检查	下腹有压痛、反跳痛及肌紧张，可有移动性浊音或包块	腹软，无压痛	下腹有压痛、反跳痛及肌紧张	麦氏点有压痛、反跳痛及肌紧张	下腹一侧压痛，可触及包块
妇科检查	子宫稍大、略软，后穹隆饱满、触痛，宫颈举痛，宫旁触及压痛包块	子宫增大、有压痛、变软，宫旁无包块	子宫正常大小，双侧附件区增厚，压痛明显	子宫及附件正常，右下腹压痛部位较高	子宫正常大小，宫旁一侧触及包块，触痛明显
阴道后穹隆穿刺	抽出陈旧不凝固血液	无或脓液	抽出渗出液或脓液	无	无
末梢血象	红细胞和血红蛋白进行性下降，白细胞正常或稍多	正常	白细胞增多	白细胞增多	白细胞增多

五、治疗和预防

异位妊娠的治疗包括手术治疗、药物治疗和期待治疗。

（一）治疗原则

本病治疗应视病情而定，若能在早期尚未破裂时确诊，可采用中西医结合药物治疗。优点是免除了手术创伤，可保留患侧输卵管并恢复其功能。若已发生流产或破裂，则以手术治疗为主，防止大出血。中医辨证本病属少腹血瘀的实证，治疗始终以活血化瘀为主，适用于早期轻症或陈旧性病例。

（二）具体治疗

1. 化学药物治疗 主要适用于病情稳定的异位妊娠及保守性手术后发生持续性异位妊娠者。

符合下列条件者，可进行药物治疗：①无破裂性输卵管部妊娠，孕囊直径小于 5 cm，腹腔内游离液小于 100 ml，β-hCG 小于 1000 mIU/L；②无心、肝、肾及血液异常；③某些特殊情况，如宫角部妊娠、宫颈部妊娠。

下列情况禁止使用化学药物治疗：①明显内出血症状；②超声提示有胎心搏动；③β-hCG 大于 1000 mIU/L；④严重肝肾损害及造血功能低下。此法常用药物为甲氨蝶呤（MTX），静脉给药，也可经腹腔镜于伞端给药，或于宫腔或盆腔注入药物。近年有学者利用抗早孕原理，应用米非司酮进行治疗。

2. 手术治疗 手术治疗的方式有两种：一是切除患侧输卵管，有绝育要求者可同时结扎；二是保留患侧输卵管手术，即保守性手术。保守性手术适用于有生育要求的年轻妇女，特别是对侧输卵管已切除或有明显病变者。手术若采用显微外科技术，可提高以后的妊娠率。保守性手术除开腹进行外，近年也多应用腹腔镜进行手术。

手术治疗适应证：①生命体征不稳定或有腹腔内出血征象者；②异位妊娠有进展者（血 hCG > 3000 U/L 或持续升高、有胎心搏动、附件区大包块等）；③随诊不可靠者；④有药物治疗禁忌证或无效者；⑤持续性异位妊娠者。

（1）保守性手术：适用于有生育要求的年轻女性，特别是对侧输卵管已经切除或有明显病变者。随着异位妊娠早期诊断率明显提高，采用保守性手术者明显增多。

（2）根治手术：适用于无生育要求的输卵管妊娠、内出血并发休克的急症患者。重症患者应在积极纠正休克的同时，手术切除输卵管，并酌情处理对侧输卵管。输卵管间质部妊娠应争取在破裂之前手术，从而避免大出血危及生命。手术应采取子宫角部楔形切除及患侧输卵管切除，必要时切除子宫。

输卵管妊娠手术通常在腹腔镜下进行，除非生命体征不稳定，需要快速止血并完成手术。腹腔镜手术住院时间短、手术创伤小、术后康复快。

另外，异位妊娠急性大出血时，在缺乏血源的情况下，可进行自体血回输进行抢救。但注意回收腹腔内血液必须符合以下条件：妊娠 < 12 周，胎膜未破；出血时间 < 24 h；血液未受污染；镜下红细胞破裂率 < 30%。

3. 期待治疗 对于病情稳定、血清 hCG 水平较低（< 1500 U/L）且呈下降趋势的患者，可以选择期待疗法；但必须向患者说明病情并征得其同意。

（三）预防

1. 做好避孕措施，减少人工流产，预防输卵管损伤及流产后感染。
2. 积极治疗输卵管炎、盆腔炎、盆腔肿瘤等疾病。
3. 保守治疗过程中要绝对卧床休息。
4. 对已破损、血压平稳、包块已形成者，应鼓励患者适当活动，减少粘连，尽量避免增加腹压，以防再度破裂。
5. 对已破裂或流产者，应尽量清除腹腔积血，以免形成粘连。

> **知识链接**
>
> **子宫残角妊娠**
>
> 　　子宫残角妊娠指受精卵在残角子宫内着床并生长发育，多发生于初产妇。残角子宫为子宫先天发育畸形，是胚胎期副中肾管会合过程中出现异常而导致一侧副中肾管发育不全的结局。表现为除正常子宫外，尚可见一较小子宫，宫腔内有时可见内膜线。残角子宫肌壁多发育不良，不能承受胎儿生长发育，多数于妊娠 14～20 周发生肌层完全破裂或不完全破裂，引起严重内出血，症状与输卵管间质部妊娠破裂相似。偶有妊娠达足月者，分娩期亦可出现宫缩，但不能经阴道分娩，胎儿往往在临产后死亡。子宫残角妊娠确诊后应及早手术，切除残角子宫。若为活胎，应先行剖宫产，然后切除残角子宫。

自测题

扫码测验

第四节　前置胎盘

> **案例导入**
>
> 　　孕妇，25 岁，因停经 34 周、阴道流血 2 次就诊。产科检查：宫高 34 cm，腹围 100 cm，胎方位 LOA，胎心率 135 次/分，无宫缩，子宫张力正常，宫体无压痛，未行肛查。B 超：头位，宫内单活胎，双顶径 9.2 cm，股骨长度 7.0 cm，羊水指数 16 cm，胎盘子宫前后壁 Ⅱ 级，下缘覆盖宫颈内口。
>
> 　　问题与思考：
> 　　1. 该患者可能的诊断是什么？请列出诊断依据。
> 　　2. 为明确诊断，还需进行哪些检查？
> 　　3. 应如何治疗？

　　前置胎盘（placenta previa）是指妊娠 28 周后，胎盘附着于子宫下段，胎盘下缘达到或覆盖宫颈内口，其位置低于胎先露部。前置胎盘是妊娠晚期出血的主要原因，发生率为 0.24%～1.57%。

一、病因和病理

　　前置胎盘的病因目前尚不清楚。高龄产妇（>35 岁）、多次流产史、宫腔操作史、产褥感染史、剖宫产史、经产妇及多产妇、吸烟和吸毒等为高危因素。可能的病因如下。

　　1. 子宫内膜病变或损伤　剖宫产、子宫手术史、多次流产刮宫史、产褥感染、盆腔炎等可引起子宫内膜炎或萎缩性病变。受精卵植入受损的子宫内膜，子宫蜕膜血管形成不良造成胎盘血供不足，为了摄取足够营养，胎盘延伸到子宫下段以增大面积。

2. 胎盘异常　主要是指胎盘形态和大小异常的情况（如副胎盘、膜状胎盘等）。如胎盘位置正常而副胎盘位于子宫下段、接近宫颈内口；胎盘面积过大和膜状胎盘大而薄、延伸至子宫下段；双胎较单胎妊娠前置胎盘的发生率高1倍。

3. 受精卵滋养层发育迟缓　滋养层尚未发育到可以着床的阶段时，受精卵已经到达宫腔，继续下移，着床于子宫下段，进而发育成前置胎盘。

4. 辅助生殖技术　促排卵药物的使用改变了体内性激素水平，由于受精卵的体外培养和子宫内膜的发育不同步，人工植入时子宫内膜并未处在最佳容受期，导致受精卵着床于子宫下段。

妊娠晚期或临产后，子宫下段逐渐伸展，位于宫颈内口的胎盘不能相应伸展，导致前置部分的胎盘与附着面剥离，胎盘血窦破裂，引起出血。

二、分类

根据胎盘边缘与宫颈内口的关系，前置胎盘可分为以下4种类型（图14-7）。

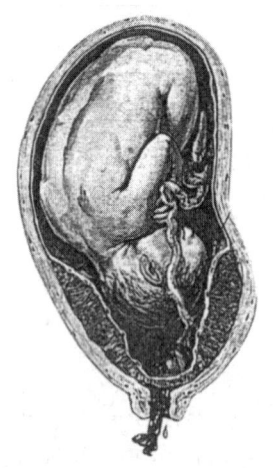 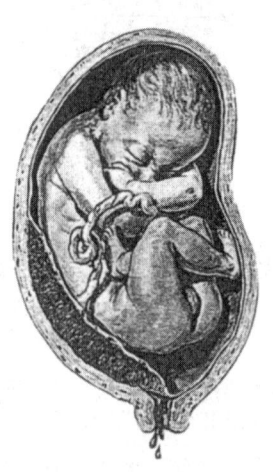 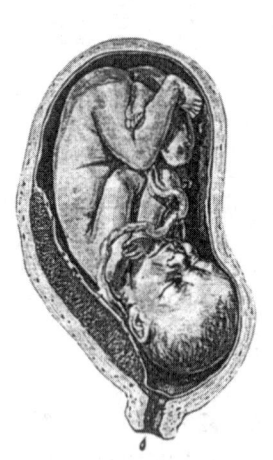

A. 完全性前置胎盘　　　　B. 部分性前置胎盘　　　　C. 边缘性前置胎盘

图14-7　前置胎盘类型

1. 完全性前置胎盘（complete placenta previa）　宫颈内口全部被胎盘所覆盖，又称为中央性前置胎盘。

2. 部分性前置胎盘（partial placenta previa）　宫颈内口部分被胎盘所覆盖。

3. 边缘性前置胎盘（marginal placenta previa）　胎盘边缘附着于子宫下段，但不超过宫颈内口。

4. 低置胎盘（low lying placenta）　胎盘附着于子宫下段，边缘距宫颈内口＜2 cm。由于子宫下段的形成、宫颈管消失、宫口扩张等因素，胎盘边缘与宫颈内口的关系随孕周的不同时期而改变。目前临床上以处理前最后一次检查结果来确定其分类。

> **要点提示**：前置胎盘不同类型间的区别主要是由胎盘和宫颈内口的关系决定的。

> **知识链接**
>
> **凶险性前置胎盘**
>
> 既往有剖宫产或子宫肌瘤剔除术史，此次妊娠为前置胎盘者，胎盘附着于原手术瘢痕部位，并发生胎盘粘连、植入，其发生致命性大出血的风险高，称为凶险性前置胎盘（pernicious placenta previa）。

三、临床表现

前置胎盘多发于35岁以上高龄产妇、经产妇及多产妇、吸烟和吸毒妇女，以及有人工流产史、子宫内膜创伤史、胎盘异常史者等。

1. 症状 典型症状为妊娠晚期或临产时发生无诱因、无痛性反复阴道流血。阴道流血的时间、出血量的多少、反复出血的次数取决于前置胎盘的类型：①完全性前置胎盘初次出血早，多在妊娠28周左右，反复出血；②边缘性前置胎盘初次出血较晚，多在妊娠37~40周或临产后，量也较少；③部分性前置胎盘初次出血时间和量介于上述两者之间。

2. 体征 患者一般情况与出血量有关，大量出血可见面色苍白、脉搏弱而快、血压下降，甚至出现休克。腹部检查：子宫软，大小与孕周一致，无压痛，先露部高浮，部分有胎位异常；有时可在耻骨联合上方闻及胎盘杂音；临产时检查宫缩为阵发性。

> **要点提示**：前置胎盘的典型症状是妊娠晚期或临产后发生无诱因、无痛性反复阴道流血。

四、辅助检查

1. 超声检查 可清楚显示子宫壁、胎盘、胎先露部及宫颈的位置，有助于确定前置胎盘类型。阴道超声检查能更准确地确定胎盘边缘和宫颈内口的关系，准确率高于腹部超声检查，但需注意妊娠周数，妊娠中期若发现胎盘前置，不宜诊断为前置胎盘，而应称为胎盘前置状态。

2. 磁共振检查 怀疑合并胎盘植入者，了解胎盘植入子宫肌层的深度、是否侵及膀胱等，可选择磁共振检查，尤其是对于凶险性前置胎盘的诊断更有帮助。

3. 产后检查胎盘及胎膜 前置部位的胎盘母体面有黑紫色陈旧血块附着，或胎膜破口距胎盘边缘距离＜7cm则为前置胎盘。

五、诊断和鉴别诊断

（一）诊断依据

1. 有高危因素 既往有多次流产史、宫腔操作史、产褥感染史、高龄、剖宫产史、多孕多产史等。

2. 典型的临床表现 妊娠晚期或临产时出现无诱因、无痛性反复阴道流血的典型症状和相关体征。

3. 超声检查阳性表现 主要的诊断依据。

（二）鉴别诊断

主要与胎盘早剥、早产、胎盘边缘血窦破裂、帆状胎盘等疾病鉴别。

> 要点提示：诊断首选阴道超声检查，怀疑合并胎盘植入时可行磁共振检查。

六、对母儿影响

1. 产后出血 前置胎盘的患者娩出胎儿后，子宫下段肌肉组织菲薄，收缩力差，附着于此的胎盘不易完全剥离。一旦剥离，则开放的血窦较难关闭，因此较易引起产后出血，而且出血量多、不易控制。如果行剖宫产，当子宫切口无法避开附着于前壁的胎盘时，会导致出血明显增多。

2. 胎盘植入 胎盘置于子宫下段，但子宫下段蜕膜发育不良，胎盘绒毛容易穿透底蜕膜，侵入子宫肌层，使胎盘剥离不全而发生产后出血。

3. 产褥感染 多数产妇因反复失血而致贫血，免疫力下降，细菌经阴道上行侵入靠近宫颈外口的胎盘剥离面，容易发生产褥期感染。

4. 围生儿预后不良 前置胎盘容易导致早产，故治疗性早产率、低体重儿出生率和新生儿死亡率均增加。另外，出血量多可致胎儿窘迫，甚至缺氧死亡。

七、治疗和预防

（一）治疗原则

抑制宫缩、止血、纠正贫血和预防感染，提高胎儿存活率。根据阴道流血量、孕周、产次、胎位、有无休克、是否临产、胎儿是否存活及前置胎盘类型等综合判断。

（二）具体治疗

1. 期待疗法 目的是在保证孕妇安全的前提下尽可能延长孕龄，提高围生儿存活率。适用于妊娠<34周、胎儿体重<2000 g、阴道流血不多、胎儿存活、一般情况良好的孕妇。①绝对卧床休息，左侧卧位；②每天吸氧3次，每次1 h；③保持心态平和，可适当应用地西泮等镇静剂；④密切观察阴道流血量，禁做阴道检查及肛查，超声检查时操作应轻柔；⑤进行胎儿监护；⑥纠正孕妇贫血状态，可给予硫酸亚铁等补血，必要时输血；⑦宫缩抑制剂使用25%硫酸镁，也可用沙丁胺醇口服；⑧促使胎儿肺成熟。

2. 终止妊娠

（1）指征：①出血量大甚至休克者，为挽救孕妇生命，无论胎儿成熟与否，应立即终止妊娠；②临产后诊断的前置胎盘，出血量较多，估计短时间内不能分娩者，也应终止妊娠；③胎龄未达36周，出现胎儿窘迫征象或胎儿监护发现胎心异常者，均应终止妊娠；④无临床症状的前置胎盘，根据类型决定分娩时机。

（2）剖宫产：能迅速结束分娩，达到止血目的，使母儿相对安全，是目前处理前置胎盘的主要手段。手术应当由技术娴熟的医师实施，做好分级手术的管理。术前积极纠正贫血、预防感染、出血及备血，做好处理产后出血和抢救新生儿的准备。胎儿娩出后，立即经子宫肌壁注射缩宫素，出血仍多时，可选用前列腺素类或麦角新碱药物。局部缝合开放血窦，采取多种方法止血。若各项措施均无效，则与家属充分沟通后进行子宫切除术。

在剖宫产中若发现子宫下段有局限性怒张血管，前置胎盘着床在前次剖宫产切口处，应高度警惕胎盘植入，充分做好抢救产妇和新生儿的准备。

（3）阴道分娩：利用胎先露部压迫胎盘达到止血目的，此法仅适用于边缘性前置胎盘、枕先露、流血不多、估计在短时间内能结束分娩者。人工破膜后，若胎先露部下降不理想，仍有出血，或分娩进展不顺利，应立即改行剖宫产术。

3. 紧急转送的处理 患者阴道大量流血，而当地无条件处理时，先输液、输血，在消毒下进行无菌纱布阴道填塞、腹部加压包扎，以暂时止血，并迅速转送上级医院治疗。

(三）预防

1. 做好避孕，避免多次刮宫，防止多产，以免发生子宫内膜损伤或子宫内膜炎。
2. 加强产前检查及宣教，使妊娠期出血能得到及时治疗，早期诊断，正确处理。
3. 期待治疗期间，应严密观察阴道流血、胎心、胎动，检查胎盘功能，做好终止妊娠前的准备。

自测题

扫码测验

第五节　胎膜早破

案例导入

患者，女，35 岁，因停经 32^{+4} 周、阴道流液 1 h 就诊。患者既往月经正常，4～5/30 天，经量中等，无痛经。现停经 32^{+4} 周，产检超声提示宫内双胎妊娠；1 h 前起身走动时感觉有液体自阴道流出。G2P1，10 年前剖宫产一女婴，体健。妇科检查：外阴（-），阴道（-），后穹隆有积液池形成；宫颈光滑，宫颈口有少量液体流出。

问题与思考：
1. 该患者可能的诊断是什么？请列出诊断依据。
2. 为明确诊断，还需进行哪些检查？
3. 应如何治疗？

胎膜早破（premature rupture of membrane，PROM）是指在临产前胎膜自然破裂。胎膜早破可导致早产率升高，围生儿病死率增加，宫内感染率及产褥感染率均升高；胎膜早破孕周越小，围生儿预后越差。发生率为分娩总数的 2.7%～17%。

一、病因与病理

1. 生殖道感染　胎膜早破的最重要原因。常见病因为厌氧菌、衣原体、B 族链球菌和淋病奈瑟菌等上行侵袭宫颈内口局部胎膜，胎膜局部张力下降而导致胎膜早破。

2. 胎膜受力不均　子宫颈内口松弛、宫腔内压力异常（头盆不称和胎位异常致宫腔内压力不均）。

3. 羊膜腔压力升高　双胎妊娠、羊水过多、剧烈咳嗽和排便困难等导致宫腔内压力过大，创伤和机械性刺激等也可引起胎膜破裂。

4. 营养因素　孕妇铜、锌及维生素等缺乏，影响胎膜的胶原纤维、弹力纤维合成，导致胎膜弹性下降，容易引起胎膜早破。

临产前胎膜提早破裂，可致使早产、脐带脱垂、宫腔炎症等病理变化。

二、临床表现

破膜后，孕妇突感阴道有液体流出，开始量大，继而间断少量排出，羊膜破口很小时，流出的羊水量少，腹压增加、负重时羊水流出增多。阴道窥器检查见阴道后穹窿有羊水积聚或有羊水自宫口流出，即可确诊。

三、实验室检查及其他辅助检查

1. 阴道分泌物 pH 值测定 可用试纸法测定，如 pH ≥ 7，多已破膜。因阴道内环境 pH 值为 4.5 ~ 5.5，而羊水 pH 值为 7 ~ 7.5。

2. 阴道液体涂片 查见羊齿状结晶，用 0.5‰美兰染色查见淡蓝色或不着色的胎儿上皮及毳毛；用 0.1% ~ 0.5% 硫酸尼罗兰染色，查见橘黄色胎儿上皮细胞，均可诊断胎膜早破。

3. 羊膜镜检查 可直视到胎先露，见不到羊膜囊。

4. 阴道窥器检查 可见液体自宫颈口流出或后穹窿有积液形成。

5. 超声检查 可发现羊水量明显减少。

四、诊断

胎膜早破的诊断依据如下。

（1）结合病史和临床表现：孕妇自述阴道有液体流出。

（2）实验室检查及辅助检查阳性表现：阴道检查见阴道后穹窿有羊水积聚，或有羊水自宫口流出是确诊的重要依据。

五、对母儿的影响

1. 对母体的影响

（1）感染：宫内感染的风险随破膜时间延长和羊水量减少而增加。

（2）胎盘早剥：胎膜早破后宫腔压力改变，容易发生胎盘早剥。

（3）剖宫产率增加：羊水减少导致脐带受压、宫缩不协调和胎儿窘迫时需要终止妊娠，使剖宫产率增加。

2. 对围生儿的影响

（1）早产：胎膜早破是早产的主要原因之一。胎膜早破发生越早，早产儿预后越差。

（2）感染：新生儿吸入性肺炎、颅内感染及败血症等发生率增加。

（3）脐带脱垂及受压：羊水过多及胎先露未衔接者发生胎膜早破时脐带脱垂的风险增高；羊水减少，脐带受压，可致胎儿窘迫。

（4）胎肺发育不良及胎儿受压：破膜时孕周越小，胎肺发育不良的可能性越大。继发羊水过少时间长时，可导致胎儿受压，进而影响其骨骼发育。

六、治疗和预防

（一）治疗原则

应针对胎膜早破的常见并发症（早产、感染及脐带脱垂）采取防治措施。若胎儿已经成熟，可终止妊娠；胎儿未成熟时应延长孕周。

（二）具体治疗

1. 期待疗法 对于 28 ~ 35 周、胎膜早破不伴感染、羊水平段 ≥ 3 cm 者，采取保守治疗。嘱孕妇绝对卧床，头低臀高位，以防脐带脱垂，尤其是臀位和双胎产妇。密切关注产妇生命体征和血常规，必要时可催熟胎肺，有宫缩者抑制子宫收缩；保持外阴清洁，避免不必要的肛诊和阴道检查。若胎膜早破超过 12 h，应给予抗生素预防感染。

2. 终止妊娠　应根据孕周、母胎状况、当地新生儿救治水平及孕妇和家属的意愿进行综合决策；如果终止妊娠的益处大于期待治疗，则应考虑终止妊娠。

（1）妊娠 < 24 周的胎膜早破，母胎感染风险较大、胎儿存活率极低者，以引产为宜；妊娠 24 ~ 27 周末的胎膜早破，可根据新生儿抢救能力、孕妇和家属意愿决定是否引产。

（2）对于明确诊断的绒毛膜羊膜炎、胎儿窘迫、胎盘早剥等不宜继续妊娠者，无论孕周如何都应终止妊娠，根据情况选择引产或剖宫产。

（3）孕龄 > 35 周，胎肺成熟，宫颈成熟，无禁忌者可引产；当胎儿窘迫、胎位异常、宫颈不成熟等现象出现时，可选择剖宫产终止妊娠。

> **要点提示**：根据孕周确定处理方案：足月胎膜早破应及时终止妊娠。未足月胎膜早破应根据孕周、母胎状况、当地新生儿救治水平及孕妇和家属的意愿进行综合决策。

（三）预防保健

1. 加强围生期保健，预防生殖道感染。
2. 孕中晚期不要进行剧烈活动，避免增加腹压，孕晚期禁止性生活。
3. 补充足量维生素、钙、锌、铜等营养素。
4. 宫颈内口松弛者，于妊娠 14 ~ 16 周行宫颈环扎术并卧床休息。

自测题

扫码测验

第六节　子宫肌瘤

> **案例导入**
>
> 患者，女，45 岁，因月经周期缩短、经期延长及经量增多 1 年就诊。患者既往月经正常，3 ~ 4/30 天，经量中等，无痛经。近 1 年来月经周期缩短，经期延长 8 ~ 10/24 天，经量明显增多，无痛经。G1P1，15 年前足月顺产。上节育环已 14 年。妇科检查：外阴（−），阴道（−），宫颈光滑，子宫如孕 12 周大小，表面凹凸不平，质硬，无压痛，活动度尚可，双侧附件（−）。
>
> 实验室检查：WBC 5.3×10^9/L，RBC 3.2×10^{12}/L，Hb 75 g/L，PLT 180×10^9/L。
>
> 问题与思考：
> 1. 该患者可能的诊断是什么？请列出诊断依据。
> 2. 为明确诊断，还需进行哪些检查？
> 3. 应如何治疗？

子宫肌瘤（uterine myoma）是女性生殖器官最常见的良性肿瘤，由子宫平滑肌组织增生而成，其有少量纤维结缔组织。好发于30～50岁女性，20岁以下少见。因很多患者无症状，或肌瘤较小，故临床报道的发病率远低于其真实的发病率。根据尸检资料统计，30岁以上女性约20%有子宫肌瘤。

一、病因与病理

（一）病因

本病的确切病因尚未明了，根据其好发于育龄女性，青春期前少见，绝经后肌瘤停止生长，甚至萎缩、消失，提示子宫肌瘤的发生可能与女性激素相关。雌激素能使子宫肌细胞增生肥大，肌层变厚，子宫增大。研究证实，肌瘤中雌激素受体浓度明显高于周边肌组织，故认为肌瘤对雌激素的高敏感性是其发生的重要因素之一。孕激素在促进肌瘤细胞有丝分裂、刺激肌瘤生长方面亦发挥重要作用。此外，细胞遗传学研究证实，部分子宫肌瘤存在细胞遗传学异常，如7号染色体长臂部分缺失、12号染色体长臂重排等。分子生物学研究提示，子宫肌瘤由单克隆平滑肌细胞增殖而成，多发性子宫肌瘤由不同克隆平滑肌细胞增殖形成。

（二）病理

大体观子宫肌瘤为实质性球形结节，表面光滑，质地较硬，与周围肌组织界限清楚。肌瘤压迫周围的子宫肌细胞形成假包膜，手术切开包膜后肌瘤容易剥出。肌瘤剖面呈灰白色，旋涡状结构，其颜色与硬度因纤维组织多少而不同。肌瘤的血供由血管穿入假包膜供给，假包膜中的血管呈放射状，受压后易引起循环障碍，使肌瘤发生各种退行性变。

镜下观肌瘤由皱纹状排列的平滑肌细胞相互交叉构成，旋涡状，其间含有不等量的纤维结缔组织。细胞大小均匀，呈卵圆形或杆状，胞核染色较深。

（三）肌瘤分类

按肌瘤所在部位分为宫体肌瘤（占90%）和宫颈肌瘤（占10%）。根据肌瘤发展过程中与子宫肌壁的关系分为3类。

1. 肌壁间肌瘤（intramural myoma） 肌瘤位于子宫肌壁内，周围均被肌层包围，占60%～70%。

2. 浆膜下肌瘤（subserous myoma） 肌瘤向子宫浆膜面生长，并突出于子宫表面，肌瘤表面仅由子宫浆膜层覆盖，约占20%。当瘤体继续向浆膜面生长，仅有一蒂与子宫肌壁相连，形成带蒂的浆膜下肌瘤，由蒂部血管供应营养，常因血供不足产生变性、坏死。若蒂部扭转而断裂，肌瘤脱落至腹腔或盆腔，将形成游离性肌瘤。若肌瘤位于宫体侧壁向宫旁生长，突入阔韧带两叶之间，称阔韧带肌瘤。

3. 黏膜下肌瘤（submucous myoma） 肌瘤向子宫黏膜面生长，突出于宫腔，表面仅由黏膜层覆盖，占10%～15%。肌瘤可使宫腔变形增大，子宫外形无明显变化。黏膜下肌瘤易形成蒂，在宫腔内生长，犹如异物引起子宫收缩，而被挤出宫颈口外。

子宫肌瘤可以单发，亦可为多发，各种类型的肌瘤可发生在同一子宫，称多发性子宫肌瘤。

> **要点提示**：不同部位的肌瘤直接影响患者的临床表现，黏膜下肌瘤因能改变宫腔形态，因而对患者生殖能力和月经量影响较大。

（四）肌瘤变性

肌瘤失去其原有典型结构时称肌瘤变性。常见的变性有以下几种。

1. 玻璃样变性（hyaline degeneration） 最多见。肌瘤剖面旋涡状结构消失，被均匀的透明样物质取代。

2. 囊性变（cystic degeneration） 继发于玻璃样变，组织坏死、液化形成多个囊腔，其间可有结缔组织相隔，也可融合成一个大囊腔，囊内含清澈无色液体或凝固成胶冻状。

3. 红色变性（red degeneration） 为一种特殊类型的坏死，多见于妊娠期或产褥期。其发生原因尚不清楚。患者出现急性腹痛伴发热、呕吐，检查可见肌瘤迅速增大等表现。肌瘤剖面呈暗红色，如半熟的烤牛肉，腥臭，质软，旋涡状结构消失。

4. 肉瘤变（sarcomatous change） 即肌瘤恶变。少见，国内资料显示发病率为0.4%～0.8%。多见于绝经后妇女。绝经后肌瘤在短期内迅速增大或伴不规则阴道流血者，应考虑肉瘤变可能。肉瘤样变后组织软脆，剖面呈灰黄色，似生鱼肉状，界限不清。

5. 钙化（calcification） 多见于蒂部狭小、血供不足的浆膜下肌瘤及绝经后妇女的肌瘤。常有钙盐沉积，形成营养不良性钙化。

二、临床表现

子宫肌瘤多见于育龄期妇女，年龄30～50岁之间，常在体检时偶然发现。

1. 症状 与肌瘤的生长部位、大小、数目及有无变性有关，尤其是与肌瘤的生长部位密切相关。

（1）月经改变：子宫肌瘤最常见的症状，主要表现为经量增多、经期延长或不规则的阴道流血。黏膜下肌瘤出现月经改变较早，而较小的肌壁间肌瘤和浆膜下肌瘤则常无明显症状。与黏膜下肌瘤及大的肌壁间肌瘤造成宫腔增大，内膜面积增加并影响子宫收缩有关。黏膜下肌瘤伴有坏死感染时，可有不规则的阴道流血或脓血性排液。长期经量增多可继发贫血，出现乏力、心悸、面色苍白、头晕、气短等症状。

（2）下腹部包块：肌瘤较小时腹部一般摸不到肿块，当肌瘤增大至超出盆腔时，患者可在下腹部扪及质硬的包块，膀胱充盈时更易扪及，或较大的黏膜下肌瘤可脱出于阴道内，常常是患者就诊的原因。

（3）压迫症状：因肌瘤生长部位及大小不同而出现相应的压迫症状。子宫前壁下段肌瘤可压迫膀胱引起尿频、尿急；宫颈肌瘤压迫尿道可引起排尿困难、尿潴留；而后壁肌瘤压迫直肠则可引起排便困难、下腹坠胀等压迫症状。阔韧带肌瘤或宫颈巨大肌瘤潜入骨盆、压迫输尿管可造成输尿管扩张甚至肾盂积水。

（4）疼痛：肌瘤本身不引起疼痛，当出现下列情况时可引起疼痛：①浆膜下肌瘤蒂扭转时，呈急性腹痛；②肌瘤红色样变时，表现为急性剧烈腹痛伴恶心、呕吐、发热等；③黏膜下肌瘤经宫颈口排出宫腔时，表现为下腹痉挛性疼痛伴腰骶部坠胀，酸痛；④肌瘤较大、压迫盆腔组织及神经，引起下腹部及腰背部疼痛。

（5）白带增多：因肌瘤使宫腔面积增大，内膜腺体分泌增多，伴盆腔充血而致，如黏膜下肌瘤表面易感染，可出现脓性或脓血性分泌物。

（6）不孕与流产：因肌瘤压迫输卵管或宫腔变形不利于受精卵着床易致不孕。黏膜下肌瘤及引起宫腔变形的肌壁间肌瘤可引起流产。

2. 体征 肌瘤大于妊娠3个月子宫大小时，可在下腹部正中扪及质硬、无压痛的结节状包块。妇科检查：子宫呈不规则增大，表面可触及单个或多个结节状突起。浆膜下肌瘤，可触及质硬、球状包块，其蒂与子宫相连。黏膜下肌瘤，子宫多呈均匀增大，若肌瘤脱出于宫颈口或阴道内，可见粉红色、表面光滑的实质性肿块，伴感染者则可有渗出物或溃疡形成。

三、辅助检查

超声检查为最主要的辅助诊断方法。MRI可准确判断肌瘤的大小、数目和位置，但费用较高。必要时还可借助于探针探测宫腔、宫腔镜、腹腔镜、子宫输卵管碘油造影等协助诊断。

四、诊断和鉴别诊断

肌壁间的小肌瘤和浆膜层的肌瘤早期一般没有任何临床表现,仅在查体时发现。对于肌壁间较大肌瘤及黏膜下肌瘤,因其可影响宫腔形态和内膜脱落,症状出现较早。

(一)诊断依据

1. 好发年龄:育龄期女性,30～50岁。
2. 特征性表现:月经改变、下腹部包块及压迫症状等。
3. 超声检查是确诊的主要依据。

(二)鉴别诊断

1. 妊娠子宫 有停经史,早孕反应,子宫随停经月份增大、变软等。利用尿或血 hCG 测定、超声检查可确诊。

2. 卵巢肿瘤 多为偏于子宫一侧的囊性肿块,月经改变不明显。实质性卵巢肿瘤可误认为是带蒂浆膜下肌瘤;肌瘤囊性变可被误诊为卵巢囊肿。应详细询问病史,仔细行三合诊检查,注意肿块与子宫的关系。对鉴别有困难者,应用超声、腹腔镜检查可确诊。

3. 子宫腺肌病 可有经量增多,多数患者有继发性、进行性加重的痛经。子宫呈均匀性增大,但很少大于孕3个月子宫,且有经期子宫增大、经后子宫缩小的特征。两者有时可以并存。

4. 盆腔炎性块物 常有盆腔感染病史。包块边界不清,与子宫粘连或不粘连,有压痛,抗炎治疗后症状、体征好转。超声检查可协助鉴别。

5. 子宫畸形 双子宫或残角子宫易误诊为子宫肌瘤。子宫畸形自幼即有,无月经改变。超声检查、腹腔镜检查、子宫输卵管造影可协助诊断。

五、治疗和预防

(一)治疗原则

治疗分为随访观察、药物治疗、手术治疗和介入治疗4类。必须根据患者年龄、生育要求、症状、肌瘤大小等情况全面考虑治疗方案。

> **要点提示**:掌握临床表现与肌瘤的类型、大小和有无变性相关,最常见的症状是月经改变。

(二)具体治疗

1. 随访观察 肌瘤小且无症状,通常不需治疗,尤其近绝经年龄患者。绝经后雌激素水平低落,肌瘤可自然萎缩或消失。每3～6个月随访一次,随访期间若发现肌瘤增大或症状加重,再考虑进一步治疗。

2. 药物治疗 症状不明显或较轻,近绝经年龄及全身情况不能手术者,均可给予药物对症治疗。

(1)雄激素:可对抗雌激素,使子宫内膜萎缩,直接作用于平滑肌,使其收缩而减少出血,并使近绝经期患者提早绝经。常用药物:丙酸睾酮25 mg 肌内注射,每5日一次,月经来潮时25 mg 肌内注射,每日一次,共3次。每月总量不超过300 mg,以免引起男性化。

(2)促性腺激素释放激素类似物(GnRH-a):可抑制垂体、卵巢功能,降低雌激素水平,但停药后肌瘤又逐渐增大,恢复其原来大小。长期使用可产生围绝经期综合征症状、雌激素缺乏导致骨质疏松。适用于:①缩小肌瘤,促进妊娠;②术前控制症状、纠正贫血;③术前应用可缩小肌瘤,降低手术难度;④促进近绝经期妇女提前过渡到自然绝经。常用药物为亮丙瑞林 3.75 mg 或戈舍瑞林 3.6 mg,每4周皮下注射一次。

（3）米非司酮：每日 12.5～25 mg，每日一次口服，连续服 3 个月。不宜长期服用，以防其拮抗糖皮质激素的副作用。

3．手术治疗 适用于子宫大于 2.5 个月妊娠子宫大小或症状明显者。手术方式如下。

（1）肌瘤切除术：适用于未婚或已婚未生育、希望保留生育功能的患者。多经腹或经腹腔镜下切除肌瘤。突出宫口或阴道内的黏膜下肌瘤经阴道或经宫腔镜切除。术后存在复发风险。

（2）子宫切除术：不需保留生育功能，或疑有恶变者，可行子宫次全切除术或子宫全切除术。50 岁以下、卵巢外观正常者可保留卵巢。术前应进行宫颈细胞学筛查，排除宫颈病变。

4．介入治疗 采用子宫动脉栓塞术，通过阻断子宫动脉及其分支，减少肌瘤血供，从而达到限制肌瘤生长、缓解症状的目的。该治疗创伤较小，可保留子宫，但存在卵巢功能减退并增加潜在妊娠并发症的风险。

> **要点提示**：手术是最有效的治疗方法，适用于有症状或疑有肉瘤变者。

（三）预防

1．年龄 30～50 岁的女性应注意定期进行妇科检查。
2．肌瘤患者应慎用性激素类药物。
3．绝经后肌瘤继续增大者应注意恶变的可能。

知识链接

子宫肌瘤对生殖的影响

肌瘤合并妊娠占肌瘤患者的 0.5%～1%，占妊娠者的 0.3%～0.5%，肌瘤小且无症状者常被忽略，实际发病率高于报道。

肌瘤对妊娠及分娩的影响与肌瘤类型及其大小有关。黏膜下肌瘤可影响受精卵着床，导致早期流产；肌壁间肌瘤过大可使宫腔变形或内膜供血不足引起流产。生长部位较低的肌瘤可妨碍胎先露下降，使妊娠后期及分娩时胎位异常、胎盘剥离、产道梗阻等。胎儿娩出后容易因胎盘附着面大或排出困难，加之子宫收缩不良而导致产后大出血。妊娠期及产褥期肌瘤易发生红色变，一般可通过保守治疗缓解。妊娠合并子宫肌瘤多可自然分娩，但应预防产后出血。若肌瘤阻碍胎儿下降，应行剖宫产术，术中视情况决定是否切除肌瘤。

自测题

扫码测验

（宋桂红）

第六篇

儿科常见疾病

第十五章 儿科常见疾病

学习目标

通过本章内容的学习，学生应能够：

识记：
1. 说出儿科常见疾病的常见病因。
2. 列举儿科常见疾病的分型和临床表现。

理解：
1. 解释儿科常见疾病的主要临床特征和主要并发症。
2. 分析儿科常见疾病的早期诊断方法和意义。
3. 说明儿科常见疾病要进行的实验室及影像学检查。

运用：
1. 根据患者的病史、临床表现、实验室及辅助检查做出初步诊断。
2. 根据病情选择合适的治疗方案，正确评估其预后。
3. 培养高度的责任心，树立爱岗敬业、护佑生命的职业素养。

第一节 概 述

儿科学（pediatrics）是临床医学范畴中的二级学科，是研究小儿时期的基础医学和疾病防治学的综合医学学科。儿科学的基本理论包括发育儿科学、预防儿科学及临床儿科学。由于疾病源的变化及某些年龄阶段的特殊医疗保健需要，又形成了以年龄划分为特征的围生医学、新生儿学与青春期医学三级学科。儿童时期是机体处于不断生长发育的阶段，因此表现出的基本特点有三方面：①个体差异、性别差异和年龄差异大：无论是对健康状态的评价，还是对疾病的临床诊断，都不宜用单一表征衡量。②恢复能力较强：常常在生长发育过程中对比较严重的损伤实现自然改善和修复。③自身防护能力较弱：易受各种不良因素的影响，导致疾病的发生。因此，无论是在解剖、生理、病理、营养代谢等方面，还是在疾病的发生发展、症状、诊断、预防和治疗等方面，小儿都有很多与成人不尽相同之处。

根据小儿的解剖生理特点以及生活条件的改变等，将小儿时期划分为以下各期，各阶段间具有密切的相互联系。

1. 胎儿期 从受孕到分娩共280天，约40周。胎儿依赖母体生存，易受孕妇的健康状况、生活工作条件、营养和卫生环境等影响。尤以前3个月最为重要，至3月末小儿各系统器官发育基本分化成形。应重视胎儿期保健，避免不利因素导致的死胎、流产、先天性畸形等。

2．新生儿期 从胎儿出生、脐带结扎时起至出生28天。该期是胎儿从子宫内至子宫外，离开母体开始适应个体生活的过程。该期以早产、围生期疾病、先天性疾病、感染性疾病多见，且病死率高，需要特别护理。

围生期是涉及胎儿期和新生儿期的一个重要阶段，我国关于围生期的定义为：从孕28周至出生后7天。围生期死亡率是评价一个国家卫生保健质量的重要指标之一。

3．婴儿期 又称乳儿期。出生后1~12个月。在这一时期，幼儿生长发育快，各系统包括中枢神经系统及内脏器官功能趋于完善中，但抵抗力弱，消化功能不完善，易患传染病、营养缺乏性疾病和消化不良性疾病。需注意合理喂养，规范预防接种，并培养婴儿良好的卫生习惯。

4．幼儿期 1周岁之后至满3周岁之前。此期体格发育减慢，中枢神经系统发育加快，与周围环境的接触增加，语言、思维、运动能力加强。需防止意外损伤、中毒、外伤等。

5．学龄前期 指3周岁后至6~7岁小儿。此时体格发育慢，大脑功能更为完善，智力、语言、思维进一步发育，共济运动发育良好。需重视教养，预防疾病和外伤。

6．学龄期 一般指6~7岁至12~14岁。除生殖系统外，其他系统器官的发育都接近成人水平，智力发育更强。

7．青春期 小儿从童年向成年发育阶段的过渡时期，此期特点是先有体格发育加速，继而生殖系统成熟。女童多在12岁，男童多在13岁左右开始。此期除出现第二性征发育以外，女孩有月经初潮，男孩有遗精。青春期小儿可出现各种行为、心理及体格方面的疾病，如视力障碍、学习困难、肥胖、痛经、甲状腺功能异常等。

一、小儿生长发育

生长发育是小儿机体的基本特点。生长是指形态的增长，是量的改变；发育是指细胞、组织、器官功能的分化和成熟，是质的改变。在整个小儿时期，小儿的机体一直处于不断生长发育的动态过程中，年龄越小，速度越快。一般生长发育遵循由上到下、由近到远、由粗到细、由低级到高级、由简单到复杂的规律。小儿的生长发育虽然遵循一定的规律，但在一定范围内由于遗传、性别、环境、教养等因素而存在相当大的个体差异。在体格发育方面，常用体重、身长、头围、胸围、囟门、牙齿等指标来衡量；在神经精神发育方面，常从动作能力、对外界反应、语言、智力发展等方面来判断。

1．体重 为各器官、骨骼、肌肉、脂肪等组织及体液的总量，是反映体格生长尤其是营养状况最易取得的重要指标。小儿体重可按以下公式推算：<6个月，体重（kg）=出生体重（kg）+月龄×0.7（kg）；7~12个月，体重（kg）=6（kg）+月龄×0.25（kg）；2~12岁，体重（kg）=年龄×2（kg）+7（或8）（kg）。同年龄、同性别儿童的正常体重存在个体差异，一般在10%上下。

2．身长 指从头顶到足底的全身长度，代表头部、脊柱与下肢的长度。3岁以下采用卧位测量，3岁以后采用站位测量。新生儿出生时平均身长50 cm，生后上半年每月平均增长2.5 cm，第2年增长速度减慢，到2岁时身长平均约为85 cm。2~12岁可按以下公式推算：身长（cm）=年龄×7+70（cm）。

3．头围 经眉弓上方、枕后结节绕头一周的长度。头围大小与脑和颅骨的发育密切相关。胎儿时期脑发育最快，所以出生时头围相对较大，平均约为34 cm。头围在1岁以内增长较快，1岁时约为46 cm，2岁时约为48 cm，5岁时约为50 cm，15岁时接近成人水平，约为54~58 cm。

4. 动作发育 小儿动作发育的规律是：由上而下，由近而远，由不协调到协调，由粗糙到精细。

5. 语言发育 语言的发育包括发音、理解和表达3个阶段。新生儿已会哭叫，以后咿呀发音，逐渐理解别人的话，然后再学会说话。先说单词，后可组成句子；先会用名词，而后才会用代名词、动词、形容词、介词等；从会讲简单的句子到会讲复杂的句子。

6. 牙齿 乳牙共20颗，4～10个月开始出牙，最晚2～2.5岁时出齐。2岁以内小儿乳牙的数目约为月龄减4～6，但乳牙的萌出时间也存在较大的差异。出牙的顺序为下中切牙、上切牙、下侧切牙、第一乳磨牙、尖牙、第二乳磨牙。6岁左右开始出现第一颗恒牙即第一磨牙，7～8岁开始乳牙按萌出先后逐个脱落代之以恒牙。12岁左右出第二磨牙，18岁以后出第三磨牙（智齿），但也有终身不出此牙者。

二、儿童保健

儿童保健以保护和促进儿童身心健康和社会适应能力为目标，根据各年龄儿童的生长发育特点，提供医疗、预防和保健服务，降低疾病发生率和死亡率，优化生活环境，提高养育质量，促进儿童全面发展。儿童保健工作的对象包括从生命开始（胎儿）到发育成熟（青春期）即18岁以下的任何人。

（一）儿童保健的内容

儿童保健内容包括：①生长发育；②身体健康和健康促进；③喂养和营养促进；④及时识别和干预危及生长发育和健康的危险因素；⑤个体与人群疾病的控制；⑥意外伤害的治疗。

（二）儿童保健的原则和重点

1. 胎儿期保护胎儿正常生长，降低围生儿死亡率。
2. 新生儿期定期访视新生儿，鼓励母乳喂养，指导新生儿护理，预防和治疗疾病，降低死亡率。
3. 婴儿期鼓励母乳喂养，指导正确添加辅食，开展计划免疫，围绕"小儿四病"做好常见病防治，开始生长发育监测。
4. 幼儿期有计划地开展早期教育，养成良好的饮食、睡眠、排便等生活习惯，以预防疾病、事故为主。
5. 儿童期及青春期保证营养、加强锻炼、健全体格，以重视心理生理卫生教育为主。

三、儿童计划免疫接种

计划免疫是根据免疫学原理和小儿免疫特点，以及对传染病疫情监测和人群免疫状况的分析，按照规定的免疫程序，有计划地利用生物制品进行预防接种，以提高人群免疫水平，达到控制以至最终消灭相应传染病的目的。

按照我国相关部门的规定，婴儿必须在1岁内完成卡介苗、脊髓灰质炎三价混合疫苗、百日咳、白喉、破伤风类毒素混合制剂、麻疹减毒疫苗及乙型肝炎病毒疫苗接种的基础免疫。此外，根据流行地区、季节、家长意愿，可进行乙型脑炎疫苗、流行性脑脊髓膜炎（流脑）疫苗、风疹疫苗、流感疫苗、腮腺炎疫苗、甲型肝炎病毒疫苗、水痘疫苗、肺炎疫苗、轮状病毒疫苗等的预防接种（表15-1）。

表15-1 儿童常规疫苗免疫程序

年龄	接种疫苗
出生	卡介苗（BCG）、乙肝疫苗
1月龄	乙肝疫苗

续表

年龄	接种疫苗
2月龄	脊髓灰质炎三价混合疫苗（Polio3）
3月龄	脊髓灰质炎混合三价疫苗、百白破混合制剂
4月龄	脊髓灰质炎混合三价疫苗、百白破混合制剂
5月龄	百白破混合制剂（DPT）
6月龄	乙肝疫苗
8月龄	麻疹疫苗（MV）
9月龄	流脑疫苗（A）
12月龄	乙脑减毒活疫苗
18月龄	麻腮风疫苗、甲肝减毒活疫苗、百白破混合制剂
2岁	乙脑减毒活疫苗
3岁	流脑疫苗（A+C）
4岁	脊髓灰质炎混合三价疫苗
6岁	白喉、破伤风二联类毒素、流脑疫苗（A＋C）

（一）预防接种注意事项

1．卡介苗

（1）禁忌证：免疫缺陷病、接受免疫抑制剂治疗、结核病、急性传染病、肾炎、心脏病、湿疹及其他严重皮肤病患儿，对疫苗任一成分过敏的儿童均不能接种卡介苗。

（2）暂缓接种：早产儿、出生体重＜2500 g及明显先天畸形的新生儿、发热或腹泻的患儿。

（3）接种3个月内避免接触结核患者。

2．乙肝疫苗

（1）禁忌证：过敏体质者。

（2）暂缓接种：患有发热、严重急性或慢性疾病患儿。

（3）对HBeAg和HBsAg阳性母亲的新生儿，出生后除接种乙肝疫苗外，还需注射乙肝免疫球蛋白。

（4）严禁使用注射过卡介苗的注射器接种乙肝疫苗。

3．脊髓灰质炎混合三价疫苗

（1）禁忌证：免疫缺陷病、发热、急性传染病、接受免疫抑制剂治疗者。

（2）暂缓接种：严重腹泻的患儿。

（3）需用冷开水喂服，忌用热开水或母乳喂服，以免影响效果。

4．百白破混合疫苗

（1）禁忌证：有惊厥和（或）脑损伤的患儿禁用。

（2）暂缓接种：发热、有急性或慢性疾病的患儿。

5．麻疹疫苗

（1）禁忌证：有严重疾病、对鸡蛋过敏的儿童。

（2）暂缓接种：发热、有急性或慢性感染的患儿。

（3）近期注射免疫球蛋白的儿童，推迟6个月接种麻疹疫苗。

（二）接种反应及处理

1．正常接种反应

（1）卡介苗接种后2周左右局部出现红肿，8～12周结痂。若出现化脓、溃疡、腋下淋巴结肿大，可局部处理，以防感染扩散，但不可切开引流。

（2）乙肝疫苗接种后可有发热或局部疼痛，不需处理。

（3）脊髓灰质炎疫苗接种后少数出现腹泻，一般不需处理。

（4）百白破混合制剂接种后局部红肿，可出现低热、轻微皮疹；若全身反应严重，应及时就诊。

（5）麻疹疫苗接种后少数人在6~10天内产生轻微麻疹，予以对症处理。

2．异常接种反应

（1）晕厥：少见，多发生在空腹或精神紧张儿童。及时使接种者平卧，注意观察生命体征，多在短时间可恢复正常。

（2）过敏性休克：极少见，一旦发生，立即皮下注射1：1000肾上腺素，剂量为每次0.01~0.03 mg/kg，同时使用肾上腺皮质激素等抢救。

四、儿科病史采集和体格检查

在疾病的临床诊疗过程中，病史采集和体格检查（简称体检）是医生最为重要的基本功。儿科学最大的特点在于儿童的成长性，这对儿科医生提出了更高要求。因此，对于儿科患者而言，病史采集和体格检查无论是在内容、方法及技巧上，还是在所得信息的判断方面都与成人有所不同。掌握有关的方法和技巧，是进行儿科临床工作的基础。

（一）儿科病史采集的特点

1．病史采集方法 问诊是医生诊治疾病的第一步，获得完整而正确的病史是儿科诊疗工作的重要环节。在儿科病史采集中，应注意以下事项：①询问过程中，应态度和蔼，语言温和，取得家长和患儿的信任。②鼓励追踪式询问，避免诱导性问题。在患儿或家长陈述过程中，耐心听取并记录，尽量不打断。③在询问时应尽量采用通俗易懂的语言，少用医学术语。④正确理解患儿的描述，仔细观察患儿的精神状态、呼吸、面色、哭声的响度。⑤遇到危重病例，重点询问病史后进行体格检查，并做出处理，待病情稳定后再详细询问。

2．病史采集内容

（1）一般情况：包括姓名、性别、年龄、记录日期、家庭地址、病史提供者与患儿的关系、病史可靠程度等。对于年龄一项，新生儿期要求精确到天数；婴儿要求精确到月数；1岁及1岁以上儿童写明几岁几个月。

（2）主诉：患儿来诊的主要原因（症状）和发病时间。主要症状突出简明扼要，字数一般不超过20个字。例如："发热5天，抽搐发作1次"。

（3）现病史：是病历的主要部分。应确切描述主要症状的发生、发展、轻重程度，伴随症状，病情发展，诊治经过和一般情况。内容包括：①症状：仔细询问并记录，起病的情况、症状的诱因、起病时间、持续和间隔时间、发病特征、缓解和加重因素。对于婴幼儿患者，要注意询问监护人是否观察到其有某些特殊行为，还应注意小儿疾病症状是否涉及多个系统，如呼吸道感染，常先后出现发热、流涕、咳嗽、呼吸困难等呼吸系统症状，也常伴有呕吐、腹泻等消化道症状。②一般情况：起病后精神状态、睡眠、饮食、二便以及体重变化等。③既往诊治情况：如本次起病后患者曾到其他医疗单位就诊，要详细询问其诊疗经过，包括实验室检查、治疗方法（尤其是药物名称、剂量、用药时间）及效果。④询问近期有无传染病接触史：既有助于诊断，又能尽早隔离传染病患儿。

（4）个人史：主要包括出生史、喂养史、生长发育史及预防接种史。询问时根据不同年龄及不同疾病有所侧重，3岁以内小儿应详细询问出生史、喂养史和生长发育史。①出生史：对于新生儿或小婴儿应重点询问。如胎次、胎龄、分娩方式及过程，患儿出生时有无窒息、产伤，有无羊水吸入、脐带绕颈、黄疸、青紫、出血等情况，Apgar评分，以及出生体重。②喂养史：婴幼儿或有营养缺乏症及消化功能紊乱者，应详细询问。包括母乳喂养还是人工喂养或混合喂养。添加辅食的时间、种类、次数、数量。是否添加维生素D、钙剂。目前的食欲、饮食习惯、是否偏食等。③生长发育史：3岁以内或所患疾病与发育密切相关者，应详细询问其体格和智力发育过程。主要询问体格及精神发育的几项重要指标，如体重、身长（高）增长情况、开始出牙的月龄，以及何时开始会抬头、会笑、独坐、独走、叫人、出牙及前囟闭合时间等。学龄儿童还应了解其学习情况及与同学相处情况。④预防接种史：曾经接种过的疫苗种类、时间和次数，是否有不良反应。⑤生活史：患儿的居住条件，生活是否规律，有无夜惊、遗尿、吮手指、屏气发作、暴怒、睡眠情况及个人卫生习惯，是否经常进行户外活动，以及家庭周围环境等。

（5）既往史：主要包括一般健康状况、疾病史、传染病接触史、手术外伤史、输血史、食物或药物过敏史等。

（6）家族史：询问父母及其他家庭成员健康情况，有无家族性或遗传性疾病及传染病史，尤其应注意有无与患儿相同的疾病或相似的临床表现。询问父母是否近亲结婚；母亲历次妊娠及分娩情况。

（二）小儿体格检查的特点

1．注意事项　体格检查时医师与患儿直接接触，可能会导致小儿大哭大闹从而影响检查，为了取得患儿的合作，尽量减少不良的刺激，医师应该注意以下几点。

（1）检查环境应尽量比较安静，光线充足，室温适宜，冬天尽量注意保暖，以便尽量暴露检查部位。检查工具准备齐全。

（2）检查时态度和蔼可亲，注意观察患儿精神状态以及对外界的反应。

（3）灵活掌握体检顺序，安静时先听心肺、心率；腹部触诊易受哭闹影响，应在开始检查时进行；易于观察的部位随时检查；口腔、咽部最后检查。

（4）检查中要动作轻柔，注意保暖；注意保护患儿隐私。

（5）对急症病例，先重点进行生命体征和与疾病有关的体格检查，全面的检查可放在病情稳定之后。

2．检查方法

（1）一般情况：在询问病史过程中，注意观察患儿的营养发育情况、神志、表情、皮肤颜色、体位、行走姿态及对周围环境事物的反应和语言能力等。

（2）一般测量：包括体温、呼吸、脉搏、血压、体重、身高、头围、胸围等。

1）体温：根据患儿年龄和病情选择合适的测温方式：①腋下测温法：最安全、最常用，保持时间5～10 min，36～37℃为正常。②口腔测温法：准确、方便，保持时间3 min，37℃为正常，用于神志清楚而且配合的6岁以上小儿。③肛门内测温：测温时间短、准确。小儿取侧卧位，下肢屈曲，将涂满液状石蜡的肛表轻轻插入肛门3～4 cm，测温3～5 min，36.5～37.5℃为正常，用于1岁以内小儿、不合作的儿童以及昏迷、休克的患儿。④耳温法：准确、快速，不会造成交叉感染，目前多用于家庭，临床未普及。

2）呼吸、脉搏：容易受到小儿情绪的影响，宜在患儿安静时测量。小儿年龄越小，呼吸、脉搏越快。不同年龄小儿正常值见表15-2。检查呼吸、脉搏时，除注意呼吸、脉搏的频率外，还应观察记录呼吸类型、深浅和节律及脉搏节律、血管充盈度和紧张度。

表15-2　各年龄组小儿呼吸和脉搏

年龄	呼吸（次/分）	脉搏（次/分）	呼吸∶脉搏
新生儿	40～45	120～140	1∶3
＜1岁	30～40	110～130	1∶3～1∶4

续表

年龄	呼吸（次/分）	脉搏（次/分）	呼吸：脉搏
1～3岁	25～30	100～120	1：3～1：4
4～7岁	20～25	80～100	1：4
8～14岁	18～20	70～90	1：4

3）血压：应根据患儿年龄选择不同宽度的血压计袖带，袖带冲气囊宽度以上臂长度的1/2～2/3为宜。袖带过宽时测得值较实际值偏低，过窄时则较实际值偏高。新生儿多采用多普勒超声监听仪或心电监护仪测量血压。小儿血压随年龄增长而升高，不同年龄小儿血压正常值可用下列公式大致推算：收缩压（mmHg）= 80 +（年龄 ×2），舒张压应该为收缩压的2/3。一般认为儿童血压超过同年龄、性别组血压的95百分数值即可诊断为高血压。

（3）皮肤：在光线充足的环境下检查，观察皮肤的颜色，有无苍白、潮红、黄染，有无色素减退或沉着、皮疹、紫癜或出血点、溃疡、瘢痕、皮下结节等。触诊时注意皮肤的弹性、温湿度，皮下组织及脂肪厚度，有无水肿。注意毛发有无异常。

（4）淋巴结：在检查浅表淋巴结时，应注意淋巴结的大小、数目、活动度、质地、有无粘连和压痛。颈部、耳后、枕部、腹股沟等部位要认真检查，正常情况下在这些部位可触及质地柔软的黄豆大小的淋巴结，活动、无压痛。

（5）头部

1）头颅及面部：观察大小、形状，有无畸形，必要时测量头围。对于婴幼儿，检查其前囟是否关闭，并测量其大小，观察有无凹陷或隆起；对于新生儿，注意有无头颅血肿、产瘤、颅骨重叠等；对于小婴儿，观察有无枕秃、颅骨软化、血肿或颅骨缺损。

2）眼、耳、鼻：有无眼睑水肿、下垂、眼球突出、斜视，结膜有无充血、分泌物，巩膜有无黄染，瞳孔大小及对光反射情况；耳部应检查耳郭有无畸形，双侧外耳道有无分泌物，有无外耳牵拉痛，听力是否正常，必要时用耳镜检查鼓膜；鼻部检查注意有无鼻翼扇动、鼻腔分泌物及通气情况。

3）口腔：注意有无畸形（唇、腭裂），口唇有无苍白、发绀、干燥，口角有无糜烂、疱疹，口腔内颊黏膜、牙龈、硬腭有无充血、溃疡、黏膜斑、鹅口疮，腮腺开口有无红肿及分泌物，牙齿数目及位置、有无龋齿，牙龈有无肿胀、溃疡，舌质、舌苔颜色。

4）咽：咽部检查为儿科检查中一项重要内容。咽部充血见于上呼吸道感染、咽扁桃体炎及咽炎。检查咽部时常引起小儿不适，甚至恶心、呕吐，故一般均放在最后。检查时应对光，光线要明亮，检查者一手将小儿头部固定，同时由家长或助手固定小儿双手，另一手用消毒的压舌板先检查口腔两侧的颊黏膜及上腭，然后用压舌板分别按压两侧舌根部（与按压舌中央相比，较少引起恶心、呕吐），观察两侧扁桃体（大小、渗出、假膜）、咽部、悬雍垂及咽后壁。

（6）颈部：颈部是否柔软，注意有无斜颈、短颈、颈蹼畸形；颈静脉是否充盈，是否有颈抵抗；甲状腺有无肿大；颈静脉搏动是否对称有力，气管是否居中。

（7）胸部

1）胸廓：注意有无鸡胸、漏斗胸、肋骨串珠、肋缘外翻等佝偻病的体征。注意胸廓两侧是否对称，心前区有无隆起，肋间隙有无饱满、凹陷、增宽或变窄等。

2）肺：①视诊：注意呼吸频率及节律，观察呼吸深浅情况及有无呼吸困难。②触诊：注意有无语颤增强、减弱及胸膜摩擦感。③叩诊：可采用直接叩诊法，用两个手指直接叩击胸壁，正常小儿肺部叩诊为清鼓音。④听诊：小儿呼吸音较成人响，呈支气管肺泡呼吸音，注意在腋下、肩胛间区及肩胛下区听诊，因肺炎时在这些部位易于闻及固定湿啰音。

3）心脏：①视诊：观察心前区是否隆起；心尖搏动强弱、部位、搏动范围（一般在2～

3 cm 内）。②触诊：检查心尖搏动位置（婴幼儿大都在第 4、5 肋间乳线内，少数新生儿可在乳线外）及有无震颤，并注意出现的部位及性质（收缩期、舒张期或连续性）。③叩诊：了解心脏大小、形状及在胸腔的位置。心界叩诊用力要轻。3 岁以内婴幼儿只叩心脏左右界；叩左界从心尖搏动点左侧向右叩，听到浊音改变即为左界，以左乳线为标准记录在外或内几厘米；叩右界先叩肝浊音界，然后从上一肋间自右向左叩，有浊音出现即为右界，以胸骨右缘为标准记录。④听诊：小儿心脏听诊应在安静的环境下进行。注意检查心率、心律、心音和杂音。注意心律规则与否，与呼吸周期有无关系。

(8) 腹部：腹部检查按视、听、触、叩顺序。检查时手要温暖，动作轻柔。若小儿合作，可先检查腹部，如果一直哭闹，可利用哭声后的吸气间隙进行腹部触诊。

1) 视诊：注意腹部的形态、大小、膨隆与否、腹壁静脉是否怒张。新生儿要检查脐部情况，如脐带是否已脱落，有无渗出或炎症，脐轮是否红肿；婴儿期注意有无脐疝。反复呕吐时应观察腹部有无胃肠蠕动波。

2) 触诊：腹部触诊时取仰卧位，双下肢屈曲使腹肌松弛。触诊腹部有无压痛时要注意患儿表情，不可依赖其回答。正常婴幼儿肝可在肋缘下 1～2 cm 触及，6～7 岁后在肋下不可触及。小婴儿的脾偶可触及。

3) 叩诊：可采用直接叩诊法或间接叩诊法，检查内容与成人相同。注意有腹水时出现移动性浊音。

4) 听诊：正常情况下每 10～30 s 可闻及肠鸣音一次。肠鸣音亢进可见于肠梗阻，肠鸣音消失可见于肠麻痹。

(9) 脊柱及四肢：注意脊柱四肢有无畸形，各关节有无红肿、活动受限等，有无躯干与四肢比例失调。检查四肢肌力、肌张力等情况。

(10) 肛门及外生殖器：有腹痛、胃肠道症状（如便秘、便血等）时，应检查肛门有无畸形，有无肛裂、肛门瘘管、肛周脓肿。女童注意有无阴道分泌物、畸形。男童注意有无隐睾、腹股沟疝、鞘膜积液、包皮过紧等。

(11) 神经系统

1) 一般情况：观察患儿神志、精神、面部表情、语言及动作、对外界刺激反应。

2) 神经反射：观察新生儿期特有的吸吮、拥抱、握持反射是否存在；新生儿及小婴儿提睾反射及腹壁反射是否不易引出；2 岁以下幼儿 Babinski 征可以阳性。

3) 脑膜刺激征：颈部有无抵抗、凯尔尼格（Kernig）征和布鲁津斯基（Brudzinski）征检查方法基本同内科，大小儿不易准确检查，需反复多次。

3. 体格检查记录方法 体检操作顺序可前可后，但记录时应按上述顺序书写，在详细记录阳性体征的同时，不可漏记重要阴性体征及结果。

五、儿科疾病治疗原则

不同年龄阶段儿童的生理、病理和心理特点各异，其发病原因、疾病过程和转归与成人不尽相同。小儿起病急、变化快，病变易于累及多个器官或系统，因此要求在儿科疾病诊疗过程中，治疗措施要适时、全面、细致、突出重点。采取有针对性的病因治疗及必要而有效的对症治疗，以及提供必要的支持治疗。

（一）护理原则

护理工作在儿科治疗中占有非常重要的地位。护理人员及家属的悉心观察对于及时发现患儿病情变化尤为重要。同样，良好的护理对患儿康复有着巨大作用。

1. 细致的临床观察 儿童年龄越小，临床表现越不典型，需要护理人员及临床医师仔细甄别。

2. 合理安排病室 儿科病室要求整洁、安静、舒适、温度适宜。为提高治疗和护理质量，应按年龄、病种、病情轻重和护理要求安排病房及病区：①按年龄分区：不同年龄小儿生活习惯不同，对疾病的抵抗力不同，护理要求也不同。②按病种分区：将同类疾病患儿集中管理；传染病应按病种区分，采取相应的隔离措施。③按病情分区：危重患儿收入抢救监护室，恢复期患儿集中安置在普通病房。

3. 规律生活 定时进餐，按时睡觉，观察病情应尽量轻柔，以保证患儿充足睡眠。

4. 预防医源性疾病 儿科医护人员应注重无菌操作，所用物品及时清理，预防医源性疾病。儿科肠道传染病应注意床边隔离及手卫生。

（二）饮食治疗原则

适当饮食有助于疾病的治疗康复，否则可使病情加重，甚至危及生命。

1. 一般饮食

（1）普通饮食：与同龄儿童基本相同的饮食，即易于消化、营养丰富、热能充足的饮食。

（2）软食：此类食物烹调至细、软、烂，介于普食和半流食之间，适用于消化能力及咀嚼功能差的患儿。

（3）半流质饮食：流质饮食加上软食调和而成，呈半流体状，适用于消化力弱、不能咀嚼和吞咽大块食物的患儿。

（4）流质饮食：食物呈流质状态，适用于高热、消化系统疾病、急性感染、胃肠道手术后患儿，以及昏迷患儿的鼻饲。

2. 特殊饮食

（1）少渣饮食：膳食纤维少，对胃肠道刺激小，用于胃肠道疾病患儿。

（2）低盐饮食：每日食物中含盐量小于1g，适用于心、肝、肾疾病导致的水肿患儿。

（3）贫血饮食：每日增加含铁食物，如鸡蛋、动物肝和动物血等。

（4）高蛋白饮食：在日常食物中添加富含蛋白质的食物，如蛋、肉、豆制品等。

（5）低脂饮食：膳食中禁用油脂、肥肉等，适用于肝胆疾病患儿。

（6）低蛋白饮食：膳食中减少蛋白质含量，适用于尿毒症、肝性脑病和急性肾炎的少尿期。

（7）低热能饮食：热能供给量低于一般标准，饮食中减少脂肪和糖类的含量，适用于单纯性肥胖症、原发性高血压、代谢综合征的患儿。

（8）代谢病专用饮食：不含乳糖食物用于半乳糖血症；低苯丙氨酸奶用于苯丙酮尿症；糖尿病特殊饮食。

（三）心理治疗原则

儿童心理治疗是根据传统及现代心理分析与治疗理论建立的体系，用于治疗儿童心理及行为障碍的方法。儿童心理、情绪及行为问题、精神性疾病和心身性疾病均在此范围。

常用的心理治疗包括：支持疗法、行为疗法、疏泄法。在与儿童的交流中，应注意态度和蔼、语言亲切，积极进行鼓励。

自测题

扫码测验

第二节　新生儿缺氧缺血性脑病

> **案例导入**
>
> 患儿，女，生后 48 h，因反应及吃奶差 24 h 收入院。入院前 12 h 发现反应差及吃奶量少，易激惹。患儿母亲为 G1P1，孕 39 周自然分娩，产时脐带绕颈 1 周，生后 1 min Apgar 评分 6 分，5 分钟 Apgar 评分 9 分。查体：T 36.8℃，R 38 次 / 分，P 135 次 / 分，体重 3.25 kg，身长 52 cm，精神反应差，哭声弱，面色无青紫，口周发绀，前囟平坦，张力不高，四肢肌张力减低，新生儿反射可正常引出。
>
> **问题与思考：**
> 1. 该患儿最可能的诊断是什么？诊断依据有哪些？
> 2. 为明确诊断，需要进一步做哪些检查？
> 3. 治疗原则是什么？

新生儿缺氧缺血性脑病（hypoxic-ischemic encephalopathy，HIE）是指由于各种因素引起的围生期缺氧和脑血流减少或暂停所导致的新生儿脑损伤，临床表现为一系列脑病的症状，部分患儿可留有不同程度的神经系统后遗症。HIE 是新生儿死亡和儿童神经系统伤残的常见原因。据统计，我国足月儿 HIE 的发生率为 3‰ ~ 6‰。

一、病因和发病机制

围生期窒息是引起新生儿 HIE 的最主要原因，凡能引起窒息的各种因素均可导致 HIE。

（一）脑血流分布不平衡

当缺氧缺血时，全身血流重新分配，心、脑等重要脏器血液代偿性增加，以保证主要脏器的血液供应，而随着缺血时间延长，脑血流量减少，导致损伤。

（二）脑血流自主调节功能不完善

脑血流本身具有自主调节功能，以维持相对稳定的脑血流，但新生儿自主调节能力较差，常出现脑血流随全身血压变化而波动。血压增高，可因脑血流的过度灌注而发生出血，若血压下降，可因脑血流的减少而发生缺血性脑损伤。

（三）脑组织代谢改变

葡萄糖是脑组织能量代谢的主要来源。缺氧缺血时，无氧酵解增加，组织中乳酸堆积、ATP 生成减少，细胞膜上钠 - 钾泵障碍，使细胞外 Na^+ 与水进入细胞内，导致细胞毒性脑水肿。

二、病理

病变的程度与分布范围主要取决于损伤时的脑成熟度、缺氧程度及持续时间。

1. **脑水肿**　为早期主要的病理改变。
2. **选择性神经元坏死及梗死**　足月儿主要病变在脑灰质，包括脑皮质（呈层状坏死）、海马、基底节、丘脑、脑干和小脑半球，后期表现为软化、多囊性变或瘢痕形成。
3. **出血**　包括脑室、原发性蛛网膜下腔、脑实质出血。
4. **早产儿表现**　早产儿主要表现为脑室周围白质软化和脑室周围室管膜下 - 脑室内出血。

三、临床表现

患儿病情轻重不一，症状可因新生儿日龄、脑损伤严重程度及脑损伤持续时间而有所不同。主要表现为意识障碍、肌张力异常、原始反射减弱或消失、惊厥以及颅内高压等神经系统表现。根据临床表现可将HIE分为轻、中、重度（表15-3）。

表15-3 HIE临床分度

	轻度	中度	重度
意识	激惹	嗜睡	昏迷
肌张力	正常或稍增加	减低	肌张力增高
拥抱反射	活跃	减弱	消失
吸吮反射	正常	减弱	消失
惊厥	可有肌阵挛	常有	有或持续状态
中枢性呼吸衰竭	无	有	明显
瞳孔改变	正常或扩大	缩小，对光反射迟钝	不对称或扩大
EEG	正常	低电压痫样放电	暴发抑制，等电压
病程及预后	症状72h内消失，预后好	症状14天内消失，可能有后遗症	症状可持续数周，存活者多有后遗症

四、实验室及其他辅助检查

（一）实验室检查

1. 血气分析、电解质、血糖及肝肾功能 出生时通过新生儿脐血的血气分析结果，可了解患儿的宫内缺氧状况。

2. 酶学检查血清肌酸磷酸激酶同工酶（CPK-BB） 主要存在于脑和神经组织中，神经元特异性烯醇化酶（NSE）主要存在于神经元和神经内分泌细胞中，在缺氧缺血性脑损伤后6～72h，在血液和脑脊液中的升高和脑损害程度呈正相关，是HIE早期诊断和预后评估的敏感指标。

> **要点提示**：早期诊断HIE的敏感指标为CPK-BB、NSE、S-100。

知识链接

神经元特异性烯醇化酶

神经元特异性烯醇化酶（neuron-specific enolase，NSE）是参与糖酵解途径的烯醇化酶中的一种，存在于神经组织和神经内分泌组织中。NSE在脑组织细胞的活性最高，在外周神经和神经内分泌组织的活性水平居中，在非神经组织、血清和脊髓液中活性最低。它被发现于与神经内分泌组织起源有关的肿瘤中，特别是小细胞肺癌（SCLC）中有过量的NSE表达，导致血清中NSE明显升高。

(二)影像学诊断

新生儿缺氧缺血性脑病的影像学表现与其病理改变密切相关。各种影像学检查手段各有特点,应强调综合应用、优势互补、全面评估。

1. 颅脑 B 超　具有无创、价廉、床边操作和动态随访等优点。对脑水肿早期诊断较为敏感,但对矢状旁区的损伤难以识别,需有经验者操作。脑水肿时可见脑实质不同程度的回声增强,结构模糊,脑室变窄或消失,严重时脑动脉搏动减弱;基底核和丘脑损伤时显示为双侧对称性强回声。

2. CT 检查　CT 有助于了解颅内出血的部位和程度,但要排除与新生儿脑发育有关的正常低密度现象。脑水肿时,可见脑实质呈弥漫性低密度影伴脑室变窄;基底神经节和丘脑损伤时呈双侧对称性高密度影;在脑室周围,尤其是侧脑室前角外上方呈对称性低密度区,提示脑室周围白质软化,常伴有脑室内出血,早产儿多见。CT 对蛛网膜下腔出血等边缘部位的损伤也可明确诊断,出血的影像特点为高密度,CT 值 ≥ 40 Hu。

3. 磁共振成像　对矢状旁区和基底核损伤的诊断尤为敏感。矢状旁区损伤急性期表现为局灶性脑皮质和皮质下区水肿,T2WI 显示局部信号增高,相应区域脑沟、脑池变窄,部分病例在 T1WI 上显示受损脑皮质呈脑回样或线状高信号。基底核损伤急性期 T1WI 显示基底核、丘脑呈弥漫性稍高或高信号,此时 T2WI 可以显示正常。

(三)脑电图

脑电图可反映疾病时脑功能障碍改变,在 HIE 的早期诊断及预后判断中起一定作用。HIE 的脑电图表现为脑电活动延迟(落后于实际胎龄)、异常放电、背景活动异常(以低电压、等电位和暴发抑制为主)等,应在生后 1 周内检查。

五、诊断和鉴别诊断

主要根据异常产科病史、出生时窒息程度及新生儿出生后的神经系统症状,以及头颅彩超或磁共振等检查来明确诊断。2005 年中华医学会儿科分会新生儿学组制定了 HIE 的诊断标准(仅适用于足月儿,目前尚无早产儿的诊断标准),具体如下。

(一)诊断

1. 有明确的可导致胎儿宫内窘迫的异常产科病史,以及严重的胎儿宫内窘迫表现[胎心率减慢 < 100 次 / 分、持续 5 min 以上,和(或)羊水Ⅲ度污染]。

2. 出生时有重度窒息,Apgar 评分 1 min ≤ 3 分,并延续至 5 min 时仍 ≤ 5 分;出生时脐动脉血气 pH ≤ 7。

3. 出生后不久出现神经系统症状,并持续至 24 h 以上,如存在意识改变、肌张力改变、原始反射异常等,病重时可有惊厥、脑干征(呼吸节律不齐、瞳孔改变、对光反应迟钝或消失)和前囟张力增高。

4. 排除电解质紊乱、颅内出血和产伤等原因引起的抽搐,以及宫内感染、遗传代谢性疾病和其他先天性疾病所引起的脑损伤。

(二)鉴别诊断

与某些具有 HIE 相似临床表现的其他脑病(如感染、低血糖及遗传代谢性疾病等所致的脑病)相鉴别时,需依赖于影像学检查,特别是头部 MRI 扫描。

1. 宫内感染　有围生期病史,血培养、脑脊液常规及培养,TORCH 血清及脑脊液特异性抗体 IgG、IgM 和 PCR 病原体检查有助于鉴别。

2. 新生儿低血糖　严重的低血糖症也可能出现反应差、活动少、出汗、震颤、惊厥等异常表现。患儿常存在低血糖的发病基础,如糖尿病母亲的婴儿、早产儿、热量摄入不足等。监测末梢血糖低，调节血糖稳定后症状消失即可确诊。

3. 遗传代谢性疾病和其他先天脑发育异常疾病 遗传代谢性疾病较少见，如有机酸、脂肪代谢障碍；先天性脑发育异常，如巨脑回、多微小脑回、灰质异位等。

六、治疗和预防

（一）治疗

1. 支持疗法 ①维持良好的通气功能是支持疗法的核心，根据患儿缺氧程度的不同采取不同的氧疗，严重者可选用机械通气，但应避免 PaO_2 过高和 $PaCO_2$ 过低；②维持脑和全身组织器官良好的血流灌注，避免脑灌注过低、过高或波动；③维持血糖水平在正常范围，最好在 5.0 mmol/L，以保证脑内代谢所需能源。

2. 控制惊厥 首选苯巴比妥，负荷量 20 mg/kg，缓慢静脉推注；若惊厥不能控制，1 h 后再加用 10 mg/kg，12～24 h 后改为维持量，每天 3～5 mg/kg。顽固性抽搐者，可加用咪达唑仑或 1% 水合氯醛，也可用地西泮。注意在应用上述药物期间应密切观察患儿的呼吸及心率情况。

3. 降低颅内压 首选呋塞米，每次 1 mg/kg 静脉推注。甘露醇不建议常规使用，若使用呋塞米后颅高压改善不明显，可用 20% 甘露醇。一般不主张使用糖皮质激素。适当限制液体入量，每天液体总量不超过 60～80 ml/kg，对预防脑水肿也有一定益处。

4. 亚低温疗法 指用人工诱导方法使体温下降 2～6℃，以降低大脑的能量消耗，从而保护脑细胞。一般应于发病 6 h 之内治疗，且越早治疗，效果越好，持续治疗 48～72 h。

5. 新生儿期后治疗 对 HIE 的新生儿，待病情稳定后，根据患儿的具体情况，及早进行智能与体能的康复训练，有利于促进脑功能的恢复和减少后遗症的发生。

> **要点提示**：HIE 早期治疗原则："三支持，三对症。"

（二）预防

防治围生期窒息是预防本病的主要方法。此外，还应积极推广新法复苏，加强产科与新生儿医师的密切协作。

 自测题

扫码测验

第三节 小儿肺炎

> **案例导入**
>
> 患儿,男,5岁。6天前开始咳嗽,到医院就诊,诊断为"上呼吸道感染"。口服阿莫西林治疗无效。几天来患儿持续发热,体温波动在38.5～40℃,咳嗽逐渐加重,有痰,咳嗽时偶伴呕吐,无喘息,无寒战及惊厥。今再次来诊,拍胸片示右肺中叶片状浸润阴影。查体:T 39.5℃,P 130次/分,R 32次/分,BP 90/60 mmHg。心律齐,未闻及杂音。实验室检查:Hb 126 g/L,RBC 4.0×10^9/L,WBC 9.0×10^9/L,中性粒细胞0.73,淋巴细胞0.27,Plt 305×10^9/L。C反应蛋白(CRP)56 mg/L。
>
> **问题与思考:**
> 1. 该患儿最可能的诊断是什么?诊断依据有哪些?
> 2. 为明确诊断,需要进一步做哪些检查?
> 3. 治疗原则是什么?

肺炎(pneumonia)是指不同病原体或其他因素(如吸入羊水、油类或过敏反应等)所引起的肺部炎症。临床上以发热、咳嗽、气促、呼吸困难和肺部湿啰音为主要临床表现。肺炎为小儿时期重要的常见病,是我国住院小儿死亡的第一位原因,严重威胁小儿健康。小儿时期各型肺炎中以支气管肺炎(bronchopneumonia)最为常见,为本节重点叙述内容。

一、病因和发病机制

(一)病因

1. 病原体 最常为细菌和病毒,也可由病毒、细菌"混合感染"。常见的致病菌有肺炎链球菌、金黄色葡萄球菌、流感嗜血杆菌、溶血性链球菌等。常见的病毒有呼吸道合胞病毒、腺病毒、流感病毒以及肠道病毒等。近年来肺炎支原体、衣原体和流感嗜血杆菌肺炎有增加趋势。

2. 机体因素 小儿免疫功能低下及呼吸道解剖生理特点是肺炎发病率较高的重要因素。

3. 环境因素 天气寒冷、干燥,居住环境潮湿、通风不良等,均为引起呼吸道感染的有利条件。

(二)发病机制

病原体常由呼吸道入侵,少数经血行入肺。由于气管、细支气管、肺泡炎症,使支气管黏膜水肿而管腔变窄,肺泡壁因充血水肿而增厚,肺泡腔内充满炎症渗出物,引起通气和换气障碍,导致缺氧和二氧化碳潴留,从而造成各系统发生一系列病理生理改变。

二、病理

病理变化以肺组织充血、水肿、炎症细胞浸润为主。不同病原体造成肺炎的病理改变不同:细菌性肺炎以肺实质受累为主;而病毒性肺炎则以间质受累为主,也可累及肺泡。临床上支气管肺炎与间质性肺炎常同时并存。

三、临床表现

2岁以下的婴幼儿多见，起病多数较急，发病前多数先有2～3天上呼吸道感染或支气管炎症状。轻症主要累及呼吸系统，重症除呼吸系统外，还累及其他系统，从而出现一系列相应的临床症状。

（一）主要症状

1. 发热 热型不定，多为不规则热，也可为弛张热或稽留热。但新生儿、重度营养不良等患儿可无明显高热，甚至体温不升。

2. 咳嗽 较频繁，早期为刺激性干咳，极期咳嗽反而减轻，恢复期多转为咳嗽有痰。

3. 气促、呼吸困难 多在发热、咳嗽后出现。

4. 全身症状 精神不振、食欲减退、烦躁不安，轻度腹泻或呕吐。

（二）体征

1. 呼吸增快 可达40～80次/分，并可见鼻翼扇动和吸气三凹征。

2. 发绀 重症患儿可出现口周、鼻唇沟和指（趾）端发绀。

3. 肺部啰音 早期不明显，可有呼吸音粗糙、减低，以后可闻及固定的中、细湿啰音，以背部两侧下方及脊柱两旁较多，于深吸气末更为明显。

（三）重症肺炎的表现

重症肺炎由于严重的缺氧及毒血症，除呼吸系统外，还可发生心血管、神经和消化等系统的严重功能障碍。

1. 循环系统 可发生心肌炎、心包炎等，有先天性心脏病者易发生心力衰竭。小儿肺炎合并心力衰竭可有以下表现：①呼吸加快，超过60次/分；②安静状态下心率＞180次/分；③极度烦躁不安，明显发绀，面色苍白或发灰；④心音低钝、奔马律、颈静脉怒张；⑤肝迅速增大或进行性增大，肋缘下＞2 cm。

2. 神经系统 由于缺氧及脑水肿所致，表现为烦躁不安、精神萎靡或嗜睡。有中毒性脑病时，可出现昏迷、惊厥，对光反应迟钝或消失，部分患儿可出现呼吸心搏解离、脑膜刺激征。

3. 消化系统 食欲减退、呕吐、腹胀、腹泻，重症患儿还可呕吐咖啡样物，粪便潜血阳性或排柏油样便。严重者可发生缺氧中毒性肠麻痹。

四、实验室及其他辅助检查

（一）外周血检查

1. 白细胞检查 细菌性肺炎时白细胞计数升高，中性粒细胞增多，并有核左移。病毒性肺炎时白细胞计数大多正常或偏低，并可见异型淋巴细胞。

2. C反应蛋白（CRP） 细菌感染时血清CRP值上升，非细菌感染时则上升不明显。

3. 前降钙素（PCT） 细菌感染时可升高，抗菌药物治疗有效时，可迅速下降。PCT升高是判断细菌性肺炎及是否合并脓毒症的敏感指标，但存在一定的局限性，轻度感染也可能显示正常。

（二）病原学检查

1. 细菌学检查 细菌抗原检测用于小儿肺炎的病原学诊断近年来发展较快，是细菌性肺炎的确诊依据。①细菌培养和涂片：采取气管吸取物、肺泡灌洗液、胸腔积液、脓液和血标本做细菌培养和鉴定，同时进行药物敏感试验对明确细菌性病原和指导治疗有意义。②血清学检测肺炎链球菌荚膜多糖抗体水平；荧光多重PCR检测细菌特异基因，如肺炎链球菌编码溶血素（ply）基因。

2. 病毒分离和鉴别 感染肺组织、支气管肺泡灌洗液、鼻咽分泌物病毒培养和分离是病毒病原诊断的可靠方法，阳性率高，但所需时间较长，不能做早期诊断。

3. 病原特异性抗原检测 常用的方法有对流免疫电泳（CIE）、协同凝集试验（COA）、免疫荧光法、酶联免疫吸附试验等。

4. 病原特异性抗体检测 后期或恢复期抗体产生较多，以 IgG 为主，持续时间较长。因此，血清特异性 IgG 抗体滴度进行性升高，急性期和恢复期 IgG 抗体升高 4 倍为阳性。免疫荧光试验（IFA）、酶联免疫吸附试验（ELISA）是病毒抗体检测的经典方法。

5. 聚合酶链反应（PCR）或特异性基因探针检测病原体 DNA 此法特异、敏感。

（三）X 线检查

早期肺纹理增强，透光度减低，以后两肺中下叶出现大小不等的点状或小斑片状影，或融合成大片状阴影，甚至波及节段（图 15-1）。可有肺气肿、肺不张。

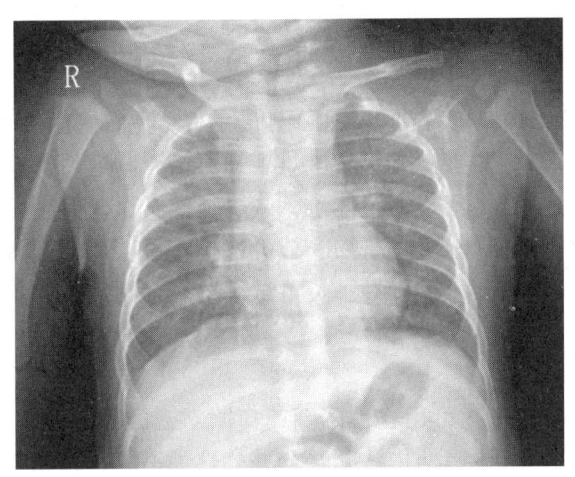

图 15-1 支气管肺炎 X 线表现

知识链接

四氮唑蓝试验

中性粒细胞在杀菌过程中能量消耗增加，代谢中所脱的氢还原氮蓝四唑成为蓝黑色的点状或块状物，沉积于粒细胞胞质中，根据细胞内沉积颗粒判断阳性率。本试验主要用于检测中性粒细胞的胞内杀伤功能，可以用于诊断儿童慢性肉芽肿病，以及用于鉴别细菌性和病毒性感染。正常值小于 10%，如大于 10% 即提示细菌感染。

五、诊断和鉴别诊断

（一）诊断

支气管肺炎的诊断比较简单，一般有发热、咳嗽、呼吸急促的症状，肺部听诊闻及中、细湿啰音和（或）胸部影像学有肺炎改变均可诊断为支气管肺炎。确诊后，应进一步判断病情轻重，有无并发症。并做病原学检查，明确病原学诊断，指导治疗。

> 要点提示：小儿肺炎的主要诊断依据：病史、症状体征、影像学依据。

（二）鉴别诊断

1．急性支气管炎 以咳嗽为主，一般无发热或仅有低热，肺部呼吸音粗糙或有不固定的干啰音。婴幼儿全身症状重，因气管狭窄，易致呼吸困难，有时与肺炎不易区分，应按肺炎处理。

2．肺结核 婴幼儿活动性肺结核的症状及X线影像改变与支气管肺炎有相似之处，但肺部啰音常不明显。应根据结核接触史、结核菌素试验、血清结核抗体检测和X线胸片随访观察等加以鉴别。

3．支气管异物 吸入异物可致支气管部分或完全阻塞而导致肺气肿或肺不张，易继发感染，引起肺部炎症。根据异物吸入史、突然出现呛咳以及胸部X线检查可鉴别。

六、治疗和预防

（一）治疗

1．一般治疗 保持室内空气流通，室内温度在20℃左右、湿度60%为宜。饮食宜富含维生素和蛋白质，少量多餐，重症患儿进食困难者，可给予肠道外营养。及时清除上呼吸道分泌物，常拍背以利于痰液排出。经常变换体位，减少肺部淤血，促进炎症吸收。

2．病原治疗 按不同病原体选择药物。肺炎链球菌肺炎首选青霉素类抗生素；支原体、衣原体肺炎用红霉素或阿奇霉素；病毒性肺炎可试用抗病毒制剂，如利巴韦林、干扰素、聚肌胞等。

3．对症治疗

（1）退热与镇静：高热患儿可用物理降温或口服对乙酰氨基酚或布洛芬等退热药。若伴烦躁不安，可给予氯丙嗪、异丙嗪肌内注射；合并高热惊厥时，可用5%水合氯醛灌肠，也可用苯巴比妥肌内注射或静脉缓慢推注。

（2）保持呼吸道通畅：清除鼻腔分泌物，可用雾化吸入法使痰液稀释，便于咳出；用氨茶碱、异丙嗪等药物缓解支气管痉挛。

（3）氧气疗法：有缺氧表现，如烦躁、发绀或动脉血氧分压<60 mmHg时需吸氧，一般采用鼻导管持续给湿化氧，氧流量为0.5~1 L/min。

（4）腹胀的治疗：低钾血症者，应补充钾盐。腹部热敷，肛管排气，皮下注射新斯的明等。

（5）合并心力衰竭的治疗：吸氧、镇静、利尿、强心、血管活性药物。一旦确诊为心力衰竭，应迅速给予洋地黄制剂，如毛花苷C、地高辛等，血管活性药物如多巴胺、多巴酚丁胺。

（6）肺炎合并缺氧中毒性脑病的治疗：脱水疗法、改善通气、扩血管、止痉、糖皮质激素、促进脑细胞恢复。可用地塞米松、甘露醇等脱水药物降低颅内高压。

4．激素治疗 一般肺炎不必应用肾上腺皮质激素，如全身中毒症状重、中毒性脑病、毛细支气管痉挛明显而喘憋严重以及有胸膜渗出时，可考虑短期采用。

（二）预防

1．加强体育锻炼，增强体质，保持室内通风，避免被动吸烟。

2．积极防治营养不良、贫血及佝偻病等，注意手卫生，避免交叉感染。

3．规范接种疫苗，可有效降低儿童肺炎患病率。

扫码测验

第四节 维生素 D 缺乏性佝偻病

案例导入

患儿，女，4个月。于1个月前无明显诱因出现烦躁不安，爱哭闹，以睡前明显。睡眠时间少，易惊，多汗，无发热、咳嗽，无呕吐、腹泻。患儿为36周顺产，出生于冬季，母乳喂养后2个月改为混合喂养，未加其他辅食和鱼肝油。查体：T 37℃，P 110次/分，R 35次/分，BP 85/55 mmHg。睡眠状态，稍动即惊醒，可见下颌及手部抖动。全身皮肤温暖，无出血点、黄染，头部枕骨有压乒乓球样感觉。头围40 cm，前囟2.5 cm×2.5 cm，发稀少，枕秃明显。未出牙。双肺呼吸音清晰，心律整。腹软，肝肋下1 cm，质软，脾未触及。

问题与思考：
1. 该患儿最可能的诊断是什么？
2. 诊断依据有哪些？
3. 治疗原则是什么？

维生素 D 缺乏性佝偻病（rickets of vitamin D deficiency）是由于儿童体内维生素 D 不足，导致钙、磷代谢失常，产生生长骨骼病变，为婴幼儿期常见的慢性营养性疾病。此病多发于2岁以下儿童，北方比南方多见，冬春季发病较常见，是我国重点防治的儿童四病之一。

一、病因和发病机制

（一）病因

1. 日光照射不足 人体维生素 D 的重要来源是由日光中的紫外线照射皮肤，使皮肤内的7-脱氢胆固醇转变为维生素 D。因日光照射不足而使内源性维生素 D_3 减少，是维生素缺乏的主要原因。如冬季缺乏户外活动、雾霾、北方日照时间短都可导致紫外线照射不足。

2. 维生素 D 及钙剂摄入不足 婴儿食物中（包括母乳）维生素 D 含量少，钙磷的吸收率低。人工喂养儿及日照不足时，则易患佝偻病。

3. 生长过速，需要量增加 婴儿时期骨骼生长速度快，尤其是早产儿、低体重儿，生长期维生素 D 需要量大，佝偻病的发生率较高。

4. 围生期维生素 D 不足 妊娠期特别是妊娠后期孕妇体内维生素 D 不足，如孕妇有严重的营养不良、肝肾疾病以及早产、双胎等，可使婴儿体内存储不足。

5. 疾病影响 慢性胃肠道及肝胆系统疾病，可影响维生素 D 和钙、磷的吸收；严重肝、肾疾患可使维生素 D 羟化发生障碍。

6. 药物影响 抗惊厥药物如苯巴比妥、苯妥英钠，可刺激肝细胞微粒体的氧化酶系统活性增加，使维生素 D 加速分解为无活性的代谢产物。

（二）发病机制

当维生素 D 缺乏时，肠内钙、磷吸收障碍，以致血清钙、磷降低，引起甲状旁腺功能代偿亢进，甲状旁腺分泌增加，从而促使骨钙游离，加速骨质脱钙以维持血清钙的水平。甲状旁腺分泌增加又使肾排磷增加，排钙减少，结果使血清钙维持正常水平或接近正常，而血清磷下降，钙、磷乘积降低，使骨样组织钙化过程发生障碍，成骨细胞增生，在局部造成骨样组织堆积，碱性磷酸酶分泌增加，产生一系列骨骼和血生化改变。

二、临床表现

多见于 3 个月～2 岁小儿，一般以神经精神症状出现较早，继而出现骨骼的改变、肌肉松弛、生长发育停滞、免疫力低下等。本病的发生、发展是一个连续的过程，临床上分期如下。

（一）初期（早期）

多见于 6 个月以内，特别是 3 个月以内的小婴儿。早期常有非特异性的神经精神症状，如夜惊、多汗、烦躁不安等，枕秃也较常见。多汗一般与室温、季节无关。骨骼 X 线检查可无异常或临时钙化带模糊变薄、干垢端稍增宽。血清钙正常或稍低，血磷降低，碱性磷酸酶升高。

（二）激期（活动期）

除初期症状外，主要表现为骨骼系统改变和全身肌肉松弛。

1. 骨骼系统改变

（1）头部：①颅骨软化：多见于 6 个月以内的婴儿，按压颞骨或枕骨时出现乒乓球样感觉。低出生体重儿易患佝偻病并伴有颅骨软化，6 个月后即使病情进展，颅骨软化也可消失。②方颅：常见于 7～9 个月的患儿，由于骨样组织增生致颅骨及顶骨双侧出现对称性隆起，似方形，称为方颅。③前囟增大或闭合延迟。④出牙延迟：10 个月以上婴儿尚未出牙。

（2）胸廓畸形：多见于 1 岁左右小儿。胸部可见肋骨串珠（图 15-2），肋缘外翻形成肋膈沟；胸骨向前突出，形成鸡胸、漏斗胸。

（3）四肢、脊柱畸形：7～8 个月以后的小儿，因骨骺端骨组织增生形成环状钝圆形隆起，称为佝偻病"手镯"或"脚镯"（图 15-3）；小儿站立后因下肢骨软化，可出现膝内翻（"O"形腿）或膝外翻（"X"形腿）。

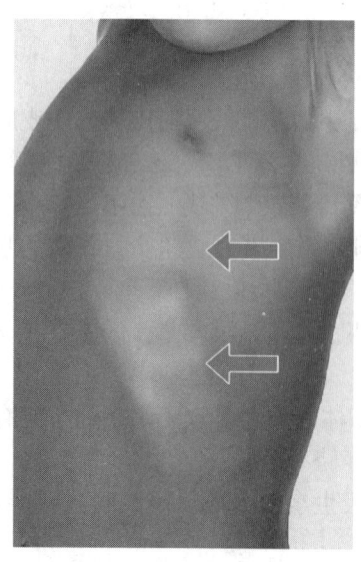

图 15-2 肋骨串珠

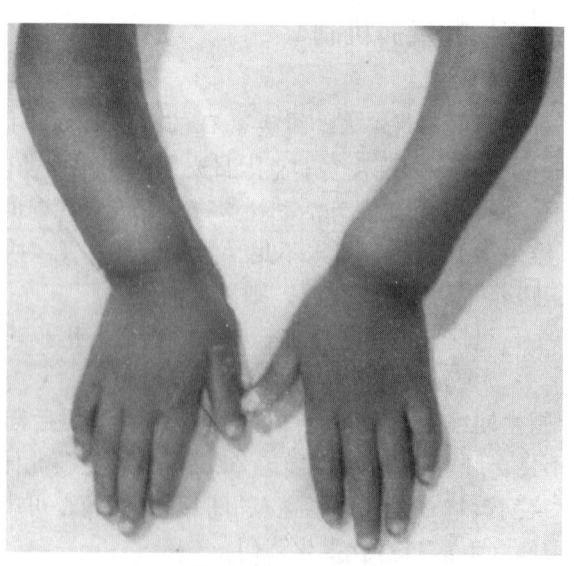

图 15-3 佝偻病"手镯"

2. 全身肌肉松弛 糖类的代谢需要有磷的参加，血磷降低妨碍肌糖原的代谢，致患儿全身肌张力降低和韧带松弛，可见头颈软弱，坐、立、行等运动功能发育落后。腹部似蛙腹状，易发生脐疝。

3. 其他 重症患儿脑发育也可受累，出现表情淡漠，语言发育迟缓。此期血清钙、磷均降低，后者尤为显著。X线检查可见干骺端临时钙化带消失，干骺端模糊不清，如毛刷状、杯口状改变。

（三）恢复期

活动期经维生素D治疗及日光照射后，临床症状及体征逐渐减轻或消失。血钙、磷水平逐渐恢复正常，X线可见临时钙化带重现、增宽、密度加厚。

（四）后遗症期

活动期经维生素D治疗及日光照射后，临床症状及体征逐渐减轻或消失。血钙、磷水平逐渐恢复正常，X线可见临时钙化带重现、增宽、密度加厚。

三、实验室及其他辅助检查

（一）实验室检查

1. 血生化检查 测定血钙、磷、碱性磷酸酶，血清25-(OH)D_3和1,25-(OH)$_2D_3$在佝偻病活动早期就明显降低，可作为早期诊断指标。血浆中碱性磷酸酶升高。

2. 尿钙测定 患儿尿中碱性磷酸酶的排泄量增高。

（二）X线检查

1. 长骨骨骺端X线摄片 早期X线检查显示长骨骺部临时钙化带模糊变薄、干骺端稍增宽；激期钙化预备线消失，骨骺端增宽，骺端边缘不整呈云絮状、杯状或毛刷状改变，骨质稀疏，骨干弯曲变形或骨折。

2. X线骨龄摄片 骨龄落后。

知识链接

维生素D的代谢与功能

维生素D是一种激素前体，具有脂溶性。人体维生素D有两种来源：外源性和内源性。内源性维生素D需依赖于日光中的紫外线照射皮肤，使皮肤中的7-脱氢胆固醇生成维生素D_3，植物中的麦角固醇经紫外线照射后，形成维生素D。维生素D_2和维生素D_3均无生物学活性，均需由α-球蛋白转运至肝、肾进行二次羟化，才有生物活性，发挥激素样作用，促进小肠对钙、磷的重吸收，促进骨样组织钙化，使血中钙、磷向骨骼生长部位沉积，形成新骨。

四、诊断和鉴别诊断

（一）诊断

诊断要根据年龄、病史、临床表现、血生化及骨骼X线检查。初期的神经兴奋性增高无明显特异性，骨骼的X线表现可靠，血清25-(OH)D_3水平是早期诊断的可靠指标。

要点提示：维生素D缺乏的诊断可靠指标是血生化和骨骼X线检查。

（二）鉴别诊断

主要与非营养性佝偻病相鉴别，此类疾病是由维生素D、钙、磷代谢障碍引起，而非维生素 D 缺乏所致。患儿生长发育迟缓，2～3 岁后仍有活动性佝偻病的临床表现，常规治疗剂量维生素 D 治疗无效。

五、治疗

（一）一般治疗

加强营养，保证足够的乳品摄入，尽量母乳喂养，增加户外活动，多晒太阳，避免久坐、久站及早走，以防骨骼畸形。人工喂养者辅以维生素 D，及时添加含维生素 D 的辅食。

（二）补充维生素 D

治疗目的在于控制活动期，防止骨骼畸形。治疗应以口服维生素 D 为主。一般剂量为每日 2000～4000 IU，持续 4～6 周后根据临床症状和 X 线片改善情况，改为维生素 D 预防量。冬季出生婴儿主张出生后 2 周开始补充。

（三）补充钙剂

主张从膳食中补充钙、磷，对 3 个月内小婴儿或有过手足抽搐症者，应加服钙剂。钙剂应选择易溶解、无刺激、含钙元素多的品种，补钙的同时必须补充维生素 D。

六、预防

维生素 D 缺乏为自限性疾病。研究表明确保儿童每天获得维生素 D 400IU 是治疗和预防本病的关键。

1. 孕妇在孕期应多做户外活动，饮食应含丰富的维生素 D、钙、磷和蛋白质等营养物质。妊娠中、晚期补充维生素 D，同时补充钙剂。

2. 婴幼儿期提倡母乳喂养，及时添加辅食。多晒太阳，保证每日户外活动时间在 1～2 h。体弱者或在冬、春季节预防性服用维生素 D。

3. 4 岁后至青春期可出现晚发性佝偻病。对于经常易疲劳、乏力、两腿酸软、腿痛、关节痛而无其他原因解释者应进一步检查并给予防治。

自测题

扫码测验

第五节　小儿腹泻

案例导入

患儿，男，6 个月，因"发热、腹泻 2 天"入院。患儿 2 天前开始发热，体温波动在 37.5～39℃，后出现腹泻，为蛋花样便，量较多，无腥臭味，无黏液及脓血。每日排便 10 余次，无呕吐。患儿食欲差，食欲下降。体格检查：T 38.5℃，精神萎靡，皮肤弹性差，四肢冷，前囟 1.2 cm×1.2 cm，深凹陷。口唇干燥，无发绀。咽部略充血。哭时泪少，心音低，律齐，两肺听诊无异常。便常规：未见 WBC、RBC；血常规：Hb 138 g/L，RBC $5.1×10^{12}$/L，WBC $4.8×10^9$/L，L 0.80，Plt $279×10^9$/L。

问题与思考：
1. 该患儿最可能的诊断是什么？
2. 诊断依据有哪些？
3. 治疗原则是什么？

小儿腹泻病（infantile diarrhea disease）是一组由多病原、多因素引起的以粪便次数增多和性状改变为特点的消化道综合征。小儿腹泻病是我国儿童最常见的疾病之一，属于临床常见病、多发病，也是造成儿童营养不良、生长发育障碍的主要原因之一。6个月～2岁婴幼儿发病率最高。

一、病因

引起婴幼儿腹泻的病因分为感染因素和非感染因素。小儿腹泻病多数系病毒感染和消化不良所致，细菌感染所导致的腹泻只占少数。

（一）感染因素

感染因素分为肠道内感染和肠道外感染，以前者为主。肠道内感染可以由病毒、细菌、真菌、寄生虫引起。

1. 病毒感染　80%小儿腹泻病由病毒感染引起。病毒性肠炎的主要病原为轮状病毒、诺如病毒、柯萨奇病毒、肠道腺病毒、冠状病毒等。

（1）轮状病毒：秋冬季婴儿腹泻最常见的病原，起病急，流行广，主要症状以腹泻为主，时间长达5～7天，排便次数及水分多，呈黄色水样或蛋花样便，带少量黏液，无腥臭味。常伴发热和上呼吸道感染症状。本病呈自限性，数日后呕吐渐停，腹泻减轻。

（2）诺如病毒：一般好发于5岁以上的儿童及成人。起病急，病程短，一般在3天以内。首发症状多为阵发痉挛性腹痛、恶心、呕吐和腹泻，全身症状有畏寒、发热、头痛、乏力等。

2. 细菌感染　如产毒性大肠埃希菌、空肠弯曲菌、沙门菌、弧菌属等。

3. 真菌感染　机体正常菌群紊乱时，抵抗力低下，引起腹泻病。致腹泻的真菌有念珠菌、曲霉菌、毛霉菌等。

4. 寄生虫感染　常见寄生虫为隐孢子虫、蓝氏贾第鞭毛虫和阿米巴原虫等。

（二）非感染因素

1. 饮食因素

（1）喂养不当：多见于人工喂养者，喂养不合理，喂养不定时，饮食量不当，过早添加含淀粉和脂肪类辅食，都可导致高渗性腹泻。

（2）过敏性腹泻：对牛奶或大豆等食物成分过敏所导致的腹泻。

（3）乳糖酶缺乏：肠道对糖消化不良引起腹泻。

2. 气候因素　气候突然变化、腹部受凉、肠蠕动增加，天气过热、消化液分泌减少等都可诱发消化功能紊乱，导致腹泻。

二、发病机制

导致小儿腹泻的机制主要有4种，即渗透性腹泻、分泌性腹泻、渗出性腹泻和肠道功能异常性腹泻。临床上不少腹泻并非由单一机制引起，而是在多种机制共同参与下发生。腹泻时由于吐泻丢失体液和摄入量不足，常造成不同程度的水、电解质及酸碱平衡紊乱。

三、临床表现

不同病因引起的腹泻具有不同的临床特点和不同的临床过程。连续病程在 2 周以内为急性腹泻；病程 2 周至 2 个月为迁延性腹泻；病程在 2 个月以上者为慢性腹泻。

（一）腹泻的共同临床表现

1. 轻型 起病可急可缓，多由饮食因素及肠道外感染引起。以胃肠道症状为主，出现食欲不振、呕吐，排便次数增多及性状改变，呈黄色稀便。多无脱水及全身中毒症状，多在数日内痊愈。粪便镜检可见少量白细胞。

2. 重型 常急性起病，多由肠道内感染引起。除胃肠道症状外，有明显的脱水、电解质紊乱和全身感染中毒症状，如发热或体温不升、精神烦躁、嗜睡，甚至意识障碍、休克。多由肠道内感染引起。

（1）胃肠道症状：常有呕吐，严重者可吐咖啡色液体、食欲低下；腹泻次数频繁，每日可达十余次，为水样或蛋花汤样，可含黏液或脓血。

（2）电解质紊乱：由于吐泻丢失体液和摄入量不足，使体液总量尤其是细胞外液量减少，导致电解质紊乱及酸碱平衡失调。重症腹泻常伴有代谢性酸中毒、低钾血症、低镁血症等。

（二）几种常见类型肠炎的临床特点

1. 轮状病毒肠炎 轮状病毒是秋冬季小儿腹泻最常见的病原体。通过粪-口途径传播或呼吸道感染致病。潜伏期 1~3 天。起病急，常伴发热和上呼吸道感染症状，并有呕吐，之后出现腹泻。粪便呈"三多"现象，即排便次数多、量多、水分多，多为黄色水样或蛋花样便，带少量黏液。常并发脱水、酸中毒及电解质紊乱。粪便镜检偶有少量白细胞。感染后 1~3 天粪便中即有大量病毒排出，采用酶联免疫吸附试验（ELISA）检测病毒抗原、抗体，或利用聚合酶链反应（PCR）及核酸探针技术检测病毒抗原。血清抗体一般在感染后 3 周上升。

2. 诺如病毒性肠炎 全年散发，高峰见于寒冷季节。起病急，阵发性腹痛、恶心、呕吐、腹泻，全身症状明显，有头痛、发热、乏力和肌肉痛。频繁吐泻可发生脱水、酸中毒和低钾血症。粪便及周围血象检查一般无特殊发现。

3. 产毒性细菌引起的肠炎 多发生在夏季，潜伏期 1~2 天。轻者仅粪便次数增多，性状轻微改变。重症腹泻频繁，量多，呈水样或蛋花样，混有黏液，常发生脱水、电解质紊乱及酸中毒。

4. 侵袭性细菌引起的肠炎 多见于夏秋季。起病急，全身中毒症状重，常出现高热，甚至发生高热惊厥。粪便呈黏液状，带脓血，有腥臭味。常伴恶心、呕吐、腹痛和里急后重，粪便镜检有大量白细胞及数量不等的红细胞。粪便细菌培养可找到相应的致病菌。

5. 出血性大肠埃希菌肠炎 粪便起初为黄色水样，后转为血水便，有特殊臭味。个别病例可伴发溶血尿毒综合征和血小板减少性紫癜。

6. 抗生素诱发的肠炎 长期使用广谱抗菌药物可使肠道菌群失调，多在持续使用抗生素 2~3 周后发病，病程和症状常与菌群失调的程度有关。常见的有金黄色葡萄球菌肠炎、假膜性小肠结肠炎、真菌性肠炎等。

（三）迁延性和慢性腹泻

病因复杂，营养不良、感染、食物过敏、免疫缺陷、先天性畸形等均可引起，其中以急性腹泻治疗不当、迁延不愈最为常见。营养不良的婴幼儿发病率较高。临床表现以腹泻和慢性营养紊乱为主，患儿食欲低下，病情迁延、时好时坏，生长发育迟缓，易发生呼吸道、消化道等继发感染。

四、实验室及其他辅助检查

(一)实验室检查

1. 粪便常规 粪便常规检查包括粪便性状和显微镜检查,不同病因引起的腹泻粪便常规检查结果不同。

(1) 非感染性腹泻:粪便外观为水样便、稀便,镜检有脂肪球。

(2) 病毒性肠炎:粪便常规检查除性状改变外,镜检偶见少量白细胞。

(3) 侵袭性细菌肠炎:粪便为深绿色黏脓便或白色胶冻便。镜检可见大量白细胞和数量不等的红细胞。

(4) 金黄色葡萄球菌肠炎:典型粪便为暗绿色,带黏液,少数为血便。镜检见大量脓细胞和成簇的革兰氏阳性球菌。

(5) 真菌性肠炎:黄色稀便,泡沫较多,带黏液,有时可见豆渣样细便。粪便镜检可见真菌孢子和假菌丝。

2. 粪便培养

(1) 侵袭性细菌肠炎:粪便培养可找到相应致病菌。

(2) 金黄色葡萄球菌肠炎:粪便培养可见葡萄球菌生长,凝固酶阳性。

(3) 假膜性肠炎:厌氧菌培养或组织培养法检测到细胞毒素可协助确诊。

(4) 真菌性肠炎:真菌培养阳性。

3. 血常规检查 白细胞总数及中性粒细胞升高常提示细菌感染;正常或降低多为病毒感染;嗜酸性粒细胞升高提示寄生虫感染或过敏性疾病。

4. 血生化测定 通过检测钠、钾、氯、二氧化碳结合力、血气分析等,确定有无电解质紊乱及酸碱平衡紊乱。

(二)影像学检查

对于伴有剧烈腹痛、便血、腹胀者,应及时进行腹部立、卧位X线摄片,腹部彩超乃至腹部CT检查,以排除外科并发症。

五、诊断和鉴别诊断

(一)诊断

根据发病季节、病史、临床表现和粪便性状可做出临床诊断。诊断同时进行粪便常规及培养送检,寻找腹泻的病因;查血气分析和血生化,判断有无脱水(程度和性质)、电解质紊乱和酸碱平衡失调。

腹泻的病因复杂,从临床诊断和治疗考虑,在未明确病原前,可先根据粪便常规检查结果将腹泻分为两组。

1. 粪便镜检无或偶见少量白细胞,为侵袭性细菌以外的病因,如病毒、非侵袭性细菌、喂养不当等。此类腹泻多为水泻,偶伴有脱水。

2. 粪便镜检有较多白细胞,镜检发现大量白细胞,提示结肠和回肠末端有侵袭性病变,由各种侵袭性细菌感染所致。仅依据临床表现难以区别,明确病原有赖于粪便的细菌培养和血清学检测。

(二)鉴别诊断

1. 生理性腹泻 多见于6个月以内小儿,外观虚胖,伴有湿疹,生后不久便出现粪便次数增多而稀,呈黄绿色,但无呕吐,无其他症状,发育良好,不影响生长发育。添加辅食后粪便恢复正常,此类腹泻可能与乳糖不耐受有关。

2. 急性坏死性肠炎 主要表现为腹痛、腹胀、频繁呕吐、高热、粪便呈暗红色糊状,很快出现赤豆汤样血便,常伴明显中毒症状,甚至休克。腹部X线示小肠局部充气扩张,肠壁积气,肠间隙增宽。

六、治疗

小儿腹泻对患儿健康和正常的生长发育会造成很大的威胁,因其病因繁多,治疗的规范化和个体化尤为重要,应合理使用抗生素,减少过度医疗。临床治疗原则为:调整饮食,控制感染,预防和纠正脱水,合理用药,加强护理,预防并发症。

(一)调整饮食

腹泻时进食和吸收减少,但因肠黏膜损伤的恢复,发热时代谢旺盛等原因使营养需要量增加,如限制饮食过严或禁食过久,易造成病情迁延不愈,生长发育受到影响。因此应根据疾病的特殊病理生理状态、个体消化吸收功能和平时的饮食习惯进行合理调整。母乳喂养儿继续母乳喂养。已添加辅食患儿,遵循少量多餐的原则,避免进食含粗纤维的蔬菜或水果及高糖食物。病毒性腹泻双糖酶活性会下降,应暂时给无乳糖或低乳糖饮食为主。

(二)预防和纠正脱水

液体疗法是治疗小儿腹泻病的关键,包括口服补液和静脉补液两种,其目的是预防和纠正水、电解质和酸碱平衡紊乱。

1. 口服补液　用于预防和纠正轻、中度脱水。最佳的是低渗口服补液盐溶液,如无补液盐溶液,可用清洁的液体代替,包括米汤加盐溶液(米汤500 ml 加细盐1.75 g)、母乳、配方奶和糖盐水等。推荐低渗口服补液盐与补锌治疗,目前的研究证实,补锌有利于缩短腹泻病程,减轻病情,并且可以预防未来2～3个月的腹泻复发。

2. 静脉补液　用于中、重度脱水,吐泻重或腹胀者。输用溶液的成分、容量和滴注时间必须根据不同的脱水程度和性质决定,同时结合年龄、营养状况、自身调节功能灵活掌握。

第一天补液:①定量:总量包括补充累积损失量、继续损失量和生理需要量。根据脱水程度确定。一般轻度脱水补液总量为90～120 ml/ kg,中度脱水为120～150 ml/ kg,重度脱水为150～180 ml/ kg。②定性:根据脱水性质选用不同张力的液体,一般分为等渗、低渗、高渗。如临床难以判断脱水性质,可按等渗性脱水处理。③定速:根据脱水程度、继续损失的量和速度确定;对重度脱水伴循环衰竭者,应尽快扩容,用2:1等张含钠液20 ml/ kg(总量＜300 ml)于30～60 min内快速输入;累积损失量(扣除扩容液量)在6～12 h内补完;继续损失量和生理需要量于12～16 h补完。④纠正酸中毒:轻、中度酸中毒因液体中含有碱性液体,无须特殊处理,重度酸中毒可用1.4%碳酸氢钠扩容,兼有补充血容量和纠正酸中毒的作用。⑤纠正低钾血症:见尿后及时补钾,切忌钾盐静脉推注,补钾时间一般持续4～6天。⑥纠正低钙、低镁:出现低钙症状时用10%葡萄糖酸钙10 ml加葡萄糖稀释后缓慢静脉推注。低镁者可用25%硫酸镁深部肌内注射。

第二天以后补液:补充继续丢失量和生理需要量,继续补钾,保证热卡供给。

(三)药物治疗

1. 控制感染

(1)水样便腹泻者一般为病毒及非侵袭性细菌所致,一般不用抗生素,应积极调整饮食,合理使用液体疗法,选用微生态制剂和黏膜保护剂。对于重症患儿、新生儿、免疫功能低下者,应酌情选用抗生素。

(2)黏液、脓血便患儿多为侵袭性细菌感染,应根据临床特点,针对病原菌选择抗生素。之后根据粪便培养药敏试验结果调整用药,大肠埃希菌、空肠弯曲菌、鼠伤寒沙门菌、耶尔森菌感染者常选用抗革兰氏阴性杆菌或大环内酯类抗生素;金黄色葡萄球菌肠炎、假膜性肠炎和真菌性肠炎立即停用原抗生素,改用万古霉素、利福平、甲硝唑或抗真菌药物。

2. 肠道微生态疗法 选用双歧杆菌、嗜酸乳杆菌制剂，有助于肠道正常菌群的生态平衡。

3. 合理使用肠黏膜保护剂 可以吸附肠道病原微生物和毒素，维持肠细胞的正常吸收和分泌功能，对于减轻腹泻症状、缩短病程是非常必要的。常用药物为蒙脱石散。

七、预防

积极防治营养不良，对于生理性腹泻的婴儿，应避免不适当的药物治疗，同时注意避免由于婴儿便次多、怀疑其消化能力而不按时添加辅食。

1. 注意饮食卫生，养成良好的卫生习惯，室内及时通风，注意乳品的保存和奶具、食具、便器、玩具和设备的定期消毒。

2. 预防感染性腹泻，秋冬季节提前接种疫苗。

3. 合理喂养，提倡母乳喂养，及时添加辅食。逐步添加辅食，顺序为流质→半流质→软食→固体食物等。

4. 适时断奶，人工喂养者应根据具体情况选择合适的代乳品。

5. 避免长期滥用广谱抗生素，抗生素使用期间可加用微生态制剂，防止肠道菌群失调所致的腹泻。

自测题

扫码测验

第六节 蛋白质-能量营养不良

> **案例导入**
>
> 患儿，女，11 个月，足月顺产，出生体重 3.5 kg。母乳喂养至 4 个月，添加牛奶及米粉。近 3 个月反复腹泻，粪便呈稀水样或蛋花样，体重不增 2 个月余。体格检查：T 36.2℃，P 108 次/分，R 28 次/分，体重 5 kg。精神欠佳，消瘦，皮下脂肪少，皮肤弹性差，前囟稍凹陷，头发稀少。腹软，腹壁皮下脂肪 0.2 cm，肝肋下 2.5 cm，质软，肠鸣音亢进。辅助检查：血常规：WBC $5.2×10^9$/L，NO 4.0，LO 5.8，Hb 87 g/L。空腹血糖 3.5 mmol/L。血生化：ALT 55.2 IU/L，AST 58 IU/L，TP 49 g/L，ALB 29 g/L。血 K^+ 3.5 mmol/L，Na^+ 131 mmol/L，Cl^- 96 mmol/L。
>
> **问题与思考：**
> 1. 该患儿最可能的诊断是什么？
> 2. 诊断依据有哪些？
> 3. 治疗原则是什么？

蛋白质-能量营养不良（protein-energy malnutrition，PEM）是由于蛋白质和能量供应不足所致的一种慢性营养缺乏症。多见于 3 岁以下婴幼儿，临床特征为体重不增或增加缓慢、渐进性消瘦、皮下脂肪减少、皮下水肿，伴有全身各组织器官不同程度的功能低下及新陈代谢失常。

临床上以能量供应不足为主的称为消瘦型；以蛋白质缺乏为主的营养不良，临床表现多为水肿，称水肿型，也称为夸希奥科病。

一、病因

（一）摄入量不足

喂养不当是导致营养不良的重要原因。婴儿处于体格快速发育阶段，对营养素和能量需求高，必须供应充足的能量和优质蛋白质才能满足需要。母乳不足又未及时添加其他乳制品或辅食，长期奶粉冲调过稀，断乳后饮食结构不合理以及偏食、挑食等不良习惯均可造成蛋白质或能量摄入不足。

（二）消化吸收障碍

消化系统解剖或功能异常，如患有先天性唇腭裂的婴幼儿吸吮困难，影响进食；长期腹泻、过敏性肠炎、肠吸收不良综合征等均可影响胃肠道对营养的吸收。

（三）需要量增多

生长发育的快速增长期，急、慢性感染时，双胎、多胎或早产的追赶性生长，消耗性疾病等均可导致营养需要量相对增加而出现营养不良。

二、病理生理

机体靠饮食中的蛋白质提供氨基酸来合成身体所需的蛋白质和功能性分子，能量是机体产生化学和生理学功能的基本要素。因此，PEM可影响全身任何器官系统。

1. 新陈代谢异常

（1）蛋白质代谢：蛋白质代谢处于负平衡，血清总蛋白和白蛋白量减少。当血清总蛋白低于40 g/L、白蛋白低于20 g/L时即发生低蛋白水肿。

（2）脂肪代谢：体内脂肪动员消耗大，血清胆固醇下降，肝细胞脂肪浸润。

（3）糖类代谢：糖原不足或消耗过多，糖原储备不足，常出现血糖偏低。

（4）水、电解质失衡：细胞外液呈低渗状态，易出现低渗性脱水、酸中毒、低血钾、低血钠、低血钙、低血镁及低血锌。

2. 器官功能低下

（1）消化功能低下：胃肠道黏膜萎缩、细胞数量减少，消化酶的分泌和活性降低、肠蠕动减弱、菌群失调等，致消化功能低下。

（2）循环功能低下：心肌纤维因蛋白质不足出现肌纤维肿胀，心脏收缩力减弱，心排出量减少，血压偏低，脉细弱。

（3）肾功能障碍：肾小管重吸收功能减退，尿量增多而尿比重下降。

（4）中枢神经系统：大脑生长缓慢，大脑皮质菲薄，神经元数量减少。患儿可表现为表情淡漠、反应迟钝、记忆力差、条件反射不易建立。

（5）免疫系统功能低下：特异性及非特异性免疫功能均低下，故易并发各种感染。

三、临床表现

（一）症状

1. 体重减轻 早期表现为体重增长缓慢或不增。长时间营养失调导致身高增长缓慢，严重时身高明显低于同龄儿。

2. 皮下脂肪层变薄、消失 消瘦、皮下脂肪逐渐减少甚至消失为营养不良的临床特点。皮下脂肪消失的顺序为腹部→躯干→臀部→四肢→面部。

3. 水肿 蛋白质-营养不良的重要表现，常见于四肢。重症患儿可出现全身水肿，可有凹陷性水肿，皮肤发亮，严重时可破溃、感染。

4. 皮肤改变 干燥、脱屑、苍白，皮肤逐渐失去弹性。

5. 脏器功能损害 重度营养不良可以出现重要脏器功能损害，同时造成免疫功能低下，易患各种传染病。

（二）临床分型

1. 消瘦型以能量缺乏为主，主要特征为消瘦，体重下降，皮下脂肪减少，身高增长减慢。

2. 水肿型以蛋白质缺乏为主，特征为水肿，外观虚胖，下肢出现可凹型水肿。可有体重下降，但身高正常，肌肉萎缩明显。

3. 消瘦-水肿型兼有上述两型特点。

四、实验室检查

营养不良早期缺乏特异性的诊断标准，血清白蛋白减低为该病的特征性改变，血浆胰岛素样生长因子-1是蛋白质营养不良早期诊断灵敏而可靠的指标。

1. 血液学常规检查 包括周围血细胞涂片，通过该检查也可排除缺铁性贫血、叶酸和维生素B_{12}缺乏所致贫血。

2. 蛋白质营养状态 血清白蛋白降低是最具特征的表现，但其半衰期较长，不够灵敏。近年来认为某些代谢周期较短的血浆蛋白质具有早期诊断价值，如可通过检测视黄醇结合蛋白、前白蛋白、转铁蛋白来评估。

3. 胰岛素样生长因子Ⅰ（IGF-Ⅰ） IGF-Ⅰ在体内调节物质代谢和体格生长发育，在营养不良出现临床症状之前已经发生变化，不仅反应灵敏，而且受其他因素影响较小，是诊断蛋白质营养不良的较好指标。

五、诊断

根据患儿年龄、喂养史，对儿童营养状况进行评估，结合临床表现、实验室检查，可做出营养不良的诊断。诊断营养不良的基本测量指标为体重和身高。诊断明确后应进行分型、分度。

1. 体重低下 其体重低于同年龄、同性别参照人群值的均数减2个标准差，但高于或等于均数减3个标准差者为中度；低于均数减3个标准差者为重度。此项指标主要反映慢性或急性营养不良。

2. 生长迟缓 其身长低于同年龄、同性别参照人群值均数减2个标准差，但高于或等于均数减3个标准差为中度；低于均数减3个标准差为重度。此项指标主要反映慢性长期营养不良。

3. 消瘦 其体重低于同身高、同性别参照人群值均数减2个标准差，高于或等于均数减3个标准差为中度；低于均数减3个标准差为重度。此项指标主要反映近期、急性营养不良。

六、治疗

PEM治疗应采取综合措施，临床应在处理紧急并发症的基础上，调整饮食，补充能量和营养物质，治疗原发病，改善患儿消化系统功能。

（一）维持水、电解质平衡

患儿出现水、电解质紊乱、严重酸中毒、低血糖、继发感染等紧急情况时，应先处理。因患儿皮下脂肪菲薄，对脱水程度容易估计过高，因此液体补充治疗时应注意减少补液总量，以免造成心力衰竭。

（二）调整饮食

根据 PEM 的程度和患儿对食物的耐受程度逐渐调整饮食。患儿所需蛋白质及热量的供给应遵从循序渐进的原则。

1. 能量供给 轻度 PEM 患儿，消化功能及对食物的耐受与正常儿童相仿，仅需供给足够的能量。中、重度 PEM 患儿，消化功能损害明显，对食物的耐受力差，在原有膳食基础上从小剂量、低热量开始。水肿型患者需多补充蛋白质，消瘦型患者多补充能量。

2. 食物选择 应选择容易消化吸收的优质蛋白质食物，并保证能量的供应，适当补充各种维生素、微量元素和矿物质。由于此时患儿消化功能较弱，食物性状应从流质、半流质逐步过渡为普食，辅食添加应从单一向多种过渡。

（三）改善消化功能

可给予 B 族维生素和胃蛋白酶、胰酶等以助消化。也可以给予蛋白质同化类固醇制剂，能促进蛋白质合成，并能增加食欲。锌制剂可提高味觉敏感度，有增加食欲的作用，每日可口服锌 0.5～1.0 mg/kg。对食欲差的患儿可皮下注射胰岛素，降低血糖，增加饥饿感，提高食欲。

（四）并发症治疗

积极治疗并发症，及时纠正水、电解质紊乱，注意补液量及补液速度，防止心力衰竭的发生。同时治疗维生素及微量元素缺乏症。

（五）支持疗法

PEM 患儿通常伴有贫血，如果血红蛋白含量 < 80 g/L 可输注红细胞，同时给予铁剂、叶酸、维生素 B_{12} 等造血原料。并发严重感染时可输注免疫球蛋白。进食困难时可鼻饲饮食。

七、预防

营养不良的预防应采取以下综合措施。

1. 合理喂养 提倡母乳喂养；对非母乳喂养者加强指导，纠正不良饮食习惯；保证儿童饮食中蛋白质及能量的供给。

2. 合理安排作息 坚持户外活动，保证充足睡眠，保持良好的卫生习惯。

3. 纠正消化道畸形，防治传染病 手术矫正消化道先天性畸形，按时进行预防接种。

4. 推广应用生长发育监测图 定期体检，将体重值标在生长发育监测图上，一旦发现体重增长缓慢，尽快查明原因，及时纠正。

自测题

扫码测验

（刘蓟哲）

第七篇

常见传染病与性传播疾病

第十六章

常见传染病与性传播疾病

学习目标

通过本章内容的学习，学生应能够：

识记：
1. 说出传染病的流行条件及影响因素。
2. 列举常见传染病的传播途径及临床表现。

理解：
1. 解释常见传染病的发病机制。
2. 掌握常见传染病的防治原则。
3. 分析常见传染病的实验室检查结果。

运用：
1. 根据患者的流行病史、临床表现、实验室及辅助检查做出初步诊断。
2. 根据病情选择合适的治疗方案，正确评估其预后。
3. 培养学生树立良好的医德医风，养成关爱患者、关爱健康的风尚。

第一节 传染病学概述

一、传染病的概述

传染病（communicable diseases）是由病原体感染人体后产生的有传染性的疾病。病原体有病原微生物（包括细菌、病毒、衣原体、支原体、立克次体、螺旋体、真菌、朊粒等）和寄生虫（包括原虫、蠕虫及医学节肢动物）。寄生虫感染后引起的传染病，亦称寄生虫病。传染病在一定条件下可造成流行。

性传播疾病（sexually transmitted disease，STD）是指通过性接触、类似性行为及间接接触传播的一组传染性疾病，不仅可引起泌尿生殖器官病变，还可通过淋巴系统侵犯泌尿生殖器官所属的淋巴结，甚至通过血行播散侵犯全身各重要组织和器官。STD 严重危害患者身心健康，给患者个人、家庭和社会带来极大影响。

历史上一些烈性传染病曾给人类带来重大的灾难，如鼠疫、天花、霍乱、疟疾、血吸虫病和黑热病等曾经流行十分猖獗，使广大民众贫病交加，严重危害百姓的生命和健康。新中国成立以后，在"预防为主，防治结合"的卫生工作方针指导下，大力开展传染病的防治工作，使传染病的发病率有了大幅度下降，病死率显著降低，如天花已经被消灭，伤寒、乙脑、疟疾、斑疹伤寒、白喉、黑热病、脊髓灰质炎、新生儿破伤风等的发病率已明显下降，其中脊髓灰质炎已接近被消灭。在我国，传染性疾病已不再是引起死亡的首要原因，但有些传染病，如病毒性肝炎、结核病、狂犬病、流行性出血热等发病率仍然较高，对人民的健康危害很大。

随着世界各国的广泛交往，目前传染病疾病谱正在发生改变，例如艾滋病、新型冠状病毒感染等，这些新出现的传染病对人民群众的身体健康与生命安全亦构成了严重威胁，对传染病的研究和防治工作仍然需要加强。同时，祖国医学对传染病的防治有着丰富的经验，大力发掘发展祖国医学研究、应用中西医结合防治传染病，将对传染病的预防和治疗发挥更加有效的作用。

本章节重点将讲解病毒性肝炎、艾滋病、带状疱疹和手足口病。

二、传染病的疾病转归

病原体通过各种途径进入人体后就开始了感染过程。人体感染后是否发病主要取决于病原体的致病力和人体的免疫功能，以及内、外界的干预因素如药物、放射治疗和管理等。常见的感染类型有以下5种。

（一）病原体被消除（elimination of pathogen）

病原体侵入人体后，可被机体的非特异性免疫系统所清除，如皮肤黏膜的屏障、血-脑脊液屏障作用、胃酸的杀菌作用、正常体液的溶菌作用、组织细胞的吞噬作用等。亦可通过体内已存在的特异性体液免疫或细胞免疫物质将相应的病原体清除。特异性免疫功能可通过自然感染或疫苗接种获得主动免疫，也可通过胎盘屏障从母体获得或注射免疫球蛋白而获得被动免疫。病原体在体内被消灭或通过气管、肠道或肾等排出体外，机体不出现任何临床症状。

（二）病原携带状态（carrier state）

病原携带状态指病原体侵入人体后，存在于机体一定部位进行生长繁殖并排出体外，可引起轻度的病理损害，而人体不出现疾病的临床症状。传染病按病原体种类不同分为带病毒者、带菌者与带虫者。按其发生和持续时间的长短，病原携带者又分为健康携带者、潜伏期携带者、恢复期携带者。病原携带者是临床重要的传染源。

（三）隐性感染（covert infection）

隐性感染又称亚临床感染（sub-clinical infection），是指病原体侵入人体后，仅诱导机体产生特异性的免疫应答，而不引起或仅引起轻微的组织损伤，临床上不出现症状、体征甚至生化改变，只有经免疫学检查才能发现。大多数人隐性感染过程结束后，可以获得不同程度的特异性主动免疫力，病原体被清除；而少数人则转为病原携带者，病原体持续存在于体内，成为传染源。

（四）潜伏性感染（latent infection）

潜伏性感染又称潜在性感染，指病原体进入人体后，寄生于机体，人体免疫功能将病原体局限在人体中某些部位，但又不能将病原体清除，病原体可长期潜伏起来，人体不出现症状。但当机体免疫功能下降时，潜伏在人体内的病原体乘机繁殖，可导致发病。潜伏性感染期间，病原体一般不排出体外，这是与病原携带状态的不同之处。常见的潜伏性感染的病原体有单纯疱疹病毒、水痘-带状疱疹病毒、疟原虫、结核分枝杆菌等。

（五）显性感染（overt infection）

显性感染又称临床感染（clinical infection），指病原体侵入人体后，不仅诱导人体产生免疫应答，而且通过病原体本身对机体的损害作用或人体对病原体的超敏反应导致组织损伤，引起病理改变，出现临床症状。显性感染结束后，病原体可被清除，感染者可获得不同程度的免疫力。少数显性感染者亦可转为病原携带者。

以上5种表现在一定条件下可以相互转化，一般情况下隐性感染最常见，其次为病原携带状态，显性感染所占比例最低，但易于识别。

三、传染病的流行过程及影响因素

（一）流行过程的基本条件

传染病的流行过程（epidemic process）是传染病在人群中发生、发展和转归的过程，即传染病的特异病原体从感染者体内排出，经过一定传播途径，再侵入易感者，并不断发生、发展的过程。传染病流行过程的发生必须具备3个条件，即传染源、传播途径和易感人群，或称流行过程的3个环节。任何一个环节缺乏，新的传染就不可能发生，也就不可能引起传染病在人群中的传播和流行。

1. 传染源 传染源（source of infection）是指体内有病原体生存、繁殖，并能将其通过一定途径排出体外的人或动物。传染源包括传染病患者、隐性感染者、病原携带者和受感染的动物。

2. 传播途径 病原体从传染源体内排出后，再侵入另一易感者的途径称为传播途径（route of transmission）。有些传染病可有多种传播途径。常见的传播途径如下。

（1）呼吸道传播：含有病原体的飞沫、飞沫核、尘埃，被易感者吸入引起感染，是呼吸道传染病的主要传播途径，如麻疹、白喉、流行性脑脊髓膜炎等。经呼吸道传播的传染病流行特征是蔓延速度快，冬春季多见。

（2）消化道传播：病原体污染食物、饮用水、餐具等，易感者进食时被感染，如细菌性痢疾、伤寒、霍乱等。经饮水传播的传染病流行特征是患者分布与供水范围一致。

（3）接触传播：病原体通过手、媒介物直接或间接接触导致的传播，包括直接接触传播和间接接触传播。直接接触传播，如性病、狂犬病等；间接接触传播又称日常生活接触传播，是传染源排出的病原体通过污染手或日常生活用具、玩具等传播疾病，既可引起呼吸道传染病，如白喉，也可传播消化道传染病，如伤寒、痢疾、霍乱等。易感者接触存在某些病原体的疫水，亦可引起感染，见于血吸虫病、钩端螺旋体病等，其流行特征是有地区性、季节性和职业性。有些寄生虫虫卵或细菌的芽孢污染土壤，这时土壤便成为某些传染病的传播途径，如钩虫病、蛔虫病、炭疽、破伤风等。

（4）虫媒传播：是指以节肢动物为媒介而引起的传播。可分为吸血节肢动物传播和机械携带传播两种。吸血节肢动物如蚊虫传播乙脑、虱传播斑疹伤寒等，由于吸血节肢动物生长繁殖需要适宜的环境和气候条件，故虫媒传播的疾病具有明显的季节性和地区性。后者经节肢动物机械地携带病原体，然后再传播给易感者，如苍蝇和蟑螂能够通过机械地携带病原体传播痢疾、伤寒等。

（5）血液、体液传播：经输血、使用血制品或被血液、体液污染的医疗器械、性接触等引起的传播，如乙型病毒性肝炎、丙型病毒性肝炎、疟疾及艾滋病等。

（6）母婴传播：某些传染病的病原体可通过胎盘、产道、产后哺乳传播，如乙型病毒性肝炎、风疹及艾滋病等。

（7）医源性传播：指医疗工作过程中造成的传染病的传播。一类指易感者在接受治疗、预防时，所用器械被工作人员污染或消毒不严而造成传播；另一类指药厂或生物制品受污染而引起传播。

母婴传播属于垂直传播，其他传播途径均为水平传播。婴儿出生前已从母亲或父亲体内获得的感染称为先天性感染，如梅毒等。出生后获得的感染称为后天性感染。

3. 易感人群 对某种传染病缺乏免疫力的人称为易感者。人群作为一个整体，对某种传染病容易感染的程度，称为人群易感性。人群易感性取决于该人群中每个人的免疫水平，与免疫水平成反比。

> **要点提示**：传染病流行过程的三个环节：传染源、传播途径和易感人群。

（二）影响流行过程的因素

传染病流行过程的发生除了传染源、传播途径、易感人群3个基本条件外，还受到自然因素和社会因素的影响和制约，使流行过程表现出不同的强度和性质。

1. 自然因素 自然因素指地理、气象、生态等因素。自然因素通过对流行过程3个条件的作用而影响传染病的发生与发展。传染病的地区性和季节性与自然因素有密切关系。如呼吸道传染病多见于冬春季节，此期气候寒冷干燥，而呼吸道传染病的病原体对寒冷和干燥的耐受力较强，同时冬春季节人们喜欢室内活动而空气流通不畅，寒冷和干燥可减弱呼吸道抵抗力。而消化道传染病多见于夏秋季节，此期气候炎热，适宜于肠道细菌生长繁殖，炎热可减少机体胃酸的分泌，且天气炎热时机体饮水多而使胃酸稀释，消化道抵抗力减弱。

2. 社会因素 社会因素包括社会制度、经济状况、文化水平、生活条件、风俗习惯、职业活动、医疗卫生条件等，对传染病的流行过程有决定性的影响。其中，社会制度起主导作用。新中国成立后，贯彻"以预防为主，防治结合"的方针，全面开展卫生防疫工作，大搞爱国卫生运动，大力进行某些传染病的普查普治，大力推行计划免疫，使许多传染病和寄生虫病被迅速控制或消灭。同时因人口流动、思想观念、生活方式、饮食习惯、社会风气的改变及环境污染等，有可能出现新的传染病或导致某些传染病发病率升高，如艾滋病、结核病、并殖吸虫病等。

四、传染病的基本特征

传染病与一般疾病相比，具有4个基本特征。

（一）有病原体

每种传染病都是由特异的病原体感染引起的。病原体包括各种致病微生物和寄生虫等，近年还发现一类特殊的具有感染性的变异蛋白质——朊粒。

（二）有传染性

病原体从一个宿主排出，经一定的途径感染另一个宿主，这种特性称为传染性。所有传染病都具有一定的传染性，这是传染病与其他感染性疾病的主要区别。每种传染病的传染性强弱不一，如鼠疫、霍乱传染性很强，在《中华人民共和国传染病防治法》中被列为甲类传染病。

传染病患者有传染性的时期称为传染期。不同的传染病传染期长短不一，在不同的病程阶段，传染性强弱也不同。一般传染病在潜伏期末即有传染性，发病早期和极期随着病原体排出数量增加，传染性增强，恢复期传染性逐渐减弱。了解各种传染病的传染期是确定传染病患者隔离期限的重要依据。

（三）有流行病学特征

1. 流行性 在一定条件下，传染病能在人群中传播蔓延的特性称为流行性。按传染病的流行强度和广度可分为：散发、暴发、流行、大流行。

2. 季节性 由于受气温、湿度、雨水等环境因素影响，某些传染病的发病率在每年一定季节出现升高的现象，如呼吸道传染病以冬春季节多见，而肠道传染病和虫媒传染病以夏秋季节多见。

3. 地方性 有些传染病或寄生虫病由于中间宿主的存在、地理环境、气候条件、人们生活习惯等自然因素和社会因素的不同，常局限在一定地区发生，这种传染病称地方性传染病。

如血吸虫病常见于钉螺繁殖的水网地区、布鲁氏菌病易见于牧区等。以野生动物为主要传染源的疾病称为自然疫源性传染病，也属于地方性传染病。

传染病发病率在不同人群（年龄、性别、职业等）中的分布不同也属于流行病学特征。

（四）有免疫性

经显性感染或隐性感染之后，机体能产生一定程度的针对该病原体及其产物的特异性保护性免疫。感染后免疫力持续的时间长短在不同传染病中有很大差异。由于各种传染病的免疫强度和持续时间不同，可出现以下现象。

(1) 再感染：传染病痊愈后，经过一段时间免疫力逐渐降低或消失，又感染同一种病原体称为再感染，见于流行性感冒、细菌性痢疾等。

(2) 重复感染：传染病尚在进行中，又受到同一种病原体再度侵袭而又感染，称为重复感染，多见于寄生虫，如血吸虫病、丝虫病等。此类传染病一般不产生保护性免疫，重复感染是发展为重症的主要原因。

> **要点提示**：传染病的基本特征为有病原体、有传染性、有流行病学特征、有免疫性。

五、传染病的临床特点

（一）病程发展的阶段性

急性传染病从发生、发展到转归，其病程具有一定的规律性，大致可分为以下 4 个阶段。

1. 潜伏期（incubation period） 从病原体侵入人体起，到开始出现临床症状为止的这段时间称为潜伏期。一般相当于病原体在机体内定居、繁殖、转移、引起组织损伤和功能改变、导致临床症状出现之前的感染过程，其长短依病原体的种类、数量、毒力与人体免疫力的强弱而定。了解潜伏期对确定检疫期限、协助临床诊断和进行流行病学调查有一定意义。有些传染病在潜伏期已具有传染性。

2. 前驱期（prodromal period） 从起病到症状明显开始（或其特殊症状出现）为止的时期称为前驱期。此期出现一些无特异性的症状，如发热、乏力、头痛、食欲缺乏、肌肉酸痛等，一般持续 1~3 天。前驱期的表现为许多传染病所共有。起病急骤的传染病可无明显的前驱期。此期已具有较强的传染性。

3. 症状明显期（period of apparent manifestation） 急性传染病在前驱期后，逐渐表现出某种传染病所特有的症状和体征，如典型的热型，具有特征性的皮疹、黄疸，肝、脾大和脑膜刺激征等。此期容易发生各种并发症，且传染性强。

4. 恢复期（convalescent period） 当人体免疫力增加至一定程度时，体内病理生理过程基本终止，临床症状及体征基本消失，直至完全康复，临床上称为恢复期。发病时引起的功能失调和组织损伤等病变在此期逐步调整和修复，血清中抗体效价也逐渐升至最高水平，病原体大多被肃清。此期也可发生并发症，部分患者可转为慢性。

恢复期时有些传染病可出现再燃或复发。传染病已进入恢复期，患者的临床症状和体征逐渐减轻，但体温尚未完全恢复正常，由于潜伏于体内的病原体再度繁殖，使体温再次升高，初发病的症状和体征再度出现，称为再燃，见于伤寒、疟疾等。传染病患者进入恢复期后，已稳定退热一段时间，由于体内残存的病原体再度繁殖而使临床表现再度出现，称为复发，见于伤寒、疟疾等。

后遗症是指传染病患者在恢复期结束后，某些器官功能长期（一般超过 6 个月）未能恢复正常的情形。多见于以中枢神经系统病变为主的传染病，如流行性脑脊髓膜炎、脊髓灰质炎等。

（二）常见的症状与体征

1. 发热 发热是许多传染病常见的症状，有些传染病就以热来命名，如猩红热、流行性出血热等。热型是传染病重要特征之一，具有鉴别诊断意义。临床上较常见的热型如下。

(1) 稽留热：见于伤寒、乙型脑炎等极期。
(2) 弛张热：又称败血症热型，见于败血症、伤寒缓解期、流行性出血热等。
(3) 间歇热：见于疟疾、败血症等。
(4) 波状热：见于布鲁氏菌病、结缔组织病、肿瘤等。
(5) 双峰热：见于黑热病。
(6) 马鞍热：见于登革热。
(7) 不规则热：见于流行性感冒、肺结核等。

2. 发疹（eruption） 许多传染病在发热的同时伴有发疹，称为发疹性传染病。发疹是出现的皮疹，可分为外疹（皮疹）和内疹（黏膜疹，如麻疹黏膜斑，见于麻疹前驱期）两类。不同的传染病其皮疹的性质、形态、颜色、大小、分布部位、出现时间、出疹顺序、演变、疹后有无脱屑及色素沉着都有不同，对传染病的诊断和鉴别诊断有重要参考价值。

3. 毒血症状 病原体及其毒素吸收入血后，引起各种中毒症状，可表现为毒血症、菌（病毒）血症、败血症、脓毒血症，表现为高热、头痛、乏力、全身不适、肌肉关节酸痛等，严重者可出现意识障碍、谵妄、脑膜刺激征、中毒性肠麻痹、中毒性心肌炎、周围循环衰竭等。

（三）临床类型

根据传染病病程长短可分为急性、亚急性和慢性；根据临床特征可分为典型（普通型）、非典型；根据病情严重程度可分为轻型、中型、重型、暴发型（极重型）等。临床类型的识别对估计病情、判定预后、确定治疗方案及进行流行病学调查分析有重要意义。

六、传染病的诊断

传染病早期正确的诊断，不仅可使患者得到及时治疗，而且还利于早期隔离，防止传染病的传播。传染病的诊断需要综合分析下列 3 个方面的资料。

（一）临床资料

详细而准确地询问病史，系统而细致的体格检查，特别注意有诊断意义的体征，如麻疹的科氏斑、白喉的假膜、伤寒的玫瑰疹，对确诊传染病极为重要。发病的诱因和起病方式对传染病的诊断有重要参考价值。热型及伴随症状有助于对疾病的诊断和鉴别诊断，如细菌性痢疾引起的腹泻常伴里急后重、黏液脓血便；而霍乱引起的腹泻为无痛性腹泻、米泔水样便等。

（二）流行病学资料

流行病学资料在传染病的诊断中有重要的价值。根据传染病的地区分布、时间分布、人群分布等基本特征，仔细询问可疑患者的年龄、职业、籍贯、发病季节、居住旅游史、既往病史、输血史、接触史、不洁饮食习惯史和预防接种史等。了解以上流行病学资料，有助于对疾病做出诊断。

（三）实验室检查及其他检查资料

实验室检查对传染病的诊断有特殊意义。所有传染病都有其特异性病原体，从患者体内查到其病原体即可确诊。血清学检查亦可提供重要依据。一般实验室检查等对传染病的诊断也有很大帮助。

1. 一般实验室检查 包括血液、尿液、粪便常规检验和生化检查等。

血常规检查以白细胞计数和分类意义较大，如白细胞显著增多常见于化脓性细菌感染、百日咳和流行性出血热、乙型脑炎等疾病；白细胞计数减少可见于革兰氏阴性杆菌、某些病毒（流感病毒、肝炎病毒等）感染等；白细胞分类中嗜酸性粒细胞减少或消失可见于伤寒、败血症，增多则见于寄生虫感染；异常淋巴细胞增多常见于病毒感染，如传染性单核细胞增多症、流行性出血热等。

尿常规检查有助于流行性出血热、钩端螺旋体病等的诊断，患者尿内常有白细胞、红细胞、蛋白质等，流行性出血热患者尿内还可见膜状物。粪便常规检查有助于肠道细菌和原虫感染的诊断。

生化检查有助于病毒性肝炎、流行性出血热等疾病的诊断和病情判定。

2．病原学检查

（1）直接检出病原体：许多寄生虫病可通过肉眼观察或显微镜观察检出病原体而确诊，如肉眼发现虫体或绦虫节片，在血液或骨髓涂片中镜检出疟原虫、微丝蚴等，在粪便中检出阿米巴原虫及各种寄生虫卵等。病毒感染时一般难以直接检出，但在皮肤病灶中查到多核巨细胞及核内包涵体时，对水痘-带状疱疹病毒感染有辅助诊断意义。

（2）分离培养病原体：细菌、真菌和螺旋体等可用人工培养基分离培养，如霍乱弧菌、志贺菌、钩端螺旋体等。采集标本时要注意无菌操作，应尽量在疾病的早期阶段、最好在应用抗病原体药物治疗前进行，尽可能采集病变部位明显的材料；有些疾病如伤寒，在不同的发病阶段选取不同的标本；也应注意标本的正确保存和运送，注明标本来源和检验目的，以便于检验人员正确选用培养基和培养环境，提高阳性检出率。

（3）分子生物学检测：以核酸杂交法和核酸体外扩增法为主。核酸杂交法包括斑点杂交、Southern 印迹杂交和 Northern 印迹杂交等方法。核酸体外扩增法以聚合酶链反应（polymerase chain reaction，PCR）法最常用，具有快速、简便、灵敏、省时、对受检样品条件要求不高等特点。

3．免疫学检查 应用已知的抗原或抗体检测血清或体液中相应的抗体或抗原，是最常用的免疫血检测方法。

（1）血清学检查：在传染病早期，特异性抗体尚未出现或滴度很低，到恢复期或病程后期则抗体滴度有明显升高，故在急性期和恢复期取双份血清检测其抗体由阴性转为阳性或抗体滴度升高 4 倍以上时有重要诊断意义。特异性 IgM 型抗体的检出有助于现症或近期感染的诊断，IgG 型抗体的检出有助于评价机体的免疫状态。特异性抗原的检出可较快地提供病原体存在的证据，比抗体检测更具可靠的诊断价值。

（2）皮肤敏感试验：通过向受试者皮内注射特异性抗原的方法，了解其体内是否含有相应抗体，有抗体时受试者发生超敏反应，皮肤局部出现红肿、痒、痛表现。常用于结核病、血吸虫病等的流行病学调查。

（3）免疫球蛋白测定检测：血清免疫球蛋白浓度检测有助于判断机体免疫功能，用于部分传染病的诊断和病情判定。

（4）T 细胞亚群检测：用单克隆抗体检测 T 淋巴细胞亚群可了解亚群细胞的数量和比例，可用于艾滋病的诊断和预后判定。

4．其他检查 活体组织病理学检查对确定诊断有重要意义。内镜检查和影像学检查如结肠镜检查、超声检查、计算机断层扫描（CT）、磁共振成像（MRI）等对多种传染病有一定辅助诊断价值。

> **要点提示**：传染病的诊断需要综合分析 3 个方面的资料：临床资料、流行病学资料（具有重要的价值）、实验室检查及其他检查资料。

七、传染病的防治原则

1．治疗原则 传染病治疗的目的除了治愈患者，还在于控制传染源，防止疾病的传播流行。要坚持综合治疗的原则，即治疗与护理、护理与隔离、隔离与消毒并重，一般治疗、对症治疗与病原治疗并重的原则。

2. 预防原则 传染病的预防是医务工作者的重要职责。要依据《中华人民共和国传染病防治法》《突发公共卫生应急事件与传染病疫情监测信息报告管理办法》等规定，针对流行过程的3个基本环节（控制传染源、切断传播途径、保护易感人群）采取综合性措施。并根据各种传染病的特点，抓住流行过程的主导或薄弱环节，采取有效措施，防止传染病的传播。

知识拓展

传染病分类

根据《中华人民共和国传染病防治法》，将法定传染病分为甲、乙、丙三类。

甲类 鼠疫、霍乱。

乙类 传染性非典型肺炎、艾滋病、病毒性肝炎、脊髓灰质炎、人感染高致病性禽流感、麻疹、流行性出血热、狂犬病、流行性乙型脑炎、登革热、炭疽、细菌性和阿米巴性痢疾、肺结核、伤寒和副伤寒、流行性脑脊髓膜炎、百日咳、白喉、新生儿破伤风、猩红热、布鲁氏菌病、淋病、梅毒、钩端螺旋体病、血吸虫病、疟疾、人感染H7N9禽流感、新型冠状病毒感染。

丙类 流行性感冒、流行性腮腺炎、风疹、急性出血性结膜炎、麻风病、流行性和地方性斑疹伤寒、黑热病、包虫病、丝虫病，除霍乱、细菌性和阿米巴性痢疾、伤寒和副伤寒以外的感染性腹泻病、手足口病。

自测题

扫码测验

第二节 病毒性肝炎

案例导入

患者，男，40岁，已婚，工人。因肝区胀痛1个月，伴食欲缺乏、乏力1周入院。患者近1个月来自觉肝区隐痛，并向右肩放射。患者自发病后感觉乏力、食欲缺乏，体重减轻5 kg。二便正常。患者20年前发现患乙型肝炎。多次检查肝功能正常，未予特殊治疗。否认酗酒史及血吸虫疫水接触史。体格检查：T 37.3℃，R 20次/分，P 90次/分，BP 120/80 mmHg。发育正常，营养中等。皮肤、巩膜未见黄染，左锁骨上未触及肿大淋巴结。颈部、胸部可见数个蜘蛛痣，肺部无异常。心界不大，心率90次/分，律齐，无杂音。腹平软，右上腹轻压痛，肝肋下6 cm，质硬，表面凹凸不平，有触痛，脾肋下可触及，腹水征（-）。下肢无水肿，膝反射正常。实验室及辅助检查：①血常规：WBC 6.2×10^9/L，N 0.52，L 0.41，Hb 110 g/L，Plt 80×10^9/L；②AFP 500 μg/L（正常值0～20 μg/L）。

> **问题与思考：**
> 1. 该患者初步诊断和诊断依据是什么？
> 2. 为明确诊断，需要进一步做哪些检查？
> 3. 治疗原则是什么？

病毒性肝炎（viral hepatitis）是由人类肝炎病毒引起的、以肝损害为主的一组全身性传染病。人类肝炎病毒可分为甲型、乙型、丙型、丁型、戊型共5型。其中除乙型肝炎病毒为DNA病毒外，其余4型均为RNA病毒。病毒性肝炎可分为两类：一类包括甲型和戊型，经粪-口途径传播，主要表现为急性感染；另一类包括乙型、丙型、丁型，主要经血液、体液等胃肠外途径传播，可转变为慢性，甚至进展至肝硬化或肝细胞癌（hepatocellular carcinoma，HCC）。5型肝炎病毒均可引起肝衰竭，虽发病率低，但病死率高。

一、病原学

（一）甲型肝炎病毒

甲型肝炎病毒（hepatitis A virus，HAV）属于微小RNA病毒科嗜肝RNA病毒属，该属仅有HAV一个种。HAV有蛋白衣壳和核酸，无包膜，是由32个壳粒组成的20面体立体对称的球状颗粒。HAV在外界的生存力很强，室温下可生存1周，在干的粪便中25℃能生存30天，在贝壳类动物中能生存数月。因某些水产品如毛蚶、牡蛎等有浓缩水中HAV的能力，故可通过此类食物引起暴发流行。

HAV在肝细胞内复制，可分为7个基因型，感染人的HAV为Ⅰ型、Ⅱ型、Ⅲ型、Ⅶ型。感染后早期产生IgM型抗体，是近期感染的标志。IgG型抗体则是既往感染或免疫接种后的标志，可长期存在。

> **要点提示**：甲型肝炎病毒属于RNA病毒，患者血清中查出IgM型抗体，是近期感染的标志，IgG型抗体则是既往感染或免疫接种后的标志。

（二）乙型肝炎病毒

乙型肝炎病毒（hepatitis B virus，HBV）属嗜肝DNA病毒科，电镜下HBV呈现3种颗粒：第一种是大球形颗粒，为完整的HBV颗粒，又称Dane颗粒，直径42 nm，由包膜与核心组成；第二种是小球形颗粒，直径22 nm；第三种是管状颗粒，后两种由乙型肝炎表面抗原（hepatitis B surface antigen，HBsAg）组成，为空心包膜，不含核酸，无感染性。

HBV基因组由不完全的环状双链DNA组成，长链（负链）约含3200个碱基，短链（正链）的长度为长链的50%~80%。长链含4个部分重叠的开放读码框（open reading frame，ORF），分别是S区、C区、P区和X区。S区又分为前S1、前S2及S三个编码区，分别编码前S1蛋白、前S2蛋白及HBsAg。C区又分为前C区和C区，共同编码前e多肽，酶切后形成乙型肝炎e抗原（hepatitis B e antigen，HBeAg），释放到血液中。乙型肝炎核心抗原（hepatitis B core antigen，HBcAg）则由C区单独编码。前C区和基本核心启动子的变异可产生HBeAg阴性变异株。P区编码DNA聚合酶等多种功能蛋白。X区编码X抗原，此抗原具有反式激活作用，可能与HBV感染导致HCC发生有关。

1. 各种HBV标志物的临床意义

（1）HBsAg：成人感染HBV后在血液中首先出现HBsAg，急性自限性HBV感染时血中 HBsAg 大多持续 1~6 周。携带者和慢性肝炎患者 HBsAg 可持续存在多年，甚至终身。HBsAg 阳性表示存在 HBV 感染。

（2）抗-HBs（anti-HBs）：是一种中和抗体，即保护性抗体，其阳性说明感染已恢复，机体已对 HBV 感染产生免疫力。单纯抗-HBs 阳性是乙型肝炎疫苗接种后产生有效免疫力的标志。

（3）HBeAg：其消长与 Dane 颗粒 DNA 多聚酶一致，阳性常表示体内有 HBV 复制，是血液具有强传染性的一个指标。

（4）抗-HBe（anti-HBe）：HBeAg 消失而抗-HBe 产生，称为 HBeAg 血清学转换。如果随着 HBeAg 的阴转，抗-HBe 的阳转病情明显好转，血中 HBV DNA 明显减少或阴转，则提示为 HBV 复制减少或停止；如果 HBeAg 血清学转换后，病情未见好转或反而恶化，血清中 HBV DNA 并未减少，则很可能是 HBV 前 C 基因或 C 区基本核心启动子发生变异。

（5）HBcAg：血液中 HBcAg 主要存在于 Dane 颗粒的核心，在血液中不易被检测到，故较少用于临床常规检测。

（6）抗-HBc（anti-HBc）：不是中和抗体，HBcAg 有很强的免疫原性，HBV 感染者几乎均可测出抗-HBc。抗-HBc IgM 是感染后较早出现的抗体，其阳性提示急性乙型肝炎感染，也见于慢性肝炎急性发作。抗-HBc IgG 出现较迟，抗-HBc 总抗体主要是抗-HBc IgG，常与抗-HBs 并存，只要感染过 HBV，无论病毒是否被清除，此抗体多为阳性。

> **要点提示**：HBV 标志物（HbsAg、抗-HBs、HbeAg、抗-Hbe、HbcAg、抗-HBc）的临床意义。

2. HBV DNA 采用敏感的 PCR 方法检测，HBV DNA 阳性是 HBV 活跃复制的标志。

（三）丙型肝炎病毒

丙型肝炎病毒（hepatitis C virus，HCV）属于黄病毒科肝炎病毒属，其基因组为单股正链 RNA。HCV 基因组含有一个 ORF，编码 10 余种结构和非结构蛋白（NS2、NS3、NS4A、NS4B、NS5A 和 NS5B），NS3、NS4A、NS5A 和 NS5B 是目前直接抗病毒（direct-acting antiviral，DAA）药物的主要靶位。

HCV 目前可至少分为 6 个基因型及多个亚型。以阿拉伯数字表示 HCV 基因型，以小写的英文字母表示基因亚型。其中 1 型是最常见的基因型。

抗-HCV（anti-HCV）：不是保护性抗体，阳性提示 HCV 现症感染或既往感染。

HCV RNA 阳性表示体内有 HCV 复制，是现症感染和有传染性的标志。

（四）丁型肝炎病毒

丁型肝炎病毒（hepatitis D virus，HDV）是一种缺陷病毒，在血液中由 HBsAg 包被，其外壳、装配、传播均需嗜肝 DNA 病毒协助。可与 HBV 同时感染人体，但大部分情况下是在 HBV 感染的基础上引起重叠感染。HDV RNA 是诊断 HDV 感染最直接的依据。

（五）戊型肝炎病毒

戊型肝炎病毒（hepatitis E virus，HEV）为 RNA 病毒，呈圆球状颗粒，无包膜。抗-HEV IgM 阳性是近期感染 HEV 的标志，抗-HEV IgG 持续时间在不同病例差异较大，多数于发病后 6~12 个月阴转，但亦有持续几年甚至十余年者。

二、流行病学

（一）甲型肝炎

传染源是急性期患者和隐性感染者，主要经粪-口途径传播，粪便污染饮用水源、食物、蔬菜、玩具等可引起流行。未受染者及未接种甲肝疫苗者均为易感人群。感染后可获持久免疫。

（二）乙型肝炎

传染源主要是急、慢性乙型肝炎患者和病毒携带者。经血液、血制品、母婴、破损的皮肤和黏膜以及性接触途径传播。凡未感染过 HBV、也未进行过乙肝疫苗接种者对 HBV 均易感。HBV 感染呈世界性流行，据世界卫生组织报道，全球约 20 亿人曾感染过 HBV。2006 年全国乙型肝炎流行病学调查表明，我国 1~59 岁一般人群 HBsAg 携带率为 7.18%。2014 年中国疾病预防控制中心对全国 1~29 岁人群乙型肝炎血清流行病学调查结果显示，1~4 岁、5~14 岁和 15~29 岁人群 HBsAg 检出率分别为 0.32%、0.94% 和 4.38%。

（三）丙型肝炎

HCV RNA 阳性者为传染源。传播途径包括经输血及血制品传播、经破损的皮肤和黏膜暴露、性传播及母婴传播。人类对 HCV 普遍易感。2006 年全国血清流行病学调查显示，我国 1~59 岁人群抗-HCV 流行率为 0.43%。

（四）丁型肝炎

传染源及传播途径与乙型肝炎类似。易感者为 HBsAg 阳性者。

（五）戊型肝炎

传染源及传播途径与甲型肝炎类似，水源或食物污染可引起暴发流行，日常生活接触引起散发，人群普遍易感。

> **要点提示**：5 种病毒性肝炎的传播途径。

三、发病机制及病理

（一）发病机制

1. 甲型肝炎 HAV 经口进入体内后，由肠道进入血流，引起短暂的病毒血症，约 1 周后进入肝细胞内复制，2 周后由胆汁排出体外。感染早期 HAV 大量增殖，肝细胞被轻微破坏，随后细胞免疫发挥重要作用，在感染后期，体液免疫亦参与其中。

2. 乙型肝炎 HBV 感染时，年龄是影响慢性化的最主要因素。在围生期和婴幼儿时期感染 HBV 者中，分别有 90% 和 25%~30% 将发展为慢性感染，而 5 岁以后感染者仅有 5%~10% 发展为慢性感染。慢性乙肝的发病机制较为复杂，大量研究表明，HBV 不直接杀伤肝细胞，其引起的免疫应答是肝细胞损伤及炎症发生的主要机制。而炎症反复存在是患者进展为肝硬化甚至 HCC 的重要因素。

3. 丙型肝炎 暴露于 HCV 后 1~3 周，在外周血中可检测到 HCV RNA。急性 HCV 感染者出现临床症状时，仅 50%~70% 抗-HCV 阳性，3 个月后约 90% 患者抗-HCV 阳转。大约最高 50% 的急性 HCV 感染者可自发清除病毒，多数发生于出现症状后的 12 周内。病毒血症持续 6 个月仍未清除者为慢性感染，丙型肝炎慢性化率为 55%~85%。不论是否清除病毒，抗-HCV 可长期存在。HCV 感染进展多缓慢，感染后 20 年，儿童和年轻女性肝硬化发生率为 2%~4%，一旦发展为肝硬化，HCC 的年发生率为 2%~4%。丙型肝炎肝损害的发病机制主要是 HCV 感染后引起的免疫学反应，其中细胞毒性 T 淋巴细胞起重要作用。

4. 丁型肝炎 HDV本身及其表达产物对肝细胞有直接作用，宿主免疫反应亦参与肝细胞的损伤。

5. 戊型肝炎 一般不发展为慢性，但对于免疫抑制及免疫缺陷患者，则可引起慢性化或持续感染。孕妇感染戊型肝炎后临床症状及肝功能损害较重，易发生肝衰竭。发病机制与甲型肝炎相似，细胞免疫是引起肝细胞损伤的主要原因。

(二) 病理

病毒性肝炎以肝损害为主，肝外器官也可有一定损害。各型肝炎基本病理改变相同，表现为肝细胞变性、坏死，同时伴有不同程度的炎症细胞浸润、间质增生和肝细胞再生。慢性乙型肝炎及慢性丙型肝炎肝组织炎症坏死的分级（G）、纤维化程度的分期（S），推荐采用国际上常用的Metavir评分系统（表16-1和表16-2）。

表16-1 Metavir评分系统中的肝组织炎症活动度评分

界面炎	小叶内炎症坏死	组织学活动度（histologic activity, A）*
0（无）	0（无或轻度）	0（无）
0	1（中度）	1（轻度）
0	2（重度）	2（中度）
1（轻度）	0, 1	1
1	2	2
2（中度）	0, 1	2
2	2	3（重度）
3（重度）	0, 1, 2	3

注：*组织学活动度（A）根据界面炎和小叶内炎症坏死程度综合确定

表16-2 Metavir评分系统中的肝组织纤维化分期评分

病变	纤维化分期（Fibrosis, F）
无纤维化	0
汇管区纤维性扩大，但无纤维间隔形成	1
汇管区纤维性扩大，少数纤维间隔形成	2
多数纤维间隔形成，但无硬化结节	3
肝硬化	4

四、临床表现

不同类型病毒引起的肝炎潜伏期不同，甲型肝炎2~6周，平均4周；乙型肝炎1~6个月，平均3个月；丙型肝炎2~6个月，平均40天；丁型肝炎4~20周；戊型肝炎2~9周，平均6周。

(一) 急性病毒性肝炎

急性病毒性肝炎根据临床表现不同分为急性黄疸型肝炎和急性无黄疸型肝炎。

1. 急性黄疸型肝炎

（1）黄疸前期：乏力及消化道症状，如食欲缺乏、厌油、恶心等，可有发热。血清丙氨酸氨基转移酶（alanine aminotransferase，ALT）可明显异常。本期持续5~7天。

（2）黄疸期：症状好转，发热消退，但尿色加深，皮肤、巩膜出现黄疸。肝常轻度肿大、压痛，可有脾大。ALT 明显增高，胆红素高于正常。本期持续 2～6 周。

(3) 恢复期：症状、体征、化验结果逐渐恢复正常。本期持续 1～2 个月。总病程为 2～4 个月。

2. 急性无黄疸型肝炎 除无黄疸外，其他临床表现与黄疸型类似，此型发病率远高于黄疸型肝炎。

（二）慢性病毒性肝炎

肝炎病毒感染超过 6 个月或原有乙、丙、丁型肝炎病史，本次又因同一病原再次出现肝炎症状、体征及肝功能异常。发病日期不明确或虽无肝炎病史，但肝组织学检查符合慢性肝炎改变，或根据症状、体征、实验室检查及影像学检查综合分析符合慢性肝炎表现者。

（三）病毒性肝炎肝衰竭

肝衰竭是多种因素引起的严重肝损害，导致合成、解毒、代谢和生物转化功能严重障碍或失代偿，出现以黄疸、凝血功能障碍、肝肾综合征、肝性脑病、腹水等为主要表现的一组临床症候群。在我国引起肝衰竭的主要病因是肝炎病毒，尤其是 HBV。

（四）淤胆型肝炎

以肝内淤胆为主要表现的一种特殊临床类型，急性淤胆型肝炎起病类似急性黄疸型肝炎。在慢性肝炎或肝硬化基础上发生上述表现者，称为慢性淤胆型肝炎。患者皮肤瘙痒、粪便颜色变浅，总胆红素明显升高，以直接胆红素升高为主，伴有 γ-谷氨酰转肽酶、碱性磷酸酶等升高，影像学检查无肝内外胆管扩张。患者黄疸深，但消化道症状较轻，凝血酶原时间无明显延长，借之可与肝衰竭鉴别。

五、诊断和鉴别诊断

（一）诊断

1. 流行病学资料 见"流行病学"部分。

2. 临床表现 见"临床表现"部分。

3. 病原学诊断

(1) 甲型肝炎：主要根据抗-HAV IgM 阳性诊断。

(2) 乙型肝炎：急性乙型肝炎主要根据 HBsAg 阳性和 HBV DNA 阳性诊断，但应注意与慢性乙型肝炎急性发作相鉴别；急性期 HBsAg 阳性，恢复期 HBsAg 转阴，也可诊断为急性乙型肝炎。慢性乙型肝炎是指 HBsAg 和（或）HBV DNA 阳性 6 个月以上。

(3) 丙型肝炎：慢性丙型肝炎的诊断主要依靠 HCV RNA 和抗-HCV 阳性超过 6 个月。

(4) 丁型肝炎：有现症乙肝病毒感染，同时血清 HDAg 或抗-HDV IgM 或高滴度抗-HDV IgG 或 HDV RNA 阳性可诊断。

(5) 戊型肝炎：抗-HEV IgM 阳性是近期 HEV 感染的标志。如果抗-HEV IgG 滴度较高，或由阴性转为阳性，或由低滴度升为高滴度，或由高滴度降至低滴度甚至阴转，或血 HEV RNA 阳性，或粪便 HEV RNA 阳性或检出 HEV 颗粒，均可诊断为 HEV 感染。

> **要点提示**：5 种肝炎的病原学诊断标准。

（二）鉴别诊断

转氨酶升高患者应注意与其他原因引起的肝损害，如药物性肝损害、酒精性肝病、自身免疫性肝病、非酒精性脂肪性肝病、感染中毒性肝炎、巨细胞病毒感染、EB 病毒感染、肝豆状核变性等鉴别。出现黄疸患者应注意与肝外梗阻性黄疸、溶血性黄疸等鉴别。

六、治疗

（一）急性肝炎

急性甲型肝炎和戊型肝炎是自限性疾病，以对症支持治疗为主。急性乙型肝炎的治疗目标主要是防止发展为急性或者亚急性肝衰竭，同时减少感染慢性化的风险。95% 以上的成人急性乙型肝炎患者并不需要特殊治疗，因其可自发性完全恢复。只有出现凝血功能障碍或病程迁延的重症急性乙型肝炎患者应当接受核苷（酸）类似物 [nucleos（t）ide analogue，NA] 治疗。为防止慢性化，急性丙型肝炎应考虑抗病毒治疗。

（二）慢性肝炎

慢性病毒性肝炎的治疗应根据患者具体情况采取综合性治疗方案，包括合理的休息和营养、心理平衡、改善和恢复肝功能、抗纤维化、抗病毒等综合措施，其中抗病毒治疗是基本和最重要的治疗方法。

1. 慢性乙型肝炎治疗

（1）抗病毒治疗适应证

1）所有 HBeAg 阳性或阴性 CHB 患者，定义为 HBV DNA > 2000 IU/ml，ALT > 正常值上限和（或）肝中度炎症坏死或纤维化，应该接受治疗。

2）无论 ALT 水平，代偿期或失代偿期肝硬化患者只要检出 HBV DNA，均需要治疗。

3）无论纤维化程度，HBV DNA > 20 000 IU/ml，ALT > 2 倍正常值上限的患者应该开始治疗。

4）无论肝组织学病变严重度，HBeAg 阳性的慢性 HBV 感染者，定义为 ALT 水平持续正常，HBV DNA 水平较高，如果年龄大于 30 岁，或可接受治疗。

5）即使不满足典型的治疗适应证，有肝细胞癌或肝硬化家族史以及存在肝外表现的 HBeAg 阳性或 HBeAg 阴性的慢性 HBV 感染者，可以接受治疗。

（2）抗病毒治疗药物

1）不论肝病严重程度如何，均可将长期应用一种高耐药屏障的强效 NA 作为治疗选择。

2）首选方案为恩替卡韦、替诺福韦酯或富马酸丙酚替诺福韦单药治疗。

3）可考虑将聚乙二醇干扰素 α 作为轻至中度 HBeAg 阳性或阴性 CHB 患者的初始治疗选择。

2. 慢性丙型肝炎治疗

（1）治疗适应证：HCV RNA 阳性的慢性丙型肝炎患者均应接受抗病毒治疗。持续病毒学应答（sustained virological response，SVR）是指治疗结束后第 12 周和 24 周，HCV RNA 不可测，可表示为 SVR12 和 SVR24。

（2）治疗药物

1）在直接抗病毒药物（DAAs）上市之前，聚乙二醇干扰素联合利巴韦林方案是 HCV 感染者接受抗病毒治疗的主要方案，可应用于所有基因型 HCV 现症感染，同时无治疗禁忌证的患者。

2）DAAs 包括 NS3/4A 蛋白酶抑制剂、NS5A 抑制剂及 NS5B 聚合酶抑制剂。直接抗病毒药物分为泛基因型类和基因型特异类，丙肝治疗的泛基因型药物时代已来临。目前泛基因型药物包括索磷布韦/维帕他韦、格卡瑞韦/哌仑他韦。含有蛋白酶抑制剂的方案不可应用于失代偿期肝硬化（Child-Pugh 评分 B 和 C）患者。使用 DAAs 应注意与其他药物同时使用所产生的药物相互作用（drug-drug interaction，DDI）影响。

七、预防

预防包括控制传染源、切断传播途径及保护易感人群。其中接种乙型肝炎疫苗是我国预防和控制乙型肝炎流行的最关键措施。

自测题

扫码测验

第三节 艾滋病

案例导入

患者，男，43岁。以"低热、乏力1个月，高热、呼吸困难2天"来院就诊。患者1个月来反复发生低热、乏力，2天前无诱因出现高热（自测体温39.5℃），伴胸闷、憋气，咳脓痰。查体：T 39.3 ℃，P 92次/分，R 28次/分，BP 91/64 mmHg；皮肤、黏膜无黄染及瘀点、瘀斑，浅表淋巴结未扪及肿大；HR 92次/分，律齐；两肺呼吸音粗，未闻及干、湿啰音；腹平软，肝、脾未触及；神经系统检查（–）。实验室：外周血白细胞 12.6×10^9/L，中性粒细胞 0.90，血红蛋白 149 g/L，PLT 156×10^9/L。肺部 CT 示双肺弥漫性病变。患者曾到泰国旅游，有冶游史。HIV 抗体初筛阳性，后确诊试验证实。

问题与思考：
1. 该患者的初步诊断是什么？
2. 该病的传染源和传播途径分别有哪些？

艾滋病是获得性免疫缺陷综合征（acquired immunodeficiency syndrome，AIDS）的简称，是由人类免疫缺陷病毒（human immunodeficiency virus，HIV）感染引起的慢性传染病。艾滋病潜伏期长、传播速度快、病死率高，为我国法定乙类传染病。

一、流行病学

1. 病原学 HIV 属于 RNA 病毒，主要存在于感染者的血液、精液、阴道分泌物中，唾液、眼泪、胸腹水、羊水和乳汁等体液中也含有 HIV。

2. 传染源 HIV 病毒携带者和艾滋病患者。

3. 传播途径 目前公认的传播途径主要有3种。性接触传播是主要的传播途径（包括异性、同性和双性性接触）。血液接触传播主要指共用污染的注射器与针头、静脉吸毒、输入污染的血液及血制品等。母婴垂直传播包括宫内感染、分娩和哺乳，还有其他途径可引起传播，如器官移植、人工授精等。

4. 易感人群　人群普遍易感，发病高峰年龄在 20～50 岁。男多于女，高危人群包括男同性恋者或双性恋者、性乱交者、静脉药物依赖者、多次接受输血和血制品者等。

> **要点提示**：艾滋病的传染源和传播途径。

二、发病机制

HIV 主要侵犯人体免疫系统，包括 $CD4^+T$ 淋巴细胞（$CD4^+T$ lymphocytes）、巨噬细胞、树突状细胞等，主要表现为 $CD4^+T$ 淋巴细胞数量不断破坏减少，导致机体免疫细胞和（或）功能受损乃至缺陷，最终并发各种严重机会性感染（opportunistic infection）和肿瘤。

> **要点提示**：HIV 主要侵犯的是人体 $CD4^+T$ 淋巴细胞。

三、临床表现

从 HIV 感染到出现艾滋病症状的潜伏期平均为 7～8 年，临床过程分为 3 期。

1. 急性期　常发生在初次感染 HIV 后 2～4 周，此期症状轻微，易被忽视，持续 1～3 周缓解。临床表现以发热最常见，可伴有头痛、咽痛、盗汗、恶心、呕吐、腹泻、皮疹、肌肉关节痛、淋巴结肿大，也可表现为无菌性脑膜炎而出现神经系统症状。此期在血液中可检出病毒核酸（HIV RNA）和 p24 抗原。而 HIV 抗体则在感染后数周出现。$CD4^+T$ 淋巴细胞计数一过性减少。

2. 无症状期　本期可有全身淋巴结肿大等症状或体征，但容易被忽视。持续时间一般为 6～8 年。其时间长短与感染病毒的数量和型别、感染途径、机体免疫状况的个体差异、营养条件及生活习惯等因素有关。本期由于病毒不断复制，免疫系统受损，$CD4^+T$ 淋巴细胞计数逐渐下降。抗 HIV 抗体、HIV RNA、p24 抗原均可查到。

3. 艾滋病期　为 HIV 感染的终末阶段。$CD4^+T$ 淋巴细胞计数明显下降，常 < 200/μl。HIV 血浆病毒载量明显升高，本期主要的临床表现包括 HIV 相关症状、各种机会性感染和肿瘤。未经治疗的患者，通常在出现这些症状后 2 年内死亡。

（1）HIV 相关症状：包括原因不明的持续 1 个月以上的发热、盗汗、腹泻；体重减轻 10% 以上；持续性全身淋巴结肿大，其特点是除腹股沟以外有 2 个或 2 个以上部位淋巴结肿大，淋巴结直径 ≥ 1 cm，无压痛及粘连，持续时间 3 个月以上。部分患者表现为神经精神症状，如记忆力减退、精神淡漠、性格改变、头痛、癫痫及痴呆等。

（2）各种机会性感染和肿瘤：机会性感染包括一些病毒（如巨细胞病毒、疱疹病毒）、细菌（如结核分枝杆菌、李斯特菌）、真菌（如白念珠菌、卡氏肺孢子菌）、原虫（如隐孢子虫、弓形虫）造成的致死性感染。恶性肿瘤常见有恶性淋巴瘤、卡波西肉瘤等。

> **要点提示**：艾滋病的临床分期及表现。

四、诊断和鉴别诊断

（一）诊断原则

需要结合流行病学史、临床表现和实验室检查等进行综合分析，慎重做出诊断。

（二）诊断标准

1. 流行病学史 ①患有性病或有性病史；②有不安全性行为（包括同性、异性、双性性接触）；③有共用注射器吸毒史；④有医源性暴露史；⑤有职业暴露史；⑥ HIV/AIDS 患者的配偶或性伴侣；⑦ HIV/AIDS 母亲所生的子女。

2. 临床特点 高危人群出现不明原因的持续不规则发热、长期腹泻（排便次数多于 3 次 / 日）＞ 1 个月、6 个月之内体重下降 10% 以上、反复发作的机会性感染或出现卡波西肉瘤、淋巴瘤等应考虑本病。

3. 实验室检查 $CD4^+$ T 淋巴细胞计数减少，HIV 抗体筛查试验阳性，HIV RNA 检查阳性，p24 抗原阳性等。

> **知识拓展**
>
> **艾滋病窗口期**
>
> 窗口期是指从艾滋病病毒进入人体到血液中产生足够量的、能用检测方法查出艾滋病病毒抗体的这段时期。在窗口期虽检测不到艾滋病病毒抗体，但体内已有艾滋病病毒，可以通过 HIV 核酸检测查到，因此处于窗口期的感染者同样具有传染性。自 1981 年发现艾滋病以来，在早期的艾滋病研究中提出了艾滋病窗口期为 3 个月；当酶联法和双原夹心法等艾滋病抗体检测手段出现后，艾滋病窗口期已经缩短到最为保守的艾滋病抗体峰值出现的 6 周；随着检测手段的不断发展，目前广泛采用的第三、四代双原夹心法和酶联法以及化学发光法等检测手段，使艾滋病的窗口期已缩短到 14 ~ 21 天。世界卫生组织明确表示艾滋病窗口期为 14 ~ 21 天。

（三）鉴别诊断

主要与继发性细胞免疫缺陷疾病鉴别，见于放 / 化疗、应用免疫抑制剂、恶性肿瘤及自身免疫性疾病患者。另外，需要与原发性 $CD4^+$ T 淋巴细胞减少症鉴别。

> **要点提示**：艾滋病的诊断标准。

五、治疗

目前 AIDS 既无特效药物治疗，也无疫苗可用于特异性预防，临床强调综合治疗。

（一）抗反转录病毒治疗

抗反转录病毒治疗（anti-retroviral therapy，ART）是针对 HIV 的特异性治疗，目标是最大限度地抑制病毒复制，重建或者改善免疫功能，降低发病率和病死率，提高生活质量，减少 HIV 的传播，预防母婴传播。目前国际上共有抗反转录病毒 6 大类 30 多种药物，分别为核苷类反转录酶抑制剂（NRTIs）、非核苷类反转录酶抑制剂（NNRTIs）、蛋白酶抑制剂（PIs）、整合酶抑制剂（INSTIs）、融合抑制剂（FIs）等。因仅用一种药物易诱发 HIV 变异，产生耐药，目前主张联合用药，以 2 种 NRTIs 为骨干药物联合第三类药物（NNRTIs、PIs 或者 INSTIs），有条件的可以选择复方单片制剂。

（二）其他治疗方法

针对机会性感染及肿瘤，可以采取相应的抗病原治疗、放疗、化疗、营养对症支持、心理治疗等。

知识拓展

世界艾滋病日的由来和标志

由于世界上第一例艾滋病病例是于 1981 年 12 月 1 日诊断的，因此世界卫生组织将每年的 12 月 1 日定为世界艾滋病日。世界艾滋病日的标志是红丝带。红丝带标志的意义：红丝带像一条纽带，将世界人民紧紧联系在一起，共同抗击艾滋病，它象征着人们对艾滋病病毒感染者和艾滋病患者的关心与支持；象征着人们对生命的热爱和对和平的渴望；象征着人们要用"心"来参与预防艾滋病的工作。

六、预防

管理传染源，建立 HIV 监测网，加强对高危人群的监测及国境检疫。对患者及感染者做好消毒隔离。加强艾滋病防治知识的宣传教育，高危人群应用避孕套，严格筛查血液及血制品。一旦发生暴露及时进行药物干预。进行 HIV 感染孕妇的母婴阻断。目前疫苗正在试验研究阶段。

自测题

扫码测验

第四节　带状疱疹

案例导入

患者，男，30 岁。因"左侧胸痛 3 天，加重伴皮疹 1 天"就诊，3 天前无明显诱因出现左侧胸痛，呈钝痛，可忍受，未重视。1 天前疼痛加重并出现皮疹，急就诊。查体：T 37.5 ℃，R 18 次 / 分，P 80 次 / 分，BP 120/80 mmHg，精神可，左胸部皮肤沿肋间神经分布有成簇状淡红色斑丘疹及疱疹，直径 1～2 mm，伴瘙痒感，浅表淋巴结未触及肿大，心肺听诊无异常，腹平软，未触及肝、脾。实验室检查：血常规及胸片未见异常。

问题与思考：

1. 该患者最可能的诊断是什么？
2. 主要的诊断依据有哪些？
3. 该病的治疗原则有哪些？

带状疱疹是潜伏于人体感觉神经节的水痘-带状疱疹病毒经再激活后所引起的皮肤损害，免疫功能低下时易引发带状疱疹。临床特征为沿身体单侧体表神经分布的相应皮肤出现呈带状的成簇水疱，常伴有局部明显神经疼痛。

一、流行病学

（一）传染源

水痘和带状疱疹患者是主要传染源。

（二）传播途径

病毒可通过呼吸道或直接接触传播，但带状疱疹不是通过外源性感染，而是通过潜伏性感染的病毒再激活所致，一般是患水痘后潜伏感染再发引起。

（三）易感人群

人群普遍易感，带状疱疹愈后仍可复发。

> **要点提示**：带状疱疹的传染源和传播途径。

二、发病机制

初次感染水痘-带状疱疹病毒后，多表现为水痘，部分患者体内的病毒沿神经纤维潜伏于感觉神经节，形成潜伏性感染。当免疫功能下降时，如恶性肿瘤、使用免疫抑制剂、病毒感染或罹患艾滋病等时，潜伏的病毒被激活而复制，使受侵犯的神经节发生炎症，引起相应节段的皮肤出现水疱，同时使受累神经分布区域发生炎症、坏死，产生神经痛。主要病变部位在神经和皮肤。

三、临床表现

起病初期，可出现低热和全身不适。随后出现沿神经节段分布的局部皮肤灼热、疼痛感，红色斑丘疹、水疱，呈簇状分布而不融合，多见于身体一侧，不超过躯体中线，罕有多神经或双侧受累发生。50岁以上带状疱疹患者神经痛较为剧烈，可持续数月。本病轻型可以不出现皮疹，仅有节段性神经疼痛。重型常见于免疫功能缺损者或恶性肿瘤患者。还可发生播散性带状疱疹，临床表现除皮肤损害外，伴有高热和毒血症，甚至发生带状疱疹肺炎和脑膜脑炎，病死率高。

> **要点提示**：带状疱疹的皮疹特点。

知识拓展

单纯疱疹与带状疱疹的区别

单纯疱疹由单纯疱疹病毒感染引起，不具有传染性。好发于皮肤黏膜的交界部位，如口周、鼻周、面颊、生殖器等处，不沿神经分布，表现为集簇分布的水疱，米粒至黄豆大小，互不融合，自觉有刺痒或灼痛感，病情反复发作，多见于发热性疾病、胃肠道功能紊乱等患者。

带状疱疹是水痘-带状疱疹病毒感染引起的，具有高度的传染性。可发生于身体任何部位，常侵犯某一个神经节段，皮疹常沿外周神经呈带状分布，单侧发病多见，以肋间神经和三叉神经区好发，其次是上肢臂丛神经和下肢坐骨神经区，偶可影响眼部，引起角膜炎、虹膜炎、全眼球炎等，病程为2~3个月或更久，表现为数群水疱排列成带状分布，各群水疱间皮肤正常，各群中水疱呈集簇分布，互不融合，自觉不同程度的阵发或持续性疼痛。局部淋巴结常肿大，有压痛，严重者可有发热，并有不同程度的疼痛感。

四、实验室检查

脑脊液细胞数及蛋白质有轻度增加，糖和氯化物正常。

五、诊断

典型患者根据单偏性、呈带状排列的疱疹和伴有神经痛，诊断多无困难。非典型病例需依据病原学检查确诊。

六、治疗

该病为自限性疾病，治疗原则为止痛、抗病毒和预防继发感染等。

（一）抗病毒治疗

抗病毒治疗的适应证包括：患者年龄大于50岁、病变部位在头颈部、躯干或四肢严重的疱疹、有免疫缺陷患者、出现严重的特异性皮炎或严重的湿疹等。可选用阿昔洛韦，口服 400～800 mg，每 4 h 1 次，疗程 7～10 天；阿糖腺苷，每天 15 mg/kg，静脉滴注，疗程 10 天。

（二）对症治疗

疱疹局部用阿昔洛韦乳剂涂抹，可缩短病程。神经疼痛剧烈者，给予镇痛药。保持皮损处清洁，防止继发细菌感染

七、预防

主要是预防水痘，避免与易感者和孕妇接触，目前尚无有效办法可直接预防带状疱疹。

自测题

扫码测验

第五节 手足口病

案例导入

患儿，男，2岁。以"发热伴皮疹1天"入院就诊。患儿于1天前出现发热（测体温 37.6℃），伴哭闹、拒食，手、足、臀部散在红色皮疹。入院查体：T 38.3 ℃，P 96 次/分，R 22 次/分，BP 100/72 mmHg，神志清，精神差，生长发育良好；浅表淋巴结未触及；口腔黏膜可见多个疱疹并溃疡，双侧手、足、臀部散在红色丘疹；HR 96 次/分，律齐；两肺呼吸音清，未闻及干、湿啰音；腹平软，肝肋下 1 cm，脾肋下未及；颈软，神经系统体征阴性。

问题与思考：

1. 该患儿最可能的诊断是什么？
2. 该病的治疗原则是什么？
3. 对于该病应如何进行预防和控制？

手足口病（hand-foot-mouth disease，HFMD）是由肠道病毒感染引起的一种儿童常见的急性传染病，以柯萨奇病毒A组16型（coxsackieviruses A16，Cox A16）和肠道病毒71型（enterovirus 71，EV 71）感染最常见。属于丙类法定传染病。

一、流行病学

手足口病是全球性疾病，在我国各地全年均有发生，发病率为（37.01～205.06）/10万，近年报告病死率为（6.46～51.00）/10万。患儿和隐性感染者为主要传染源，粪便、咽喉部分泌物、唾液和疱疹液等均具有传染性。

密切接触是手足口病重要的传播方式，通过接触被病毒污染的手、日常用品、衣物等引起感染，其中污染的手是传播的关键媒介；也可通过呼吸道、消化道传播。以5岁以下儿童发病为主，婴幼儿和儿童普遍易感。

> **要点提示**：密切接触是手足口病重要的传播方式，其中污染的手是传播的关键媒介，以5岁以下儿童发病为主。

知识拓展

肠道病毒71型（EV 71）和柯萨奇病毒A组16型（Cox A16）

手足口病是全球性传染病，世界大部分地区均有此病流行的报道。1957年新西兰首次报导，1958年分离出柯萨奇病毒，1959年提出HFMD命名。早期发现的手足口病的病原体主要为Cox A16型。1972年EV 71感染在美国被首次确认。此后EV 71感染与Cox A16感染交替出现，成为手足口病的主要病原体，其中EV 71感染性强且致病率高，尤其是其所引起的神经系统方面的并发症更为严重。

Cox A16是引起手足口病以及疱疹性咽峡炎的一种病原体。Cox A16感染多为隐性感染。感染后如果出现疱疹性咽峡炎的症状，需要根据症状的轻重进行治疗。如果是手足口病，要进行隔离，防止传染给其他儿童。Cox A16所造成的手足口病或者疱疹性咽峡炎一般不严重，而EV 71型有比较强的嗜神经性，有可能造成重症。

二、临床表现

（一）潜伏期

潜伏期多为2～10天，平均3～5天。

（二）皮疹特点

口腔黏膜疹出现较早，可引起口痛，影响进食，最初为粟粒样斑丘疹或疱疹，皮疹周围有炎性红晕，主要位于舌及两颊部或口唇。手、足等远端部位及臀部、躯干和四肢成簇出现或平或凸的斑丘疹或疱疹，疱疹内液体较少，不痛不痒，皮疹恢复时不结痂、不留疤，多在1周内消退。手足口皮损在同一患者不一定全部出现。

> **要点提示**：手足口病的皮疹特点。

（三）分期

根据疾病的发生发展过程，将手足口病分期、分型如下。

第1期（出疹期）：主要表现为发热，手、足、口、臀等部位出疹，可伴有咳嗽、流涕、食欲不振等症状。此期属于手足口病普通型，绝大多数在此期痊愈。

第2期（神经系统受累期）：主要表现为精神差、嗜睡、吸吮无力、易惊、头痛、呕吐、烦躁、肢体抖动、肌无力、颈强直等。此期属于手足口病重症病例重型，大多数可痊愈。

第3期（心肺功能衰竭前期）：主要表现为心率和呼吸增快、出冷汗、四肢末梢发凉、皮肤发花、血压升高。此期属于手足口病重症病例危重型。及时识别并正确治疗是降低病死率的关键。

第4期（心肺功能衰竭期）：主要表现为心动过速（个别患儿心动过缓）、呼吸急促、口唇发绀、咳粉红色泡沫痰或血性液体、血压降低、抽搐、严重意识障碍或休克。此期属于手足口病重症危重型，病死率较高。

第5期（恢复期）：体温逐渐恢复正常，神经系统受累症状和心肺功能逐渐恢复，少数可遗留神经系统后遗症。

> 要点提示：手足口病的分期和分型。

（四）预后

大多数患儿预后良好，一般1周内痊愈，无后遗症。少数患儿发病后迅速累及神经系统，表现为脑干脑炎、脑脊髓炎、脑脊髓膜炎等，发展为循环衰竭、神经源性肺水肿的患儿病死率高。

三、诊断

（一）临床确诊病例的诊断原则
依据流行病学史和典型的临床表现进行临床诊断。

（二）临床确诊病例的诊断原则
在临床诊断病例的基础上，加上一个病原学及血清学检查结果即可确诊。

病原学及血清学检查包括：

(1) 肠道病毒（Cox A16、EV 71等）特异性核酸检查阳性。
(2) 分离出肠道病毒，并鉴定为Cox A16、EV 71或其他可引起手足口病的肠道病毒。
(3) 急性期血清相关病毒IgM抗体阳性。
(4) 恢复期血清相关肠道病毒的中和抗体比急性期有4倍及以上升高。

四、鉴别诊断

儿童其他发疹性疾病，如疱疹性荨麻疹、沙土性皮炎、水痘、幼儿急疹及风疹等。根据流行病学特点、皮疹形态、部位等可鉴别，必要时根据病原学及血清学检查进行鉴别。

重症病例的鉴别，以神经系统表现为主者，需与中毒性菌痢、乙型脑炎、化脓性脑膜炎等鉴别；以呼吸系统表现为主者，需与急性呼吸窘迫综合征、重症肺炎等鉴别；以循环障碍为主者，需与感染性休克、暴发性心肌炎等鉴别。

五、治疗

目前尚无特效抗肠道病毒药物，多采用一般治疗和支持治疗。

（一）一般治疗

注意隔离，避免交叉感染；清淡饮食；做好口腔和皮肤护理。积极控制高热。体温超过38.5℃时，采用物理降温（温水拭浴、使用退热贴等）或应用退热药物治疗。惊厥病例需要及时控制。

（二）对症治疗

1. **液体疗法**　重症病例可出现脑水肿、肺水肿及心力衰竭，应控制液体入量，严格控制液体输入速度。

2. **药物降颅压**。

3. **血管活性药物**　第3期患儿血流动力学改变为高动力高阻力型，以使用扩血管药物为主。

4. **静脉应用丙种球蛋白**　有脑脊髓炎和持续高热等表现者以及危重病例可酌情使用。

5. **糖皮质激素**　有脑脊髓炎和持续高热等表现者以及危重病例酌情使用。

6. **机械通气**　若患儿出现呼吸急促、血性气道分泌物、肺部渗出性病变明显或低氧血症、循环障碍、意识障碍等情况，可予气管插管机械通气。

（三）中医辨证论治

手足口病属于中医"瘟疫、温热夹湿"等范畴，具有"卫气营血"的规律，根据病症，分期辨证论治。

六、预防

保持良好的个人卫生习惯是预防手足口病的关键。勤洗手，注意水及食品卫生。对儿童玩具和常接触到的物品及时清洁消毒。避免与患手足口病儿童密切接触。EV-A71型灭活疫苗可用于6月龄～5岁儿童预防接种，鼓励在12月龄前完成接种。在本病流行期间，尽量不带婴幼儿和儿童到人群聚集、空气流通差的公共场所。

自测题

扫码测验

（杜学利）

第八篇

常见中毒

第十七章 常见中毒

学习目标

通过本章内容的学习，学生应能够：

识记：
1. 说出常见中毒的类型及高危人群。
2. 辨别不同物质中毒后的临床症状。

理解：
1. 解释常见药物毒物中毒的发病机制。
2. 掌握常见中毒的防治原则。
3. 分析常见中毒的实验室检查结果。

运用：
1. 根据患者的流行病史、临床表现、实验室及辅助检查做出初步诊断。
2. 根据病情选择合适的治疗方案，正确评估其预后。
3. 对患者进行健康教育，树立医者仁心、护佑生命的职业素养。

凡能损害机体的组织与器官，并能在组织与器官内发生生物化学或生物物理学作用、扰乱或破坏机体的正常生理功能，使机体发生病理变化的物质，均称为毒物。由毒物引起的疾病称为中毒。

第一节　有机磷杀虫药中毒

案例导入

患者，女，31岁，腹痛、恶心、呕吐1h，送到急诊。一个多小时前与家人发生争吵，自服敌百虫200 ml，20 min后出现恶心、呕吐、腹痛、多汗、流涕、流涎，全身有紧束感，解稀水样粪便1次，伴头痛，家人发现后急送来院。起病以来，患者未进食，未排尿。

体格检查：T 36.4℃，皮肤湿冷，面部肌肉有抽搐，口腔流涎，皮肤、巩膜无黄染，瞳孔针尖样大，两肺有散在湿啰音，腹部平软，全腹无明显压痛。

问题与思考：
1. 该患者最可能的诊断是什么？

2. 主要的诊断依据有哪些？
3. 该病的治疗原则有哪些？

一、概述

有机磷农药是一大类具有相似化学结构的化合物。根据化学结构可分为磷酸酯类、硫代磷酸酯类（硫逐磷酸酯）、磷酰胺磷酸酯类（磷酸酰胺酯）、焦磷酸酯类。有机磷农药一般很少溶于水（敌百虫、乐果、甲胺磷、磷胺例外），而易溶于多种有机溶剂。脂溶性小的品种发生皮肤接触中毒的机会少，如敌百虫；脂溶性大的品种极易发生皮肤黏膜吸收中毒，如1605。因有机磷化学结构不稳定，易挥发，故应避免吸入性中毒和贮藏时温度过高而引起爆炸事故。同时，有机磷类又易被氧化而毒性增强，如敌百虫与碱性液体接触后，可变成毒力更强的敌敌畏。

有机磷农药可经消化道、呼吸道及皮肤黏膜进入人体。生产性中毒主要是由于皮肤黏膜及（或）呼吸道吸入而引起。吸收后迅速分布到全身各器官与组织，主要分布于肝、肾、肺、脾等；以肝内浓度最高，肌肉及脑中含量较少。脑中含量的多少，主要取决于不同化合物穿透血脑屏障的能力。一般说来，氧化的产物可使毒性作用增强（由于活化或激活作用）；而分解的结果，由于降解或解毒作用，则可使毒性降低，例如1605、4049、乐果经氧化后变成毒性更大的1600（对氧磷）、马拉氧磷和氧化乐果等。对氧磷又立即被磷酸酯酶水解而失去毒性；马拉氧磷则被羧酸酯酶水解而去毒，因温血动物体内有丰富的羧酸酯酶，其水解速度大于氧化速度，而在昆虫体内则恰恰相反，所以马拉硫磷是一种杀虫力强、而对人畜却毒性小的高效低毒杀虫剂。敌百虫在昆虫体内与温血动物体内代谢也有很大差异。在昆虫体内经氧化生成敌敌畏，后者水解很慢，故杀虫力强；而在温血动物体内则大部分很快被水解为二甲基磷酸酯和三氯乙醇从尿中排出，所以其毒性作用较小。

有机磷农药排泄较快，主要经肾排泄，少量通过粪便排出，绝大多数在24 h内均能排出体外。其尿中代谢产物的测定有助于对中毒的诊断。对硫磷的主要代谢产物有对硝基酚、二乙基硫代磷酸酯和二乙基磷酸酯。对硝基酚可呈游离状态或与葡糖醛酯、硫酸结合，并且也有一小部分被还原为对氨基酚随尿排出，其他含有对硝基苯的有机磷化合物也可分解为对硝基酚从尿中排出。近年发现，磷酸二甲酯和二乙酯几乎是所有品种有机磷农药所共有的代谢产物。

二、中毒机制

主要通过抑制体内胆碱酯酶活性，使之失去分解乙酰胆碱的能力，引起体内生理效应部位乙酰胆碱大量蓄积，使胆碱能神经持续过度兴奋，出现毒蕈碱样、烟碱样和中枢神经系统等中毒症状和体征。严重者常死于呼吸衰竭。长期接触有机磷杀虫药时，胆碱酯酶活力虽明显下降，但临床症状往往较轻，可能是由于人体对积聚的乙酰胆碱耐受性增强所致。

三、临床表现

（一）急性中毒

发病时间与毒物种类、剂量、侵入途径和机体状态（如空腹或进餐）密切相关。口服中毒在10 min至2 h发病，吸入后约30 min发病，皮肤吸收后2~6 h发病。中毒后，出现急性胆碱能危象，表现如下。

1. 毒蕈碱样症状（M样症状） 主要是副交感神经末梢过度兴奋，产生类似毒蕈碱样作用。平滑肌痉挛表现：瞳孔缩小，胸闷、气短、呼吸困难，恶心、呕吐、腹痛、腹泻。括约肌松弛表现：二便失禁。腺体分泌增加表现：大汗、流泪和流涎。气道分泌物增多表现：咳嗽、气促，双肺有干、湿啰音，严重者发生肺水肿。

2. 烟碱样症状（N样症状） 在横纹肌神经肌肉接头处乙酰胆碱蓄积过多，出现肌纤维颤动，甚至全身肌肉强直性痉挛，也可出现肌力减退或瘫痪，呼吸肌麻痹引起呼吸衰竭或停止。交感神经节受乙酰胆碱刺激，其节后交感神经纤维末梢释放儿茶酚胺，出现血压增高和心律失常。

3. 中枢神经系统症状 过多乙酰胆碱刺激所致，出现头晕、头痛、烦躁不安、谵妄、抽搐和昏迷，有的发生呼吸、循环衰竭而死亡。

4. 局部损害 有些有机磷杀虫药接触皮肤后发生过敏性皮炎、皮肤水疱或剥脱性皮炎；污染眼部时，出现结膜充血和瞳孔缩小。

（二）迟发性多发神经病

急性重度和中度有机磷杀虫药（甲胺磷、敌敌畏、乐果和敌百虫等）中毒患者症状消失后2～3周出现迟发性神经损害，表现为感觉、运动型多发性神经病变，主要累及肢体末端，发生下肢瘫痪、四肢肌肉萎缩等。目前认为这种病变不是乙酰胆碱受抑制所致，可能是由于有机磷杀虫药抑制神经靶酯酶，使其老化所致。全血或红细胞胆碱酯酶活性正常；神经-肌电图检查提示神经源性损害。

（三）中间型综合征

多发生在重度有机磷杀虫药（甲胺磷、敌敌畏、乐果、久效磷）中毒后24～96 h及复能药用量不足患者，经治疗胆碱能危象消失、意识清醒或未恢复和迟发性多发神经病发生前，突然出现屈颈肌和四肢近端肌无力和第Ⅲ、Ⅶ、Ⅸ、Ⅹ对脑神经支配的肌肉无力，出现眼睑下垂、眼外展障碍、面瘫和呼吸肌麻痹，引起通气障碍性呼吸困难或衰竭，可导致死亡。其发病机制与胆碱酯酶长期受抑制，影响神经肌肉接头处突触后功能有关。全血或红细胞胆碱酯酶活性在30%以下；高频重复刺激周围神经的肌电图检查，肌诱发电位波幅进行性递减。

四、实验室检查及诊断

（一）全血胆碱酯酶活力测定

全血胆碱酯酶活力是诊断有机磷杀虫药中毒的特异性实验指标，对判断中毒程度、疗效和预后极为重要。以正常人全血胆碱酯酶活力值作为100%，急性有机磷杀虫药中毒时，胆碱酯酶活力值在70%～50%为轻度中毒；50%～30%为中度中毒；30%以下为重度中毒。对长期有机磷杀虫药接触者，全血胆碱酯酶活力测定可作为生化监测指标。

（二）尿中有机磷杀虫药代谢物测定

在体内，对硫磷和甲基对硫磷氧化分解为对硝基酚，敌百虫代谢为三氯乙醇。尿中测出对硝基酚或三氯乙醇有助于诊断上述毒物中毒。

根据患者有机磷杀虫药接触史、呼出气呈大蒜臭味、瞳孔缩小、多汗、肌纤维颤动和意识障碍等，一般不难诊断。对于不明原因的意识障碍、瞳孔缩小，并伴有肺水肿患者，也要考虑到有机磷杀虫药中毒。如监测全血胆碱酯酶活力降低，可确诊。有机磷杀虫药中毒应与中暑、急性胃肠炎或脑炎等鉴别，尚需与拟除虫菊酯类中毒及甲脒类中毒鉴别。前者口腔和胃液无特殊臭味，全血胆碱酯酶活力正常；后者以嗜睡、发绀、出血性膀胱炎为主要表现，而无瞳孔缩小和腺体分泌增加等表现。

此外，诊断时尚需注意：口服乐果和马拉硫磷中毒患者，急救后病情好转，在数日至1周后突然恶化，可重新出现有机磷杀虫药急性中毒症状，或肺水肿或突然死亡。这种临床"反跳"现象可能与残留在皮肤或体内的有机磷杀虫药重吸收或解毒药停用过早有关。

急性中毒诊断分级：

(1) 轻度中毒：仅有 M 样症状，胆碱酯酶活力 70%～50%。
(2) 中度中毒：M 样症状加重，出现 N 样症状，胆碱酯酶活力 50%～30%。
(3) 重度中毒：具有 M、N 样症状，并伴有肺水肿、抽搐、昏迷、呼吸肌麻痹和脑水肿，胆碱酯酶活力在 30% 以下。

五、治疗

（一）迅速清除毒物

立即将患者撤离中毒现场。彻底清除未被机体吸收入血的毒物，如迅速脱去污染衣服，用肥皂水清洗污染皮肤、毛发和指甲；眼部污染时，用清水、生理盐水、2% 碳酸氢钠溶液或 3% 硼酸溶液冲洗。口服中毒者，用清水、2% 碳酸氢钠溶液（敌百虫忌用）或 1：5000 高锰酸钾溶液（对硫磷忌用）反复洗胃，即首次洗胃后保留胃管，间隔 3～4 h，重复洗胃，直至洗出液清亮为止。然后用硫酸钠 20～40 g 溶于 20 ml 水中，口服，观察 30 min，无导泻作用时，再口服或经鼻胃管注入 500 ml 水。

（二）紧急复苏

有机磷杀虫药中毒患者常死于肺水肿、呼吸肌麻痹、呼吸中枢衰竭。对上述患者，要紧急采取复苏措施：清除呼吸道分泌物，保持呼吸道通畅，给氧，根据病情应用机械通气。肺水肿患者应用阿托品，不能应用氨茶碱和吗啡。心脏停搏时，行体外心脏按压复苏等。

（三）解毒药

在清除毒物过程中，同时应用胆碱酯酶复能药和胆碱受体阻断药治疗。

1. 用药原则 根据病情，要早期、足量、联合和重复应用解毒药，并且选用合理给药途径及择期停药。中毒早期即联合应用抗胆碱药与胆碱酯酶复能药才能取得更好疗效。

2. 胆碱酯酶复能药 肟类化合物能使被抑制的胆碱酯酶恢复活性。胆碱酯酶复能药尚能作用于外周烟碱样受体，对抗外周烟碱样胆碱受体活性，能有效解除烟碱样毒性作用，对 M 样症状和中枢性呼吸抑制作用无明显影响。

(1) 氯解磷定：复能作用强，毒性小，水溶性大，可供静脉或肌内注射，是临床上首选的解毒药。

(2) 碘解磷定：复能作用较弱，毒性小，水溶性小，仅能静脉注射，是临床上次选的解毒药。

(3) 双复磷：重活化作用强，毒性较大，水溶性大，能静脉或肌内注射。

胆碱酯酶复能药对甲拌磷、内吸磷、对硫磷、甲胺磷、乙硫磷和肟硫磷等中毒疗效好，对敌敌畏、敌百虫中毒疗效差，对乐果和马拉硫磷中毒疗效不明显。双复磷对敌敌畏及敌百虫中毒疗效较碘解磷定为好。胆碱酯酶复能药对中毒 24～48 h 后已老化的胆碱酯酶无复活作用。对胆碱酯酶复能药疗效不佳者，以胆碱受体阻断药治疗为主。

胆碱酯酶复能药不良反应有短暂眩晕、视物模糊、复视、血压升高等。用量过大能引起癫痫样发作和抑制胆碱酯酶活力。碘解磷定剂量较大时，尚有口苦、咽干、恶心。注射速度过快可导致暂时性呼吸抑制；双复磷不良反应较明显，有口周、四肢及全身麻木和灼热感、恶心、呕吐和颜面潮红，剂量过大可引起室性期前收缩和传导阻滞，有的发生中毒性肝病。

3. 胆碱受体阻断药 胆碱受体分为 M 和 N 两类。

(1) M 胆碱受体阻断药：又称外周性抗胆碱药。阿托品和山莨菪碱等主要作用于外周 M 受体，能缓解 M 样症状，对 N 受体无明显作用。根据病情，阿托品每 10～30 min 或 1～2 h 给药一次，直到患者 M 样症状消失或出现"阿托品化"。阿托品化指征为瞳孔较前扩大、口干、皮肤干燥、心率增快（90～100 次/分）和肺部湿啰音消失。此时，应减少阿托品剂量或停用。如出现瞳孔明显扩大、神志模糊、烦躁不安、抽搐、昏迷和尿潴留等为阿托品中毒，应立即停用阿托品。

（2）N胆碱受体阻断药：又称中枢性抗胆碱药，如东莨菪碱、苯那辛、苯扎托品、丙环定等，对中枢M和N受体作用强，对外周M受体作用弱。盐酸戊乙奎醚（长托宁）对外周M受体和中枢M、N受体均有作用，但选择性作用于M_1、M_3受体亚型，对M_2受体作用极弱，对心率无明显影响；较阿托品作用强，有效剂量小，作用时间（半衰期6～8 h）长，不良反应少；首次用药需与氯解磷定合用。

根据有机磷杀虫药中毒程度，可采用胆碱酯酶复活剂与阿托品联合用药。轻度中毒可单用胆碱酯酶复能药。两药合用时，应减少阿托品用量，以免发生阿托品中毒。

4. 复方制剂是由生理性拮抗剂与中毒酶复能药组成的复方制剂。国内有解磷注射液（每支含阿托品3 mg、苯那辛3 mg和氯解磷定400 mg）。首次剂量：轻度中毒1/2～1支肌内注射；中度中毒1～2支；重度中毒2～3支。对重度患者，症状缓解后逐渐减少解毒药用量，待症状基本消失、全血胆碱酯酶活力升至正常的50%～60%后停药观察，通常至少观察3～7天再出院。

（四）对症治疗

重度有机磷杀虫药中毒患者常伴有多种并发症，如酸中毒、低钾血症、严重心律失常、脑水肿等。特别是当合并严重呼吸和循环衰竭时，如处理不及时，应用的解毒药尚未发挥作用患者即死亡。

（五）中间型综合征治疗

立即给予人工机械通气。同时应用氯解磷定1 g/次，肌内注射，酌情选择给药间隔时间，连用2～3天。积极对症治疗。

六、预防

对生产和使用有机磷杀虫药人员要进行宣传、普及防治中毒常识；在生产和加工有机磷杀虫药的过程中，严格执行安全生产制度和操作规程；搬运和应用农药时应做好安全防护。对于慢性接触者，定期体检和测定全血胆碱酯酶活力。

自测题

扫码测验

第二节　急性一氧化碳中毒

案例导入

患者，女，12岁，入院前1 h被家人发现卧倒在冲凉房里，当时患者意识不清，呼之不应，无肢体抽搐，无恶心、呕吐，患者呈昏迷状，送至当地医院，入院后四肢抽搐，二便失禁，予导尿、输液、气管切开等对症处理。

查体：神志清醒，双侧瞳孔直径4.0 mm，对光反射消失，T 36.5℃，P 110次/分，BP 110/62 mmHg，血氧饱和度100%。

问题与思考:
1. 该患者最可能的诊断是什么?
2. 主要的诊断依据有哪些?
3. 该病的治疗原则有哪些?

一、概述

当含碳的物质(如煤)燃烧不完全时,会产生大量一氧化碳进入人体,造成中毒症状。由于一氧化碳与血红蛋白的结合力远远高于氧气与血红蛋白的结合力。因此,一氧化碳进入人体后,绝大多数血红蛋白会"优先"与其结合,而"被抛弃"的氧气就失去了与血红蛋白结合的机会,导致机体严重缺氧。

二、常见原因

一氧化碳中毒是常见的生活中毒和职业中毒。由于患者有意或意外暴露于一氧化碳环境中,吸入大量一氧化碳所致。如暴露于有汽车尾气的封闭空间(如车库),意外或故意(如自杀)暴露于产生一氧化碳的环境中。这种情况在冬季更为常见,因为冬季供暖系统开启,窗户常处于关闭状态。

一氧化碳来源:内燃机(车辆或发电机)、火灾烟雾和燃烧含碳燃料(汽油、天然气、煤油、石油、船只废气、户外燃气灶、货车废气),以及室内来源(如在通风不良的环境中使用燃气取暖、做饭和洗浴,以及室内烧烤)等。

容易发生一氧化碳中毒的人群:农民及工人、学生、老人。

三、中毒机制

一氧化碳经呼吸道吸入后,立即与血红蛋白结合形成稳定的碳氧血红蛋白。一氧化碳与血红蛋白的亲和力比氧与血红蛋白的亲和力大200~300倍,而碳氧血红蛋白的解离速度仅为氧合血红蛋白的1/3600。因此,碳氧血红蛋白不仅不能携带氧,还会影响氧合血红蛋白的解离,阻碍氧的释放和传递,导致低氧血症,引起组织缺氧。

四、临床表现

常见症状有眩晕、口唇呈樱桃红色、意识模糊、头晕、乏力等。由于一氧化碳症状差异性较大,而且大多是非特异性的,因此急性一氧化碳中毒的临床表现为急性发生的中枢神经损害的症状和体征,具体临床表现见表17-1。

表17-1 急性一氧化碳中毒的临床表现

中毒程度	碳氧血红蛋白浓度	临床特点
轻度	10%~20%	不同程度头痛、头晕、恶心、呕吐、心悸和四肢无力,脱离现场吸入新鲜空气或氧疗后可缓解
中度	30%~40%	胸闷、气短、呼吸困难、幻觉、视物不清、运动失调、昏迷、口唇黏膜樱桃红色,氧疗后可恢复正常且无明显并发症
重度	40%~60%	迅速出现昏迷、呼吸抑制、肺水肿、心律失常或心力衰竭,可呈去皮质综合征

部分急性一氧化碳中毒患者在意识恢复后，经过2~60天的"假愈期"出现迟发型脑病，又称神经精神后遗症，如神经或意识障碍、锥体系或锥体外系功能障碍、大脑皮质局灶性功能障碍、脑神经或周围神经损害表现。

五、实验室检查及其他辅助检查

1. 血液碳氧血红蛋白检测 血液碳氧血红蛋白的含量检测可反映患者的中毒轻重程度。

2. 心电图 一氧化碳中毒可能会引起心肌缺血、心律失常等，通过心电图检查可以发现是否存在心脏损伤。

3. 脑电图 可见弥漫性低波幅慢波，图形改变与缺氧性脑病的进展程度一致。

4. 头部CT CT可发现脑缺氧较重时出现的脑水肿，有病理性密度减低区。询问病史：医生会向患者及家属紧急询问病史，主要了解是否有一氧化碳暴露史，比如家中是否有安置煤气，患者是否来自火灾现场。因此诊断依赖于近期一氧化碳暴露史、一氧化碳中毒症状以及碳氧血红蛋白升高水平。

六、诊断和鉴别诊断

1. 有吸入较高浓度一氧化碳史。
2. 急性发生的中枢神经损害的症状和体征。
3. 血液碳氧血红蛋白测定。

七、治疗方法

一氧化碳中毒后应迅速转移到空气新鲜的地方，吸氧、保暖、保持呼吸道通畅；无意识的患者可能需要在现场进行心肺复苏术。高流量氧疗、高压氧和支持性治疗是一氧化碳中毒的主要治疗方法。根据一氧化碳中毒发生的地点和方式，如烧伤、烟雾吸入，患者也可能有其他损伤需要治疗。

1. 改善缺氧症状

（1）高流量吸氧：所有一氧化碳中毒的患者都应进行高流量吸氧，否则会造成低氧血症，严重者可能会死亡。应在怀疑诊断时立即开始治疗，直到诊断被排除。

（2）高压氧舱：高压氧治疗可以迅速改善体内的缺氧状态，促使一氧化碳从体内排出，缩短昏迷时间和病程。目的是预防迟发性脑病，适用于神经功能异常的患者，如精神状态改变、昏迷、局灶性神经功能缺损或癫痫发作，或有长期昏迷史、心血管功能障碍或严重酸中毒，意识改变或呼吸停止时，考虑气管插管，或用呼吸机维持呼吸。

2. 监测 病情可能危重，所有患者在治疗过程中都应进行密切的心肺和神经监测。对于孕妇需进行胎儿监测，以便及早发现胎儿窘迫等。

3. 治疗和预防脑水肿 严重中毒后，多数情况下会发生脑水肿，应在积极纠正缺氧的同时，给予脱水治疗，目前最常用的是20%甘露醇，静脉快速滴注。

4. 营养支持治疗 补充电解质、葡萄糖等，昏迷患者可能需要鼻饲、静脉营养等。

5. 其他 治疗癫痫发作、心脏损害等并发症；针对烧伤进行补液治疗，皮肤护理。

6. 疾病转归 轻、中度一氧化碳中毒者，经积极对症支持治疗后，基本可以痊愈；重度中毒者病死率比较高，如经积极治疗可以得到恢复，但可遗留后遗症，所以生活中应当注意呼吸道通畅，注意昏迷时的护理。在日常生活中应当注意：定时帮患者翻身，以防发生压疮和肺炎；从昏迷中苏醒后，应继续休息观察2周，以防神经系统和心脏后发症的发生；重度昏迷并发高热的患者，要注意进行头部降温；进高糖、低脂肪和含有适量优质蛋白质的膳食；大米白粥是患病初期较理想的膳食，易消化；适量补充维生素A、B、C族等；也可以进食富含上述维生素的食物，如苹果、白菜等。

八、预防措施

根据一氧化碳中毒容易发生的场所，可以从家庭和生产作业场所两方面进行预防。

1. 家庭 使用煤炉一定要安装烟囱。烟囱安装要合理，烟囱开口朝下，要经常注意保持烟囱通道的通畅。室内使用煤炉时要安装风斗或打开小通气窗，以利于煤气从室内排出。热水器要安装在通风良好的地方，使用热水器时要打开门或窗。使用煤气或天然气做饭时，一定要有人照看，防止水、汤煮沸外溢造成煤气灶熄灭，使煤气大量排入室内。煤气管道或胶皮管要定期检修，老化胶皮管要定期更换，发现煤气灶管道漏气时要通知煤气管道管理部及时修理，安装一氧化碳探测器。

2. 生产作业场所 凡是可能存在一氧化碳的场所，都应加强自然通风和局部通风。经常对生产设备进行维护和检修，防止漏气。抢修设备故障时，应佩戴好防毒面具，且无冒险作业。进入高浓度作业区，先测定一氧化碳的浓度，并进行通风、排风。

自测题

扫码测验

第三节 杀鼠剂中毒

案例导入

患者为夫妻二人，男性39岁，女性33岁，既往均体健，症状基本相似。临床症状：5天前，腰背部酸痛，突发血尿，尿色为鲜红色；口腔内多发血疱，牙龈出血。在当地医院考虑为出血性膀胱炎，经治疗后无好转，转入院急诊。

急查血常规：血小板均正常，中性粒细胞比例轻度升高，余正常。

凝血常规：男：PT 82.1 s，APTT 81.6 s，INR 6.91；女：PT 76.8 s，APTT 90.3 s，INR 6.47。

凝血因子（正常范围 50～150）：男：Ⅷ因子 183，Ⅸ因子 8，Ⅹ因子 6，Ⅱ因子 67；女：Ⅷ因子 166，Ⅸ因子 10，Ⅹ因子 6，Ⅱ因子 81。

问题与思考：

1. 患者最可能的诊断是什么？
2. 主要的诊断依据有哪些？
3. 该病的治疗原则有哪些？

一、概述

杀鼠剂俗称"老鼠药"，是指可以杀灭啮齿类动物的毒物。目前，国内外已有十余种杀鼠剂，广泛用于农村和城市。

杀鼠剂中毒是指绝大多数杀鼠剂在被误食或有意服用后，会对人和牲畜产生很强的毒力。

不同的杀鼠剂中毒导致的临床表现也不相同。

二、常见原因

误食毒饵、有意服毒、二次中毒、皮肤接触或呼吸道吸入是主要的病因。杀鼠剂存放位置不当、幼儿和儿童误食是导致杀鼠剂中毒的危险因素。

1. 误食、误用杀鼠剂制成的毒饵 如儿童在没有家长看护的情况下，误食含有杀鼠剂的饼干导致中毒，或老年人将含有杀鼠剂的小麦磨成面粉食用导致中毒等。

2. 有意服毒或投毒 多见于青壮年，如患有严重抑郁症想要自杀的人群，故意服用杀鼠剂导致中毒。有人恶意报复将杀鼠剂投入食物中导致被害人中毒等。

3. 二次中毒 如被杀鼠剂毒死的老鼠被狗吃掉以后，导致狗中毒。人将狗吃掉以后继而导致人体中毒。

4. 皮肤接触或呼吸道吸入 不慎将杀鼠剂洒在皮肤上，未及时清洗导致被皮肤吸收，或喷洒杀鼠剂时没有戴防护口罩，导致杀鼠剂经呼吸道吸入等，都可导致人体中毒。

因此，有杀鼠剂中毒危险因素的人群包括：①患抑郁症的人群：有服毒自杀倾向。②果农：喷洒杀鼠剂时不注意防护。③儿童和青壮年：因误服杀鼠剂导致中毒。

三、中毒机制

抗凝血类杀鼠剂中毒机制是干扰肝维生素K，抑制凝血因子Ⅱ、Ⅶ、Ⅸ、Ⅹ，影响凝血酶原合成，使凝血时间延长；代谢产物可破坏毛细血管壁。人口服后3～4天才出现症状，有蓄积作用，维生素K_1为特效解毒剂。

毒鼠强是不需代谢即可发生毒性作用的中枢神经系统兴奋性杀鼠剂，其作用机制可能是通过拮抗γ-氨基丁酸（GABA）。GABA是脊柱动物中枢神经系统抑制物质，对中枢神经系统有强有力而广泛的抑制作用。GABA的作用被毒鼠强非竞争性抑制后，中枢神经系统呈过度兴奋致惊厥。

有机氟类杀鼠剂可通过消化道和损伤的皮肤黏膜被吸收。其中毒机制为氟乙酰胺进入人体后脱氨基转化为氟乙酸，氟乙酸钠则直接形成氟乙酸。氟乙酸与细胞内线粒体的辅酶A作用，生成氟代乙酰辅酶A，再与草酰乙酸反应，生成氟柠檬酸。由于氟柠檬酸与柠檬酸虽在化学结构上相似，但不能被乌头酸酶作用，反而拮抗乌头酸酶，使柠檬酸不能代谢产生乌头酸，导致三羧酸循环中断（称为"致死代谢合成"），使丙酮酸代谢受阻，氟柠檬酸积聚，妨碍正常的氧化磷酸化过程，从而引起以中枢神经系统和心血管系统为主的毒性损害。

四、临床症状

不同种类杀鼠剂导致的临床表现也不相同。毒鼠强中毒表现为严重阵挛性惊厥和癫痫大发作。氟乙酰胺中毒表现为头痛、头晕、视物模糊、呼吸困难、血压下降、心律失常等。溴鼠隆中毒表现为皮下出血、血尿、鼻和牙龈出血、休克等。磷化锌中毒表现为口鼻发干和灼痛、肌肉抽动、口腔黏膜糜烂、肺水肿等。

阵挛性惊厥：表现为意识突然丧失、四肢肌张力突然增加、呼吸突然急促或不规律。

脑出血：突然发作的剧烈头痛、喷射性呕吐、一侧肢体不能自主活动、意识丧失等。

休克：出现烦躁、意识不清（对外界事物分辨能力下降）、皮肤和甲床淤青、吸氧难以纠正的进行性呼吸困难等。

脑水肿：表现为头痛、呕吐加重、躁动不安，严重者可导致昏迷不醒。

五、治疗

一经发现，应该迅速洗胃，治疗越早，疗效越好。皮肤接触毒物者，应该立即更换衣服，用肥皂水清洗皮肤。对于出现惊厥的患者，可以采用地西泮联合苯巴比妥进行治疗。氟乙酰胺中毒的患者可采用特效解毒剂，如乙酰胺。溴鼠隆中毒的患者给予抗出血药物，如维生素 K，严重出血者输入新鲜冰冻血浆。药物治疗效果不佳或中毒严重者，应尽早采用血液净化治疗。

如果治疗及时，治疗方案合理，一般情况下不遗留后遗症。如果中毒严重，重症患者即使抢救成功，也可能会造成肾和肝的永久性损伤，比如肾衰竭，需要长期靠血液透析维持生命。若得不到及时有效的治疗，有毒物质迅速吸收入血，可导致心肺功能衰竭、肺出血、脑出血、休克等严重并发症，导致患者死亡。

六、预防措施

1. 对于可改变的危险因素，预防方式如下。

（1）患抑郁症的人群：及时到医院精神心理科就诊，平时保持乐观的心态、多听音乐、多与人交往，多参加体育锻炼，可采用慢跑、游泳等方式。

（2）果农：平时喷洒鼠药时注意穿长袖衣服，戴口罩、手套、帽子，喷洒完毕后立即更换衣物并洗澡。

2. 对于不可改变的危险因素，以下方式也有助于疾病的预防或防止疾病复发。

儿童和青壮年：家长加强对儿童的看护，告知儿童不要随意食用不明食物等。青壮年遇到困难和挫折时不要走极端，多与人谈心、多与人交往；平时应保持良好的心理状态，出现抑郁、焦虑等情绪时应及时到医院精神心理科就诊，防止出现服毒自杀的情况。

误食误服杀鼠剂后一经发现，尽快送医院抢救治疗。

自测题

扫码测验

第四节　急性酒精中毒

案例导入

患者，男，32 岁，饮酒后出现神志模糊、乱语 30 min。

患者在 30 min 前参加宴会时饮黄酒 1000 ml 后出现颜面潮红、神志模糊，继而乱语，伴行走不稳，尿失禁，无口吐白沫，无四肢抽搐，无牙关紧闭，呼气无大蒜味，无晕厥，无单侧肢体无力，无腹痛、腹泻，急来急诊科就诊，拟"急性酒精中毒"收入留观。

查体：生命体征正常，神志模糊，颜面潮红，双眼等大等圆，直径约 3 mm，对光反射灵敏，颈软，无抵抗，双肺呼吸音清，未闻及明显干、湿啰音，心率 78 次/分，律齐，各瓣膜听诊区未闻及明显杂音，腹平软，无压痛及反跳痛，肝、脾肋下未扪及，肠鸣音无亢进，双下肢无水肿，病理征未引出。测定：血糖 5.8 mmol/L。

问题与思考：

1. 该患者最可能的诊断是什么？
2. 主要的诊断依据有哪些？
3. 该病的治疗原则有哪些？

一、概述

急性酒精中毒（acute alcohol poisoning）是指在各种情况下饮用或滥用含酒精的物质，如啤酒、黄酒、葡萄酒等，从而引起神经系统过度兴奋后相继发生抑制的状态，主要表现为语言混乱、平衡失控、肌肉运动失调、皮肤色泽变化、呕吐、举止不当，严重时出现昏迷等多系统损伤现象。目前，酒精中毒导致的死亡问题仍然是人类面临的重要问题。

二、常见原因

1. 过度饮酒 过度饮酒是目前导致急性酒精中毒症状的主要原因。由于一次性饮酒量超出肝代谢能力，导致产生多种自由基，对肝细胞造成各种损伤，并同时损伤其他多个系统，引起多系统损害。

2. 不健康饮酒 由于不健康的饮酒习惯（例如空腹饮酒、同时饮用多种酒、生病或服药期间饮酒），即使酒精摄入量在正常范围内，但由于酒精的摄入方式和时间不正确，也会对机体造成损害。存在基础疾病的患者当中，不健康的饮酒方式和习惯会进一步加重病情。

3. 酒精使用障碍 部分人会对酒精产生依赖性，从而导致酒精的各种滥用现象，继而引发社会心理、行为或功能异常。

三、中毒机制

急性酒精中毒主要是由于体内酒精浓度过高，超过肝的酒精代谢能力，不能继续有效清除残留的酒精，从而产生毒害作用。一次大量饮酒或不健康饮酒习惯造成的急性酒精中毒可引起神经系统出现抑制状态，症状与饮酒量、血液酒精浓度和个体的酒精耐受量有关。

急性酒精中毒的发生机制主要有以下几个方面。

1. 中枢神经系统抑制作用 因为酒精是脂溶性物质，胃肠道吸收后可迅速通过大脑神经细胞膜，并影响神经细胞膜上的相关酶，从而对神经细胞产生毒害作用。酒精对中枢神经系统的抑制作用随饮酒量的增加而不断增加。小剂量酒精主要对大脑产生抑制，随着浓度的不断增加，酒精还会作用于小脑，引起机体共济失调；而高浓度酒精会直接抑制延髓中枢，引起呼吸或循环系统衰竭，从而导致死亡。

2. 代谢异常 酒精主要通过肝进行代谢，当大量酒精被吸收时，会超过肝的代谢能力，产生大量有害的中间物质，从而导致乳酸增高或低血糖的发生。

3. 毒性作用 大量酒精摄入会对吸收酒精的胃肠道黏膜和腺体分泌产生刺激作用，继而引起食管炎、胃炎、胰腺炎。而且酒精在机体代谢过程中会产生多余的自由基，引起细胞脂质过氧化，导致肝细胞坏死。

四、症状表现

急性酒精中毒引起的相关症状与饮酒量、血液酒精浓度以及个体的酒精耐受量有关，在临床上主要分为3期。

一期即兴奋期：当过度饮酒通过胃肠道吸收后，血液酒精浓度达到11mmol/L时，会感觉到头痛、兴奋、欢快的感觉。当浓度继续升高到16 mmol/L时，会表现出健谈、饶舌、情绪不稳定、易激惹，可有粗鲁行为或攻击行为，有些会表现为沉默、孤僻等症状。

二期即共济失调期：当血液酒精浓度突然大于33 mmol/L时，会出现运动不协调、行动笨拙、步态不稳、复视等共济失调的现象；当酒精浓度大于43 mmol/L时，会出现恶心、呕吐、疲倦等症状。

三期即昏迷期：当血液酒精浓度大于53 mmol/L时，此时酒精浓度已经超出机体的代偿能力，患者进入昏迷期，表现出昏睡、瞳孔散大、体温下降。当血液酒精浓度超过87 mmol/L

时，患者会陷入深昏迷，心率快、血压下降，呼吸慢而有鼾声，并可能伴随呼吸、循环衰竭，从而严重危及生命。

五、治疗方法

无论何种原因，当患者明确有过量摄入酒精或饮用含酒精饮料，闻到呼出气体或呕吐物中含有酒精气味，并且合并出现易激惹、存在攻击行为、感觉迟钝、躁动和出现昏迷症状时，应立即送往医院急诊科。医生通过酒精浓度测定、动脉血气分析、肝功能测定等指标对患者的病情严重情况进行合理的评估，并制订有针对性的治疗方案。

急性酒精中毒临床表现复杂，医生会综合采用多种疗法，包括保守治疗、洗胃、催吐药、抗生素、防止休克、纠正机体酸碱平衡等。当饮酒过量时，为预防急性中毒症状的发生，应及时应用催吐的方法，尽快排出胃内酒精，减少酒精的再度吸收。

1. 保守治疗 对于轻症急性酒精中毒的患者，主要进行基础护理和预防工作，医生会嘱患者多休息，并积极预防和处理可能的并发症。

2. 洗胃 机体主要通过胃肠道对酒精类物质进行吸收，而洗胃可以有效减少酒精类物质的进一步吸收。洗胃一般采用碱性溶液或者温开水，通过对胃肠道的冲洗作用，使胃内容物被清理干净。洗胃主要用于：

（1）饮酒后2 h内不再出现呕吐症状的患者，且可能存在恶化的昏迷患者。

（2）患者的中毒症状并不完全符合急性酒精中毒的症状，可能同时存在另外一种或多种混合中毒的情况。

（3）早已经留置胃管的昏迷患者。

3. 药物治疗 用于急性酒精中毒的药物主要分为促酒精代谢药、醒酒药、镇静安眠药、胃黏膜保护剂等。

（1）促酒精代谢药：主要适用于中、重度酒精中毒，且表现出情绪异常烦躁或伴有攻击行为的患者。例如美他多辛。

（2）醒酒药：例如纳洛酮。

（3）镇静安眠药：主要用于产生神经系统症状的患者，如伴烦躁不安、兴奋过度等。

（4）胃黏膜保护剂：主要防止胃肠道黏膜遭受酒精类物质的损害。

（5）抗生素的使用：一般急性酒精中毒会合并多系统的损伤，致使机体抗感染能力和免疫力下降，如胃内容物反流会误吸到肺部，导致肺部感染。因此，使用广谱抗生素尽早预防感染是治疗急性酒精中毒的有效措施。

4. 积极输液，预防休克 输液可以有效补充循环血容量，防止休克。

5. 支持疗法 对于发生昏迷的患者，应尽早维持气道通畅，氧流量供应充足，危急时应立即进行气管插管。实时监测生命体征，注意保暖，维持患者正常的身体温度，注意纠正酸碱平衡的失调。当出现脑水肿先兆时，应积极应用脱水剂，预防脑水肿严重并发症。

6. 家庭治疗 轻微的急性酒精中毒症状可能无需就医治疗，可以在家采取下列措施进行缓解。

（1）催吐：如发现家人出现较轻的中毒症状，可以鼓励患者吐出胃内残存的酒精，吐出困难时，可以让患者食用一些厌烦的食物，或用棉签等刺激患者舌根部，促使患者产生恶心、呕吐反应。催吐后，要严格观察患者的生命体征和其他系统症状，如出现严重急性酒精中毒症状，应立即拨打"120"求助电话。

（2）食物：饮用一些可以缓解中毒症状的食物是十分有益的，如果汁、绿豆汤等，这些食物对减轻酒精对胃肠道的持续刺激有帮助。

六、预防措施

饮酒者要充分认识到过度饮酒的危害,并尽量戒酒。饮酒嗜好者可以通过低浓度酒代替高浓度酒,也可以通过替代疗法(使用其他饮料来代替酒)来缓慢戒酒。饮酒过量时,为预防急性中毒症状的发生,应及时采用催吐的方法尽快排出胃内酒精,减少酒精的再吸收,从而减轻中毒症状。

 自测题

扫码测验

(木海热姆·杰力力)

第九篇

常见肿瘤疾病

第十八章 常见肿瘤疾病

学习目标

通过本章内容的学习，学生应能够：

识记：
1. 说出常见肿瘤的常见病因。
2. 列举常见肿瘤的分型和临床表现。

理解：
1. 解释常见肿瘤的主要临床特征和主要并发症。
2. 分析常见肿瘤的早期诊断方法和意义。
3. 说明常见肿瘤要进行的实验室及影像学检查。

运用：
1. 根据患者的病史、临床表现、实验室及辅助检查做出初步诊断。
2. 根据病情选择合适的治疗方案，正确评估其预后。
3. 培养高度的职业责任感，树立正确的职业理想。

第一节 概述

肿瘤是机体正常细胞异常增生和分化所形成的新生物。其基本特征为病因消除后仍不断增生，生长不受机体生理调节，破坏正常组织及器官。肿瘤是常见病、多发病，它可以发生于全身除毛发、指（趾）甲外的所有组织器官。目前，恶性肿瘤已成为常见的死亡原因之一。

一、分类

根据肿瘤的生长特性和对身体的危害程度，可将其分为良性肿瘤、恶性肿瘤和介于良恶性肿瘤之间的交界性肿瘤（表18-1）。

1. 良性肿瘤 一般称为"瘤"，无浸润和转移能力。细胞分化成熟，组织和细胞形态变异较小，少见核分裂。良性肿瘤呈膨胀性生长，速度缓慢，边界清楚，色泽和质地接近相应的正常组织，包膜完整。完整切除后不复发，除位于重要部位者外，对机体影响不大。

2. 恶性肿瘤 恶性肿瘤细胞分化不成熟，有不同程度的异型性，有浸润和转移，通常无包膜，边界不清，向周围组织呈浸润性破坏性生长，生长速度快。手术切除后仍可复发，常危及患者生命。来源于上皮组织者称为"癌"；来源于间叶组织者称为"肉瘤"；胚胎性肿瘤常称母细胞瘤，如神经母细胞瘤、肾母细胞瘤等。但某些恶性肿瘤仍沿用传统名称"瘤"或"病"，如恶性淋巴瘤、精原细胞瘤、白血病、霍奇金病等。

3. 交界性肿瘤 在临床上除良性与恶性肿瘤两大类以外，少数肿瘤形态上属良性，生长方式呈浸润性，切除后易复发，并出现转移，从生物学行为上介于良性与恶性之间，称交界性肿瘤或临界性肿瘤。诸如包膜不完整的纤维瘤、黏膜乳头状瘤、唾液腺混合瘤等。有的肿瘤生长在特殊部位会出现恶性后果，如颅内良性肿瘤伴颅内高压、肾上腺髓质肿瘤伴恶性高血压及胰岛素瘤伴低血糖。

表18-1 良性肿瘤和恶性肿瘤的区别

特征	良性肿瘤	恶性肿瘤
生长速度	缓慢	较快
生长方式	膨胀性、外生性	浸润性
与周围组织界限	清楚	不清楚
活动度	大	小或固定
细胞分化程度	分化好，异型性小	低分化或未分化，异型性大
转移	不转移	可转移
复发	无复发或极少复发	易复发
对机体危害	较小，主要为局部压迫或阻塞	较大，破坏原发部位和转移部位的组织；出血、坏死、感染；恶病质

二、病因

肿瘤的发病原因尚未完全明确。根据大量流行病学调查、实验研究及临床观察，肿瘤的病因目前认为是由多种外源性致癌因素和内源性促癌因素长期、综合作用的结果。

（一）外源性因素

1. 环境因素 包括物理、化学和生物等因素。物理因素如电离辐射（X射线）可致皮肤癌、白血病等；紫外线可引起皮肤癌；吸入放射性污染粉尘可致骨肉瘤和甲状腺肿瘤等。石棉纤维与肺癌有关，滑石粉与胃癌有关。化学因素如烷化剂（有机农药、硫芥等），其生物学作用类似电离辐射，可致肺癌和造血器官肿瘤；多环芳香烃类化合物与皮肤癌、癌有关；氨偶氮类染料易诱发膀胱癌、肝癌；亚硝胺类与食管癌、胃癌和肝癌有关；霉变的花生、玉米所含的黄曲霉素易致肝癌、胃癌等。生物因素主要为病毒感染，如EB病毒与鼻咽癌有关、乙型肝炎病毒与肝癌有关等。

2. 不良生活方式 如饮食与吸烟，进食过烫、霉变、腌制、烟熏、煎炸食物以及高脂肪、低纤维、低维生素C等食物与致癌有密切关系；长期大量饮酒与肝癌有关，吸烟与肺癌有关，还可诱发其他部位的癌肿，如膀胱癌等。

知识链接

电离辐射

电离辐射指波长短、频率高、能量高的射线，包括宇宙射线、X线和放射性物质的辐射。电离辐射在穿透人体组织时破坏DNA、杀伤细胞，可引起骨髓损伤、致病菌感染、内出血、皮肤灼伤现象、辐射白血病、辐射致癌、放射性白内障以及遗传损伤等症状。

3. 慢性刺激与炎症 烧伤深瘢痕长期存在易癌变。经久不愈的窦道和溃疡可刺激局部发生癌变，如慢性胃溃疡、肛瘘可发生癌变，皮肤慢性溃疡可恶变为皮肤鳞癌等。

（二）内源性因素

1. 遗传因素 肿瘤有遗传倾向性，如结肠息肉病、食管癌、胃癌、乳腺癌、多发性神经纤维瘤患者有明显的家族聚集现象。

2. 内分泌因素 雌激素和催乳素与乳腺癌的发生有关，雄激素与前列腺癌的发生有关；长期服用雄激素可能引起子宫内膜癌；生长激素可以促进肿瘤的生长。

3. 免疫因素 有先天或后天免疫缺陷患者易发生恶性肿瘤，如艾滋病患者易患恶性肿瘤；器官移植后长期使用免疫抑制剂者，肿瘤的发生率较高。

4. 心理社会因素 人的性格、情绪因素、工作压力、环境变化、婚姻及家庭变故等情况，可通过影响人体内分泌、免疫功能等诱发肿瘤。流行病学调查发现，经历重大精神刺激、剧烈情绪波动或抑郁者较其他人群易患恶性肿瘤。

三、病理生理

（一）恶性肿瘤的发生发展过程

恶性肿瘤的发生发展包括癌前期、原位癌及浸润癌3个阶段。癌前期病变表现为上皮增生明显，伴有不典型增生。原位癌通常指癌变细胞限于上皮层、未突破基底膜的早期癌。浸润癌指癌细胞突破基底膜向周围组织浸润、发展，破坏周围组织的正常结构。通常情况下，机体组织细胞在各种致癌因素作用下，经过30～40年变为癌前期病变，癌前期病变经过10年左右可恶变为原位癌，原位癌再经过3～5年可发展为浸润癌。

（二）肿瘤细胞的分化

恶性肿瘤细胞可分为高分化、中分化和低分化（或未分化）3类，或称Ⅰ级、Ⅱ级、Ⅲ级。高分化（Ⅰ级）细胞形态接近正常，异型性小，恶性程度低；未分化（Ⅲ级）细胞核分裂较多，异型性大，高度恶性，预后差；中分化（Ⅱ级）细胞的恶性程度介于两者之间。

（三）转移方式

恶性肿瘤的转移方式有4种：直接蔓延、淋巴转移、血行转移和种植转移。

1. 直接蔓延 肿瘤细胞向与原发灶相连续的组织扩散生长，如直肠癌侵及骨盆壁。

2. 淋巴转移 大多数通过邻近区域淋巴结转移，也可出现"跳跃式"转移，还可发生皮肤淋巴管转移形成卫星结节。

3. 血行转移 肿瘤细胞进入血管，随血流转移至其他远隔部位，如腹内肿瘤可经门脉系统转移到肝，甲状腺癌通过椎旁静脉系统转移到颅骨等。

4. 种植转移 肿瘤细胞脱落后在体腔或空腔脏器内发生的转移，最多见的是胃癌种植转移至盆腔。

四、临床表现

（一）局部表现

1. 肿块 最为常见，良性者多生长缓慢，形状规则，表面光滑、易于推动；恶性者一般生长迅速，边界不清楚，表面不平，难以推动，其中恶性肿块常因缺血坏死，形成溃疡，并继发出血和感染。

2. 疼痛 良性肿瘤除直接压迫神经干外，通常无痛；恶性肿瘤晚期疼痛大多明显，尤以夜间为著。

3. 出血 来自癌性溃疡或瘤体破溃，前者多持续不断，后者常引起大量失血。内脏肿瘤出血，可表现为咯血、呕血、便血、血尿等。

4. 梗阻 为肿瘤压迫或侵犯管腔脏器所致，如幽门梗阻、肠梗阻、胆道梗阻、尿路梗阻、支气管梗阻等。

5. 其他 依肿瘤所在部位，可有胸腔积液、腹水、病理性骨折等。

（二）全身表现

良性肿瘤及早期恶性肿瘤多无明显的全身症状。恶性肿瘤较晚期可有乏力、食欲缺乏、消瘦、贫血、恶病质、体温升高等。

五、诊断

临床上通常需综合分析临床资料，尽早明确有无肿瘤及其部位、性质、程度及范围等。

（一）病史

1. 年龄 通常儿童多患胚胎性肿瘤及白血病，青少年多患肉瘤，中、老年人多患癌。

2. 性别 男性多患肺癌、胃癌，女性多患乳腺癌、宫颈癌及甲状腺肿瘤。

3. 职业 某些职业会接触致肿瘤因子，也与肿瘤的发病有关。

4. 种族和地理因素 不同种族和地区肿瘤的发生率有差别。如我国广东省以鼻咽癌常见，河南林县为食道癌高发区。

5. 病程 良性肿瘤病程长，当伴有感染出血时突然增大，如恶变可迅速增长；恶性肿瘤一般生长迅速，常有转移或复发。

6. 既往史 如鼻咽癌与EB病毒感染有关，乙型及丙型肝炎与肝癌有关。

7. 个人史 如嗜烟者易患肺癌，长期大量饮酒与肝癌有关。

8. 家族史 神经纤维瘤病、大肠癌、胃癌、食管癌、乳腺癌等，有明显的家族多发史或遗传史。

（二）体检

若发现肿块，必须确定其部位、形态、硬度、表面是否光滑、与周围组织关系，以及区域淋巴结情况。根据肿大淋巴结的部位推断肿瘤的原发器官。全身情况注意有无恶病质，如乏力、消瘦、贫血、低热等。

（三）实验室检查

1. 常规检查 三大常规（血、尿及粪便常规）检查。胃肠道肿瘤患者可伴贫血及粪便隐血；白血病患者血象改变明显；持续血尿结合有关病史有助于诊断泌尿系统肿瘤；恶性肿瘤患者常可伴血沉加快。常规检查的异常发现可为诊断提供有价值的线索。

2. 肿瘤标记物 肿瘤细胞产生和释放的某种物质，常以抗原、酶、激素等代谢产物的形式存在于肿瘤细胞内或宿主体液中，根据其生化或免疫特性可以识别或诊断肿瘤。包括肿瘤细胞的产物、宿主反应产物、肿瘤细胞表面抗原以及异常染色体等。大多数肿瘤标记物因其特异性较差，可作为辅助诊断，对疗效判定和随访具有一定的价值。甲胎蛋白（AFP）对原发性肝癌诊断特异性较高。癌胚抗原（CEA）在有些肿瘤和疾病中均有升高，特异性不强，其动态监测对结肠癌疗效判断有参考价值。

（四）影像学检查

采用X线、超声波、各种造影、核素、X线计算机断层扫描、磁共振等影像学方法，可显示有无肿块及肿块的部位、形态质地，以推断有无肿瘤及其性质。

1. X线检查 恶性肿瘤术前常规胸透，确定有无肺转移；X线平片对骨肿瘤、胸部肿瘤诊断不可缺少；胃肠道肿瘤以钡餐或钡灌肠，尤以气钡双重造影的诊断价值较大；胆道、泌尿系统、颅内肿瘤常需造影检查；硒静电X线（干板摄影）或钼靶X线球管摄影可检出软组织肿瘤和乳腺癌。

2. 超声波显像 为安全、方便、无损伤且重复性强的检查方法。目前临床广泛用于消化系统、泌尿生殖系统及内分泌腺体等的检查，对判断囊性与实质性肿块有很大的价值。

3. X线电子计算机断层扫描（CT） 在颅脑、胸、腹等横断面影像上，能清楚显示实质性器官肿块的位置及范围。对空腔器官肿瘤诊断帮助不大。

4. 磁共振成像（MRI） 用于脑、肝、胰、肾及软组织肿瘤的诊断。

5. 放射性核素显像 当放射性同位素进入人体后，通过扫描或γ照相机追踪其分布以成像。若肿瘤吸收亲瘤的阳性扫描剂，其部位密度增高，呈热区图像；肿瘤不吸收亲组织的阴性扫描剂，其部位密度降低，呈冷区图像。如 ^{99m}Tc、^{131}I 等。

6. 选择性动脉造影 将特制导管插入股动脉或颈动脉，在荧光屏监视下将其引入所要显影的血管，并经导管注入造影剂，然后连续高速摄片，可显示血管丰富的微小肿瘤。近来数字减影血管造影（DSA）利用数字电子学、计算机和血管造影技术，可经静脉注射造影剂，从而明显减少损伤，并使其成像质量更好，已广泛用于头颈部、内脏血管、心脏大血管及某些肢体血管的检查。

（五）内镜检查

能直视观察空腔器官、胸、腹腔以及纵隔的肿瘤或其他病变，并可录相和取材活检，较常用的有食管镜、胃镜、胆道镜、结肠镜、腹腔镜、纵隔镜、支气管镜、膀胱镜、关节镜、阴道镜和子宫镜等，分硬管（金属）和软管（纤维光导）两类。

（六）病理检查

1. 细胞学检查 取胃液、痰、尿、胸腔积液、腹水等经离心沉淀，或细针穿刺涂片，以及鼻咽、食管、直肠肿块的刮出物做涂片检查癌细胞。

2. 活体组织检查 常用穿刺抽吸标本、内镜钳夹标本、手术切取的肿瘤送检，可做快速冰冻切片或印片检查，而石蜡切片检查最为准确。

六、肿瘤分期

对恶性肿瘤进行临床分期有助于制订合理的治疗方案，正确评价治疗效果和判断预后，国际抗癌联盟推出了TNM分期法。T代表原发肿瘤，N代表淋巴结，M代表远处转移。再根据肿块大小和浸润程度，在字母后标以数字0～4，表示肿瘤的发展程度；0代表无，1代表小，4代表大。有远处转移为 M_1；无远处转移为 M_0。当无法判断肿瘤体积时用 T_X 表示。

七、治疗

良性肿瘤如部位重要，易恶变或近期内生长较快、出现症状者，原则上应及早连同包膜将肿块完整切除，送病理检查；若肿瘤较小，部位不重要，生长缓慢，毫无症状者，可暂不手术，但需定期检查。临界肿瘤必须尽早彻底切除，否则受激惹极易恶变或复发。恶性肿瘤为全身性疾病，常伴浸润与转移。应从提高机体抗癌能力和消除肿瘤两方面着手，采用心理、手术、化疗、放疗、免疫、中草药、全身支持及对症处理等综合疗法。患者的精神状态对疗效有显著的影响。

> **要点提示**：良性肿瘤及临界性肿瘤以手术切除为主。

（一）手术疗法

目前，手术切除恶性肿瘤仍然是最有效的治疗方法，首选局部治疗措施。

1. 根治手术 包括彻底切除肿瘤、充分清扫转移的区域淋巴结，尽量杀灭术野残留的肿瘤细胞3个环节。若能适当缩小切除范围，称改良根治术；必要时应当扩大切除范围，称超根治术。为防止不规范操作激惹导致医源性播散，要求尽早结扎与肿瘤相通的血管、自边缘健康组织整块切除肿瘤及区域淋巴结，避免切入或过多挤压肿瘤。术中若做活检，需更换手套、器械及手术野消毒巾，术毕用无渗液（蒸馏水）或抗肿瘤药液冲洗、完全杀灭脱落的瘤细胞等。切线与肿瘤边缘的距离，通常癌为 5～7 cm，软组织肉瘤为 3～5 cm，骨肉瘤宜高位截肢或高位关节离断，肉瘤很少经淋巴转移，一般不做区域淋巴清扫。

2．对症手术或姑息手术 恶性肿瘤晚期或患者全身情况不允许根治时采用此法，以解除或减轻症状，维持营养，延长寿命，并为其他疗法创造条件，例如晚期胃癌伴幽门梗阻者行胃空肠吻合术，大肠癌伴肠梗阻行肠造口术。

3．其他 目前临床上尚有用无水酒精瘤内注射、激光、超声（已成功用于脑瘤切除）、电灼或冷冻疗法治疗某些浅表或深在肿瘤，方法简便、安全、有效、出血少，其使肿瘤组织坏死的作用与手术切除近似。

（二）化学疗法

肿瘤化疗发展迅速，目前已能使部分绒毛膜癌、白血病等患者获得临床治愈。近年来临床上针对某些中期肿瘤患者采用新辅助化疗，即在实施局部治疗方法（如手术或放疗）前先做全身化疗，目的是使肿块缩小、及早杀灭看不见的转移细胞，以利于后续的手术、放疗等治疗。卵巢癌、骨及软组织肉瘤、直肠癌、膀胱癌、乳腺癌和非小细胞肺癌等都有成功的病例。目前临床所用化疗药物尚缺乏选择特异性，在杀伤肿瘤细胞的同时，也可杀伤体内增殖较快的正常细胞，可抑制骨髓功能，当 WBC＜3×10^9/L 或 PLT＜100×10^9/L 时应暂时停药。药物还可导致脱发、消化道反应，如口腔溃疡、食欲严重减退、恶心、呕吐、腹痛、腹泻，因免疫力降低易并发感染，或引起药物性肝、肾、脑损害。

临床上较常用的抗恶性肿瘤药物如下。

1．细胞毒素类药物 烷化剂类，作用于 DNA 和 RNA、酶、蛋白质，干扰细胞增殖，致细胞死亡。以环磷酰胺、噻替哌较为常用。

2．抗代谢类 因其化学结构与正常新陈代谢物质相似，可封闭某些重要的酶系，阻断 DNA 和蛋白质合成。如氟脲嘧啶、甲氨蝶呤、替加氟等。

3．抗生素类 主要从放射菌族中提炼而得，通过干扰细胞代谢，抑制或破坏肿瘤细胞。如放线菌素 D、丝裂毒素、阿霉素、博来霉素等。

4．植物药类 有效成分为生物碱，可抑制细胞的有丝分裂，如长春新碱等。

5．激素类 人为地扰乱原来适宜肿瘤细胞增殖的内环境，抑制肿瘤细胞的分裂。包括他莫昔芬、已烯雌酚、黄体酮、丙酸睾丸素、甲状腺素、氢化可的松、氟美松等。

6．其他类 如顺氯氨铂（DDP）、L-门冬酰胺酶、甲基苄肼等。

（三）放射疗法

放射线能抑制、破坏增殖迅速的肿瘤细胞，临床所用的放射源以同位素、X 线治疗机、粒子加速器（产生高能电子、质子或中子束）为主，方法有外照射和内照射两类。外照射是射线源从体外进行照射，射线穿过体表，进入人体内部，最终照射到肿瘤上，将肿瘤消灭。而将射线源直接放入到体内，从肿瘤内部进行照射，称作内照射，如前列腺癌时在患者体内植入放射性碘粒子。

（四）生物治疗

1．免疫疗法 刺激宿主的免疫机制，调节人体的防御功能，提高抗癌能力。其中，非特异性免疫指接种卡介苗、麻疹疫苗等，使用左旋咪唑、干扰素、白细胞介素等；特异性免疫指接种自身或异体瘤苗，使用单克隆抗体在此抗体上耦联抗癌药物，定向攻击肿瘤。

2．基因疗法 借助基因工程技术，将新的基因物质转染（植入）到细胞内，抑制或杀伤肿瘤细胞。

(五)中医中药疗法

针对不同病患,通过辨证论治,可改善机体全身情况,缓解临床症状,提高免疫能力。在手术后以及放化疗治疗中,配合服用补阳益气、生津养血之剂,如四君子汤加黄芪、陈皮、麦芽、菟丝子,能增进食欲,减少副作用,巩固疗效。莪术、猪苓、三尖杉等中草药,尚含有抗瘤有效成分。

自测题

扫码测验

第二节 甲状腺癌

案例导入

患者,女,51岁。因发现左颈部肿物进行性增大6个月就诊。近2周来肿块增大明显,约6.0 cm×5.0 cm大小,并出现吞咽、发声困难。体检:心率75次/分,血压110/80 mmHg,肿块边界不清楚,表面欠光滑,质硬,移动性差,但可随吞咽上下移动,无压痛,同侧颈部可摸到1.5 cm×1.5 cm质硬的淋巴结。

问题与思考:
1. 最可能的诊断是什么?
2. 还需要做哪些检查以进一步明确诊断?
3. 该患者最有可能是哪一种病理类型?

甲状腺癌(thyroid carcinoma)是常见的甲状腺恶性肿瘤,约占全身恶性肿瘤的1%,绝大多数甲状腺癌的发生起源于滤泡上皮细胞。近年来,本病发病率逐年升高,女性明显高于男性。甲状腺癌包括乳头状癌、滤泡状癌、未分化癌和髓样癌4种病理类型,其中以恶性度较低、预后较好的乳头状癌最常见。发病率与地区、种族、性别有一定关系。女性发病较多,男女发病比例为1:(2~4)。任何年龄均可发病,但以青壮年多见。绝大多数甲状腺癌发生于一侧甲状腺腺叶,常为单个肿瘤。多数甲状腺癌患者预后较好,可长期生存。

一、病因

甲状腺癌的确切病因还不能完全确定,目前认为可能与癌基因、生长因子、碘摄入情况、电离辐射、性别、遗传等因素的影响有关。

二、病理分型

1. 乳头状腺癌 最常见,多发生于年轻女性,恶性程度低,约占所有甲状腺癌的60%。颈淋巴结转移多见,但预后较好。

> **要点提示**：甲状腺癌最常见的病理类型是乳头状腺癌。

2. 滤泡状腺癌 可以发生在任何年龄，多见于中年女性，约占甲状腺癌的 20%，中度恶性，生长较快，易侵犯血管，可经血运转移到肺、肝、骨、脑等器官，预后较乳头状腺癌欠佳。

3. 未分化癌 多见于 65 岁以上患者，约占甲状腺癌的 15%，生长迅速，早期即可发生颈淋巴结转移，侵犯气管、喉返神经、食管以及经血运向肺、骨等转移，预后差。

4. 髓样癌 来自滤泡旁细胞，仅占甲状腺癌的 5%，可分泌大量降钙素和 5-羟色胺，可出现类癌综合征，有明显的家族史，属中度恶性，早期可转移到颈淋巴结或经血运到肺。预后较乳头状腺癌差，但较未分化癌好。

三、临床表现

早期无不适，仅可偶然发现甲状腺内肿块，质硬、表面不光滑、生长较快。未分化癌还有增长迅速、侵犯周围组织的特性，故临床发现患者肿块固定且吞咽时移动范围小应考虑本型。晚期有声嘶、呼吸及吞咽困难、Horner 综合征。侵犯颈丛神经出现耳、枕、肩等处疼痛。局部淋巴结及远处脏器转移出现相应表现。颈淋巴结转移在未分化癌发生较早。有的患者甲状腺肿块不明显，因发现转移灶而就医时应想到甲状腺癌的可能。髓样癌常有家族史，应排除 II 型多发性内分泌腺瘤综合征的可能。髓样癌因肿瘤产生 5-羟色胺和降钙素，患者会出现腹泻、心悸、颜面潮红、手足抽搐等。

知识链接

类癌综合征

类癌综合征是最常见的神经内分泌肿瘤异位激素综合征，是由高分化神经内分泌肿瘤产生的活性物质，如 5-羟色胺、组胺、激肽释放酶、缓激肽和前列腺素等引起的皮肤潮红、腹泻、头晕和心脏病变等临床综合征。

四、实验室检查

（一）实验室常规检查

甲状腺癌实验室常规检查的目的是了解患者的一般状况以及是否适于采取相应的治疗措施，包括血常规、肝肾功能等其他必要的实验室检查。如需进行有创检查或手术治疗，还需进行凝血功能等检查。甲状腺癌患者通常可伴有钙、磷和镁等离子的代谢异常，血清钙、磷、镁水平的测定，有助于甲状腺功能的评估。

（二）甲状腺激素、甲状腺自身抗体及肿瘤标志物检查

1. 甲状腺激素检测 包括血液中四碘甲腺原氨酸（T_4）、三碘甲腺原氨酸（T_3）以及促甲状腺生成素（TSH）的测定。TSH 检测是明确甲状腺功能的重要初筛指标，也是判断甲状腺结节良恶性的重要指标之一。

2. 甲状腺自身抗体检测 自身免疫性甲状腺疾病相关的自身抗体主要有抗甲状腺球蛋白抗体（TgAb）、甲状腺过氧化物酶抗体（TPOAb）和 TSH 受体抗体（TRAb）。TPOAb 可协助诊断甲状腺髓样癌。

3. 甲状腺癌肿瘤标志物检测 包括甲状腺球蛋白（Tg）、降钙素（Ct）和癌胚抗原（CEA）。

Tg 是甲状腺产生的特异性蛋白,但血清 Tg 测定对甲状腺疾病病因诊断缺乏特异性价值。因此,临床上一般不将血清 Tg 测定用于甲状腺癌的术前诊断,但可用于监测术后瘤体残留、复发和转移。

4. 分子标记物检测 如经过穿刺活检仍不能确定良恶性的甲状腺结节,可对穿刺标本进行某些甲状腺癌的分子标记物检测,如 BRAF 突变、Ras 突变、RET/PTC 重排等,有助于提高确诊率。检测术前穿刺标本的 BRAF 突变状况,还有助于甲状腺乳头状癌的诊断和临床预后预测,便于制订个体化的诊治方案。

五、影像学检查

(一) X 线检查

颈部 X 线摄片可观察有无胸骨后扩展、气管受压或钙化等情况。

(二) 超声检查

超声检查操作简便、无创而廉价,高分辨率超声可检出甲状腺内直径 > 2 mm 的微小结节,清晰地显示其边界、形态及内部结构等信息,是甲状腺最常用且首选的影像学检查方法,推荐所有经临床触诊或机会性筛查等方式发现甲状腺结节的患者均进行高分辨率颈部超声检查。颈部超声检查可证实甲状腺结节存在与否,并可确定甲状腺结节的大小、数量、位置、囊实性、形状、边界、钙化、血供及与周围组织的关系,同时评估颈部有无异常淋巴结及其部位、大小、形态、血流和结构特点等。

(三) 计算机断层扫描术 (CT)

CT 检查可明确显示病变范围,尤其对扩展的病变范围以及与邻近重要器官及大血管的关系,对术前制订手术方案及预测手术中可能发生的损伤有重要意义,必要时可行强化 CT。胸部强化 CT 还可早期发现有无肺转移。

(四) 放射性核素显像

甲状腺核素扫描,尤其是甲状腺功能成像,对于鉴别甲状腺良、恶性肿瘤有一定的帮助。甲状腺癌同位素扫描均为冷结节。必要时行全身骨扫描,可发现是否已经存在骨转移。

(五) 细针穿刺活检

在超声的引导下,利用细针对甲状腺结节进行穿刺,获取结节组织细胞,通过细胞学诊断对目标病灶性质进行判断。

(六) 术中冰冻切片检查

术中冰冻切片检查相比于其他病理检查,其特点是及时、快速。一般在拿到标本后的半个小时内就能给出诊断结果。所有实施手术的甲状腺实性结节,均应于术中行此检查。但术中冰冻切片检查也有其局限性,不能替代永久性石蜡切片。

六、治疗

(一) 治疗原则

除未分化甲状腺癌,其他各型都应以外科手术治疗为主。术后选择内分泌治疗、放射性核素治疗,某些情况下需辅以放射治疗、靶向治疗。

(二) 治疗方法

1. 手术治疗 对于乳头状癌和髓样癌,若肿瘤局限于一侧腺体,应行患侧腺叶加峡部切除术。双侧腺叶受累或有多发病灶,施行全甲状腺切除术,术中要注意对甲状旁腺的保护。有淋巴结转移,再加患侧淋巴结清扫。癌变位于峡部,一般主张行扩大的甲状腺峡部切除术加气管前淋巴结清扫术。滤泡状癌虽已有骨、肺转移,若全身及局部情况允许,仍可行甲状腺全切,术后加用放射性碘治疗。

2．内分泌治疗　甲状腺癌患者行甲状腺次全切或全切除者应终身服用甲状腺素片，以防甲状腺功能减退和抑制促甲状腺激素。乳头状腺癌和滤泡状腺癌均有促甲状腺激素受体，促甲状腺激素通过其受体能影响甲状腺癌的生长。可口服左甲状腺素片，每日 100 μg，并定期测定血浆 T_4 和促甲状腺激素，以调整用药剂量。一般剂量掌握在保持促甲状腺激素在低水平、但不引起甲亢为宜。

3．放射性核素治疗　术后 ^{131}I 治疗适用于 45 岁以上乳头状腺癌和滤泡状腺癌、多发性癌灶、局部侵袭性肿瘤及存在远处转移者。

4．放射外照射治疗　主要用于未分化型甲状腺癌。

> 要点提示：未分化型甲状腺癌适合外放射治疗。

自测题

扫码测验

第三节　肺　癌

> **案例导入**
>
> 患者，男，52 岁，某公司职员。颈、腰椎等部位疼痛 2 个月余。2 个月前，发现颈、腰部酸胀疼痛，临床考虑为慢性腰肌劳损，服止痛药物可缓解。之后，疼痛逐渐加剧，经服药、按摩稍可缓解。在治疗过程中，患者出现咳嗽、咯出血丝。患者既往体健，嗜烟、酒。X 线检查发现：颈部及腰部椎骨有骨质破坏；左肺门处见 5 cm×5 cm 的占位性病变。
>
> 问题与思考：
> 1. 该患者可能的诊断是什么？
> 2. 颈、腰椎骨的病变性质如何？

肺癌（lung cancer）发生于支气管黏膜上皮，亦称支气管肺癌，占肺实质恶性肿瘤的 90%～95%。本病多在 40 岁以后发病，发病年龄高峰在 60～79 岁，男女患病率为 2.3∶1。肺癌目前是全世界癌症死因的第一名，而女性罹患肺癌的概率有上升的趋势。种族、家族史与吸烟对肺癌的发病均有影响。

一、病因

肺癌的病因至今尚不完全明确，大量资料表明与下列因素有关。

（一）吸烟

吸烟是最重要的致病因素，开始吸烟年龄越早、吸烟年限越长、吸烟量越大，越易导致本病。被动吸烟、环境吸烟也是致病因素。

(二）化学和放射性物质

职业接触的砷、镉、铬、镍、石棉、煤炼焦过程、氡、电离辐射等，这些物质均有致癌作用。大气污染、烹饪油烟、饮食因素等也是致病因素。

(三）肺部慢性疾病

如肺结核、硅肺、尘肺等可与肺癌并存，这些疾病患者的肺癌发病率高于正常人。此外，肺支气管慢性炎症以及肺纤维瘢痕病变在愈合过程中可能产生鳞状上皮化生或增生，在此基础上部分病例可发展成为癌肿。

(四）人体内在因素

家族遗传、免疫功能降低、代谢活动、内分泌功能失调以及基因变异（如 $p53$、$nm23-H$、$egfr$、ras 等基因突变及表达的变化）等，可能对肺癌的发生产生影响。

二、病理

(一）病理分类

1. 鳞状细胞癌（鳞癌） 肺癌中最常见的类型。与吸烟关系密切，多见于 50 岁以上男性。常为中心型肺癌，生长速度较缓慢，病程较长，一般向肺门淋巴转移，血行转移发生较晚。对放、化疗较敏感，预后较好。

2. 腺癌 以年龄偏小的女性相对多见，近年来发病率上升明显。发病年龄普遍低于鳞癌和小细胞肺癌，多为周围型，一般生长缓慢，对放、化疗不敏感，有时早期即发生血行转移，淋巴转移较晚。

3. 小细胞癌（小细胞未分化癌） 与吸烟关系密切，发病率比鳞癌低。多见于 40 岁左右的男性，以中央型肺癌多见。小细胞癌为神经内分泌起源，细胞形态小而呈梭形，与小淋巴细胞相似，形似燕麦穗粒，故又称燕麦细胞癌。其生长快，恶性程度高，早期可出现淋巴和血行转移。对放疗和化疗虽较敏感，但可迅速耐药，预后差。

4. 大细胞癌（大细胞未分化癌） 相对罕见，与吸烟有关。常起源于大支气管，周围型肺癌多见，分化低，多在脑转移后发现，预后很差。

极少数患者，鳞癌与腺癌等夹杂存在，称混合性肺癌。

(二）分布

肺癌的分布以右肺多于左肺，上叶多于下叶，从主支气管到细支气管均可发生。起源于主支气管肺叶支气管的肺癌位置靠近肺门者，称为中央型肺癌；起源于肺段支气管以下的肺癌位置在肺的周围部分者，称为周围性肺癌。

三、临床表现

(一）早期症状

肺癌在早期无明显症状，仅为一般呼吸系统疾病所共有的症状，如咳嗽、痰血、低热、胸痛、胸闷等，很容易被忽略。

肺癌早期常见症状的具体表现如下。

1. 咳嗽 癌肿因生长在支气管肺组织上，通常会因产生呼吸道刺激症状而发生刺激性咳嗽。

2. 低热 肿瘤堵住支气管后往往有阻塞性肺炎存在，程度不一，轻者仅有低热，重者则有高热，用药后可暂时好转，但很快又会复发。

3. 胸部胀痛 肺癌早期胸痛较轻，主要表现为闷痛、隐痛、部位不定，与呼吸的关系也不确定。如胀痛持续发生，则说明癌症有累及胸膜的可能。

4. 血痰 肿瘤炎症致坏死、毛细血管破损时会有少量出血，往往与痰混合在一起，呈间歇或断续出现。很多肺癌患者就是因血痰而就诊的。

（二）晚期症状

主要表现为浸润、压迫和转移症状。压迫上腔静脉，引起上腔静脉压迫综合征，即头面部水肿；压迫或侵犯膈神经，引起同侧膈神经、膈肌麻痹，呼吸急促；侵犯或压迫喉返神经，引起声带麻痹、声音嘶哑；侵犯胸膜，引起胸痛及血性胸腔积液；侵犯纵隔压迫食管，引起吞咽困难；若癌肿位于肺上叶顶部，可压迫胸廓上口的第1肋、锁骨下动静脉、臂丛神经、颈交感神经节等，导致剧烈胸痛、患侧上肢冷麻肿痛、运动障碍，同侧上眼睑下垂、瞳孔缩小、眼球内陷、面部无汗等颈交感神经综合征（Horner征）；出现肿瘤远处转移到脑、骨、肝、淋巴结的表现。

（三）副瘤综合征

少数肺癌患者由于肿瘤产生内分泌物质，临床出现非转移性的全身症状，如骨关节病综合征（杵状指、骨关节痛、骨膜增生等）、库欣综合征、重症肌无力、男性乳房增大、多发性肌肉神经痛等，这些症状在切除瘤体后可消失。

四、辅助检查

（一）实验室检查

1. 痰细胞学检查 痰细胞学检查是肺癌普查和诊断的一种简便而有效的方法。原发性肺癌患者多数在痰液中可找到脱落的癌细胞。中央型肺癌痰细胞学检查的阳性率可达70%~90%，周围型肺癌痰检的阳性率则仅约50%。痰液中未找到癌细胞不能排除肺癌的可能性。临床上对肺癌可能性较大者，应连续数日重复送痰液进行检查。痰细胞学检查尚可明确肺癌的病理类型。

2. 胸腔积液检查 抽取胸腔积液经离心处理后，取其沉淀做涂片检查，寻找癌细胞。

3. 常规化验检查 对肺癌诊断意义不大，主要是例行术前常规检查，如血常规、尿常规、血清电解质、血糖、肝肾功能等。

（二）影像学检查

1. 胸部X线检查 肺癌普查的重要手段，但其敏感性低，一旦怀疑肺癌，应行CT检查。周围型肺癌可见肺内阴影，其轮廓不规则，常有小分叶或切迹，边缘模糊，可见毛刺；中央型肺癌多表现为肺门增大、肺不张、肺内液平、空洞等，但不具有特异性。

2. CT检查 目前诊断肺癌的最重要手段，能显示1 cm以上甚至更小的病灶。CT不仅能显示肿块的位置、大小、形态，还可了解侵犯程度和淋巴结情况等，尤其是增强CT已成为术前必不可少的检查。

3. 放射性核素检查正电子发射断层扫描（PET） 肺癌定性诊断最好的无创检查，还能全面了解转移情况，有助于准确判断临床分期，但因其价格昂贵，尚未在临床广泛开展。

（三）纤维支气管镜检查

纤维支气管镜检查对中央型肺癌诊断率较高，可直接观察到癌肿，还可活检行病理检查，明确诊断和判定组织学类型。

（四）经胸壁穿刺肺活组织检查

适用于靠近胸壁较大的周围型肺癌，在X线透视定位下穿刺取组织做病理检查，其阳性率较高。但易引起气胸、血胸、感染等并发症。

（五）转移病灶活组织检查

对已有表浅淋巴结或皮下转移结节的病例，可切除病灶活检，明确诊断。

（六）剖胸探查或腔镜检查

经多方检查仍然不能明确诊断的，可开胸或用胸腔镜探查，还可行纵隔镜取纵隔肿块或淋巴结活检。

五、肺癌的治疗

肺癌的治疗应明确其病理类型、临床分期，对患者整体状态进行全面评估，选择多种方法综合治疗与个体化治疗相结合的原则，以减轻患者症状，改善其生存质量，延长生存期。小细胞肺癌较早发生转移，主要依赖化疗或放疗；非小细胞肺癌常为局限性病变，多进行外科手术，联合放化疗。

（一）外科治疗

虽然部分肺癌患者在确诊时已失去手术机会，但手术治疗仍然是肺癌最重要和最有效的治疗手段。依据不同期别和病理组织类型酌加放射治疗、化学治疗和免疫治疗的综合治疗。若患者无远处转移，癌组织未向胸内邻近脏器或组织侵犯扩散，无严重心肺功能低下或近期内心绞痛发作者，无重症肝肾疾患及严重糖尿病者，可行外科手术治疗。

1. 局部切除术 指楔形肿块切除和肺段切除，即对于体积很小的原发癌，年老体弱、肺功能差或癌分化好、恶性度较低者均可考虑行肺局部切除术。

2. 肺叶切除术 对于孤立性周围型肺癌、局限于一个肺叶内无明显淋巴结肿大者可行肺叶切除术。若癌肿累及两叶或中间支气管，可行上中叶或下中叶两叶肺切除。

3. 袖状肺叶切除 这种术式多应用于右肺上中叶肺癌，如癌肿位于叶支气管且累及叶支气管开口者，可行袖状肺叶切除。

4. 全肺切除 凡病变广泛、用上述方法不能切除病灶时，可慎重考虑行全肺切除。

5. 隆突切除和重建术 肿瘤超过主支气管、累及隆突或气管侧壁、但未超过 2 cm 时，可行隆突切除重建术或袖式全肺切除；若可保留一叶肺，则力争保留。术式可根据当时情况而定。

（二）化学治疗

近 20 多年来，肿瘤化疗发展迅速、应用广泛。化疗是小细胞肺癌的首选治疗，其疗效无论对于早期还是晚期小细胞肺癌都较肯定，甚至有根治的少数报告。对非小细胞肺癌也有一定疗效，但仅为姑息治疗，作用有待进一步提高。近年化疗在肺癌中的作用已不再限于不能手术的晚期肺癌患者，而常作为全身治疗方式列入肺癌的综合治疗方案。常用药物有丝裂霉素、长春新碱、顺铂、多柔比星等。

> **要点提示：** 化疗是小细胞肺癌的首选治疗。

（三）放射治疗

放疗对小细胞癌疗效最佳，鳞状细胞癌次之，腺癌最差。但小细胞癌容易发生转移，故多采用大面积不规则野照射，照射区应包括原发灶、纵隔双侧锁骨上区，甚至肝、脑等部位，同时要辅以药物治疗。鳞状细胞癌对射线有中等度的敏感性，病变以局部侵犯为主，转移相对较慢，故多用根治治疗。腺癌对射线敏感性差，且容易经血道转移，故较少采用单纯放射治疗。肿瘤对射线的敏感性除受病理类型的影响外，尚受肿瘤的大小、瘤细胞分化程度、瘤体细胞群的构成比例、肿瘤床的情况等多种因素的影响，所以在制订放疗计划前应仔细分析，全面权衡利弊。

（四）其他

还可采用免疫治疗、靶向治疗、中医中药治疗及物理治疗（氩氦冷冻消融技术）等。

> **知识链接**
>
> **氩氦冷冻消融技术**
>
> 氩氦冷冻消融技术又称氩氦超冷刀,是一种肿瘤微创靶向治疗技术,手术时多数采用局部麻醉,在B超、CT、磁共振引导下进行穿刺,实时监测穿刺的全过程。也可在外科手术直视下穿刺或腔镜下穿刺。将氩气刀准确穿刺进入肿瘤体内,首先启动氩气,在15 s内将病变组织冷冻至零下140~170℃。持续15~20 min后,关闭氩气,再启动氦气,急速加热处于超低温状态的病变组织,可使病变组织温度从零下140℃上升至零上20~40℃,从而施行快速热疗。持续3~5 min之后,再重复一次以上治疗。此种冷热逆转疗法,对病变组织的摧毁尤为彻底。其降温及升温的速度、时间和温度,摧毁区域的尺寸与形状,可由B超或CT等实时监测,并由计算机精确设定和控制。更重要的是,由于氩氦刀制冷或加热只局限在刀尖端,刀杆不会对穿刺路径上的组织产生冷热伤害。

自测题

扫码测验

第四节 食 管 癌

> **案例导入**
>
> 患者,男,67岁,已婚,工人。因胸骨后疼痛,进行性吞咽困难,恶心、反胃、呕吐2个月入院。患者近2个月常常进食时有硬噎感而疼痛,后来疼痛加重,痛处不移,胸痛彻背,难以忍受,并且进食困难逐渐加重,伴恶心、反胃,呕吐稀水或吐白色黏痰。上消化道造影回报:食管中段肿物,造影剂通过受阻,黏膜破坏明显,长约8 cm。
>
> 问题与思考:
> 1. 初步诊断什么疾病?
> 2. 为明确诊断,需要进一步做哪些检查?

食管癌(carcinoma of esophagus)是常见的消化道肿瘤,全世界每年约有30万人死于食管癌。其发病率和死亡率各国差异很大。我国是世界上食管癌高发地区之一,平均每年因食管癌病死者约15万人。男性患者多于女性,发病年龄多在40岁以上。食管癌典型的症状为进行性咽下困难,先是难咽干的食物,继而是半流质食物,最后水和唾液也不能咽下。

一、病因

食管癌的人群分布与年龄、性别、职业、种族、地域、生活环境、饮食生活习惯、遗传易感性等有一定关系。已有调查资料显示,食管癌可能是多种因素所致的疾病。已发现的病因如下。

1. 化学病因 亚硝胺类化合物及其前体分布很广，可在体内外形成，致癌性强。在高发区的膳食、饮水、酸菜甚至患者的唾液中，亚硝酸盐含量均远较低发区为高。

2. 生物性病因 在某些高发区的粮食中、食管癌患者的上消化道中或切除的食管癌标本中，均能分离出多种真菌，其中某些真菌有致癌作用。有些真菌能促进亚硝胺及其前体的形成，更促进癌肿的发生。

3. 缺乏某些微量元素 钼、铁、锌、氟、硒等在粮食、蔬菜、饮水中含量偏低。

4. 缺乏维生素 缺乏维生素A、维生素B_{12}、维生素C以及动物蛋白，新鲜蔬菜、水果摄入不足，是食管癌高发区的共同特点。

5. 烟、酒、热食、热饮、口腔不洁等因素 长期饮烈性酒、嗜好吸烟、食物过硬、过热、进食过快，引起慢性刺激、炎症、创伤或口腔不洁、龋齿等均可能与食管癌的发生有关。

6. 食管癌遗传易感因素

二、病理和分型

食管分为颈、胸、腹三部分，胸部食管又分为上、中、下三段。胸中段食管癌较多见，下段次之，上段最少。我国以鳞状上皮癌（鳞癌）为主，占95%以上。胃贲门部腺癌可向上累及食管下段。

按病理形态，临床上食管癌可分为4型。

1. 髓质型 沿管壁各层浸润，明显增厚，并向腔内外扩展。本型临床上最常见，恶性程度高。

2. 蕈伞型 瘤体呈卵圆形扁平肿块状，向腔内突起如蘑菇样。

3. 溃疡型 瘤体的黏膜面呈凹陷而边界清楚的溃疡，中心凹陷，边缘隆起，易出血。溃疡的大小和外形不一，深入肌层，阻塞程度较轻。

4. 缩窄型 瘤体形成明显的环形狭窄，累及食管全部周径，较早出现阻塞症状。

早期病变多局限于黏膜（原位癌），表现为黏膜充血、糜烂、斑块或乳头状，少见肿块。至中、晚期，癌肿长大，逐渐累及食管全部周径，肿块突入腔内，还可穿透食管壁，侵犯纵隔或心包。主要通过淋巴转移，血行转移发生较晚。

三、临床表现

（一）早期

症状常不明显，但在吞咽粗硬食物时可能有不同程度的不适感觉，包括咽下食物哽噎感、胸骨后烧灼样、针刺样或牵拉摩擦样疼痛。食物通过缓慢，并有停滞感或异物感。哽噎停滞感常通过吞咽水后缓解或消失。症状时轻时重，进展缓慢。

（二）中晚期

食管癌典型的症状为进行性吞咽困难，先是难咽干的食物，继而是半流质食物，最后水和唾液也不能咽下。常吐黏液样痰，为下咽的唾液和食管的分泌物。患者逐渐消瘦、脱水、无力。持续胸痛或背痛为晚期症状，提示癌肿已侵犯食管外组织。当癌肿梗阻所引起的炎症水肿暂时消退，或部分癌肿脱落后，梗阻症状可暂时减轻，常误认为病情好转。若癌肿侵犯喉返神经，可出现声音嘶哑；若压迫颈交感神经节，可产生Horner综合征；若侵入气管、支气管，可形成食管、气管或支气管瘘，出现吞咽水或食物时剧烈呛咳，并发生呼吸系统感染。最后出现恶病质状态。若有肝、脑等脏器转移，可出现黄疸、腹腔积液、昏迷等状态。

体格检查时应特别注意锁骨上有无增大淋巴结、肝有无包块及有无腹水、胸腔积液等远处转移体征。

要点提示：食管癌的典型症状是进行性吞咽困难。

四、辅助检查

（一）食管吞钡 X 线检查

对可疑病例，均应做食管吞钡 X 线双重对比造影。早期可见食管黏膜皱襞紊乱、粗糙或有中断现象；小的充盈缺损；局限性管壁僵硬，蠕动中断；小龛影。中、晚期有明显的不规则狭窄和充盈缺损，管壁僵硬。有时狭窄上方口腔侧食管有不同程度的扩张。

（二）食管内镜检查

诊断食管癌最有效的方法。可以直接观察病变的部位、形态及范围，并可钳取瘤体组织行病理学检查。

（三）CT 检查

可判断食管癌的浸润层次及淋巴结转移情况，有助于食管癌的临床分期、确定治疗方案和治疗后随访。

（四）超声检查

超声检查主要用于发现腹部脏器、腹部及颈部淋巴结有无转移。

（五）食管脱落细胞学检查

脱落细胞学检查是我国首创带网气囊食管脱落细胞涂片染色检查，早期阳性率可达 90%，常用于食管癌高发地区无症状人群的普查。

五、鉴别诊断

早期无咽下困难时，应与食管炎、食管憩室和食管静脉曲张相鉴别。已有咽下困难时，应与食管良性肿瘤、贲门失弛缓症和食管良性狭窄相鉴别。鉴别诊断方法主要依靠吞钡 X 线食管摄片和纤维食管镜检查。

六、治疗

治疗方式分手术治疗、放射治疗、化学治疗和综合治疗。两种或以上疗法同时或先后应用称为综合治疗，结果显示综合治疗效果较好。

（一）手术治疗

手术是治疗食管癌的首选方法。若全身情况良好、有较好的心肺功能储备、无明显远处转移征象者，可考虑手术治疗。一般以颈段癌长度 < 3 cm、胸上段癌长度 < 4 cm、胸下段癌长度 < 5 cm 切除的机会较大。然而也有瘤体不太大，但已与主要器官，如主动脉、气管等紧密粘连而不能切除者。对较大的鳞癌估计切除可能性不大而患者全身情况良好者，可先采用术前放疗，待瘤体缩小后再行手术。

手术禁忌证：①全身情况差，已呈恶病质。或有严重心、肺或肝、肾功能不全者；②病变侵犯范围大，已有明显外侵及穿孔征象，例如已出现声音嘶哑或已有食管气管瘘者；③已有远处转移者。

要点提示：食管癌首选治疗方法是外科手术。

（二）放射疗法

1. 放射和手术综合治疗 可增加手术切除率，也能提高远期生存率。术前放疗后，休息 3～4 周再做手术较为合适。在术中切除不完全的残留癌组织处做金属标记，一般在术后 3～6

周开始术后放疗。

2. 单纯放射疗法 多用于颈段、胸骨上段食管癌，这类患者的手术难度常常较大，并发症多，疗效不满意；也可用于有手术禁忌证而病变时间不长、患者尚可耐受放疗者。

（三）化学治疗

采用化疗与手术治疗相结合或与放疗、中医中药相结合的综合治疗，有时可提高疗效，或使食管癌患者症状缓解，存活期延长。但要定期检查血象和肝、肾功能，并注意药物反应。

七、预防

我国在20世纪50年代末就开始了对食管癌防治的研究，在高发区农村建立防治研究点。对高发区人群采取宣教和应用食管细胞学诊断方法开展普查，以求早期发现、早期治疗，提高治愈率。

 自测题

扫码测验

第五节 胃 癌

> **案例导入**
>
> 患者，男，52岁，上腹部隐痛不适2个月。2个月前开始出现上腹部隐痛不适，进食后明显，伴饱胀感，食欲逐渐下降，无明显恶心、呕吐及呕血，当地医院按"胃炎"进行治疗，稍好转。近半月自觉乏力，体重较2个月前下降3 kg。近日粪便色黑。来院就诊，查2次粪便潜血（+），查血 Hb 96 g/L，为进一步诊治收入院。
>
> 既往：吸烟20年，10支／天，其兄死于"消化道肿瘤"。
>
> 查体：一般状况尚可，浅表淋巴结未及肿大，皮肤无黄染，结膜、甲床苍白，心肺未见异常，腹平坦，未见胃肠型及蠕动波，腹软，肝、脾未及，腹部未及包块，剑突下区域深压痛，无肌紧张，移动性浊音（−），肠鸣音正常，直肠指检未及异常。
>
> 辅助检查：上消化道造影示胃窦小弯侧似见约2 cm大小龛影，位于胃轮廓内，周围黏膜僵硬、粗糙。腹部B超检查未见异常，胃肠部分检查不满意。
>
> **问题与思考：**
> 1. 初步诊断和诊断依据是什么？应与哪些疾病相鉴别？
> 2. 为明确诊断，需要进一步做哪些检查？
> 3. 治疗原则是什么？

胃癌（carcinoma of stomach）是消化系统常见的恶性肿瘤之一，发病年龄在50岁以上，男性多见，男女之比为2∶1。

一、病因

胃癌的病因尚未完全清楚，目前认为与下列因素有关。

（一）环境及饮食生活因素

胃癌发病有明显的地域差别，我国较北美、西欧、印度等地区发病率高，我国西北与东部地区胃癌的发病率比南方地区明显为高。而长期食用腌制、熏、烤食品者胃癌的发病率较高，可能与该类食品中亚硝酸盐、真菌毒素、多环芳烃合物等致癌物质或前致癌物质的含量较高有关。食物中缺乏新鲜蔬菜、水果也与发病有一定关系。吸烟可增加胃癌的发病率。

（二）幽门螺杆菌感染

我国胃癌高发区人群幽门螺杆菌（Helicobacter pylori，Hp）感染率在60%以上，低发区的Hp感染率为13%~30%。幽门螺杆菌能使硝酸盐转化为亚硝酸盐及亚硝胺而致癌，同时能引起胃黏膜慢性炎症，并通过黏膜上皮细胞过度增殖导致癌变等。

（三）癌前疾病和癌前病变

癌前疾病是指一些易发生癌变的良性胃疾病，如慢性萎缩性胃炎、胃溃疡、胃息肉、残胃炎等。胃的癌前病变指的是容易发生癌变的病理组织学变化，但其本身尚不具备恶性改变。如胃黏膜上皮细胞的非典型增生就属于癌前病变，可分为轻、中、重度3级，重度异型性增生极易发展成胃癌。

（四）遗传因素

胃癌有明显的家族聚集倾向。有证据表明，胃癌的发生与癌基因明显的过度表达、抑癌基因的丢失和突变及转移相关基因的改变有关。

二、病理

胃癌好发于胃窦幽门部，其次为贲门和胃体小弯侧，很少发生在胃前壁或胃大弯。随着临床上纤维胃镜的广泛使用，结合胃癌的大体形态，目前国内根据胃癌发展所处的阶段，可分为早期胃癌及进展期胃癌。

（一）大体分型

1. 早期胃癌 指病灶局限且深度不超过黏膜下层的胃癌，无论有无局部淋巴结转移。

依据肉眼形态分为3个基本类型与3个亚型：

Ⅰ型：隆起型，癌肿隆起高度＞5 mm，呈息肉状外观。

Ⅱ型：浅表型，比较平坦，不形成隆起或凹陷，分3个亚型：

 Ⅱa：浅表隆起型，癌肿隆起高度≤5 mm。

 Ⅱb：浅表平坦型，与周围黏膜几乎同高。

 Ⅱc：浅表凹陷型，癌灶凹陷深度≤5 mm。

Ⅲ型：凹陷型，癌灶深度＞5 mm，形成溃疡，癌组织不超过黏膜下层。

除基本的三型外，尚有混合型，根据病变类型的主次有Ⅲ＋Ⅱc型、Ⅱc＋Ⅲ型、Ⅱa＋Ⅱc型、Ⅱc＋Ⅱa型等。

早期胃癌多见于胃窦部及胃体部，小弯侧最多，其他部位较少。临床上症状轻微，多与胃炎及溃疡类似，无自觉症状。

2. 进展期胃癌 指胃癌深度超过黏膜下层，已超过肌层者称中期胃癌，侵及浆膜或浆膜外者称晚期胃癌。常有近处癌细胞浸润或远处转移。

进展期胃癌的Borrmann分期：

Ⅰ型：息肉型或蕈伞型，肿瘤呈结节状，向胃腔内隆起生长，边界较清楚，不多见。

Ⅱ型：溃疡局限型，单个或多个溃疡，边缘隆起，形成堤坎状，边界较清楚，常见。

Ⅲ型：溃疡浸润型，结节状的边缘向周围浸润，与正常黏膜无清晰的边界，最常见。

Ⅳ型：弥漫浸润型，癌组织发生于黏膜表层之下，在胃壁向四周弥漫浸润扩散，同时伴有纤维组织增生，少见。因病变可累及胃的一部分或全部，又分为2个亚型：其一为只局限于胃窦及幽门管，导致幽门管变窄；其二为癌组织累及胃的大部或全部至整个胃壁弥漫性增厚，胃壁僵硬，胃腔缩窄，称为"皮革胃"。

（二）组织分型

世界卫生组织将胃癌分为腺癌（包括肠型和弥漫型，胃癌绝大部分属此型）、乳头状腺癌、管状腺癌、黏液腺癌、印戒细胞癌、腺鳞癌、鳞状细胞癌、小细胞癌、未分化癌和其他。

> **要点提示**：胃癌最常见的病理组织类型是腺癌。

（三）转移扩散途径

1. 直接浸润 胃癌的主要扩散方式之一。贲门胃底癌易侵及食管下端，胃窦癌可向十二指肠浸润。胃癌可由原发部位向纵深浸润发展，穿破浆膜后易扩散至大网膜、结肠、肝、脾、胰腺等邻近器官。

2. 淋巴转移 胃癌的主要转移途径，进展期胃癌淋巴转移率高达70%左右，早期胃癌也可有淋巴转移。终末期胃癌可经胸导管向左锁骨上淋巴结转移，或经肝圆韧带转移至脐部。

3. 血行转移 多发生在晚期，癌细胞进入门静脉或体循环向身体其他部位播散，形成转移灶。常见的转移器官有肝、肺、胰、骨骼等处，以肝转移多见。

4. 腹膜种植转移 当胃癌组织浸润至浆膜外后，肿瘤细胞脱落并种植在腹膜和脏器浆膜上，形成转移结节，导致大量癌性腹水。如直肠前凹的转移癌；女性胃癌患者可发生卵巢转移性肿瘤，称为Krukenberg瘤。

> **要点提示**：胃癌最主要的转移途径是经淋巴转移。

三、临床表现

胃癌起病隐匿，早期症状类似溃疡病或慢性胃炎。到出现上腹痛、食欲不振、体重减轻、贫血、腹部肿块、呕吐、进食哽咽感、呕血、柏油便、穿孔等，多已进入中、晚期。若出现左锁骨上淋巴结肿大、腹水、肝大、黄疸、恶病质，表示已有远处转移。上腹痛和体重减轻是进展期胃癌最常见的临床表现。

四、辅助检查

（一）实验室检查

1. 胃液检查 胃酸测定多降低或缺乏；可能查到癌细胞。

2. 粪便潜血 常呈持续性阳性。

3. 肿瘤标志物 CEA、CA199、CA125可在部分患者升高，可作为判断预后和评价治疗效果的指标。

（二）影像学检查

1. 气钡双重造影 该检查简便易行且无痛苦，是目前诊断胃癌的常用方法。肿块型及结节型胃癌显示为突向腔内的充盈缺损；溃疡型胃癌主要表现为胃壁内龛影等；浸润型胃癌可见胃壁僵硬、蠕动波消失等。

2. CT CT检查结合了三维立体影像重建技术，是术前判断胃癌临床分期的首选方法，可评估胃癌病变范围、邻近器官受累、局部淋巴结转移和远处转移，具有较高的临床价值。

3. 超声 主要用于观察胃的邻近脏器受浸润及淋巴结转移情况。

（三）纤维胃镜

纤维胃镜是诊断早期胃癌的有效方法。可直接观察病变的部位和范围，同时可直接钳取病变组织做病理学检查。采用带超声探头的电子胃镜，有助于了解肿瘤浸润深度和周围脏器及淋巴结有无转移。随着胃镜设备的升级换代，在普通胃镜的基础上，内镜科大夫提出了胃镜精查理念，极大地提高了早期胃癌的诊断效果。

> **知识链接**
>
> **胃镜精查**
>
> 简单来说，与普通胃镜检查相比，胃镜精查是在常规胃镜检查发现可疑病灶后，进行放大内镜、染色内镜、电子染色内镜等检查，使病灶观察更细致入微，从而判断是否有癌性病灶，以及癌的浸润范围、浸润深度、分化程度、有无镜下治疗指征。

五、诊断

早期诊断是提高手术根治率和 5 年生存率的关键。凡中年以上患者，既往身体健康，近来消化不良症状较重而顽固，体重下降、贫血较明显，出现上腹疼痛，进食或服药很少缓解，粪便潜血试验持续阳性，均应及早进行纤维胃镜、X 线气钡双重造影、胃液细胞学等检查以明确诊断。有胃癌前期病灶者，更应严格监测。

六、鉴别诊断

（一）胃溃疡

胃溃疡是一种消化系统常见病，占消化道溃疡病的第 2 位，仅次于十二指肠球部溃疡，多发生于胃体小弯和胃窦部。另外，胃溃疡经短期保守治疗可愈合，而溃疡型胃癌在短期治疗后溃疡大小多不变或略增大。

（二）胃炎

X 线钡餐造影表现为黏膜增粗、迂曲，但没有黏膜中断、破坏等改变，胃壁柔软，尽管胃腔可因纤维组织牵拉而变形，但形态可变。

（三）胃淋巴瘤

X 线钡餐造影多表现为黏膜粗大，息肉样或鹅卵石样充盈缺损，病变范围广，胃壁可保持一定的扩张度。CT、MRI 和超声多呈全周性胃壁增厚，常伴有腹腔、腹膜后淋巴结肿大，特别是肾门以下淋巴结肿大。

七、治疗

（一）治疗原则

早期发现、早期诊断和早期治疗是提高胃癌疗效的关键。外科手术是治疗胃癌的主要手段。对中晚期胃癌，可辅以化疗、放疗及免疫治疗等综合治疗。

（二）治疗方法

1. 手术治疗 胃癌的手术治疗可分为根治性手术和姑息性手术。根治性手术是按癌肿部位整块切除胃的全部或大部分组织，包括大、小网膜和区域淋巴结，重建消化道，切除范围距癌肿边缘 5 cm 以上，若癌肿范围较大或已侵及周围脏器，可扩大切除范围。姑息性手术用于癌肿广泛并已经出现转移，通过切除肿瘤解除症状，包括姑息性胃切除术、胃肠吻合、空肠造口术等。

> **要点提示**：胃癌的首选治疗措施是外科手术。

2. 化学治疗 最主要的辅助治疗方法，目的在于杀灭残留的微小癌灶或术中脱落的癌细胞，提高综合治疗效果。常用的胃癌化疗给药途径有口服、静脉、腹膜腔、动脉插管区域灌注给药等。为提高化疗效果、减轻化疗的毒副反应，常选用多种化疗药联合应用。

3. 其他治疗 包括放射治疗、热疗、免疫治疗、中医中药治疗等。目前尚在探索阶段的还有基因治疗，主要有自杀基因疗法和抗血管形成基因疗法。

自测题

扫码测验

第六节　原发性肝癌

案例导入

患者，男，29岁，未婚，工人。因肝区胀痛1个月，伴纳差、乏力1周入院。患者近1月来自觉肝区隐痛，并向右肩放射，畏寒、盗汗。患者自发病后感觉乏力、食欲缺乏，体重减轻2.5 kg。二便正常。患者8年前化验检查发现HBsAg（+），HBeAg（+），抗HBcAb（-）。肝功能多次检查正常，未予特殊治疗。否认肺结核史及血吸虫疫水接触史。体格检查：T 37.6℃，P 91次/分，R 23次/分，BP 125/78 mmHg。发育正常，营养中等。皮肤、巩膜未见黄染，左锁骨上未触及肿大淋巴结。颈部、胸部可见数个蜘蛛痣，肺部无异常。心界不大，心率91次/分，律齐，无杂音。腹平软，右上腹轻压痛，肝肋下6 cm，质硬，表面凹凸不平，有触痛，脾肋下可触及，腹水征（-）。下肢无水肿，膝反射正常。实验室及辅助检查：①血常规：WBC 5.7×10^9/L，N 0.68，L 0.31，Hb 132 g/L，Plt 80×10^9/L；②AFP 500 μg/L（正常值0～20 μg/L）；③尿、粪便常规（-）。

问题与思考：
1. 初步诊断和诊断依据是什么？应与哪些疾病相鉴别？
2. 为明确诊断，需要进一步做哪些检查？
3. 治疗原则是什么？

原发性肝癌（primary liver cancer）系指原发于肝的癌肿，是我国和某些亚非地区常见的癌症，也是目前在我国排名第4位的常见恶性肿瘤及第3位的肿瘤致死病因，严重威胁我国人民的生命和健康。原发性肝癌主要包括肝细胞癌（hepatocellular carcinoma，HCC）、肝内胆管癌（intrahepatic cholangiocarcinoma，ICC）和HCC-ICC混合型3种不同病理类型，三者在发病机制、生物学行为、组织学形态、治疗方法以及预后等方面差异较大，其中肝细胞癌占到 85%～90%以上，因此本节主要讲述原发性肝癌中的肝细胞癌。

肝细胞癌可发生在任何年龄，我国的肝癌发病年龄以 40～50 岁多见，男性多于女性，比例大致为 5∶1。临床上以肝大、肝区疼痛为主要特征，早期症状不明显，绝大部分患者甲胎蛋白（alpha-fetal protein，AFP）测定呈阳性；后期症状明显，以黄疸、腹水为主。

一、病因和发病机制

肝癌的病因迄今尚未完全明确，现代流行病学和实验研究表明是由病毒性肝炎、肝硬化、黄曲霉毒素 B_1、亚硝酸盐以及饮水污染等多因素协同作用的结果。

（一）病毒性肝炎

在我国，许多研究表明肝癌的发生与乙型病毒性肝炎密切相关：①原发性肝癌患者中 1/3 有慢性肝炎病史；②肝癌高发区的 HBsAg 阳性率较低发区高；③免疫组化显示肝癌细胞中存在 HBsAg；④近年来，丙型病毒性肝炎也成为原发性肝癌的重要危险因素。

（二）肝硬化

手术和病理检查证实 80% 以上肝癌患者有肝硬化病史，绝大多数为乙型病毒性肝炎后的大结节性肝硬化。肝细胞受损后引起再生或不典型增生，最终出现肝细胞恶变。一般认为血吸虫病性肝纤维化、胆汁性和淤血性肝硬化与原发性肝癌的关系不大。在欧美国家，肝癌常发生在酒精性肝硬化的基础上。

（三）黄曲霉毒素

动物实验证实，黄曲霉毒素 B_1（AFB_1）可诱发动物发生肝癌。流行病学调查表明，长期进食被黄曲霉毒素污染的霉变食物（如玉米、花生等）与肝癌的发生密切相关。提示黄曲霉毒素可能是某些地区肝癌高发的因素，AFB_1 与 HBV 感染有协同作用。

（四）其他

饮水污染、一些化学物质如亚硝胺类、偶氮芥类、有机氯农药等均是可疑的致癌物质。肝小胆管中的华支睾吸虫感染可刺激胆管上皮增生，为导致原发性胆管细胞癌的原因之一，其他如嗜酒、硒缺乏和遗传易感性等也是重要的危险因素。

二、病理

（一）根据病理形态分类

肝癌根据病理形态分为块状型、结节型、弥漫型和小肝癌等类型（图 18-1）。

1. 块状型 最多见，癌块直径 5 cm 以上，超过 10 cm 者为巨块型，多为单个肿块，呈膨胀性生长，此型癌组织易发生缺血、坏死，引起肝破裂。

2. 结节型 为大小、数目不等的多个癌结节，一般癌结节直径不超过 5 cm，常散布于肝右叶，与四周分界不清，此型常伴有肝硬化。

3. 弥漫型 最少见，癌结节如米粒至黄豆大小弥漫于整个肝，肉眼观不易与肝硬化区别。

4. 小肝癌 单个或数个直径小于 3 cm 的癌结节称为小肝癌，无明显临床症状和体征，但血清 AFP 阳性，癌肿切除后 AFP 可恢复正常。

（二）根据组织学类型分类

根据组织学类型分为肝细胞型、胆管细胞型和肝细胞与胆管细胞混合型 3 类。

1. 肝细胞型 最多见，癌细胞由肝细胞发展而来，占肝癌病例的 90% 以上。

2. 胆管细胞型 少见，癌细胞由胆管上皮细胞发展而来。

3. 混合型 最少见，上述两型同时存在。

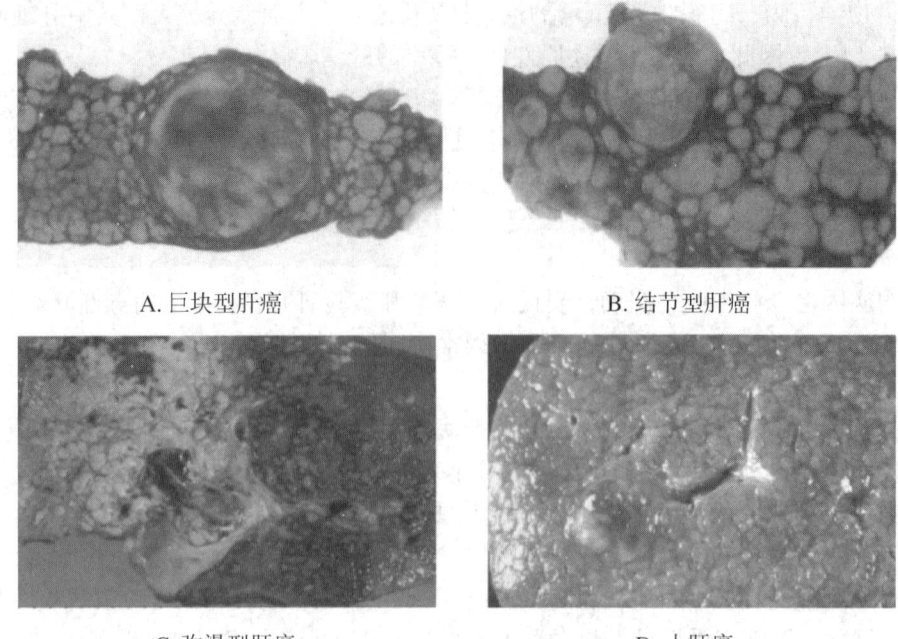

图 18-1　肝癌分型

三、临床表现

肝癌起病隐匿，早期症状、体征多不明显，多在普查或肝病随访时通过 AFP 测定和 B 超等影像学检查而偶然发现。一旦因出现症状而就诊者，大多已属中、晚期，常于 4～6 个月内死亡。

1. 肝区疼痛　本病最主要的症状，见于 50% 以上的患者，多呈持续性钝痛、胀痛，是由于癌肿生长迅速，肝包膜被牵拉所致。癌肿侵犯膈肌时，可出现右肩或右背部放射痛。肝表面癌结节破裂，可引起腹腔内出血，右上腹剧痛和压痛。坏死组织和血液流入腹腔，出现腹膜刺激征等急腹症及失血性休克表现。

2. 肝大　肝呈进行性肿大，质地硬，表面凹凸不平，可触及大小不等的结节，边缘不规则，伴有不同程度的压痛。当癌肿突出于右肋弓下或剑突下时，上腹可呈局限性隆起。

3. 黄疸　晚期主要体征之一，因癌肿广泛侵犯肝细胞、损害肝功能而引起，也可因癌肿侵犯肝内胆管或肝门淋巴结、压迫胆管致梗阻性黄疸所致。

4. 肝硬化征象　肝癌伴有肝硬化者有脾大、腹水等体征，因肝功能受损，可以出现蜘蛛痣、出血倾向等表现。肝癌患者腹水常因癌结节破裂呈血性，短时间内可迅速增多。

5. 恶性肿瘤的全身表现　出现进行性消瘦、乏力、发热、食欲减退、营养不良和恶病质等表现。少数肝癌患者由于癌肿或癌组织对机体产生的各种影响，出现机体的内分泌、代谢异常，称类癌综合征，以低血糖、红细胞增多症、高血钙和高胆固醇血症等较为常见。

6. 转移灶体征　肿瘤转移到不同脏器会出现相应表现：转移至肺部时可有咳嗽、咯血、呼吸困难等表现；转移至胸膜可出现血性胸腔积液；转移至骨骼或脊柱时，可出现局部压痛或神经压迫症状；转移至颅内时可出现神经定位体征。

四、并发症

并发症常见于晚期肝癌患者。

1. 肝性脑病　终末期并发症，约占肝癌患者死因的 1/3。诱发肝性脑病的原因有高蛋白饮食、上消化道出血、不恰当使用利尿药等。

2. 上消化道出血 约占肝癌死因的15%，肝癌常因合并肝硬化或门静脉内癌栓导致门静脉高压，引起食管胃底静脉曲张破裂出血而出现呕血或黑便，也可因门静脉高压致胃肠黏膜淤血、糜烂，以及合并凝血功能障碍等而出血。

3. 癌结节破裂出血 约10%的患者因癌结节破裂出血。随着癌肿增大、坏死或液化时可自发破裂，或因外力作用导致破裂。如破裂局限于肝包膜下，可出现局部疼痛；如破入腹腔，可引起急性腹膜炎。大量出血可导致出血性休克，严重者可出现死亡。

4. 继发感染 因机体长期消耗，机体免疫力下降易并发各种感染，如肺部感染、肠道感染、真菌感染、败血症等。

五、实验室及其他辅助检查

（一）实验室检查

1. 甲胎蛋白（AFP）测定 诊断原发性肝癌最具特异性、最敏感的血清学检查方法，也是目前为止唯一能够诊断亚临床肝癌的检查方法，已广泛用于肝癌的普查、诊断及疗效判断。肝细胞癌中，AFP测定阳性率为70%～90%。除外妊娠、生殖腺胚胎癌后，动态检测AFP变化情况对肝细胞癌的早期诊断、早期治疗有重要意义。AFP低度升高者，应动态观察，并与肝功能变化对比分析，有助于诊断。约30%的肝癌患者AFP水平正常，检测甲胎蛋白异质体，有助于提高诊断率。诊断原发性肝癌的标准为：① AFP＞400 g/L，持续4周；② AFP由低浓度逐渐升高且不降；③ AFP在200 g/L以上的中等水平持续8周。

> **要点提示**：原发性肝癌最特异的实验室检查是AFP检查，应掌握其诊断标准。

2. α-L-岩藻糖苷酶（fucosidase，AFU） 测定肝细胞癌时血清AFU升高，其灵敏度约达75%，特异性达90%，与AFP联合测定，可提高原发性肝癌的确诊率。

3. γ-谷氨酰转肽酶同工酶Ⅱ（GGTⅡ） 用电泳法，从原发性肝癌患者血清中检出一特异性GGT同工酶（GGTⅡ），对肝癌的诊断具有特异性，其阳性率可达90%以上。因此GGTⅡ可作为一种肝癌标志物，尤其是对AFP测定结果阴性的肝癌患者有较大诊断意义。

4. 其他血清酶及肝癌标志物 包括AFP异质体、异常凝血酶原（abnormal prothrombin，AP）、醛缩酶A（aldolase-A，ALD-A）等，对原发性肝癌，尤其对AFP测定结果为阴性者有辅助诊断意义，但其价值均不如AFP测定。临床上一般联合检测2～3种血清标记物，以提高诊断率。

知识链接

肿瘤标志物

肿瘤标志物是指由肿瘤表面的抗原物质或者肿瘤细胞所分泌的物质，这类物质又是单克隆抗体，又称为糖类抗原，主要包括：CA125主要相关卵巢癌；CA199主要相关胰腺癌、胃癌、结直肠癌；CA153主要相关乳腺癌；CA724主要相关胃癌；CA50主要相关胰腺癌和结、直肠癌等。

（二）影像学诊断

各种影像学检查手段各有特点，应该强调综合应用、优势互补、全面评估。

1. 超声检查 可显示直径在 2 cm 以上的肿瘤，可显示肿瘤所在部位、大小、数量、形状，并与肝囊肿、肝血管瘤相鉴别。结合 AFP 测定，广泛用于肝癌普查和早期诊断。

2. CT 检查 可显示低密度区或边缘模糊、大小不等的多发阴影。使用造影剂后，肝实质与病变部位对比更加明显，可检出直径 2 cm 以下的肿瘤，用于早期诊断。

3. X 线肝血管造影 因癌肿血管较为丰富，选择性腹腔动脉及肝动脉造影能显示直径 1 cm 以上的肿瘤，用于诊断小肝癌及进行手术指导。

4. 磁共振成像 能清晰显示肝癌内部结构，发现癌肿及癌栓，对直径＜1.5 cm 的小肝癌检出率极高。

5. 放射性核素扫描 可显示直径 2 cm 以上的结节，占位性病变可呈现放射性缺损区或稀疏区，边缘较规则。采用核素扫描体层显像，可显著提高小病灶的检出率。

（三）肝穿刺活检

肝穿刺活检可获得病理诊断，对于确立肝癌的诊断、指导治疗、判断预后有重要意义。肝穿刺活检需要在超声或 CT 引导下进行，穿刺的病理诊断存在一定的假阴性率，阴性结果也不能完全排除肝癌的可能。

六、诊断和鉴别诊断

早期患者常无明显症状，一旦出现典型临床表现，往往已到中、晚期，失去最佳治疗时机。因此，对早期肝癌的诊断意义重大。

（一）诊断依据

1. 有肝硬化或病毒性肝炎病史。
2. 肝区疼痛或出现肝进行性肿大、乏力、消瘦、黄疸、蜘蛛痣等症状和体征。
3. AFP 测定＞400 g/L 或持续上升。
4. 超声、CT 或 MRI 检查阳性。

> **要点提示**：原发性肝癌的主要诊断依据：病史、症状体征、AFP、影像学依据。

（二）鉴别诊断

1. AFP 阳性鉴别 部分肝炎、肝硬化患者活动期血清 AFP 增高，需定期多次复查 AFP 与 ALT，观察两者变化关系。若 AFP 持续升高，ALT 正常或降低，则考虑肝癌可能。

2. AFP 阴性鉴别 常见于继发性肝癌、肝脓肿、肝良性肿瘤（肝血管瘤）等，血清 AFP 呈阴性，多次影像学检查有助于诊断。

七、治疗及预防

肝癌治疗领域的特点是多种方法、多个学科共存，肝癌诊疗须重视多学科诊疗团队的协作，同时考虑地区和经济水平差异，选择合理的治疗方法。

（一）治疗原则

应遵循综合治疗的原则，合理安排各种现存的治疗手段，以期获得最佳的疗效。肝癌的治疗原则是以手术为主的个体化综合治疗。

（二）治疗方法

1. 手术治疗 手术治疗仍然是根治肝癌的首选治疗和最有效的措施。凡对定位诊断明确者，均应争取及早手术。手术适应证为：①诊断明确，肿瘤结节少于 3 个，且病变局限于一段或一叶内；②无黄疸、腹水或远处转移；③肝功能正常，凝血酶原时间不低于正常的 50%；④患者一般情况良好，无明显心、肝、肾等脏器的器质性病变，可耐受手术者。不符合以上条件者可综合评估行姑息性肝切除、肝移植等其他方法。

> **要点提示**：原发性肝癌的首选治疗措施是手术。

2. 介入治疗 经肝动脉栓塞化疗（TACE）是肝癌非手术治疗的最常用方法之一。经皮穿刺股动脉到达肝癌供血的动脉内，注入栓塞剂和抗癌药，有一定的姑息性治疗效果。

3. 局部消融治疗 超声引导下经皮穿刺肿瘤行射频、微波或注射无水乙醇治疗。适用于瘤体较小而又不能或不宜手术切除者，特别是肝切除术后早期肿瘤复发者。

4. 全身治疗 包括分子靶向药物、系统化疗、免疫治疗及中医药治疗等。最近分子靶向药物已在临床应用，对中晚期肝癌有延长生存时间的治疗效果，索拉菲尼仍是我国唯一获得批准的治疗晚期肝癌的分子靶向药物。

5. 并发症的治疗 肝癌结节破裂出血时应输血补液，应用止血药，或进行手术止血。

（三）预防

积极防治病毒性肝炎，注意饮食安全，防止食物霉变，保护水源，对高危人群定期普查。注射肝炎疫苗对肝癌的发生有明显预防作用。

自测题

扫码测验

第七节 大 肠 癌

> **案例导入**
>
> 患者，女，38岁。腹胀、乏力、消瘦3个月。患者3个月前开始出现腹胀、乏力，近2个月来偶有右侧腹部隐痛。发病以来食欲减退，逐渐消瘦，无鲜血便，但有时粪便色黑，排尿正常，体重下降约5 kg。既往体健，月经规律，量正常。无烟酒嗜好。无遗传病家族史。查体：T 36.4℃，P 88次/分，R 22次/分，BP 120/70 mmHg。贫血貌，睑结膜和口唇略苍白。双肺未闻及干、湿啰音，心界不大，心率88次/分，律齐。腹平软，肝、脾肋下未触及，右侧腹扪及一5.5 cm×3 cm纵行肿块，无压痛，活动度小，移动性浊音（-），肠鸣音正常。直肠指检未见异常。粪便隐血试验阳性。
>
> 思考：
> 1. 初步诊断和诊断依据是什么？应与哪些疾病相鉴别？
> 2. 为明确诊断，需要进一步做哪些检查？
> 3. 治疗原则是什么？

大肠癌是常见的恶性肿瘤，包括结肠癌和直肠癌。大肠癌的发病率从高到低依次为直肠、乙状结肠、盲肠、升结肠、降结肠及横结肠，近年有向右半结肠进展的趋势。其发病与生活方式、遗传、大肠腺瘤等关系亲密。发病年龄趋老年化，男女之比为1.65∶1。

一、病因

大肠癌的发生与高脂肪低纤维素饮食、大肠慢性炎症、大肠腺瘤、遗传因素和其他因素，如血吸虫病、盆腔放射、环境因素（如土壤中缺钼）、吸烟等有关。

二、临床表现

大肠癌早期无症状，或症状不明显，仅感不适、消化不良、粪便潜血等。随着癌肿进展，症状渐渐消失，表现为排便习惯转变、腹痛、便血、腹部包块、肠梗阻等，伴或不伴贫血、发热和消瘦等全身症状。肿瘤因转移、浸润可引起受累器官的转变。大肠癌因其发生部位不同而表现出不同的临床症状及体征。

（一）右半结肠癌

右半结肠的主要临床症状为食欲缺乏、恶心、呕吐、贫血、疲惫、腹痛。右半结肠癌易导致缺铁性贫血，出现疲惫、乏力、气短等症状。右半结肠因肠腔宽大，肿瘤生长至较大体积才会出现腹部症状，腹部触诊可及，同时这也是右半结肠癌一旦发现则分期较晚的主要原因之一。

（二）左半结肠癌

左半结肠肠腔较右半结肠肠腔窄，左半结肠癌更易引起完全或部分性肠梗阻。肠腔堵塞导致排便习惯改变，便秘、便血、腹泻、腹痛、腹部痉挛、腹胀等。带有新鲜血液的粪便，表明肿瘤位于左半结肠末端或直肠。确诊常早于右半结肠癌。

> **要点提示**：右半结肠癌以全身中毒症状、贫血、腹部肿块为主要表现，左半结肠癌则以慢性肠梗阻、便秘、腹泻、血便为主要表现。

（三）直肠癌

直肠癌的主要临床症状为便血、排便习惯的转变及梗阻。癌肿部位较低、粪块较硬者，易受粪块摩擦引起出血，多为鲜红或暗红色，不与成形粪便混合或附于粪柱表面，故容易误诊为"痔"出血。病灶刺激和肿块溃疡的继发性感染，不断引起排便反射，易被误诊为"肠炎"或"菌痢"。癌肿环状生长者，导致肠腔缩窄，早期表现为粪柱变形、变细，晚期表现为不全性梗阻。

（四）肿瘤浸润及转移

大肠癌最常见的浸润形式是局部侵害，肿瘤侵及四周组织或器官，造成相应的临床症状。肛门失禁、下腹及腰骶部持续疼痛，是直肠癌侵及骶神经丛所致。肿瘤细胞种植转移到腹盆腔，形成相应的症状和体征，直肠指检可在膀胱直肠窝或子宫直肠窝内扪及块状物，肿瘤在腹盆腔内广泛种植转移，形成癌性腹水。大肠癌的远处转移主要有两种方式：淋巴转移和血行转移。肿瘤细胞通过淋巴管转移至淋巴结，也可通过血行转移至肝、肺部、骨等部位。

三、辅助检查

（一）实验室检查

血常规、生化全项（肝肾功能+血清铁）、粪便常规+便潜血等化验检查，有助于了解患者有无缺铁性贫血、肝肾功能等基本状况。进行血肿瘤标记物癌胚抗原（CEA）检测，有助于肿瘤的诊断。在大肠癌患者中，CEA水平高并不表示均存在远处转移，有少数转移瘤患者，CEA并不增高。但CEA可对患者预后预测及术后复发监测有意义。

（二）影像学检查

1. X 线钡剂灌肠或气钡双重对比造影检查 结肠癌的重要检查方法，能判断结肠癌的位置，并能了解有无多发性癌及结肠息肉病等。

2. 超声波检查 能显示腹部肿块、淋巴转移或肝转移等。腔内超声可检测癌肿浸润肠壁的深度及有无侵犯邻近脏器，内镜超声可在手术前对癌肿的局部浸润程度进行评估。

3. CT 检查 有助于了解腹部包块和肿大淋巴结及肝转移情况。

4. PET-CT 检查 用于排除远处转移及评价手术价值，因费用高昂，可选择性应用。

（三）内镜检查

乙状结肠镜、直肠镜或结肠镜检查可在直视下检查结肠和直肠肠腔，并在检查过程中进行活检和治疗。结肠镜检查比钡剂灌肠 X 射线更精确，尤其对结肠小息肉，可通过结肠镜摘除并行病理学确诊。良性息肉摘除可预防其转变为结直肠癌，癌性息肉有助于明确诊断和治疗。

（四）活体组织检查和脱落细胞学检查

活体组织检查对大肠癌，尤其是早期癌和息肉癌变的确诊以及对病变进行鉴别诊断有确诊性意义，可明确肿瘤的性质、组织学类型及恶性程度、推断预后和指导临床治疗。脱落细胞学检查精确性高，取材繁琐，不易获得满足的标本，临床应用少。

（五）直肠指检

直肠指检是诊断直肠癌最重要且简便易行的方法，是直肠癌的首选检查。约 75% 以上的直肠癌能经直肠指检触及，指检可了解癌肿的部位、大小、范围及与周围组织的关系。

> **要点提示**：直肠癌的首选检查是直肠指检。

四、诊断

1. 凡近期缘由不明的排便习惯转变，如腹泻、粪便变扁、便秘、或腹泻与便秘交替、腹部不适、便血，均应疑有大肠癌的可能，并及时行直肠指检或内镜检查。

2. 对有缘由不明的缺铁性贫血、消瘦、乏力等患者，要考虑大肠癌慢性失血的可能，应行粪便潜血检查证明，必要时行 X 线钡灌肠及纤维结肠镜检查。

3. 成人不明缘由的肠梗阻、腹部包块、腹痛等，也应疑有大肠癌的可能。

4. 对有慢性结肠炎、结肠腺瘤性息肉，特别是家族性结肠息肉病患者，应重点进行癌前普查。有息肉者尽快切除并明确诊断。

5. 凡怀疑本病者，均应借助内镜或指检等检查，必要时取组织行病理切片检查，以进一步明确诊断。

五、治疗

手术切除是大肠癌的主要治疗方法，手术前后放化疗可在一定程度上提高手术疗效。

（一）手术治疗

1. 结肠癌的手术治疗 采用根治性切除＋区域淋巴结清扫，依据癌肿所在部位确定根治切除范围及手术方式。结肠癌合并急性肠梗阻或患者一般情况差时，可先行肿瘤切除、肠造瘘或短路手术，待病情稳定后，再行二期手术。若晚期有远处转移的患者出现完全性肠梗阻、严重肠出血时，暂不做根治手术，可行姑息性切除，缓解症状，改善患者生活质量。

2. 直肠癌的手术治疗 直肠手术较结肠困难。早期分化高的黏膜内癌可行局部切除术。癌肿距肛缘＞5 cm 可选择经腹直肠癌切除术，可保留肛门；如癌肿距肛缘＜5 cm，一般常选择经腹会阴联合直肠癌根治术，需永久人工造口；若患者一般状况差、不能耐受经腹会阴联合直肠癌根治术，或急性肠梗阻不宜行经腹直肠癌切除术的，可选择施行经腹直肠癌切除术＋近端造口＋远端封闭术。临床上也有患者强烈排斥人工造口，选择施行超低位保肛直肠癌切除术，但由于吻合口位于齿状线附近，术后一段时期内会出现排便次数增多、排便功能控制较差等情况。

（二）化学治疗

1. 辅助化疗 用于根治术后，可提高5年生存率。化疗药物一般选择奥沙利铂联合氟尿嘧啶类药物（5-氟尿嘧啶），该治疗方案是目前Ⅲ期结直肠癌和部分具有高危因素结直肠癌患者的标准治疗方案，治疗时间为6个月。适用于术前未接受新辅助放射治疗的直肠癌患者，术后需要进行辅助放射治疗者。

2. 晚期结直肠癌的治疗 主要是以化学治疗为主的综合治疗方案，化疗药物包括5-氟尿嘧啶、卡培他滨、奥沙利铂、伊立替康、贝伐单抗、西妥希单抗、帕尼单抗等多种药物，一般联合用药，还可在化疗基础上酌情联合靶向药物治疗。

（三）放射治疗

目前效果较好、讨论较多的是外科和放疗的综合治疗，包括术前放疗、术中放疗、术后放疗、"三明治"式放疗等，各有其特点。对晚期直肠癌患者、局部肿瘤浸润者、有外科禁忌证者，应用姑息性放疗，以缓解症状，减轻痛苦。

自测题

扫码测验

第八节 乳腺癌

案例导入

患者，女，49岁，农民，因右侧乳房发现一肿块2个月而就诊。自述2个月前无意中发现右侧乳房有一小肿块，无疼痛，故未在意。近来发现肿块不断增大，乳房皮肤肿胀，急来就诊。检查见患者为中年女性，一般情况尚好，体温36.5℃，脉搏70次/分。右侧乳房肿胀，皮肤出现橘皮样改变，触诊可及一3 cm×5 cm大小肿块，质地硬，表面不光滑，与周围组织分界不清楚，活动性差，无压痛。右腋窝可触及1～2个较硬的淋巴结，无触痛。

问题与思考：
1. 患者的初步诊断和诊断依据是什么？
2. 为明确诊断，需要进一步做哪些检查？
3. 治疗原则是什么？

乳腺癌（breast cancer）是妇女中最常见的恶性肿瘤，发病率仍在逐年增加，中国一二线城市的女性乳腺癌发病率在明显增加。男性乳腺癌少见，约占全部乳腺癌的1%。

一、病因

乳腺癌的病因尚不清楚,但已经发现诸多与乳腺癌发病有关的高危因素。随着乳腺癌高危因素不断积聚,其患病风险就会增大。高危因素包括年龄超过40岁、未婚、未孕、未哺乳者(哺乳可降低乳腺癌发病的危险性,可能是因哺乳推迟了产后排卵及月经的重建,并使乳腺组织发育完善);月经来潮小于12岁,或绝经年龄大于55岁者;有乳腺癌家族史者(患者母亲或姐妹有乳腺癌史者,其乳腺癌的危险性是正常人群的2~3倍);一侧乳腺患过癌症者,其另一侧再患癌的危险性也较高;患良性乳腺疾病者,如乳腺囊性增生症、乳腺导管内单发、多发性乳头瘤等;妇女的中年后期,45岁以后是乳腺癌的高发年龄段;长期高脂肪、高热量饮食者。

二、病理

乳腺癌大多起源于乳腺管上皮,少数发生于腺泡。乳癌组织形态较为复杂,类型众多,目前国际、国内的乳腺癌病理分类在实际应用中仍未统一。国内乳腺癌多采用以下病理分类。

(一)非浸润性癌

非浸润性癌指癌瘤最早阶段,病变局限于乳腺导管或腺泡内,未突破基底膜时称非浸润癌。包括小叶原位癌、导管内癌,属于早期,预后较好。

(二)早期浸润癌

从非浸润性癌到浸润性癌是逐渐发展的过程。其间经过早期浸润阶段,根据形态的不同,分为两类,早期浸润小叶癌和早期浸润导管癌。此期仍属于早期,预后较好。

(三)浸润性癌

癌组织向间质内广泛浸润,形成各种形态癌组织与间质相混杂的图像。浸润性癌又分为浸润性特殊型癌和浸润性非特殊型癌。

1. 浸润性非特殊型癌 包括浸润性导管癌(临床最常见类型)、浸润性小叶癌、单纯癌、硬癌、髓样癌(无大量淋巴细胞浸润)、腺癌。此型分化低,预后较差。

2. 浸润性特殊型癌 包括乳头状癌、黏液腺癌、髓样癌(伴大量淋巴细胞浸润)、腺样癌、鳞状细胞癌等。此类型分化一般较好,预后尚好。

三、转移途径

乳腺癌可直接浸润乳腺导管、Cooper韧带、皮肤、胸筋膜和胸肌,也可早期经淋巴转移或循血行扩散,其中以淋巴转移最常见。乳房外侧的癌细胞首先经胸肌外缘淋巴管向腋窝淋巴结转移,再到锁骨下、上淋巴结经胸导管或右淋巴导管入静脉,发生远处转移。乳腺内侧的癌细胞转移至胸骨旁淋巴结,再向上到锁骨上淋巴结。上述两种途径中,以前者多见。癌细胞也可经淋巴途径入血或直接侵入血管,血行播散到肺、骨、肝等脏器。

> **要点提示**:乳腺癌最常见的转移途径是淋巴转移。

四、临床表现

(一)乳房肿块

一般多为单发无痛性肿块,质硬,边界不清,增大较快,可活动,为乳腺癌最重要的早期表现,多见于外上象限,其次是乳晕区及内上象限。如癌肿侵及胸肌或胸壁,则活动性差或固定。应记录肿块部位,在乳头外侧、内侧或在中线上。乳腺肿块常为患者就诊的首发症状,为了早期发现,应强调定期做自我检查。

> **要点提示**：乳腺癌最重要的早期表现为无痛性乳房肿块，多位于外上象限。

(二) 皮肤改变

随着肿瘤增大，可引起乳房局部隆起，若累及 Cooper 韧带，使其收缩而致肿瘤表面皮肤凹陷，称为"酒窝征"，是乳腺癌的早期征象。若癌细胞阻塞皮下淋巴管，引起淋巴回流障碍，出现真皮水肿，皮肤呈"橘皮样"改变。乳腺癌晚期，癌细胞沿淋巴管、腺管或纤维组织浸润到皮内并生长，在主癌灶周围的皮肤形成散在分布的质硬结节，即所谓"皮肤卫星结节"。

> **要点提示**：癌肿累及 Cooper 韧带出现"酒窝征"；阻塞皮下淋巴管，出现"橘皮样"改变。

(三) 乳头溢液

非妊娠期从乳头流出血液、浆液、乳汁、脓液，或停止哺乳半年以上仍有乳汁流出者，称为乳头溢液。单侧单孔的血性溢液应进一步检查，若伴有包块更应重视。

(四) 区域淋巴结转移

淋巴结转移最多见于腋窝，还可转移至锁骨上淋巴结，肿大淋巴结质硬、无痛、可活动，后期数目增多，并可融合、固定。

(五) 转移症状

多见肺、肝、骨和脑转移，并出现相应的临床表现。

(六) 特殊类型乳癌

1. 炎性乳腺癌 多于妊娠期或哺乳期起病，发展迅速，不超过 1 年。表现为乳房皮肤呈炎症改变，可由局部扩大到全乳房，皮肤颜色由浅红色到深红色，出现橘皮样改变，伴有腋窝淋巴结肿大，恶性程度高，预后差。

2. 乳头湿疹样癌 又称为 Paget 病，多见于 50 岁以上妇女，表现为乳头瘙痒或灼热痛感，渐为湿疹样改变，恶性程度低，发展慢。

五、诊断

(一) 分期

乳腺癌诊断还应确定其分期，以利于治疗方法的选定和预后估计。

1. TNM 分期

Tis：原位癌，限于乳头的 Paget 病及非浸润性癌；

T_1：癌瘤直径 ≤ 2 cm；

T_2：癌瘤直径 > 2 cm，且 ≤ 5 cm；

T_3：癌瘤直径 > 5 cm；

T_4：癌瘤大小不计，但侵及皮肤或胸壁（前锯肌、肋间肌、肋骨），炎性乳癌亦属此。

N_0：同侧腋窝无肿大淋巴结；

N_1：同侧腋窝有活动的肿大淋巴结；

N_2：同侧腋窝肿大的淋巴结融合成块，或与邻近组织粘连；

N_3：同侧胸骨旁淋巴结有转移。

M_0：无远处转移；

M_1：有远处转移（包括同侧锁骨上淋巴结转移）。

2. 临床分期 根据患者的具体情况，乳腺癌的临床分期如下。

0 期：$Tis\ N_0M_0$；

Ⅰ期：TN_0M_0；

Ⅱ期：$T_{0\sim1}N_1M_0$，$T_2N_{0\sim1}M_0$，$T_3N_0M_0$；

Ⅲ期：$T_3N_1M_0$，$T_{0\sim3}N_2M_0$，T_4任何NM_0，任何TN_3M_0；

Ⅳ期：任何TNM_1。

（二）诊断要点

通常中年以上妇女，乳房内发现单个无痛性肿块，均应考虑乳腺癌可能。结合患者的临床表现及病史、体格检查、影像学检查及病理检查不难确诊。病理学检查是诊断乳腺癌的金标准。

六、治疗原则

Ⅰ期：根治性手术，国内现多行改良根治术，术后上肢功能恢复较好，亦可行保留乳房的保守手术及术后根治性放疗。原发肿瘤直径≥1 cm者均行辅助化疗，肿瘤高分化的除外。激素受体（+）或绝经后患者术后口服三苯氧胺（TAM）5年。

Ⅱ期：术后4~6周（当伤口基本愈合时，高危患者也可于4周内）先行辅助化疗，其后再根据病情选择放疗。激素受体（+）或绝经后患者给内分泌药物治疗。

Ⅲ期：先做术前化疗（新辅助化疗），再做改良根治性手术或乳腺单纯切除加腋窝淋巴结清扫术，术后行辅助化疗和放疗（半年内），激素受体阳性者给内分泌药物治疗，需要时也可行卵巢去势术。

Ⅳ期：以化疗和内分泌治疗（药物或去势术）为主，需要时行局部放疗或姑息性局部切除手术。

知识链接

绝 经

绝经一般指卵巢功能衰退、月经永久性终止，包括自然绝经和人工绝经两种。乳腺癌的发生、发展与体内雌激素水平及代谢异常密切相关。通过去除或阻断激素的作用，阻止癌细胞生长。与化疗相比，内分泌治疗具有疗效确切、毒性小、使用方便、无须住院、患者易于接受等优点，虽起效慢，但缓解期长，特别适合于激素受体（ER/PR）阳性的各期乳腺癌患者。

自测题

扫码测验

第九节 膀胱癌

> **案例导入**
>
> 患者,男,63岁,印染厂退休工人。因无痛性血尿半月余入院。体格检查:体温36.2℃,肾区无叩击痛。半月前开始出现无痛、全程、间歇、肉眼血尿,偶有血凝块。超声检查示:膀胱腔内见新生肿物。
>
> 问题与思考:
> 1. 患者的初步诊断和诊断依据是什么?
> 2. 为明确诊断,需要进一步做哪些检查?
> 3. 治疗原则是什么?

膀胱肿瘤(bladder tumor)目前位居男性泌尿生殖系统肿瘤的首位,发病呈逐年上升趋势,好发于50岁以上男性,膀胱癌男性发病率为女性的3~4倍。膀胱癌包括尿路上皮(移行)细胞癌、鳞状细胞癌和腺细胞癌、小细胞癌、混合型癌等。膀胱尿路上皮癌最为常见,占膀胱癌的90%以上;膀胱鳞状细胞癌比较少见,占膀胱癌的3%~7%。

一、病因

膀胱癌病因仍不完全明确,已发现有些因素与膀胱癌的发生有相关性。

1. 长期接触芳香族类的工种,如染料、皮革、橡胶、油漆工等,可造成较高的膀胱癌发生率。
2. 吸烟是膀胱癌重要的致癌因素,约30%膀胱癌与吸烟有关。
3. 膀胱黏膜局部长期遭受刺激,如长期慢性的感染、膀胱结石的慢性刺激均可诱发膀胱癌。
4. 近年来发现某些药物、寄生虫病等亦可诱发膀胱癌。

二、病理

膀胱肿瘤中上皮性肿瘤占95%以上,多数为移行细胞乳头状瘤和乳头状癌,鳞癌和腺癌各占2%~3%。非上皮性肿瘤较少见,由间质组织发生,多为肉瘤,好发于婴幼儿。

上皮性肿瘤按瘤细胞大小、形态、核改变及分裂相等分为3级:Ⅰ级分化良好;Ⅱ级中等分化;Ⅲ级分化不良。分化越差,恶性程度越高。

浸润程度是临床(T)和病理(P)分期的依据:原位癌(Tis);乳头状无浸润(Ta);局限于固有层以内(T_1);浸润浅肌层(T_2);浸润深肌层或穿透膀胱壁(T_3);浸润前列腺或膀胱邻近组织(T_4)。病理分期(P)和临床分期相同。

膀胱肿瘤多发生于膀胱侧壁及后壁,其次为膀胱三角区和顶部。可单发或多发,或同时伴有肾盂、输尿管、尿道肿瘤。

肿瘤主要向膀胱壁深部浸润至膀胱外组织及邻近器官。淋巴转移常见,血行转移多发生在膀胱癌晚期,可转移至肝、肺、骨和皮肤等。鳞癌和腺癌高度恶性,可早期发生浸润和转移。

三、临床表现

(一)血尿

血尿是最早、最常见的症状,为无痛性全程肉眼血尿,终末加重,间歇性发作,可自行停止，偶可伴有血块。

> **要点提示**：膀胱癌最早、最常见的症状为间歇性无痛性全程肉眼血尿。

（二）膀胱刺激征
膀胱刺激征是较晚期的症状，常因肿瘤浸润膀胱壁所致。当肿瘤坏死、溃疡、感染时则更为明显。

（三）排尿困难
排尿困难是因膀胱颈附近肿瘤或血块堵塞所致，严重者可导致尿潴留。

（四）肾积水
肿瘤侵及输尿管口可引起肾积水，若双侧输尿管口梗阻，可引起尿毒症。

（五）其他
其他还可有疼痛、贫血、消瘦、水肿和转移癌的症状。另外，膀胱排空后行双合诊，可触及较大肿块。

四、辅助检查

（一）尿脱落细胞检查
尿脱落细胞检查是膀胱癌的重要检测手段。对诊断原位癌较重要，因原位癌细胞黏附力差、易脱落，膀胱镜检查不易发现。尿标本采用新鲜尿液，但晨起第一次尿因细胞溶解比例高而不宜使用。

（二）影像学检查
超声检查可发现直径 0.5 cm 以上的膀胱肿瘤，是目前诊断膀胱癌最简便、经济、具有较高检出率的一种诊断方法。排泄性尿路造影可了解有无上尿路肿瘤，比较大的膀胱肿瘤可见膀胱充盈缺损。CT 和 MRI 可了解肿瘤浸润深度及局部转移病灶。

（三）膀胱尿道镜检查
膀胱尿道镜检查是诊断膀胱癌最直接、最可靠的方法。可明确肿瘤的部位、大小、数目、形态，对可疑病变取活检行病理检查从而明确诊断。

> **要点提示**：膀胱尿道镜检查是诊断膀胱癌最直接、最可靠的方法。

（四）尿膀胱癌标志物
尿膀胱癌标志物是一种无创检查方法，包括膀胱肿瘤抗原（BTA）、核基质蛋白（NMP22）、尿荧光原位杂交（FISH）、端粒酶、微卫星灶等，有助于检测出临床隐匿性膀胱癌并延长膀胱镜检查的时间。

五、治疗原则
原则上应采用以手术为主的综合疗法，并定期复查。

（一）手术疗法
1. **经尿道或膀胱电灼或肿瘤切除术** 适用于小而表浅的膀胱肿瘤（Tis、Ta、T_1）。
2. **膀胱部分切除术** 适用于浸润较浅、分化良好、较为局限的膀胱肿瘤（T_1、T_2）。切除范围应距肿瘤 2 cm 以上。
3. **膀胱全切术** 适用于数量多、体积大、浸润深、恶性度高或位于三角区的肿瘤（T_2、T_3）。近年来有主张行根治性全膀胱切除术。

（二）化学疗法

化学疗法包括全身化疗和膀胱灌注化疗等方式。全身化疗适用于有转移的晚期患者，或配合手术治疗。对保留膀胱的患者，为预防肿瘤复发，术后24 h内应行膀胱灌注化疗并维持。

（三）免疫疗法

卡介苗治疗为预防膀胱癌复发的较好方法。以75～120 mg冰冻卡介苗，溶于4℃生理盐水60 ml中，灌入膀胱，每周1次，6次为1个疗程，以后每月1次，持续2年。

（四）其他疗法

如热灌注治疗、血卟啉衍生物（HPO）、高频透热、激光治疗和直线加速器放疗联合治疗等对膀胱癌均有一定的疗效。

自测题

扫码测验

第十节 前列腺癌

案例导入

患者，男，79岁，因"进行性排尿困难9年，加重伴血尿5天"入院。患者因血尿5天、进行性排尿困难9年就诊，指检前列腺质硬，表面不规则，可触及结节。实验室检查：前列腺特异抗原（PSA）增高明显。

问题与思考：
1. 初步诊断和诊断依据是什么？
2. 为明确诊断，需要进一步做哪些检查？
3. 治疗原则是什么？

前列腺癌（prostatic cancer）是男性生殖系统最常见的恶性肿瘤，发病率随年龄而增长，且有明显的地区差异，欧美地区较高。我国以往发病率较低，但由于人口老龄化，近年来发病率有所增加。

一、病因

前列腺癌的病因尚未查明，可能与年龄、种族、遗传、食物、环境、性激素等有关。前列腺分泌功能受雄激素睾丸酮调节，促性腺激素的黄体生成素可发挥间接作用。

二、病理

前列腺癌好发于腺体外周带，98%为腺癌，多数为多病灶，分化良好。大多数为激素依赖型，但后期可发展成为非激素依赖型。

前列腺癌可分为4期：Ⅰ期为前列腺增生手术标本中偶然发现的小病灶，分化良好；Ⅱ期为局限在前列腺包膜内；Ⅲ期为穿破包膜，侵犯周围脂肪、精囊、膀胱颈部和尿道；Ⅳ期可转移至局部淋巴结或远处转移灶。

三、转移途径

（一）局部浸润

向附近组织或邻近器官浸润，首先侵及两侧叶，穿破被膜，至输精管壶腹、精囊、膀胱颈和后尿道。

（二）淋巴转移

肿瘤可转移至髂内外腹主动脉旁淋巴结等。

（三）血行转移

最常见为骨盆、脊椎、股骨，有剧烈疼痛，可发生病理性骨折。也可转移至肝、肺、胸膜、肾上腺、脑等内脏器官。

四、临床表现

前列腺癌早期无症状。当癌肿引起膀胱颈及后尿道梗阻时，可出现排尿困难、尿潴留、尿失禁、血尿等症状。晚期患者以转移症状就诊，表现为腰背痛、坐骨神经痛等。故对男性原发灶不明的转移癌，应排除前列腺癌。

五、诊断

（一）肿瘤标志物

前列腺特异抗原（PSA）由前列腺上皮细胞分泌产生，属激肽酶家族蛋白，存在于前列腺组织和精液中，正常人血清中含量极微。具有极高的组织器官特异性，是目前诊断前列腺癌的首选标志物。

（二）直肠指检

可触及前列腺结节，大小不一，直肠前壁固定肿块，表面不规则，质地坚硬如石。

（三）超声

前列腺超声或经直肠前列腺超声可发现前列腺改变。

（四）经直肠针吸细胞学或经会阴穿刺前列腺活检

可根据经直肠针吸细胞学或经会阴穿刺前列腺活检所获细胞或组织有无癌细胞进行诊断，相较其他检查更为准确。

六、治疗

（一）治疗原则

早期前列腺癌患者可以通过根治性手术或者根治性放疗等方式，取得良好的治疗效果。局部进展期和转移性前列腺癌，一般选择雄激素剥夺治疗，以期延长患者生存期，改善生活质量；也可选择手术切除，或在放疗基础上进行多手段综合性治疗。

（二）治疗方法

1. 手术治疗 前列腺癌根治术是治疗前列腺癌最有效的方法。手术要点是切除前列腺和精囊，而后进行排尿通路重建，并根据患者危险分层和淋巴转移情况，决定是否对病变部位淋巴组织及周围的脂肪、肌肉神经、血管等进行切除。

2. 激素治疗 也称内分泌治疗，是目前前列腺癌治疗的重要且有效的手段。前列腺癌细胞的生长依靠雄激素，切断雄激素的供应会导致癌细胞生长缓慢或死亡。

3. 放射治疗 放疗对局部控制效果良好，副作用包括疼痛、紧急排尿、稀便、勃起功能障碍等。

4. 其他治疗 也可选用冷冻治疗、个性化疫苗、免疫检查点阻断剂和中医中药等治疗。

自测题

扫码测验

第十一节 子宫颈癌

案例导入

患者，女，45岁，因"接触性出血近1年，加重1个月"入院。患者于1年前无明显诱因性生活后出现阴道流血，色鲜红，量少，呈点滴状，可自行消失，无不规则阴道流血及排液，无下腹痛。1个月前性生活后阴道流血量增加，约为平素月经血量的一半，可自行消失。今为求进一步诊治而入院。

患者饮食、睡眠尚可，二便无异常，体重无明显下降。既往史、个人史、家族史无特殊。体检：T 36.5℃，P 80次/分，R 18次/分，BP 110/75 mmHg。一般状态良好，心肺听诊未闻及明显异常，腹部平坦，质软，无压痛、反跳痛及肌紧张。妇科检查：阴道穹光滑，宫颈肥大，失去正常形态，后唇呈菜花样组织增生，质脆，触之易出血，宫旁无增厚。子宫前位，正常大小，质韧，活动度良好，双附件区未触及明显异常。辅助检查：妇科彩超示子宫前位，大小及形态正常，轮廓清晰。各壁反射均匀。宫颈大小为 3.5 cm× 3.7 cm× 3.6 cm，内部回声不均匀。双侧附件未见明显异常回声。

问题与思考：

1. 初步诊断是什么？
2. 为明确诊断，需要进一步做哪些检查？

宫颈癌（cervical cancer）是发生在女性宫颈阴道和宫颈管上的恶性肿瘤，高发年龄为35～50岁，近年来其发病有年轻化的趋势。近年来宫颈细胞学筛查的普遍应用，使宫颈癌和癌前病变得以早期发现和治疗，宫颈癌的发病率和死亡率已有明显下降。

一、病因

病因可能与以下因素相关。

（一）生物学因素

高危型人乳头瘤病毒（HPV）持续感染是宫颈癌的主要危险因素，90%以上的宫颈癌伴有高危型HPV感染。沙眼衣原体、单纯疱疹病毒Ⅱ型、滴虫等病原体的感染在高危HPV感染导致宫颈癌的发病过程中有协同作用。

> **知识链接**
>
> **人乳头瘤病毒**
>
> 人乳头瘤病毒（HPV）是一种属于乳多空病毒科的乳头瘤空泡病毒 A 属，是球形 DNA 病毒，能引起人体皮肤黏膜的鳞状上皮增殖。表现为寻常疣、生殖器疣（尖锐湿疣）等症状。随着性病中尖锐湿疣的发病率急速上升和宫颈癌、肛门癌等的增多，人乳头瘤病毒感染越来越引起人们的关注。在世界卫生组织国际癌症研究机构公布的致癌物清单中，人乳头瘤病毒 6 和 11 型、人乳头瘤病毒 β 属（5 和 8 型除外）和 γ 属被列入 3 类致癌物中。

（二）性行为及分娩次数

多个性伴侣、初次性生活 < 16 岁、初产年龄小、多孕多产等因素与宫颈癌发生密切相关。

（三）其他因素

吸烟作为 HPV 感染的协同因素，可以增加子宫颈癌的患病风险。另外，遗传、营养不良、卫生条件差也可影响疾病的发生。

二、病理分型与转移

（一）病理分型

1. 鳞状细胞癌 有 90%～95% 的子宫颈癌属于此型，常发生于宫颈鳞状上皮和柱状上皮的交界区。

2. 腺癌 此种类型的癌多发于子宫颈管部，占 2%～5%，子宫颈腺癌的形态可分为腺样、乳头状及髓样。

> **要点提示**：子宫颈癌最常见的病理类型是鳞状细胞癌。

3. 腺鳞癌 癌组织中含有腺癌和鳞癌两种成分，占宫颈癌的 3%～5%。

（二）转移

1. 直接蔓延 最常见，癌组织局部浸润，向邻近器官及组织扩散。常向下累及阴道壁。

2. 淋巴转移 癌灶局部浸润后侵入淋巴管形成瘤栓，随淋巴液引流进入局部淋巴结，在淋巴管内扩散。

3. 血行转移 较少见，晚期可转移至肺、肝或骨骼等。

> **要点提示**：子宫颈癌最常见的转移途径为直接蔓延。

三、临床表现

宫颈癌早期没有任何症状，随着病情进展，可出现以下表现。

（一）阴道不规则流血

早期表现为少量血性白带及接触性阴道流血，患者常因性交或排便后有少量阴道流血就诊。对绝经后出现阴道流血者，应注意寻找原因。宫颈癌阴道流血往往极不规则，一般是先少后多，时多时少。菜花型出血早，量亦多，晚期癌肿侵蚀大血管后，可引起致命的大量阴道流血。由于长期的反复出血，患者常常继发贫血。

（二）阴道排液

患者常诉阴道排液增多，白色或血性，稀薄如水样或米汤样，有腥臭味。晚期因癌组织破溃、组织坏死、继发感染等，有大量脓性或米汤样恶臭白带排出。

（三）其他症状

根据病灶侵犯范围出现继发性症状。病灶波及盆腔结缔组织、骨盆壁、压迫输尿管或直肠、坐骨神经时，常诉尿频、尿急、肛门坠胀、粪便秘结、里急后重、下肢肿痛等，严重时导致输尿管梗阻、肾盂积水，最后引起尿毒症。到了疾病末期，患者可出现消瘦、贫血、发热及全身衰竭。

四、辅助检查

（一）子宫颈刮片细胞学检查

子宫颈刮片细胞学检查是发现宫颈癌前期病变和早期宫颈癌的主要方法。为了提高涂片诊断的准确率，特别注意要从宫颈癌好发部位即鳞状上皮与柱状上皮交界处取材。

（二）宫颈碘试验

正常宫颈或阴道鳞状上皮含有丰富的糖原，可被碘液染为棕色，而宫颈管柱状上皮，宫颈糜烂及异常鳞状上皮区（包括鳞状上皮化生、不典型增生、原位癌及浸润癌区）均无糖原存在，故不着色。在碘不染色区取材做病理检查可明确诊断。

（三）宫颈和宫颈管活体组织检查

确诊宫颈癌及宫颈癌前病变的可靠依据。所取组织应包括间质及邻近正常组织。宫颈刮片阳性，但宫颈光滑或宫颈活检阴性，应用小刮匙搔刮宫颈管，刮出物送病理检查。

（四）阴道镜检查

阴道镜不能直接诊断癌瘤，但可协助选择活检的部位进行宫颈活检。阴道镜检查能放大100～300倍，观察细胞结构，根据细胞的形态、排列、大小和核的大小、形态、着色深浅及毛细血管图像等进行分类诊断。但阴道镜检查不能代替刮片细胞学检查及活体组织检查，因为其不能发现鳞柱交界或延伸宫颈管内的病变。

（五）宫颈锥形切除术

适用于宫颈刮片检查多次阳性而宫颈活检阴性者；或宫颈活检为宫颈上皮内瘤变需排除浸润癌者。可采用冷刀切除、环形电切除或冷凝电刀切除。

五、诊断

根据病史、症状、妇科检查和（或）阴道镜检查并进行宫颈组织活检可以确诊。

六、治疗

（一）治疗原则

根据临床分期、患者年龄、生育要求、全身情况、医疗技术水平及设备条件等综合考虑，制订适当的个体化治疗方案。采用以手术和放疗为主、化疗为辅的综合治疗方案。

（二）治疗方法

1. 手术治疗 主要用于早期宫颈癌患者。常用术式有全子宫切除术、次广泛全子宫切除术及盆腔淋巴结清扫术、广泛全子宫切除术及盆腔淋巴结清扫术、腹主动脉旁淋巴切除或取样。对要求保留生育功能的年轻患者，属于特别早期的可行宫颈锥形切除术或根治性宫颈切除术。根据患者不同分期选用不同的术式。

2. 放射治疗 适用于中晚期患者、全身情况不适宜手术的早期患者，也可用于宫颈大块病灶的术前放疗以及手术治疗后病理检查发现有高危因素的辅助治疗。

3. 化学治疗 主要用于晚期或复发转移的患者,近年也采用手术联合术前新辅助化疗（静脉或动脉灌注化疗）来缩小肿瘤病灶及控制亚临床转移,也用于放疗增敏。常用化疗药物有顺铂、卡铂、紫杉醇、博来霉素、异环磷酰胺、氟尿嘧啶等。

七、预防

大约 90% 以上的宫颈癌发生与 HPV 病毒感染有关,我国已批准了 HPV 疫苗的上市,可根据自身情况选择接种。经研究发现,从一般的癌前病变发展为宫颈癌大约需要 10 年时间。宫颈癌并不可怕,它是一种可预防、可治愈的疾病。防治的关键在于,定期进行妇科检查,及时发现和治疗宫颈癌前病变,终止其向宫颈癌的发展。如能落实防治措施,宫颈癌的治愈率将大大提高。

自测题

扫码测验

（王 译）

中英文专业词汇索引

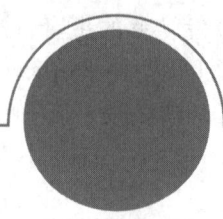

1 型糖尿病（type 1 diabetes，T_1DM）272
2 型糖尿病（type 2 diabetes，T_2DM）272

A

阿尔茨海默病（Alzheimer's disease，AD）311

B

B 型利尿钠肽（B-type natriuretic peptide，BNP）191
巴雷特食管（Barrett's esophagus，BE）218
巴氏腺（Bartholin gland）387
白血病（leukemia）258
闭目难立征（Romberg sign）99
壁细胞抗体（parietal cell antibody，PCA）222
边缘性前置胎盘（marginal placenta previa）404
扁平型（platypelloid type）392
便血（hematochezia）27
病毒性肝炎（viral hepatitis）454
波状热（undulant fever）13
玻璃样变性（hyaline degeneration）410
不规则热（irregular fever）13
不稳定型心绞痛（unstable angina，UA）203
部分性前置胎盘（partial placenta previa）404

C

C 反应蛋白（C-reactive protein，CRP）237
肠肝循环（enterohepatic circulation）30
肠梗阻（intestinal obstruction）371
弛张热（remittent fever）12
处女膜（hymen）387
传播途径（route of transmission）448
传染病（communicable diseases）446
传染源（source of infection）448
创伤（trauma）338
促红细胞生成素（erythropoietin，EPO）255
促甲状腺激素受体抗体（TSH receptor antibody，TRAb）269

D

大阴唇（labium majus）387
胆碱酯酶抑制剂（cholinesterase inhibitors，ChEIs）314
胆石症（cholelithiasis）365
胆汁淤积性黄疸（cholestatic jaundice）30
蛋白质 - 能量营养不良（protein-energy malnutrition，PEM）441
道格拉斯陷凹（Douglas pouch）389
低置胎盘（low lying placenta）404
癫痫（epilepsy）306
短暂性脑缺血发作（transient ischemic attack，TIA）297

E

恶心（nausea）22
儿科学（pediatrics）416

F

发热（fever）10
发疹（eruption）451
反流性食管炎（reflux esophagitis，RE）218
非 ST 段抬高型心肌梗死（non-ST-segment elevation myocardial infarction，NSTEMI）203
非霍奇金淋巴瘤（non-Hodgkin's lymphoma，NHL）263
非结合胆红素（unconjugated bilirubin，UCB）29
非糜烂性反流病（nonerosive reflux disease，NERD）218
肺癌（lung cancer）493
肺结核（pulmonary tuberculosis）181
肺炎（pneumonia）172，429
粪胆素（stercobilin）29
风湿性疾病（rheumatic diseases）282
腹痛（abdominal pain）24

G

钙化（calcification）411
肝内胆管癌（intrahepatic cholangiocarcinoma, ICC）504
肝细胞癌（hepatocellular carcinoma, HCC）454, 504
肝细胞性黄疸（hepatocellular jaundice）30
肝硬化（liver cirrhosis）229
高尿酸血症（hyperuricemia）277
高血糖高渗状态（hyperglycemic hyperosmolar status, HHS）273
高血压（hypertension）196
个人史（personal history）8
宫骶韧带（uterosacral ligament）389
宫颈癌（cervical cancer）520
宫外孕（extrauterine pregnancy）398
骨筋膜室综合征（osteofascial compartment syndrome）362
骨密度（bone mineral density, BMD）280
骨盆底（pelvic floor）392
骨折（fracture）358
骨质疏松症（osteoporosis, OP）280
冠心病（coronary heart disease, CHD）203

H

H_2受体拮抗剂（H_2 receptor antagonist, H_2RA）220
黑加征（Hegar sign）394
红色变性（red degeneration）411
红细胞沉降率（erythrocyte sedimentation rate, ESR）108
呼吸困难（dyspnea）19
呼吸衰竭（respiratory failure）185
黄疸（jaundice）28
回归热（recurrent fever）12
会阴（perineum）393
会阴体（perineal body）393
婚姻史（marital history）8
获得性免疫缺陷综合征（acquired immunodeficiency syndrome, AIDS）460
霍奇金淋巴瘤（Hodgkin's lymphoma, HL）263

J

机会性感染（opportunistic infection）461
肌壁间肌瘤（intramural myoma）410
稽留热（continued fever）12
急进性肾小球肾炎（rapidly progressive glomerulonephritis, RPGN）242
急性白血病（acute leukemia, AL）258
急性冠状动脉综合征（acute coronary syndrome, ACS）203
急性酒精中毒（acute alcohol poisoning）480
急性阑尾炎（acute appendicitis）348
急性淋巴细胞白血病（acute lymphoblastic leukemia, ALL）258
急性气管-支气管炎（acute tracheobronchitis）163
急性肾小球肾炎（acute glomerulonephritis, AGN）240
急性髓系白血病（acute myeloid leukemia, AML）258
急性心力衰竭（acute heart failure, AHF）195
急性胰腺炎（acute pancreatitis, AP）236
急性早幼粒细胞白血病（acute promyelocytic leukemia, APL）258
既往史（past history）8
家族史（family history）9
甲胎蛋白（alpha-fetal protein, AFP）505
甲型肝炎病毒（hepatitis A virus, HAV）454
甲状腺癌（thyroid carcinoma）490
甲状腺功能亢进症（hyperthyroidism）269
甲状腺过氧化物酶抗体（thyroid peroxidase antibody, TPOAb）269
甲状腺球蛋白抗体（thyroglobulin antibody, TgAb）269
甲状腺相关性眼病（thyroid associated ophthalmopathy, TAO）269
钾离子竞争性酸阻断剂（potassium-competitive acid blockers, P-CAB）220
间接胆红素（indirect bilirubin）29
间歇热（intermittent fever）12
浆膜下肌瘤（subserous myoma）410
结合胆红素（conjugated bilirubin, CB）29
惊厥（convulsion）35
颈椎间盘突出症（cervical disc herniation）354

K

抗核抗体（antinuclear antibody, ANA）284
咯血（hemoptysis）18
咳嗽（cough）16
咳痰（expectoration）16
阔韧带（broad ligament）389

L

阑尾（vermiform appendix）391
狼疮性肾炎（lupus nephritis, LN）284
类风湿关节炎（rheumatoid arthritis, RA）283, 288
类风湿因子（rheumatoid factor, RF）283
类猿人型（anthropoid type）392
粒细胞集落刺激因子（granulocyte colony-stimulating factor, G-CSF）261

良性前列腺增生（benign prostatic hyperplasia，BPH）381

淋巴瘤（lymphoma）263

卵巢（ovary）390

M

麻醉（anesthesia）332

慢性肾衰竭（chronic renal failure，CRF）250

慢性肾脏病（chronic kidney disease，CKD）250

慢性支气管炎（chronic bronchitis）164

慢性阻塞性肺疾病（chronic obstructive pulmonary disease，COPD）177

蒙氏结节（Montgomery's tubercles）394

弥漫性毒性甲状腺肿（diffuse toxic goiter，Graves disease，GD）269

糜烂性食管炎（erosive esophagitis，EE）218

N

囊性变（cystic degeneration）411

脑出血（intracerebral hemorrhage，ICH）301

脑卒中（stroke）296

脑梗死（cerebral infarction）298

脑脊液（cerebrospinal fluid，CSF）114

脑栓塞（cerebral embolism）299

脑血管疾病（cerebrovascular disease，CVD）295

脑血栓形成（cerebral thrombosis）298

内生殖器（internal genitalia）387

内因子抗体（intrinsic factor antibody，IFA）222

黏膜下肌瘤（submucous myoma）410

尿胆素（urobilin）29

尿胆原（urobilinogen）29

尿道（urethra）391

尿道外口（external orifice of urethra）387

尿路感染（urinary tract infection，UTI）246

尿石症（urolithiasis）375

O

呕吐（vomiting）22

呕血（hematemesis）18，26

P

帕金森病（Parkinson's disease，PD）304

膀胱（urinary bladder）391

膀胱肿瘤（bladder tumor）516

贫血（anemia）255

Q

前列腺癌（prostatic cancer）518

前庭大腺（major vestibular gland）387

前庭球（vestibular bulb）387

前置胎盘（placenta previa）403

全面性强直 - 阵挛发作（generalized tonic clonic seizure，GTCS）308

缺血性心脏病（ischemic heart disease，ICD）203

缺氧缺血性脑病（hypoxic-ischemic encephalopathy，HIE）425

R

热型（fever type）11

人类免疫缺陷病毒（human immunodeficiency virus，HIV）460

妊娠试验（pregnancy test）394

溶血性黄疸（hemolytic jaundice）30

肉瘤变（sarcomatous change）411

乳腺癌（breast cancer）512

S

ST 段抬高型心肌梗死（ST-segment elevation myocardial infarction，STEMI）203

三凹征（three depression sign）20

烧伤（burn）343

肾病综合征（nephrotic syndrome，NS）245

生育史（childbearing history）9

十二指肠溃疡（duodenal ulcer，DU）224

食管癌（carcinoma of esophagus）497

手足口病（hand-foot-mouth disease，HFMD）466

输卵管（fallopian tube，oviduct）390

输尿管（ureter）391

双能 X 射线吸收法（dual energy X-ray absorptiometry，DXA）281

水肿（edema）31

T

胎动（fetal movement，FM）395

胎膜早破（premature rupture of membrane，PROM）407

糖尿病（diabetes mellitus，DM）271

糖尿病酮症酸中毒（diabetic ketoacidosis，DKA）273

痛风（gout）277

头臀长度（crown-rump length，CRL）394

W

外科感染（surgical infection）329

外阴（vulva）386

完全缓解（complete remission，CR）261

完全性前置胎盘（complete placenta previa）404

网织红细胞（reticulocyte）108

维生素 D 缺乏性佝偻病（rickets of vitamin D deficiency）433

胃癌（carcinoma of stomach）500
胃溃疡（gastric ulcer，GU）224
胃食管反流病（gastroesophageal reflux disease，GERD）218
胃炎（gastritis）222
稳定型心绞痛（stable angina pectoris）203
问诊（inquiry）7
无菌术（asepsis）316

X

系统回顾（review of systems）8
系统性红斑狼疮（systemic lupus erythematosus，SLE）283，284
现病史（history of present illness）7
消化性溃疡（peptic ulcer，PU）224
小儿腹泻病（infantile diarrhea disease）437
小阴唇（labium minus）387
心搏骤停（cardiac arrest）213
心肺复苏（cardiopulmonary resuscitation，CPR）213
心肌肌钙蛋白（cardiac troponin，cTn）192
心悸（palpitation）21
心力衰竭（heart failure，HF）190
性传播疾病（sexually transmitted disease，STD）446
胸椎间盘突出症（thoracic disc herniation）355
休克（shock）326

Y

腰椎间盘突出症（lumbar disc herniation）355
乙型肝炎病毒（hepatitis B virus，HBV）454
异常凝血酶原（abnormal prothrombin，AP）507
异位妊娠（ectopic pregnancy）398
阴唇系带（frenulum labium pudendal）387
阴道（vagina）388
阴道口（vaginal orifice）387
阴道前庭（vaginal vestibule）387
阴蒂（clitoris）387
阴阜（mons pubis）386
幽门螺杆菌（helicobacter pylori，Hp）222
原发免疫性血小板减少症（primary immune thrombocytopenia）266
原发性肝癌（primary liver cancer）504
圆韧带（round ligament）389
月经史（menstrual history）8

Z

载脂蛋白E（apolipoprotein E，AOPE）312
早孕反应（morning sickness）393
支气管肺炎（bronchopneumonia）429
支气管哮喘（bronchial asthma）167
直肠（rectum）391
直接胆红素（direct bilirubin）29
质子泵抑制剂（protonpump inhibitor，PPI）220
致热原（pyrogen）10
中枢性发热（centric fever）10
舟状窝（fossa navicularis）387
蛛网膜下腔出血（subarachnoid hemorrhage，SAH）302
主韧带（cardinal ligament）389
主诉（chief complaint）7
椎间盘突出症（intervertebral disc herniation）354
子宫（uterus）388
子宫底（fundus uteri）389
子宫附件（uterine adnexa）387
子宫肌瘤（uterine myoma）410
子宫角（cornua uteri）389
子宫颈（cervix uteri）389
子宫颈管（cervial canal）389
子宫体（corpus uteri）389
子宫峡部（isthmus uteri）389
左心室射血分数（left ventricular ejection fraction，LVEF）190